Judith Viorst
Mut zur Trennung
»Necessary Losses«
Menschliche Verluste, die das Leben sinnvoll machen

Wilhelm Heyne Verlag München

HEYNE PSYCHO
Band 17/32

Titel der Originalausgabe
NECESSARY LOSSES
Aus dem Amerikanischen übersetzt von Uschi Gnade

3. Auflage

Die Paperbackausgabe ist 1988
im Hoffmann und Campe Verlag, Hamburg, erschienen

Copyright © 1986 by Judith Viorst
Copyright © 1990 der deutschen Ausgabe
by Wilhelm Heyne Verlag GmbH & Co. KG, München
Copyright © 1988 der deutschen Übersetzung
by Wilhelm Heyne Verlag GmbH & Co. KG, München,
und Hoffmann und Campe Verlag, Hamburg
Printed in Germany 1990
Umschlagillustration und -gestaltung: Atelier Ingrid Schütz, München
Satz: Kort Satz GmbH, München
Druck und Bindung: Ebner Ulm

ISBN 3-453-03363-9

Für meine drei Söhne

Anthony Jacob Viorst
Nicholas Nathan Viorst
Alexander Noah Viorst

Die geistige Vorstellung ist es,
die uns an unsere verlorenen Schätze bindet,
aber erst der Verlust formt die Vorstellung.

Colette

Danksagung

Dieses Buch wäre ohne das Wissen und die Hilfe vieler Menschen nicht entstanden. Dafür bin ich sehr dankbar.

Ich danke der Washington Psychoanalytic Society und den Mitgliedern des Instituts, an dem ich sechs spannende Jahre lang studiert habe; Dr. Joseph Smith, Dr. Oscar Legault, Dr. Marion Richmond und Dr. John Kafka, die mir den Weg in und durch das Institut gewiesen haben; den Institutsangehörigen Mary Allen, Jo Parker und insbesondere Pat Driscoll dafür, mir zahlreiche seltene Quellen zugänglich gemacht zu haben. Und ich danke Donald Burnham, der manch kleines Wunder für mich bewirkt hat.

Ich danke folgenden Psychoanalytikern, deren Fachkenntnisse für mich eine große Unterstützung waren: den Ärzten Justin Frank, Robert Gillman, Pirkko Graves, Stanley Greenspan, Robert King, Susan Lazar, Glenn Miller, Nancy Miller, Frances Millican, Betty Ann Ottinger, Gerald Perman, Earle Silber, Stephen Sonnenberg, Richard Wangaman und Robert Winer.

Ich danke den Herausgebern von REDBOOK, da ich dort 18 Jahre über vielfältige Themen im Bereich zwischenmenschlicher Beziehungen schreiben durfte, von denen einige auch in dieses Buch eingeflossen sind.

Ich danke etlichen Freunden, die sich von Anfang bis Ende gemeinsam mit mir und diesem Buch auseinandergesetzt haben – Leslie Oberdorfer, die die einzelnen Kapitel durchgelesen und mit mir diskutiert hat, wenn sie frisch aus meinem Textverarbeitungssystem kamen; Ruth Chaplin, Li Schorr und Phyllis Hersh, die immer zur Verfügung standen, wenn es darum ging, zu recherchieren oder mir Mut zuzusprechen; und Dr. Harvey Rich dafür, daß er mich mit seiner Kenntnis, seiner intellektuellen Klarheit und seiner Herzensgüte unterstützt hat.

Ich danke Maria Niño von der Cleveland Park Library für drei Jahre währende Hilfsbereitschaft.

Ich danke meinem Mann Milton und unseren drei Söhnen für ihre anhaltende Geduld und ihr Wohlwollen im Laufe der Jahre, in denen ich mich in Forschung und in das Schreiben vertieft habe, meinem Freund und Agenten Robert Lescher für seine Hilfe und seine Anregungen, die wie üblich weit über jede Pflichterfüllung hinausgingen, meinem Herausgeber Herman Gollob für seine ständige Hilfsbereitschaft und Dan Green, der gesagt hat: Bringen wir doch dieses Buch.

Und schließlich bin ich einer großen Zahl von Menschen dankbar, denen ich nicht namentlich danken kann – den Männern und Frauen und Kindern, deren Erfahrungen in diesem Buch auftauchen und deren Anonymität zu wahren ich versprochen habe. Ohne sie gäbe es MUT ZUR TRENNUNG nicht.

Inhalt

Einleitung 11

Teil I Das losgelöste Ich 17

1. Der hohe Preis der Trennung 18
2. Die absolute Beziehung 36
3. Alleinsein 48
4. Das private Ich 60
5. Lektionen in Sachen Liebe 80

Teil II Das Verbotene und das Unmögliche 101

6. Wann bringst du dieses neue Kind endlich wieder ins Krankenhaus zurück? 102
7. Leidenschaftliche Dreiecksbeziehungen 125
8. Anatomie und Schicksal 145
9. Das Gute am Schuldbewußtsein 166
10. Das Ende der Kindheit 181

Teil III Unvollkommene Beziehungen 205

11. Traum und Wirklichkeit 206
12. Wie man Freunde trifft und verliert und was man ihnen zumuten kann 219
13. Liebe und Haß in der Ehe 240
14. Wie man Kinder verschont 267
15. Familiäre Gefühle 291

Teil IV   Lieben, Verlieren, Verlassen, Loslösen........ 309

16. Liebe und Trauer... 310
17. Sich verlagernde Vorstellungen......................... 349
18. Ich werde alt ... ich werde alt............................ 376
19. Das ABC des Sterbens..................................... 404
20. Wiederhergestellte Bezüge............................... 431

Anmerkungen und Ausführungen......................... 435

Bibliographie... 486

Register.. 504

Einleitung

Nachdem ich fast zwei Jahrzehnte vorwiegend über die Innenwelt von Kindern und Erwachsenen geschrieben hatte, entschloß ich mich, mehr über den theoretischen Unterbau der menschlichen Psychologie zu erfahren. Ich entschied mich für eine Ausbildung an einem psychoanalytischen Institut, weil ich glaube, daß die psychoanalytische Perspektive trotz all ihrer Unvollkommenheiten die tiefgreifendsten Einsichten in das bietet, was wir sind und warum wir tun, was wir tun. Im besten Falle lehrt uns die psychoanalytische Theorie ganz einfach auf andere Weise das, was wir bereits von Sophokles, Shakespeare oder Dostojewski gelernt haben. Im besten Falle bietet uns die psychoanalytische Theorie intelligente Abstraktionen an und bewahrt dabei Respekt vor der Komplexität und der Einzigartigkeit eines jeden einzelnen von uns, diesen erstaunlichen menschlichen Wesen.

1981, nach sechsjährigem Studium, machte ich meinen Abschluß am Washington Psychoanalytic Institute, das dem von Sigmund Freud gespannten internationalen Netz von Lehr- und Ausbildungsinstituten angehört. Im Lauf dieser Jahre unterzog ich mich auch einer Analyse und arbeitete in verschiedenen psychiatrischen Bereichen − als Helferin in einer psychiatrischen Station für Kinder, als Lehrerin für kreatives Schreiben, die emotional gestörte Heranwachsende unterrichtete, und als Therapeutin an zwei Kliniken, in denen Einzeltherapien bei Erwachsenen durchgeführt wurden. Mir erschien es, daß die Menschen − wir alle − von einem Problemkreis besonders betroffen waren, den man allgemein in dem Thema ›Verlust‹ zusammenfassen kann. So beschloß ich, über dieses Thema zu schreiben.

Bei dem Wort Verlust denken wir daran, Menschen

durch Tod zu verlieren. Aber Verlust spielt eine weit umfassendere Rolle in unserem Leben. Wir verlieren nämlich Menschen nicht nur an den Tod, sondern auch, wenn wir sie verlassen oder von ihnen verlassen werden. Und Verluste in unserem Leben sind nicht nur Trennungen und Abschiede von denen, die wir lieben, sondern auch unsere bewußten und unbewußten Verluste romantischer Träume, unerfüllbarer Erwartungen, von Illusionen der Freiheit und Macht, von Illusionen der Sicherheit – und der Verlust unseres eigenen jüngeren Ichs, des Ichs, das glaubte, es würde für alle Zeiten faltenlos und dynamisch sein und über dessen Sterblichkeit wir uns nie konkrete Gedanken gemacht haben.

Jetzt, mit einigen Falten, höchst verletzbar und unbestreitbar sterblich, habe ich diese Verluste untersucht. Diese lebenslangen Verluste. Diese notwendigen Verluste. Diese Verluste, denen wir gegenüberstehen, wenn wir mit der unausweichlichen Tatsache konfrontiert werden ...,

daß unsere Mutter uns verlassen wird und daß wir sie verlassen werden;

daß die Liebe unserer Mutter nie ganz alleine uns gehören kann;

daß das, was uns weh tut, nicht immer durch Zärtlichkeiten geheilt werden kann;

daß wir im großen und ganzen auf uns selbst gestellt sind;

daß wir – bei anderen Menschen und bei uns selbst – akzeptieren müssen, daß sich Liebe mit Haß, daß sich Gutes mit Bösem vermengt;

daß ein Mädchen, ganz gleich, wie klug und schön und bezaubernd es auch ist, dennoch seinen Vater nicht heiraten kann, wenn es erwachsen ist;

daß keine zwischenmenschliche Beziehung makellos ist;

daß unsere Existenz auf diesem Planeten unerbittlich instabil und zeitlich begrenzt ist

und daß wir absolut machtlos sind, uns oder jenen, die wir lieben, Schutz zu bieten – Schutz gegen Gefahr und

Schmerz, gegen die Eingriffe der Zeit, gegen das Kommen des Alters, gegen das Nahen des Todes, Schutz gegen unsere notwendigen Verluste.

Diese Verluste sind Teil des Lebens – allgemeingültig, unvermeidlich, unabweislich. Und diese Verluste sind notwendig, weil wir uns dadurch, daß wir etwas verlieren, verlassen oder gehen lassen, weiterentwickeln. In diesem Buch geht es um die grundlegende Verkettung unserer Verluste und um unsere Bereicherungen. In diesem Buch geht es darum, was wir aufgeben, um uns weiterzuentwickeln.

Denn der Weg zur Entwicklung des Menschen ist mit Entsagungen gepflastert. Unser ganzes Leben lang entwickeln wir uns unter anderem dadurch weiter, daß wir etwas aufgeben. Wir lösen uns von einigen unserer tiefsten Bindungen an andere. Wir lösen uns von bestimmten, nur ungern aufgegebenen Vorstellungen von uns selbst. In unseren Träumen sowie auch in unseren engsten persönlichen Beziehungen müssen wir uns mit all dem auseinandersetzen, was wir nie haben werden können und was wir nie sein werden. Leidenschaftliche Hingabe, die Investition von Gefühlen, macht uns verletzbar, anfällig für Verluste. Und manchmal müssen wir, ganz gleich, wie geschickt wir auch sind, verlieren.

Ein Achtjähriger wurde aufgefordert, seine Vorstellung zum Thema Verluste zu äußern. Als ein Mann weniger Worte antwortete er: »Verlieren macht einen alle.« Jeder Mensch – gleich wie alt – wird wohl zugeben, daß Verluste fast immer schwierig und schmerzhaft zu verkraften sind. Dennoch müssen wir die Tatsache berücksichtigen, daß auch unsere erlebten Verluste uns zu voll entwickelten Menschen werden lassen.

Ich würde sogar gern so weit gehen zu behaupten, daß für unser Leben das Verständnis, wie wir mit Verlusten umgehen, von entscheidender Bedeutung ist. Ich möchte in diesem Buch zeigen, daß unsere Persönlichkeit und unser Leben entscheidend durch unsere Verlusterlebnisse bestimmt sind – zum Besseren oder Schlechteren.

Ich bin jetzt keine Psychoanalytikerin, und ich habe auch nicht versucht, wie eine solche zu schreiben. Auch Freudianerin im engeren Sinne bin ich nicht, wenn mit diesem Begriff jemand beschrieben werden soll, der sich verbissen an Freuds Doktrin klammert und sich jeder Modifikation oder Variation widersetzt. Aber ich mache mir ohne Zögern Freuds Überzeugung zu eigen, daß unsere Vergangenheit mit all ihren farbenfrohen Wünschen und ihrem Grauen und ihren Leidenschaften auch unsere Gegenwart durchdringt und auch seinen Glauben an die gewaltige Macht des Unbewußten – dieser Region außerhalb unserer bewußten Erkenntnis –, das die Ereignisse unseres Lebens gestaltet. Ferner teile ich seine Überzeugung, daß das Bewußtsein uns eine Hilfe ist, daß das Erkennen dessen, was wir tun, uns eine Hilfe ist und daß ein Verständnis unserer selbst den Bereich unserer Möglichkeiten und unserer Entscheidungen ausweiten kann.

Bei den Vorbereitungen zu diesem Buch habe ich mich nicht nur auf Freud und eine große Zahl anderer psychoanalytischer Denker verlassen, sondern auch auf viele der Dichter und Philosophen und Schriftsteller, die sich – direkt oder indirekt – mit Aspekten des Verlustes befaßt haben.* Außerdem habe ich in hohem Maß auf meine eigenen persönlichen Erfahrungen als Mädchen und als Frau, als Mutter und als Tochter, als Ehefrau, als Schwester und als Freundin zurückgegriffen. Ich habe mit Analytikern über ihre Patienten geredet, mit Patienten über ihre Analyse und mit vielen jener Menschen, an die sich dieses Buch richtet: Menschen, die verheiratet sind und eine Familie haben und sich Sorgen wegen der Abzahlung der Hypothek machen, sich um ihre Zähne sorgen, um ihr Sexualleben, um die Zukunft ihrer Kinder, um Liebe und Tod. Im großen und ganzen sind alle Namen geändert

---

* Wer daran näher interessiert ist, kann sich im Anhang ›Anmerkungen und Ausführungen‹ über sämtliche Quellen informieren und findet dort auch zu einigen Themen, die in diesem Buch abgehandelt werden, nähere Ausführungen.

worden bis auf eine Handvoll von ›Berühmtheiten‹, deren Geschichten gewissermaßen als eine Art öffentlich abgelegten Zeugnisses zum Thema Verlust gelten können.

Unsere Verluste – die Verluste, die in den vier Teilen dieses Buches der Reihe nach untersucht werden – ziehen sich nämlich wirklich durch das gesamte Leben.

Die Verluste, die es mit sich bringt, sich von Körper und Person unserer Mutter zu trennen und allmählich ein eigenes Ich zu entwickeln.

Die Verluste, die damit verbunden sind, die Einschränkungen unserer Macht und unserer Möglichkeiten zu erkennen und sich danach zu richten, was verboten und was unmöglich ist.

Die Verluste, die daraus entstehen, daß wir unsere Träume von idealen Beziehungen aufgeben und die menschliche Realität unvollkommener Beziehungen akzeptieren lernen.

Und die Verluste – die vielfältigen Verluste – der zweiten Lebenshälfte, des endgültigen Verlierens, Verlassens und Loslassens.

Die nähere Betrachtung dieser Verluste führt nicht gerade zu einem heiteren Ratgeber wie GEWINNEN DURCH VERLUSTE oder MEHR SPASS AM VERLIEREN. Unser jugendlicher Philosoph sagte es bereits: Verlieren macht einen alle. Aber wenn man sich die Verluste ansieht, erkennt man, wie unentwirrbar unsere Verluste mit unserer Weiterentwicklung verknüpft sind. Und wenn wir beginnen, uns dessen bewußt zu werden, wie unsere Reaktionen auf Verluste unser Leben gestaltet haben, kann das der Ansatz zu Weisheit und positiven Veränderungen sein.

Judith Viorst
Washington, D. C.

TEIL I

Das losgelöste Ich

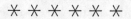

*Es gibt kein
tödlicheres Sehnen
als das Trachten
man selbst zu sein.*

Yevgeniy Vinokurov

1.

Der hohe Preis der Trennung

> Dann ist da noch die Sache, daß meine Mutter mich im Stich gelassen hat. Auch das ist wieder eine übliche, verbreitete Erfahrung. Sie laufen vor uns her, und sie laufen zu schnell, und sie vergessen uns, denn sie sind ja so sehr in ihre eigenen Gedanken vertieft, und früher oder später verschwinden sie. Das einzig Geheimnisvolle daran ist, daß wir damit rechnen, daß es anders kommt.
>
> Marilynne Robinson

Wir beginnen das Leben mit einem Verlust. Wir werden aus dem Mutterleib ausgestoßen, ohne Wohnung, ohne Kreditkarte, ohne Job und ohne Auto. Wir sind nuckelnde, schluchzende, uns anklammernde, hilflose Babys. Unsere Mutter stellt sich zwischen uns und die Welt und beschützt uns vor übermächtigen Ängsten. Es kann nichts Dringlicheres für uns geben als dieses Angewiesensein auf unsere Mutter.

Babys brauchen Mütter. Manchmal brauchen auch Anwälte, Hausfrauen, Piloten, Schriftsteller und Elektriker Mütter. In den ersten Lebensjahren sind wir damit beschäftigt, das aufzugeben, was jedes Kind aufgeben muß, um ein eigenständiger Mensch zu werden. Aber bis wir lernen, unsere physische und psychische Loslösung zu ertragen, ist unser Bedürfnis nach der Gegenwart der Mutter – der buchstäblich körperlichen Anwesenheit – ein absolutes.

Es ist nämlich schwer, ein eigenes Ich zu entwickeln, sich sowohl körperlich und emotional loszulösen, die Fähigkeit zu erlangen, äußerlich allein dazustehen und uns selbst innerlich als Einzelwesen zu empfinden. Es gibt Verluste, die wir erleiden müssen, wenn sie auch vielleicht in dem, was wir gewinnen, einen Ausgleich finden, während wir uns vom Körper und von der Person unserer Mutter entfernen. Aber wenn unsere Mutter *uns verläßt* – wenn wir noch zu jung, zu unvorbereitet, zu verängstigt, zu hilflos sind –, dann kann der Preis dieses Verlassens, der Preis dieses Verlustes, der Preis dieser Trennung zu hoch sein.

Es kommt der Zeitpunkt für die Trennung von unserer Mutter.

Aber wenn wir nicht zu einer Trennung bereit sind – wenn wir nicht bereit sind, sie zu verlassen und von ihr verlassen zu werden –, dann ist alles besser als die Trennung.

Ein kleiner Junge liegt in einem Krankenhausbett. Er fürchtet sich und hat Schmerzen. Mehr als vierzig Prozent der Haut seines kleinen Körpers weisen Verbrennungen auf. Es ist etwas Unvorstellbares geschehen. Jemand hat ihn mit Alkohol überschüttet und ihn dann angezündet.

Er schreit nach seiner Mutter.

Seine Mutter hat ihn angezündet.

Es scheint keine Rolle zu spielen, was für eine Art Mutter ein Kind verloren hat oder wie gefährlich es sein mag, sich in ihrer Nähe aufzuhalten. Es spielt keine Rolle, ob sie einem weh tut oder einen umarmt. Die Trennung von der Mutter ist schlimmer, als in ihren Armen zu liegen, wenn Bomben abgeworfen werden. Die Trennung von der Mutter ist manchmal schlimmer, als mit ihr zusammen zu sein, wenn sie selbst die Bombe ist.

Denn die Gegenwart der Mutter – unserer Mutter – steht für Sicherheit. Die Angst, sie zu verlieren, ist das erste Grauen, das wir kennenlernen. »So etwas wie ein Baby gibt es nicht«, schreibt der Psychoanalytiker und Kinderarzt D. W. Winnicott und drückt damit seine Beobachtung aus, daß Babys in der Tat ohne Mütter nicht existieren können. Die Trennungsangst entspringt der unumstößlichen Wahrheit, daß wir ohne jemanden, der da ist und sich um uns kümmert, sterben würden.

Natürlich kann diese Person auch der Vater sein. Seine Stellung in unserem Leben werden wir im fünften Kapitel näher untersuchen. Aber die Person, die sich um uns kümmert und von der ich hier spreche, ist – weil das der Normalfall ist – unsere Mutter, von der wir alles ertragen können, außer, daß sie uns im Stich läßt.

Und doch werden wir alle von unserer Mutter im Stich gelassen. Sie verläßt uns nämlich, ehe wir wissen können, daß sie wiederkommt. Sie läßt uns im Stich, um zu arbeiten, einkaufen zu gehen, Urlaub zu machen, ein weiteres Baby zu kriegen – oder auch ganz einfach nur, indem sie nicht da ist, wenn wir sie brauchen. Sie läßt uns im Stich, einfach weil sie ein von uns getrenntes Leben, ein eigenes Leben führt – und wir werden lernen müssen, auch ein eigenes Leben zu führen. Aber was tun wir bis dahin, wenn wir die Mutter brauchen und sie fort ist? Zweifellos überleben wir. Wir überleben mit Sicherheit die kurzen Zeiten ihrer Abwesenheit. Aber sie lehren uns eine Angst, die unserem Leben einen Stempel aufdrücken kann. Und wenn man uns in der Kindheit, vor allem in den ersten sechs Jahren, die Mutter zu oft entzieht, können wir starke emotionale Schäden erleiden, die durchaus ein Äquivalent darstellen zu dem traumatischen Erlebnis, mit Öl übergossen und angezündet zu werden. Eine solche Deprivation in den allerersten Lebensjahren ist auch wirklich mit schweren Verbrennungen oder Wunden verglichen worden. Der Schmerz ist unvorstellbar. Der Heilungsprozeß ist schwierig und verläuft langsam. Der Schaden kann, wenngleich er nicht tödlich ist, dauerhaft sein.

Selena muß sich an jedem einzelnen Wochentag mit dem entstandenen Schaden auseinandersetzen, morgens, wenn ihre Söhne das Haus verlassen, um in die Schule zu gehen, wenn ihr Mann zur Arbeit geht und wenn sie hört, wie die Wohnungstür ein letztes Mal zugeschlagen wird. »Ich fühle mich einsam, im Stich gelassen, gelähmt. Ich brauche Stunden, um mich wieder zu fangen. Was wäre, wenn diese Menschen nicht zurückkämen?«

In den späten dreißiger Jahren in Deutschland, als Selena sechs Monate alt war, begann für ihre Mutter der Kampf, die Familie am Leben zu erhalten. Und jeden Morgen ging sie aus dem Haus, um sich für Lebensmittel anzustellen und sich mit jener furchtbaren Bürokratie auseinanderzusetzen, die den Juden im Dritten Reich das Leben zur Hölle machte. Aus dieser existentiellen Not heraus wurde Selena allein gelassen – nur mit Nahrung aus der Flasche und eingepfercht in ein Kinderbett. Weinte sie, waren ihre Tränen längst getrocknet, wenn ihre Mutter Stunden später wieder nach Hause kam.

Alle, die sie noch von früher kennen, sind sich einig darin, daß Selena ein wunderbar braves Kind war – still, anspruchslos und liebenswürdig. Und wenn man ihr heute begegnete, könnte man glauben, man hätte es mit einem heiteren, munteren Wesen zu tun, unberührt von den erschütternden Verlusten, die sie erfahren mußte.

Sie ist *nicht* unberührt davon.

Selena neigt zu Depressionen. Ihr graut vor dem Unbekannten. »Ich mag keine Abenteuer. Ich mag überhaupt alles Neue nicht.« Sie sagt, schon ihren frühesten Erinnerungen zufolge habe sie sich ängstlich gefragt, was wohl als nächstes passieren würde. »Ich fürchte mich vor allem«, sagte sie, »was mir nicht vertraut ist.«

Sie fürchtet sich auch vor zu großer Verantwortung – »Ich hätte gern jemanden, der sich ständig um mich kümmert.« Und während sie ihre Funktionen als gute Mutter und pflichtbewußte Ehefrau recht gut erfüllt, hat sie sich doch – in Form eines starken, ausgeglichenen Ehemannes und zahlreicher alter Freunde – eine Art Ersatz für mütterliche Geborgenheit gesucht.

Selena wird oft von anderen Frauen beneidet. Sie ist witzig und charmant und strahlt Wärme aus. Sie kann backen, sie kann nähen, sie mag Musik, sie lacht gern. Sie ist Mitglied in hochangesehenen amerikanischen Studentenverbindungen, sie hat zwei Magistergrade, eine Halbtagslehrtätigkeit. Und mit ihrem schmalen Kinderkörper, ihren großen braunen Augen und ihren geschwungenen Backenknochen weist sie eine verblüffende Ähnlichkeit mit der jungen Audrey Hepburn auf.

Obwohl inzwischen Ende Vierzig, ist sie die *junge* Audrey Hepburn geblieben, weit weniger eine Frau als ein Mädchen. Und endlich hat sie das erkannt, wovon sie sagt: »Es läßt mich mein Leben lang jeden Morgen wieder mit einem schlechten Geschmack im Mund und mit Magenschmerzen aufwachen.«

Es ist Wut, sagt sie – »eine gewaltige Wut. Ich glaube, ich fühle mich betrogen.«

Dieser Gedanke ist Selena unerträglich. Warum ist sie nicht einfach dankbar dafür, daß sie am Leben ist? Sie weiß, daß sechs Millionen Juden ermordet wurden und daß sie dagegen nichts anderes erleiden mußte als die Abwesenheit ihrer Mutter. Der Schaden, sagt sie, ist zwar bleibend, aber nicht tödlich.

Erst in den letzten vier Jahrzehnten, in den Jahren seit Selenas Geburt, haben Psychologen dem hohen Preis des Mutterverlustes ihre volle Aufmerksamkeit gewidmet, sowohl den akuten Qualen als auch den Spätfolgen, die sogar recht kurze Trennungen nach sich ziehen. Ein Kind, das von seiner Mutter getrennt wurde, kann Reaktionen auf die Trennung zeigen, die noch anhalten, nachdem beide längst wieder zusammen sind – Schlaf- und Eßprobleme, ein Versagen der Blasen- und Darmkontrolle und sogar ein Rückgang des schon erworbenen Wortschatzes. Darüber hinaus kann schon ein Kind von gerade sechs Monaten nicht nur weinerlich und traurig reagieren, sondern tiefe Depressionen erfahren. Daraus entspringt das schmerzliche Gefühl, das wir Trennungsangst nennen und das sowohl die Angst vor den Gefahren umfaßt, denen das Kind ausgesetzt ist, wenn die Mutter fort ist, als auch die Angst, sie erneut zu verlieren, wenn beide wieder zusammen sind.

Einige dieser Symptome und dieser Ängste sind mir sehr vertraut, denn sie folgten auf einen dreimonatigen Krankenhausaufenthalt. Ich war erst vier Jahre alt und vegetierte psychisch praktisch drei Monate ohne Mutter dahin, denn damals waren die Besuchszeiten in den Krankenhäusern stark beschränkt. Noch Jahre später litt ich an den Nachwirkungen des Hospitalismus. Und meine Trennungsängste äußerten sich auch darin, daß ich begann, und zwar bis zum Alter von etwa fünfzehn Jahren, schlafzuwandeln.

Ein Beispiel: In einer lauen Herbstnacht, ich war sechs Jahre alt, und meine Eltern waren zu meinem großen Verdruß am Abend ausgegangen, stieg ich aus dem Bett, ohne aus dem Schlaf zu erwachen. Ich spazierte ins Wohnzimmer, schlich an meinem dösenden Babysitter vorbei, machte die Haustür auf und verließ das Haus. Und dann lief ich, immer noch im Tiefschlaf, bis zur Kreuzung, überquerte die befahrene Straße und erreichte das Ziel meiner schlafwandlerischen Reise – die Feuerwache.

»Was willst du denn, Kleines?« fragte ein erstaunter, aber außerordentlich freundlicher Feuerwehrmann, der bemüht war, mich nicht vor Schreck erwachen zu lassen.

Mir ist erzählt worden, ich hätte, immer noch in meinem Zustand des Schlafwandelns, laut und deutlich und ohne zu zögern gesagt: »Ich will, daß die Feuerwehrleute meine Mami suchen.«

Eine Sechsjährige kann sich verzweifelt nach ihrer Mami sehnen.

Ein Kind von sechs Monaten kann sich ebenfalls verzweifelt nach seiner Mami sehnen.

Etwa in diesem Alter nämlich kann sich ein Kind geistig ein Bild von seiner abwesenden Mutter machen. Es erinnert sich an sie und will sie und niemand anderen. Und der Umstand, daß sie nicht anwesend ist, verursacht ihm Qualen. Und wenn das Kind seine Mutter gerade dringend braucht, weil nur sie seine Bedürfnisse befriedigen kann, fühlt es sich äußerst hilflos, ja beraubt. Je kleiner das Kind ist, desto kürzer ist die Zeitspanne, in der ihre Abwesenheit als dauerhafter Verlust empfunden wird. Und wenn ihm auch vertraute Ersatzpersonen dabei helfen, die Trennungen des Alltags zu überstehen, so kann das Kind doch erst im Alter von drei Jahren allmählich verstehen, daß die abwesende Mutter zwar an einem anderen Ort am Leben, aber heil und gesund ist – und zu ihm zurückkehren wird.

Nur kann ihm das Warten auf die Rückkehr der Mutter unbegrenzt erscheinen, ihm wie eine Ewigkeit vorkommen.

Wir müssen uns nämlich immer wieder klarmachen, daß die Zeit mit den Jahren schneller vergeht und daß wir die Zeit früher anders empfunden haben, daß früher eine Stunde ein Tag und ein Tag ein Monat und ein Monat mit Sicherheit eine Ewigkeit war. Daher ist es wohl kaum ein Wunder, daß wir als Kinder um unsere abwesende Mutter so getrauert haben, wie wir als Erwachsene um unsere Toten trauen. Und es ist daher wohl auch kaum ein Wunder, daß ein Kind, wenn man ihm die Mutter nimmt, »aus Frustration und Sehnsucht rasend vor Kummer sein kann«.

Abwesenheit löst rasende Verzweiflung aus, nicht größere Zuneigung. Abwesenheit bringt auch eine typische Abfolge von Reaktionen hervor: Protest, Verzweiflung und schließlich Loslösung. Man nehme einem Kind die Mutter und bringe es mit Fremden an einem fremden Ort unter, und es wird die Lebensumstände unerträglich finden. Es wird schreien, es wird weinen, es wird strampeln und um sich schlagen. Es wird eifrig und verzweifelt die vermißte Mutter suchen. Es wird protestieren, weil es noch Hoffnung hat, aber nach einer Weile, wenn sie nicht kommt ... und immer noch nicht kommt ..., wird sich der Protest in Verzweiflung verwandeln, in ein stummes, bedrücktes Verlangen, hinter dem sich ein unaussprechlicher Kummer verbergen kann.

Sehen wir uns Anna Freuds Schilderung des kleinen Patrick an. Während des Zweiten Weltkrieges wurde er im

Alter von drei Jahren und zwei Monaten in das Kinderheim von Hampstead geschickt.

Sich selbst und jedem, der sich dazu bewegen ließ, ihm zuzuhören, versicherte er mit scheinbar größter Zuversicht, daß seine Mutter kommen und ihn holen würde, daß sie ihm seinen Mantel anziehen und ihn wieder zu sich nach Hause bringen würde...

Später wurde dem eine ständig wachsende Liste von Kleidungsstücken hinzugefügt, die seine Mutter ihm anziehen würde: »Sie wird mir den Mantel und die Hose anziehen, sie wird den Reißverschluß zuziehen, sie wird mir meine Bommelmütze aufsetzen.«

Als die ständige Wiederholung dieser Beschwörung einen monotonen und zwanghaften Charakter annahm, wurde er gefragt, ob er nicht damit aufhören könne. Er gehorchte. Er hörte auf, diese Worte laut auszusprechen, aber seine sich bewegenden Lippen zeigten, daß er die magische Floskel immer wieder vor sich hin sagte.

Gleichzeitig ersetzte er das gesprochene Wort durch Gesten, die den Sitz seiner Bommelmütze zeigten, das Anziehen eines imaginären Mantels, das Zuziehen des Reißverschlusses etc.... Während die anderen Kinder sich vorwiegend mit ihrem Spielzeug beschäftigten, Spiele spielten und Musik machten, stand Patrick völlig desinteressiert in irgendeiner Ecke (und) bewegte mit einem absolut tragischen Gesichtsausdruck seine Hände und seine Lippen.

Da das Verlangen nach einer Mutter so übermächtig ist, tauchen die meisten Kinder wieder aus ihrer Verzweiflung auf und suchen sich einen Mutterersatz. Und dieses Verlangen legt die Vermutung nahe, daß sich das Kind, wenn die geliebte, lange verloren geglaubte Mutter zurückkehrt, freudig in ihre Arme werfen wird.

Gerade das geschieht aber nicht.

Denn erstaunlicherweise begrüßen viele Kinder – vor allem unter drei Jahren – ihre zurückkehrende Mutter sehr kühl und behandeln sie mit einer Distanz und einer Ausdruckslosigkeit, die fast zu sagen scheint: »Ich habe diese Frau in meinem ganzen Leben noch nicht gesehen.« Diese Reaktion wird als Loslösung bezeichnet — es ist eine Abkapselung, die liebevolle Gefühle ausschaltet —, und sie geht auf etliche verschiedene Arten mit dem Verlust um: Sie straft die Person dafür, daß sie fortgegangen ist. Sie dient als Tarnung für rasende Wut, denn ein intensiver und gewalttätiger Haß ist eine der vorwiegendsten Reaktionen auf das Gefühl, im Stich gelassen worden zu sein. Und sie kann auch als Schutzmaßnahme dienen — die Stunden oder Tage oder ein Leben lang bestehen bleiben kann —, eine Schutzmaßnahme gegen die Qualen, jemals wieder zu lieben und deshalb jemals wieder verlieren zu müssen.

Abwesenheit läßt das Herz erkalten, nicht die Zuneigung wachsen.

Und wenn diese Abwesenheit tatsächlich bedeutet, daß eine Elternfigur fehlt oder ›ausgetauscht wird‹, wenn die Kindheit eine einzige Reihe von solchen Trennungen ist, was ist dann? Die Psychoanalytikerin Selma Fraiberg beschreibt einen sechzehnjährigen Jungen, der im Bezirk Alameda einen Prozeß angestrengt und mit der Begründung eine Million Dollar gefordert hat, er sei in 16 Jahren in 16 verschiedene Pflegeheime gesteckt worden. Worum genau geht es dabei eigentlich? Wie kann man den Schaden beschreiben, dessentwegen er prozessierte? Auf diese Frage antwortete er, es sei »wie eine Narbe am Gehirn«.

Einer der witzigsten Männer der Gegenwart, der politische Humorist Art Buchwald, ist Experte für Pflegeheime und Narben am Gehirn. Er hat sich mit mir in seinem Büro in Washington — ein Büro, das ebenso unprätentiös ist wie sein Besitzer — darüber unterhalten, und dort war ich im Lauf des Nachmittages immer weniger zum Lachen aufgelegt, sondern eher den Tränen nahe.

Arts Geschichte ist auf gewisse Weise ein Schulbeispiel für die Trennungen und Verluste, die in armen Familien oft schwerer zu verkraften sind als andernorts. Seine Mutter starb, als Art noch ein Säugling war. Sein Vater saß mit drei Töchtern und einem winzigen Sohn da. Er tat, was er konnte – er bemühte sich darum, seine Kinder sicher unterzubringen, und einmal wöchentlich besuchte er sie. Er wurde zu einem ›Sonntagsvater‹, während Art »in sehr jungen Jahren beschloß, sich mit niemandem allzu nahe einzulassen«.

Die ersten 16 Jahre seines Lebens verbrachte Art in sieben verschiedenen Haushalten und Erziehungsstätten, alle in New York, angefangen bei einem Heim der Siebenten-Tags-Adventisten, wo es, wie er sagt, »Hölle und Verdammung und Kirchgänge am Samstag gab, und am Sonntag kam mein Vater jedesmal mit koscherem Essen. Das war sehr verwirrend.«

Danach wurde er in ein Heim in Brooklyn verlegt, in das Hebräische Waisenhaus, und das, sagt Art trocken, »sind die drei schlimmsten Wörter in unserer Sprache. *Hebräisch* heißt, daß du ein Jude bist. *Waise* heißt, daß du keine Eltern hast. Und *Heim*...« Schließlich landete er bei einer Dame, die ursprünglich alle vier Buchwald-Kinder bei sich aufnahm, aber etwa ein Jahr später beschloß, vier seien zwei zuviel, und Art und eine seiner Schwestern müßten gehen. Darauf folgte ein weiteres Pflegeheim und wieder ein anderes. Das letzte Jahr dieser Odyssee verbrachte er im Haus des eigenen Vaters. Und dann riß er aus, um sich dem Marineinfanteriekorps anzuschließen, wo er, wie er sagt, erstmals das Gefühl der Zugehörigkeit entdeckte, das Gefühl, daß sich jemand etwas aus ihm machte.

In frühen Jahren kam Art zu dem Schluß, das Leben bedeute »ich gegen die Welt«. Er lernte auch früh, sich hinter einem Lächeln zu verstecken. Er sagt, er habe schnell herausgefunden, daß »die Menschen netter zu mir waren, wenn ich ein breites Lächeln aufsetzte. Und daher«, sagt er eher unbeteiligt, »habe ich eben gelächelt.«

Jahre später, lange nach den Pflegeheimen und dem Marineinfanteriekorps und dem Kampf, sich als Schriftsteller durchzusetzen, ließ sich die Wut, die hinter diesem Lächeln steckte, nicht mehr bändigen. Auf der Suche nach einem Objekt, über das er herfallen, dem er weh tun und das er zerstören konnte, fand Art ... sich selbst. Depression ist auch definiert als nach innen gekehrte Wut. In seinen Dreißigern bekam Art, dieser witzige und intelligente Kerl, schwere Depressionen.

Die Depressionen folgten auf einen praktischen, aber auch auf einen ›sehr emotionalen Schritt‹. Er verließ Paris, wo er 14 Jahre lang gelebt und gearbeitet hatte. Er ließ sich mit seiner Frau und den drei Kindern in Washington, D. C., nieder, war berühmt, erfolgreich, bewundert und geschätzt – und durchlitt Qualen. »In der Vorstellung aller anderen hatte ich es geschafft, nur nicht in meiner«, sagt er. »Ich war wirklich verzweifelt. Ich brauchte wirklich Hilfe.«

Er erkannte, daß es an der Zeit war, gewisse Dinge auszubügeln, und Art entschloß sich zu einer Psychoanalyse, in deren Verlauf er begann, sich mit einigen der frühen Erfahrungen auseinanderzusetzen und den Schatten, die sie weiterhin auf sein Leben warfen. Ihn zu einem Einzelgänger machten. Ihn außerstande setzten, Vertrauen zu entwickeln. Ihm aufgrund dessen, was er erreicht hatte, Schuldgefühle einflößten – »Wer bin *ich* denn, daß ich *das* alles habe?« Und die ihm Angst machten, früher oder später würde ihm all das wieder genommen. Er befaßte sich auch mit seinem Zorn und verstand mit der Zeit, daß »es keine Sünde war, wütend auf meinen Vater zu sein«, und daß »es auch nicht irrational war, wütend auf eine Mutter zu sein, die ich kaum gekannt habe«. Art sagt jetzt von der Analyse, daß sie ihm das Leben gerettet hat, obgleich es zu einer Wendung kam, die fast klingt wie aus einem Schundroman: Sein Analytiker starb unerwartet an einem Herzschlag. »Endlich vertraue ich jemandem« sagt Art, »und dann stirbt er!« Aber die Arbeit, die sie gemeinsam geleistet haben, zeigte im Laufe der Jahre immer wieder ihre Spuren (»Eine Analyse ist dann gut«, bemerkt Art, »wenn fünf Jahre später etwas passiert, und man sich plötzlich sagt: ›Ach so, ja, *das* hat er damit gemeint.‹«) In seinen Fünfzigern hat Art das Gefühl, mit sich selbst in Frieden zu leben.

»Ich fasse leichter Vertrauen. Ich fürchte mich weniger davor, daß Menschen mich verletzen könnten. Ich bin meiner Frau und meinen Kindern nähergekommen.« Er hat immer noch Probleme mit allzu großer Nähe. Mit einer Person zusammen zu sein trifft ihn immer noch hart. »Mit tausend«, sagt er, »das ist viel leichter.« Und er fürchtet sich immer noch vor seiner Wut. »Ich kann nicht allzu gut damit umgehen. Ich tue alles, um zu verhindern, daß ich in Wut gerate.«

Aber Art ist heute weit weniger zornig. Er genießt seinen Erfolg. Wenn er auf der Bühne des Kennedy Center steht und die Crème de la crème unterhält, lächelt er sein gewinnendes Lächeln und sagt sich: »Ach, könnte mich doch jetzt mein jüdischer Vater sehen.« Er sagt, sein Erfolg verkörpere zum Teil »Rache an etwa zehn Menschen, die alle tot und begraben sind«.

Er sagt, er verstehe etwas von Narben am Gehirn.

Schwerwiegende Trennungen in den frühen Lebensjahren hinterlassen emotionale Narben am Gehirn, weil sie die grundlegende menschliche Beziehung angreifen: das Band zwischen Mutter und Kind, das uns beweist, daß wir liebenswert sind. Ohne den Halt, den uns diese erste Bindung gibt, können wir weder vollständige Menschen sein noch uns dazu entwickeln. Es ist möglich, daß wir die Fähigkeit, uns im Umgang mit anderen menschlich zu verhalten, verlieren oder gar nicht erst entfalten.

Und doch ist die Behauptung aufgestellt worden, das Verlangen nach anderen sei kein Primärtrieb, die Liebe nichts weiter als ein grandioses Nebenprodukt. Die klassische freudianische Auffassung ist die, daß Babys, wenn sie gefüttert werden, eine Stillung ihres Hungers und eine Linderung anderer oraler Spannungen erfahren und daß sie durch wiederholtes Saugen und Trinken und die süße Zufriedenheit, die sich dadurch einstellt, anfangen, Zufriedenheit mit menschlichen Kontakten gleichzusetzen. In den ersten Lebensmonaten ist eine Mahlzeit eine Mahlzeit, und Zufriedenheit ist Zufriedenheit. Austauschbare Quellen können alle Bedürfnisse stillen. Mit der Zeit wird das Wer – die Mutter – genauso wichtig wie das Was – die körperliche Erleichterung. Aber die Liebe zur Mutter beginnt mit dem, was Anna Freud als ›Bauchliebe‹ bezeichnet. Liebe zur Mutter, das besagt zumindest die Theorie, wird erst erlernt und erworben.

Es gibt eine andere Auffassung, die besagt, das Bedürfnis nach menschlichen Kontakten sei grundlegend. Sie argumentiert damit, daß wir von Anfang an auf Liebe ausgerichtet sind. »Die Liebe zu anderen entsteht«, schrieb der Psychotherapeut Ian Suttie vor rund 50 Jahren, »simultan *mit der Wahrnehmung ihrer Existenz.*« Mit anderen Worten heißt das, daß wir lieben, sobald wir zwischen voneinander losgelösten ›du‹ und ›ich‹ zu unterscheiden lernen. Die Liebe ist unser Versuch, das Grauen und die Isolation dieses Getrenntseins voneinander zu lindern.

Der bekannteste Vertreter der Auffassung, das Bedürfnis nach der Mutter sei angeboren, ist heute der britische Psychoanalytiker John Bowlby. Er stellt fest, daß Babys – wie Kälber, junge Enten, Lämmer oder junge Schimpansen – Verhaltensweisen entwickeln, die sie an die Nähe der Mutter binden. Er bezeichnet das als ›Anhänglichkeitsverhalten‹ und sagt, diese Anhänglichkeit habe die biologische Funktion der Selbsterhaltung. Indem er dicht bei der Mutter bleibt, ist der kleine Schimpanse vor Raubtieren besser geschützt. Indem es dicht bei der Mutter bleibt, findet auch das Menschenbaby Schutz vor Gefahren.

Man ist sich allgemein einig darüber, daß die meisten Babys in einem Alter zwischen sechs und acht Monaten eine spezifische Mutterbindung entwickelt haben. Das ist der Zeitpunkt, zu dem wir alle uns zu ersten Mal verlieben. Und ganz gleich, ob diese Liebe mit einem grundlegenden Bedürfnis nach menschlichen Bindungen verknüpft ist, wovon ich fest überzeugt bin, oder nicht, ist sie von einer

Intensität, die uns für den Verlust eines geliebten Wesens – oder auch nur die Androhung eines Verlustes – ganz außerordentlich verletzbar macht.

Und wenn, wovon ich ebenfalls fest überzeugt bin, eine zuverlässige frühe Bindung von entscheidender Bedeutung für eine gesunde Entwicklung ist, dann kann der Preis für einen Riß in dieser lebensnotwendigen Bindung – der Preis der Trennung – hoch sein.

Der Preis der Trennung ist hoch, wenn ein zu kleines Kind zu lange allein gelassen oder von einem Pflegeheim in ein anderes weitergereicht wird, ob es sich dabei nun um Ersatzmütter oder Heime handelt. Auch bei der Trennung von einer Mutter, die sagt, daß sie zurückkommen wird (aber wird sie es auch tun?). Der Preis der Trennung ist selbst dann hoch, wenn plötzlich eintretende Umstände die familiäre Geborgenheit zerstören: etwa aufgrund von Scheidung oder eines geographisch oder emotional bedingten Risses in der Beziehung des Kindes zu seiner Mutter.

Der Preis der Trennung kann auch dann hoch sein, wenn berufstätige Mütter eine adäquate Obhut für ihr Kind nicht finden oder nicht bezahlen können – und mehr als die Hälfte dieser Mütter mit Kindern unter sechs Jahren gehen heute arbeiten! Die Frauenbewegung und die schlichte finanzielle Notwendigkeit treiben heute Millionen von Frauen aus der Familie an den Arbeitsplatz. Aber auf die Frage: »Was soll ich mit meinen Kindern tun?« muß eine bessere Antwort gefunden werden, als Tagesstätten sie geben können.

»In den Jahren, in denen ein Baby und dessen Eltern ihre ersten bleibenden zwischenmenschlichen Beziehungen aufbauen«, schreibt Selma Fraiberg, »in denen aus der umsorgenden Liebe menschlicher Partner Vertrauen, Freude und Selbstwertgefühl erwachsen, kommt es vor, daß Millionen von kleinen Kindern in unserem Land ... in unseren ›Kinderdepots‹ ... lernen, daß alle Erwachsenen austauschbar sind, daß Liebe launisch ist, daß menschliche Bindungen eine gefährliche Investition sind und daß man die Liebe für das eigene Ich horten und in den Dienst des Überlebens stellen sollte.«

Der Preis der Trennung ist oft hoch.

Dennoch sind auch in früher Kindheit Trennungserlebnisse unvermeidlich. Und auch diese ganz ›normalen‹ Erlebnisse können wirklich Unbehagen oder gar Qualen bewirken. Aber bei den meisten Trennungen, zu denen es im Rahmen einer stabilen, liebevollen Beziehung kommt, ist es unwahrscheinlich, daß sie Narben am Gehirn zurücklassen. Es ist auch durchaus möglich, daß berufstätige Mütter eine liebe- und vertrauensvolle Beziehung zu ihren Kindern herstellen können. Aber wenn die Trennung diese frühe Bindung gefährdet, ist es schwierig, Zuversicht zu gewinnen, Vertrauen aufzubauen, zu der Überzeugung zu gelangen, daß wir im Lauf unseres Lebens andere finden werden – und es auch verdienen, andere zu finden –, die unseren Bedürfnissen entgegenkommen. Wenn unsere ersten Kontakte unzuverlässig sind, beeinträchtigt oder sogar abgebrochen werden, können wir diese Erfahrung und unsere Reaktionen auf diese Erfahrung auf das übertragen, was wir von unseren Kindern, unseren Freunden, unseren Ehegatten oder sogar von unseren Geschäftspartnern erwarten.

Da wir davon ausgehen, daß wir im Stich gelassen werden, klammern wir uns an, als ginge es um das nackte Leben: »Verlaß mich nicht. Ohne dich bin ich nichts. Ohne dich sterbe ich.«

Da wir davon ausgehen, daß wir hintergangen werden, stürzen wir uns gierig auf jedes kleinste Vergehen und jede kleinste Unterlassung: »Da siehst du es – ich hätte ja wissen können, daß ich dir nicht vertrauen kann.«

Da wir davon ausgehen, daß wir abgewiesen werden, stellen wir übermäßig aggressive Forderungen und sind schon im voraus wütend, weil diesen Forderungen nicht entsprochen wird.

Da wir davon ausgehen, daß wir enttäuscht werden, tragen wir auf unsere Weise dazu bei, daß wir früher oder später tatsächlich enttäuscht werden.

Aus Angst vor der Trennung gehen wir das ein, was Bowlby als ängstliche und zornige Bindungen bezeichnet. Und häufig führen wir das herbei, was wir fürchten. Durch unsere anklammernde Abhängigkeit vertreiben wir die, die wir lieben, und durch unsere hilflose, verlangende Wut. Aus Angst vor der Trennung wiederholen wir unsere eigene Lebensgeschichte, ohne uns an Vergangenes zu erinnern, und wir drängen einer neuen Kulisse, neuen Schauspielern und einer neuen Produktion gewaltsam unsere Vergangenheit auf, an die wir uns zwar nicht erinnern, die aber doch noch allgegenwärtig und allmächtig ist.

Es legt uns schließlich niemand nahe, bewußt frühe kindliche Verlusterfahrungen heraufzubeschwören, das Bild der Mutter, die uns gerade verläßt, oder ein Bild davon, wie wir allein in einer Wiege liegen. Was uns statt dessen bleibt, ist das Gefühl, das es mit Sicherheit für uns bedeutet hat, machtlos und hilflos und allein zu sein. 40 Jahre später fällt eine Tür ins Schloß, und eine Frau wird von Wogen nahezu atavistischen Grauens überflutet. Diese Angst ist ihre ›Erinnerung‹ an den Verlust.

Verluste lassen Angst entstehen, wenn sie entweder gerade einzutreten drohen oder als vorübergehend eingeordnet werden. Angst enthält einen Funken Hoffnung. Aber wenn der Verlust dauerhaft zu sein scheint, weicht die Angst dem Protest – der Depression – der Verzweiflung –, und es kann vorkommen, daß wir uns nicht nur einsam und traurig fühlen, sondern zugleich auch verantwortlich (»Ich habe sie vertrieben«) und hilflos (»Ich kann nichts tun, um sie zurückzuholen«) und hoffnungslos (»Und deshalb werde ich mich nie mehr anders fühlen!«).

Wissenschaftliche Studien zeigen, daß Verluste in der frühen Kindheit uns auf Verluste, die im späteren Leben auf uns zukommen, überempfindlich reagieren lassen. Daher kann unsere Reaktion auf einen Todesfall in der Familie, auf eine Scheidung oder auf eine Kündigung in späteren Jahren eine schwere Depression sein – die Reaktion dieses hilflosen, hoffnungslosen und zornigen Kindes.

Angst ist qualvoll. Depressionen sind qualvoll. Vielleicht – so scheint es uns – ist es daher sicherer, sich dieser Gefahr gar nicht erst auszusetzen. Wir können zwar tatsächlich machtlos sein, wenn es gilt, den Tod eines Menschen oder etwa einer Scheidung ins Auge zu sehen, aber wir können Strategien entwickeln, um uns gegen den Schmerz der Trennung zu schützen.

Eine dieser Schutzmaßnahmen ist die emotionale Abkapselung. Wir können niemanden, den wir lieben, verlieren, wenn wir erst gar nicht wagen, jemanden zu lieben. Das Kind, das seine Mutter liebt und braucht, dessen Mutter es aber immer wieder allein läßt, lernt womöglich, eine bittere Konsequenz zu ziehen: nämlich daß Lieben und Brauchen ausschließlich schmerzhafte Gefühle sind. Und es kann vorkommen, daß es in späteren Beziehungen wenig fordert und wenig gibt, so gut wie nichts investiert und sich absondert – allein dasteht wie ein Fels –, denn »ein Fels empfindet«, wie es uns ein Rocksong der sechziger Jahre sagt, »keinen Schmerz. Und eine Insel weint nie.«

Eine andere Schutzmaßnahme gegen Verluste kann darin bestehen, daß ein zwanghaftes Bedürfnis entwickelt wird, sich um andere Menschen zu kümmern. Statt selbst zu leiden, helfen wir denen, die leiden. Durch unsere freundliche Sorge schwächen wir einerseits unser schon manifestes Gefühl der Hilflosigkeit ab und identifizieren uns andererseits mit jenen, für die wir so gut sorgen.

Eine dritte Schutzmaßnahme besteht in verfrühten Autonomiebestrebungen. Viel zu früh verkünden wir unsere Unabhängigkeit. Wir lernen in einem frühen Alter, unser Überleben nicht von der Hilfe oder der Liebe irgendwelcher anderer Menschen abhängig zu machen. Wir ziehen der dünnen Schutzhaut des hilflosen Kindes die klirrende Rüstung des selbstsicheren Erwachsenen vor.

Verluste in der hier beschriebenen Form, Trennungen in der frühen Kindheit – können unsere Erwartungen und unsere Reaktionen verkehren, können unseren späteren

Umgang mit dem Erlebnis des Verlustes zu einem vergeblichen Kampf unter falschen Vorzeichen machen. In Marilynne Robinsons außerordentlichem Roman HOUSEKEEPING grübelt ihre verzweifelte Heldin über den Machtverlust und erinnert sich daran, »wie meine Mutter mich hat warten lassen und in mir die Gewohnheit des Wartens und der Erwartung hat entstehen lassen, die bewirkt, daß an jedem einzelnen Moment gerade das am bedeutsamsten ist, was er nicht enthält«.

Abwesenheit, ruft sie uns ins Gedächtnis zurück, kann ›gigantische und vielfältige‹ Formen annehmen.

Verluste können in unserem Innern ein ganzes Leben lang verhängnisvoll weiterwirken.

2.

Die absolute Beziehung

Denn ihn hat Honigtau genährt
und Paradiesesmilch gelabt.

                          Samuel Taylor Coleridge

All unsere Verlusterfahrungen gehen auf den ursprünglichen Verlust zurück, den Verlust dieser absoluten Mutter-Kind-Beziehung. Ehe wir nämlich mit den unausweichlichen Trennungen im späteren alltäglichen Leben zu tun haben, leben wir in einem Zustand des Einsseins mit unserer Mutter. Dieser Idealzustand, dieser Zustand der Abgrenzungslosigkeit, dieses Ich-bin-du-bist-ich-ist-sie-ist-wir, dieses ›harmonische, sich gegenseitig durchdringende Wirrwarr‹, dieses dahinschwebende ›Ich bin in der Milch, und die Milch ist in mir‹, diese Wärmeschutzisolation gegen das Alleinsein und die Anzeichen der Sterblichkeit: Es ist ein Zustand, den Liebende, Heilige, Psychotiker, Berauschte und Babys kennen. Sein Name ist Seligkeit.

    Diesen ursprünglichen Zustand verkörpert die Nabelschnur, die biologische Einheit mit dem Mutterleib. Außerhalb des Mutterleibs geben wir uns unbewußt der befriedigenden Selbsttäuschung hin, daß wir und unsere Mutter ein gemeinsames Ganzes innerhalb gemeinsamer Grenzen sind. Unser lebenslanges Sehnen nach Vereinigung entspringt nach Auffassung einiger Psychoanalytiker unserer Sehnsucht nach Rückkehr – nach einer Rückkehr, wenn nicht in den Mutterleib, so doch in diesen Zustand illusorischer Vereinigung, genannt Symbiose, einen Zustand, »den ganz tief im ursprünglichen primären Unbewußten ... jeder Mensch anstrebt«.

Wir haben keine bewußten Erinnerungen daran, dort gewesen zu sein – oder diesen Ort verlassen zu haben. Aber er hat einmal uns gehört, und wir mußten uns davon lösen. Und wenn es auch ein grausames Spiel ist, daß wir während unserer Entwicklung in jedem ihrer neuen Stadien immer wieder verlassen werden und verlieren müssen, ist der Verlust dieser Symbiose doch unsere erste und vielleicht auch unsere schwierigste Entsagung.

Denn wir verlieren und verlassen das Paradies.

Wenn wir uns auch nicht daran erinnern, so werden wir es doch auch nie vergessen. Wir bekennen uns zu einem Paradies und zu einem verlorenen Paradies. Wir bekennen uns zu einer Zeit der Harmonie, der Ganzheit, der unverbrüchlichen Sicherheit und der bedingungslosen Liebe, und wir bekennen uns zu einer Zeit, in der diese Ganzheit unwiderruflich entzweigerissen wurde. Wir bekennen uns dazu in der Religion und im Mythos, in Märchen und in unseren bewußten und unbewußten Phantasien. Wir erkennen es als eine Realität oder als einen Traum an. Und während wir die Abgrenzungen des Ich gegen das Du wie rasend verteidigen, sehnen wir uns gleichzeitig danach, das verlorene Paradies dieser absoluten Beziehung zurückzugewinnen.

Unsere Suche nach dieser Beziehung – nach der Wiederherstellung des Einsseins – kann krankhaften oder gesunden Ursprungs sein, kann einen furchtsamen Rückzug aus der Welt oder das Bemühen, diese auszuweiten, darstellen, kann vorsätzlich und bewußt oder ahnungslos angetreten werden. Über Sex oder Religion, über Natur oder Kunst, über Drogen, über die Meditation und sogar mit Hilfe von Jogging versuchen wir, diese Grenzen wieder zu überwinden. Wir versuchen, der Gefangenschaft, der Eigenständigkeit und Losgelöstheit zu entkommen. Manchmal gelingt es uns.

Manchmal stellen wir in vergänglichen Momenten – beispielsweise denen sexueller Ekstase – fest, daß wir wieder zum Einssein zurückgekehrt sind, wenn es auch sein kann, daß wir erst hinterher, »Nach der Liebe«, wie es in Maxine Kumins schönem Gedicht heißt, anfangen können, zu bestimmen, wo wir eigentlich waren:

Hinterher der Kompromiß
Körper nehmen ihre Grenzen wieder an.

So gehören mir zum Beispiel diese Beine.
Deine Arme nehmen dich wieder auf.

Kosungen deiner Finger, Lippen
gestehen ihre Zugehörigkeit ein.

Nichts ist anders, nur
gab es einen Moment, als

der Wolf, der hetzende Wolf,
der draußen neben dem Ich steht,

sich sachte legte und schlief.

Es heißt, daß diese Erfahrung — die physische Verschmelzung, die sexuelle Vereinigung mit sich bringen kann — uns zum Einssein unserer Kindheit zurückführt. Der Analytiker Robert Bak bezeichnet den Orgasmus auch wirklich als »den perfekten Kompromiß zwischen Liebe und Tod«, das Mittel, mit dem wir die Trennung von Mutter und Kind durch die vorübergehende Auslöschung des Ich wiedergutmachen. Es stimmt, daß wohl kaum einer bewußt in der Hoffnung, unsere Mama unter der Decke zu finden, in das Bett einer Geliebten steigt. Aber der sexuelle Verlust unserer Isolation (der manche Menschen so sehr erschreckt, daß sie nicht orgasmusfähig sind) bereitet uns zum Teil auch deshalb Vergnügen, weil sich darin unbewußt unsere erste Beziehung wiederholt.

Mit Sicherheit hat uns Lady Chatterley für alle Zeiten eine Vorstellung von der Selbstauflösung in orgastischer

Seligkeit gegeben, wenn »Wogen ihrer selbst weiter und immer weiter fort von ihr wogten«, bis »der Kern ihres Protoplasma berührt war, sie sich berührt wußte ... und sie verschwunden war«. Eine andere Frau, die eine ähnliche Erfahrung des Ichverlustes schildert, sagt: »Beim Kommen habe ich das Gefühl, nach Hause gekommen zu sein.«

Ich zum Beispiel habe häufig auf dem Stuhl meines Zahnarztes gesessen (oder vielleicht *geschwebt?*), in einem seligen Dämmer von Lachgas mich gefühlt — wie es ein anderer Benutzer dieser Chemikalie formulierte —, »als seien die Gegensätze der Welt, deren Widersprüchlichkeiten und deren Konflikte alle unsere Schwierigkeiten und Sorgen entstehen lassen, zu einer Einheit verschmolzen«. Der Mann, den ich hier zitiere, ist der Philosoph und Psychologe William James, aber eine Menge respektabler — und nicht so respektabler — Leute haben ebenfalls bestätigt, daß Drogen die Kraft haben, sie in diesen Zustand der ... verschmolzenen Einheit zu versetzen.

Andere können ein harmonisches Einssein am besten durch die Natur erreichen, durch ein Einreißen der Mauer zwischen Mensch und Natur, das es manchen von uns — gelegentlich — gestattet, »aus der Einsamkeit der Individuation in das Bewußtsein der Einheit mit allem Bestehenden zurückzukehren ...« Es gibt Menschen, die nie diese Vereinigung mit Erde, Himmel und Meer gespürt haben, und es gibt Menschen, die — wie Woody Allen — immer beharrlich daran festgehalten haben: »Ich bin zwei mit der Natur.« Aber manche Menschen beiderlei Geschlechts schöpfen Trost und Freude daraus, Natur nicht nur *anzusehen,* sondern zu *sein* — indem sie vorübergehend ein Teil »einer einzigen gewaltigen, die Welt umschließenden Harmonie« werden.

Auch Kunst kann die Grenze zwischen dem Betrachter und dem Betrachteten verwischen, in Momenten, die die Schriftstellerin Annie Dillard ›reine Momente‹ nennt, erstaunliche Momente, von denen sie sagt: »Ich werde sie bis ins Grab mitnehmen«, Momente, in denen »ich angewachsen dastand, mit offenem Mund, gerade geboren, vor dieser einen ganz bestimmten Leinwand, diesem Fluß, der mir bis zum Hals reichte, atemlos, verloren, in Wasserfarbentiefe entschwindend ... schwimmend, ehrfürchtig, und ich mußte buchstäblich fortgezerrt werden«.

Es gibt bestimmte religiöse Erfahrungen, die den Zustand der Einheit ebenfalls neu erschaffen können. Religiöse Offenbarungen können auch wirklich die Seele so unwiderlegbar durchdringen, daß – und das sind die Worte der Heiligen Teresa – »es ihr (der Seele), wenn sie wieder zu sich selbst zurückkehrt, völlig unmöglich ist, daran zu zweifeln, daß sie in Gott war und er in ihr«.

Die mystische Vereinigung ist durch eine Vielfalt von transzendentalen Erfahrungen möglich. Die mystische Vereinigung setzt dem Ich ein Ende. Und ob es zu dieser Vereinigung zwischen Mann und Frau kommt oder zwischen Mensch und Kosmos, zwischen Mensch und Kunstwerk oder zwischen Mensch und Gott – sie läßt erneut für kurze, köstliche Augenblicke dieses ozeanische Gefühl der Mutter-Kind-Beziehung, in der »das *Ich* und das *Wir* und das *Du* nicht zu finden sind, denn im eins kann es keine Unterscheidung geben«, wieder aufleben.

Dennoch versuchen wir, Unterschiede herauszuarbeiten: zwischen dem Psychotiker und dem Heiligen, zwischen dem religiösen Fanatiker und dem wahrhaft Gläubigen. Wir können die Berechtigung der durch Drogen oder Alkohol angeregten Vereinigung mit dem Universum in Frage stellen, und wir können die geistige Gesundheit von Sektierern in Kutten und Sandalen anzweifeln, die ausrufen: »Ekstatisch bin ich in der Menge aufgegangen und habe die großartigen Genüsse gekostet, die der Verlust des Ego mit sich bringt.«

Mit anderen Worten heißt das, daß wir dieses Streben nach Einssein ja ganz nett finden können, wenn es nicht übergeschnappt, verzweifelt oder dauerhaft daherkommt – ganz nett, wenn Menschen kurzzeitig in die Betrachtung eines Gemäldes versinken, und gar nicht gut, wenn sie für immer in einer Sekte untergehen. Wir können vielleicht auch die Gotteserfahrungen der Heiligen Teresa leichter akzeptieren als das Begreifen Gottes, wie es uns ein beliebiger Kiffer darstellt. Und es kann auch sein, daß wir zwischen dem Sexualleben eines mehr oder weniger psychisch stabilen Erwachsenen, der Sexualität, die eine Symbiose darstellt, und der Sexualität, die nichts weiter als eine furchtsame Flucht vor dem Alleinsein ist, unterscheiden wollen.

Die Analytiker erklären uns nämlich neuerdings, daß der Vaginalorgasmus, der einst als *das* Anzeichen für die sexuelle Reife der Frau galt, besonders begeistert von Frauen mit ernsten Schwierigkeiten aufgenommen werden kann, Frauen, die sich in ihrer Phantasie nicht mit einem Mann vereinigen, sondern mit einer Mutter. Auch Männer suchen über Sexualität wieder Kontakt zu ihren Mamis: Ein männlicher Patient berichtet, daß er immer dann, wenn er feststellte, daß er ›verrückt dachte‹, seine ›Verrücktheit‹ lindern konnte. Er bezahlte eine Prostituierte dafür, sich nackt zu ihm zu legen, bis er das Gefühl hatte, in dieser Umarmung, ›in ihren Körper hineinzuschmelzen‹.

Gewiß kann das Bedürfnis nach Verschmelzung manchmal mehr als eine Symbiose sein – eine verzweifelte Rückkehr zum hilflosen Anklammern des Kleinkindes. Wer nämlich in der symbiotischen Phase steckengeblieben ist, also unter sogenannter Fixierung leidet, oder in diese Phase zurückkehrt, was man als Regression bezeichnet, und zwar auf eine Weise, die sein ganzes Leben bestimmt, ist mit höchster Wahrscheinlichkeit emotional krank. Die schwere Geisteskrankheit, die symbiotische Kindheitspsychose genannt wird, und auch die meisten Fälle von Schizophrenie bei Erwachsenen weisen, so glaubt man, darauf hin, daß Grenzen, die das Ich von anderen unterscheiden, nicht aufrechterhalten werden können oder gar nicht erst gezogen werden. Das Resultat ist: »Ich bin nicht ich, du bist nicht du, und du bist auch nicht ich; ich bin gleichzeitig ich und du, du bist gleichzeitig du und ich. Mich verwirrt, ob du ich bist oder ich du.«

Im schlimmsten Fall führt dieses Vermengen von Du und Ich zu gleichermaßen ängstlichem und wütendem Verhalten und ist mehr von Haß als von Liebe gefärbt. Es ist das Gefühl: »Ich kann nicht mit ihr – und nicht ohne sie – leben.« Es ist das Gefühl: »Sie erstickt mich, aber ihre Gegenwart läßt mich real sein, läßt mich überleben.« Wenn Nähe als unerträglich empfunden wird und eine selbständige Existenz anscheinend unmöglich ist, ist Einssein nicht ein Segen, sondern ein aggressiv verfolgter Zwang.

Wir haben es hier mit einer schweren Krankheit zu tun – mit der Psychose. Aber auch symbiotische Probleme bringen gelegentlich, wenn auch weniger extreme, emotionale Schwierigkeiten hervor.

Sehen wir den Fall der Mrs. C. an, dreißig Jahre alt und auf kindliche Weise attraktiv. Bis zu ihrem zwanzigsten Lebensjahr schlief sie mit ihrer Mutter. Später heiratete sie einen toleranten Mann mit leicht femininem Einschlag. Mrs. C. lebt in der Wohnung über ihrer Mutter, die ihr die gesamte Hausarbeit abnimmt und so ziemlich alles in ihrem Leben regelt, und sie kann es sich nicht vorstellen, an einen anderen Ort zu ziehen, ohne physisch krank zu werden. Mrs. C. hat eine symbiotische NEUROSE, denn im Gegensatz zu symbiotisch psychotischen Kindern sind wesentliche Teile ihrer Entwicklung recht normal verlaufen. Doch andererseits benimmt sie sich in manchen Bereichen ihres Lebens so, wie sie sich selbst auch unbewußt sieht, nämlich als nur eine Hälfte eines symbiotischen Duos. Außerdem fürchtet sie unbewußt, daß weder sie noch ihre Mutter es überleben würden, wenn dieses Duo aufgebrochen würde.

Mrs. C. und ihre Mutter hatten von Mrs. C.s Geburt an eine ängstliche und anklammernde symbiotische Beziehung. Aber selbst die gesündeste Mutter-Kind-Einheit kann einer späteren Loslösung im Wege stehen, denn, wie der Analytiker Harold Sears beobachtet: »Wahrscheinlich ist die Hauptursache, warum wir uns gegen unsere sich herausbildende individuelle Identität auflehnen, daß wir spüren, daß sie sich zwischen uns und die Mutter stellt, mit der wir einst eine weltumspannende Einheit gebildet haben, und daß sie sich immer mehr zwischen uns stellen wird.«

Zu den notwendigen Verlusten, die wir erleiden müssen, zählt, diese weltumspannende Einheit aufzugeben.

Wir alle haben also Einsseinswünsche, aber bei manchen – keineswegs besonders verrückten – Männern und Frauen können diese Wünsche insgeheim das Leben bestimmen, alle ihre wichtigen Beziehungen durchdringen und alle ihre wichtigen Entscheidungen beeinflussen. Eine Frau, die gerade versuchte, sich zwischen zwei reizvollen Heiratsanträgen zu entscheiden, traf ihre Wahl, während sie eines Abends zum Essen ausgegangen war und ihr Begleiter ihr einen Bissen – wie eine Mama – in den Mund steckte. Dieses unwiderstehliche, stillschweigende Versprechen kindlicher Freuden setzte ihrer Unentschlossenheit augenblicklich ein Ende. Ihre Wahl fiel auf ihn.

Der Analytiker Sydney Smith sagt, bei solchen Menschen – im Gegensatz zu uns übrigen – sei die universelle Sehnsucht nach dem Einssein nicht entsprechend abgeblockt. Statt dessen nimmt sie ihren festen Platz als eine zentrale, schwer zu überwindende, lebensbestimmende ›goldene Phantasie‹ ein, die im Lauf einer psychoanalytischen Behandlung langsam und widerstrebend enthüllt werden kann.

»Ich hatte immer das Gefühl«, sagt einer von Dr. Smiths Patienten, »daß es irgendwo in der Ferne einen Menschen gibt, der alles für mich getan hätte, jemanden, der auf eine verzauberte, märchenhafte Art und Weise jedes Verlangen stillt und dafür sorgt, daß ich auch in der Lage bin, alles, was ich will, zu bekommen, ohne mich auch nur im geringsten anzustrengen ... ich habe nie ohne all dieses Zeug gelebt, das immer im Hintergrund stand. Ich weiß nicht, ob ich das kann.«

Ein Leben in rosigen Phantasien von einer endlos umsorgten Kindheit kann zu einer neurotischen Verweigerung, erwachsen zu werden, führen. Aber die Sehnsucht nach Momenten des Einsseins, die Sehnsucht, ab und zu den Unterschied zwischen dem anderen und dem Ich aufzuheben, die Sehnsucht, eine Gefühlshaltung wiedereinzufangen, die unserer früheren Einheit mit der Mutter ähnelt, ist in sich noch nicht anormal oder einfach abzulehnen. Die Erfahrung des Einsseins gönnt uns nämlich eine Ruhepause von der Einsamkeit der Isoliertheit.

Und die Erfahrung des Einssein kann uns auch dabei helfen, unsere früheren Grenzen zu transzendieren, kann uns dabei helfen, uns weiterzuentwickeln.

Analytiker bezeichnen die konstruktive Rückkehr zu früheren Stadien der Entwicklung als ›Regression im Dienste des Ego‹. Das soll heißen, daß wir unser Weltbild daran erweitern und daran wachsen. Das soll heißen, daß wir uns manchmal durch einen Schritt zurück in die Lage versetzen, unsere Entwicklung voranzutreiben. »Einzutauchen, um wieder aufzutauchen«, schreibt der Psychoanalytiker Gilbert Rose, »kann Teil des fundamentalen Prozesses des psychologischen Wachstums sein ...«

In einem faszinierenden Buch, THE SEARCH FOR ONENESS, stellen drei Psychologen einige verblüffende Behauptungen zum potentiellen Nutzen von Einsseins-Erfahrungen auf. Sie legen eine Hypothese vor, gestützt auf Experimente, die besagt, daß der Anreiz symbioseartiger Phantasien Schizophrenen dabei helfen kann, weniger verrückt zu denken und zu handeln. Dieser Anreiz kann in Verbindung mit Verhaltensmodifikationstechniken bei Studenten die Leistungen verbessern, die Ängste von Menschen mit Phobien abschwächen, Rauchern und Trinkern dabei helfen, ihre Sucht aufzugeben, und Menschen, die diät leben, unterstützen, die Finger vom Essen zu lassen!

Tatsächlich wurden diese Ergebnisse, so schreiben die Autoren, in beobachteten Versuchsreihen erzielt, in denen die Versuchspersonen einer subliminalen Botschaft ausgesetzt wurden (einer Mitteilung, die so schnell vor den Augen des Beobachtenden aufblitzt, daß er sie nicht bewußt wahrnimmt), einer Botschaft, die besagte:

»Mama und ich sind eins.«

Was haben die Forscher getan? Und warum genau glauben sie, daß es funktioniert hat?

Wir haben bereits gesehen, daß die Wünsche nach dem Einssein bis ins Erwachsenenleben hinein weiterbestehen und daß sie – wie uns Mrs. C. und die mit dem Löffel gefütterte Dame und Dr. Smiths Patienten deutlich zeigen – das Verhalten oft in hohem Maß motivieren können. Die Autoren argumentieren daher wie folgt: Wenn unerfüllte Sehnsucht nach dem Einssein zu psychotischem Verhalten und anderen Verhaltensstörungen führen kann, könnte vielleicht auch die Erfüllung dieses Wunsches – in der Vorstellung – genährt, umhegt, beschützt, vervollkommnet zu werden und sich in Sicherheit zu fühlen, eine große Bandbreite von günstigen Wirkungen haben.

Der Trick besteht also darin, in der Phantasie für eine Erfüllung der Symbiosewünsche zu sorgen.

Wie das?

Wie ein Traum, den wir beim Erwachen vergessen, der uns aber den ganzen Tag lang ein gutes oder ein schlechtes Gefühl hinterläßt, wirken manche Vorstellungen außerhalb unserer Wahrnehmung auf uns ein. Und die Vorstellung des Einsseins kann, behaupten die Autoren, durch die subliminale Botschaft ausgelöst werden: »Mama und ich sind eins.« Die Autoren zeigen dann auf, daß diese Botschaft mit einigen entscheidenden Ausnahmen ein gutes Gefühl und eine positive Veränderung auslöst, die, ob dieses gute Gefühl und diese Veränderungen nun andauern oder nicht, den Beweis des psychischen Wertes der Einsseins-Phantasien erbringen könnte.

Ein Beispiel: Zwei Gruppen von korpulenten Frauen unterzogen sich einem Diätprogramm. Beiden Gruppen gelang es, Gewicht zu verlieren, aber die Gruppe der Frauen, die den subliminalen Einsseins-Botschaften ausgesetzt worden war, hatte mehr abgenommen als die andere Gruppe, die keine subliminalen Botschaften erhalten hatte.

Ein anderes Beispiel: Gestörte Heranwachsende, die in einem Wohnheim behandelt wurden, mußten Lesetests absolvieren; die Ergebnisse wurden mit den Ergebnissen des Vorjahres verglichen. Die gesamte Gruppe hatte Fortschritte erzielt, aber die Ergebnisse derer, die die ›Einsseins-Nachricht‹ erhielten, hatten sich um das Vierfache verbessert im Vergleich zu denen, die nicht diesen subliminalen Botschaften ausgesetzt worden waren.

Und noch ein Beispiel: Einen Monat nach Abschluß eines Programms, das Rauchern helfen sollte, sich den Zigarettenkonsum abzugewöhnen, wurde überprüft, wie viele davon noch immer enthaltsam waren. Der Erfolg derer, die die subliminale Botschaft ›Mama und ich sind eins‹ erhalten hatten, lag bei 67 Prozent. Der der anderen bei zwölfeinhalb Prozent.

Ich glaube nicht, daß wir aus all dem schließen müssen, diese subliminalen Nachrichten ›Mama und ich sind eins‹ seien dazu bestimmt, die Therapie der Zukunft zu werden. Und sie sind auch, wie wir gesehen haben, nicht erforderlich, um Phasen des Einsseins in unserem Leben zu realisieren. Im Bett, in der Kirche, in Museen, in unerwarteten grenzenauflösenden Momenten befriedigen wir unseren lebenslänglichen Wunsch nach dem Einssein. Diese vergänglichen Erfüllungen, diese Verschmelzungen, sind begnadete Erfahrungen, die unser Gefühl für das Selbst eher vertiefen können, als es zu bedrohen.

»Niemand«, schreibt Harold Searles, »wird so vollkommen zum Individuum, ›reift‹ so vollständig heran, als daß er seine früher erworbene Fähigkeit zur symbiotischen Beziehung verloren hätte.« Aber manchmal kommt es uns so vor, als hätten wir sie verloren. Manchmal will der hetzende Wolf, der außerhalb des Ichs steht, seine Wachsamkeit nicht aufgeben, will er sich nicht hinlegen und schlafen. Manchmal graut uns zu sehr, um das zuzulassen.

Gewiß kann eine Vereinigung, die eine Auslöschung des

Ichs mit sich bringt, auch Ängste bezüglich dieser Ich-Auflösung auslösen. Uns aufzugeben, uns zu ergeben – in der Liebe oder in anderen Formen der Leidenschaft – kann uns wie ein Verlust und nicht wie ein Gewinn erscheinen. Wie können wir so passiv sein, so besessen, so unbeherrscht, so ... bringt uns das nicht um den Verstand? Und wie sollen wir uns selbst je wiederfinden? Verzehrt von solchen Ängsten, können wir Barrieren errichten, nicht Grenzen ziehen. Uns gegen jede Bedrohung unserer unbeugsamen Autonomie verschließen. Uns gegen jede Erfahrung emotionaler Hingabe verschließen.

Und doch wird die Sehnsucht, die Seligkeit des Einsseins von Mutter und Kind wiederherzustellen – diese absolute Beziehung –, nie aufgegeben. Wir alle leben auf irgendeiner unterbewußten Ebene so, als hätte man uns der einstigen Vollständigkeit beraubt. Zwar zählt das Aufbrechen dieser Ureinheit zu unserem notwendigen Verlust, dennoch oder gerade deshalb hinterläßt dies »eine unheilbare Wunde, die sich auf das Schicksal des gesamten Menschengeschlechts auswirkt«. Aus unseren Träumen, aus den Geschichten, aus unserer Phantasie und unseren Obsessionen spricht der Wunsch zur Wiedervereinigung, zur symbiotischen Geborgenheit. Diese Phantasien, Obsessionen und Träume speisen einen Wunsch, der immerfort besteht, der sich wie eine Klammer um unser gesamtes Leben schließt.

Die Kraft hinter dem Fortschreiten der Zeit ist eine Trauer, für die es keinen Trost gibt. Das ist auch der Grund, aus dem das erste Ereignis eine Vertreibung gewesen sein soll und aus dem von dem letzten erhofft wird, daß es eine Aussöhnung und eine Rückkehr geben wird. Daher zieht uns die Erinnerung voran, und daher sind Prophezeiungen nichts weiter als ein brillantes Gedächtnis – es wird einen Garten geben, in dem wir alle als ein einziges Kind in unserer Mutter Eva schlafen werden ...

3.

Alleinsein

Dies Pflänzlein möchte wachsen und gedeihn
Doch dabei immer noch ein Fötus sein
Sich recken und doch das Verhängnis meiden
Daß es sich läßt zur festen Form verleiten.
Richard Wilbur

Einssein ist Seligkeit. Trennung ist gefährlich. Und doch zieht und zieht und zieht es uns fort. Das Verlangen, ein eigenes Ich zu werden, ist nämlich so mächtig wie die Sehnsucht, für alle Zeiten weiterhin in einer Symbiose zu existieren. Und solange wir, nicht unsere Mutter, die Initiative bei dieser Trennung haben und solange Verlaß darauf ist, daß unsere Mutter *da* bleibt, erscheint es möglich, das Alleinsein zu riskieren und sogar darin zu schwelgen.

Vom Schoß des Paradieses zu kriechen und selbständig zu erkunden.

Aufrecht auf zwei Beinen zu stehen und durch die Tür zu gehen.

Fortzugehen, in die Schule, zur Arbeit, in eine Ehe.

Das Wagnis zu unternehmen, die Straße und alle Kontinente dieser Erde ohne unsere Mutter zu überqueren.

Der Dichter Richard Wilbur spricht in seinem Vers in Form der Pflanzenmetapher die menschliche Entwicklung an, den Konflikt zwischen dem Einssein und dem Losgelöstsein. Wilbur erkennt ganz deutlich den Drang, eine lose Verbindung zu erhalten, doch »etwas an der Wurzel«, schreibt er, »dringlicher als dieser Drang«, stößt unaufhaltsam in die Außenwelt vor.

Es ist das Streben, ein eigenes Ich zu werden.

Aber Losgelöstheit ist letztendlich eine Frage der inneren Wahrnehmung, nicht der Geographie. Sie beruht auf dem Wissen, daß ich etwas anderes bin als du. Sie erkennt die Grenzen, die uns einschränken und einengen und abgrenzen und definieren. Sie steht in Beziehung zu einem inneren Kern, des Ichs, der nicht ausgewechselt oder abgelegt werden kann wie ein Kleidungsstück.

Das eigene Ich entsteht nicht aus plötzlicher Offenbarung, es entfaltet sich langsam. Und in den drei ersten Jahren unseres Lebens brechen wir in vorhersehbaren Stadien der Loslösung/Individuation zu einer Reise auf, die so entscheidend ist wie kaum eine andere, die wir je unternehmen werden – die Reise aus dem Einssein in die Loslösung.

Jeder spätere Aufbruch aus dem Vertrauten in das Unbekannte kann einen unbewußten Rückfall in diese erste Reise auslösen. Allein in einem fremden Hotelzimmer und fern von allen, die wir lieben, können wir plötzlich das Gefühl haben, gefährdet und unvollständig zu sein. Und jedesmal, wenn wir vom Sicheren ins Wagnis ziehen und die Grenzen unserer Erfahrung ausweiten, werden wir einen Teil der Freuden und des Grauens wiederholen, die uns bei diesem ursprünglichen Verlust begleitet haben:

Als wir die berauschende Freiheit und das von Panik befallene Alleinsein menschlicher Loslösung entdeckt haben.

Als wir zu dem aufgebrochen sind, was die Psychoanalytikerin Margaret Mahler als unsere ›psychische Geburt‹ bezeichnet hat.

Unsere psychische Geburt setzt im Alter von etwa fünf Monaten ein, wenn wir in ein Stadium eintreten, das Differenzierung genannt wird: ein Zeitpunkt, zu dem wir eine ›ausgebrütete‹ Wachheit aufweisen. Ein Zeitpunkt, zu dem wir eine spezifische Kind-Mutter-Bindung herausbilden. Und auch ein Zeitpunkt, zu dem wir uns aus der Körper-Seele-Identität, aus der personal absoluten Einheit lösen, weil uns die Erkenntnis zu dämmern beginnt, daß unsere Mutter und tatsächlich sogar eine ganze Welt außerhalb unserer Grenzen existiert – um angesehen, angefaßt und ausgekostet zu werden.

Das zweite Stadium beginnt mit etwa neun Monaten, ausgefüllt von einer verwegenen Zeit des Übens, in der wir anfangen, die ganzkörperliche Einheit unserer Mutter aufzugeben, von ihr wegzukrabbeln, jedoch immer wieder zu ihr als einem Stützpunkt und einer freigebigen Quelle zurückzukehren, die uns ein ›emotionales Auftanken‹ gewährt. Gespenstisch ist es dort draußen in der Welt, aber wir müssen unsere neuentdeckte Gabe zur Fortbewegung üben – und außerdem müssen all die Wunder der Außenwelt ausgekundschaftet werden. Und solange die Mutter da ist – als ein Körper, den man berühren kann, als ein Schoß, auf den man seinen ermatteten Kopf legen kann, als ein ermutigendes Lächeln, das besagt: Hier bin ich, und es ist alles gut, weiten wir mit Hilfe erstaunlicher Vitalität unser physisches Universum und unser Ich aus. Übung macht den Meister, Krabbeln führt zum Laufen, und zu diesem entscheidenden Zeitpunkt des Übungsstadiums bietet die aufrechte Fortbewegung solche Ausblicke, solche Möglichkeiten, daß ein Kind sich an seiner Omnipotenz und Herrlichkeit berauschen kann. Wir werden zum glühenden Narziß. Und zu Megalomanen. Gebieterisch. Wir sind die Herren all dessen, das wir inspirieren. Die Aussicht, die wir auf zwei sich bewegenden Beinen genießen, hat uns dazu verführt, eine Liebesbeziehung zur Welt einzugehen. Sie und wir sind einfach wunderbar.

Irgendwo in uns lebt heute noch dieser *lonesome cowboy,* der mutige Afrikaforscher, der Navigator auf unergründeten Meeren. Irgendwo in uns lebt der unerschrockene Abenteurer. Irgendwo in uns lebt, wenn es uns gestattet wäre, uns ganz den normalen Studien des Übungsstadiums hinzugeben, ein rauschhaft selbstbewußt experimentierendes Wesen, das einst in der Lage war, überall Wunder zu entdecken.

Später kasteien wir uns und sind eingeengt, aber wenn wir Glück haben, finden wir ab und an zu diesem Zustand der Selbstberauschung zurück oder berühren ihn zumindest. Wenn Walt Whitman dröhnt: »Ich preise mich und singe mich ... Göttlich bin ich durch und durch ...«, klingt daraus der atavistische Aufschrei des übenden Kindes.

Üben birgt Gefahren, aber wir sind zu emsig auf den Beinen, um uns von irgend etwas bedroht zu fühlen. Wir holen uns blaue Flecken und Schrammen und blutende Abschürfungen, und wir machen immer weiter, weil wir mehr erfahren wollen. Und während wir laufen, rennen, klettern, springen, hinfallen und wieder aufstehen, wirken wir in dieser Welt so zu Hause, so voller fröhlicher Zuversicht, so unempfindlich für Schäden, daß wir unsere Mutter fast vergessen zu haben scheinen.

Aber ihre verfügbare Gegenwart irgendwo im Hintergrund ist tatsächlich das, was uns diesen begeisterten Aufbruch erlaubt. Und wenn jetzt auch eine Distanz zwischen uns und unserer Mutter liegt, betrachten wir sie doch im Sinne eines Anhängsels als uns gehörig. Im Alter von etwa 18 Monaten erlangt unser Verstand die Fähigkeit, die Folgen unserer Loslösung zu erfassen.

Das ist der Zeitpunkt, zu dem wir sehen, was wir sind: ein kleines und angreifbares und hilfloses Kind von eineinhalb Jahren.

Das ist der Zeitpunkt, zu dem wir mit dem Preis konfrontiert werden, den wir für unser Alleinstehen bezahlen müssen.

Stellen Sie es sich so vor: Da führen wir also einen munteren Seiltanz auf und geben vielleicht auch noch mit ein oder zwei kecken Tricks an, als plötzlich unser Blick nach unten fällt und wir entdecken – »O, mein Gott! Sieh dir das an!« –, daß wir unseren Seiltanz ohne Netz aufführen. Aus ist es mit dem Gefühl der Vollkommenheit und der Macht, die aus der Illusion heraus entsteht, der Herrscher der Welt, der Star der Aufführung zu sein.

Aus ist es mit dem Gefühl der Sicherheit, das sich aus der Illusion herleitet, daß ein Kind immer eine Mutter als Sicherheitsnetz hat.

Zu diesem Zeitpunkt setzt das dritte Stadium im Prozeß der Trennung/Individuation ein. Es besteht aus Auseinandersetzungen, aus dem Versuch, ein gewaltiges Dilemma zu lösen: Wie können wir, die hochmütigen Kleinkinder, nachdem wir die ausschweifenden Genüsse des Alleinstehens kennengelernt haben, den Rückzug von dieser Autonomie antreten? Aber wie könnten andererseits wir, die ernüchterten Kleinkinder, denen die Risiken der Autonomie bewußt geworden sind, allein dastehen? Dieses Stadium, Wiederannäherung genannt, ist unser erster Versuch, Loslösung, Nähe und Sicherheit miteinander in Einklang zu bringen.

Wenn ich weggehe, ist das mein Untergang?

Und wird sie mich dann wieder aufnehmen?

An verschiedenen Punkten unseres Lebens wird uns dieses Dilemma der Wiederannäherung auch später Probleme bereiten. Immer wieder werden wir die Frage stellen: Soll ich gehen? Soll ich bleiben? An verschiedenen Wendepunkten – mit unseren Eltern, unseren Freunden, unseren leidenschaftlich Geliebten, unseren Ehegatten – werden wir uns mit Fragen der Intimität und der Autonomie herumschlagen, werden wir für uns das Distanz-Nähe-Problem zu lösen haben.

Wie weit kann ich fortgehen, ohne den Bezug zu verlieren?

Was kann ich allein tun wollen – und allein tun?

Und exakt wieviel von mir bin ich bereit für die Liebe aufzugeben, oder auch nur, um Schutz zu finden?

An verschiedenen Punkten unseres Lebens kann es vorkommen, daß wir darauf beharren: Das tue ich selbst. Ich werde allein leben. Ich werde es für mich selbst lösen. Ich werde meine eigenen Entscheidungen treffen. Und nachdem wir *diese* Entscheidung getroffen haben, kann es vorkommen, daß wir uns zu Tode davor fürchten, allein dazustehen.

Manchmal müssen wir auch feststellen, daß wir eine Erwachsenenvariante der Wiederannäherung nachspielen.

In den ersten Wochen der Wiederannäherung wenden wir uns nämlich wieder unserer Mutter zu. Wir wollen ihre Aufmerksamkeit mit allen Mitteln auf uns lenken. Wir buhlen um sie, gehen ihr auf die Nerven, schmeicheln uns bei ihr ein. Wir sind bestrebt, sie wieder zu besitzen, um die Angst vor der Isolation zu bannen. Unsere Gefühle sind: Hör nicht auf, mich zu lieben. Vielleicht schaffe ich es da draußen gar nicht alleine.

Was wir empfinden, ist das Bedürfnis nach Hilfe!

Andererseits wollen wir aber gar keine Hilfe. Oder, genauer gesagt, wir wollen Hilfe und wollen sie doch nicht. Umzingelt von Widersprüchen klammern wir uns an und reißen wir uns los, schwanken wir ständig zwischen Hinterherlaufen und Flucht. Wir beharren auf unserer Allmacht und wüten über unsere Hilflosigkeit. Unsere Trennungsangst steigert sich. Wir lechzen nach diesem süßen alten Einssein, und doch graut uns davor, verschlungen zu werden, wir wollen ganz unserer Mutter und doch auch ganz uns selbst gehören, und wir schwanken wie im Sturm, von einer Stimmung in die andere, nähern uns an und ziehen uns zurück – das typische Modell des Uneins-Seins mit sich selbst.

Gegen Ende des zweiten Lebensjahres muß jeder von uns, und zwar jeder auf seine ganz eigene und einzigartige Weise, damit anfangen, diese Wiederannäherungskrise zu meistern. Dazu müssen wir eine zu bewältigende Distanz, eine optimale Distanz, zwischen uns und unsere Mutter legen. Dazu müssen wir eine Distanz finden – nicht zu nah und nicht zu fern –, die es uns ermöglicht, psychologisch alleinzustehen.

In jedem Stadium der Trennung/Individuation kommt es zu einem Aufblühen oder zu einem Versagen, zu einer Weiterentwicklung, zu einem Steckenbleiben oder zu einem Zurückweichen. In jedem Stadium gibt es Aufgaben, die bewältigt werden müssen. Und wenn auch jede Handlung unseres Lebens von vielen verschiedenen Kräften bestimmt wird – multideterminiert ist –, leben wir doch heute teils durch das, was wir damals gelernt haben.

Betrachten wir den Fall der vorsichtigen Alice, die ihre Freunde und ihre Geliebten in Schach hält und die glaubt, die richtige Übersetzung für Nähe sei in Wahrheit Aufdringlichkeit. Immer noch nämlich setzt sie sich gegen die Mutter, das Bild der Mutter im Übungsstadium der Trennung zur Wehr, das Bild dieser abscheulichen, allgegenwärtigen Mutter, die immer wieder hinzugeeilt ist, um ihr Anweisungen zu geben, ihr Einschränkungen aufzuerlegen, ihr beizustehen und – sie zu beherrschen.

Betrachten wir auch den Fall des passiven Ray, der fürchtet, daß jegliche Autonomieforderung Menschen, die er liebt, verletzen und sogar vernichten würde, ein Mann, dessen lustvoll symbiotische, knuddelige, verschmuste Mutter in dem Moment, in dem ihr kleiner Junge anfing, sich von ihr loszuwinden, in trübsinnige, selbstmörderische Stimmungen verfiel.

Und sehen wir uns Amanda an, deren Mutter hilflos war und damit überfordert, auch nur den kleinsten Beitrag zur Selbständigkeit ihrer Tochter zu leisten. Amanda, inzwischen eine erwachsene Frau, ist heute noch nicht in der Lage, das Haus ihrer Mutter zu verlassen. Und in ihren Träumen steigt sie eine Treppe hinauf, hinter der das absolute, gräßliche, leere Nichts gähnt.

Was aber geschieht mit uns, wenn wir von einer Mutter, die unsere kleinkindliche Abhängigkeit nicht erträgt, aus dem Nest gestoßen werden? Oder wenn unsere Mutter uns gut behandelt, wenn wir bleiben, aber schlecht behandelt, wenn wir gehen? Oder wenn unsere ersten Erkundungszüge in die Außenwelt mit spürbarer Panik beobachtet werden, gewissermaßen als Gefährdungen für unsere Gesundheit oder gar unser Leben? Was geschieht, wenn diese Gefahr eintritt? Wenn wir im Moment unserer ›trotzigen Loslösung‹ auf das Gesicht fallen und unsere Mutter uns nicht aufhebt?

Dann müssen wir uns umstellen, Kompromisse schließen, oder wir zerbrechen daran. Also kommen wir irgendwie zurecht, wir behaupten uns. Zu welchen Lösungen wir auch kommen – sie werden durch spätere Erfahrungen umgeformt und ausgebaut. Aber in der einen oder anderen Form werden sie uns weiterhin prägen.

Es stimmt natürlich, daß Menschen mit verblüffend ähnlicher Vorgeschichte sich verblüffend verschieden entwickeln. Es stimmt auch, daß Menschen mit äußerst unterschiedlicher biographischer Genese sich in ihrer ›fertigen‹ Persönlichkeitsstruktur auf verblüffende Weise ähnlich sind. Es gibt in der menschlichen Entwicklung keine umwerfend einfachen A-entspricht-B-Korrelationen. Denn neben der sozialen Prägung gibt es auch noch die natürliche Veranlagung.

Dieses Zusammenspiel angeborener Eigenschaften hilft uns zu erklären, warum Dave, dessen Mutter eine ähnliche Charakterarchitektur aufweist wie die Rays, sich deren erstickendem Verlaß-mich-nie-das-wäre-mein-Tod widersetzen konnte. Schon früh nach Beendigung der Schule arbeitete er und entzog sich ihrer Reichweite durch den Besuch eines weit entfernten Colleges. »Das College hat mir dich für alle Zeiten genommen«, sagte sie irgendwann zu ihm. Schließlich heiratete er eine Frau, die ein sehr aktives eigenes Leben führte und ihn auf eine Distanz, in der keine Forderungen gestellt wurden, lieben konnte.

»Ab und zu«, gesteht Dave, »vermisse ich die weichen Brüste und die beschwichtigende, tröstliche Nähe. Wenn meine Mutter sich um mich gekümmert hat, wußte sie wahrhaft, wie man sich um jemanden kümmert.« Er ist sich der Verluste, die er davongetragen hat, um seine Autonomie zu erringen und zu bewahren, recht bewußt. Er lebt – manchmal gut, manchmal nicht ganz so gut – mit diesen Verlusten.

Am Ende des zweiten Jahres haben wir eine bemerkenswerte Reise vom Einssein in die Loslösung zurückgelegt, sind vom Stadium der Differenzierung in das des Übens und dann in das der Wiederannäherung weitergezogen.

Diese überlappenden Stadien der Trennung/Individuation werden mit einem vierten Stadium abgeschlossen, das jedoch ein offenes Ende hat, und in diesem Stadium festigen wir unser inneres Bild von uns selbst und den anderen.

Das erfordert einige Arbeit.

Wir können nämlich in unserem Zustand der Unreife die seltsame Vorstellung nicht begreifen, daß jene, die gut sind, manchmal auch böse sein können. Und daher sind unsere inneren Bilder – von der Mutter und vom Ich – zwiegespalten.

Es gibt ein durch und durch gutes Ich – ich bin ein absolut wunderbarer Mensch.

Und ein durch und durch schlechtes Ich – ich bin ein absolut mieser Mensch.

Es gibt eine durch und durch gute Mutter – sie gibt mir alles, was ich brauche.

Und eine durch und durch schlechte Mutter – sie gibt mir nichts von dem, was ich brauche.

In der frühen Kindheit scheinen wir zu glauben, daß diese unterschiedlichen Ichs und Mütter voneinander verschiedene Menschen sind.

Viele Erwachsene können deshalb nie aufhören, ihre und damit *die* Welt in Schwarz und Weiß aufzuteilen. Exzessive Selbstliebe kann bei ihnen mit einem ebenso exzessiven Selbsthaß abwechseln. Sie idealisieren geliebte Menschen. Wenn die sich dann wie ganz normale Menschen mit ganz normalen menschlichen Schwächen verhalten, passiert es wiederum, daß sie sie aus ihrem Leben verbannen.

Diese Aufteilung wird auch von Eltern praktiziert, die beschließen, in einem ihrer Söhne Kain und in dem anderen Abel zu sehen, oder von Liebhabern, deren Frauen entweder Madonnen oder Huren sind. Und von Vorgesetzten und Politikern, die die Welt nach dem Motto einteilen, wer nicht für mich ist, ist gegen mich. Nach heutiger Erkenntnis bestimmt diese Spaltung unsere gesamte frühe Kindheit. Wir beschützen das Gute, indem wir das Böse von ihm fernhalten. Wir verordnen unserem Zorn Quarantäne, weil wir fürchten, daß unsere Haßgefühle die, die wir mögen, aus unserer Liebe verbannen könnten. Aber allmählich lernen wir – wenn genügend Liebe und Vertrauen da ist –, mit der Ambivalenz zu leben. Allmählich lernen wir, den Spalt zu schließen.

Natürlich ist ein Universum aus Gut-Böse, Richtig-Falsch, Ja-Nein, dafort für uns auf eine beruhigende Weise einfach zu begreifen. Natürlich werden auch wir sogenannten normalen Menschen ab und an zu solchen Unterteilungen greifen. Aber auch das Loslassen unserer angsterfüllten und kindlichen Schwarz-und-Weiß-Vereinfachungen, damit an deren Stelle die komplizierten Mehrdeutigkeiten des wirklichen Lebens treten können, gehört zu unseren notwendigen Verlusten. Dieser Akt des Loslassens könnte uns allerdings auch zum Vorteil gereichen.

Die verhaßte Mutter, die uns verläßt, und die geliebte und liebende Mutter, die uns an sich drückt, werden jetzt als eine und nicht mehr als zwei verschiedene Mütter gesehen. Das böse, unwürdige Kind und das gute, verdienstvolle und liebenswerte Kind werden zu einem einzigen Bild des Du vereint. Anstelle der einzelnen Eigenschaften des Gegenübers beginnen wir jetzt, die Gesamtheit zu sehen – das zwar nur Menschliche, aber doch phantastisch Menschliche. Und wir lernen ein Ich kennen, in dem sich Gefühle des Hasses mit Gefühlen der Liebe vermengen können.

Dieser Konflikt wird nie ganz bewältigt – unser ganzes Leben lang werden wir diese inneren Bilder zerschneiden und zerstückeln – und wieder zusammenfügen. Phasenweise auch werden wir wieder in das Stadium der Schwarz-Weiß-Einteilung zurückfallen. Dennoch beginnt unser Leben im Alter von zwei bis drei Jahren diesbezüglich eine gewisse Stabilität anzunehmen.

Eine Beständigkeit des Ichs: ein mehrschichtiges geistiges Bild von einem Ich, das Bestand hat.

Eine Beständigkeit des Gegenübers: ein inneres Bild von

einer Mutter als einem ganzen Menschen, der gut genug ist, ein Bild, das unseren Zorn und unseren Haß überleben kann, ein Bild – und das ist ganz entscheidend –, das uns das Gefühl von Liebe, von Sicherheit, von Trost und Behagen geben kann, das, was uns unsere wirkliche Mutter einst leibhaftig gegeben hat.

Bei unseren frühen täglichen Begegnungen mit einer liebevollen Mutter, die unsere Bedürfnisse befriedigt, fühlen wir uns sowohl physisch als auch emotional in einem sicheren Halt. Und während wir Erinnerungen daran zusammentragen, daß liebevoll für uns gesorgt worden ist, werden diese Erinnerungen so sehr zu einem Teil unserer selbst, daß unsere tatsächliche Mutter allmählich weniger und immer weniger erforderlich ist. Wir können nicht auf eigenen Füßen stehen, ehe wir nicht dieses Gerüst eines inneren Haltes haben, das uns zunächst unsere Mutter liefert, später auch andere Menschen. Wenn dieser Cocktail von Erinnerungsfetzen, die unsere innere Welt erschaffen, sich auch oft dem Zugriff unseres Bewußtseins entzieht, so können sie doch manchmal – wie bei dem folgenden Erlebnis – wieder eingefangen werden:

Eine Frau hatte im Lauf einer Psychoanalyse begonnen, ihre Stärken zu entdecken und für sich positiv umzusetzen. Sie verfügte über Reserven, die ihr vorher nicht bewußt gewesen waren. Mit einem gewissen Erstaunen stellte sie fest, daß sie sich diese Kräfte buchstäblich visuell vorstellen, sie vor ihren Augen sehen konnte. Doch das Bild, das sich in ihrer Vorstellung herausformte, war merkwürdigerweise das eines unbekannten Gefüges aus Holz mit vier Seitenwänden, das sich von innen gegen ihre Brust preßte.

Nach Art der Psychoanalyse ließ sie sich zu diesem Bild assoziieren und stellte fest, daß ihr dazu ein Spanner für einen Tennisschläger einfiel, ein Bild, das sie, da sie weder Tennis spielte noch das Spiel mochte, vorübergehend ratlos machte. Aber weitere Assoziationen führten sie von dieser Form der Presse ... zu gepreßten Blumen ... zu gepreßten Schmetterlingen, und plötzlich sprießte eine Erinnerung in ihrem Gehirn auf: an eine Krankenschwester, die sie gepflegt hatte, als sie ein furchtbar krankes und äußerst verängstigtes Kind gewesen war. An eine freundliche, sanfte, tröstende Krankenschwester, die ihr täglich gezeigt hatte, wie die länger werdenden Schatten des Nachmittages auf die Wand ihres Zimmers den Umriß eines Schmetterlings warfen.

Dieser Schmetterling, dessen Bild in ihrem Innern bewahrt war, wurde zur bleibenden Erinnerung – der Erinnerung an die tröstliche Liebe der Krankenschwester. Die ihr als Kind in einem Krankenhauszimmer und mit Schmerzen – stimmt genau – ganz oben in der Brust Kraft gegeben hatte.

4.

Das private Ich

Wenn ich sage ›ich‹, dann meine ich etwas absolut Einzigartiges, das mit nichts anderem verwechselt werden darf.

Ugo Betti

Wer ist dieses anmaßende Geschöpf, das es wagt, alleinzustehen? Wir antworten gleichermaßen voll Stolz und voll Unbehagen: »Das bin ich.« Dieses ›Ich‹ ist die Proklamation eines Bewußtseins von unserer eigenen Person – des Bewußtseins von manchen der Ichs, die wir sind oder einst waren oder werden könnten. Unser Körper und unser Verstand, unsere Ziele und unsere Rollen, unser Verlangen und unsere Grenzen, unsere Gefühle und unsere Fähigkeiten: All das und mehr umfaßt dieses eine kleine Wort.

Unser Ich – das Ich, das wir im Moment sind – kann gerade Rinderbraten oder Liebe machen, ins Büro laufen oder an einem Marathonlauf teilnehmen, im Gerichtssaal klug, bei der Reinigung grob und bei der Zahnwurzelresektion zu Tode geängstigt sein. Und es weiß, daß alle diese Ichs und auch das Gesicht des Sechsjährigen in unserem Fotoalbum und der sechzigjährige Mensch, der wir früher oder später sein werden, eine einzige kohärente Einheit sind, Teile einer einzigen Identität sind, ›Ich‹ sind.

Während wir zu diesem Ich wurden, mußten wir uns von dem unvergleichlichen Paradies des Einsseins lösen, von der beglückenden Illusion, unangreifbar und in Sicherheit zu sein, und von den tröstlichen, angenehmen, einfachen Wahrheiten eines säuberlich aufgeteilten Universums, in dem gut nur gut und böse nur böse war. Während wir zu diesem Ich geworden sind, sind wir in eine Welt des Alleinseins und der Machtlosigkeit und der Ambivalenz eingetreten. Wir sind uns über unser Grauen und unseren Stolz im klaren, wenn wir sagen: »Das bin ich.«

Wie Sie zweifellos bereits wissen, gibt es ein Modell der psychischen Struktur, das drei hypothetische Ebenen benennt: Das Es, dem unsere kindlichen Wünsche entspringen. Das Über-Ich, unser Gewissen, unser innerer Richter. Und das Ich, der Sitz der Wahrnehmung, des Gedächtnisses, des Handelns, des Denkens, des Empfindens, der Abwehr und des Selbstbewußtseins – der Ort, an dem ›ich‹ als ein inneres Bild von mir selbst lebe.

Dieses Ich – diese Selbstdarstellung – ist aus Erfahrungsbruchstücken aufgebaut, die unser Ego zu einer Gesamtheit zusammenfügt. Erfahrungen der Harmonie und lustvollen Bestätigung. Erfahrungen unserer frühen zwischenmenschlichen Beziehungen. Die Theorie ist die, daß sich allmählich ein Bild des ›psychischen Ichs‹ um ein früheres Bild des ›körperlichen Ichs‹ webt, so daß wir mit etwa 18 Monaten beginnen, uns mit unserem Namen sowie auch mit dieser einzigartigen ersten Person Singular zu benennen.

Das ›Ich‹, auf das wir uns beziehen, hat ein Bild von diesem Ich, dem liebevoll bemutterten Kind, in sich aufgenommen – verinnerlicht. Aber es hat – aufgrund einer gewissen Identifikation mit ihr – auch verschiedene Aspekte der liebenden Mutter in sich aufgenommen.

Identifikation ist einer der zentralen Vorgänge, mit deren Hilfe wir ein Ich herausbilden.

Identifikation erklärt, warum ich rechthaberisch, vorsichtig und vernarrt in Bücher bin – wie meine Mutter.

Identifikation erklärt, warum ich übermäßig durchorganisiert und stur bin – wie mein Vater.

Identifikation erklärt, warum – da mein Mann und ich es gewohnt sind, täglich zu duschen – unsere einst ›wasserscheuen‹ Söhne inzwischen täglich duschen.

Identifikation erklärt, warum der Apfel wohl nicht allzuweit vom Stamm fällt.

Unsere ersten Identifikationen haben eine allumfassende Tendenz. Aber mit der Zeit identifizieren wir uns partiell und selektiv. Und während wir uns immer wieder sagen: »Ich werde so sein wie *dieser* Teil von dir, aber nicht so wie *der* Teil von dir«, werden unsere Identifikationen immer unpersönlicher. Auf die Weise werden wir nicht etwa Klons unserer Mutter oder unseres Vaters oder anderer, sondern freundlich, Schwerarbeiter, lustig, Tänzer oder schlagfertig. Wie Lord Tennysons Ulysses können wir behaupten: »Ich bin ein Teil von allem, was mir begegnet ist.« Aber diese Teile sind transformiert worden: Jeder einzelne von uns ist ein Künstler des Ich, der aus kleinen Schnipseln und Bruchstücken von Identifikationen eine Collage – ein neues, echtes und originelles Kunstwerk – erschafft.

Die Menschen, mit denen wir uns identifizieren, sind uns, ob im Positiven oder im Negativen, immer wichtig. Unsere Gefühle ihnen gegenüber sind auf irgendeine Weise immer intensiv. Und wenn es auch sein kann, daß wir uns deutlich an eine bewußte Entscheidung erinnern, einem Lehrer oder einem Filmstar nachzueifern, dann spielen sich doch die meisten Identifikationen außerhalb unserer bewußten Wahrnehmung ab, finden unbewußt statt.

Wir identifizieren uns aus vielen verschiedenen Gründen, im allgemeinen aber auch aus etlichen Gründen gleichzeitig. Und oft identifizieren wir uns auch, um mit Verlusten umgehen zu können, um in unserem eigenen Innern jemanden zu erhalten – indem wir beispielsweise seine Art, sich zu kleiden, seinen Akzent oder seine Affektiertheiten übernehmen –, den wir verlassen müssen, oder jemanden, der stirbt.

Ein Student im zweiten Studienjahr wechselte kurz nach dem Tod seiner Mutter, die Psychologin war, vom Hauptfach Politologie zum Hauptfach Psychologie über.

Eine Frau, die sich immer an den gräßlichen Tischmanieren ihres Mannes gestört hat, übernimmt kurz nach seinem Tod dieselben schlechten Manieren.

Ein Ehemann, der nie Kirchgänger war, beginnt kurz nach dem Tod seiner streng religiösen Frau, regelmäßig Gottesdienste zu besuchen.

Aber unsere Verluste müssen nicht durch den Tod eines anderen entstehen; die alltäglichen Verluste des Heranwachsens fördern oft entscheidende Identifikationen. Die Identifikation kann uns nämlich gleichzeitig als ein Mittel zum Festhalten und zum Loslassen dienen. Der Akt der Identifikation scheint sogar oft zu besagen: »Dafür brauche ich dich nicht; das kann ich selbst.« Das gestattet uns, wichtige Aspekte von Beziehungen aufzugeben, indem wir diese Aspekte als unsere eigenen auffassen. Die einflußreichsten unserer Identifikationen stammen überwiegend aus unserem frühen Leben. Sie stecken den Rahmen für unsere späteren Identifikationen und geben ihnen Kontur. Wir können uns, ob dauerhaft oder vorübergehend, mit denen identifizieren, die wir lieben oder beneiden oder bewundern, auch mit denen, auf die wir wütend sind oder vor denen wir uns fürchten.

Diese sogenannte ›Identifikation mit dem Aggressor‹ kann in Situationen der Hilflosigkeit und der Frustration einsetzen, wenn jemand, der größer, stärker oder mächtiger ist als wir, Macht über uns hat. Durch eine Grundhaltung, die man mit den Worten umschreiben könnte: »Wenn du nichts gegen sie ausrichten kannst, schließ dich ihnen an«, versuchen wir, uns den Menschen anzugleichen, die wir fürchten und hassen, weil wir hoffen, auf diese Weise ihre Macht zu erlangen und uns somit gegen die Gefahr schützen zu können, die von ihnen ausgeht.

So wird die entführte Erbin Patty Hearst zur bewaffneten Revolutionärin Tania.

So kann durch diese defensive ›Identifikation mit dem Aggressor‹ das mißhandelte Kind zum Erwachsenen werden, der Kinder mißhandelt.

Identifikationen können sowohl aktiv als auch passiv, sowohl liebevoll als auch haßerfüllt sein, die weitere Entwicklung sowohl positiv als auch negativ beeinflussen. Es können Identifikationen mit jemandes Impulsivität, Empfinden, Gewissen, Errungenschaften, Fertigkeiten, mit jemandes Art, Ziel, Frisur, Leid sein. Im Lauf der Jahre, in denen wir diese verschiedenen Identifikationen modifizieren und miteinander in Einklang bringen – darunter natürlich auch unsere geschlechterspezifischen Identifikationen als Frau oder Mann und darunter vielleicht auch eine grundlegende Identifikation mit einer Religion, einem Berufsstand oder einer Gesellschaftsschicht und darunter Identifikationen mit abscheuerregenden sowie auch mit ausgezeichneten Eigenschaften –, tauchen mögliche andere Ichs auf, die wir ablegen müssen.

Das Aufgeben dieser möglichen anderen Ichs ist wieder einer unserer notwendigen Verluste.

»Nicht, daß ich es nicht täte, könnte ich«, schreibt William James,

sehr gut aussehen und gleichzeitig fett sein, gut gekleidet und ein großartiger Sportler, eine Million im Jahr verdienen, geistreich sein, ein Bonvivant und ein Frauenheld, außerdem auch ein Philosoph, ein Philanthrop, ein Staatsmann, ein Krieger und ein Afrikaforscher, zugleich ein ›Tonpoet‹ und Heiliger. Aber die Sache ist die, daß es einfach unmöglich ist ... Derart verschiedene Charaktere sind einem Menschen zu Beginn des Lebens denkbar und im selben Maße möglich. Aber um einen dieser Charaktere wirklich werden zu lassen, müssen die übrigen mehr oder weniger unterdrückt werden. Daher muß der, der nach seinem wahrsten, stärksten, tiefsten Ich sucht, diese Liste immer wieder sorgsam durchgehen und sich denjenigen aussuchen, auf den er für seine Erlösung setzt. Alle anderen Ichs werden daraufhin unwirklich ...

Unser Versagen, unsere verschiedenen Identifikationen mehr oder weniger miteinander in Einklang zu bringen, unser Versagen, unsere verschiedenen Ichs zu integrieren, kann im Extremfall zu der bizarren Geistesstörung führen, deren Verkörperung als multiple Persönlichkeit bezeichnet wird, was nichts anderes heißt, als daß eine Anzahl von widersprüchlichen Ichs dauerhaft in ein und derselben Person wohnt. Aber in unserer Umgebung, um uns herum, gibt es Menschen – die Haushalte führen, Anwaltskanzleien leiten, Länder regieren – mit geringeren Störungen des Ichs. In unserer Umgebung, um uns herum, bevölkern Frauen und Männer mit einem gestörten Gefühl der Ganzheit unsere Welt mit emotional Verwundeten.

Zweifellos sind uns allen schon jene Menschen begegnet, die Winnicott die Persönlichkeiten mit dem falschen Ich nennt.

Oder die Leute, die die Psychoanalytikerin Helene Deutsch mit dem Begriff Als-ob-Persönlichkeiten bezeichnet.

Oder diese Grenzbewohner am Rande der Neurose und Psychose, die Menschen mit den Borderline-Störungen, die man buchstäblich als ›Grenz‹-Persönlichkeiten bezeichnen kann.

Oder die derzeitigen Lieblinge der psychologischen und der soziologischen Forschung, die narzißtischen Persönlichkeiten.

Jeder dieser Begriffe kann benutzt werden, um über Verzerrungen des Ichs und vom Bild des Ichs zu sprechen. Jeder dieser Namen bezieht sich auf geringfügig voneinander differierende, aber oft überlappende Beschreibungen von Schäden, die dem privaten Ich zugefügt worden sind.

Der Psychoanalytiker Leslie Farber beschreibt, was mit einem Menschen geschieht, wenn er seine gesamte Existenz um ein falsches Ich herum aufbaut und glaubt, er müsse »mit seiner eigenen Darstellung der eigenen Person herumspielen ..., um die Aufmerksamkeit und die Anerkennung zu bekommen, nach der er lechzt ...« Dieser Mensch leidet nicht nur an den Qualen und unter der geheimen Schande, »ein geheimes, unschönes, unzulässiges Ich« zu besitzen, sondern er leidet auch unter »der seelischen Last, nicht als der Mensch zu erscheinen, der er ›ist‹, oder nicht der Mensch zu ›sein‹, der er zu sein scheint ...«

Jeder von uns wird wohl so oder so gelegentlich mit den wirklichen und angemaßten Facetten seiner Persönlichkeit publikumswirksam herumspielen – sei es zum Zweck der Imagepflege, die Anpassung oder des circensischen Lust-Spiels. Und mit Sicherheit geben wir alle uns manchmal einem gewissen Maß der Selbsttäuschung hin, geben uns eine Zwei plus für etwas, für das uns jeder gerechte und unparteiische Beobachter kaum noch eine Drei geben würde. Dennoch bemühen sich die meisten von uns, eine vernünftige Beziehung zwischen dem Ich, das wir sind, und dem Ich, das wir zeigen, aufrechtzuerhalten. Denn wenn diese Beziehung abreißt, kann das Ich, das wir der Welt gegenüber darstellen, ein falsches Ich sein.

Wie die Frau, die sich erfolgreich im harten Konkurrenzkampf durchgesetzt hat, immer noch darauf beharrt: »In Wirklichkeit bin ich doch nur ein armes kleines Mädchen aus Brooklyn.«

Wie der Mann, der davon spricht, ›zwei Ichs‹ zu haben, »das wirkliche Ich ..., das vor Schreck versteinert, wenn es sich enthüllen soll« und »das andere Ich ... das sich den gesellschaftlichen Anforderungen fügt«. Und vielleicht wie Richard Cory, ein Mann, »der schon beim Gehen schillerte«, der um das rosige Leben, das er führte, beneidet wurde, der gut aussah, ein reicher Gentleman war und der in einer Sommernacht »nach Hause ging und sich eine Kugel in den Kopf schoß«.

Menschen, die ihr Leben als falsches Ich leben.

Das wahre Ich entspringt nach Winnicotts Ausführungen unserer frühesten Beziehung, dem behutsamen Aufeinandereinstimmen von Mutter und Kind. Es beginnt mit Reaktionen, die uns in der Praxis sagen: »Du bist, was du bist. Du empfindest, was du empfindest.« Sie erlauben uns, an unsere eigene Wirklichkeit zu glauben und überzeugen uns davon, daß wir ungefährdet unser frühes, fragiles, gerade erst zu wachsen beginnendes wahres Ich zeigen dürfen.

Stellen Sie es sich so vor: Wir greifen nach einem Spielzeug, aber während wir den Arm danach ausstrecken, werfen wir für einen Sekundenbruchteil einen Seitenblick auf unsere Mutter. Wir suchen nicht etwa ihre Erlaubnis, sondern mehr. Wir suchen die Bestätigung, daß dieser Wunsch, diese spontane Geste, wirklich zu uns gehört.

In diesem heiklen Moment erlaubt uns die reagierende – aber auch unaufdringliche – Gegenwart der Mutter, dem eigenen Wunsch zu trauen: »Ja, ich will es. Ich tue es.« Wenn wir in unserem aufkeimenden neuen Gefühl für das Ich in unserem Selbst-Bewußtsein bestätigt worden sind, strecken wir die Hand ganz nach dem Spielzeug aus.

Aber wenn unsere Mutter statt dessen auf die Frage in unseren Augen so reagiert, als deute sie unsere Bedürfnisse falsch oder setze an deren Stelle ihre eigenen ein, können wir unseren Gefühlen und unserer Wirklichkeit nicht trauen. Ihre mangelnde Einstimmung auf uns kann uns das Gefühl geben, verstoßen und beleidigt worden zu sein. Gelegentlich geschieht es dann, daß wir unser wahres Ich durch ein falsches Ich verteidigen.

Dieses falsche Ich gebärdet sich nachgiebig, fast unterwürfig. Es mißt nicht an Programmen und Wertmaßstäben. Es scheint zu sagen: »Ich will so sein, wie du mich haben willst.« Wie ein Baum, der spaliert worden ist, um das ursprüngliche Wachstum zu hemmen, paßt es sich einer Form an, die ihm von außen übergestülpt wurde. Diese Form ist manchmal attraktiv, manchmal von einem phantastischen Reiz, aber sie ist künstlich.

Die Als-ob-Persönlichkeit, wie Helene Deutsch sie beschreibt, ist im Gegensatz zum falschen Ich nicht schablonen- sondern chamäleonartig, denn die »Bereitwilligkeit, Signale von der Außenwelt aufzunehmen und sich selbst und sein Verhalten dementsprechend zu gestalten«, sorgt für häufig wechselnde – aber auch hochgradig überzeugende – Nachahmungen, erst eines solchen Menschen und dann eines ganz anderen. Die Als-ob-Persönlichkeit ist sich der Hohlheit ihres Innern nicht bewußt. Sie lebt ihr Leben, ›als ob‹ es eine Ganzheit wäre. Ihre Wortwahl, die Wahl ihrer Krawatten, ihre Wertvorstellungen, ihre Leidenschaften, ihre Freuden imitieren lediglich die Realitäten anderer Menschen. Und mit der Zeit verspüren wir ein Unbehagen – wir sehen diesen Menschen an und denken: »Moment mal: Irgend etwas stimmt hier nicht« – und das trotz der brillanten Show, die er vorführt. Denn ohne es selbst auch nur zu wissen, kopieren diese Menschen, wie Humanoiden in einem Science-fiction-Film, lediglich die menschlichen Formen. Sie verhalten sich, als würden sie etwas erleben, aber es gibt keine entsprechende innere Erfahrung.

Eine komische und brillante Karikatur der Als-ob-Persönlichkeit wird uns in Woody Allens Film ZELIG vorgestellt. Dessen Held ist ein Mann, der so wenig Gefühl für sich selbst hat, daß er in die Haut eines jeden anderen schlüpft, der ihm gerade begegnet. Leonard Zelig – der darauf versessen ist, sich einzufügen, akzeptiert zu werden, gemocht zu werden – wird zum Schwarzen, zum Chinesen, fettleibig oder zum Indianerhäuptling. Und er erscheint als Doppelgänger von einem von Hitlers Braunhemden, von der Entourage des Papstes und von Babe Ruths Mannschaft. Zelig, der nicht nur deren körperliche, sondern auch deren mentale Charakteristika annimmt, wird zu der Gesellschaft, mit der er sich umgibt. »Ich bin niemand: Ich bin nichts«, erzählt er seinem Psychiater. Er *ist* Leonard Zelig – ein menschliches Chamäleon.

Die Borderline-Persönlichkeit unterscheidet zwischen dem Guten und dem Schlechten in sich selbst und in anderen mit Hilfe eines Aufspaltungsprozesses, der in Kapitel 3 beschrieben wurde. Bei ihr setzt schon in früher Kindheit die Furcht ein. Die Wut, die sie (wie wir alle) manchmal auf ihre Mutter hat, würde sie gewiß vernichten. Aber wenn die gleichermaßen gehaßte Frau *und* geliebte Frau als zwei verschiedene Frauen wahrgenommen werden können, ist das Kind in der Lage, ungestraft zu hassen. Und daher spaltet es Personen auf.

Die Borderline-Persönlichkeit lebt nach den Ausführungen des Psychoanalytikers Otto Kernberg ein zerrissenes Leben, lebt von einem Moment zum nächsten, »zerschneidet aktiv die emotionalen Verknüpfungen zwischen dem, was andernfalls chaotische, widersprüchliche, in hohem Maß frustrierende und erschreckende emotionale Erfahrungen wären ...« Die Borderline-Persönlichkeit empfindet zwar Liebe und Haß, kann beides aber aus der Angst heraus, daß das Böse das Gute vergiften wird, nie zusammenbringen. Bedroht von den unerträglichen Schuldgefühlen und der Angst, die eine Vernichtung, so wie sie sie sich vorstellt, mit sich brächte, kann es sein, daß sie ihre jeweilige Bezugsperson montags und mittwochs liebt, daß sie sie dienstags und donnerstags haßt und daß sich samstags beides miteinander abwechselt; aber sie wird nie beides gleichzeitig tun.

Es ist nicht weiter erstaunlich, daß die Borderline-Persönlichkeit in ihren Stimmungen und ihren Beziehungen instabil ist. Sie ist oft impulsiv und physisch selbstzerstörerisch. Es kann ihr Schwierigkeiten bereiten, allein zu sein. Aber der herausragendste Zug der Borderline-Persönlichkeit ist die Aufspaltung des Gegenübers, die es ihr ermöglicht, tiefgreifende Widersprüche in seinem Denken und seinem Handeln zu tolerieren, da sie verschiedene Aspekte ihres Selbst voneinander getrennt hat. Der Narziß wird gewöhnlich als hochgradiger Bewunderer seiner selbst gesehen. Aber in Wirklichkeit läßt sein Verhalten auf das Fehlen einer stabilen inneren Selbstliebe schließen, die ihn zu einer derart verzehrenden Zuneigung gegenüber der eigenen Person veranlaßt. Ihn dazu drängt, andere Menschen lediglich zum Zweck der Selbsterhöhung zu benutzen, sie als Spiegelbilder seiner selbst zu benutzen.

Ich muß attraktiv sein – sieh dir doch nur die schönen Frauen an meiner Seite an.

Ich muß bedeutend sein – ich lebe in der Gesellschaft von Prominenten.

Ich muß interessant sein – ich bin immer der Star, stehe immer im Mittelpunkt der Aufmerksamkeit.

So muß es doch sein – oder vielleicht doch nicht?

Die Entwicklung einer von Zuversicht getragenen inneren Selbstliebe ist bei ihnen tiefgreifend gestört.

Freud hat gesagt, daß die Liebe zu uns selbst, ehe wir wußten, daß außer uns noch jemand existiert, der eigentliche Narzißmus ist – der primäre Narzißmus. Er sagt, daß wir später, wenn wir unsere Liebe anderen entziehen, um uns selbst zu lieben, sekundären Narzißmus zeigen. Er sagt, daß wir, je mehr wir uns selbst lieben, desto weniger andere lieben können. Er sagt, die Liebe zum Ich und zu den anderen seien einander entgegengesetzt. Und er hat bei uns als Erbe den Eindruck hinterlassen, Narzißmus sei mit Gewißheit nichts Gutes.

In den letzten Jahren wurde diese negative polarisierte Auffassung von Narzißmus jedoch von einigen Psychoanalytikern in Frage gestellt – insbesondere von Heinz Kohut. Narzißmus, sagt Kohut, ist normal, ist gesund, ist wichtig, ist etwas Gutes. Und eine innige Liebe zu uns selbst rundet unsere Liebe zu anderen ab – ergänzt sie, statt ihr etwas zu nehmen.

Wie erreichen wir eine erstrebenswerte – aber eben nicht maßlose – Selbstliebe?

Kohut will sagen: Am Anfang steht das Gefühl, alles, was wir sind und besitzen, sei vollkommen und stark und gut. Und damit wir uns mit den Grenzen der menschlichen Erhabenheit arrangieren können, nehmen wir zuerst einmal eine narzißtische Position ein.

Es gibt nämlich eine Zeit in unserem Leben, in der wir es nötig haben, großspurig zu sein und in unserer Großartigkeit zu schwelgen, in der wir es nötig haben, als ganz bemerkenswert und außergewöhnlich angesehen zu werden, in der wir es nötig haben, vor einem Spiegel zu posieren, der unsere Bewunderung für uns selbst wiedergibt, in der wir ein Elternteil brauchen, das als dieser Spiegel fungiert.

(Damit ist die schiere Freude gemeint, die Eltern an ihren Kindern haben können, das Vergnügen, das eine Mutter empfindet, das Lob, das sie spenden kann, die Fähigkeit, auf ein exhibitionistisches: »He, Mama, sieh dir mich an!« mit Stolz und Ermutigung zu reagieren. Bestimmt nicht gemeint ist damit eine bedingungslose Nachsicht und das bewußt gesteuerte Umschiffen aller Frustrationen. Jeder Mensch braucht gewisse Enttäuschungen, um sich weiterzuentwickeln.)

Es gibt auch eine Zeit in unserem Leben, in der wir es nötig haben, an der Vollkommenheit eines anderen teilzuhaben, in der wir es nötig haben zu sagen: »Du bist wunderbar, und du gehörst mir«, in der wir es nötig haben, uns selbst durch unsere Verbindung mit einem makellosen, omnipotenten Wesen zu erhöhen, in der wir ein Elternteil brauchen, der als dieses Ideal fungiert.

(Damit ist die Ruhe und die Zuversicht gemeint, die ein Elternteil seinem Kind bieten kann, ist gemeint, daß Eltern die Imagination von Herrlichkeit und Macht, von Stärke und Fürsorge nicht zerstören sollen. »Ich bin da – du mußt nicht alles allein tun«, eine Bereitwilligkeit, ein unbesiegbarer Verbündeter zu sein. Bestimmt nicht gemeint ist damit, daß ein Elternteil ein Superheld sein muß.)

Es gibt eine Zeit in unserem Leben – in unserer frühen Kindheit –, in der wir es nötig haben, überlebensgroß und aus ›reinstem Gold‹ zu sein. Wir brauchen den Glauben, daß unser tatsächliches Ich – dieses eifrige, jubilierende, eingebildete Ich, das wir zeigen – zumindest für kurze Zeit in der lupenrein schillernden Form akzeptiert wird, in der wir es präsentieren.

Wenn unsere Mutter und unser Vater uns das geben können – nicht ständig, nur manchmal, eben ... gerade genug davon –, dann fungieren sie als Teile unseres Ichs, die den Grundstein dafür legen, daß unsere Entwicklung zwischen Omnipotenzgefühlen und Wirklichkeitsakzeptanz zu einer positiven Selbstidentifikation führt.

Denn dann lernen wir, mit den Mosaikteilchen des herrlichen Bildes, das wir uns gemacht haben, so lange zu spielen, bis es menschliche Dimensionen erreicht hat:
ein positives Bild von uns selbst
eine gefestigte Selbstachtung
eine Liebe zu uns selbst, die uns die Freiheit gibt, andere zu lieben.

Ohne diese gesunde narzißtische Fixierung nämlich bleiben wir in einem Stadium des archaischen, infantilen Narzißmus stecken. Wir können nicht weiterziehen. Wir können ihn nicht ablegen. Andere können dann für uns nicht etwa menschliche Partner in einer liebevollen Beziehung werden, sondern bloße Mittel, diese fehlenden Stücke des eigenen Ichs zu verkörpern oder zu ersetzen. Daher sucht der Narziß Bewunderer und hofft, diese Bewunderung zu seiner eigenen machen zu können. Daher sieht sich der Narziß nach Mächtigen um und hofft, diese Macht zu seiner eigenen machen zu können. Die quasi als klischierte Versatzstücke gesuchten Menschen werden jedoch, laut Kohut, »nicht wegen ihrer Eigenschaft geliebt oder bewundert, und die wirklichen Züge ihrer Persönlichkeit ... werden nur vage wahrgenommen«. Sie sind auch tatsächlich nicht wirklich Freunde oder Geliebte oder Ehepartner oder Kinder, sondern Teile des Ich des Narziß – nichts weiter als ›Ich-Objekte‹.

Das fiktionale Bild einer narzißtischen Persönlichkeit kann uns Vitalität und Gefühlsbetontheit vortäuschen, eine Person, die alle die kleinen alltäglichen Begebenheiten romantisiert und sexualisiert, übermäßig enthusiastisch und übermäßig dramatisch ist. Unter all dieser Pseudovitalität steckt jedoch eine innere Leblosigkeit und Leere, eine Gier, sich mit etwas füllen zu lassen, ein Grauen vor dem, was eigentlich wirklich ist. Und hinter allen Gesten, allem Reichtum und Glamour, hinter dem verzweifelten Schrei: »Sieh mich an!«, stehen Gefühle der Nicht-Authentizität und der eigenen Mangelhaftigkeit.

Peggy meidet Abhängigkeiten. Ihr graut vor Intimität und Nähe. Sie ist ständig in Bewegung und versucht, ihrer Furcht vor dem Altern und der Sterblichkeit zu entfliehen. Ohne wirkliche Bezüge zu Zukunft und Vergangenheit, ohne liebevolle Gefühle in andere zu investieren, ohne diese Erinnerungen an Liebe, lebt sie in einem von ständigen Ängsten besetzten Jetzt.

Überprüft allmorgendlich ihr Gesicht auf Falten.

Sorgt dafür, daß ihr Terminkalender keinen Abend freibleibt.

Läuft in ständigen Anwandlungen von chronischer, nervenaufreibender Hypochondrie zu Ärzten.

Und sie ist von grenzenlosem Zorn erfüllt, dem Zorn des enttäuschten Kindes, in das sich niemand hineinversetzt.

Ich kannte einmal einen Mann – nennen wir ihn Don –, der ein Narziß ganz anderer Art war: Er eroberte zwanghaft Frauen und zog sie in sein Bett. Stolz brüstete er sich damit, einmal im Lauf einer einzigen anstrengenden Nacht in drei verschiedenen Stadtteilen mit drei verschiedenen Frauen geschlafen und – es herrschte gerade Benzinknappheit – dabei ›nur öffentliche Transportmittel benutzt zu haben‹.

In seinen Beziehungen zu Frauen neigte Don immer wieder zu Idealisierungen. Sie waren schön, großartig und – immer! – von geistiger Tiefe. Die darauf folgende, oft sofortige Desillusionierung ließ ihn ständig Ersatz suchen. Er hatte viele Ehefrauen, viele Geliebte, und keine von ihnen kannte er.

Mein Lieblingsnarziß aber ist eine Kröte namens Warty Bliggens. Sie sitzt voll strahlender Zufriedenheit unter einem Fliegenpilz und

sieht sich an als
Mittelpunkt des ...
Universums
die Erde gibt es
damit sie für ihn Fliegenpilze wachsen läßt

zum Druntersitzen
die Sonne um ihm Licht zu geben
bei Tag und den Mond
und flirrende Sternbilder
um die Nacht
zu verschönern für
warty bliggens

Wenn das nicht ein schöner Fall von Größenwahn ist!

Manche Narzisse treten als ›ich bin der Größte‹ auf. Andere sind auf indirekte Weise großspurig. Aber sei es ihre Arroganz oder ihre Herablassung, ihre Promiskuität oder ihr asoziales Verhalten, ihre Lügen über das, was sie erreicht haben, oder ihre Unfähigkeit, je zu sagen: »Ich weiß es nicht« – all das weist auf eine Phantasiewelt hin, in der sie alles zu wissen und zu beherrschen glauben, in der ihnen ALLES erlaubt ist und in der sie etwas ganz Besonderes sind. Etwas GANZ Besonderes.

Um einen kurzen Blick auf dieses Gefühl der Besonderheit zu werfen, sehen wir uns einen Traum an, den ein Patient seinem Psychiater so erzählte:

»Es stellte sich die Frage, einen Nachfolger für mich zu finden.

Ich dachte mir: Wie wäre es mit Gott?«

Das Schwierige an der Selbstherrlichkeit ist, daß sie angreifbar ist. Sie ist unerbittlich angreifbar. Im Lauf eines normalen Lebens werden wir nämlich, ganz gleich, welche Triumphe wir feiern, und ganz gleich, wie hoch wir aufsteigen, Verluste erleiden. Mit Krankheiten konfrontiert werden. Mit dem Alter. Mit körperlichen und geistigen Einschränkungen. Mit Trennung und Einsamkeit und Tod. Das sind schwierige Erfahrungen – selbst mit einer Familie, einer Philosophie und einer Religion im Hintergrund, selbst mit Banden zu etwas, was über unsere schwache physische Existenz hinausgeht. Ohne solche Bande, ohne einen weitergehenden Sinn, der dem ›Ich‹ Bedeutung gibt, kann das Fortschreiten der Zeit nur Grauen über

Grauen mit sich bringen. Angesichts dieser langfristigen Realität ist es verblüffend, wie lange der Narziß sie leugnen kann, an der Überzeugung festhalten kann, daß Jugend und Schönheit, Gesundheit und Macht, Bewunderung und Bestätigung in alle Ewigkeit erhalten bleiben.

Das ist natürlich nicht der Fall.

Wenn das Talent erlahmt, wenn die Schönheit verblüht, wenn die glanzvolle Karriere sich dem Ende zuneigt, ist die Welt kein Spiegelbild der Vollkommenheit des Narziß mehr. Und da das widergespiegelte Ich das einzige Ich ist, das er hat gelten lassen, verliert er dieses Ich und verfällt in Depressionen. Depressionen – die elende Seite der Selbstherrlichkeit – sind eine naheliegende Reaktion auf die verletzte Selbstachtung des Narziß, der eine völlig belanglose Enttäuschung oder doch eine geringfügige Enttäuschung sowie auch die härteren Unvermeidlichkeiten des Lebens einen Knacks versetzt haben.

»Alle ihre Ersatzspiegel waren zerschmettert worden«, schreibt ein Analytiker über eine alternde, depressive Patientin, »und wieder stand sie hilflos und verwirrt da wie einst das kleine Mädchen vor dem Gesicht der Mutter, in dem es sich nicht finden konnte ...«

Der Narziß kann sich auch immer dann beraubt und deprimiert fühlen, wenn er seine idealisierten Ich-Objekte verliert. Denn wenn man bedenkt, daß er sie zu seinem Quell all dessen, was einfluß- und segensreich ist, gemacht hat, versteht man auch, wie leer er ohne sie ist. Es kann vorkommen, daß er mit Alkohol- oder Drogenexzessen vor der Leere flieht, mit ausufernden sexuellen Eroberungen, mit gefährlichen Hobbys. Er kann aber auch den gemeinsamen narzißtischen Rückzug in irgendeinen religiösen Kult anstreben, bei dem »das absolute Daraufeingehen, die endlose Monotonie, die zwanghaften Litaneien und die rituelle Meditation« dazu beitragen, »die nahezu unvorstellbare Leere« auszufüllen.

Als Teil eines magischen, mystischen Ganzen mit dem Anspruch auf die vollkommene Erleuchtung versucht er, eine Ausweitung seines Ichs zu finden. Als Teil eines freudigen, beseligten Ganzen, das ›negative Gedanken‹ verbannt, versucht er, die Verzückung des infantilen Narzißmus wiederzuerlangen.

Den Kern dieser narzißtischen Mangelerscheinungen bilden Erfahrungen mit nicht-einfühlsamen Eltern, mit Eltern, die nicht zur Verfügung stehen konnten oder wollten, mit Eltern, die Ablehnung, Mißbilligung oder Enttäuschung oder auch schlichtes Desinteresse gezeigt haben. Cynthia MacDonald fängt in ihrem Horrorgedicht ›Errungenschaften‹ die rasenden Bemühungen einer Tochter ein, die versucht, ihrer Mutter Bestätigung abzuringen:

Ich malte ein Bild − mit grünem Himmel − und zeigte es meiner Mutter.
Sie sagte, ich vermute es ist nicht schlecht.
Also malte ich ein neues mit dem Pinsel zwischen den Zähnen,
Sieh nur, Mama, ohne Hände. Und sie sagte
Ich vermute, es würde bewundert, wenn die Leute wüßten
Wie du es gemacht hast und wenn sie sich für Malerei interessieren, im Gegensatz zu mir.

Ich spielte in Gounods Klarinettentrio die Soloklarinette
Beim Buffalo Philharmonic. Mutter kam um es sich anzuhören, und sagte
Ich vermute, es ist nicht schlecht.
Also spielte ich es mit dem Boston Symphony
Auf dem Rücken liegend, mit den Zehen.
Sieh nur, Mama, ohne Hände. Und sie sagte
Ich vermute, es würde bewundert, wenn die Leute wüßten
Wie du es gemacht hast und wenn sie sich für Musik interessieren, im Gegensatz zu mir.

Ich machte ein Mandelsoufflé und servierte es meiner Mutter.
Sie sagte, ich vermute, es ist nicht schlecht.

Also machte ich ein neues, schlug es mit meinem
Atem schaumig.
Servierte es mit meinen Ellbogen
Sieh nur, Mama, ohne Hände. Und sie sagte
Ich vermute, es würde bewundert, wenn die Leute wüßten
Wie du es gemacht hast und wenn sie sich für Essen
interessieren, im Gegensatz zu mir.

Also desinfizierte ich meine Handgelenke, führte die
Amputation aus, warf
Meine Hände fort und ging zu meiner Mutter, aber ehe ich sagen konnte
Sieh nur, Mama, ohne Hände, sagte sie
Ich habe ein Geschenk für dich, und sie bestand auf einer
Anprobe
Der blauen Glacéhandschuhe, weil sie sehen wollte, ob die
Größe stimmte.

Manchmal hatte der Narziß Eltern, die ihm durchaus Liebe geben wollten – nur war es die falsche Art von Liebe. Ihre Liebe galt nicht dem Kind selbst, sondern nur dem Kind, mit dem man sich schmückt.
Narzisse sind oft Kinder von Narzissen.
Narzißtische Eltern benutzen und mißbrauchen ihre Kinder unbewußt. Komm zurecht. Sei brav. Mach mich stolz. Mach mir das Leben nicht schwer. Der unausgesprochene Handel ist der: Wenn du die Teile von dir, die ich nicht mag, begräbst, werde ich dich lieben. Die unausgesprochene Wahl: Verliere dich oder verliere mich.
Es ist wichtig, sich immer wieder daran zu erinnern, daß es Eltern, deren Qualitäten in anderen Fällen unbestritten wären, manchmal einfach mißlingt, sich auf ein ganz bestimmtes Kind wirklich einzustellen. Schäden, die daraus entstehen, sind Folge einer betrüblichen unpassenden Konstellation von Menschen, keineswegs aber von Gleichgültigkeit, Unfähigkeit oder gar Charakterschwäche. Aber das Fehlen dieser entscheidenden Erfahrungen des Wider-

spiegelns und des Idealisierens gefährdet, was auch immer die Ursachen dieses Mangels sein mögen, die Festigkeit des Ichs. Einer Schutzmaßnahme gegen diese Bedrohung des Ichs und einem verzweifelten Versuch, diese Mängel zu kompensieren, entspringt der Charakter des pathologischen Narziß.

Wir alle haben im Lauf einer normalen Entwicklung Erfahrungen damit gemacht, ein falsches, ein Als-ob-, ein gespaltenes und ein narzißtisches Ich zu sein. Wir alle haben Erfahrungen damit gemacht, die Verbindung zu unserem Ich verloren zu haben. Wir alle haben die Erfahrung gemacht, daß wir denken: »Warum habe ich das bloß gesagt? Das meine ich doch gar nicht so.« Erfahrungen damit, absolut gegensätzliche Ichs zu beherbergen, zu versuchen, unsere indiskutablen Ichs zu verbergen, gegenüber verschiedenen Menschen zu viele unterschiedliche Ichs darzustellen.

Aber die Menschen, die auf den letzten Seiten beschrieben wurden, weisen mehr als die alltäglichen Verdrehtheiten, das ganz normale Chaos von Gefühlen und Wünschen und Unsicherheiten auf. Sie leiden an entscheidenden Beeinträchtigungen in ihrer frühkindlichen Entwicklung, die sich darauf auswirken, wie sie mit ihren notwendigen Verlusten umgehen, wie sie Abwehrmechanismen bilden und Selbsttäuschungen überwinden.

Zu einer gesunden Entwicklung gehört nämlich die Fähigkeit, unseren Drang nach Bestätigung abzulegen, wenn der Preis für diese Bestätigung unser wahres Ich ist.

Das heißt, in der Lage zu sein, uns nicht mehr mit Hilfe der ach so leichten Aufspaltung zu verteidigen und unser gutes Ich mit unserem schlechten Ich als Ganzheit zu sehen.

Das heißt, in der Lage zu sein, unsere Selbstherrlichkeit aufzugeben und mit einem Ich zurechtzukommen, das menschliche Proportionen hat.

Das heißt, daß im Laufe unseres Lebens vielleicht emotionale Schwierigkeiten auf uns einstürmen, daß wir aber dennoch ein zuverlässiges Ich besitzen, ein Gefühl für Identität.

Unsere Vorstellung von Identität ist unser Gefühl dafür, daß unser wahres, stärkstes, innerstes Ich trotz ständiger Veränderungen weiterbesteht. Es ist ein Gefühl der Ich-Identität, die eine Art von unzerstörbarer Vorstellung vor sich selbst bewahrt. Diese festigende Identität gibt uns Sicherheit. Mit ihrer Hilfe ertragen wir unsere Mängel ebenso, wie wir lernen, unsere Vorzüge in angemessenen Dimensionen zu sehen.

Diese Stütze und die bestätigende Reaktion anderer auf uns ist zu jedem Zeitpunkt wesentlich, aber von besonderer Bedeutung ist sie in unserer frühen Kindheit. Niemand kann nämlich ohne den rechtzeitigen Beistand eines ›anderen‹ beginnen, ein ›Ich‹ zu haben. Wir alle brauchen zu Anfang eine Mutter, die uns dabei hilft, zu sein, die uns dabei hilft, die Hand auszustrecken und für uns zu beanspruchen, was uns gehört, und die uns ermöglicht, daß unsere Wünsche und Empfindungen zu unserer Wirklichkeit gehören wie unser Herzschlag. Am Anfang können wir unsere Bedürfnisse nicht befriedigen und, was noch wichtiger ist, sie nicht einmal erkennen. Unsere Mutter hilft uns, unsere Bedürfnisse zu befriedigen und sie zu erkennen.

Indem wir unsere Bedürfnisse erkennen und indem wir unsere Gefühle als unser Eigentum für uns beanspruchen, beginnen wir, ein Gefühl für *unser Sein* zu entwickeln. Wir verlieren unser Nicht-Selbstbewußtsein, eine Existenz ohne ein Ich, ohne eine Identität.

Wir beginnen, unser persönliches Ich zu erschaffen und zu entdecken.

5.

Lektionen in Sachen Liebe

> Denn die Liebe ... ist der Saft des Lebens, die Macht der Wiedervereinigung im einzelnen.
>
> Paul Tillich

Als Einzelwesen zu existieren ist ein absolut herrliches ... und absolut einsames Vorhaben. Sich selbst zu lieben ist ja nett, aber ... unvollkommen. Loslösung aus postnataler Abhängigkeit ist süß, aber eine Verbindung mit jemandem außerhalb unserer selbst ist mit Sicherheit süßer. Unser tägliches Dasein erfordert sowohl Nähe als auch Distanz, die Gesamtheit des Ichs, die Gesamtheit der Nähe. Wir versöhnen Einssein und Getrenntsein durch ganz gewöhnliche erdverbundene menschliche Liebe.

Unsere Mutter − unsere erste Geliebte − erteilt uns unsere ersten Lektionen in Sachen Liebe. Sie ist unser Beistand und unser Schutz. Sie ist unsere Sicherheit. Unsere Mutter liebt uns uneingeschränkt und bedingungslos und ohne eigene Interessen oder Erwartungen. Sie lebt für uns. Sie würde fraglos für uns sterben.

Wovon reden wir hier eigentlich?

Unsere Mutter aus Fleisch und Blut war jedenfalls mit Sicherheit kein solches Musterexemplar. Sie war erschöpft, grollte, klagte. Mit Gewißheit liebte sie auch andere Menschen, und sie liebte uns nicht immer, und manchmal haben wir sie gelangweilt, geärgert und in Wut versetzt. Und doch wird, wenn eine Mutter ›gut genug‹ ist, wie Winnicott argumentiert hat, dieses Gutsein als Vollkommenheit erfahren. Wenn sie nur ganz einfach *gut genug* ist, gibt sie uns, wie unsere Wünsche und Träume und Phantasien bestätigen, einen Vorgeschmack auf bedingungslose Liebe.

Wenn später die Mutter, die das Einssein verkörperte, zur Mutter wird, die die Trennung verkörpert, lernen wir die Grenzen der Liebe kennen. Wir erfahren den Preis, den wir für Liebe einerseits und Freiheit andererseits zu zahlen willens und in der Lage sind. Wir lernen, daß die Liebe uns manchmal im Stich läßt, daß wir manchmal etwas wollen und es nicht bekommen. Wir beginnen, die notwendigen Verluste zu akzeptieren, die die Voraussetzung menschlicher Liebe sind.

Aber eben jeder tut das nicht.

Manche von uns werden weiterhin, maskiert in der Verkleidung von Liebesbeziehungen Erwachsener, vorbehaltlose Mutterliebe fordern und wütend werden, wenn ein Partner ein gewisses gegenseitiges *Geben und Nehmen* von uns erwartet, wütend werden, wenn er erwartet, daß *seinen* Bedürfnissen entsprochen wird. Die mit den bedingungslosen Ansprüchen werden die Frage ihres Gegenübers, was denn für ihn oder sie dabei herausspringe, unverständlich finden.

Dies geschieht, und wir müssen es berücksichtigen, weil wir die kindliche Liebe als harmonische Symbiose mit der Mutter erfahren als: »Ihre Bedürfnisse und die meinen sind ein und dasselbe.« Die erwachsene Liebe muß zwar mit der Trennung zwischen Ich und Nicht-Ich beginnen, doch der Wunsch, diese Trennung rückgängig zu machen, besteht weiterhin. Und es wird behauptet, verliebt zu sein – ganz gleich, wie wunderbar reif wir Liebenden auch sein mögen – beinhalte den Wunsch, in die Arme unserer Mutter zurückzukehren. Diesen Wunsch werden wir niemals aufgeben, aber wir können ihn mit der Fähigkeit durchsetzen, zu lieben und nicht nur geliebt zu werden, zu geben – nicht nur zu bekommen. »Je mehr ich dir gebe«, sagt Shakespeares Julia, »desto mehr habe ich, denn beides ist grenzenlos.« Wir brauchen nicht unglücklich verliebt oder masochistisch sein, und wir müssen auch nicht von üblen Chauvinisten unterdrückt werden, um die Wahrheit in Shakespeares Versen zu erkennen.

Der Psychoanalytiker Erich Fromm unterscheidet in seinem Büchlein DIE KUNST DES LIEBENS zwischen kindlicher und erwachsener Liebe. Wenn das auch eine Unterscheidung ist, die sich auf dem Papier leichter treffen läßt als im Leben, so weist sie doch auf ein Spektrum hin, in das wir uns alle einordnen können:

»Kindliche Liebe folgt dem Prinzip: ›Ich liebe, weil ich geliebt werde.‹

Reife Liebe folgt dem Prinzip: ›Ich werde geliebt, weil ich liebe.‹

Unreife Liebe sagt: ›Ich liebe dich, weil ich dich brauche.‹

Reife Liebe sagt: ›Ich brauche dich, weil ich dich liebe.‹«

Aber wir können keine Reife erlangen, ohne die kindlichen Stadien zu durchlaufen. Wir können nicht lieben, solange wir nicht wissen, was Liebe *ist*. Wir können andere nicht als andere lieben, solange wir nicht ausreichende Eigenliebe besitzen, eine Liebe, die wir lernen, wenn wir als Kleinkinder geliebt werden. Und wir können nicht von Liebe sprechen, von einer Liebe, die infantil oder reif ist, solange wir nicht auch bereit sind, von Haß zu sprechen.

Haß ist ein Wort, das bei den meisten Menschen Unbehagen auslöst. Haß kann abscheulich, unmäßig, unbeherrscht sein. Haß, das ist Gift für die Seele, Haß ist einfach nicht nett.

Weit schlimmer als nur nicht ganz nett ist die Vorstellung, daß wir Haßgefühle gegenüber Menschen hegen, die wir lieben, daß wir ihnen neben dem Guten auch Böses wünschen, daß selbst unsere ›reinste‹ Liebe nicht ganz reine Liebe, sondern von Ambivalenz befleckt ist. Freud schreibt: »Mit Ausnahme von ganz wenigen Situationen haftet den zärtlichsten und intimsten Momenten unserer Liebesbeziehung eine kleine Portion Feindseligkeit an ...«

Es ist stark zu bezweifeln, daß Sie und ich ausgerechnet zu den Ausnahmen gehören.

Das Vorhandensein von Haß in der Liebe ist allgemein bekannt, aber es ist ein Umstand, der nur widerwillig eingestanden wird. Gelegentlich stoßen wir allerdings bei uns selbst darauf. Durchnäßt bis auf die Haut, während ich im Regen auf meinen Ehemann warte, der 20 Minuten zu spät kommt, schreie ich in vollem Ernst: »Ich könnte dich umbringen.« Und wenn auf der Bühne eine Tragödin seufzt: »Ach, ich habe viel zu sehr geliebt, um nicht zu hassen«, bin ich in der Lage, mir einzugestehen, daß ich genau das auch schon empfunden habe.

Aber wenn Winnicott 18 Gründe dafür aufzählt, warum seiner Ansicht nach alle liebenden Mütter ihr Baby hassen, neige ich – wie die meisten Mütter – dazu, entsetzt zurückzuweichen.

Stimmt nicht! beharren wir. Gar nicht wahr! beharren wir. Nein, Nein! Er fordert uns auf, einen Moment lang innezuhalten und uns ein Kinderlied ins Gedächtnis zurückzurufen, das wir gesummt haben, wenn wir unser geliebtes Baby in den Schlaf gewiegt haben. »Wenn der Zweig bricht, wird die Wiege hinunterfallen. Hinab kommt das Baby mit der Wiege und allem.« Dieser Text enthält nicht gerade eine freundliche Botschaft. Ganz im Gegenteil werden hier mütterliche Gefühle ausgedrückt, die weit von Sentimentalität entfernt sind. Aber Winnicott ist das nur recht.

Gefühlsduselei, schreibt Winnicott, dient nämlich keinem nützlichen Zweck. Sie schadet, weil »sie ein Leugnen des Hasses enthält ...« Und ein derartiges Leugnen, argumentiert er, wird verhindern, daß das heranwachsende Kind sich seinem eigenen Haß stellt und lernt, ihn zu tolerieren. (»Meine *Eltern* haben nie solche abscheulichen Gefühle. Was bin *ich* bloß für ein Ungeheuer, wenn ich solche Gefühle habe?«) Wir müssen lernen, unseren Haß zu tolerieren.

Ein vierjähriger Junge, bei dessen Eltern wir davon ausgehen können, daß sie unsentimental sind, singt jeden Abend in der Wanne dieses Lied vor sich hin:

Er wird ganz einfach gar nichts tun.
Er wird nur einfach in der Mittagssonne sitzen.
Und wenn sie ihn ansprechen, wird er nicht antworten.
Weil er nämlich keine Lust hat.
Er wird sie mit Speeren aufspießen und in den Müll packen.
Wenn sie ihm sagen, er soll sein Abendbrot essen, wird er sie einfach auslachen ...
Er wird mit niemandem sprechen, weil es nämlich nicht sein muß.
Und wenn sie kommen, um nach ihm zu sehen, werden sie ihn nicht finden,
Weil er nämlich nicht da sein wird.
Er wird Dornen in ihre Augen stecken und sie in den Müll packen
Und den Deckel zumachen.
Er wird nicht an die frische Luft gehen und auch sein Gemüse nicht essen
Und auch nicht Pipi für sie machen, und er wird so dünn wie eine Murmel werden.
Er wird überhaupt gar nichts tun.
Er wird nur einfach in der Mittagssonne sitzen.

Ich nehme an, niemand wird bestreiten, daß dieses Lied eine gewisse ... Feindseligkeit vermittelt. Dornen in die Augen zu stechen, darüber kann kein Zweifel bestehen, ist nicht nett. Aber was doch noch strittig zu sein scheint, ist, ob Feindseligkeit und Haß Äußerungen eines grundlegenden aggressiven Instinktes sind oder ob die menschliche Aggression nichts anderes als unser Ausdruck enttäuschter, uns genommener oder hoffnungsloser Liebe ist.

Freud hat sich auf den ersteren Standpunkt gestellt und argumentiert, wir alle seien von zwei grundlegenden Instinkten angetrieben – einem Aggressionstrieb und einem

Sexualtrieb. Es ist jedoch — und das ist grundlegend für seine These — Sexualität und Aggression normalerweise miteinander vermengt. Somit ist in dem heimtückischsten und gewalttätigsten Akt auch eine gewisse unbewußt sexuelle Bedeutung enthalten. Somit ist in dem zartesten und liebevollsten Akt immer auch ein Element des Hasses enthalten — ›jemanden zum Fressen gern haben‹. Freud schreibt:

Es ist sowohl unserem Verstand als auch unseren Gefühlen tatsächlich fremd, Liebe und Haß derart miteinander zu paaren; aber die Natur bewerkstelligt es, indem sie dieses Paar von Gegensätzen nutzt, die Liebe immer wachsam und frisch zu erhalten, wie um sie gegen den Haß zu schützen, der hinter ihr lauert. Es könnte sein, daß wir die zartesten Blüten unserer Liebe der Reaktion auf die feindseligen Impulse, die wir in unserem Inneren ahnen, zu verdanken haben.

In anderen Worten heißt das: Wir können den Haß abwehren, indem wir die Liebe betonen. Aber in unserem Unbewußten, sagt Freud, sind wir nach wie vor Mörder.

Andere Lehrmeinungen behaupten, der Mensch an sich sei liebevoll und gut. Die Aggression sei eine *Reaktion*, keinesfalls angeboren. Diese unvollkommene Welt, in die wir hineingeboren werden, sei die Ursache unseres Zornes, unserer Grausamkeit und unserer Feindseligkeit. Verbessern wir die Welt — durch Jesus, durch Marx, durch Freud, durch Gloria Steinem —, und wir werden unseren Haß mit der Zeit ablegen.

Bis dahin ist der Haß — in seiner angeborenen und/oder umweltbedingten Form — am Leben und blüht und gedeiht und schafft Unordnung in der Liebe. Der Psychoanalytiker Rollo May stellt sogar die Behauptung auf, beides seien Teile dessen, was er als das Dämonische charakterisiert, worunter Sex *und* Aggression fallen, das Kreative *und* das Destruktive, das Edle *und* das Niederträchtige.

Das Dämonische ist May zufolge »der Drang in jedem Wesen, sich zu bestätigen, sich zu behaupten, sich zu verewigen und mehr zu werden«. Es ist eine Kraft jenseits von Gut und Böse. Es ist eine Kraft, die uns – wenn sie nicht in bestimmte Kanäle gelenkt wird – dazu treiben kann, blindwütig zu kopulieren und zu töten, eine Kraft, die uns – wenn sie zurückgewiesen wird – apathisch werden und dahinvegetieren lassen kann, *eine Kraft, die – wenn sie in unser Ich eingefügt wird – alle unsere Erfahrungen beleben kann.*

Somit ist die Liebe nicht vom Dämonischen bedroht, sondern von unserem Leugnen des Dämonischen, von unserem Scheitern, sie – mitsamt der Aggression – als Teil unserer selbst aufzunehmen. May zitiert den Dichter Rilke, der fürchtet: »Wenn meine Teufel mich verlassen sollten, fürchte ich, meine Engel könnten ebenfalls die Flucht ergreifen.« Rilke hat recht, sagt May. Wir müssen Engel und Teufel mit offenen Armen willkommen heißen.

Die brillante Liv Ullmann, die als Schauspielerin mit dem stärksten Charisma der Gegenwart bezeichnet worden ist, lächelt, als sie etwas von Rilkes Engeln und Teufeln hört, und erzählt mir, daß sie immer (»das liegt daran, wie ich ausgesehen habe«) aufgefordert worden ist, ›Engels‹-Rollen zu spielen. Sie beschreibt einen Moment der Offenbarung bei den Proben zu DER KAUKASISCHE KREIDEKREIS, einem Stück, in dem sie eine Frau darstellte, die auf der Flucht vor den Verheerungen der Revolution einen Säugling findet, der von seiner Mutter im Stich gelassen worden ist.

»Meine Interpretation bestand darin, mich hinzusetzen und das Baby zärtlich und lieb anzusehen. Ihm etwas vorzusingen, es aufzuheben und es dann mitzunehmen.« Aber sie erinnert sich daran, daß der Regisseur sie aufgefordert hat, tiefer in sich zu gehen, die Zweifel der Frau zu zeigen, ihre Feigheit, ihre ambivalenten Gefühle angesichts einer solchen Verantwortung. Sei nicht so edel, riet er ihr. Du brauchst nicht immerzu Güte darzustellen.

In ihrer endgültigen Interpretation der Rolle hebt Liv in Gestalt der Frau Grusche das Baby auf, aber sie legt es wieder hin, als ihr klar wird, wie hinderlich es ihr sein wird ... Sie steht auf und geht. Bleibt stehen. Bekommt Zweifel. Dreht sich wieder um. Setzt sich widerstrebend wieder hin. Sieht das kleine Bündel an. Sieht wieder weg. Und dann hebt sie es endlich mit einer resignierten Geste auf und läuft weiter ...

»Erst dann«, schließt Liv, »wenn keine Situation und kein Charakter ganz offensichtlich gut oder böse ist, wird das Schauspielen wirklich interessant.«

Liv spricht darüber, wie faszinierend es für sie war – »beides zu zeigen, den inneren Kampf zu zeigen« – denn man hatte ihr immer beigebracht, daß »gute Kinder keine bösen Gedanken haben«. Liv sagt, daß sie jetzt, in ihrem Leben und in ihrer Kunst, weiß, daß »wir daran ARBEITEN müssen, wenn wir gute Menschen sein wollen, daß das Gute immer die Entscheidung beinhaltet, gut zu sein«.

Unsere Aggression anzuerkennen, soll nicht heißen, daß wir ihr fortwährend nachgeben oder gar Brutalität gutheißen. Dadurch wird auch nicht die Auffassung angegriffen, daß – trotz unserer Ambivalenz – liebevolle Gefühle häufig die Oberhand behalten. Es dreht sich ganz einfach darum, daß wir unseren geliebten Gefährten, unser Kind, unsere Eltern, unsere lieben Freunde auch, ja, hassen können. Es dreht sich darum, daß der Versuch, uns zu sagen: »Dieses widerliche Zeug hat nichts mit mir zu tun«, uns etwas nimmt und uns langfristig gefährden kann.

Auch wir waren einmal Vierjährige, denen haßerfüllte Worte auf der Zunge gelegen haben. Vielleicht hat man uns gesagt: »Das empfindest du doch gar nicht wirklich.« Vielleicht hat man uns beigebracht, daß Liebe bedeutet, niemals den Wunsch zu haben, der wahren Liebe Dornen in die Augen zu stechen.

Das ist eine Lüge.

Unsere Mutter erteilt uns unsere ersten Lektionen in Liebe – und in ihrem Gefährten, dem Haß. Unser Vater

– unser ›zweiter anderer‹ – feilt beides aus. Er bietet uns eine Alternative zum Mutter-Baby-Verhältnis. Er zieht uns aus dem Einssein hinaus in die Welt. Er stellt ein maskulines Modell dar, das das feminine ergänzen und im Gegensatz zu ihm stehen kann. Und er vermittelt uns weitere und vielleicht ganz andere Bedeutungen von *liebenswert, liebend* und *geliebt*.

Es ist jetzt an der Zeit, eine Pause einzulegen und den Umstand festzustellen, daß sich zwischen Vätern und Babys früh starke Bindungen herausformen können und daß Väter, wenn man einmal vom Stillen des Babys an der Brust absieht, alles können, was Mütter können. Väter können, und manche sind es auch, die Personen sein, die sich vorwiegend um ihre Kinder kümmern. Aber bedeutet diese Feststellung auch, daß Mütter und Väter jederzeit austauschbar sind?

Die Antwort lautet eindeutig nein.

Michael Yogman von der Harvard Medical School und dem Boston Children's Hospital, dessen Forschungen wertvolle neue Informationen über die Vater-Säuglings-Beziehung erbracht haben, behauptet: »Die Rolle des Vaters im Umgang mit Kleinkindern ist weitaus weniger biologisch eingeschränkt, als man es früher glaubte.« Er bezieht sich auf Studien, die gezeigt haben, daß Väter so empfindsam wie Mütter die emotionalen Äußerungen von Kleinkindern aufnehmen und ebenso geschickt darauf reagieren können wie Mütter. Außerdem stellt er fest, daß uns Studien der Entwicklung von Vater-Kind-Bindungen an Kleinkindern im Alter von sechs bis 24 Monaten »einen schlüssigen Beweis dafür liefern ... daß Kleinkinder auch Vaterbindungen und nicht nur Mutterbindungen entwickeln«.

Wie dem auch sei – und hier gibt es einige entscheidende Einschränkungen, stellt er fest –, Mütter und Väter reagieren auf sehr klare und deutlich verschiedene Weisen auf ihre Kinder und die Kinder auf ihre Mütter und Väter:

Unsere Väter sind körperlich aktiv und geben mehr

Anregungen. Unsere Mütter äußern sich eher verbal, trösten und beschwichtigen. Unsere Väter verbringen einen geringen Teil ihrer Zeit mit uns, in dem sie uns versorgen – sie widmen uns ihre Zeit, indem sie mit uns spielen. Unsere Väter konfrontieren uns mit Neuem, mit mehr Spannung und Aufregung, mit mehr Ereignissen, die vom Alltagsablauf abweichen, und wir unsererseits reagieren darauf mit größerer Spannung, aufgekratzter. Wir sind auch (vor allem Jungen) weit mehr geneigt, mit unseren Vätern zu spielen, aber wenn wir unglücklich, nervös oder ärgerlich sind, ziehen wir die Mama dem Papa vor. Und wenn auch Mutter und Vater in ihre Beziehung zu uns sehr tiefe Gefühle investieren können, bestimmt wohl die Biologie ein Maß der Mutter-Kind-Intimität, das sich bei Vätern erst im Lauf der Zeit entwickeln kann.

Dr. Yogman kommt zu dem Schluß, daß Väter und Mütter uns im Kleinkindalter ›qualitativ verschiedene‹ Erfahrungen vermitteln und daß die Rollen von Müttern und Vätern nicht austauschbar und nicht identisch sind, sondern reziprok. Er stellt zwar fest, wie günstig es sich für alle Beteiligten auswirkt, wenn Väter sich verstärkt auf ihre Kinder einlassen, aber er drückt auch deutlich aus, daß die »biologische Komponente elterlichen Verhaltens sich durchaus bei Männern als schwächer als bei Frauen erweisen kann«.

Im Vergleich seiner Rolle als Vater mit der Mutterrolle seiner Frau Susan gegenüber Amanda kommt der Journalist Bob Greene zu einem ähnlichen Schluß:

»Wir sind ja heute nicht besonders glücklich«, sagt Susan heute morgen zu Amanda. »Du hast nur von elf bis fünf geschlafen ... «

Ich glaube, Susan meint es genauso, wie sie es sagt: »Wir sind ja heute nicht besonders glücklich.« Sie benutzt die erste Person Plural so oft, daß es kein Versprecher sein kann; wenn sie an Amanda denkt, denkt sie an sich; wenn sie an sich denkt, denkt sie an Amanda. Sosehr ich

Amanda auch liebe, ist die Beziehung doch nicht dieselbe; in meiner Vorstellung sind wir nach wie vor voneinander getrennte Menschen, Einzelwesen. In diesem Zeitalter neuer Haltungen von seiten der Männer frage ich mich, ob andere Väter anders sind? ...

Irgendwie glaube ich es nicht. Ich glaube, es gibt eine eingebaute Distanz, die einen als Mann nie ganz so nahe kommen läßt. Man kann versuchen, was man will, aber es wird nicht dazu kommen.

Viele Feministinnen werden dagegen protestieren.

Aber die Soziologin Alice Rossi unterstützt in einer faszinierenden und verblüffenden Analyse der Elternrollen und der Geschlechterrollen Dr. Yogmans Forschungsergebnisse und Bob Greenes Erfahrungen. Sie stellt sich auf den Standpunkt, daß »keine uns bekannte Gesellschaft die Mutter als primäre Kinderhüterin ersetzt, mit Ausnahme von Fällen kleiner und spezieller sozialer Gruppen von Frauen«, und daß es dafür gute ›biosoziale‹ Gründe gibt. (»Eine biosoziale Perspektive«, erklärt sie, »behauptet nicht, daß es eine geschlechtsspezifische Festlegung gibt, was Männer im Vergleich zu Frauen tun können; sie legt eher nahe, daß die biologischen Beiträge formen, was erlernt wird und daß es Unterschiede darin gibt, mit welcher Leichtigkeit die Geschlechter bestimmte Dinge erlernen können.«)

Dr. Rossi behauptet, daß in einer langen Menschheitsgeschichte, in der sich zunächst Jäger- und Sammlergesellschaften entwickelt hatten, die Frauen selektive Anpassungen entwickelten, die sie für die ›Aufzucht‹ prädestinierten. (Selbstverständlich gibt es Ausnahmen; sie spricht von Frauen nur als dem gesamten Geschlecht.) Sie behauptet außerdem, daß die hormonelle Zyklizität, die Schwangerschaft und die Geburt eine biologisch begründete Prädisposition in Müttern aufbauen kann, damit sie sich zumindest in den allerersten Monaten intensiver ihren Kindern zuwenden als die Väter. Und sie stellt die Vermutung an, daß Rückstände dieser stärkeren mütterlichen Bindung möglicherweise über das Kindesalter hinweg bestehen bleiben.

Und welchen Schluß zieht sie aus all dem? Sie kommt zu dem Ergebnis, daß selbst Männer, die von Anfang an auf eine stark fürsorglich-emotionale, eher ›weibliche‹ Beziehung zu ihren Kindern eingestimmt sind und die Emanzipation beider Geschlechter von ihrem traditionellen Rollenverständnis besonders ernst nehmen, nicht in der Lage sind, ihr evolutionäres Erbe auszuschalten oder die Intensität der Beziehungen Mutter-Baby und Vater-Baby einander anzugleichen. Sie sagt weiterhin voraus, daß die Mutter wohl der Elternteil bleiben wird, der für unsere emotionale Entwicklung am wichtigsten ist.

Das soll keineswegs heißen, Väter seien nicht wichtig für unsere frühe Entwicklung. Sie sind ganz fraglos von großer Bedeutung. Als konstruktive Eindringlinge in die Mutter-Kind-Einheit. Als Förderer von Autonomie und Individuation. Als ›Modelle‹ des Maskulinen für ihre Söhne. Als Bestätiger des Femininen für ihre Töchter. Und als die Nicht-Mutterfigur, die einen zweiten Quell beständiger Liebe bietet.

Unser Vater bietet uns einen ruhenden Pol, zu dem wir von unseren Ausflügen zurückkehren können. Mit ihm als Verbündetem ist es auch weniger bedrohlich, unsere (gelegentliche) Wut auf unsere Mutter zu zeigen. Wir können hassen, ohne im Stich gelassen zu werden, hassen und doch lieben.

An unseren Vater können wir uns wenden, wenn wir der Verlockung widerstehen wollen, mit unserer Mutter wieder Frieden zu schließen – und wenn wir uns aus dem Paradies unserer Kindheit verstoßen fühlen. Wir können uns nicht erfolgreich aus einer symbiotischen Beziehung lösen, wenn wir die Traurigkeit des Loslassens nicht empfinden können. Unser Vater – der um uns besorgt ist und uns unterstützt – schwächt diese Trauer, macht sie erträglicher und somit möglich.

Wer ohne Vater aufwachsen muß, wird sich seine ganze Kindheit und Jugend hindurch nach ihm sehnen.

Es gibt auch wirklich einen Zustand, dem wir die Bezeichnung Vaterhunger geben könnten, eine Sehnsucht nach dieser weiteren, anderen Liebe. Erfolg und Schönheit, Familie und Freunde, selbst ein zärtlich geliebtes Kind, reichen nicht immer aus, um diesen Hunger zu vertreiben. Liv Ullmann spricht vom Tod ihres Vaters und von ihrer fortgesetzten Suche nach väterlicher Liebe.

Aus ihrer Stimme ist Zorn herauszuhören, wenn sie an ihre »Mutter und ihre Großmutter, die geschrien und geheult haben, im Wettstreit darum gelegen haben, wer den größeren Kummer hatte«, denkt. Denn Liv, die sechs Jahre alt war, als ihr Vater starb, wurde nie der Status der Trauernden zugestanden. Ihr Kummer wurde nicht anerkannt und blieb ohne Trost.

Auch wurde dieser Kummer nicht wirklich in Livs Erfahrungen einbezogen, weil, wie sie sich erinnert, »ich nicht geglaubt habe, daß er fort ist. Ich habe am Fenster gesessen und geglaubt, daß er kommt. Ich habe an ihn, den ich im Himmel glaubte, Briefe geschrieben. Ich habe sein Bild unter mein Kopfkissen gesteckt, meine Tiere mit ins Bett genommen, und dann sind wir in meiner Phantasie zu einer langen Reise aufgebrochen, um ihn zu treffen.«

Es ist nicht schwer, sich in der sommersprossigen, so gar nicht einschüchternd schönen Frau das träumende Kind vorzustellen, das dann aus Alpträumen erwacht, ohne den Wunsch nach dem Unmöglichen aufgeben zu können: »Daß niemand, den ich liebe, mich je verlassen wird.« Es ist auch nicht schwer, sich vorzustellen, wie sie sich an den von der Mutter erschaffenen Mythos von einem gottähnlichen toten Mann klammert, der »gütig, weise, fürsorglich, wunderbar, vollkommen« war. Liv hat geschrieben:

Ich habe lange Zeit versucht, mich an Papa zu erinnern ... der sechs Jahre lang in meinem Leben war und mir nicht eine einzige reale Erinnerung an ihn zurückgelassen hat.

Nur einen gewaltigen Mangel. Das hat sich mir so tief eingekerbt, daß viele Lebenserfahrungen sich darauf beziehen. Die Leere, die Papas Tod in mir hinterlassen hat, wurde zu einer Form von Höhle, in die spätere Erfahrungen gesteckt werden sollten.

Mit 21 Jahren heiratete Liv einen Psychiater, der »alles war, wovon ich glaubte, mein Vater sei es gewesen, alles, was meine Mutter mir über ihn erzählt hat«. Wenige Jahre später verließ sie ihn wegen eines anderen Beschützers, des großartigen schwedischen Regisseurs Ingmar Bergman. »Meine Beziehungen zu Männern«, sagt Liv, »drehen sich immer darum, meinen Vater zu fassen zu bekommen, darum, zu versuchen, eine Kindheitsleere zu füllen, darum, zu glauben, daß ein solcher Mann existiert, und wütend auf arme, unschuldige Männer zu werden, weil sie nicht dieser Mann sind.«

In ihren Beziehungen zu Männern geht es (auch) immer noch um den Vaterhunger.

Aber Liv ist jetzt in den Vierzigern. Die Affäre mit Bergman endete schon vor Jahren. Sie hat andere Männer gekannt. Meine Frage: Wenn doch Liv offenbar so deutlich erkennt, was sie mit Männern tut, und wenn sie so stark, so menschlich ist und so mit beiden Beinen auf dem Boden der Realität steht, müßte es ihr doch gelingen, ihr Verhältnis zu Männern zu ändern. Sie antwortet mit einem unerschrockenen Nein.

Was also wird sie anfangen? Sie antwortet: »Damit leben. Und mich bemühen, nachsichtig mit mir zu sein.«

Wir entdecken, durch früh erfahrene leidenschaftliche Intensität, die Genüsse, die die Liebe zu bieten hat. Und die Qualen. Immerfort wiederholen wir unsere Lektionen, unser ganzes Leben lang. Und vielleicht kommen wir sogar in die Lage, wie Liv Ullmann sagen zu können: »Da, jetzt tue ich es ja schon wieder.«

Aber manchmal spielen sich diese Wiederholungen außerhalb unserer bewußten Wahrnehmungen ab.

Ich spiele mit einem kleinen Mädchen, das Mutter und Vater verloren hat. Mitten im Spiel steht sie auf und sagt: »Tschüß.« Das soll wohl heißen: »Ich verlasse dich zuerst, ehe du weggehst und mich verläßt.« Ich frage mich, ob sie auch später, wenn sie herangewachsen ist, zwanghaft immer wieder verlassen muß, wen sie liebt, ehe eine Bindung sie verletzbar macht.

Ich kenne einen kleinen Jungen, dessen Mutter ihn immer wieder von sich stößt. »Ich habe zu tun«, sagt sie. »Jetzt nicht. Du störst mich.« Wenn ich sehe, wie er ihr zusetzt und wimmert und fleht und wütend gegen ihre immer verschlossene Schlafzimmertür tritt, frage ich mich, was er in 10 Jahren mit Frauen tun wird und was er von diesen Frauen für Verhaltensweisen erwarten und brauchen wird.

In der menschlichen Natur liegt ein Zwang zur Wiederholung. Er treibt uns dazu, immer wieder zu tun, was wir schon früher getan haben, zu versuchen, ein früheres Stadium unserer Existenz neu zu beleben. Er treibt uns dazu, die Vergangenheit – unsere alten Sehnsüchte und unsere Abwehrmaßnahmen gegen diese Sehnsüchte – in die Gegenwart zu verlagern.

Wen wir lieben und wie wir lieben, sind somit Wiederbelebungen – unbewußte Wiederbelebungen – früher Erfahrungen, selbst dann, wenn uns dies Leid verursacht. Wir können zwar anstelle von Othello Jago spielen, anstelle von Jago Desdemona, aber wir werden dieselben alten Tragödien immer wieder aufführen, solange nicht Bewußtsein und Einsicht intervenieren.

Dieser kleine Junge beispielsweise kann später seine Hilflosigkeit als passiver, unterwürfiger Ehemann ausspielen. Er kann seine mordlustige Wut als Ehemann ausleben, indem er seine Frau verprügelt. Er kann sich für die Rolle seiner Mutter entscheiden und ein kühler Ehemann werden, der sich um alles bitten läßt. Oder er kann, wie sein abwesender Vater, seine Frau und seinen Sohn ganz schlicht im Stich und ihrem eigenen Schicksal überlassen.

Dieser kleine Junge kann später das absolute psychologische Ebenbild seiner Mutter heiraten. Er kann seine Frau zurichten, bis sie dieser Mutter gleicht. Er kann von seiner Frau das Unmögliche fordern und dann, wenn sie seine Erwartungen nicht erfüllt, schimpfen: »Immer weist du mich ab – genau wie meine Mutter.«

Durch eine Wiederholung der Vergangenheit kann dieser Junge möglicherweise seine Wut oder seine Demütigung oder seinen Kummer wiederholen. Er kann aber auch die Taktiken wiederholen, mit denen er Wut, Demütigung und Kummer abgewehrt hat. Er wiederholt Vergangenheit und bringt das Drehbuch auf den neuesten Stand, um die Nuancen späterer Erfahrungen einzubeziehen. Aber wen er liebt und wie er liebt, immer wird sein Verhalten diesen wimmernden, bettelnden, vor Wut rasenden Jungen widerspiegeln.

Bei vielen Männern wiederholt sich die Abwehr und Verdrängung ihrer Abhängigkeit von der Mutter in ihren späteren Beziehungen, bleibt jegliches sexuelle Interesse an Frauen aus, sind sie in ein Korsett von Liebes- und Verlassenswünschen gezwängt. Für andere Männer und Frauen ist dagegen in Liebesbeziehungen ein vertrauensvolles Angewiesensein auf den anderen vorrangig, und mit wem sie auch ins Bett gehen, es wird (zumindest in ihren Köpfen) die ewig ersehnte, Bedürfnisse stillende Mutter sein.

In einer lesbischen Beziehung – wie der, die Karen Snow in ihrem Roman WILLO beschreibt – können ebenfalls Liebesschemata der früheren Kindheit wiederholt werden:

Aus Langeweile heraus nimmt Pete einen Job als Schweißer bei einer Flugzeugfirma an. Aber die langen Stunden manueller Arbeit verwandeln sie nicht in den Mann. Sie ist nach wie vor diejenige, die sich aufopfert, die weiterhin kocht und wäscht und bügelt und die Böden schrubbt. Sie wird große Teile ihres Lohnes für Willo ausgeben ...

Das Band zwischen Mann und Frau ist im Vergleich zu

diesem Mutter-Tochter-Band ein schwaches. Jedes der Mädchen bewegt sich lediglich in Furchen weiter, die in der frühen Kindheit tief in sie hineingemeißelt wurden. Willo war immer die distanzierte Prinzessin, die von einer derben, zur Märtyrerin gewordenen Mutter bedient und gescholten wurde; genaugenommen sogar von zwei Märtyrerinnen: ihrer Mutter und ihrer Schwester. Pete war immer einer umwerfenden Mutter unterwürfig, die im allgemeinen fern von zu Hause war und ihre Erfolge feierte. Sie war bereits die Haushälterin und Köchin eines beschäftigten, stämmigen Vaters, der sich einen Sohn gewünscht hatte.

Der Kinderarzt und politische Aktivist Benjamin Spock hebt diesen Wiederholungszwang hervor und sagt, daß »ich immer von eher strengen Frauen fasziniert war, Frauen, die ich trotz ihrer Strenge bezaubern kann«. Modell für diese Frauen steht – wie Dr. Spock durchaus bewußt ist – seine eigene fordernde und in hohem Maß kritische Mutter. Und wenn er mit Anfang Achtzig immer noch ein ganz außerordentlich charmanter Mann ist, könnte der Wunsch, seine Mutter für sich zu gewinnen, eine der Erklärungen dafür sein.

»Ich habe mich immer über Männer gewundert«, sagte er, »die Frauen lieben konnten, die irgendwie weich waren.« Solche Eroberungen, deutet er an, sind zu einfach und zählen daher nicht. »Ich brauchte immer jemanden, der fand, ich sei etwas Besonderes, der aber gleichzeitig eine Herausforderung dargestellt hat.« Er sagt, daß sowohl seine erste Ehefrau Jane als auch seine zweite Frau Mary Morgan – wenn auch auf recht verschiedene Weise – Varianten dieses Typus sind.

(Da Dr. Spock von sich aus die »Erlaubnis, daß Sie und Mary hinter meinem Rücken über mich reden« gegeben hat, möchte ich hier anmerken, daß Mary Morgan anderer Meinung ist. Sie behauptet von sich selbst, nicht dieser Typ kritische Frau zu sein, den Spock beschreibt. Aber sie fügt hinzu: »Er versucht immer wieder, mich zu dieser Person zu machen« – was natürlich auch den Wiederholungszwang zeigt.)

Wir wiederholen die Vergangenheit, indem wir frühere Umstände wiederherstellen, so riskant das auch manchmal sein mag. Etwa im Fall der Frau, über die Freud berichtet und der es gelang, nicht etwa einen, auch nicht zwei, sondern drei verschiedene Ehemänner zu finden, die allesamt kurz nach der Hochzeit todkrank wurden und daraufhin auf dem Totenbett von ihr gepflegt werden mußten.

Wir wiederholen die Vergangenheit auch, indem wir der Gegenwart Elternbilder überstülpen, so kurzsichtig das auch häufig sein mag, weil es uns mißlingt zu erkennen, daß sanftmütig nicht gleichbedeutend mit schwach sein muß (denn, siehe da, Papa war sanftmütig, aber er war auch schwach) und daß Schweigen Kameradschaft bedeuten kann und keine Strafe sein muß (Mutters Schweigen war immer eine Bestrafung) und daß sanftmütige und stille Menschen uns etwas Neues geben könnten – wenn wir es bloß erkennen würden.

Wir wiederholen die Vergangenheit sogar dann, wenn wir bewußt versuchen, sie nicht zu wiederholen, wenn sich das auch als noch so hoffnungslos erweisen kann, wie im Falle der Frau, die die konventionelle und patriarchale Beziehung ihrer Eltern ablehnte und beschloß, ihrer Ehe eine ganz neue Gestalt zu geben. Wurde ihre Mutter vollkommen von ihrem gebieterischen Vater beherrscht? Nun, dann würde eben der Gefährte dieser Frau ein Typ sein, über den man herrschen konnte. Und außerdem wollte sie so unkonventionell, modern und frei sein, ihre Liebhaber unverhohlen mit nach Hause zu bringen. Aber dann ließ sie zu, daß ihre Liebhaber sie mißbrauchten und demütigten – ich vermute, ihre Vorstellung von modern war, daß alles erlaubt ist –, und so brachte sie es fertig, die verachtete Unterwürfigkeit ihrer Mutter in ihrem freizügigen Leben als autonome Frau und Ehefrau zu wiederholen.

Der Wiederholungszwang, schreibt Freud, erklärt,

warum der eine immer von seinen Freunden betrogen und der andere immer von seinen Protegés im Stich gelassen wird und warum bei einem Dritten jede Liebesbeziehung ähnliche Stadien durchläuft und dann auf dieselbe Weise endet. Denn obwohl es Menschen gibt, schreibt Freud, die »von einem übelwollenden Schicksal verfolgt oder von irgendeiner ›dämonischen‹ Macht besessen« zu sein scheinen, »... ist deren Schicksal größtenteils von ihnen selbst eingefädelt worden und von frühkindlichen Einflüssen bestimmt.«

Es erscheint uns vernünftig, die erfreuliche Vergangenheit in die Gegenwart hinüberholen zu wollen, die Freuden früherer Zeiten wiederholen zu wollen, uns in jene zu verlieben, die den ersten geliebten Objekten unserer Zuneigung ähneln, es wieder so zu machen, weil es uns beim ersten Mal unglaublich gut gefallen hat. Wenn Mama wirklich wunderbar war, warum sollte ihr Sohn dann nicht ein Mädchen heiraten wollen, das so ist wie das Mädchen, das sein Vater geheiratet hat? Mit Sicherheit ist in jeder normalen Liebe – sie braucht nicht abartig zu sein, sie braucht auch nicht offenkundig inzestuös zu sein – zwangsläufig auch Teil einer Übertragungsliebe enthalten.

Eine Wiederholung des für uns Guten leuchtet ein, aber es macht uns Schwierigkeiten, den Zwang zu verstehen, das zu wiederholen, was uns Leid verursacht. Freud hat versucht, diesen Drang als Teil eines dubiosen Konzeptes zu erklären, das sich Todestrieb nennt. Aber er kann auch als hoffnungsloses Bemühen aufgefaßt werden, die Vergangenheit ungeschehen zu machen – sie umzuschreiben. Mit anderen Worten heißt das, wir tun es wieder und wieder und immer wieder in der Hoffnung, daß es diesmal anders ausgehen wird. Wir wiederholen immer wieder die Vergangenheit – als wir hilflos und beeinflußbar waren –, weil wir versuchen, das, was bereits geschehen ist, nachträglich zu meistern und zu ändern.

Indem wir schmerzliche Erfahrungen wiederholen, verweigern wir es, die Gespenster unserer Kindheit schlummern zu lassen. Wir ringen weiterhin gewaltsam um etwas, was nicht sein kann. Ganz gleich, wie laut sie uns heute applaudieren, *sie* wird uns niemals *damals* applaudieren. Wir müssen uns von dieser Hoffnung lösen. Wir müssen sie aufgeben.

Bei unserem Versuch, Vergangenheit und Gegenwart ineinander zu verweben, können wir viele Formen und Stadien von Liebe erfahren. Wir können unser Leben lang auf die eine oder andere Weise lieben. »Stell doch nur eine Beziehung her!« ermahnt uns eine Person in E. J. Forsters HOWARDS END. Und voller Verlangen, Zärtlichkeit, Romantik, Begeisterung, Furcht, Leichtsinn und Hoffnung versuchen wir es ja so sehr!

Wir versuchen es über die körperliche Liebe – den physischen Aufruhr und die Erlösung im Orgasmus; über den Eros – den Drang nach Vereinigung und Schöpfung; über die Mutterliebe, die Bruderliebe, die Nächstenliebe und die Freundschaft, über karitatives Handeln.

Wir versuchen es immer wieder, weil ein Leben ohne Beziehungen oder generell ohne menschlichen Bezug nicht lebenswert ist. Ein Leben in Einsamkeit ist nicht erträglich. Erich Fromm schreibt:

Der Mensch ist vernunftbegabt; er ist ein Leben, das sich seiner selbst bewußt ist ... *Dieses Bewußtsein seiner selbst als eine losgelöste Ganzheit, das Bewußtsein über seine eigene kurze Lebensspanne, über die Tatsache, daß er gegen seinen Willen geboren wurde und gegen seinen Willen sterben wird, daß er vor denen sterben wird, die er liebt, oder sie vor ihm, das Bewußtsein über sein Alleinsein und sein Einzeldasein, über seine Hilflosigkeit gegenüber den Naturgewalten und den gesellschaftlichen Mächten, all das macht seine losgelöste, unvereinte, zwiegespaltene Existenz zu einem unerträglichen Gefängnis. Er würde verrückt, wenn er sich nicht aus diesem Gefängnis befreien und die Hand ausstrecken, sich vereinigen könnte ...*

Somit wird unser würdiger Erfolg — der Gewinn einer erreichten Loslösung, eines Ich — immer zugleich auch unser betrüblicher Verlust sein. Aber durch unsere Liebe kann dieser Verlust transzendiert werden.

TEIL II

Das Verbotene und das Unmögliche

*Die psychische Realität wird immer um die Pole
des Fehlenden und des Andersseienden strukturiert;
und ... die Menschen werden sich immer
mit dem arrangieren müssen,
was verboten ist und was unmöglich ist.*

Joyce McDougall

6.

Wann bringst du dieses neue Kind endlich wieder ins Krankenhaus zurück?

Denn dieser Irrtum eingefleischt von Anfang an
Sitzt tief bei jedem Mann und jeder Frau
Sehnt sich nach dem was man nicht haben kann
Nicht gänzlich
Sondern ganz allein geliebt zu werden.

W. H. Auden

Die Liebe kann die Brücke von einem Einzelwesen zu einem anderen Einzelwesen sein, aber die Liebe, die wir ursprünglich im Sinn haben, ist eine Liebe, die ganz uns allein gehört, eine Liebe, die allumfassend und unteilbar ist. Es dauert allerdings nicht lange, bis wir zu ahnen beginnen, daß die Liebe, die wir empfangen, nicht ausschließlich uns gehört, daß wir sie mit rivalisierenden Ansprüchen teilen müssen, auch wenn wir inständig anstreben, was wir nicht haben können: daß wir das Unmögliche ersehnen und verlangen.

Ein kleines Mädchen entdeckt, als es am Weihnachtsmorgen erwacht, das Geschenk, das es sich so sehr gewünscht hat – ein wundervolles Puppenhaus, die winzigen Räume säuberlich mit Teppichen ausgelegt, tapeziert, mit Kronleuchtern an der Decke und möbliert. Sie ist ganz bezaubert davon und erwacht aus ihrer versunkenen Betrachtung, als ihre Mutter ihr einen sachten Rippenstoß versetzt und eine ganz einfache, furchtbare Frage stellt: Könnte sie vielleicht so erwachsen und so großzügig sein, das Geschenk mit ihrer kleineren Schwester Bridget zu teilen?

Ich dachte nach. Diese Frage, Mutters einfache Frage ... war für mich die komplexeste Frage, die mir je jemand gestellt hatte. Ich dachte eine volle Minute nach, während mein Herz stehenblieb und meine Lider flatterten und mein Gesicht vor Zorn errötete. Es war eine Trickfrage, mit zwei Seiten, sie drehte und wendete sich, jetzt siehst du mich, jetzt kannst du mich nicht mehr sehen, der Trick eines großartigen Zauberers, der – mit einer gerissenen Taschenspielerei unter einem Seidentaschentuch – ein paar Sekunden der Ruhe in eine Ewigkeit des Chaos verwandeln konnte. Die Wahrheit: Nein, ich wollte keinesfalls, ganz gleich unter welchen Umständen, das Puppenhaus mit Bridget teilen ... Oder die Wahrheit: Ja, natürlich wollte ich das Puppenhaus mit Bridget teilen, denn damit würde ich nicht nur Mutter eine Freude machen und beweisen, wie großzügig und erwachsen ich war, sondern weil ich wußte, daß ich Bridget von Herzen liebte und mich mit ihrer Sehnsucht identifizierte, als sie zögernd die winzige Großvateruhr in dem winzigen Flur berührte. (Tu deine ekligen kleinen Finger da weg, wollte ich schreien, bis ich es dir erlaube.) Bridget war zu versunken, um die Qualen, die ich durchlitt, wahrzunehmen, den Konflikt, in dem ich steckte. Ich hatte sie, bis zu dieser Frage, nie bewußt absolut gehaßt oder absolut geliebt. Ich empfand meiner Schwester gegenüber nie mehr so, oder ich hatte die Fähigkeit verloren, mir über diese Gefühle bewußt zu werden. Und ich konnte mich nie dazu durchringen, mit dem Puppenhaus zu spielen. Schließlich mußte es dann verschenkt werden.

Nicht viele von uns erinnern sich mit der eindringlichen Klarheit von Brooke Hayward an solche frühkindlichen Gefühle gepeinigten Hasses. Auch läßt unsere Erwachsenenwürde es nicht zu, daß wir uns an das Besitzstreben und die Habgier erinnern, die diesen Haß angefeuert haben. Aber zu Anfang wollen wir alle unsere Schätze ganz für uns haben, darunter auch unseren ersten kostbaren Schatz – die Liebe unserer Mutter. Und wir wollen auch nicht, daß die Köstlichkeiten, die uns allein gehören, einem anderen gegeben oder von ihm genommen werden.

Was bleibt denn für uns übrig, wenn wir mit unseren Rivalen teilen? Ist etwas, was weniger als alles ist, genug? Der Wunsch, einzig und allein geliebt zu werden, könnte durchaus tief eingefleischt und angeboren sein. Wütend und gequält und mehr oder weniger erfolgreich lernen wir es, diesen Wunsch aufzugeben – ihn loszulassen.

»Ein kleines Kind liebt nicht notwendigerweise seine Geschwister«, schreibt Sigmund Freud, »oft ist das offensichtlich nicht der Fall ... Es haßt sie als seine Konkurrenten, und es ist eine bekannte Tatsache, daß diese Einstellung oft über Jahre ohne Unterbrechung bestehenbleibt, bis die Reife erreicht ist oder gar noch länger.«

Das Unbehagen, das der Haß uns einflößt, kann uns dazu bringen, ihn in uns selbst und in unseren Kindern zu leugnen. Es ist einfacher, ihn als Freudschen Mythos zu bezeichnen. Und doch können wir diese komischen Geschichten erzählen, die sich ereigneten, als unser Erstgeborenes das neue Baby begrüßt hat: »Du willst doch nicht etwa sagen, daß das hierbleibt?« Und: »Wann bringst du dieses neue Kind endlich wieder ins Krankenhaus zurück?« Und: »Steck es in die Wäschetruhe, und mach den Deckel zu.« Und: »Wozu brauchen wir das denn?« – in chemisch gereinigter Form die ›intensive Ablehnung‹, die mein Wörterbuch Haß nennt.

Kurzmeldung: Vor einigen Jahren spielte mein Freund Harvey bei seinem Dreijährigen den Babysitter, während seine Frau und das neugeborene Kind noch im Krankenhaus waren. Alles schien locker und bestens zu sein. Aber dann fragte Harvey seinen Sohn Josh, der mit Buntstiften und Block neben ihm saß: »Hast du nicht Lust, mir ein schönes Bild zu malen?« Woraufhin Josh kühl zu seinem

Vater aufblickte und erwiderte: »Nicht, solange du dieses andere Kind nicht wegschaffst.«

Kurzmeldung: Die Kinder der Fahrgemeinschaft sprachen über ›das Schlimmste, was mir in meinem ganzen Leben passiert ist‹. Zum Beispiel ein gebrochener Knöchel. Oder ein Sturz vom Baum. Oder in die Brennesseln zu fallen. Und als Richard an der Reihe war, verkündete er: »Das Schlimmste und Furchtbarste, was mir passiert ist, war, daß meine Schwester auf die Welt gekommen ist.«

Kurzmeldung: »So, hier ist das neue Baby, das du so gern haben wolltest. Was sagst du dazu?« fragte ich meinen Sohn Tony, als sein Bruder Nicky geboren wurde. »Was ich dazu sage«, antwortete Tony, ohne auch nur einen Moment zu zögern, »ist, daß ich es mir anders überlegt habe.« Ist Rivalität unter Geschwistern normal und weltweit verbreitet? Zehn von zehn Psychoanalytikern beantworten diese Frage mit Ja. Diese Rivalität kann zwar bei erstgeborenen Kindern oder zwischen Kindern desselben Geschlechts ausgeprägter sein oder auch dann, wenn der Altersunterschied zwischen den Kindern recht gering ist oder wenn die Familien eher klein sind. Doch es steht zu bezweifeln, daß irgend jemand unter uns von diesen Rivalitätsgefühlen unberührt ist. Wir alle haben nämlich in den ersten Monaten unseres Lebens die Illusion erfahren, unsere Mutter ganz und gar zu besitzen. Die Symbiose war ein alles andere ausschließendes ›Mama-und-ich‹. Die Erkenntnis, daß andere gleiche oder sogar vorrangige Ansprüche an ihre Liebe stellen, macht uns mit der Eifersucht bekannt.

Damit soll natürlich nicht bestritten werden, daß es auch – oder vielleicht irgendwann später – starke Bande des Zusammenhaltens und der Zuneigung geben kann. Geschwister können mit Sicherheit Verbündete und enge Freunde sein. Aber die Schöpfungsgeschichte ist es, nicht etwa Freud, die aussagt, daß der erste Mord auf Erden sich unter Brüdern abgespielt hat. Die Schöpfungsgeschichte ist es, nicht etwa Freud, die diesen ersten Mord auf Erden

Gründen zuschreibt, die geradezu ein Schulbeispiel für Rivalität unter Geschwistern ist.

Und der Herr sah gnädig an Abel und sein Opfer; aber Kain und sein Opfer sah er nicht gnädig an. Da ergrimmte Kain sehr, und seine Gebärde verstellte sich. Da sprach der Herr zu Kain: Warum ergrimmst du? Und warum verstellt sich deine Gebärde? ... Und es begab sich, da sie auf dem Felde waren, erhob sich Kain wider seinen Bruder Abel und schlug ihn tot.

Wir töten unsere Geschwister, weil sie mehr von der Liebe unserer Eltern oder auch nur einen Teil davon haben. Aber in der weit überwiegenden Zahl der Fälle spielt sich dieser Totschlag in unseren Köpfen ab. Und mit der Zeit werden wir lernen, daß der Verlust der unteilbaren Liebe auch einer unserer notwendigen Verluste ist, daß Liebe über die des Mutter-Kind-Paares hinausreicht, daß der größte Teil der Liebe, die wir auf dieser Welt empfangen, eine Liebe ist, die wir mit anderen teilen müssen – und daß das Teilen bereits zu Hause beginnt, mit unseren rivalisierenden Geschwistern.

Das gefällt uns nicht.

Anna Freud zählt zu den normalen Charakteristika der frühen Kindheit sogar ›extreme Eifersucht und Rivalitätsdenken‹ und ›Impulse, Rivalen zu töten‹. Aber wenn uns das Töten auch als eine höchst wirksame Methode erscheint, die ungeteilte Liebe unserer Mutter wieder zu erringen, dann lernen wir doch schnell, daß Akte der Feindseligkeit nicht dazu bestimmt sind, ihre Liebe zu gewinnen, sondern sie zu verlieren.

Die Gefahr, die Liebe unserer Mutter oder unseres Vaters zu verlieren – die Liebe unserer Geliebten – versetzt uns in Schrecken und flößt uns große Furcht ein. Wenn wir daher den Impuls spüren (mach dieses Baby kaputt!), der zu einem solchen Verlust führen könnte, wollen wir diesen Impuls gleichzeitig unterdrücken. Mit Hilfe eines oder mehrerer unserer – meist unbewußten – Abwehrmechanismen können wir die Angst in Schach halten, indem wir unseren gefährlichen und jetzt unerwünschten Impuls durch Gegenmaßnahmen, Widerstand, Umwandlung oder Verdrängung loswerden.

Diese Schutzmaßnahmen beschränken sich nicht auf unsere Probleme mit der Geschwisterrivalität. Sie dienen uns unser Leben lang immer dann, wenn ein gefürchteter oder ein tatsächlicher Verlust unsere Angst erwachen läßt. Sie dienen uns in Situationen, die wir unbewußt als emotional gefährlich ansehen. Wir werden im Lauf der Zeit jeden einzelnen dieser Abwehrmechanismen einsetzen, doch unsere bevorzugten Schutzmaßnahmen werden zu einem entscheidenden Teil unserer Art und unseres Charakters.

Und hier sind die Namen und Bedeutungen unserer üblichen alltäglichen Abwehrmechanismen, gleichzeitig aber auch eine Anleitung, wie wir sie einsetzen können, um mit unserem Mach-dieses-Baby-kaputt-Impuls umgehen zu können, wenn dieser droht, uns die Liebe der Mutter verlieren zu lassen.

Verdrängung bedeutet, den unerwünschten Impuls (und jede Erinnerung, jede Empfindung und jegliche Gelüste, die mit diesem Impuls in Verbindung stehen) aus dem Bewußtsein zu verbannen. Es folgt daraus: »Mir ist nicht bewußt, daß ich diesem Baby etwas antun will.«

Reaktionsbildung bedeutet, daß der unerwünschte Impuls durch Betonung des *entgegengesetzten* Impulses aus dem Bewußtsein ausgeschlossen wird. Es folgt daraus: »Ich will diesem Baby nichts antun; ich *liebe* dieses Baby.«

Isolation bedeutet, eine Vorstellung von ihrem gefühlsmäßigen Gehalt zu lösen, so daß zwar die Erinnerung an den unerwünschten Impuls zurückbleibt, aber alle Gefühle, die damit in Zusammenhang stehen, aus dem Bewußtsein verstoßen werden. Es folgt daraus: »Immer wieder stelle ich mir in meiner Phantasie vor, meinen Bruder in Öl zu kochen, aber ich habe nicht die geringsten Haßempfindungen ihm gegenüber.«

Verleugnung der psychischen Realität bedeutet, unerfreuliche Tatsachen zu eliminieren, und gleichzeitig wird auch der unerwünschte Impuls, der mit diesen Fakten in Zusammenhang steht, getilgt, indem wir die Tatsache in unseren Vorstellungen, in unseren Worten oder in unserem Verhalten revidieren. Es folgt daraus: »Ich brauche diesem Baby nichts anzutun, weil ich mich weiterhin als das einzige Kind ansehe.« (Ein großartiges Beispiel für die Verleugnung der psychischen Realität ist die Geschichte von dem kleinen Mädchen, dem mitgeteilt wurde, ein kleiner Bruder oder eine kleine Schwester sei unterwegs. Sie hörte es sich versonnen schweigend an, hob dann den Blick vom Bauch der Mutter zu deren Augen und sagte: »Ja, aber wer wird die Mama des *neuen Babys?*«)

Regression bedeutet Flucht vor dem unerwünschten Impuls mit Hilfe einer Rückkehr in ein früheres Entwicklungsstadium. Es folgt daraus: »Statt diesem Baby, das meinen Platz bei meiner Mutter einnimmt, etwas anzutun, *werde ich* das Baby sein.«

Projektion bedeutet ein Zurückweisen des unerwünschten Impulses, indem dieser Impuls einem anderen zugeschrieben wird. Es folgt daraus: »Ich will diesem Baby nichts antun; es will mir etwas antun.«

Identifikation bedeutet, daß der unerwünschte Impuls durch positivere Gefühle ersetzt wird, indem man zu einem ›anderen‹ wird – zum Beispiel zu unserer Mutter. Es folgt daraus: »Statt dem Baby etwas anzutun, werde ich es bemuttern.«

Wendung gegen die eigene Person bedeutet, den feindseligen Impuls gegen uns selbst zu kehren, statt gegen den Menschen, dem wir etwas antun wollen, aggressiv zu sein. Es folgt daraus: »Ehe ich das Baby schlage, schlage ich lieber mich selbst.« Manchmal identifiziert sich ein Mensch, der sich gegen sich selbst wendet, mit dem Menschen, den er haßt. Es folgt daraus: »Wenn ich mich selbst schlage, schlage ich in Wirklichkeit das Baby.«

Ungeschehenmachen bedeutet, unseren feindseligen Impuls entweder in der Phantasie oder mittels einer Tat auszudrücken und den Schaden dann mit einem Akt der Gutwilligkeit wieder ›zu beheben‹. Es folgt daraus: »Erst schlage ich das Baby (oder stelle mir vor, es zu schlagen), und dann mache ich den Schaden wieder gut, den ich angerichtet habe, indem ich es küsse.«

Sublimierung bedeutet, den unerwünschten Impuls durch gesellschaftlich akzeptable Aktivitäten zu ersetzen. Es folgt daraus: »Statt das Baby zu schlagen, werde ich ein Bild malen.«

Oder vielleicht werden wir auch, wenn wir erwachsen sind, wie ich (als Reaktion auf meine kleinere Schwester) ein Kapitel über Rivalität zwischen Geschwistern schreiben.

Über diese Liste formal bestimmter ›Abwehrmechanismen‹ hinaus kann fast alles andere als Abwehrmechanismus dienen. Eine weitere wesentliche Taktik, die von vielen rivalisierenden Geschwistern eingesetzt wird, darunter auch meiner kleinen Schwester Lois und mir, besteht darin, uns von unseren Geschwistern zu unterscheiden, indem wir ihnen bestimmte Charakterzüge und uns selbst andere – ganz entgegengesetzte – Charakterzüge zuordnen. Diese defensive Taktik nennt man ›De-Identifikation‹, was in der Praxis heißt, daß das Revier aufgeteilt wird. De-Identifikation, das habe ich im Laufe der Zeit gelernt, war ganz entscheidend für meine Beziehung zu meiner Schwester.

Durch diese Aufteilung des Reviers waren meine Schwester und ich ganz verschieden voneinander. Wir hörten auf, Rivalen zu sein. Wir liefen nicht mehr in demselben Rennen. Indem wir uns durch gegensätzliche Begriffe definierten (im Freien sein/zu Hause bleiben, Wissenschaftlerin/Schriftstellerin, extravertiert/introvertiert, konventionell/nonkonformistisch) und indem wir das Geschehen an weit voneinander entfernte Orte verlegten, konnten meine Schwester und ich mit unserer Rivalität umgehen; wir vermieden schmerzliche Wettbewerbe.

Die De-Identifikation beginnt etwa im Alter von sechs Jahren, am häufigsten bei ersten und zweiten Kindern desselben Geschlechts. Sie ermöglicht es zwei Brüdern oder zwei Schwestern, das Gefühl zu haben, daß du gekriegt hast, was dir zusteht, und ich, was mir zusteht. Es konnten sich sogar beide überlegen fühlen. Nonkonformisten, glaubte ich früher, seien von Natur aus interessanter als konventionelle Menschen, wogegen meine Schwester genauso selbstgefällig glaubte, Menschen wie sie seien zuverlässig und pflichtbewußt – im Gegensatz natürlich zu diesen flatterhaften Nonkonformisten. Ich hielt es früher auch für ›würdevoller‹, introvertiert zu sein. Lois glaubte, es sei gesünder, extrovertiert zu sein. So gewann jeder auf seine Weise.

Ein Teil des Reviers, das Geschwister untereinander aufteilen, können Mutter und Vater verkörpern. Also geriet ich nach unserer Mutter und Lois nach unserem Vater. Durch diese Aufteilung unserer Eltern und die so erworbenen Exklusivrechte auf die Identifikation mit einem von beiden fand jede von uns eine Nische, in der kein Wettstreit stattfand.

Diese Polarisierung der Rollen hat jedoch – für meine Schwester und mich und für jedes Geschwisterpaar – unüberwindliche Grenzen. Angenommen, wir wären beide naturwissenschaftlich interessiert gewesen und hätten beide gern geschrieben? Es hätte passieren können, daß wir Teile unseres Wesens und unserer Begabungen ausgeschaltet hätten. Wir wären gewissermaßen nur zu Hälften eines Menschen mit kompletten Anlagen gereift. Es gibt zudem Familien, in denen die Eltern (nicht die Geschwister) darauf beharren, das Revier aufzuteilen, die ihre Kinder mit Etiketten – von nicht einfühlsamen bis hin zu wirklich einschränkenden – versehen, indem sie beschließen: Du bist hübsch. Sie ist klug. Und du bist fröhlich. Und sie ist launisch. Und du besitzt gesunden Menschenverstand. Und sie ist talentiert. Selbst wenn es die Absicht der Eltern ist, die Rivalität unter den Geschwistern zu verringern, indem sie jedem Kind eine andere Identität geben, wobei die Identitäten gleichwertig sind, kann es viel kostbare Zeit erfordern, bis zwei Brüder oder Schwestern sich von ihren Etiketten lösen und zu begreifen beginnen, wer sie wirklich sind.

(May, 25 Jahre alt, sagt: »Meine Mutter hat Margo immer als den ›klugen Zwilling‹ und May als den ›hübschen Zwilling‹ hingestellt. Das Resultat dieser konstanten Karikatur unserer selbst ist, daß ich heute noch versuche zu beweisen, wie klug ich bin, und Margo will nach wie vor beweisen, wie attraktiv sie ist.«)

Dennoch kann uns das Abstecken eines ganz bestimmten Ichs, eines Ichs, das sich deutlich von dem unserer Geschwister unterscheidet, davor bewahren, an zweiter Stelle zu stehen oder mörderische Phantasien zu entwickeln, um Sieger um jeden Preis zu bleiben. Ob mit sechs Jahren oder in jedem späteren Alter bietet die defensive De-Identifikation eine enorme Erleichterung, um sich gegen die geschwisterliche Rivalität zu schützen.

Sarah, Mitte Dreißig, sagt, daß sie sich immer noch dabei ertappt, das Revier aufzuteilen, nämlich immer dann, wenn sie sich von einer anderen Frau bedroht fühlt und sich sagt, was sie alles hat und was diese bedrohliche Frau nicht hat und was sie alles ist, was diese Frau nicht sein kann. Erst daraufhin ist sie in der Lage, die positiven Eigenschaften dieser anderen Frau zu sehen und zu akzeptieren – ganz so, wie sie es vor drei Jahrzehnten mit ihrer Schwester getan hat.

»Wenn sie erfolgreich und brillant ist, aber keine Kinder hat«, sagt Sarah, »dann sage ich mir, daß ich Kinder habe.«

»Und wenn sie erfolgreich und brillant ist und zudem auch noch ein Kind hat«, sagt Sarah, »dann sage ich mir, daß ich vier Kinder habe.«

»Und wenn sie erfolgreich und brillant ist und zudem auch noch vier Kinder hat«, sagt Sarah – mögen die Feministinnen ihr vergeben –, »dann sage ich mir, daß meine alle vier Jungen sind.«

Die Mittel, mit denen wir unsere geschwisterlichen Rivalitätsgefühle erfolgreich oder auch erfolglos handhaben, werden oft ins Erwachsenenleben mit hinübergenommen. Und lange nach dem Ende der Kindheit kann es vorkommen, daß wir unsere frühen Schemata im Umgang mit Geschwistern, mit anderen Personen und an anderen Schauplätzen wiederholen.

Manchmal sind diese Schemata, wie im Falle Sarahs, im Prinzip konstruktiv. Manchmal aber eben nicht.

Der Psychologe Alfred Adler bemerkt, daß ein Kind, wenn es feststellt, daß es kämpfen und gegen die rivalisierenden Geschwister gewinnen kann, »ein kämpferisches Kind werden wird; wenn sich das Kämpfen nicht auszahlt, kann es die Hoffnung verlieren, niedergeschlagen sein und einen Erfolg verzeichnen, indem es die Eltern in Sorge und Schrecken versetzt ...« Die Schwierigkeiten mit Geld, mit der Gesundheit, mit der Schule, mit sozialen Kontakten oder mit dem Gesetz können in der Kindheit einsetzen und bis ins spätere Leben hinein bestehen, und diese Schwierigkeiten können dazu dienen, dem erfolgreichen Geschwisterteil elterliche Aufmerksamkeit zu rauben.

Es gibt andere selbstzerstörerische Taktiken der Abwehr von geschwisterlicher Rivalität, Taktiken, die unser Leben als Erwachsene gestalten können.

Calvin zum Beispiel, 20 Monate jünger als sein Bruder Ted, war von Anfang an das aufgewecktere, das begabtere Kind. Aber als er begann, sich auszudrücken, sich zu behaupten, seine Fähigkeiten zu zeigen, fürchtete seine Mutter anscheinend, Ted könne daran kaputtgehen. Was sie Calvin übermittelte, war: Besiege deinen Bruder nicht. Halte dich zurück. Sei behutsam. Wenn du meine Zustimmung willst, darfst du nicht mit Ted konkurrieren. Was sie ihm übermittelte, blieb zwar weitgehend unausgesprochen, aber es war in hohem Maße überzeugend. Calvin fügte sich.

Er ist jetzt in seinen Vierzigern und kann immer noch nicht auf Sieg spielen. »Beim Tennis versuche ich, meine

Technik zu verbessern – nicht um zu gewinnen. Und beim Golf«, sagt er, »kann ich von Anfang an in Führung liegen, bis zum 18. Loch, aber beim 18. Loch verpatze ich immer alles.« Nicht nur beim Spiel, sondern auch bei der Arbeit besteht, sagt Calvin, sein größtes Problem darin, jeden Wettstreit zu vermeiden. Er träumt vom Erfolg, er hat grandiose Pläne, er macht sich an die Verwirklichung, aber ... »dann kommt es darauf an, dann habe ich es fast geschafft, und dann kann ich es einfach nicht tun«, sagt er. »Ich kann es nicht riskieren, zu gewinnen.« Aus den Konkurrenzkämpfen auf dieser Welt als Sieger hervorzugehen – erst allmählich hat er das begriffen – bedeutet, »meinen Bruder zu töten und die Liebe meiner Mutter zu verlieren«.

Die Psychologen Helgola Ross und Joel Milgram, die interessante Arbeit zur Geschwisterrivalität bei Erwachsenen geleistet haben, fanden heraus, daß diese Rivalität selten unter Geschwistern oder mit den Eltern oder Freunden diskutiert wird. Sie bleibt ein Geheimnis, ein verschämtes Geheimnis, ein schmutziges kleines Geheimnis. Und gerade diese Geheimhaltung, glauben Ross und Milgram, kann dazu beitragen, die Rivalität unter Geschwistern für alle Zeiten zu erhalten.

Das bedeutet: Viele Geschwister bleiben ihr Leben lang grimmige Rivalen. Sie lösen sich niemals von ihrer Eifersucht und ihrem Konkurrenzdenken. Ungeachtet all dessen, was ihnen ansonsten in anderen Kontakten zustößt, bleiben sie in einem intimen Kampf miteinander verstrickt. Anne, inzwischen 89 Jahre alt, verübelt ihrer Schwester immer noch deren Beliebtheit, wogegen ihre Schwester, 86 Jahre alt, Anne immer noch deren deutlich überlegenen Intellekt übelnimmt. (De-Identifikation, stellen wir fest, klappt nicht immer.)

Richard und Diane wetteifern derzeit darum, wer sich um ihre alternde Mutter kümmern wird (jeder von beiden will der Zuständige sein), ein Wettstreit, der nichts anderes zu sein scheint als die letzte, entscheidende Schlacht im

Krieg darum, wer als pflichtbewußteres Kind gekrönt werden wird.

Zwei herausragende Brüder – der Romancier Henry und der Philosoph William James – haben sich auf einen lebenslangen Machtkampf eingelassen, der mit Henrys Geburt begann und für beide zu ›einer vorherrschenden Seinsweise‹ wurde.

William kritisiert immer wieder Henrys viel bewunderten, hochgradig nuancierten literarischen Stil – »Sprich es um Gottes willen aus, und dann ist Schluß« –, und Henry beklagte sich einmal bei seinem Bruder: »Es tut mir immer leid, wenn ich höre, daß du irgend etwas von mir liest, und ich hoffe immer, daß du es nicht tust – du wirkst auf mich grundlegend unfähig, es zu ›genießen‹ ...« William demonstrierte seine sauertöpfische Ungenießbarkeit mit einer spektakulären Geste, als er die Wahl in die Academy of Arts and Letters ablehnte, weil, so erklärte er, sein »jüngerer, seichterer und eitlerer Bruder der Academy bereits angehörte« – mit anderen Worten, weil Henry vor ihm da war.

Man denke auch an die schauspielenden Schwestern Olivia de Havilland und Joan Fontaine, die von Geburt an, schreibt Miß Fontaine, »von unseren Eltern oder unseren Kindermädchen nicht dazu ermutigt wurden, irgend etwas anderes als Rivalinnen zu sein ...«, eine Rivalität, die durch ihre Entscheidung, dieselbe Laufbahn einzuschlagen, unausweichlich verschärft wurde. An dem Abend, an dem Joan Fontaine einen Academy Award, einen Oscar, als beste Schauspielerin gewann, saß sie an einem Tisch direkt gegenüber von Olivia, und als sie ihre große Schwester ansah, dachte sie:

Was habe ich bloß getan! Die ganze Animosität, die wir als Kinder füreinander gehegt haben, das Haareziehen, die erbitterten Ringkämpfe, der Tag, an dem Olivia mir das Schlüsselbein gebrochen hat, all das stürmte in kaleidoskopartigen Facetten wieder auf mich ein. Ich war absolut paralysiert. Ich hatte das Gefühl, Olivia würde über den Tisch springen und mich an den Haaren ziehen. Ich fühlte mich vier Jahre alt, als ich jetzt mit meiner großen Schwester konfrontiert war. Verdammt noch mal, ich hatte wieder einmal ihren Zorn entfacht!

Im Gegensatz dazu schien Billy Carter keine Angst davor zu haben, den Zorn seines großen Bruders zu entflammen. Und Jimmy Carter, der offen verkündete: »Ich liebe Billy, und Billy liebt mich«, gestand es seinem kleinen Bruder während der Carter-Präsidentschaft zu, sich als öffentliches Spektakel zu inszenieren. Mit seiner Trinkfreudigkeit und seinen vorlauten Frechheiten und seinen finanziellen Schwierigkeiten konkurrierte Billy mit Jimmy um Aufmerksamkeit. Es besaß zwar keine sichtbaren Mittel, seinem gottesfürchtigen, erfolgreichen Bruder den Rang abzulaufen, aber er konnte ihn mit seinem ›liederlichen und unbußfertigen Lebenswandel‹ in Verlegenheit bringen, ja ihm vielleicht sogar schaden.

Der Psychologe Robert White sagt zum Thema der Geschwisterkonflikte, die nicht im Lauf der Kindheit gelöst worden sind, daß die erwachsenen rivalisierenden Geschwister nach wie vor »um die Gunst von Eltern, die alt, senil oder sogar schon tot sind« konkurrieren. Und manchmal, sagt er, weiten sich diese ›Vermächtnisse der Rivalität im Familienkreis‹ auf berufliche und soziale Kontakte aus. So kann es vorkommen, daß wir auf Kollegen, Freunde, Ehegatten und sogar auf unsere Kinder reagieren, als seien sie unsere Geschwister.

Ein Labortechniker klagt beispielsweise über seinen drei Jahre älteren Kollegen, der »mir immer auf die Finger schaut. Er nörgelt und findet an allem, was ich tue, Fehler. Das macht mich so nervös, daß ich nur um so mehr falsch mache. Es ist genauso wie mit meinem großen Bruder.«

Die Redakteurin einer Zeitschrift ist so außer sich, als Isabel, eine jüngere und erst später eingestellte Kollegin, vor ihr befördert wird, daß sie psychologische Hilfe in Anspruch nehmen muß. Warum hat der Umstand, daß ihr Chef diese attraktive, ehrgeizige Redakteurin vorzieht, sie derart zerstören können? Warum stürmen Gefühle der Eifersucht, der Wut der Ablehnung auf sie ein?

»Später bin ich dahintergekommen«, sagt sie, »daß meine Rivalin, die jünger als ich war, mich entfernt an meine kleine Schwester Cynthia erinnert hat. Isabels Haar war gelockt, wie das von Cynthia, und sie hatte auch deren einnehmende Art – all das, worauf ich neidisch war. Mir ist auch klargeworden, daß Cynthia immer Papas Liebling war, und befremdlicherweise haben mich die Verhaltensweisen und die Eigenarten meines Chefs an meinen Vater erinnert. Dann konnte ich erkennen, daß eins der frühen Dramen meines Lebens sich hier noch einmal von Anfang bis Ende vollzog. Mein Chef schob mich ab und begünstigte Isabel, und genauso hatte mein Vater mich für seinen Liebling Cynthia von sich gestoßen.«

Geschwisterliche Rivalität in der Ehe ist etwas, was Pam jetzt endlich versteht, nachdem sie es jahrelang immer wieder mit ihrem Mann John durchgespielt hatte. Sie hatte sich blind darin verfangen, bis sie schließlich begriff, daß ihr ausgeprägtes Territorialdenken (Das ist meins, und das ist deins, bleib, zum Teufel, weg von meinem Territorium) eine vollkommene Wiederholung der belauernden Beziehung zu ihrer kleinen Schwester war. Warum war sie so hitzig – nicht nur verärgert, sondern von einer leidenschaftlichen Unerbittlichkeit – wenn sie John einfach nicht erlauben konnte, seine Hemden in ihren Koffer zu packen? Warum geriet sie derart in Wut, wenn er sich bei einem Mittagessen, das sie mit Freunden verabredet hatte, anschließen wollte – mit ihren ganz speziellen Freunden? Und warum fiel es ihr so schwer, diese Freunde mit jemandem zu teilen? Oder sich mit ihm eine Bürste zu teilen? Oder ein Stück Kuchen? Oder ein Wissensgebiet? Und warum konnte er nicht, ohne daß sie augenblicklich außer sich geriet, sein Jackett auf ›ihre‹ Seite des Schrankes hängen?

Schließlich erkannte Pam, daß sie ihre Wut auf die Eingriffe ihrer Schwester auf ihren Mann übertragen hatte. Sie neigt zwar immer noch zu einem Territorialdenken des *Das ist meins, und das ist deins,* aber ihre Reaktionen auf ein ›unbefugtes‹ Vordringen ihres Mannes fallen jetzt etwas milder aus im Vergleich zu ihrem früheren *Bleib, zum Teufel, weg von meinem Territorium.* Einige der Schemata, die wir in unserem späteren Leben wiederholen, sind offenbar nicht nur von den Eltern, sondern auch von den Geschwistern bestimmt. Freud sagt:

Die Natur und die Eigenarten der Beziehungen des menschlichen Kindes zu Menschen des eigenen und des anderen Geschlechts sind bereits in den ersten sechs Lebensjahren festgelegt worden. Es kann sie hinterher in gewisse Richtungen entwickeln oder umformen, aber es kann sie nicht mehr ablegen. Die Menschen, auf die es auf diese Weise fixiert ist, sind seine Eltern und seine Geschwister. Alle anderen, die es später kennenlernt, werden zu Substitutgestalten dieser ersten Objekte seiner Gefühle ... (und) sind daher gezwungen, eine Form von emotionalem Erbe zu übernehmen ...

Diese Art emotionales Erbe wird manchmal der nächsten Generation übergestülpt, wenn wir etwa eines unserer Kinder als ›ganz genau wie ich‹ ansehen, wogegen ein anderes unserer Kinder als das zutiefst abgelehnte Geschwisterchen unserer Kindheit angesehen wird. So formte beispielsweise eine Mutter, die die ausgenutzte kleine Schwester war und auch als Erwachsene Neid und Wut nicht ablegen konnte, ohne es selbst zu wissen, ihren ältesten Sohn so, daß er große Ähnlichkeit mit ihrer älteren Schwester aufwies. Im Gespräch mit einem Psychiater wurde die Frau näher nach ihrem Wunsch gefragt, ihrem jüngeren Sohn das schönere Zimmer zuzuteilen. Sie antwortete erstaunlich emotional, daß »sie die jüngere gewesen sei und immer das Gefühl hatte, daß ihre größere Schwester von allem das Beste bekam und daß sie sie selbst jetzt noch sehr haßte«!

Da ich selbst eine große Schwester bin, räume ich ein, daß wirklich eine Tendenz dazu besteht, den Erstgeborenen von allem das Beste zu geben. Aber ich bin sicher, daß sie auch von allem das Übelste abkriegen. Einerseits erleben wir – monatelang, vielleicht sogar jahrelang über die symbiotische Einheit hinaus – eine ausschließliche, ganz spezielle Beziehung zu unserer Mutter. Andererseits ist unser Verlust – dieser ausschließlichen, ganz speziellen Beziehung zu unserer Mutter – größer als der, den unsere nachfolgenden Geschwister erleiden. Die Geburt eines neuen Babys kann ein Gefühl von Verrat und Bestürzung wachrufen:

Meine Mama sagt, ich bin ihr Herzallerliebstes.
Meine Mama sagt, ich bin ihr Lämmchen.
Meine Mama sagt, ich bin absolut vollkommen.
Genauso wie ich bin.
Meine Mama sagt, ich bin ein ganz besonderes
wunderbares großartiges kleines Kerlchen.
Meine Mama bekam einfach noch ein Kind.
Warum?

Es ist allgemein anerkannt, daß Eltern dazu neigen, ihrem Erstgeborenen mehr Aufmerksamkeit zuzuwenden als dessen Geschwistern. Es ist außerdem allgemein anerkannt, daß Eltern bei den jüngeren Kindern weniger besitzergreifend, weniger ängstlich und weniger fordernd sind. Wenn wir also die Jüngeren sind, können wir die Älteren um ihre Stellung als Rangälteste beneiden. Und wenn wir die Älteren sind, können wir das Gefühl haben, daß die Jüngeren immer nachsichtiger behandelt werden. Mit anderen Worten heißt das, wir können, ganz gleich, welchen Stand wir in der Geburtenreihenfolge der Familie haben, ohne jeden Zweifel immer beweisen, daß wir begaunert werden.

Und manchmal stimmt das auch.

Zwar sollten Eltern ihre Kinder mehr oder weniger im selben Maße lieben, doch manchmal wird ein Kind – weil es klüger, hübscher, umgänglicher, ihnen selbst ähnlicher, erfolgreicher, sportlicher, liebevoller oder ein Junge ist – vorgezogen.

In Max Frischs fesselndem Roman STILLER beispielsweise kommt es zu einem verblüffenden Gespräch zwischen zwei Männern, Wilfried und Anatol, die die Gräber ihrer toten Mütter aufsuchen. Anschließend gehen sie in ein Wirtshaus und vergleichen ihre schriftlich festgehaltenen Erfahrungen: »Seine Mutter war ordentlich streng, scheint es«, schreibt Anatol, »meine ja gar nicht ... Ich erinnere mich, wie ich einmal durchs Schlüsselloch zuhörte, als meine Mutter einer ganzen Gesellschaft alle meine lustigen und offenbar gescheiten Aussprüche von der vergangenen Woche berichtete und großen Erfolg damit hatte. Derartiges hatte Wilfried nie erlebt; seine Mutter hatte Sorge, daß aus Wilfried nie etwas Rechtes würde ...«

Zudem, bemerkt Anatol, war Wilfrieds Mutter eine »praktische Frau, die ihn schon zeitig darauf vorbereitete, daß Wilfried eben nie eine richtige Frau würde heiraten können, wenn er nicht ordentlich Geld verdiente«. Anatols Mutter war im Gegensatz dazu verspielt und nachsichtig und rechnete »mehr mit meinen inneren Werten, überzeugt, daß ich alles heiraten könnte, was ich nur wollte, schlechterdings jede Frau, außer meiner lieben Mutter selbst ...«

Es wird deutlich, daß Wilfried und Anatol zwei ganz verschiedene Mütter hatten. Aber es gab nur eine einzige Mutter.

Die Männer waren Brüder.

Manchmal mißbraucht das vorgezogene Kind auf arrogante Weise seinen Sonderstatus. Manchmal hat es auch Schuldgefühle, weil es vorgezogen wird, und manchmal empfindet es seine Rolle als ›das beste Kind‹ als eine Falle. Aber wie es auch reagiert – seine Geschwister werden es wahrscheinlich beneiden und ablehnen, und diese

Feindseligkeit kann durchaus weit über die Kindheit hinausgehen. Der betrunkene Jamie in Eugene O'Neills EINES LANGEN TAGES REISE IN DIE NACHT wütet erbittert über seinen jüngeren Bruder und gibt zu, daß er »ein verdammt mieser Einfluß auf ihn war«. Warum? Weil er »nie wollte, daß du Erfolg hast und ich im Vergleich zu dir noch schlechter aussehe. Ich wollte, daß du versagst. Immer neidisch auf dich. Mamas Schätzchen, Papas Liebling!« Aber wenn Eltern keines ihrer Kinder bevorzugen, bedeutet die Existenz unserer Geschwister dennoch einen Beschiß, einen Verlust – einen Verlust, weil ihre Existenz die Arme, die Augen, den Schoß, das Lächeln und die unvergleichlichen Brüste unserer Mutter von unserem privaten Reich in Allgemeinbesitz verwandeln.

Wie könnte es also überhaupt sein, daß ein Kind einen Bruder oder eine Schwester nicht loswerden will?

Als der dreijährige Josh sah, wie seine Mutter seinen kleinen Bruder an sich drückte, sagte er mit denkbar größter Deutlichkeit: »Du kannst uns nicht beide lieben. Und ich will, daß du nur mich liebst.«

Seine Mutter antwortete darauf: »Ich liebe dich sehr. Aber ich liebe nicht *nur* dich.«

Das ist ein bedauernswerter Umstand im Leben, der sich nicht leugnen läßt: Wir müssen die Mutterliebe mit unseren Geschwistern teilen. Unsere Eltern können uns dabei helfen, mit dem Verlust unseres Traumes von der totalen Liebe zurechtzukommen. Aber sie können uns nicht davon überzeugen, daß wir nichts verloren hätten.

Wir können jedoch – in günstigen Fällen – lernen, daß sie genug Liebe für uns haben, daß wir davon satt werden.

Wir können ebenfalls lernen, daß auch Geschwister uns eine liebevolle, familiäre Bindung erfahren lassen.

Die Rivalität unter Geschwistern kann zwar großes Leid auslösen, sie kann uns bis ins Erwachsenenalter hinein verfolgen, kann auf alle Arten von anderen Beziehungen übertragen werden, doch sie kann sich auch bleibenden Banden der Geschwisterliebe unterordnen. In den letzten

Jahren gibt es zunehmend mehr Studien auch über die lebenslängliche Verbindung von Geschwistern. Sie sind weniger auf die Geschwisterrivalität gerichtet und stärker auf die Geschwistersolidarität, die Trost spendet, uns Geborgenheit gibt, Modellfunktion trägt, uns zu Leistungen anspornt, in der wir treue Verbündete sind.

Wenn keine liebenden Eltern da sind, können Geschwister tatsächlich werden, was die Psychologen Michael Kahn und Stephen Bank Hänsel und Gretel nennen, die einander so unverbrüchlich die Treue halten und sich gegenseitig beschützen wie ihre Äquivalente im Märchen. Hänsel-und-Gretel-Geschwister bilden oft eine eigene gemeinsame Sprache heraus, geraten außer sich, wenn sie voneinander getrennt werden, und sehen die Harmonie ihrer Beziehung als weit wesentlicher an als den Vorteil des einzelnen. Sie wachsen auch mit der Entschlossenheit auf, zusammenzubleiben, um jeden Preis, und sei der Preis das Ausschließen von Partnern und Freunden. Ihre Loyalität gegenüber dem Bruder oder der Schwester steht immer an erster Stelle.

Vier Brüder — Eli, Larry, Jack und Nathan Jerome — wurden angesichts des Todes ihrer Mutter und des unberechenbaren und manchmal brutalen Verhaltens ihres Vaters zu Hänsel-und-Gretel-Geschwistern. Heute sind sie erwachsene Männer, und ihre Loyalität besteht weiterhin. Man höre sich Nathan an:

»So, wie ich hier sitze, weiß ich, daß ich, wenn ich je in Schwierigkeiten gerate, zuerst zu meinen Brüdern gehe. Ich wende mich nicht an meinen Vater. Ich rufe nicht meine Schwäger zusammen. Ich wende mich nicht an meine Frau. Ich wende mich an meine Brüder.«

Und man höre sich Larry an:

»Wenn ihr (seine Brüder) mit irgendwelchen Sorgen zu mir kämet, ihr wißt schon, seien sie finanzieller, beruflicher oder sonstiger Natur ... würde ich euch meinen letzten Heller geben. Und das meine ich auch so, ganz *ernst, ungeachtet* meiner Verpflichtungen gegenüber meinen Kindern und meiner Frau.«

Hänsel-und-Gretel-Beziehungen sind Extreme von Geschwisternähe, und die Intensität ihrer Beziehung deutet an, daß ein elterliches Versagen − oder irgendeine Tragödie − sie dazu gezwungen haben, sich in den verhexten Wäldern allein durchzuschlagen. Hänsel und Gretel entwickeln sich mit viel geringerer Wahrscheinlichkeit unter günstigeren familiären Bedingungen, die ihren Kindern Schutz und Liebe angedeihen lassen. Was sich dort entwickeln kann, ist eine weniger intensive, aber doch liebevolle Unterstützung und Verbundenheit.

Mit der Zeit und durch die Identifikation mit einem liebenden Elternteil (»Ich werde so sein wie du und es lernen, dieses Kind zu lieben«), durch die Reaktionsbildung (»Vielleicht liebe ich dieses Kind ja *doch*«) und die Freude daran, einen Spielkameraden zu haben, einen Bewunderer, einen Pionier oder ein geschwisterliches ›Wir‹ gegen ein elterliches ›Die da‹ können wir unsere Rivalität schließlich einschränken. Und diese Pest, dieser Eindringling, dieser Konkurrent, dieser Dieb, der uns die Liebe der Mutter raubt, kann unser Freund werden.

»Wir sind Brüder«, hörte ich meinen Ältesten im Alter von acht Jahren einmal mit höchster Empörung auf die Frage eines Fremden antworten. Im Alter von 15 Jahren habe ich ihn voller Stolz und Begeisterung, voller Freundschaft und Liebe sprechen hören. »Wir sind Brüder«, sagte er.

Aber selbst dann, wenn sich Rivalitäten bis ins Erwachsenenleben hinein fortsetzen, sind immer noch Wandlungen und Versöhnungen möglich. Alte Schemata bleiben bestehen, werden aber nicht zementiert. Und manchmal können die Triumphe oder die Sorgen eines Bruders oder einer Schwester das Gleichgewicht zwischen Liebe und Haß zugunsten der Liebe verschieben. Aber manchmal kann auch eine familiäre Krise Geschwister einander näherbringen. Einblicke in unsere negativen Wiederholungen können uns in jedem Alter die Freiheit geben, es endlich doch einmal anders zu machen. Es muß nicht immer so sein, wie es war. Der Psychologe Victor Cicirelli bezeichnet nach mehr als einem Jahrzehnt der Untersuchungen von Geschwisterbeziehungen diese als einzigartig unter den menschlichen Beziehungen im Hinblick auf ihre Dauer, ihren Egalitarismus und ihr gemeinsames Erbe. Die meisten Geschwister, stellt er fest, erhalten in irgendeiner Weise den Kontakt zueinander bis ans Ende ihres Lebens aufrecht, wobei beim Bewahren der familiären Beziehungen und beim Liefern emotionalen Haltes Schwestern die Hauptrolle spielen. In einer Studie über Geschwister im Alter von mehr als 60 Jahren stellte er fest, daß 83 Prozent die Beziehung zum Bruder oder zur Schwester als ›eng‹ beschrieben. Da ein Großteil der Indizien darauf hinweist, daß die Rivalität mit dem Alter abnimmt, gehört vielleicht zu den bedeutsamen Aufgaben unserer späten Jahre ein Wiederherstellen und Erneuern der Geschwisterbeziehungen.

Cicirelli, der der Ambivalenz jeglicher zwischenmenschlichen Beziehung mit Achtung begegnet, stellt auch fest, daß »man sich Rivalität als ein Gefühl vorstellen kann, das immer latent vorhanden ist und unter bestimmten Umständen verstärkt zutage tritt, wogegen die Nähe unter anderen Umständen zum Tragen kommt«. Aber während das Rivalitätsdenken im Lauf unseres Lebens an jedem beliebigen Punkt wieder aufleben kann, besteht andererseits die Hoffnung, daß Heranwachsen bedeutet, Frieden mit unserem Verlust der unteilbaren Liebe zu schließen.

Die großartige Anthropologin Margaret Mead schreibt in ihrem autobiographischen Buch BROMBEERBLÜTEN IM WINTER:

Schwestern neigen während des Heranwachsens zu ausgeprägtem Rivalitätsverhalten, und als junge Mütter geben sie sich fortwährenden rivalisierenden Vergleichen ihrer diversen Kinder hin. Aber wenn die Kinder erst älter werden, kommen Schwestern einander näher, und im Alter werden sie einander oft die auserwählten und liebsten Gefährtinnen.

Dr. Mead kommt dann auf den Wert der gemeinsamen Kindheitserinnerungen zu sprechen. Ich weiß, was sie meint.

Ich konnte nämlich nur mit meiner Schwester Lois gemeinsame Erinnerungen an einen Springerspaniel mit dem Namen Corky nachhängen, an ein Haus in der Clark Street mit einem prächtigen Apfelbaum im Garten dahinter, an unsere Mutter, wie sie ›The Two Grenadiers‹ sang, wenn sie uns zum Meer fuhr, an unseren Vater, der auf dem Teppich im Wohnzimmer Golfbälle schlug, und an eine Haushälterin mit Namen Catherine, die uns beibrachte, abends, wenn wir unsere Gebete sprachen, zu sagen: »Gott segne meine Mutter und meinen Vater und alle meine Verwandten und Freunde und – Bing Crosby.« Unsere Geschwister teilen uns mit, was kein anderer Mensch (ganz gleich, wie nahe er uns steht) mit uns teilen kann: die persönlichen, nachhallenden Einzelheiten der Familiengeschichte.

Diese Gemeinsamkeit kann, wenn es uns gelingt, über das Konkurrenzdenken hinwegzukommen, den Grundstein für eine lebenslängliche Verbindung legen, eine Verbindung, die uns Halt geben kann, wenngleich Eltern sterben, Kinder uns verlassen und Ehen in die Brüche gehen. Denn wenn Geschwister auch einen Verlust bedeuten – den Verlust der ausschließlichen Liebe unserer Mutter –, so kann dieser Verlust doch unschätzbare Vorteile bringen.

7.

Leidenschaftliche Dreiecksbeziehungen

> Was nun deiner Mutter Ehebett betrifft – fürchte es nicht.
> Es hat zuvor in seinen Träumen schon und in Orakeln auch
> Gar oft ein Mann bei seiner eigenen Mutter gelegen.
> Sophokles

Nicht nur mit unseren Geschwistern müssen wir die elterliche Liebe teilen, sondern auch noch mit dem anderen Elternteil. Neue Verluste rücken ins Blickfeld. Ödipus – an den die obenstehenden tröstlichen Worte gerichtet sind – hat es zwar nicht nur geträumt, sondern auch getan, doch er hat nur das getan, wonach wir alle im Alter von etwa drei Jahren – wie es heißt – ein leidenschaftliches Verlangen entwickeln: einen Elternteil loszuwerden und den anderen sexuell zu besitzen.

Ein derartiges Verlangen ist verboten – und hartnäckig. Im Lauf unseres Lebens werden derartige Gelüste viele Male aufgegeben, und ebenso oft leben sie wieder auf. Aber zu dem großen Verzicht – unserem ersten und schicksalhaften Loslassen – kommt es, wenn wir uns aus dem Wettkampf der Kindheit zurückziehen, wenn wir einer Liebesbeziehung, die mindestens so intensiv ist wie alles, was wir je erleben werden, ein Ende setzen.

Ja, Virginia, es gibt einen Ödipuskomplex.

Er spricht zu uns in unseren Träumen und auf der Couch des Psychoanalytikers. Und er spricht zu uns in den alltäglichen Wünschen ganz alltäglicher Kinder. »Wenn ich erwachsen bin, heirate ich ...« den uns am nächsten stehenden und meistgeliebten Menschen. Es ist wohl nur zu einleuchtend, daß der ihm nächste und meistgeliebte Mensch in der Welt eines Dreijährigen ein Elternteil ist.

Ja, meinetwegen, ist ja gut, könnte Virginia jetzt sagen, romantische Liebe kann ich akzeptieren. Jungen machen ihren Müttern wirklich den Hof; kleine Mädchen flirten mit ihren Vätern. Es ist der sexuelle Aspekt des Ödipus (könnte Virginia jetzt sagen), der so weit hergeholt erscheint – und so anstößig. Unschuldige Kinder haben kein Sexualleben.

Doch, sagen die Psychoanalytiker, das haben sie.

So bestürzend es auch sein mag, sich vorzustellen, daß ein Dreijähriger von lüsternem Drang befallen wird, so müssen wir uns doch klarmachen, daß unser Sexualleben noch früher beginnt, angefangen mit den oralen Genüssen (und das sind mit Sicherheit Genüsse) des Saugens an einer Flasche oder an einer Mutterbrust. Es ist wahr, daß diese sogenannte ›orale Phase‹ wenig Ähnlichkeit mit dem genitalen Penis-in-Vagina der Erwachsenen zu tun hat. Aber vom Mund über den Anus bis hin zu den Genitalien sind gewisse Bereiche unseres Körpers – unsere erogenen Zonen – zentrale Regionen, in denen wir das, was als *sexuelle* Spannung und als *sexuelles* Vergnügen angesehen werden kann, empfinden.

Diese klassische Freudsche Auffassung unserer sich entwickelnden Sexualität sollte jedoch als Teil eines breiter angelegten Bildes gesehen werden, das neben sexuellen Körperbereichen auch unsere Beziehungen zu den Menschen in unserer Umgebung mit einbezieht. Solche Beziehungen führen das herbei, was der Analytiker Erik Erikson ›maßgebliche Begegnungen‹ nennt, wie das Zusammenkommen vom Mund des Babys mit der Brust der Mutter, wozu alles gehört, was sich zwischen den beiden abspielt, um das genüßliche Nehmen des Kindes und das genüßliche Geben der Mutter zu fördern oder zu behindern. In diesem Partnerschaftsbestreben, zu dem die erotischen Genüsse des Sehens, des Hörens, des Berührt- und

Festgehaltenwerdens gehören, liegt ein starkes libidinöses Vergnügen, das – wie Erikson bemerkt – durch einen Ausdruck wie ›orale Phase‹ kaum wiedergegeben werden kann.

Wenn wir davon ausgehen, daß unser Sexualleben bei der Geburt beginnt, was macht dann die ödipale Phase so bedeutungsschwer und so sinnbeladen? Der Umstand, daß unsere Gelüste und Sehnsüchte sehr tiefgreifend sind. Daß uns die Konflikte überwältigen, die aus dieser gefährlichen, leidenschaftlichen Dreiecksbeziehung aufbrodeln. Und daß wir, wenn wir auch die wüsten Phantasien vergessen haben, die uns ehemals entflammten, doch aufgrund dessen, wie wir mit ihnen umgegangen sind, heute sind, wer wir sind.

Sigmund Freud war es, der den Ödipuskomplex entdeckte und beschrieb. Er sagte, er sei allgemein verbreitet und angeboren, eine Veranlagung. Wir werden sehen, daß der Ödipuskomplex sowohl positive als auch negative Gefühle gegenüber *beiden* Elternteilen umfaßt, und als erstes werden wir diese grundlegende These näher betrachten:

Ein Junge verliebt sich in seine Mutter. Ein Mädchen verliebt sich in seinen Vater. Der jeweils andere geliebte/ gehaßte Elternteil ist im Weg. Lüsternheit, Eifersucht, Rivalität und der Wunsch, und des Rivalen zu entledigen, sprießen schon in uns auf, wenn wir P-a-p-a noch lange nicht buchstabieren können. Diese Gefühle, dieser unbewußte Hang zu Inzest und Vater-/Muttermord, lassen Schuldbewußtsein und Panik vor Repressalien in uns aufsteigen.

Als Erwachsene erinnern wir uns kaum oder gar nicht daran. Aber dieses Drama wurde auch seinerzeit nicht explizit ausgelebt. Wozu es statt dessen kommen kann, das ist ein Kuscheln und Schmusen und Knutschen (»Papa, ich liebe dich«), das sind unerklärliche Ausbrüche (»Mama, ich hasse dich«) und Spiele, bei denen die Mutterpuppe für lange, lange Zeit fortgehen wird, Alpträume, in denen ein Ungeheuer oder ein Tiger (so furchteinflößend und gemein wie manche unserer eigenen geheimen Wünsche) ein zutiefst verängstigtes kleines Mädchen jagt.

Aus all dem setzt sich das Schattenspiel des Ödipuskomplexes zusammen. Die rohen, unzensierten Gefühle spielen auf der Bühne keine Rolle. Wir glauben auch nicht bewußt, daß unser Rivale uns wie irgendein Ungeheuer oder ein Tiger schwere Verletzungen zufügen wird. Aber unsere unbewußte Angst vor Verheerungen, vor den Verheerungen, die *wir* auslösen könnten (wir dürfen dabei nämlich nicht vergessen, daß wir unsere Rivalin nicht nur hassen, sondern sie auch lieben), und unsere Angst, daß diese verhaßte, geliebte Rivalin (die wir gleichzeitig lieben und brauchen) aufhören wird, uns zu lieben, erzeugt unerträgliche innere Konflikte.

Dazu kommt, daß wir klein sind; die anderen sind groß; wir haben nicht, was wir brauchten, um gegen sie zu gewinnen oder sie zu besitzen. Es wird zunehmend deutlicher, daß unsere Ambitionen dazu verdammt sind, enttäuscht zu werden.

So kommt es, daß sich die meisten Mädchen und Jungen im Alter von etwa fünf Jahren der Notwendigkeit fügen, ihre verbotenen ödipalen Wünsche aufzugeben.

Die dennoch nie ganz und gar aufgegeben werden.

Und die in höherem oder geringerem Maß und manchmal auf recht besorgniserregende Weisen im Lauf unseres Lebens immer wieder zu Dreiecksbildungen führen.

Ein deutliches Beispiel ist der immer wiederkehrende Drang einer Frau, sich für Ehe und/oder Liebe und/oder Sexualität ältere Männer auszusuchen, eine Vorkehrung, die (nicht immer, aber oft) dazu bestimmt ist, die nicht aufgegebene Phantasie zu befriedigen, die Mutter besiegt und den Vater-Liebhaber für sich gewonnen zu haben. (»Wie alt bist du?« fragte eine junge Frau, die ich kenne, einen Mann, mit dem sie geschlafen hatte. Als er antwortete, blieb ihr die Luft weg: »Genauso alt ist mein Vater.« Der Mann war eher verdutzt. »Ist das gut oder schlecht so?« wollte er wissen. Ihre Antwort war ein offenes, gar nicht verlegenes: »Es ist einfach *phantastisch!*«)

Meine ödipalen Neigungen führten dazu, daß ich mich wiederholt in Männer verliebte, die zwanzig bis fünfundzwanzig Jahre älter waren als ich und deren Wissen, deren Errungenschaften und deren Hingabe an diesen oder jenen edlen Zweck meine Kindheitssehnsüchte nach einem Helden anklingen ließen, zu dem man bewundernd aufblicken kann. Um einen Mann in meinem Alter zu heiraten, was ich schließlich doch getan habe, mußte ich meine ödipalen Phantasien aufgeben – lernen, und zwar eher später als die meisten anderen, daß es gewisse Vorteile mit sich bringt, in einer Beziehung ein gleichwertiger Partner zu sein, Vorteile, die für Papas kleines Mädchen unerreichbar sind.

Die Rolle des ersehnten ödipalen Vaterersatzes muß aber nicht unbedingt ein älterer Mann spielen. Er kann ganz einfach verheiratet oder in einer anderen Form gebunden sein. Wenn eine junge Frau, in deren Geschichte es eine ganze Reihe von Affären mit verheirateten Männern gibt, seufzend darüber klagt, ›die Guten seien bereits vergeben‹, dann sollte sie sich vielleicht einmal Gedanken darüber machen, woher diese unerfreuliche Vorstellung eigentlich stammt.

Der einzige Mann, den zu haben es lohnt, lautet diese Version des Dreiecks, ist ein Mann, den man einer anderen wegnimmt. Aber manchmal wird mehr Wert auf das Wegnehmen als auf die Beute gelegt. Manchmal ist der entscheidendste Bestandteil der ödipalen Phantasien der, die Mutter aus dem Rennen zu schlagen: Wenn ein Mann seine Frau für dich verläßt, drückt er damit aus, daß du die bessere Frau bist.

Es kann nur vorkommen, daß du ihn, wenn er sie erst verläßt, gar nicht mehr haben willst.

Mary Ann, drei Jahre alt, als ihr Vater starb, suchte diesen Vater immer noch in zahlreichen Liebesgeschichten mit verheirateten Männern. Doch ihr Interesse schwindet, wenn der Mann zu haben ist. In Wirklichkeit treibt sie in ihrem Innern nicht die Sehnsucht nach ihrem Vater an, sondern ihre Wut auf die Mutter und der Wunsch, sich zu rächen. Somit ist jede ihrer Affären eigentlich ein Vorwurf, der sich gegen die Frau des Liebhabers richtet: »Du verlierst deinen Mann, weil du dich nicht gut genug um ihn kümmerst.« Und jede ihrer Affären ist unterschwellig eine wütende Attacke gegen ihre Mutter, die ihren Mann an den Tod ›verloren‹ hat, weil sie ihn nicht genug geliebt und sich nicht genug um ihn gesorgt hat.

Freud schreibt über ein ähnliches Verhaltensschema bei Männern, bei denen die Voraussetzung für eine Liebesbeziehung immer die ist, daß es ›einen Dritten, der verletzt wird‹ geben muß. Wenn sich ein solcher Mann verliebt, dann also nie in eine Frau, die nicht verheiratet, verlobt oder sonst gebunden ist. Er wiederholt seine Kindheitserfahrung der Liebe zu einer Frau, die bereits einem anderen gehört. Und es ist offensichtlich, sagt Freud, »daß der verletzte Dritte« in solchen Beziehungen »niemand anders als der Vater selbst ist«.

Analytiker behaupten, Frauen, deren Liebhaber Vaterrollen verkörpern, litten oft unbewußt an Schuldgefühlen. Bei ›Söhnen‹ und ›Müttern‹ kann das nur um so wahrer sein. So kommt es vor, daß Männer mit Impotenz reagieren, wenn ihre Frauen hinsichtlich Typus und Verhalten ihren Müttern ähneln. Die Impotenz bewahrt sie davor, das Inzesttabu zu brechen. Im Falle Arthurs, der glaubte, sein Problem gelöst zu haben, indem er sich eine Geliebte zulegte, war es so, daß er sofort wieder impotent wurde, sobald sie anfing, sich um ihn zu kümmern – ihn zu ›bemuttern‹.

Ein anderer Mann, ein Weißer der Mittelschicht, befaßte sich im Verlauf einer Psychoanalyse näher mit seinem Hang zu schwarzen oder ›exotischen‹ Frauen. Warum konnte er mit weißen Frauen aus der Mittelklasse nichts anfangen? Er erfuhr, daß seine Vorliebe auf der Tatsache beruhte, daß diese ›fremdartigen‹ Frauen, die ganz entschieden keine Blutsverwandten sein konnten, für ›Nicht-Mutter‹ standen und Sexualität mit ihnen daher gefahrlos war.

Leidenschaftliche Dreiecksbeziehungen können eine oder viele Stufen von ihrem Ursprung entfernt ausgelebt werden. Oft werden sie auch auf symbolische Weise ausgelebt. Somit können Einstellungen oder Handlungen, die oberflächlich betrachtet ›unsinnig‹ wirken, psychologisch einleuchtende Versionen des Ödipuskomplexes sein.

(Der Analytiker Ernest Jones beispielsweise legt Hamlets berühmtes Zaudern als ödipal aus. Er hat geschworen, seinen Onkel zu töten, aber er kann es nicht tun. »Hamlets Wankelmut«, schreibt Jones, »... liegt weder in seiner Handlungsunfähigkeit im allgemeinen begründet, noch in den übermäßigen Schwierigkeiten, die diese spezielle Aufgabe, um die es geht, mit sich bringt ...« und auch nicht in seinem hochentwickelten christlichen Gewissen, auch nicht in seinen rechtlichen Auffassungen, daß der Fall, um dessentwegen er seinen Onkel töten soll, nicht bewiesen ist. Jones argumentiert damit, daß Hamlets Onkel, der Hamlets Vater getötet und seine Mutter geheiratet hat, genau das getan hat, was Hamlet selbst gern getan hätte. Daher hält Hamlets »eigenes ›Böses‹ ihn davon ab, seinen Onkel ganz und gar zu verurteilen ... In Wirklichkeit verkörpert sein Onkel den innersten und am tiefsten begrabenen Aspekt seiner eigenen Persönlichkeit, was heißt, daß er ihn nicht töten kann, ohne auch sich selbst zu töten.«)

Man braucht Jones Hamlet-Interpretation nicht zu folgen, um den Ödipuskomplex dennoch für existent zu halten. Man kann in ihm einen – nicht den einzigen – Schlüssel zu diesem Stück sehen. Es ist eben wirklich wichtig, sich immer wieder klarzumachen, daß jedes menschliche Handeln ein Produkt vieler Ursachen ist, daß äußerst selten A allein zu B führt und daß frühere Erfahrungen unseres Lebens – sei es Krankheit oder ernstlicher Verlust, sei es unsere zwiespältige Beziehung zu unserer Mutter – sich darauf auswirken werden, wie wir mit diesen leidenschaftlichen Dreiecksbeziehungen umgehen. Oder ob wir überhaupt dazu bereit sind, uns mit ihnen auseinanderzusetzen.

Trotz allem drücken unser sexuelles Empfinden und die Entscheidungen, die wir treffen, in späteren Jahren höchstwahrscheinlich unsere Reaktion auf die ödipalen Konflikte aus. Auch in unserem Berufsleben. Lou, der nie aufgehört hat, den mächtigen Vater seiner Kindheit zu fürchten, ist heute – mit vierzig – immer noch unterwürfig gegenüber Autoritätspersonen, wogegen Mike, der nach wie vor trotzig versucht, seinen autoritären Vater vom Thron zu stoßen, politischer Aktivist geworden ist, der die ›Großen‹ bekämpft, die die ›Kleinen‹ immer herumschubsen. Wenn solche Männer sich näher mit ihren Gefühlen auseinandersetzen, finden sie sich in der Welt eines Fünfjährigen wieder, in der ein ›Kleiner‹ einen ›Großen‹ liebt/zum Kampf herausfordert/fürchtet. Wenn Hilflosigkeit oder zorniger Trotz das Kennzeichen der Vater-Sohn-Beziehung bleiben, können Niederlage oder Trotz jedem späteren Verhältnis zu Autoritäten ihre Tönung geben.

Ein anderes ödipales Problem, weiter verbreitet als man vermuten würde, ist die Angst vor dem Erfolg – die sogenannte ›Erfolgsneurose‹. Sie zeigt sich bei Männern und bei Frauen, die sagen, daß sie in ihrer Karriere nach oben kommen wollen, aber denen es immer wieder irgendwie gelingt, ihre eigenen Ambitionen zu sabotieren – ihrer eigenen Beförderung im Weg zu stehen, in Panik zu geraten, wenn sie das Angestrebte erreichen. »Die Gewissenskräfte, die infolge von Erfolgen Krankheiten hervorrufen«, schreibt Sigmund Freud, »... stehen in einer nahen Beziehung zum Ödipuskomplex ...«

Freud bezieht sich hier auf Menschen, deren Kindheitsängste vor dem Wettkampf mit dem Elternteil desselben Geschlechts sie in ihrem Erwachsenendasein weiterhin verfolgen und die – ohne sich dessen bewußt zu werden – Erfolg mit der Tötung dieses Elternteils gleichsetzen.

Daher ist Erfolg gefährlich: Er wird zu Repressalien führen. Wenn Konkurrenzkampf Töten oder Getötetwerden bedeutet und wenn alle Konkurrenten eines Mannes für seinen Vater stehen, kann es dazu kommen, daß er jeden Wettstreit aufgibt, daß er es arrangiert, keinen Erfolg zu haben.

Wenn Frauen den Erfolg fürchten, liegt dies oft daran, daß der selbstsichere Gebrauch ihrer Macht ihre Mütter auslöschen, weniger, daß es ihren Zorn auf sie herabrufen könnte. Manche fürchten auch, ihre Macht voll zu nutzen, weil sie damit riskieren würden, auch dem Vater/Ehemann Schaden zuzufügen. So kommt es, daß Emily als Teenager und Musikerin durch eine Änderung ihrer Streichtechnik einen Wettbewerb verliert, den sie ansonsten gewonnen hätte. Und die brillante junge Anwältin Denise wird ohnmächtig und muß den Raum verlassen, als sie bei einem Gespräch mit ihrem Chef plötzlich erkennt, daß sie alles, was er schafft, auch schaffen kann – nur besser.

Diese Ängste, anderen Schaden zuzufügen, sind verknüpft mit frühen, aber immer noch zäh an uns haftenden Ängsten, im Stich gelassen zu werden: Erfolg bedeutet, daß ich untergehen werde, weil alle mich dann allein lassen. Auch Männer haben diese Ängste, doch wenn wir darüber weniger zu hören bekommen, dann liegt das, sagen einige Analytiker, daran, daß das, was Männer noch mehr fürchten, die *Angst* ist, daß ihre *Angst* bekannt wird.

Es gibt ganz entschieden gute objektive Gründe, Erfolg zu hinterfragen. Die persönliche Belastung beispielsweise. Der Tribut, den er vom Familienleben fordert. Aber wenn fähige Menschen, die schwören, daß sie wirklich einen besseren Job haben wollen, wiederholt zu Vorstellungsgesprächen zu spät kommen oder vorher krank werden und das Vorstellungsgespräch absagen oder wenn es ihnen gelingt, in Vorstellungsgesprächen wie Idioten zu wirken, dann kann es sehr gut sein, daß sie Erfolg meiden, ihn nicht wirklich wollen. Und wenn Menschen, die Beförderungen anstreben, nach der Beförderung ernstliche Depressionen oder Ängste erleben, dann kann es durchaus sein, daß sie unter einer Erfolgsneurose leiden.

Diese Dreiecksbeziehungen auszuleben wird noch verwickelter, wenn wir uns das ansehen, was Analytiker als den *negativen* Ödipuskomplex bezeichnen, einen leidenschaftlichen Zustand, der sexuelle Sehnsüchte nach dem Elternteil desselben Geschlechts und Rivalitätsgefühle gegenüber dem anderen Elternteil umfaßt. In der Kindheit schlagen wir uns sowohl mit den positiven als auch mit den negativen ödipalen Gefühlen herum, und beide Gefühlsstrukturen werden uns unser Leben lang begleiten. Was heißt, daß die heterosexuellen Impulse zwar bei den meisten Menschen vorherrschend sind, aber wir alle in einem gewissen Maße bisexuell sind.

(Es ist jedoch oft behauptet worden, daß die sexuelle Entwicklung einer Frau unvermeidlich schwieriger als die des Mannes ist, weil bei ihr dem positiven Ödipuskomplex immer der negative Ödipuskomplex vorausgeht, da die erste Liebe jedes menschlichen Wesens die Mutter ist. Im Alter von etwa drei Jahren beginnen wir, diese Liebe mit intensiven Dreiecksphantasien in Verbindung zu bringen, und in diesen Phantasien gibt es ein glückliches Paar und einen, der übrigbleibt. Für Mädchen und für Jungen sind Mutter und Kind das glückliche Paar; der Rivale ist für beide ein behaarter Eindringling namens Papa.

Somit müssen Mädchen auf der Suche nach einer Lösung ihres Ödipuskomplexes einen zweifachen Verlust erleiden, indem sie erst die Mutter und dann den Vater aufgeben. Kleine Jungen könnten eines Tages eine ›Neuauflage‹ ihrer ursprünglichen Leidenschaft heiraten. Kleine Mädchen müssen ihre erste Liebe einer Geschlechtsumwandlung unterziehen.)

Homosexualität ist eine der möglichen Verhaltensformen, die entstehen können, wenn es mißlingt, diese negativen ödipalen Empfindungen zu bewältigen, sich mit ihnen zu arrangieren; eine weitere ist die Pseudo-Heterosexualität. Ein Mann könnte sich beispielsweise eine Frau (die in keiner Weise ›maskulin‹ aussehen oder handeln muß) deshalb aussuchen, weil sie bestimmte Eigenschaften hat, die sie für ihn einem männlichen Geliebten ähnlich machen. Eine Frau könnte sich einen chronisch untreuen Ehemann suchen, um (in ihrer Vorstellung) die Frauen, mit denen er ins Bett geht, mit ihm zu teilen. Ansonsten gibt es die direkte Variante, die in passiven oder aktiven homosexuellen Rollen das zu bekommen oder zu geben versucht, was bei dem gleichgeschlechtlichen Elternteil gesucht wurde.

Wir müssen uns klarmachen, daß unsere sexuelle Intensität und unsere sexuellen Neigungen viel mit unserer natürlichen Veranlagung zu tun haben. Menschen unterscheiden sich von Geburt an in der Stärke ihrer Bedürfnisse. Diese angeborenen ›Gegebenheiten‹ mögen zwar Ursache für bestimmte Tendenzen sein, aber unsere sexuellen Veranlagungen sind mit Sicherheit sowohl angeboren als auch später geformt. Unsere verschiedenen Reaktionen auf all die verschiedenen Aspekte unserer ödipalen Konflikte spiegeln auch ganz entscheidend unsere menschliche Umgebung wider, Geschwister, andere nahe Verwandte und Freunde. Und deren Verhalten zueinander und uns gegenüber. Einschließlich der sexuellen Aspekte. Wir müssen dabei nämlich bedenken, daß nicht nur König Ödipus mit Jokaste schlafen will, sondern daß auch Jokaste mit Ödipus schlafen will. Und in der ödipalen Phase, in der Kinder sich sexuell zu ihren Eltern hingezogen fühlen, fühlen sich auch Eltern sexuell zu ihren Kindern hingezogen.

Ja, Virginia, normale Eltern – nicht etwa perverse.

Aber der Unterschied besteht in den Einschränkungen, die diesen Gefühlen – sowohl bewußt als auch unbewußt – auferlegt werden. Der Unterschied besteht darin, ob auf diese Gefühle eingegangen wird oder nicht. Ein Psychoanalytiker sagte mir, daß er bisher in seiner Praxis nie »den ganz simplen Fall eines Kindes mit zu starken Impulsen« gesehen hat. »Der Schaden entsteht dann«, sagt er, »wenn die verstörten und ihre Störungen weitergebenden Eltern auf das ödipal empfängliche Kind einwirken.«

Verführungsverhalten von Elternseite kann kleine Kinder erregen, verwirren und erschrecken. Eine tatsächliche Verführung ist entgegen einiger in letzter Zeit aufgestellter Behauptungen, Inzest sei harmloser, als man denke – nach Auffassung der meisten Experten – emotional verheerend.

Der Psychoanalytiker Robert Winer beschreibt die menschliche Familie als den lebenslangen Lieferanten von ›transitionalem Raum‹, der als Ort der Ruhe zwischen dem Individuum und der Gesellschaft dient, zwischen Phantasie und Realität, dem Inneren und dem Äußeren. Inzest, sagt er, zerstört diesen Raum auf zweifache Weise: Ein inzestuöser Vater führt einen Angriff gegen die Existenz seiner Tochter als Einzelwesen, indem er praktisch sagt: »Du gehörst mir, und ich kann mit dir machen, was ich will.« Gleichzeitig zwingt er ihr eine vorzeitige Loslösung auf, zwingt er sie, Einzelwesen zu werden, indem er praktisch sagt: »Du bist nicht mein Kind; du bist meine Geliebte.« Dr. Winer sagt, daß Inzest »irreparabel die heilige Unschuld zerstört, die die Familie zusammenhält«. Er sagt auch, daß das Familienleben zwar unter anderen Formen der Ausbeutung leiden kann, daß aber der Inzest »abgesehen von Mord die Form mit den verheerendsten Konsequenzen ist«.

Wie konnte das passieren?

»Nach dem Tod ihrer Mutter, als sie noch klein war, kam sie jeden Morgen zu mir ins Bett, und manchmal hat sie auch in meinem Bett geschlafen. Das kleine Ding hat mir leid getan. Und später, wenn wir irgendwo hingefahren sind, ob im Auto oder im Zug, dann haben wir immer Händchen gehalten. Sie hat mir vorgesungen. Wir haben oft gesagt: ›Und heute nachmittag achten wir auf niemand anderen – wir wollen uns ganz für uns allein haben – heute morgen gehörst du mir.‹ Immer wieder haben uns andere Leute gesagt, wie wunderbar wir als Vater und Tochter wären – sie haben sich die Tränen aus den Augen gewischt. Wir waren wie ein Liebespaar – und dann waren wir urplötzlich ein Liebespaar ...«

Ähnliche Inzestgeschichten werden gar nicht so selten auf der Couch des Psychoanalytikers enthüllt. Diese hier aber nicht, die ist literarischen Ursprungs. Die Tochter ist die feine, empfindsame Nicole aus F. Scott Fitzgeralds ZÄRTLICH IST DIE NACHT. Die Folgen für sie? Sie wird psychotisch.

Ebenso ergeht es dem hoffnungslosen, biederen, von Armut geschlagenen schwarzen Kind Pecola in Toni Morrisons Roman SEHR BLAUE AUGEN, dessen betrunkener Vater es – erregt von der »Starrheit ihres schockierten Körpers, dem Schweigen ihrer entgeisterten Kehle ... und dem Tun von etwas Wildem und Verbotenem« – roh vergewaltigt.

Die aus dem Leben gegriffenen Varianten der Geschichte Pecolas erscheinen, wenn sie überhaupt gemeldet werden, vor Familiengerichten oder in den Dienstbüchern der Polizei. Aber viele Fälle werden nicht angezeigt, weil das Opfer Angst vor den Folgen einer solchen Enthüllung für die Familie hat. In Suzanne Fields aufschlußreichem Buch über Vater-Tochter-Beziehungen, LIKE FATHER, LIKE DAUGHTER, berichtet eine junge Sozialarbeiterin, die Sybil genannt wird, von ihren schmerzlichen Inzesterfahrungen:

»Ich habe den größten Teil dieser Zeit meines Lebens aus meinem Gedächtnis gelöscht, aber heute bemühe ich mich ganz bewußt, damit umzugehen. Ich glaube, angefangen hat es, als ich acht war. Es kam immer vor, ob zu Hause oder auf Reisen, daß Daddy und ich ein paar Minuten lang miteinander allein waren. Es hat damit angefangen, daß er sich von mir hat durch seine Hose berühren lassen. Später hat er sich dann vor mir entblößt und mich mit seinen Händen berührt. Er wollte immer, daß ich auch seinen Penis küsse, aber ich habe mich immer geweigert.«

Sybil sagt, als sie 15 Jahre alt war, habe ihr Vater es mit Geschlechtsverkehr versucht, aber durch ein krampfhaftes Anspannen ihres Körpers habe sie es verhindert. Dann suchte sie eine Beratungsstelle auf und erfuhr, daß sie ihn anzeigen könne. »Aber«, sagt sie, »es war entsetzlich, auch nur zu versuchen, eine Entscheidung zu treffen. Wenn ich vor Gericht gegangen wäre, hätte das meine Familie kaputtgemacht. Meine Brüder hätten es nie verstanden. Wie sollten wir dann weiterleben? Schließlich konnte ich es dann doch nicht riskieren, die Familie zu zerbrechen.«

Wenn auch Inzesthandlungen häufiger zwischen Vätern und Töchtern als zwischen Müttern und Söhnen vorkommen, können doch auch Mütter zu gefährlichen Verführungsspielen fähig sein. Wenn sie ihre Söhne mit ins Bett nehmen. Sich vor ihnen ausziehen. Die Körper ihrer Söhne dann berühren, wenn sie die Finger davonlassen sollten. Dr. Winer beschreibt einen Studenten, der nicht in der Lage war, mit Mädchen auszugehen und der sich immer noch von seiner Mutter den Rücken kraulen ließ. Den Rücken kraulen? Wenn Eltern nicht in der Lage sind, ihre eigenen inzestuösen Wünsche von sich zu weisen, ihnen zu entsagen, beobachtet er, »können inzestuöse Phantasien in symbolischer oder verdrängter oder einseitiger Form realisiert werden«.

Ein anderer Analytiker beschreibt einen direkten Ausdruck mütterlicher Inzestphantasien. Seine Patientin, die Mutter eines vierzehnjährigen Sohnes, machte sich Sorgen um dessen erste Sexualkontakte. Sie wollte nicht, daß er sich bei Prostituierten Krankheiten hole; auch eine Witwe oder eine geschiedene Frau waren ihr nicht wirklich recht. Unverheiratete Mädchen lehnte sie ebenfalls ab, und sie fragte sich, was wohl passieren würde, wenn sie *sich selbst* ihrem Sohn als eine vorübergehende Sexualpartnerin anbieten würde. Ihr Analytiker setzte psychoanalytisches Taktgefühl ein und half ihr, dies als ganz und gar unrealisierbare Idee zu erkennen.

Ja, Eltern haben sexuelle Gefühle gegenüber ihren Kindern, sogar gegenüber Kindern im Alter von drei, vier oder fünf Jahren. Und wie sie mit diesen Gefühlen umgehen, hat erhebliche Auswirkungen darauf, wie sich Kinder in Zukunft mit ihren ödipalen Konflikten auseinandersetzen.

Wenn wir jetzt tatsächliche Verführungshandlungen außer acht lassen, besteht ein Extrem elterlichen Verhaltens immer noch in übertriebener Stimulierung, das andere besteht darin, sich zu entziehen und Berührungsverbote zu erteilen. Es gibt Mütter und Väter, die irgendwo zwischen diesen Polen den Wert des körperlichen Genusses mit liebevoller Besonnenheit in zwischenmenschlichen Beziehungen bestätigen können.

Wobei sie absolut klarstellen, daß es eine ganz besondere, ganz persönliche Mann-Frau-Beziehung gibt, in die Söhne und Töchter nicht vordringen können.

Wobei sie absolut klarstellen, daß das Kind, ganz gleich, wie stark der Wunsch auch sein mag, nicht am Ende doch mit dem entsprechenden Elternteil ›davonlaufen will‹.

Beim Abendessen reden ein vierjähriges Mädchen und seine Eltern über den Platzmangel in ihrer vollen Wohnung. Die Tochter hat eine Lösung parat: »Ich stelle mein Bett zu euch ins Zimmer, und dann ist in meinem Zimmer mehr Platz für mein Spielzeug.« Als der Vater erklärt, daß das elterliche Schlafzimmer allein den Eltern vorbehalten sei, daß ein Mann und eine Frau einen Raum ganz für sich brauchten, hört das kleine Mädchen auf zu essen, fängt an, auf ihren Vater einzuschlagen und sackt dann als mattes Bündel vor seinen Füßen zusammen. Die dritte Beteiligte in diesem Dreieck, die Frau des Vaters, die Mutter des Mädchens, äußert zu dieser heiklen und rührenden Szene:

»Ich will ihm erklären, was meine Tochter sicher auch empfunden hat: Daß er das nicht hätte sagen sollen. Ich will die Antwort freundlich für sie aufbereiten: Ein Bett mehr, und es wäre in unserem Schlafzimmer zu voll, oder etwas dergleichen. Ich will nicht, daß sie sich verletzt oder abgewiesen fühlt. Aber ich beiße mir auf die Zunge. Sie muß verstehen, und zwar mehr von der Seite ihres Vaters als von meiner Seite aus, daß er uns beide liebt, aber auf unterschiedliche Weise.«

Aber der Fall ist noch nicht ausgestanden. Die Mutter, die sich an ihre eigenen kindlichen Gefühle erinnert, daran, das ein und alles ihres Vaters sein zu wollen, beschreibt einfühlsam, was danach geschieht:

»Er sagt ihr, daß er sie in den Arm nehmen will und daß er sich darauf eingerichtet hat, nach dem Abendessen ein Spiel mit ihr zu spielen. Sie steht langsam von Fußboden auf, rafft ihre Würde wieder zusammen und lächelt voller Vorfreude auf die Umarmung und den Spaß. Ich lächle auch, denn sowohl in ihrem Schmerz als auch in ihrer wiedererrungenen Fassung sehe ich ein Spiegelbild meiner eigenen kindlichen Eifersucht und einen Schlüssel zu meinem eigenen Heranwachsen vom Kind zur Erwachsenen.«

Trotz der Qualen, die wir durchleiden, wird uns die Tatsache, daß wir einem Elternteil den anderen nicht wegnehmen können, wachsen lassen, eine Weiterentwicklung einleiten und in der größer werdenden Welt sicherer machen. Es wird Trost für diesen als qualvoll empfundenen, aber notwendigen Verlust geben. Dagegen einen Ödipussieg zu erringen, unseren Rivalen aus dem Felde zu schlagen und den Elternteil, den wir lieben, zu bekommen, kann uns letzten Endes mehr Schaden zufügen als eine Niederlage in diesem Kampf.

Eine Frau, die mit einem von ihr sehr geliebten Mann zusammenlebte, schlug es ihm wiederholt ab, wenn er sie bat, ihn zu heiraten. Sie tat dies zwanghaft, wußte aber nicht, warum. Im Lauf einer Psychoanalyse erfuhr sie, daß sie Heiraten mit Kinderkriegen und Kinderhaben mit Sterbenmüssen gleichsetzte. Ihre Mutter war gestorben, als sie vier Jahre alt war, und sie hatte einen schulddurchsetzten ödipalen Sieg errungen, ihren Vater für sich gewonnen und den Platz ihrer Mutter eingenommen. Jetzt fürchtete sie, daß diese Abfolge von Ehe-Kinderkriegen-Selbststerben eine Strafe für ihren gemeinen und ersehnten Triumph sein könnte.

Ödipalsiege, die Schaden anrichten, können nach dem Tod eines Elternteils auftreten – »Ich wollte meine Mutter ganz für mich allein haben, und direkt darauf erfuhr ich, daß mein Vater einen Herzschlag erlitten hatte.« Sie können auch dann auftreten, wenn Eltern sich scheiden lassen. Einige Untersuchungen aus den letzten Jahren weisen darauf hin, daß Jungen weniger als Mädchen dazu fähig sind, mit einer zerbrochenen Ehe der Eltern zurechtzukommen, und daß die Wirkungen auf sie – darunter nachlassende schulische Leistungen, Depressionen, Zorn, verminderte Selbstachtung, steigender Alkohol- und Drogenkonsum – länger andauern und krasser sind. Diese Untersuchungen deuten auch an, daß ödipale Konflikte teilweise die größeren Probleme erklären, die Jungen offenbar mit einer Scheidung der Eltern haben.

Linda Bird Franckes ›The Sons of Divorce‹ ist zu entnehmen, daß immer noch die Mutter letztendlich das Sorgerecht für die Kinder bekommt und sie – aufgrund von Vereinbarungen oder von Desinteresse des Vaters – mehr als 90 Prozent der Zeit bei sich hat. Das heißt, wenn das Kind ein Sohn ist, bekommen die meisten Mütter den Sohn – und der Sohn bekommt die Mutter. »Der ödipale Konflikt soll zugunsten des Elternteiles, das den Rivalen darstellt und nicht zugunsten des Kindes gelöst werden«, sagt der Kinderpsychiater Gordon Livingstone aus Columbia/Maryland, der Gelegenheit hat, in seiner Klinik jährlich 500 Scheidungskinder zu beobachten. »Immer wieder stoßen wir auf solche Fälle.« Wenn der Sohn (manchmal durchaus im Wortsinn) im Bett seinen Vater ersetzt, können die daraus resultierende sexuelle Spannung und die Schuldgefühle inneren Aufruhr und gestörtes Verhalten auslösen.

Zwar scheinen Jungen im Alter zwischen drei und fünf Jahren von den ödipalen Begleiterscheinungen einer Scheidung besonders betroffen zu sein, doch während der Pubertät regen sich wieder einmal ödipale Konflikte, und die Söhne geschiedener Eltern zeigen als Teenager Besitzansprüche und Eifersucht. Ein Sechzehnjähriger, dessen Mutter mit einem Mann ausgegangen war, schloß sie absichtlich aus. »Sie mußte mich wecken, um wieder in die Wohnung zu kommen«, erklärte er später. »Allein mein

Anblick, wie ich dastand, hat den Typen abgetörnt.« Ein Fünfzehnjähriger war sogar noch direkter. »Ich will, daß du um elf wieder zu Hause bist«, sagte er zu seiner Mutter, »und zwar allein.«

Eine Untersuchung hat gezeigt, daß Jungen im Alter zwischen neun und 15 Jahren am wenigsten bereit sind, einen Stiefvater zu akzeptieren. Kleinen Jungen dagegen, die von ihren ödipalen Ängsten noch verstört sind, können ganz versessen darauf sein, einen Mann ins Haus zu holen. »Und wen heiraten wir als nächstes?« fragte ein kleiner Junge seine Mutter beharrlich und immer wieder. »Wir müssen uns wieder einen Papa besorgen, der da ist.«

Doch Voraussetzung für ödipale Siege ist nicht unbedingt Scheidung oder gar Tod. Sie können errungen werden, wenn Mütter (oder Väter) ihren Sohn (oder ihre Tochter) dem Ehepartner vorziehen. Es geschieht recht häufig, daß eine Mutter ihren Sohn verhätschelt und bewundert, während sie gleichzeitig seinen Vater mit unverhohlener Verachtung behandelt. Wenn er eines Mannes beraubt worden ist, mit dem er sich identifizieren kann, sich schuldig fühlt, Strafe für seinen Erfolg fürchtet und von den gar nicht mütterlichen Anforderungen seiner Mutter in die Enge getrieben wird, könnte sich der erfolgreiche ödipale junge Liebhaber – hätte er die Möglichkeit, all das in Worte zu fassen – sehr gut wünschen, er hätte im Ödipuswettstreit verloren.

Was also würde ein Analytiker als eine ›gesunde‹ Lösung des Ödipuskomplexes bezeichnen? Was bedeutet im Alter von fünf Jahren konstruktives Entsagen? Wie geben wir Leidenschaften auf, die in unserer unbewußten Welt schon der Stoff für Shakespeare und Sophokles waren? Und was kann uns dieser notwendige Verlust unserer verbotenen und unmöglichen Träume an Vorteilen bringen?

Man sagt uns, daß der Ödipuskomplex nie völlig ausgeräumt werden kann, daß er sein Haupt immer wieder erheben wird. Wir werden unser Leben lang mit ödipalen Konflikten kämpfen. Wir werden darum kämpfen, unsere sexuelle Liebe und unser heftiges Pochen auf unsere Rechte von Kindheitsvorstellungen von Inzest und Vater- und Muttermord zu lösen. Gelegentlich wird es uns sogar gelingen.

Unsere Fähigkeit, mit dieser Liebe und diesem Haß, mit dieser Angst und diesem Schuldbewußtsein – und diesem Entsagen umzugehen, wird (mit etwas Glück) im Lauf der Zeit stärker. Aber die Grundmuster unseres Umgangs mit diesem Problem formen sich in unseren jungen Jahren heraus, in denen wir tun, was wir tun müssen, um unseren Ödipuskomplex zu bewältigen.

Was heißt, daß wir auf die sexuelle Liebe zu unserem Vater (oder unserer Mutter) verzichten. Wir identifizieren uns mit unserer Mutter (oder unserem Vater) – sind bestrebt, ihr (ihm) nachzueifern. In dem Glauben, daß sich beide unseren bösen Wünschen widersetzen würden, werden wir wie sie, indem wir diese Wünsche von uns weisen. Wir nehmen ihre moralischen Grundsätze und ihr System von Strafe und Belohnung an, verinnerlichen es. Wir legen uns eine innere Gesetzesvollzugsanstalt zu.

Wir erleiden Verluste und gewinnen Vorteile.

Indem wir uns mit dem gleichgeschlechtlichen Elternteil identifizieren, setzen wir uns mit der Natur und mit den Beschränkungen der Geschlechteridentifikation auseinander und lernen, was wir als weibliches oder als männliches Wesen tun und nicht tun können, und wir lösen uns von unserer Sehnsucht nach dem Unmöglichen.

Indem wir unsere eigene innere Gerichtsbarkeit ausbauen – unser Über-Ich entwickeln – setzen wir uns mit der Natur und den Beschränkungen der menschlichen Freiheit auseinander und lernen, was wir als ein zivilisiertes menschliches Wesen tun und nicht tun können.

Und indem wir unsere leidenschaftliche Liebe zu unseren Eltern aufgeben, ziehen wir wieder einmal auf dem Weg vom Einssein zur Loslösung weiter und brechen auf in eine Welt, die nur die unsere sein kann, wenn wir unseren ödipalen Träumen entsagen.

Margaret Mead stellt fest, daß der Ödipuskomplex »seinen Namen von einem Fehlschlag übernommen hat — von dem unseligen Ödipus, dem es mißlang, den Konflikt zu lösen — und nicht von den erfolgreichen, wenn auch oft auf Kompromissen beruhenden Lösungen zur Bewältigung, die jede Kultur mit der Zeit gefunden hat«. Sie weist uns auf ein Gedicht hin *(An einen Thronräuber),* das vor der Ära Freudschen Wissens geschrieben wurde, ein Gedicht, in dem sich ein Vater mit dem alten Problem identifiziert und beschreibt, wie es schließlich gemeistert werden wird.

Aha! ein Verräter in den eigenen Reihen,
Ein Rebell mit gar seltsam kühnem Gebaren,
Ein lispelnder, lachender, tolpatschiger Schelm
Von nicht mehr als ganzen vier Jahren!

Der Gedanke, daß ich, der alleine regiert,
Geworfen soll werden von meinem Thron,
Auf den ich so stolz war in früherer Zeit,
zu guter Letzt von dem eigenen Sohn!

Aus dem Verrat macht er kein Hehl,
Wie es wohl nur ein Baby kann,
Er sagt, er wird seiner Mama Kavalier,
ist er erst ein ›danz droßer‹ Mann!

Gibt deinen Verrat auf, mein Kleiner,
Laß Mamas Herz ganz mir;
Denn es wird eine andere geben,
die Treue fordert von dir.

Und wird diese and're erst kommen,
Gebe Gott, daß ihre Liebe dein Leben
In die strahlende, glanzvolle Pracht taucht,
Die Mamas Liebe dem meinen gegeben!

8.

Anatomie und Schicksal

> Wenn man einem Menschen begegnet, ist die erste Unterscheidung, die man trifft, die zwischen ›Mann oder Frau‹.
>
> Sigmund Freud

Unsere infantile Omnipotenz – unser uns zu Kopf steigendes, köstliches, kleinkindliches Gefühl der Macht – jubiliert. Dieser Jubel enthält die Behauptung, daß wir alles tun und haben und sein können. Geschwister- und Elternrivalität, die Erfahrung, daß wir niemals ganz besitzen können, was wir lieben, belehrt uns eines Besseren.

Dieser Erfahrung vergleichbar ist die Entdeckung, daß Mädchen und Jungen sich voneinander unterscheiden. Wir machen sie etwa im Alter von 18 Monaten. Was diese Entdeckung der anatomischen Unterschiede auch sonst noch bewirken mag – mit Sicherheit erteilt sie uns Anweisungen über geschlechterspezifische Beschränkungen.

Wir können nämlich niemals beide Geschlechter verkörpern, wenngleich – so wird es behauptet – unsere Sehnsucht danach ›eine der stärksten Neigungen in der menschlichen Natur‹ sein könnte. Wir können nicht wie Virgina Woolfs das Geschlecht wechselnder Held/Heldin Orlando erst Mann, dann Frau und manchmal beides sein. Unsere immanente Bisexualität und unser Einfühlungsvermögen befähigen uns, einige der Erfahrungen des anderen Geschlechts nachzuvollziehen. Weiter gefaßte Definitionen des Bewußtseins vom ›Männlichen‹ oder ›Weiblichen‹ erweitern auch unsere Erfahrungen mit dem eigenen Geschlecht, seien wir nun Mann oder Frau. Aber wir werden auch erkennen müssen, daß keines der beiden Geschlechter vollkommen ist, daß es gewisse Beschränkungen unseres Potentials gibt und daß unsere geschlechtsspezifische Identität mit allen ihren Freuden und Verlockungen, sich diesen Beschränkungen entsprechend gestalten muß – diesem Verlust der versagten Möglichkeiten Rechnung tragend.

Ich will damit sagen, daß der bloße Umstand, in einem männlichen oder in einem weiblichen Körper zu hausen, unsere Erfahrungen ganz entscheidend bestimmt – und beschränkt.

Ich will damit sagen, daß mein Mann und meine Söhne – so nahe wir einander auch stehen – sich psychologisch auf eine Weise von mir unterscheiden, auf die sich Frauen – irgendwelche Frauen – nicht von mir unterscheiden.

Ich will mit Freud sagen, daß niemand uns losgelöst von dieser Zuordnung ›männlich‹ oder ›weiblich‹ sehen kann – und ebensowenig können wir andere losgelöst davon sehen.

Ich will damit sagen, daß geschlechterspezifische Beschränkungen, die unserer Omnipotenz (unserem ›Omnipotential‹) auferlegt werden, diesem ›alles ist möglich‹, auch zu unseren unvermeidlichen und notwendigen Verlusten zählen.

Es wird behauptet, geschlechtsspezifische Einschränkungen seien kulturell und sozial herbeigeführt worden. Es wird behauptet, daß geschlechtsspezifische Einschränkungen angeboren sind, von Natur aus bestehen. Untersuchungen über die Geschlechtsidentität betonen aber lediglich, daß – vom Moment der Geburt an – sowohl Jungen als auch Mädchen so konsequent ihren Rollen entsprechend behandelt werden, daß selbst sehr frühe ›männliche‹ oder ›weibliche‹ Verhaltensweisen nicht losgelöst betrachtet werden können von sozialen Einflüssen der engeren Umgebung.

Eltern unterscheiden nämlich zwischen Jungen und Mädchen.

Sie halten Jungen und Mädchen auf unterschiedliche Weise im Arm.

Sie stellen verschiedene Erwartungen für/an ihre Jungen oder Mädchen.

Da die Kinder die Dispositionen und Verhaltensweisen ihrer Eltern imitieren und sich damit identifizieren, ermutigen und entmutigen sie sie, je nachdem, ob sie Jungen oder Mädchen sind.

Gibt es eigentlich ganz faktische, *reale* geschlechtsspezifische Einschränkungen? Gibt es so etwas wie eine angeborene männliche oder weibliche Psychologie? Besteht überhaupt die Möglichkeit, derart verzwickte Fragen unvoreingenommen zu ergründen, frei von den Einflüssen des jeweiligen Kulturkreises, der Umstände des Aufwachsens oder der Sexualpolitik?

Hier als Beispiel die Antworten, die ich von drei feministischen Schriftstellerinnen auf die Frage bekam, ob sie der Meinung seien, Männer und Frauen unterschieden sich von Natur her voneinander.

Die Schriftstellerin Lois Gould erwiderte: »Frauen menstruieren, produzieren Milch und kriegen Kinder. Männer befruchten. Alle übrigen Unterschiede zwischen uns kommen von dem Versuch, um diese primitiven Talente herum Zivilisationen aufzubauen – als wären es die einzigen Talente, die wir haben.«

Die Journalistin Gloria Steinem erwiderte: »Zu 95 Prozent bestehen im Leben größere Unterschiede zwischen irgendwelchen zwei Frauen oder irgendwelchen zwei Männern als zwischen Männern und Frauen als Gruppen.«

Die Schriftstellerin und Dichterin Erica Jong erwiderte: »Der einzige Unterschied zwischen Männer und Frauen ist der, daß Frauen dazu in der Lage sind, neue kleine Menschen in ihren Körpern zu erschaffen, während sie gleichzeitig Bücher schreiben, Traktor fahren, in Büros arbeiten, Getreide aussäen – ganz allgemein das tun, was Männer tun.«

Sigmund Freud hätte die Frage anders beantwortet.

Er hat sogar öffentlich behauptet, daß Frauen masochistischer, narzißtischer, eifersüchtiger und neidischer seien als Männer, und auch, daß sie sich weniger an Moralmaßstäben orientieren. Er sah in diesen Eigenschaften die unvermeidlichen Folgen der anatomischen Unterschiede zwischen den Geschlechtern – resultierend aus der Tatsache (Tatsache?), daß die ursprüngliche Sexualität des kleinen Mädchens maskulin von ihrer Natur her sei, daß seine Klitoris nichts weiter als ein unterentwickelter Penis sei und daß es in sich selbst nichts weiter sehe als einen unvollkommen entwickelten Jungen.

Die Art des Mädchens, sich als verstümmelter Mann zu betrachten, sei es, was seiner Selbstachtung unwiderruflichen Schaden zufüge und zu Ressentiments und Reparaturversuchen führe, die alle nachfolgenden Defekte seines Charakters hervorbrächten.

Tja, was soll's, wie seine Freunde sagen, wer kann denn schon in jeder Hinsicht recht haben?

In den Jahren, die Freuds Erkenntnissen folgten, hat die Wissenschaft nämlich nachgewiesen, daß das genetische Geschlecht bei der Befruchtung durch unsere Chromosomen bestimmt wird (XX bei Mädchen, XY bei Jungen), daß aber alle Säugetiere, darunter auch der Mensch, *ganz ungeachtet ihres genetischen Geschlechts* von ihrer Natur und Struktur her zu Beginn weiblich sind. Dieses Weiblichsein bleibt bis zur Produktion männlicher Hormone, eine Weile später im fötalen Dasein, bestehen. Erst mit dem Auftauchen dieser Hormone zur rechten Zeit in der richtigen Menge werden anatomische Männlichkeit und postnatale Maskulinität möglich.

Das sagt uns zwar vielleicht nicht viel über die Psychologie des Weiblichen und des Männlichen, aber es läßt Freuds Phallozentrizität endgültig in sich zusammenfallen. Weit gefehlt, daß kleine Mädchen zu Anfang unvollkommene kleine Jungen sind. Zu Beginn sind alle Menschen weiblich.

Trotz aller Phallozentrizität war Freud jedoch klug

genug, damals schon anzumerken, daß seine Äußerungen zur Natur der Frau ›gewiß unvollständig und fragmentarisch‹ seien.

Er sagte außerdem: »Wenn Sie mehr über die Weiblichkeit wissen wollen, dann schließen Sie aus Ihren eigenen Lebenserfahrungen oder wenden Sie sich den Dichtern zu oder warten Sie, bis die Wissenschaft Ihnen tiefergehende und zusammenhängendere Informationen geben kann.«

Zwei Psychologen der Stanford University haben versucht, genau das in einem vielbeachteten Buch zu tun, das den Titel THE PSYCHOLOGY OF SEX DIFFERENCES trägt. Nach der genauen Beschäftigung mit einer großen Bandbreite von psychologischen Studien und nach deren Auswertung kommen die Autorinnen Eleanor Maccoby und Carol Jacklin zu dem Schluß, daß es etliche weitverbreitete, aber total falsche Auffassungen davon gibt, in welchen Bereichen sich Mann und Frau voneinander unterscheiden.

Daß Mädchen ›geselliger‹ und ›beeinflußbarer‹ als Jungen sind.

Daß Mädchen eine geringere Selbstachtung haben.

Daß Mädchen im Auswendiglernen und in simplen repetitiven Tätigkeiten besser und Jungen ›analytischer‹ sind.

Daß Mädchen mehr von ihrem Erbgut und Jungen mehr von ihrer Umgebung geprägt werden.

Daß Mädchen eher Ohrenmenschen und Jungen eher Augenmenschen sind.

Daß es Mädchen an der Schaffensmotivation fehlt.

Gar nicht wahr, sagen die Autorinnen Maccoby und Jacklin. Reine Mythen.

Einige Mythen — sind es überhaupt Mythen? — sind jedoch noch nicht ausgeräumt worden. Einige geschlechtsspezifische Mysterien bleiben ungelöst:

Sind Mädchen furchtsamer? Sind sie ängstlicher? Zaghafter?

Sind Jungen aktiver, rivalisierender und dominanter?

Ist es eine weibliche Eigenschaft — im Gegensatz zu

einer männlichen Eigenschaft – umhegend und nachgiebig und mütterlich zu sein?

Die Aussagekraft der Indizien, sagen die Autorinnen, seien entweder zu zwiespältig oder zu vage. Diese quälenden Fragen sind nach wie vor offen.

Es gibt jedoch vier Unterschiede, von deren Existenz die Autorinnen überzeugt sind: Mädchen haben größere verbale Fähigkeiten. Jungen haben größere mathematische Fähigkeiten. Jungen sind fähiger im visuell-räumlichen Bereich. Und sowohl im verbalen als auch physischen Sektor sind Jungen aggressiver.

Sind das jetzt angeborene Unterschiede, oder sind sie Ergebnisse sozialer Prägung? Maccoby und Jacklin lehnen diese Unterscheidung ab. Sie ziehen es vor, von biologischen Prädispositionen (bestimmte Fähigkeiten oder Verhaltensweisen zu erlernen) zu sprechen. Und auf der Basis dieser Definition legen sie nur zwei Geschlechtsunterschiede als entschieden auf biologischen Faktoren aufbauend fest.

Der eine ist die bessere visuell-räumliche Fähigkeit, für die es als Beweis ein rezessives geschlechtsspezifisches Gen gibt.

Der andere ist die Beziehung, die zwischen männlichen Hormonen und der Bereitwilligkeit von Männern zu aggressivem Verhalten besteht.

Auch das ist allerdings recht umstritten. Die Endokrinologin Estelle Ramey, Professorin für Physiologie und Biophysik an der Georgetown Medical School, sagte mir:

»Ich glaube, daß Hormone ganz tolle kleine Dinger sind und daß sie in jedem Haushalt vorhanden sein sollten. Aber ich glaube auch, daß im Grunde genommen alle Unterschiede zwischen dem männlichen und dem weiblichen Verhalten kulturell bedingt und nicht hormonell bestimmt sind. Es ist mit Sicherheit richtig, daß im Uterus Sexualhormone eine ganz entscheidende Rolle spielen, wenn es darum geht, zwischen männlichen und weiblichen Babys zu unterscheiden. Aber kurz nach der Geburt übernimmt das menschliche Gehirn die Herrschaft und setzt sich über *alle* Systeme hinweg, das endokrine System inbegriffen. Es heißt zum Beispiel, daß Männer von ihrer Natur her aggressiver sind als Frauen. Aber das bewirkt die Konditionierung, das bewirken nicht die Sexualhormone. Jeder, der Frauen im Schlußverkauf sieht – wo Aggression als angemessen, sogar als liebenswert angesehen wird – sieht Aggressionen, angesichts derer Attila der Hunne blaß würde.«

Maccoby und Jacklin kommen in ihren Untersuchungen zu dem Schluß, daß kleine Mädchen keine größere Tendenz zur Abhängigkeit zeigen als Jungen, doch das Thema der weiblichen Abhängigkeit will nicht vom Tisch der Laien und anderer Theoretiker verschwinden. Vor einiger Zeit löste Colette Dowlings Bestseller DER CINDERELLA-KOMPLEX, der die weibliche Angst vor Unabhängigkeit thematisiert, allerorten betroffene Diskussionen aus.

Da war er also – der Cinderella-Komplex. Immer wieder fiel er über Mädchen von 16 oder 17 Jahren her, hielt sie oft davon ab, das College zu besuchen, ließ sie überstürzt in frühe Ehen hasten. Heute neigt er dazu, Frauen nach dem College zu befallen – nachdem sie eine Zeitlang draußen in der Welt waren. Wenn der erste Begeisterungsschauer über die Freiheit abebbt und wenn die Angst aufsteigt, um an seine Stelle zu treten, fängt diese alte Sehnsucht nach Sicherheit wieder an, an ihnen zu zerren: der Wunsch, errettet zu werden.

Dowling behauptet, daß Frauen im Gegensatz zu Männern den tiefsitzenden Wunsch haben, behütet zu werden, und daß sie nicht gewillt sind, die Erwachsenenrealität zu akzeptieren, daß sie ganz allein für ihr Leben verantwortlich sind. Diese Neigung zur Abhängigkeit, daran hält Dowling fest, ist ihnen aufgrund frühkindlicher Erfahrungen eingepflanzt worden, die Jungen lehrt, daß sie in dieser schwierigen, herausfordernden Welt auf sich gestellt sind, und die Mädchen, daß sie Schutz brauchen und ihn suchen müssen.

Mädchen werden *in die* Abhängigkeit erzogen, sagt Dowling.

Jungen werden *aus der* Abhängigkeit herauserzogen.

Sogar noch Mitte der achtziger Jahre gibt es Echo auf den Cinderella-Komplex – an einer liberal-elitären Privatschule im amerikanischen Osten, an der die Mütter der Studenten Ärztinnen und Anwältinnen und Regierungsbevollmächtigte und die Studentinnen selbst voll der feministischen Rhetorik sind. Einer der Unterrichtenden, der vor High-School-Absolventen, die im letzten Studienjahr sind, einen Kurs in Verhaltenspsychologie abhält, hat mir erzählt, daß er seine Schüler schon seit etlichen Jahren fragt, wo sie im Alter von dreißig Jahren zu stehen glauben. Die Antworten, sagt er, sind immer wieder dieselben. Sowohl die Studenten als auch die Studentinnen erwarten, daß die Mädchen Kinder bekommen und aufziehen werden, während sie gleichzeitig einer interessanten *Teilzeitbeschäftigung* nachgehen. Die Jungen drücken zwar den Wunsch aus, in diesem Alter eine Menge Freiheit zu haben, aber die Mädchen stecken die Jungen routinemäßig in erfolgreiche *Ganztagsstellungen,* die es ihnen ermöglichen, ihre Familien zu ernähren.

Sicher stimmt es, daß eine große Zahl von Frauen mit der Phantasie lebt, eines Tages käme der Prinz und sorge für die Erfüllung aller Wünsche. Es stimmt auch, daß soziale Prägung, die Art, wie Mädchen erzogen werden, einiges an diesen Phänomenen erklären kann. Aber wir müssen auch in Betracht ziehen, daß der Ursprung weiblicher Abhängigkeit weiter zurückgeführt werden muß, als die Rituale frühkindlicher Erziehung reichen. Und wir müssen auch berücksichtigen, daß Abhängigkeit nicht zwangsläufig ein böses Wort ist.

Die weibliche Abhängigkeit scheint nämlich weniger den Wunsch auszudrücken, beschützt zu werden, als den, Teil eines Netzes zwischenmenschlicher Beziehungen zu sein, der Wunsch, liebevolles Umsorgtsein nicht nur zu bekommen – sondern auch zu geben. Andere Menschen zu brauchen, die einem helfen und einen trösten, um die guten und die schlechten Zeiten mit ihnen zu durchleben, zu sagen: »Ja, das verstehe ich«, um einem zur Seite zu sein – *aber auch das Gegenteil zu brauchen, es zu brauchen, gebraucht zu werden* – das könnte zum Kern der wirklichen weiblichen Identität gehören. Abhängigkeit von solchen Bezugspunkten könnte als eine ›reife Abhängigkeit‹ beschrieben werden. Es heißt jedoch auch, daß Identität – für Frauen – mehr mit Nähe als mit Losgelöstsein zu tun hat.

In einer Reihe von hochinteressanten Untersuchungen hat die Psychologin Carol Gilligan festgestellt, daß die Definition seiner selbst beim Mann individuelle Erfolge stärker betont als Bindungen, wogegen Frauen sich wiederholt innerhalb eines Kontextes verantwortungsbewußter, umsorgender Beziehungen definierten. Sie hat sogar erfahren, daß »männliche und weibliche Stimmen ganz typisch die Bedeutung verschiedener Wahrheiten ausdrücken, erstere die Funktion der Loslösung als Definition und Stärkung des Ichs beschreiben, letztere den fortwährenden Prozeß der Bindung, die die menschliche Gemeinschaft erschafft und erhält«. Nur daran, daß wir in einer Welt leben, in der Reife mit Autonomie gleichgesetzt wird, läge es, daß der Wert, den Frauen auf Beziehungen legen, als Schwäche und nicht als eine Stärke erscheint.

Vielleicht ist es beides.

Claire, eine aufstrebende Ärztin, sieht den Sinn ihres Lebens vorwiegend in Bindungen: »Allein haben die Dinge wenig Sinn«, sagt sie. »Es ist wie das Geräusch einer klatschenden Hand ... Man muß andere Menschen lieben, denn man mag sie vielleicht nicht, aber man ist untrennbar mit ihnen verbunden. Auf gewisse Weise ist es, als liebe man seine rechte Hand. *Sie sind Teile von einem selbst;* dieser andere Mensch ist Teil einer gewaltigen Ansammlung von Menschen, mit denen man in einer Verbindung steht.«

Aber da ist auch Helen, die über das Ende einer Beziehung spricht und dabei die Gefahren offenlegt, die mit großer Nähe verbunden sind, zwangsläufig verbunden sind: »Was ich lernen mußte ...«, sagt sie, »war nicht nur, daß ich ein Ich besaß, das überleben konnte, als Tony und ich miteinander gebrochen hatten, sondern auch, daß ich *überhaupt* ein eigenes Ich hatte! Ich war mir nicht wirklich sicher, ob es, wenn wir beide uns trennten, noch irgend etwas geben würde, was *mir* blieb.«

Freud hat einmal bemerkt, daß »wir nie so ungeschützt gegen das Leiden sind, wie wenn wir lieben, nie so rettungslos unglücklich, wie wenn wir unser geliebtes Objekt oder dessen Liebe verloren haben«. Frauen werden in diesen Worten besondere Wahrheit finden. Frauen erliegen nämlich weit häufiger als Männer diesem Leiden, das als Depression bekannt ist, wenn entscheidende Liebesbeziehungen zerbrochen sind. Daraus scheint logisch zu folgen, daß die Abhängigkeit der Frauen von der Nähe sie, wenn nicht schwächer, so doch verletzbarer macht.

Es ist wichtig, immer wieder daran zu denken, daß wir hier von Männern und Frauen im allgemeinen sprechen. Es gibt natürlich Frauen, die sich keine große persönliche Nähe gestatten können, und es gibt auch Männer, die sich mit Freude und Leichtigkeit öffnen. Aber es wird behauptet – und dem stimme ich zu – daß die meisten Frauen im Vergleich zu den meisten Männern bindungsfähiger/williger seien. Und es wird behauptet, und auch dem stimme ich zu, daß diese Fähigkeit die Ursache wesentlicher Unterschiede zwischen Mann und Frau sei.

Wenn die weibliche Natur tatsächlich bindungsfreudiger ist, mehr zu gegenseitigen Abhängigkeiten neigt und stärker in persönliche Beziehungen eingebettet ist, warum ist das dann so? Gehen wir zurück und sehen wir uns diese Frage in Zusammenhang damit an, wie Jungen und Mädchen ihre geschlechtsspezifische Identität beweisen.

Es herrscht nämlich weitgehend Einstimmung darüber, daß sie das tatsächlich ganz unterschiedlich angehen.

Bedenken wir beispielsweise, daß beide Geschlechter – wir alle – ursprünglich eine symbiotische Verbindung zur Mutter hatten und daß unsere erste Identifikation – jedermanns erste Identifikation – die mit der Mutter war. Es stimmt, daß Jungen und Mädchen gleichermaßen aus dieser Symbiose ausbrechen und Mutter-Kind-Grenzen errichten müssen. Es stimmt, daß sowohl Jungen als auch Mädchen sich lösen müssen. Aber eine sehr intensive und in die Länge gezogene Symbiose bedroht die Männlichkeit kleiner Jungen weit mehr als die Weiblichkeit kleiner Mädchen, da ein Einssein, ein ›Genausosein‹, ein Ähnlichsein mit der frühesten Bezugsperson, die sich um uns kümmert, ein Einssein, ein Genausosein oder ein Ähnlichsein (in den meisten Fällen) mit einer Frau bedeutet.

Deshalb können Mädchen ihre ursprüngliche Identifikation mit der Mutter bestehenlassen. Jungen können das, um Jungen zu sein, ganz und gar nicht.

Mädchen können, um Mädchen zu sein, ihre innere Verbundenheit mit der Mutter aufrechterhalten. Jungen können das, um Jungen zu sein, ganz und gar nicht.

Mädchen können sich definieren, ohne ihre erste Bindung von sich zu weisen. Jungen können das ganz und gar nicht. Sie müssen (ganz im Gegenteil) das entwickeln, was der Psychoanalytiker Robert Stoller als ›Symbiosenangst‹ bezeichnet, ein Schutzschild gegen ihr eigenes starkes Verlangen, eins mit Mama zu sein, ein Schutzschild, das ihr Gefühl von Männlichkeit erhält und ausweitet.

In ihrem zweiten und dritten Lebensjahr werden sich Jungen dann auch ganz entschieden von ihrer Mutter abwenden. Sie de-identifizieren sich von dem, was sie ist. Aber zu diesem Sichlosreißen, zu diesem Schutzschild, können gegen Frauen gerichtete Abwehrmechanismen gehören. Daher kann es sein, daß der Preis, den Jungen und andere ›männliche Wesen‹ für die De-Identifikation zahlen, Abscheu, Verachtung und manchmal sogar Haß auf Frauen ist, eine Ablehnung der ›weiblichen‹ Aspekte ihrer selbst und eine bleibende Angst vor Nähe, *weil diese die*

Losgelöstheit unterminiert, auf die sich ihre männliche Identität begründet hat.

Diese Angst vor Nähe erstreckt sich übrigens auch auf männlich-männliche Beziehungen. In einem skurrilen kleinen Roman mit dem Titel *Der Männer-Club* trifft sich eine Gruppe von Männern des Mittelstandes, um sich ihre Lebensgeschichten zu erzählen. Dieses Abstreifen der konventionellen Schranken, dieser ›weibliche‹ Schritt in die Intimität der Nähe, bringt sie derart durcheinander, daß sie am Schluß das Haus demolieren und wie wilde Tiere heulen – *uuuh-uu-uuu, uuuh-huu-uu-uuu* – »bis es erschien, als seien wir eins in diesem Geheul, das sich erhob, sich wieder und immer wieder erhob und uns selbst dann, als wir zur Primärauflösung hinuntersanken, aufhob ...«

Im Gegensatz zu Jungen, für die Nähe bedrohlich ist, fürchten sich Mädchen mehr vor Loslösung, weil ihre weibliche Identität sich auf ihre Beziehung zu einem anderen begründet. Ich glaube, man könnte sogar behaupten, daß wir Frauen buchstäblich für eine größere Verbundenheit gebaut sind, denn schließlich ist der weibliche Körper so entworfen, daß er Platz für andere Menschen schafft. Anatomisch können wir einen Penis in unsere Vagina aufnehmen. Wir können einen Fötus in unserem Uterus beschützen und nähren. Und psychologisch scheinen wir weit mehr gewillt und in der Lage zu sein als Männer, uns mit den Bedürfnissen unseres geliebten Gegenübers zu identifizieren und auf diese Bedürfnisse einzugehen.

Es ist behauptet worden, daß wir Frauen Gehirnwäschen unterzogen, daß wir dazu erzogen wurden, derart abhängig von unseren Beziehungen zu sein, daß wir unsere Seele und unser Ich dafür aufgeben, um sie zu bewahren. Es ist behauptet worden, daß wir uns wie Sklavinnen anpassen. Aber könnte der fast allgemein anerkannte Umstand, daß Frauen sich in persönlichen Beziehungen mehr anpassen als Männer auf eine natürliche Fähigkeit zurückgehen, eine spezifisch weibliche Fähigkeit, sich auf Dinge einzustellen, eine Fähigkeit, die unsere Entwicklungsgeschichte und vielleicht sogar ... unsere Anatomie widerspiegelt? (Und ist eine solche Anpassung, die im besten Falle eine Verkörperung der Wertvorstellung ist, daß unvollkommene Bindungen besser sind als die vollkommene Autonomie, wirklich weniger ›entwickelt‹ oder weniger reif?)

Hören Sie sich Ella an:

»Ich habe das Für und das Wider abgewogen, und das Für lag vorn. Ich will die Beziehung. Das heißt, daß ich die Erwartung aufgebe, meine Arbeit kündigen zu können, denn er wird nie wirklich viel Geld verdienen. Und es heißt, daß ich nicht sage, daß er auf der Party zuviel getrunken hat, weil er auf Partys immer zuviel trinken wird. Und es heißt auch, daß ich nie so unbesonnen bin, ihn zu fragen, mit wem er schläft, wenn er nicht in der Stadt ist.«

Warum gibt Ella sich solche Mühe? Hier ist ihre Antwort:

»Wir sind seit 30 Jahren verheiratet. Das hat eine Geschichte. Unser Sex ist gut, wir haben Spaß miteinander, und wir haben gemeinsame Enkel. Ich weiß, daß ich allein leben könnte, aber wir haben etwas Wertvolles gemeinsam, etwas, was es wert ist, bewahrt zu werden. Und daher ... passe ich mich an.«

Eine der Begründungen für die größere Anpassungsfähigkeit der Frau in Beziehungen bezieht sich auf das, was sich in der ödipalen Phase abspielt. Denn wenn auch kleine Jungen eine starke Identifikation mit ihrer Mutter aufgeben mußten, so war sie doch ihre erste Liebe und kann es auch weiterhin bleiben. Somit können Jungen, um heterosexuelle kleine Jungen zu sein, weiterhin eine Frau begehren. Das können Mädchen, um heterosexuelle Mädchen zu sein, nicht. Sie müssen das ursprüngliche und innig geliebte Objekt ihrer Zuneigung aufgeben und ihre Wahl von einer Frau auf einen Mann verlagern.

Der Analytiker Leon Altman meint, die weibliche Flexibilität entstamme dieser sexuellen Abwendung von der Mutter. »Dieser Verzicht«, schreibt er, »bereitet sie auf eine Weise, die der Junge nie erreichen kann, auf Entsagungen in der Zukunft vor.«

Für ein Mädchen ist das Aufgeben der Mutter als Objekt sinnlichen Verlangens eine schwierige Loslösung, ein einschneidender Verlust. Einige Analytiker behaupten denn auch, daß der berüchtigte Penisneid – unter dem, darauf beharrte Freud, alle Frauen leiden – als Wunsch verstanden werden könnte, diesen Verlust zu umgehen.

Wenn ich nur hätte, was die Jungen haben – so könnte ich diese Phantasie darstellen – dann müßte ich nicht der ersten Liebe meines Lebens entsagen.

Wenn ich nur einen Penis hätte – so könnte die unbewußte Logik der frühen Kindheit aussehen – dann wäre es nicht erforderlich, meine Mutter aufzugeben.

Aber der frühkindliche Neid beschränkt sich nicht auf den Penisneid; auch beschränkt sich weder der Penisneid, noch anderer Neid, auf Mädchen. Während wir langsam erfahren, was Körper sind und was sie tun können, gelüstet es uns nämlich nach den Körperteilen und den Möglichkeiten dieser anderen Körper. Wir wollen – natürlich wollen wir das! – diese nährende Brust, diesen beweglichen Penis, diese großartige, ganz phantastische Fähigkeit, Babys zu machen. Im Gegensatz zum Eifersuchtsdreieck beginnt der Neid als ein Zweipersonendrama: »Du hast es; ich will es haben.«

Beneiden, sagt uns das Wörterbuch, heißt »unzufrieden damit sein, daß etwas, was man gern für sich selbst hätte, im Besitz eines anderen ist«.

Einige Psychoanalytiker hängen auch wirklich der Spekulation an, daß frühe Ursprünge des Neides sich bis zum Neid auf die Brust unserer Mutter zurückverfolgen lassen, bis hin zum Neid auf diese »Quelle allen Behagens, physisch wie auch psychisch«, dieses Reservoir von Überfluß und Macht.

Später, wenn sie die anatomischen Unterschiede erkannt haben, kann es vorkommen, daß Jungen verkünden, sie hätten auch gern Babys. Oder daß ein Junge bestreitet, daß er keine Babys bekommen könne, indem er sich den typischen Irrglauben zu eigen macht, Mädchen bekämen Mädchen und Jungen eben Jungen. Die Abwehr, die ein Junge gegen den Schwangerschafts- oder Uterusneid aufbaut, kann dazu führen, daß es ihm sein Leben lang an Interesse für Babys mangelt. Es ist aber auch oft behauptet worden, daß die kreativen Aktivitäten des Mannes dort draußen in der Welt als Ersatz für die Gebärfähigkeit, die *körperimmanent* ist, herhalten müßten.

Einige primitive Stämme gestatten es den Männern, ihren Uterusneid durch die Couvade auszudrücken – den Brauch, nach dem der Ehemann im Wochenbett bleibt, als sei er der Schwangere, während seine Frau ein Kind bekommt. Auch manche Pubertätsriten, lautet eine Hypothese des Analytikers Bruno Bettelheim, können unter anderem dazu gedacht sein, den Jungen und Mädchen dabei zu helfen, mit ihrem Neid auf die geschlechtsspezifischen Besonderheiten des jeweils anderen fertig zu werden. Bettelheim bemerkt, daß dieser Neid zwar gleichmäßig auf beide Geschlechter verteilt sei, daß aber das Augenmerk immer ganz vorwiegend der neidischen Frau galt. Er zieht es daher vor, den überall vorhandenen Neid der Männer auf die produktive weibliche Vagina und die milcherzeugenden Brüste zu betonen.

»Ich glaube«, schreibt Bettelheim, »... daß der Wunsch ... die typischen Merkmale des anderen Geschlechts zu besitzen, eine zwangsläufige Folge der Geschlechtsunterschiede ist.« Aber die Merkmale des anderen Geschlechts zu besitzen, hieße, die Merkmale des eigenen Geschlechts zu verlieren. Durch Initiationsriten, sagt er, versucht der Mann, »seine Ängste bezüglich seines eigenen Geschlechtes und seine Wünsche nach Erfahrungen, Organen und biologischen Funktionen, die nur Personen des anderen Geschlechtes zur Verfügung stehen, auszudrücken, um sich dann von ihnen zu befreien.«

Es ist beobachtet worden, daß durch die sich wandelnden gesellschaftlichen Haltungen der geheime Wunsch eines Mannes, selbst Babys zu kriegen, nicht begraben werden muß. So erscheint er gemeinsam mit seiner Frau bei Kursen zur Vorbereitung auf die natürliche Geburt, und bei der Geburt keuchen beide einstimmig. Einige Männer (ich spreche hier nicht von den Männern primitiver Gesellschaften; ich spreche von Männern aus der heutigen amerikanischen Mittelschicht) können sich so inbrünstig (wenngleich auch unbewußt) mit der Fähigkeit ihrer Frau, ein Kind auszutragen, identifizieren, daß in den Monaten, in denen sie schwanger ist, sie – die Männer! – unter Umständen matt und erschöpft sind und zu Übelkeit neigen und manchmal sogar dreißig Pfund zunehmen und einen dicken Bauch bekommen.

Vor mehr als fünfzig Jahren schrieb Felix Boehm über den immensen Neid der Männer auf die Gebärfähigkeit der Frauen, den ›Gebärneid‹, und über den Neid auf die weiblichen Brüste. Boehm beobachtete, »daß es unseren Neid erregt, wenn andere *mehr* haben als wir ... Die Eigenart dieser ›anderen‹ Dinge spielt dabei keine große Rolle.«

Eine Rolle allerdings spielt, daß die körperlichen Unterschiede der Geschlechter von beiden Teilen als Beschränkung empfunden werden, Leben als Verlust.

Neid auf die Geschlechtsteile des anderen kann als wirkliches ›Habenwollen‹ beginnen, erhält aber schnell stark metaphorische Bedeutungen. Wenn man das berücksichtigt, kann der Begriff des Penisneids – ein Begriff, der in unseren Ohren merkwürdig klingt und dessen Existenz vielen vernünftigen Menschen sexistisch oder albern vorkommt – verständlicher werden: wenn wir nämlich näher betrachten, wofür der Besitz eines Penis stehen kann.

Das Fehlen eines Penis ist nämlich womöglich ein Symbol für unsere früheren Gefühle, beraubt oder um etwas betrogen worden zu sein.

Es kann auch ein Symbol für Ängste sein, daß nicht ganz das aus uns geworden ist, was der Arzt oder die Mutter uns befohlen haben:

denk immer daran, daß jeder Sohn eine Mutter hatte,
deren geliebter Sohn er war,
und daß jede Frau eine Mutter hatte,
deren geliebter Sohn sie nicht war.

Es kann auch ein Symbol dafür sein, schlecht ausgerüstet für alles zu sein, was es im Leben zu tun gibt, weil — wie eine Frau es formulierte, als sie versuchte, ihre Gefühle der Unterlegenheit zu beschreiben — ›da nichts ist‹.

Berufstätige Frauen sprechen oft von Zweifeln an den eigenen Fähigkeiten, von der Überzeugung, daß Männer auf eine Weise, die ihnen fehlt, ›für den Erfolg ausgestattet sind‹; das ist eine Variante des Penisneids. Penisneid kann auch ein Symbol für das sein, was erforderlich ist, um männliche Macht und Privilegien zu erwerben. Denn wenn Penis Mann bedeutet, und wenn Mann bedeutet, alle möglichen Arten von besonderen Vorteilen zu genießen, dann kann der Neid eine unbewußte Verknüpfung von Vorteil über männlichen Vorteil zur männlichen Anatomie herstellen.

In einer kürzlich erschienenen Studie wurde 2000 Kindern und Jugendlichen von der dritten bis zur zwölften Klasse eine einfache Frage gestellt: Wenn du morgen aufwachen und feststellen würdest, daß du ein (Junge) (Mädchen) bist, was würde sich dann in deinem Leben ändern? Und trotz einem Jahrzehnt der Bewußtseinsbildung zum Thema Geschlechtsvorurteile zeigte sich in den Reaktionen und Jungen *und der Mädchen* eine bestürzende Verachtung für das weibliche Geschlecht.

Die männlichen Grundschüler versahen ihre Antworten in unverhohlenem Grauen oft mit Titeln wie ›Die Katastrophe‹ oder ›Der gräßliche Traum‹. Dann schrieben sie etwa:

»Wenn ich ein Mädchen wäre, wäre ich dumm und hätte überhaupt keine Kraft.« Oder: »Wenn ich aufwachen würde und ein Mädchen wäre, dann würde ich hoffen, daß es ein böser Traum war, und ich würde gleich wieder einschlafen.« Oder: »Wenn ich ein Mädchen wäre, wären alle anderen besser als ich, weil Jungen besser als Mädchen sind.« Oder: »Wenn ich ein Mädchen wäre, würde ich mich umbringen.«

Jungen hatten das Gefühl, daß sie als Mädchen übermäßig um ihre äußere Erscheinung besorgt sein müßten (»Ich könnte nicht mehr schlampig rumlaufen – ich müßte gut riechen«); daß sie Alltagsarbeiten erledigen müßten (»Ich müßte kochen und Mutter sein und lauter solches widerliche Zeug«); daß ihre Aktivitäten eingeschränkt wären (»Ich würde Schlangen hassen müssen«); und daß sie weniger gut behandelt würden. Die Mädchen stimmten in all diesen Urteilen mit ihnen überein.

»Wenn ich ein Junge wäre«, schrieb eine Drittkläßlerin, »könnte ich Sachen besser, als ich sie jetzt kann.« Und: »Wenn ich ein Junge wäre, wäre mein ganzes Leben leichter.« Und: »Wenn ich ein Junge wäre, könnte ich für die Präsidentschaft kandidieren.« Und – herzerweichend –: »Wenn ich ein Junge wäre, hätte mein Papa mich vielleicht geliebt.«

Vereinzelt sahen kleine Jungen gewisse Vorteile darin, ein Mädchen zu sein: »Niemand würde sich über mich lustig machen, weil ich mich vor Fröschen fürchte.« In den höheren Klassen, nach der Grundschule, kam es jedoch nicht mehr vor, daß Jungen Mädchen beneideten, aber die Mädchen fanden nach wie vor, die Männer seien um ihr Los sehr zu beneiden.

Es waren einmal kleine Mädchen, die entdeckten, daß ihnen ein Körperteil fehlte. Sie wollten ihn haben. Manche gaben den Wunsch auf, andere nicht. Diejenigen, die den Wunsch beibehielten, scheinen das Gefühl zu haben, daß ihnen etwas fehlt, was sie gut genug, besser oder vollkommen machen könnte. Ihr Wunsch gilt dann nicht mehr einem Penis, sondern diesem ›Etwas‹, für das ein Penis inzwischen steht.

Penisneid kann bei Frauen bewirken, daß sie sich selbst oder andere als unzulängliche Wesen verachten – als

Frauen. Er kann manche dazu bringen, Männer zu hassen, andere dazu, sie zu überschätzen. Er kann sie dazu bringen, sich einen Mann zu suchen, der, wie Evelyn sagte, als sie heiratete, »genau der Mann ist, der ich wäre, wenn ich ein Mann wäre«. Er kann sich aber auch in Forderungen nach einer Sonderbehandlung als Entgelt dafür ausdrükken, vom Schicksal schlecht behandelt und zu kurz gekommen zu sein.

Kleine Mädchen können sich zwar als ›zu kurz gekommen‹ empfinden, aber sie sind nicht das einzige Geschlecht, das unter Penisneid leidet. Im ödipalen Stadium wollen kleine Jungen – im Wettkampf mit Papa um Mama – haben, was er hat, und damit ist auch sein Penis gemeint. Das soll nicht heißen, daß so kleine Kinder die Rolle des Penis beim Geschlechtsverkehr verstehen; ihre Vorstellung von sexuellen Handlungen sind sehr vage und bizarr. Aber wie alles andere, was Papa hat, ist auch sein Penis auffallend größer als das, was *sie* haben. Und nach der Theorie des kleinen Jungen (die oft auch die Theorie des erwachsenen Mannes ist), daß größer besser ist, sind sie neidisch.

Somit kann die Entdeckung der anatomischen Unterschiede zwischen den Geschlechtern sowohl bei Jungen als auch bei Mädchen Neid erregen. Ausmaß des Neides und Bedeutung dieses Neides sind im Leben eines jeden einzelnen Menschen verschieden. Ein weiteres Ergebnis dieses Vorschulkurses in vergleichender Anatomie kann sein, daß plötzlich dramatische Ängste erwachen: der Gedanke, wir könnten die so sorgsam betrachteten Körperteile irgendwann verlieren, oder bereits verloren haben.

Diese Angst wird bei Jungen mit der Tatsache zusammenhängen, daß es eine ganze Gruppe von Menschen gibt, die penislos sind. Klar müssen Mädchen einen haben! Haben sie nicht? Wie ist er abhanden gekommen? Der Wert, den sie auf diesen Körperteil legen und die vermeintliche Entdeckung, daß er abhanden kommen kann, erzeugt (wenn man es sich einmal genauer überlegt, verständlicherweise) jenes männliche Gefühl, das als Kastrationsangst bezeichnet wird.

Diese Angst wird noch durch den ödipalen Ehrgeiz des Jungen verstärkt: den vermessenen Wunsch, den Platz des Vaters einzunehmen. Und die Angst davor, einen gräßlichen Preis für eine solche (wie kannst du es nur wagen!) Rivalität zu zahlen, kann kleine Jungen manchmal bis ins Erwachsenenleben hinein verfolgen. Wenn es einem begabten Mann immer wieder gelingt, zu versagen, wenn er sich immer wieder schlechter macht, als er ist, wenn es ihm Schwierigkeiten bereitet, mit einer Frau, die er liebt, ins Bett zu gehen, dann kann es sein, daß er immer noch zu dem beängstigenden Vater, der in seinem Kopf herumspukt, sagt: »Du brauchst mir nichts zu tun – du siehst ja selber, daß ich keine Bedrohung für dich bin.«

Gegen Ende der ödipalen Phase haben wir ein genaueres und differenzierteres Gefühl dafür entwickelt, was es heißt, männlich oder weiblich zu sein. Die Bewältigung unserer Dreieckskonflikte hilft uns dabei, zu gestalten, was für eine Frau oder was für ein Mann wir werden. Mädchen stärken ihre weibliche Identifikation und hoffen, eines Tages einen Mann wie ihren Vater heiraten zu können. Jungen stärken ihre männliche Identifikation und hoffen, eines Tages eine Frau wie ihre Mutter heiraten zu können. Im Lauf dieses Prozesses erfahren wir alle deutlich, was wir nicht haben oder sein können. »Papa, ich liebe dich!« sagt ein vierjähriges Kind mit höchst kokettem Blick. »Ich glaube, wenn ich groß bin, heirate ich einen Mann.« Aber dieses vierjährige Kind ist ein Junge, und er wird noch lernen, daß die Mama, die er ebenfalls von Herzen liebt, das Modell für Objekte sexuellen Verlangens ist.

Während sich unsere geschlechtsspezifische Identität mit Hilfe des gleichgeschlechtlichen Elternteils bildet, identifizieren wir uns auch mit dem anderen Elternteil. Gegen Ende des zwanzigsten Jahrhunderts sind in der amerikanischen Mittelschicht die Möglichkeiten, auf welche Weise man seine Rolle als Mann oder Frau spielt, fast unbegrenzt. Dennoch haben wir Körper, die in gewissen Regionen für alle Zeiten voneinander verschieden sein werden. Während wir auf dem Weg der psychosexuellen Entwicklung voranschreiten, wird sich unser Weg gabeln: Die Jungen zweigen auf den einen Weg ab, die Mädchen auf den anderen. Als heterosexuelle Menschen werden wir uns entsprechend den geschlechtsspezifischen Grundmustern und Möglichkeiten identifizieren und verlieben. Aber ob unsere Anatomie auch unser Schicksal ist, hängt davon ab, wie wir unsere Grenzen und Einschränkungen wahrnehmen.

Mit Sicherheit existieren geschlechtsspezifische Beschränkungen. Und mit Sicherheit können wir diese Beschränkungen als Verlust ansehen. Aber ein Erkennen von Einschränkungen muß der kreativen Entwicklung unseres Potentials nicht widersprechen – *es kann sogar eine notwendige Voraussetzung dafür sein.*

»Der Töpfer, der mit Ton arbeitet, erkennt die Einschränkungen an, die dieses Material ihm auferlegt«, schreibt Margaret Mead; »er muß ihn mit einer vorgegebenen Sandmenge härten, ihn glätten und polieren, ihn bei der und der Temperatur aufbewahren, ihn bei einer bestimmten Hitze brennen. Aber das Erkennen der Einschränkungen seines Materials bringt ihn nicht dazu, die Schönheit der Form zu schmälern, die seine Künstlerhände, die in einer Tradition weise geworden sind und die von seiner eigenen ganz besonderen Sicht der Welt Informationen bekommen, diesem Ton geben können.«

Sie sagt, daß Freiheit dort beginnt, wo wir anerkennen, was möglich ist – und was nicht.

Sie sagt, daß, wenn wir die Natur unseres Tons kennenlernen, nicht unsere Anatomie, sondern wir unser Schicksal bestimmen.

9.

Das Gute am Schuldbewußtsein

Ohne Schuldbewußtsein,
Was bleibt vom Menschen? Ein Tier, oder nicht?
Ein Wolf, dessen Fleischeslust vergeben wird,
Ein Käfer, unschuldig in seiner Paarung.
                                        Archibald MacLeish

Es ist *nicht* alles möglich, davon überzeugen uns die Realitäten der Liebe und die unserer Körper. Wir sind nicht schrankenlos, und nie werden wir uns von den Einschränkungen freimachen können, die das Verbotene und das Unmögliche uns auferlegen – darunter auch die Schranken, die uns unser Schuldbewußtsein setzt.

Wir müssen aber zugeben, daß unser Schuldbewußtsein uns zwar zahlreicher Genüsse beraubt, unsere Welt aber ohne die Grenzen, die es uns setzt, monströs wäre. Die Freiheiten, die wir verlieren, unsere Einengungen und Tabus, sind nämlich notwendige Verluste – ein Teil des Preises, den wir für die Zivilisation zahlen müssen.

Unsere Schuldgefühle werden ein Teil von uns: Wenn wir im Alter von etwa fünf Jahren beginnen, ein Über-Ich herauszubilden, ein Gewissen, wenn ›Nein, das darfst du nicht‹ und das ›Schäm dich‹, nicht mehr Stimmen von außen sind, sondern sich als unsere innere kritische Stimme neu gruppiert.

Wir kommen nämlich keineswegs mit einem funktionierenden Katalog moralischer Normen auf die Welt. Wir sind nicht als gut programmiert. Der von reinem Egoismus gesteuerte Wille fügt sich nur langsam sozialen Forderungen, zu denen auch der Verzicht gehört. Aber Selbstbeherrschung kann nicht als Gewissen bezeichnet werden, solange wir sie nicht verinnerlicht und uns angeeignet haben, solange wir – trotz des Umstandes, daß das Böse, was wir getan oder uns vorgestellt haben, nie bestraft oder entdeckt wird – nicht dennoch den Druck auf unserem Magen spüren, den Schauer, der uns über die Seele läuft, dieses selbstzugefügte Elend, das sich Schuld nennt.

Wahres Schuldbewußtsein ist nicht die Angst vor dem Zorn unserer Eltern oder davor, ihre Liebe zu verlieren. Wahres Schuldbewußtsein ist die Angst vor dem Zorn unseres *Gewissens,* davor ›dessen‹ Liebe‹ zu verlieren.

Wir bewältigen unsere ödipalen Konflikte, indem wir uns ein Gewissen zulegen, das uns – wie unsere Eltern – Einschränkungen und Zwänge auferlegt. Die von unseren Eltern an uns herangetragenen Vorstellungen nisten sich in unserem Bewußtsein ein. Spätere Identifikationen, sei es mit Lehrern und Geistlichen, mit Freunden, mit Superstars und Heroen, werden unsere Wertvorstellungen weiter modifizieren. Zunehmend komplexe kognitive Fähigkeiten im Lauf der Jahre werden den Boden für komplexere moralische Vorstellungen bereiten. Man glaubt heute, daß die Phasen unserer moralischen Entwicklung (der Psychologe Lawrence Kohlberg sagt, daß es sechs gibt), parallel zur Entwicklung unserer Denkprozesse verlaufen. Doch obwohl unser Gewissen sich auf Fühlen *und* Denken gründet, obwohl es sich im Lauf der Zeit entwickelt und verändert, obwohl es auf Empfindungen aus früheren Stadien aufgebaut ist und obwohl es über ödipale Konflikte hinausreicht, wird dieses Über-Ich, das unsere moralischen Beschränkungen und unsere Ideale umfaßt, aus unseren ersten Kämpfen mit verbotenen Leidenschaften, aus unserer *innerlichen* Unterwerfung unter das Gesetz der Menschen, geboren.

Wenn wir diese moralischen Einschränkungen durchbrechen oder diese Ideale aufgeben, wird unser Gewissen das beobachten, uns Vorwürfe machen, uns verdammen.

Wenn wir diese moralischen Einschränkungen durchbrechen oder diese Ideale aufgeben, wird unser Gewissen uns mit Schuldgefühlen strafen. Es gibt jedoch gute und schlechte Schuldgefühle, angemessene und unangemessene. Es gibt mangelndes Schuldbewußtsein und übermäßiges Schuldbewußtsein. Einigen Menschen mangelt es an der Fähigkeit, überhaupt auch nur irgendwelche Schuldgefühle zu empfinden. Aber die meisten von uns kennen auch Menschen, die in der Lage sind, wegen so ziemlich allem Schuldbewußtsein zu entwickeln.

Ich gehöre zu diesen Menschen.

Ich fühle mich immer schuldig, wenn meine Kinder unglücklich sind.

Ich fühle mich immer schuldig, wenn eine meiner Pflanzen eingeht.

Ich fühle mich immer schuldig, wenn ich mir nach dem Essen die Zähne nicht mit Zahnseide reinige.

Ich fühle mich immer schuldig, wenn ich absichtlich auf Insekten trete (mit Ausnahme aller Küchenschaben).

Ich fühle mich auch dann immer schuldbewußt, wenn ich ein Stück Butter, das mir vorher auf den Küchenboden gefallen ist, noch zum Kochen verwende.

Und da ich, wäre hier Platz genug, mit Leichtigkeit eine Liste mit Hunderten solcher typischen Beispiele, die Schuldbewußtsein wachrufen, aufzählen könnte, möchte ich behaupten, daß ich an einem übermäßigen, kritiklosen Schuldbewußtsein leide.

Mit einem kritiklosen, wahllosen Schuldbewußtsein haben wir es auch zu tun, wenn es mißlingt, zwischen verbotenen Gedanken und verbotenen Taten zu unterscheiden. Dann nämlich setzen wir gemeine Wünsche mit deren Ausführung gleich. Wir Erwachsenen glauben zwar, daß wir schon vor langer Zeit gelernt haben, beide voneinander zu unterscheiden, aber unser Gewissen kann uns unbestechlich und brutal auch für den Mord verurteilen, den wir als Wunsch im Herzen hegen.

Dieser Mangel an Unterscheidungsvermögen ist eines der Anzeichen für übertrieben ausgeprägtes Schuldbewußtsein. Ein anderes ist der Hang zu unverhältnismäßig hohen Strafen. Fehlverhalten eher geringfügiger Art löst erstaunliche Akte der Selbstgeißelung aus: »Ich habe es getan, wie konnte ich das bloß tun, nur ein tiefgesunkenes, nichtsnutziges moralisches Ungeheuer könnte das tun, und ich verurteile hiermit diesen Verbrecher – mich – zum Tode.« Der Betroffene verhält sich wie jemand, der eine ganze Tasse Salz auf ein Brot mit Eiersalat schüttet. Niemand bestreitet, daß auf das Brot Salz gehört, aber: *doch nicht gleich so viel*.

Eine andere Form der Übertreibung könnte als das omnipotente Schuldbewußtsein bezeichnet werden, das sich auf der Illusion der Herrschaft ausruht – der Illusion beispielsweise, das Wohlergehen derer, die wir lieben, liege ganz in unserer Macht. Wenn diese dann leiden oder ihnen etwas mißlingt oder sie an Körper oder Seele erkranken, zweifeln wir nicht daran, daß uns allein die Schuld daran trifft, daß, hätten wir unsere Sache anders oder besser gemacht, wir mit Sicherheit in der Lage gewesen wären, das Unglück zu verhindern.

Ein Rabbi berichtete beispielsweise davon, an einem Winternachmittag Kondolenzbesuche bei zwei verschiedenen Familien gemacht zu haben, in denen jeweils ältere Frauen gestorben waren.

Im ersten Haus erzählte der seiner Mutter beraubte Sohn dem Rabbi: »Hätte ich meine Mutter doch nur nach Florida geschickt und sie aus dieser Kälte und diesem Schnee herausgeholt, dann wäre sie heute noch am Leben. Es ist meine Schuld, daß sie gestorben ist.«

Im zweiten Haus erzählte der Sohn der Verstorbenen: »Hätte ich nicht darauf bestanden, daß meine Mutter nach Florida geht, dann wäre sie heute noch am Leben. Dieser lange Flug und der abrupte Klimawechsel waren mehr, als sie verkraftet hat. Es ist einfach meine Schuld, daß sie gestorben ist.«

Worum es hier geht, ist folgendes: Indem wir uns selbst die Schuld geben, können wir an unsere lebensbeherrschenden Kräfte glauben. Indem wir uns die Schuld geben, sagen wir, daß wir uns lieber schuldbewußt als hilflos fühlen, als das Gefühl zu haben, die Dinge nicht unter Kontrolle zu haben.

Andere Menschen haben vielleicht das Bedürfnis zu glauben, daß ›Jemand Dort Oben‹ die Dinge unter Kontrolle hat, daß gräßliche Dinge nicht ohne Ursache geschehen, daß sie, wenn sie von einer Tragödie und von einem verheerenden Verlust getroffen werden, weil sie es auf irgendeine Weise verdient haben. Es gibt auch Menschen, die die Vorstellung nicht akzeptieren können, daß Leiden zufällig sein kann oder daß es schlechten Menschen gut geht, während Elend und Kummer die Guten heimsucht. Und daher fügen sie zu ihrem Leiden auch noch die Überzeugung hinzu, daß sie leiden, weil sie leiden sollen, daß ihre Qualen ein ausreichender Beweis für die Schuld sind, die sie auf sich geladen haben.

Die Mutter eines unheilbar kranken Kindes erzählte mir von einer erstaunlichen Unterhaltung, die sie mit Gott geführt hatte, einem Gott, an den sie übrigens, wie sie selbst in vollem Ernst verkündet hatte, nicht glaubte. »Du solltest dich deiner schämen, das solltest du wirklich«, warf sie ihm vor. »Was für ein Barbar du doch in Wirklichkeit bist. Wenn du einen Ungläubigen strafen willst, dann bestrafe den Ungläubigen – nicht sein Kind. Hör auf, meiner Tochter wehzutun! Tu mir weh!«

Die Analytikerin Selma Fraiberg schreibt, ein gesundes Gewissen bringe Schuldgefühle hervor, die dem Handeln angemessen seien, und daß Schuldgefühle dazu dienten, uns davon abzuhalten, solche Taten zu wiederholen. »Das neurotische Gewissen dagegen«, schreibt sie, »verhält sich wie ein Gestapo-Hauptquartier innerhalb der Persönlichkeit, verfolgt gnadenlos gefährliche oder potentiell gefährliche Vorstellungen und jeden entferntesten Verwandten solcher Vorstellungen, beschuldigt, bedroht und foltert in einem endlosen Verhör, um Schuldbewußtsein für triviale Vergehen oder Verstöße zu wecken, die in Träumen begangen worden sind. Derartige Schuldgefühle haben eine Wirkung, als würde die gesamte Persönlichkeit verhaftet ...«

Neurotische Schuldgefühle können sich an Vorfällen der präödipalen Jahre speisen – aus den Ängsten und der Wut, die frühe Trennungen oder Kämpfe mit unseren Eltern ausgelöst haben. So kann unser Gewissen beispielsweise durchexerzieren: Ich bin verlassen worden, weil ich schlecht war, und daher verdiene ich es, verlassen zu werden. Es kann jene Eigenschaften und Verhaltensweisen in uns, die unsere Eltern – deren Liebe zu verlieren wir so sehr gefürchtet haben – verurteilt haben, übermäßig hart richten. Es kann auch eine große Menge Zorn, die sich einst gegen unsere Mutter oder unseren Vater gerichtet hat, jetzt wieder heftig gegen uns selbst richten. Wie mir ein Psychoanalytiker einmal erzählte: »Ich glaube ganz allgemein, daß, wenn ein Kind ganz sich selbst überlassen sich mit seiner Angst und seiner Wut herumschlagen muß, es dazu vorbestimmt wird, all das auf einer inneren Bühne, auf der nur Wiederholungen aufgeführt werden, zu spielen – um als Erwachsener in unangemessener Art der Schuld steckenzubleiben.«

Ein solches Schuldbewußtsein kann uns das Gefühl geben, daß uns, wenn wir jemals einen Kumpel küssen, Haare auf den Zähnen wachsen. Und wenn wir unsere Mutter, wenn wir ihr jemals widersprechen, einem Herzschlag aussetzen. Und daß wir, wenn wir uns entschließen, das zu tun, wonach wir uns so sehr sehnen – und es ist einfach wunderbar – es doch nicht tun sollten.

Und manchmal geht es uns wie Dr. Spielvogels fiktivem Patienten Alexander Portnoy, der außer sich ist – und wir *können* es einfach nicht tun:

Ich kann nicht rauchen, kann nicht trinken, nichts mit Drogen, borge mir kein Geld, und Karten spiele ich auch nicht, kann keine Lüge aussprechen, ohne in Schweiß auszubrechen, als überquerte ich gerade den Äquator. Klar, ich sage oft Scheiße, aber das war's auch schon in etwa, die Summe aller meiner Missetaten... Warum geht der kleinste Aufruhr derart über meine Möglichkeiten? Warum muß mir die kleinste Abweichung von ehrbaren Konventionen innerlich solche Höllenqualen bereiten? Wenn ich doch diese verfluchten Anstandsformen hasse! Wenn ich es doch besser weiß als all diese Tabus! Doktor, lieber Doktor, was sagen Sie dazu: Geben wir doch dem Jidd wieder sein Id! Setzen Sie die Libido dieses braven Judenjungen frei, ja, bitte? Erhöhen Sie meinetwegen die Preise, wenn es sein muß – ich zahle alles! Mir reicht es bloß, mich vor diesen tiefen dunklen Lüsten feige zu verkriechen!

Nicht jeder ist sich so genau wie Portnoy oder sein Schöpfer Philip Roth über die moralischen Hemmungen im klaren, mit denen wir leben. Wir können bewußt das Gefühl haben, freier zu sein als wir sind. Ein wesentlicher Aspekt des Schuldbewußtseins ist nämlich der, daß es häufig ohne unser Wissen auf uns einwirkt, daß wir an den Folgen unbewußter Schuldgefühle leiden.

Wir wissen jetzt, wie wir unsere bewußten Schuldgefühle empfinden – wir kennen die Anspannung und das Unbehagen – aber unser unbewußtes Schuldbewußtsein können wir nur indirekt erfahren. Zu den Anzeichen für ein unbewußtes Schuldgefühl gehört ein sehr starkes Bedürfnis, selbst zu bestrafen oder bestrafen zu lassen.

Verbrecher hinterlassen gefährliche Hinweise auf ihre Tat (dazu gehört vielleicht auch Nixon mit seinen Watergate-Bändern), wozu sie oft ein unbewußtes Schuldempfinden nötigt. Entsprechend verhält sich auch der Ehemann, der den Nachmittag mit einer Freundin verbracht hat und mit ihrer Armbanduhr in seiner Hemdtasche nach Hause kommt. Oder Dick, der nach einem erbitterten Kampf mit seinem Vater seinen Chevy zu Schrott fährt und sich selbst verletzt.

Und so verhält sich auch das einstige Liebespaar Ellie und Marvin.

Ellie und Marvin
Treffen sich heimlich zweimal in der Woche
Seit sechs Monaten schon
Aber bisher mißlang ihnen ein Vollzug
Ihrer Leidenschaft
Denn
Während beide sich einig sind
Daß eheliche Treue
Nicht nur unrealistisch sondern auch
Bedeutungslos ist
Hat sie diese Neigung zu Migräne entwickelt und
Er hat jetzt diesen scharfen stechenden Schmerz
In seiner Brust und
Sie hat eine Eierflechte und
Er hat Bindehautentzündung

Ellie und Marvin
Fahren vierzig Meilen zu entlegenen Imbißstuben
In getrennten Wagen
Haben aber bislang nicht mehr als
Heftiges Necking betrieben
Denn

Während beide sich einig sind
Daß sexuelle Ausschließlichkeit
Nicht nur pubertär sondern auch
Rückständig ist
Hat sie diese Dickdarmentzündung entwickelt und
Er hat jetzt diesen dumpfen pochenden Schmerz
Im Rücken und
Sie hat angefangen Nägel zu kauen und
Er raucht jetzt wieder.

Ellie und Marvin
Lechzen nach Liebe am Nachmittag
In einem Motel
Haben aber bislang nicht mehr als

Viel Kaffee bekommen
Denn
Er ist der Überzeugung, daß sein Telefon abgehört wird und
Sie ist der Überzeugung, daß ihr ein Mann im Trenchcoat folgt und
Er sagt, was ist, wenn das Motel brennt und
Sie sagt, was ist, wenn sie eines Nachts im Schlaf redet und

Sie findet das Benehmen ihres Mannes verdächtig unfreundlich und
Er findet das Benehmen seiner Frau verdächtig nett und
Er schneidet sich immer beim Rasieren mit der Doppelklinge und
Sie klemmt sich immer die Hand in der Wagentür ein und daher
Während beide sich einig sind
Daß Schuldbewußtsein nicht nur neurotisch sondern auch Spießig ist
Haben sie sich doch auch geeinigt
Heimliche Treffen
Bleibenzulassen.

Unbewußte Schuldgefühle können jedoch weit schmerzhafter sein als Dickdarmentzündung, Migräne, Rückenschmerzen oder eine leichte Paranoia. Sie können ein Leben lang auf Bestrafung und Leid beharren. Diese Schuldgefühle können aus jeder Handlung oder Unterlassung heraus entstehen, aus jedem Gedanken heraus, den unser Gewissen in seiner grenzenlosen Weisheit für sündig befindet. Der schlechte Gesundheitszustand unserer Mutter, die Scheidung unserer Eltern, unser geheimer Neid und Haß, unsere einsamen sexuellen Befriedigungen – all das und noch viel mehr kann auf diese Weise zu Schuld und Schmach werden. Wenn jetzt das neue Geschwisterchen, das wir nicht haben wollten und von dem wir uns sehr sehr wünschen, es würde wieder verschwinden, tatsächlich – ob durch Krankheit oder durch Unfall – stirbt, kann es vorkommen, daß wir uns als dafür verantwortlich ansehen, daß wir – ohne zu wissen, daß wir es denken – denken: »Warum habe ich es bloß umgebracht? Warum habe ich es nicht davor bewahrt? Warum nur?«

Dann kann unser Leben auf den Klippen unserer unbewußten Schuldgefühle zerschellen.

Freud hat als erster beobachtet, daß manche Patienten sich heftig gegen eine Befreiung von ihren Symptomen zur Wehr setzen, sich an emotionale Schmerzen klammern, als hinge ihr Leben daran. Denn dieses Leid ist die Strafe für Vergehen, von denen sie nicht einmal wissen, daß sie sie begangen haben, die Strafe, von der sie noch nicht einmal wissen, daß sie sie haben wollten. Er stellt jedoch wehmütig fest, daß eine Neurose, die den größten Bemühungen und dem besten Können eines Analytikers getrotzt hat, sich plötzlich in Luft auflösen kann, wenn der Patient eine unglückliche Ehe eingeht, sein gesamtes Geld verliert oder lebensgefährlich krank wird. »In solchen Fällen«, schreibt Freud, »wird eine Form des Leidens durch eine andere ersetzt, und wir stellen fest, daß alles, worum es wirklich ging, war, daß es möglich sein sollte, ein gewisses Maß an Leid beizubehalten.«

Aber manchmal laden Menschen eben auch Schuld auf sich und sollten fähig sein, darunter zu leiden. Menschen wie Sie und ich. Manchmal ist Schuldbewußtsein angemessen und gut. Nicht jedes Schuldgefühl ist neurotisch und muß analysiert und geheilt werden. Wenn das möglich wäre, wären wir moralische Ungeheuer. Könnten wir die Fähigkeit zu Schuldgefühlen gänzlich ablegen, wären wir moralische Ungeheuer.

Meine Freundin Elizabeth etwa kann keine Schuld eingestehen, weil in ihrer traumatischen Vorstellung die Schuldigen in der Morgendämmerung erschossen werden. Sie muß vollkommen, frei von jeder Sünde und über jeden Irrtum erhaben sein. So kommt es, daß sie sagt: »Der

Wagen hatte einen Zusammenstoß«, weil sie an den Worten: »Ich hatte einen Zusammenstoß mit dem Wagen« ersticken würde. Und sie wird auch sagen: »Seine Gefühle waren verletzt«, weil sie nicht akzeptieren kann, daß sie seine Gefühle verletzt hat. Bestenfalls kann sie sagen: »Wir haben vergessen, Eintrittskarten zu kaufen, und jetzt sind sie ausverkauft«, wenn sie allein dafür zuständig war, daß ›wir‹ Eintrittskarten besorgen. Auch wenn ihr Verhalten drastischere Formen annimmt – sie hatte einmal ein Verhältnis mit dem besten Freund ihres Mannes –, sucht sie die Schuld bei anderen. Sie brachte es fertig, sich selbst und ihren Mann davon zu überzeugen, daß sie unschuldig war, weil er sie dazu getrieben hatte!

Elizabeth ist durchaus in der Lage, richtig und falsch voneinander zu unterscheiden. Sie ist dagegen unfähig zu glauben, daß sie sich schuldig machen – und dabei überleben könnte.

Eine andere Form mangelnden Schuldbewußtseins zeigen Menschen, die sich selbst bestrafen, nachdem sie etwas Verurteilenswertes getan haben, die aber diese Handlungen fortwährend wiederholen. Ihr Gewissen erkennt zwar an, daß das, was sie getan haben, falsch war, und es fordert recht brutale Preise für ihre Sünden, aber die Schuldgefühle fungieren nie als Warnsignal. Sie dienen diesen Menschen nur dazu, sich selbst zu strafen, nicht dazu, sie von Fragwürdigem abzuhalten.

Es ist bekannt, daß manche Verbrecher tatsächlich ihre Strafe suchen, um unbewußt Schuld zu sühnen. Es ist bekannt, daß manche Verbrecher unter entstellten, nicht etwa unter fehlenden Schuldgefühlen leiden. Es gibt jedoch auch die sogenannten Psychopathen, die einen echten Mangel an Schuldbewußtsein aufweisen und deren asoziale und kriminelle Taten, deren wiederholte Akte der Destruktivität und der Schlechtigkeit ohne jede Einschränkung und ohne nachträgliche Reue vollzogen werden. Diese Psychopathen betrügen und rauben und lügen und zerstören und zertrümmern emotional ungestraft. Diese

Psychopathen buchstabieren uns in fünf Meter großen Buchstaben, was für eine Welt diese Welt ohne Schuldbewußtsein wäre.

Man muß aber nicht Psychopath sein, um zuzulassen, daß ein anderer Mensch oder eine Gruppe von Menschen die Stimme unseres eigenen persönlichen Gewissens ersetzt. Dennoch kann dies zu mangelhaftem Schuldgefühl führen. Wenn wir unser Gefühl für moralische Verantwortung an andere abtreten, können wir nämlich entscheidende moralische Einengungen ablegen. Diese Gewissensübergabe kann ganz normale Menschen in eine Meute verwandeln, die Lynchjustiz sucht oder Scheiterhaufen entzündet. Diese Gewissensübergabe kann jeden von uns in die Lage versetzen, auf eine Weise zu handeln, die uns, auf uns selbst gestellt, mit Sicherheit absolut undenkbar erscheinen würde.

In einem berühmt gewordenen Experiment, in dem Gewissen versus Autoritätsgehorsam auf die Probe gestellt wurde, hat der Experimentalpsychologe Stanley Milgram Menschen in ein Psychologielabor der Yale University geholt, um mit ihnen – das wurde ihnen zumindest gesagt – eine Studie über Gedächtnis und Lernen durchzuführen. Der Versuchsleiter erklärte, es gehe darum, wie sich Bestrafung auf das Lernen auswirken würde, und zu diesem Zweck wurde die jeweils zum ›Lehrer‹ ernannte Person aufgefordert, einen Lerntest mit einem ›Lernenden‹ durchzuführen, der in einem anderen Raum an einen Stuhl gebunden war – und ihm immer dann, wenn seine Antwort falsch war, einen Elektroschock zu verpassen. Die Elektroschocks wurden in 30 Abstufungen von minimal 15 Volt bis hin zu sage und schreibe 450 Volt verabreicht. Der ›Lehrer‹ wurde aufgefordert, bei jeder falschen Antwort dem ›Lernenden‹ den nächst höheren Schock zu geben. Die Konflikte setzten ein, wenn der ›Lernende‹ vom Stöhnen zu lautstarken Protesten und dann zu gequälten Schreien überging und der ›Lehrer‹ ein steigendes Unbehagen verspürte und aufhören wollte. Aber jedesmal, wenn er zögerte, wurde er von der Autoritätsperson gedrängt, weiterzumachen, und es wurde darauf beharrt, er müsse das Experiment zu Ende führen. Trotz der Betroffenheit über das Ausmaß schockierender Schmerzen, die er auslöste, fuhr eine große Zahl der ›Lehrer‹ fort, die Schalter bis zur höchsten Voltzahl zu bedienen.

Die ›Lehrer‹ wußten nicht, daß die ›Lernenden‹ Schauspieler waren, die ihr Leiden nur simulierten. Die ›Lehrer‹ hielten die Elektroschocks für echt und entsprechend qualvoll. Aber manche unter ihnen redeten sich ein, das, was sie taten, diene einem guten Zweck – dem Herausfinden der Wahrheit. Und manche redeten sich ein, daß »er so dumm und stur war, daß er den Elektroschock verdient hat«. Manche waren trotz ihrer Überzeugung, daß das, was sie taten, falsch war, ganz schlicht nicht in der Lage, sich offen gegen den Versuchsleiter aufzulehnen, der Autorität zu trotzen.

Milgram stellt fest, daß »man gewöhnlich erklärt, daß diejenigen, die das Experiment nicht abbrechen und die Opfer bis zur höchsten Voltzahl schocken, Ungeheuer sind, der sadistische Abschaum der Gesellschaft. Aber wenn man bedenkt, daß fast zwei Drittel der Versuchspersonen unter die Kategorie des ›gehorsamen‹ Untertanen fallen und daß sie stellvertretend für ganz gewöhnliche Menschen waren, die der Arbeiterklasse und anderen Berufsständen angehörten, dann steht dieses Argument plötzlich auf sehr wackligen Beinen da«.

Es ist verführerisch, dieses Experiment kritisch zu betrachten und uns vorzustellen, wie wir durch diese Tür ins Freie treten, in der Lage sind, richtig und falsch voneinander zu unterscheiden, und diesem Wissen gemäß zu handeln. Es ist verführerisch, zu glauben, daß unser Gewissen die Oberhand behalten hätte. Es ist verführerisch, zu glauben, daß wir, wenn wir diesem Test unterzogen worden wären, zu den moralisch Erhabenen gezählt hätten. Und bei manchen von uns wäre das auch der Fall gewesen. Viele von uns hätten allerdings auch nicht zu dieser Gruppe gezählt. Aber wir alle werden uns im Lauf unseres Lebens zu Handlungen bringen lassen, von denen wir wissen, daß sie moralisch falsch sind. Wenn wir das tun, ist die gesunde Reaktion Schuldbewußtsein.

Ein gesundes Schuldbewußtsein ist der entsprechenden Tat – quantitativ und qualitativ – angemessen. Es führt zu Reue, nicht zu Selbsthaß. Es hält uns davon ab, die Tat, derer wir uns schuldig gemacht haben, zu wiederholen, ohne uns gleich alle Leidenschaften und Genüsse zu verbieten.

Wir müssen in der Lage sein zu wissen, wann das, was wir tun, moralisch falsch ist.

Wir müssen in der Lage sein, unsere Schuld zu erkennen und zu akzeptieren.

Der Philosoph Martin Buber, der diese Notwendigkeit anerkennt, sagt uns, daß »wahre Schuld existiert«, daß das »quälende und scheltende Herz« seinen Wert hat und daß Wiedergutmachung, Aussöhnung und Erneuerung ein Gewissen erfordern, »das nicht vor dem Blick in die Tiefen zurückscheut und das bereits in den Ermahnungen des Herzens den Weg vor sich sieht, der darüberführt ...«

»Der Mensch«, sagt Buber, »ist das Lebewesen, das fähig ist, sich schuldig zu machen, und das fähig ist, seine Schuld zu erhellen.«

Wir sind offenbar mit den Regionen unseres Gewissens näher vertraut, die uns Verbote auferlegen und unsere Freuden einschränken, von denen wir uns ständig beobachtet, gerichtet und verdammt fühlen, weil sie unser Schuldbewußtsein mobilisieren. Aber unser Gewissen umfaßt auch unser Ich-Ideal – unsere Werte und unser höheres Streben, die Teile, die sich an unser ›Du solltest‹ und nicht an unser ›Tu's nicht‹ wenden. Eine weitere Aufgabe unseres Gewissens besteht darin, praktisch zu sagen: »Das ist gut für dich« und »Das hast du gut gemacht«, uns zu ermutigen und uns Applaus zu spenden, uns zu loben und zu belohnen und uns dafür zu lieben, daß wir diesem Ich-Ideal entsprechen oder danach trachten, ihm zu entsprechen.

Dieses Ich-Ideal setzt sich aus unseren sehnsüchtigsten und hoffnungsvollsten Vorstellungen oder Visionen unserer selbst zusammen. Unser Ich-Ideal setzt sich aus unseren edelsten Zielen zusammen. Es gaukelt uns zwar einen unmöglichen Traum vor, der niemals in Erfüllung gehen kann, doch unser Greifen danach flößt uns ein tiefes Wohlbehagen ein. Unser Ich-Ideal ist uns kostbar, weil es uns für einen Verlust unserer frühen Kindheit entschädigt, den Verlust unserer Vorstellung von uns selbst als vollkommen und rein, den Verlust eines Großteils unseres kindlichen, grenzenlosen (bin ich nicht einfach wunderbar?) Narzißmus, den wir angesichts der zwingenden Realität aufgeben mußten. In seiner Abwandlung und Neugestaltung in Form von ethischen Zielen und Moralbegriffen und einer Vorstellung dessen, was wir im allerbesten Fall sein könnten, lebt unser Traum von der Vollkommenheit – lebt unser verlorener Narzißmus – in unserem Ich-Ideal weiter.

Es stimmt, daß wir Schuldgefühle entwickeln, wenn wir zu weit hinter unserem Ich-Ideal zurückbleiben oder wenn wir unsere moralischen Einschränkungen über Bord werfen. Es stimmt, daß Schuldgefühle uns weniger glücklich und weniger frei sein lassen. Wenn wir daran glauben könnten, daß ›alles erlaubt ist‹, könnten wir fröhlich – ohne jedes Schuldgefühl – unseres Weges ziehen. Aber ohne Ideale und Einschränkungen, was wären wir dann? Ein Wolf, der unschuldig tötet. Eine Katze, die sich unschuldig paart. Etwas, was außerhalb der Grenzen der Menschheit liegt.

Wir können keine wirklichen Menschen sein, ohne einen Teil unserer moralischen Freiheit des Alles-ist-erlaubt zu verlieren.

Wir können keine wirklichen Menschen sein, ohne eine Fähigkeit zu Schuldgefühlen auszubilden.

10.

Das Ende der Kindheit

> Ein Mann zu sein, heißt, genaugenommen,
> verantwortlich zu sein.
>
> Antoine de Saint-Exupéry

Während wir uns vom Einssein zur Loslösung und vom losgelösten Ich zum losgelösten schuldbewußten Ich weiterentwickeln, stellen wir fest, daß wir weder geborgen noch frei sind. Es wird zunehmend deutlicher, daß die Person, die für uns zuständig ist, wir selbst sind, und es kann vorkommen, daß wir diese Verantwortung zurückweisen. Wie der Siebenjährige, der von seinen Eltern für seine Ungezogenheit bestraft wurde und sich bei Mutter und Vater auf deren Vorwürfe hin empört beschwerte: »Jetzt habe ich es aber satt. An allem, was ich tue, gebt ihr mir die Schuld.«

Wie können wir verantwortlich sein, wenn unser Es – dieser Teufel – der seit Sigmund Freud einen Namen trägt, uns veranlaßt hat, so zu handeln, wie wir es taten.

Die Antwort ist die, die Saint-Exupéry gegeben hat: Mann, Frau, Erwachsener zu sein, bedeutet, Verantwortung anzunehmen. Und in diesen Jahren, die zwischen erstem Dämmern eines Gewissens und dem Ende der Pubertät eingespannt sind, müssen wir – indem wir unseren Verantwortungsbereich langsam ausweiten – erwachsen werden.

Wir müssen beginnen, den Tumult von Gelüsten, Wut und Konflikten, der in uns wogt und brodelt, für uns selbst zu beanspruchen, Anrechte auf ihn zu erheben. Wir müssen auch lernen, uns selbst die Schnürsenkel zuzubinden und selbst auf die Toilette zu gehen. Und während wir das Reich und die Herrschaft unseres Bewußtseins und unserer Kompetenzen ausweiten, werden wir feststellen, daß wir uns weiter und weiter von zu Hause entfernen. In der Phase, die Freud mit dem Begriff ›Latenzphase‹ bezeichnet hat – gewöhnlich wird sie im Alter von sieben bis zehn Jahren angesetzt – verlassen wir die Festung der familiären Geborgenheit. In der Latenzphase besteht unsere Aufgabe darin, uns das soziale und psychologische *know-how* anzueignen, ohne das wir an dieser neuerlichen Loslösung scheitern, mit diesen neuerlichen notwendigen Verlusten.

Neuere Forschungen weisen darauf hin, daß unsere Latenzphase mit einer biologischen Uhr in Zusammenhang stehen könnte, denn im Alter von sieben Jahren strömen neue kognitive Fähigkeiten auf uns ein und ermöglichen uns mehr Kontrolle. Wir sind daher besser gerüstet, unsere lüstigen Triebe zu verschieben und in andere Richtungen zu leiten, rein theoretisch jedenfalls. Wir lassen uns leichter sozialisieren. Aber wenn wir zu Beginn der Latenzphase nicht schon ein eigenes losgelöstes Ich herausgeformt haben – und unsere Hauptrolle im Drama Ödipus aufgegeben haben – wird es uns Schwierigkeiten bereiten, diesen Forderungen gerecht zu werden.

Wie könnte denn ein Mädchen in die Schule gehen, wenn die Welt ohne ihre Mutter zu gefährlich und zu trostlos ist? Und wie sollte ein Junge das ABC lernen, wenn er sich mit Inzest und Vatermord herumschlägt? Die meisten von uns erreichen die Latenzphase zwar mit dem starren und allzu unerbittlichen Gewissen eines erst jüngst bekehrten Sünders, doch wir müssen auch mit genügend Vertrauen – in andere und in uns selbst – in sie eintreten, um zuzulassen, daß dieses allzu strenge Gewissen sich erweichen läßt. Wie könnten wir denn je ein Wagnis eingehen, ein Risiko, wenn jeder Irrtum, den wir begehen, die Bedeutung eines Kapitalverbrechens hat? Wir könnten wir, wenn jeder Pfad von selbst auferlegten Beschränkungen blockiert ist, hinausziehen, um unsere Welt der Latenzphase zu erkunden?

Wir sind erst sieben Jahre alt, aber es ist an der Zeit, in die Welt hinauszuziehen.

In der Latenzzeit werden wir voller Staunen und Erleichterung entdecken, daß Eltern fehlbar sind – »Mein Papa sagt, daß es so ist, aber meine Lehrerin Miß March sagt, daß das nicht stimmt.« In der Latenzphase werden wir viele Menschen kennenlernen, die wir bewundern, denen wir nacheifern und die wir lieben können. Nachdem wir unseren ödipalen Aufruhr hinter uns gelassen haben und die Stürme der Pubertät erst noch bevorstehen, werden wir unsere Leidenschaften und unsere Energie dem Lernen zuwenden. Und durch das, was wir lernen – durch das Lesen und die Herrschaft über einen kleinen persönlichen Teil des Universums – werden wir uns allmählich ein Gefühl von Meisterschaft zulegen.

Amy, meine neuneinhalbjährige Nachbarin in Washington, erzählt von den Dingen, die zu meistern sie in der letzten Zeit gelernt hat:

»Vielbefahrene Straßen überqueren, an denen keine Ampeln stehen.

Mir selbst Toast und alle möglichen Brote zu machen.

Geigespielen.

Radschlagen.

Vom Sprungbrett springen, ohne in die Hocke zu gehen.

Schwierige Wörter verstehen.

Und ich weiß etwas über die Republikaner und die Demokraten und über Griechenland, etwas über die Welt und nicht nur über meine nahe Umgebung.«

Der Analytiker Erik Erikson, dessen Klassiker ›Eight Ages of Man‹, ein Kapitel aus KINDHEIT UND GESELLSCHAFT die Stadien und die Herausforderung des Lebenszyklus beschreibt, sieht die Latenzperiode als das Stadium an, in dem wir das entwickeln, was er ein ›Gefühl des Arbeitseifers‹ nennt. Den Wunsch, in irgendeiner Form etwas Abgeschlossenes zu leisten. Die Fähigkeit, die Aufgaben und die Werkzeuge unserer speziellen sozialen Umgebung handhaben zu können. Und eine weiter gefaßte

Definition des Ichs, die – während wir Zweiräder balancieren und komplizierte Wörter lernen – neue und enorm befriedigende Fähigkeiten einschließt. Erikson sagt, daß alle Kinder »früher oder später unzufrieden und mürrisch werden, wenn sie nicht das Gefühl entwickeln, dazu in der Lage zu sein, Dinge zu erledigen und ihre Sache gut zu machen und sie sogar perfekt auszuführen ...«. Arbeit, sogar Kinderarbeit, gibt uns – wie Joseph Conrad einmal gesagt hat – die Gelegenheit, uns selbst zu finden, unsere eigene Realität zu finden.

Während wir lernen, Dinge gut zu machen, vertiefen wir auch gleichzeitig unsere Definition von uns selbst, indem wir uns in einen Gruppenzusammenhang stellen, indem wir erkennen daß wir Gruppen angehören, die sich ›Jungen‹ oder ›Mädchen‹ oder ›Neunjährige‹ oder ›Fünftkläßler‹ nennen. Unsere geschlechtliche Identität und unsere Auffassung davon, was ein Kind in unserem Alter tun kann, klären und bestätigen sich durch diese Gruppenzugehörigkeit, die unter Gefühl der Identität steigert, unser ›*das* ist es, was ich bin‹, und das auch in einer physischen und emotionalen Distanz von *Zuhause*.

Manche begegnen auch Erwachsenen, die uns zu stürmischer Begeisterung motivieren. Bei mir war es die Leiterin meiner Pfadfindertruppe, der erste erwachsene Mensch, der mir geglaubt hat, daß ich schreiben kann – der uns in speziellen Rollen vor sich sehen kann, in speziellen sich selbst definierenden Rollen, in denen uns unsere Eltern mit ihrem: ›Mach dein Bett und hör auf, deine Schwester zu schlagen und sei nicht so frech zu deiner Mutter‹ nicht sehen können.

Wir weiten unsere Welt auch dadurch aus, daß wir ein geschäftigeres Realitätsgefühl entwickeln, daß wir Erfindungen und Tatsachen klarer voneinander unterscheiden können, und das erlaubt es uns sowohl praktische Pläne zu schmieden als auch mit unseren Phantasien herumzuspielen, ohne dabei Angst zu haben, daß sie unser Leben beherrschen könnten.

Die Latenzphase ist ein weiterer Schritt auf dem Wege, die Welt zu erobern. Im Idealfall kann sie uns das berauschende (wenn auch, wie wir noch sehen werden, schnell vergängliche) Gefühl geben, daß wir endlich klarsehen und die Dinge zu einem Gesamtbild zusammensetzen können. Es kann sein, daß manche von uns diese Zeit unserer Kindheit als schwer und einsam und verwirrend in Erinnerung haben. Wir waren in gewissen Spielen miserabel; wir waren furchtsam; wir sind ausgeschlossen worden. Aber viele Erwachsene haben diese Jahre als Jahre voller leicht geschlossener Freundschaften und Triumphe und Gelächter in Erinnerung. Es sind auch wirklich die ›goldenen‹ Jahre, die Dylan Thomas in seinem großartigen Gedicht über Jugend und Leichtigkeit, ›Fern Hill‹, beschreibt.

Und als ich grün und sorglos war, bekannt zwischen den Scheunen
Auf dem fröhlichen Hof, und sang wie ich dort
zu Hause war
In der Sonne, die einmal nur jung ist,
Ließ die Zeit mich spielen und nach Kräften
In ihrer Gnade golden sein,
Und grün und golden war ich Jägersmann und Hirte, die Kälber
Sangen zu meinem Horn, die Füchse auf den Hügeln
bellten hell und klar,
Und der Sabbat läutete sich langsam ein
In den Kieseln der heiligen Ströme.
Und geehrt unter Füchsen und Fasanen um das
fröhliche Haus
Unter den frischen Wolken und glücklich wie das Herz
weit war
In der wieder und wieder geborenen Sonne
Lief ich meiner arglosen Wege.
Meine Wünsche stürmten durch das haushohe Heu,
Und es kümmerte mich nicht bei meinen himmelblauen
Belangen,

Daß die Zeit in all ihrem harmonischen Walten so wenige
und solche
Morgenlieder
Nur zuläßt, ehe die Kinder grün und golden
Ihr folgen aus der Gnade.

Als ich mit Amy sprach, fragte ich sie, ob ihr neuneinhalbjähriges Leben grün und golden sei, und ihre Antwort war ein: »Absolut Ja!« Und die Gründe, die sie dafür anführt, klingen ganz so, als hätte sie das Buch über das Latenzkind gelesen – oder gar geschrieben.

Amy erklärt, daß sie sich »entspannt und wohl fühlt, so was wie erwachsen, aber nicht alt. Ich bin jetzt auf mich gestellt, aber ich muß meinen Unterhalt nicht selbst verdienen.« Die Erwachsenen in ihrem Leben, sagt sie, sehen sie nicht mehr als ›kleines Kerlchen‹ an. Sie fügt jedoch hinzu, daß sie weiß, daß sie »wenn ich irgendwo allein unterwegs bin, immer zurückkommen kann und daß meine Mama und mein Papa mich schon erwarten«.

Amy gehört zu einem Club von fünf Mädchen, der sich ›Die Regenbogenflotte‹ nennt (weil sie alle Regenbogen lieben). Amy hat eine ›beste Freundin‹, die Anne heißt (und deren Geheimnisse sie nie, aber auch nie ausplaudern würde). Amy mag Brettspiele und Rollerskates und Leute, die nicht rechthaberisch sind. Ihre derzeitige Sicht der Dinge sieht so aus: »Sich verlieben kommt mir albern vor« und »Jungen sollten mit Jungen und Mädchen mit Mädchen spielen«.

Was wünscht sie sich anders? Sehr wenig. Sie redet viel und findet, sie sollte versuchen, weniger zu reden. Sie wäre gern netter zu ihrem kleinen Bruder. Sie sehnt sich ›verzweifelt‹ danach, sich Löcher in die Ohrläppchen machen zu lassen, aber obwohl sie darauf warten muß, bis sie dreizehn ist, hat sie es doch nicht allzu eilig, älter zu werden.

»Ich habe das Gefühl, wenn ich erst auf der höheren Schule bin, wird alles viel schwerer sein«, erklärt sie. Dann unterbricht sie sich. Nach einer Pause erklärt sie philosophisch: »Als ich sechs war, dachte ich, in der *vierten* Klasse würde alles viel schwerer. Aber als ich dann da war, habe ich gemerkt, daß ich soweit bin und es schaffe.«

Viele Latenzkinder fühlen sich noch nicht soweit, ›es‹ zu schaffen.

Die zehnjährige Nan sagt zu ihrer Mutter: »Ich werde nie, nie Lippenstift tragen. Und Strümpfe brauchst du mir gar nicht erst zu kaufen, solange ich keine hundert bin.«

Peter Pan entschließt sich, kein Mann zu werden, sondern für alle Zeiten ein Junge zu bleiben.

Und die Sechstkläßlerin Joy reitet in ihren Tagträumen durch die Wälder – als Anführerin einer Robin-Hood-Bande – aber zuvor gelingt es ihr in ihrer Phantasie, den Beginn der Menstruation bis in alle Ewigkeit zu verschieben. Sie sagt sich, daß ein menstruierendes Mädchen sich als Anführer einer Robin-Hood-Bande nicht wohl fühlen würde. Sie sagt sich nicht, daß sie sich davor fürchtet, aus dem Goldenen, dem gnadenvollen Zeitalter fort und in die Pubertät geführt zu werden.

Wenn es gilt, die menschliche Entwicklung in charakteristische Stadien zu unterteilen, sind die Analytiker geringfügig unterschiedlicher Ansicht. Alle sind sich darin einig, daß für jede dieser Phasen keine präzise Alterangabe gemacht werden kann. Dennoch stimmen viele auch darin überein, daß die Latenzphase etwa im Alter von zehn Jahren endet und daß als nächstes die Phase der Vorpubertät kommt, eine Zeit des ›Übergangs von Unfruchtbarkeit zu Fruchtbarkeit‹; dieser folgt die Pubertät, die bei einem Mädchen durch die erste Menstruation definiert wird (Menarche genannt) und bei einem Jungen durch die erste Ejakulation; diese Zeit des Heranwachsens fordert uns verrückte, verzweifelte, ekstatische, unbesonnene psychische Mühen ab, um mit unseren neuen Körpern und unseren erschütternden Trieben ins reine zu kommen.

Im Gegensatz zu Peter Pan, der zehnjährigen Nan und Joy, die Robin Hood sein möchte, gibt es viele, die die ersten Anzeichen der Adoleszenz erwartungsvoll begrüßen.

Doch selbst die eifrigsten unter den Heranwachsenden haben eine heimliche – oft unbewußte – Sehnsucht danach, in der grünen und goldenen Welt der Kindheit zu bleiben.

Judy Blumes beinahe zwölfjährige Heldin Margaret drückt beide Seiten ihres ambivalenten Heranwachsens aus.

Einerseits: »Meine Mutter spricht immer davon, daß ich mal ein Teenager sein werde. ›Steh aufrecht da, Margaret! Wenn du dich heute gut hältst, kriegst du später eine gute Figur. Wasch dir das Gesicht mit Seife, Margaret! Dann bekommst du als Teenager keine Pickel!‹ Wenn du mich fragst, ist es ziemlich übel, ein Teenager zu sein – hin- und hergerissen zwischen Pickeln und der Sorge, wie du riechst!«

Andererseits: »Bist du da, Gott? Ich bin es, Margaret. Ich habe meiner Mutter gerade gesagt, daß ich einen BH haben will. Bitte, hilf mir beim Wachsen, lieber Gott. Du weißt schon, wo. Ich will so sein wie alle anderen (Frauen).«

Der Prozeß der Welt-Eroberung, der damit beginnt, daß wir uns von Mutters Schoß winden, uns dann auf die Füße ziehen, dann in andere Zimmer vordringen, und sich fortsetzt, während wir von den Anblicken, den Lauten und den Gerüchen des Familienlebens zu den Lernprozessen und Aufgaben und Spielen der Latenzperiode übergehen, setzt uns – zu Beginn der Pubertät – am Ufer eines tosenden Meeres ab, und wir können deutlich sehen, daß ein Aufbruch von hier durchaus einem Ertrinken gleichkommen könnte.

Oder vielleicht auch einem Mord.

Alexander Portnoy erinnert sich an »diese ausgedehnte Phase des Zorns, die unter dem Namen ›meine Adoleszenz‹ geführt wird« und schreibt, daß das, »was mich an meinem Vater am meisten entsetzt hat, nicht die Gewalttätigkeit war, von der ich jeden Moment damit rechnete, daß sie ungezügelt über mich hereinbrechen würde, sondern die Gewalttätigkeit, mit der ich mich gern allabendlich am Essenstisch auf seinen ignoranten, barbarischen Kadaver gestürzt hätte... Und ganz besonders erschreckend an dieser Mordlust war: Wenn ich es versuchte, sprach alles dafür, daß ich Erfolg hätte.«

Er erinnert sich auch daran, wie er einen halbvollen Teller stehenließ, aufsprang und die Tür hinter sich zuknallte, während seine Mutter ihn warnte: »Alex, wenn du weiterhin so freche Antworten gibst und weiterhin so respektlos bist, bist du schuld, wenn dieser Mann einen Herzschlag bekommt.«

Viele Söhne und Töchter können im Lauf ihres Heranwachsens fürchten, daß ihre Eltern durch ihre Schuld einen Herzschlag bekommen.

Selbst, wenn sie sich nicht als respektlos erweisen.

Wir haben auch schon davon gesprochen, daß ein Durchsetzen unseres Rechtes auf eine eigene Existenz uns unbewußt erscheinen kann, als töteten wir unsere Eltern, und daß daher die meisten von uns ein gewisses Maß an Trennungsschuld empfinden. Es ist auch behauptet worden, Trennungsschuld sei angemessen und »daß die Anmaßung, die Verantwortung für unser eigenes Leben und dessen Führung zu übernehmen, in der psychischen Realität einem Mord an den Eltern gleichkommt...« Indem wir autonom werden (statt abhängig zu bleiben), indem wir unserem Innern Grenzen errichten (statt unsere Eltern zu brauchen, damit sie uns als ein Gewissen von außen dienen), indem wir emotionale Bande durchschneiden (statt unsere Freuden innerhalb der Familie zu suchen), indem wir unser Leben selbst in die Hand nehmen (statt unserer Mutter und unserem Vater diese Sorge um uns zu überlassen), erklären wir die Rollen unserer Eltern für null und nichtig und übernehmen sie selbst.

In diesem Sinn verstanden, können wir uns des Mordes an unseren Eltern schuldig fühlen.

Aber metaphorischer Mord ist nur eines der Probleme, mit denen wir uns in der Pubertät herumschlagen, wenn unser Körper und unsere Seele sich zu lösen beginnen, wenn unser normales Teenagerverhalten manchmal kaum von akutem Wahnsinn zu unterscheiden ist, wenn unsere Entwicklung – unsere normale Entwicklung – erfordert, daß wir verlieren und verlassen und uns lösen – von allem.

Unter dem chaotischen hormonellen Ansturm wird unser Körper gewaltig umgestaltet – unsere Geschlechtsteile werden größer, und unsere Behaarung nimmt zu, und wir demonstrieren (durch Menstruationsblutungen und Samenergüsse), daß wir uns der Rasse von Kindermachern annähern. Wir verändern unsere Größe und unser Gewicht, unsere Figur und unsere Haut, unsere Stimme und unsere Gerüche, bis wir kaum noch wissen, was wir zu erwarten haben, wenn wir am nächsten Morgen aufwachen.

Ich erinnere mich an einen kleingewachsenen Jungen, der sich endlich damit arrangiert hatte, klein zu sein, und der auch wirklich ein charmanter ›kleiner‹ Mensch geworden war, einen Charme entwickelt hatte, der zum Teil darin bestand, daß er die Schönheiten aufzählte, die zu der Zeit – so sagte er – mit Männern verheiratet waren, die sich überragten. Er nannte Jackie Onassis. Er nannte Sophia Loren. Und so akzeptierte er Onassis und Carlo Ponti. Er nannte ... Und dann (konnte es über Nacht geschehen sein?) erwachte er und stellte fest, daß er mit Verspätung gleich um etliche Zentimeter gewachsen war – und seine gesamte ›kleine‹ Persönlichkeit revidieren mußte.

Ja, unser Körperbild – unser inneres Bild von unserem Äußeren – unterzieht sich in der Pubertät dramatischen Wandlungen, während Schönheit verlorengeht oder entdeckt wird oder verlorengeht und dann wiedergefunden wird, während Zentimeter – und manchmal auch nur Millimeter – an Körpergröße, Hüftumfang, Ohrenbreite oder Nasenlänge für den Unterschied (so scheint es) zwischen Freude und Verzweiflung verantwortlich sind, während Macht einzieht in die Herausforderung eines Körpers oder in den Besitz von blauen Augen und dunklem Haar, und die Frage, die Mädchen über Jungen stellen – und die Jungen noch erbarmungsloser über Mädchen stellen – ist nicht mehr: »Sind sie klug? Sind sie nett?« sondern: »Wie sehen sie aus?«

Delia Ephron führt in ihrem köstlichen Buch über die Ängste Heranwachsender, TEENAGE ROMANCE, eine Liste von Äußerlichkeiten auf, die einen nachdenklich machen sollten:

Wenn du ein Mädchen bist, dann mach dir Sorgen, weil deine Brüste zu rund sind. Mach dir Sorgen, weil deine Brüste zu spitz sind. Mach dir Sorgen, daß deine Brustwarzen die falsche Farbe haben. Mach dir Sorgen, daß deine Brustwarzen in verschiedene Richtungen zeigen.

Wenn du ein Junge bist, mach dir Sorgen, daß dir Brüste wachsen.

Mach dir Sorgen, daß deine Nase zu breit ist. Mach dir Sorgen, daß deine Nase zu lang ist. Mach dir Sorgen, daß dein Hals zu dick ist. Mach dir Sorgen, daß deine Lippen zu voll sind. Mach dir Sorgen, daß dein Hintern zu dick ist. Mach dir Sorgen, daß deine Ohren abstehen. Mach dir Sorgen, daß deine Augenbrauen zu dicht zusammengewachsen sind.

Wenn du ein Junge bist, mach dir Sorgen, daß es dir nie gelingen wird, dir einen Schnurrbart wachsen zu lassen.

Wenn du ein Mädchen bist, mach dir Sorgen, daß dir ein Schnurrbart wächst.

Es ist gesagt worden, daß für Jugendliche ›anders sein unterlegen sein bedeutet‹. ›In Ordnung‹ zu sein heißt, so zu sein wie alle anderen. Daher kann jede Form von physischer Abweichung von der Norm oder ein Reifen, das zu spät oder zu früh einsetzt, ein Quell der Hilflosigkeit sein, der Scham und des Kummers. Daraus kann sich ein Bild eines Bewußtseins entwickeln (»Ich werde mir immer mager und dürr und zu dünn vorkommen«), das noch lange weiterbesteht, nachdem sich die tatsächlichen physischen Fakten längst verändert haben.

Aber selbst wenn körperliche Veränderungen zur richtigen Zeit einsetzen und sich auf übliche Weise vollziehen, können in der Pubertät Gewichtsprobleme zu ernsten Problemen werden. Vielleicht der drastischste Ausdruck (vorwiegend unter Mädchen) eines verzerrten und abgelehnten Bildes vom eigenen Körper ist eine psychosomatische Krankheit, die Anorexia nervosa oder Magersucht: Die weitgehende Verweigerung von Nahrungsaufnahme führt zu starkem Gewichtsverlust, oft fast zum Verhungern, zum Aussetzen der Menstruation und, gar nicht so selten, zum Tode. Bei dieser Krankheit können frühe emotionale Schwierigkeiten eine entscheidende Rolle spielen, aber sie setzt erst in der Pubertät ein. Dr. Hilde Bruch, die ausführlich über das Thema Anorexie geschrieben hat, stellt sich das magersüchtige Mädchen als ein furchtsames fünfzehnjähriges Dornröschen vor, das vor der Pubertät, also ihrem Erwachen, flieht.

Aber für die meisten unter uns sind Veränderungen in der Pubertät unaufhaltsam – Veränderungen an unserem Körper und in unserem Kopf – und während wir die Reise von der frühen über die mittlere zur späteren Pubertät zurücklegen, ist Normalität als ein Zustand des Unharmonischen definiert. Diese Disharmonie braucht nicht dauerhaft und nicht sichtbar zu sein. Gelegentlich ist sie nach außen hin wirklich kaum oder gar nicht feststellbar. Aber sie wird empfunden und die Konflikte, Stimmungsschwankungen und Exzesse, die sie hervorruft, sind oft so extravagant, daß sie bei manchen Eltern zu folgenden Bildern führt:

Ein normaler Jugendlicher ist so unruhig und zappelig und linkisch, daß er es fertigbringt, sich das Knie zu verletzen – nicht etwa beim Fußballspielen – sondern indem er mitten im Französischunterricht von dem Stuhl fällt, auf dem er sitzt.

Ein normaler Jugendlicher hat Sex im Kopf – und oft auch in der Hand.

Ein normaler Jugendlicher stellt als die beiden Hauptziele in seinem Leben hin:
1. Der Bedrohung durch den atomaren Holocaust ein Ende zu setzen,
2. fünf Strickhemden mit einem Etikett von Ralph Lauren zu besitzen.

Ein normaler Jugendlicher suhlt sich in weniger als dreißig Sekunden in qualvoller Verzweiflung, in der Ekstase und dann wieder in der Verzweiflung.

Ein normaler Jugendlicher (der jetzt zu abstraktem logischen Denken in der Lage ist) kann diese neue kognitive Fähigkeit dazu benutzen, tiefe philosophische Themen zu erörtern, aber nie dazu, daran zu denken, daß er den Müll raustragen soll.

Ein normaler Jugendlicher schwankt dazwischen, seine Eltern als beinahe unfehlbar anzusehen und sie in so ziemlich jeder Hinsicht als irregeleitet und inkompetent zu betrachten.

Ein normaler Jugendlicher ist kein normaler Jugendlicher, wenn er sich normal benimmt.

Mit diesem letzten prägnanten Punkt stimmt Anna Freud absolut überein. Sie schreibt sogar, »daß es für einen Jugendlichen normal ist, sich über eine beträchtliche Zeitdauer unbeständig und unberechenbar zu verhalten; seine Impulse zu bekämpfen und sie zu akzeptieren; sie erfolgreich abzuwehren und sich von ihnen plattwalzen zu lassen; seine Eltern zu lieben und sie zu hassen; sich gegen sie aufzulehnen und von ihnen abhängig zu sein; zutiefst beschämt zu sein, wenn er seine Mutter vor anderen nicht leugnen kann, und dann ganz unerwartet vertrauliche Gespräche mit ihr zu wünschen; durch Imitation anderer und durch Identifikation mit anderen aufzublühen, während er gleichzeitig unaufhörlich nach seiner eigenen Identität sucht; idealistischer, künstlerischer, großzügiger und selbstloser zu sein, als er es jemals wieder sein wird, aber gleichzeitig auch das Gegenteil: egozentrisch, egoistisch und berechnend. Solche Schwankungen zwischen gegenteiligen Extremen würden zu jeder anderen Zeit des Lebens als hochgradig anormal angesehen. Zu dieser Zeit können sie unter Umständen nicht mehr bedeuten, als daß eine erwachsene Persönlichkeitsstruktur lange Zeit braucht, um sich herauszukristallisieren ...«

Am Ende dieser Reise formt sich unsere psychische Zerrissenheit zu einer neuen Ordnung. Wir lernen, ein ausgewogenes Gleichgewicht zwischen Einschränkungen und Befriedigungen zu finden (ohne entweder der Asket oder Hedonist zu sein). Die sinnlichen Genüsse der Kindheit werden zur Würze, mit der wir die genitale Penis-in-Vagina-Sexualität abschmecken und garnieren. Bei der Wahl eines Menschen, den wir lieben, können wir typischerweise mit uns selbst beginnen (in der Verzückung des Teenager-Narzißmus), dann gleichgeschlechtliche Schwärmereien entwickeln (und damit vielleicht auch gewisse Homosexualitäts-Ängste) und schließlich unser Interesse auf Angehörige des anderen Geschlechts richten (nachdem wir erst einmal – schon wieder! – unsere ödipalen Gelüste auf Elternteile, die im sexuellen Eintopf der Pubertät wieder brodeln, zurückgewiesen haben).

Es kann auch sein, daß wir allmählich einige Antworten auf diese grundlegende Frage der Adoleszenz finden: Wer bin ich?

Im Lauf dieser Lehrjahre unserer Latenzphase gaben wir uns der Selbsttäuschung hin, dieses Wer-bin-ich ganz durchschaut zu haben. Aber unter dem mächtigen Ansturm der Pubertät löst sich unser Gefühl für unser Ich, unsere Ich-Identität, unsere Identität, in etwas Wirres und Sichverflüchtigendes auf. Zu den anscheinend endlosen Aufgaben, vor denen Jugendliche stehen, gehört es auch, ein gefestigtes und doch flexibles Gefühl für das Ich zu entwickeln, denn, wie Erikson beobachtet, erst in der Pubertät »entwickeln wir die erforderlichen Grundvoraussetzungen in psychologischem Wachstum, geistiger Reife und sozialer Verantwortung, um die Identitätskrise zu erleben und durchzustehen«. Erikson sieht diese Krise an als unseren Kampf darum, ganze, selbständige Menschen zu werden, eine Ganzheit, die wir durch ein Vereinen – eine innere Synthese – dessen erreichen, was wir gewesen sind und was zu werden wir erwarten. Unserer sexuellen Identität (die weiter gefaßt ist als die geschlechtsspezifische Identität); der ethischen, ethnischen, beruflichen, privaten und gesellschaftlichen Aspekte unserer selbst; der neuen Identifikationen mit Altersgenossen und bestimmten Erwachsenen, denen wir außerhalb unserer Familie begegnen; unserer Wahlmöglichkeiten und unserer Träume. Identifikationen und Identitätsbildungen sind zwar am Ende der Pubertät nicht abgeschlossen, doch unsere fortgesetzte Weiterentwicklung wird von unserer während der Pubertät gegebenen Antwort auf die Frage ›Wer bin ich?‹ abhängen.

Es geht hier nicht darum, daß das Ich in der Pubertät geboren wird – wir wissen, daß es bereits eine lange Geschichte hinter sich hat – sondern darum, daß es eine neue Qualität erwirbt, eine neue Klarheit, ein Organisationsprinzip, nach dem wir die Grenzen des Ichs und Nicht-Ichs abstecken. Wenn es uns mißlingt, aus unserer Identitätskrise wieder herauszukommen, können wir einem Zustand verfallen, den Erikson als ›Identitäts-Konfusion‹ bezeichnet. Dieser Zustand drückt sich in Problemen mit unserer Arbeit oder unseren engen Beziehungen aus, in einer Überidentifikation mit einem Helden aus unserer Bezugsgruppe, in der Wahl einer negativen Identität (Ich bin lieber durch und durch furchtbar, als nur zum Teil gut), in Gefühlen verheerender Isolation, der inneren Lähmung oder in einem Zusammenbruch.

Gleichzeitig mit unserer pubertären Identitätskrise oder vielleicht auch als ein Bestandteil davon wird die strenge

Stimme unseres Gewissens schwächer und es kommt zu einer Veränderung unseres Ich-Ideals von etwas unmöglich realisierbarem Erhabenen zu etwas Realistischerem und ... fast ... Erreichbarem. Unser Ich-Ideal – die Maßstäbe und Erwartungen, die wir an uns selbst stellen – ist nämlich aus den narzißtischen Träumen unserer Kindheit entstanden. Diese narzißtischen Träume – diese kleinkindlichen Visionen dessen, was eine menschliche Ganzheit sein kann – müssen gemeinsam mit uns erwachsen werden und sich weiterentwickeln. Ein Festhalten an unrealistischen Zielen und an unmöglichen Träumen von Vollkommenheit garantiert ein beständiges Gefühl der Unzulänglichkeit, garantiert, daß alles, was wir tun, nie gut genug ist, garantiert wieder und wieder und immer wieder Mißerfolge. Wenn wir unbedingt der Klügste sein müssen, ist eine Zwei plus des Geschichtslehrers ein Mißerfolg.

Wenn wir die Schönste sein müssen, ist der zweite Platz als Schönheitsvizekönigin ein Mißerfolg.

Wenn wir der größte Sportler sein müssen, ist selbst die Niederlage bei einem einzigen Tennismatch ein Mißerfolg.

Erwachsenwerden bedeutet, die Distanz zwischen unseren Träumen und unseren Möglichkeiten zu verringern. Ein Erwachsener hat ein erwachsenes Ich-Ideal.

»Als ich klein war«, sagt die dreizehnjährige Anita, »war die Kluft zwischen dem, was ich wollte, und dem, was ich hatte, klein. Ich glaube, wenn ich älter bin, wird die Kluft wieder klein sein. Aber jetzt liegt zwischen dem, was ich will, und dem was ich habe, *so* viel« – sie beschreibt es mit weit ausgebreiteten Armen – »und alles«, seufzt sie, »ist irgendwie schlecht.«

Ein weiterer Grund dafür, daß die Dinge für Anita derzeit ›irgendwie schlecht‹ stehen, ist der, daß »ich die meisten Dinge nicht tun will, von denen meine Mutter will, daß ich sie tue«. In ihrem Kampf um das Losreißen von ihrer Mutter sieht Anita ein absolut klares Ziel vor sich: »Was ich für mich aus all dem rauszuholen versuche«, sagt sie, »ist mehr Freiheit.«

Die Adoleszenz nimmt einen Verlauf – von der Pubertät bis irgendwo über das 18. Lebensjahr hinaus –, der sich vage in die folgenden Kategorien unterteilen läßt:

In der frühen Adoleszenz beschäftigen wir uns mit den körperlichen Veränderungen der Pubertät.

In der mittleren Adoleszenz ringen wir mit der Frage Wer-bin-ich und sehen uns außerhalb der Familie nach sexueller Liebe um.

In der spätadoleszenten Phase mildern wir noch einmal die Strenge unseres Gewissens und nehmen – als einen entscheidenden Teil unseres Ich-Ideals – Wertvorstellungen und Verpflichtungen in uns auf, die mit unserem Platz in der weiteren Welt in Zusammenhang stehen.

Und während all dieser Phasen, die wir hinter uns bringen müssen, haben wir uns mit einer Unzahl von neuerlichen und notwendigen Verlusten herumzuschlagen, sie zu schlucken, zu kauen und zu verdauen, indem wir uns von unseren Eltern lösen – uns wirklich von ihnen lösen.

Diese Trennung – dieser Verlust der engsten Bindung unseres Lebens – ist oft erschreckend und immer traurig. Die Tore des Gartens Eden fallen endgültig ins Schloß. Und dazu kommen noch der Verlust unseres eigenen Kinder-Ichs und der Verlust unseres uns früher vertrauten Körpers und der Verlust unserer flauschigen Unschuld, wenn wir die rauhen Wahrheiten der Abendnachrichten in uns aufnehmen. Wie jeden anderen entscheidenden Verlust müssen wir auch diesen betrauern – wir müssen dem Ende unserer Kindheit nachtrauern – ehe wir uns emotional davon freimachen können, um uns der Liebe und der Arbeit in der menschlichen Gemeinschaft widmen zu können.

Es heißt, daß Jugendliche zu diesem Loslösungsstadium des Lebens »eine Intensität des Kummers, die in vorangegangenen Phasen unbekannt war«, erfahren. Das ist der Moment, in dem wir die Bedeutung der Vergänglichkeit erfassen. Und daher empfinden wir Nostalgie für eine Vergangenheit, ein Goldenes Zeitalter, das nie mehr zurückkehren wird. Und wenn wir seufzend vor Sonnenuntergängen, dem Enden des Sommers, irregeleiteter Liebe und Gedichten über ›das Land verlorener Zufriedenheit‹ stehen, trauern wir – ohne zu wissen, daß wir trauern – einem weit schwerer wiegenden Ende nach: der Absage an die Kindheit. Die Trauer um unsere verlorene Kindheit ist eine weitere – eine zentrale – Aufgabe der Adoleszenz. Es gibt verschiedene Möglichkeiten, sich dieser Aufgabe zu entziehen oder sie zu bewältigen.

Roger beispielsweise, dem das College bevorsteht, fletscht in den letzten Monaten zu Hause die Zähne und streitet sich täglich mit seinen Eltern. Er kann sich seinen Wunsch nicht eingestehen, dazubleiben, aber wenn es ihm gelingt, wütend und nicht traurig zu sein, wenn er das Haus verlassen muß, dann kann er den Trennungsschmerz vermeiden.

Brendas Promiskuität scheint eine Äußerung ihrer Unabhängigkeit zu sein: Ich bin eine geschlechtsreife Frau, kein Kind. Nur dreht sich für sie dieser Sex nicht darum, was *währenddessen* geschieht, sondern um das Schmusen *vorher* und *danach*. Wahrscheinlich weiß sie nicht, daß sie versucht, sich nicht von ihrer Mutter zu lösen.

Die Studienanfänger Shari und Kit stehlen sich davon und veranstalten Freßgelage: Kuchen, Plätzchen, pfundweise Eis und dergleichen. Mit der Bewältigung derartiger Nahrungsmengen versuchen sie, sich für ihre Einsamkeit zu entschädigen, sich selbst zu bemuttern und Fürsorge angedeihen zu lassen. Sie sind zwei kleine Ferkel, die sich wünschen, sie hätten zu Hause bleiben dürfen.

»Während des ganzen letzten Jahres (in der Schule)«, sagt ein Studienanfänger in Yale, »hatte ich das Gefühl, als stände ich auf einem Felsvorsprung und ruderte mit den Armen, damit ich nicht runterfalle. Jetzt fühle ich mich wie eine Comic-Figur, die gerade über einen Canyon fliegt, und ich frage mich, ob ich wohl abstürze oder ob ich es bis auf die andere Seite schaffe ...«

Beim Verlassen des Elternhauses kommen wir an einen

Punkt, an dem viele wacklige Ichs zaudern. Ohne die Stütze, die Familie und Freunde bieten, sind sie Jungen und Mädchen, die sich sich selbst zuwenden und dort ... nichts vorfinden. In den College-Beratungsstellen wimmelt es von Studenten, deren Trennungsängste sich unter einer verzweifelten Flucht vor diesen Qualen tarnen. Während die meisten dieser Studenten robust genug sind, ihr Ringen mit der Trennungsangst physisch und psychisch zu überleben, endet für manch einen dieser Kampf verheerend – oder gar tödlich.

Drogen können die Trauer dämpfen – warum also nicht high sein, statt zu heulen? Sekten können die Geborgenheit der Familie ersetzen. Abhängigkeitsbeziehungen oder eine Flucht in die Ehe, in der Gefährten zu Mamas gemacht werden, können bewirken, daß Jungen und Mädchen ihr Leben lang pubertär bleiben. Und wenn diese Taktiken fehlschlagen – und die Trennungsangst sich nicht in Schach halten läßt – kann es zu verkrüppelnden Depressionen, zu Zusammenbrüchen und zu Selbstmorden kommen.

Im Vergleich zu der Altersgruppe der Zehn- bis Vierzehnjährigen ist die Selbstmordquote unter den Fünfzehn- bis Neunzehnjährigen 1982 um achthundert Prozent gestiegen.

Es gibt auch Tausende von Jugendlichen, wie J. D. Salingers Teenager-Held Holden Caulfield, die nicht in der Lage sind, in der Gegenwart zu leben, da die Vergangenheit sie zurückzieht. »Erzählt nie irgend jemandem irgendwas«, schreibt er im Alter von siebzehn aus einer psychiatrischen Klinik. »Wenn du das tust, fängst du an, alle zu vermissen.«

Eine Möglichkeit, sie nicht zu vermissen, besteht natürlich darin, nicht fortzugehen, wobei man gar nicht immer zugeben muß, daß man nicht fortgeht. Es gibt zwar einige junge Menschen, die sich offensichtlich anklammern, aber es gibt auch jene, die ihre Unabhängigkeit ganz groß herausstellen und es doch fertigbringen, nie fortzugehen.

Der psychologisch brillante Literaturinterpret Leon Edel berichtet beispielsweise, daß Henry David Thoreau, als er kurz vor seinem Abschluß in Harvard stand, von seiner Mutter den Vorschlag unterbreitet bekam, er könne sich »den Rucksack umschnallen und in anderen Ländern sein Glück suchen«. Henry brach in Tränen aus, weil er glaubte, seine Mutter wolle ihn fortschicken, fort von sich. Später, als Thoreau, der Transzendentalist, ging er dann auch wirklich fort – in eine Hütte, die er sich im Wald am Walden Pond gebaut hatte, und dort lebte er ganz betont das einsame Leben eines Menschen, der auf sich selbst gestellt ist. Edel weist jedoch darauf hin, daß seine Hütte kaum eine Meile von dem Haus seiner Mutter in Concord entfernt lag und daß er dorthin täglich zurückkehrte, um sie zu besuchen.

Thoreau hat einmal gesagt: »Mich deucht, ich wäre es zufrieden, in der Hintertür in Concord zu sitzen, unter der Pappel, fortan und künftig und für alle Zeiten.« Edel sagt, genau das hätte er auch tatsächlich sein Leben lang getan. Und wenn er auch den Mythos erschaffen hat, sich aus der Welt zurückzuziehen, »konnte Thoreau, der in seiner Kindheit steckengeblieben war, nicht von zu Hause fortgehen« – aus einer beharrlichen Unabhängigkeit heraus.

Die Adoleszenz wird manchmal als eine zweite Ablösung/Individuation beschrieben (erinnern Sie sich noch an Margaret Mahlers Stadien der Kindheit?). Sie baut auf dem losgelösten Ich auf, das wir uns damals zugelegt haben. Wenn dieses Ich zu fragil ist und wenn die Trennung zu sehr wie der Tod erscheint, kann es sein, daß wir nicht bereit oder nicht in der Lage sind, es noch einmal zu versuchen.

»Die Individuation des Jugendlichen«, schreibt der Analytiker Peter Blos, »wird von Gefühlen der Isolation, der Einsamkeit und der Verwirrung begleitet ... Die Erkenntnis der Endgültigkeit des Endes der Kindheit, der verpflichtenden Natur von Verantwortlichkeiten, der definitiven Beschränkungen der individuellen Existenz selbst

– diese Erkenntnis löst ein Gefühl der Dringlichkeit, der Angst und der Panik aus. Demzufolge versuchen viele Heranwachsende, endlos in einem Übergangsstadium der Entwicklung zu verharren; wir sprechen hier von der *verzögerten Adoleszenz.*«

Der Plan der Romanfigur Holden Caulfield, seine Adoleszenz hinauszuzögern, besteht darin, erst einmal zu erfahren, wie man weitermachen kann, ohne erwachsen zu werden. Das Ende der Kindheit erscheint wie ein Ende aller Unschuld. Da er es von sich weist, auch nur annäherungsweise so zu werden wie die geldmachenden, scheinheiligen Heuchler, von denen die Erwachsenenwelt bevölkert ist, erfindet er statt dessen ein Bild – eine grandiose Erlöserphantasie – und das sieht so aus:

Immer wieder stelle ich mir alle diese kleinen Kinder vor, die in diesem großen Roggenfeld ein Spiel spielen und so. Tausende von kleinen Kindern, und niemand ist in der Nähe, niemand Großes, meine ich – außer mir. Und ich stehe am Rand von irgendeinem verrückten Felsvorsprung. Was ich zu tun habe, das ist, daß ich jeden fange, wenn sie von dem Vorsprung springen wollen – ich meine, wenn sie rennen und sich nicht umsehen, wohin sie rennen, dann muß ich von irgendwoher kommen und sie fangen. Das ist alles, was ich den ganzen Tag so tue. Ich wäre nichts weiter als der Fänger im Roggen ...

Für viele Jugendliche bedeutet Erwachsenwerden, aufzugeben und sich an die schnöde Erwachsenenwelt zu verkaufen. Es bedeutet, Unschuld und Illusionen fahren zu lassen. Es bedeutet, erklärt der einundzwanzigjährige John, daß man das College abschließt, um vor dem dünnen Stellenmarkt von 1983 zu stehen, und eine Stellung im Büro eines konservativen Senators angeboten bekommt, dessen Politik man zutiefst ablehnt, und daß man sich dann überlegt, ob man nicht vielleicht doch auf Nummer Sicher gehen und die Stelle nehmen sollte. Es bedeutet auch, dieses Gefühl der unbeschränkten Möglichkeiten aufzugeben – das Gefühl, man könnte (wenn man sich nur entscheiden würde, was man wollte) Sowjetexperte, Meeresbiologe oder Journalist sein. Was Erwachsenwerden außerdem bedeutet, so John (obwohl er es bisher noch nicht getan hat), ist: »Sich mit jemandem zusammen niederlassen. Mich selbst ernähren. Und eine Lebensversicherung haben.«

Ob wir nun glauben, um erwachsen zu sein, unbedingt eine Lebensversicherung haben zu müssen oder nicht: Ein Mann (oder eine Frau) zu sein bedeutet doch, wie Saint-Exupéry beobachtet hat, verantwortlich zu sein. Verantwortlich bedeutet, daß wir Verpflichtungen eingehen und uns an sie halten. Aber es bedeutet auch, daß es uns nicht gestattet ist, Handlungen, die von uns ausgehen, Taten, die wir tatsächlich tun, auf unsere furchtbare Kindheit zu schieben – oder auf Leidenschaft, Versuchung, Ignoranz oder Unschuld. Denn wenn wir etwas tatsächlich tun, sind wir auch dafür verantwortlich.

Es ist oft behauptet worden, Ödipus könne nicht dafür verantwortlich gemacht werden, seinen Vater ermordet und seine Mutter geheiratet zu haben, weil er – der arme, ahnungslose Kerl – es nicht gewußt habe. Aber der Analytiker Bruno Bettelheim stellt es so dar, daß Ödipus' Schuld gerade aus dem Versäumnis heraus entspringt, daß er es nicht weiß, und daß es das eigentliche Anliegen dieses Mythos ist, »vor den äußerst destruktiven Konsequenzen zu warnen, zu handeln, OHNE ZU WISSEN, was man tut«.

Es kommt eine Zeit, in der es uns nicht gestattet ist, etwas nicht zu wissen.

In der Geschichte Hiobs, wie sie der Dichter Archibald MacLeish in seinem Theaterstück SPIEL UM JOB nacherzählt, wird dem gequälten Helden dieser kühle Trost geboten:

Es gibt keine Schuld, guter Mann. Wir alle sind
Opfer unserer Schuld, nicht schuldig.

Wir töten unwissend den König: die Stimme
Enthüllt es: Wir blenden uns.

Job will diese Entlastung nicht akzeptieren.

Lieber ertrag ich
Jedes unsägliche Leiden, das Gott sendet,
Und weiß, daß ich es war, der litt,
Ich, der dieses Leiden über sich gebracht hat,
Ich, der gehandelt, ich, der entschieden,
Als meine Hände mit deinen zu waschen in dieser
Besudelnden Unschuld. Können wir Menschen sein
Und eine unverantwortliche Unwissenheit
Verantwortlich für alles machen?

Die Antwort auf diese Frage – die einzige Antwort des Erwachsenen auf diese Frage – muß Nein sein.

Wir erreichen so irgendwann kurz vor dem Abschluß unseres zweiten Jahrzehnts einen gewaltigen Meilenstein – das Ende der Kindheit. Wir haben einen sicheren Ort verlassen und können nicht wieder nach Hause gehen. Wir sind in eine Welt hinausgezogen, in der das Leben nicht gerecht ist, in der das Leben selten so ist, wie es sein *sollte*. Vielleicht haben wir sogar irgendeine Lebensversicherung gekauft.

Aber damit sind wir nicht dagegen gesichert, Liebe teilen zu müssen, gegen unsere Rivalen zu verlieren, und wir sind auch nicht gegen die Einschränkungen versichert, die unsere Geschlechtszugehörigkeit und unser Schuldbewußtsein uns auferlegen – und auch nicht gegen unsere zahlreichen notwendigen Verluste. Es wird immer das Verbotene und das Unmögliche geben. Wie Peter Blos schreibt: »Die beiden griechischen Göttinnen Tyche und Ananke, die philosophischen Prinzipien von Glück und Notwendigkeit, ersetzen die Elternfiguren und werden zu den Mächten, vor denen der Mensch sich verbeugt.« Es ist hart, erwachsen zu werden.

Aber all das anzuerkennen und dennoch die Freiheit zu finden, unsere eigene Wahl zu treffen, zu erkennen, was wir sind und was wir sein könnten – das ist es, worum es bei einem verantwortlichen Erwachsenen geht. Uns der Notwendigkeit beugen, heißt, eine Entscheidung treffen zu müssen. Diese Freiheit zur Entscheidung ist die Last und das Geschenk, das wir erhalten, wenn wir die Kindheit verlassen, die Last und das Geschenk, das wir mit uns nehmen, wenn wir am Ende der Kindheit anlangen.

TEIL III

Unvollkommene Beziehungen

✳ ✳ ✳ ✳ ✳ ✳

Wir alle rufen immer wieder über die unermeßlichen Abgründe, die uns voneinander trennen ...

David Grayson

11.

Traum und Wirklichkeit

> ... das Leben im Wachen ist ein Traum
> unter Kontrolle.
>
> George Santayana

Erwachsenwerden heißt, uns von den liebsten megalomanischen Träumen unserer Kindheit zu lösen, sie loszulassen. Erwachsenwerden heißt, zu wissen, daß sie nicht in Erfüllung gehen können. Erwachsenwerden heißt, das Wissen und die Fertigkeiten zu erlangen, die wir brauchen, um innerhalb der Beschränkungen, die die Realität uns auferlegt, zu bekommen, was wir wollen — eine Realität, die aus verringerter Macht und eingeschränkten Freiheiten besteht, aus unvollkommenen Beziehungen zu den Menschen, die wir lieben.

Eine Realität, die teilweise darauf aufbaut, notwendige Verluste zu akzeptieren.

Aber wenn wir unsere unerfüllbaren Wünsche auch noch so oft von uns weisen, so drängen sie sich uns doch immer wieder auf heimtückische Weise auf. In Gestalt von Symptomen, Irrtümern, Mißgeschicken und Gedächtnislücken. In Form von Versprechern und Schreibfehlern. In Form von Versehen (denn wir würden schließlich nicht absichtlich Borschtsch über das weiße Kleid unserer Rivalin schütten — das wäre *böse*). Und in Form der Träume, die wir träumen — bei Nacht und bei Tag.

Wir mögen zwar Erwachsene sein, aber die verbotenen Wünsche, die unmöglichen Wünsche unserer Kindheit, beharren weiterhin darauf, erfüllt zu werden.

Unsere Tagträume, unsere Phantasien, sind auch wirklich eine Möglichkeit, diese Wünsche zu erfüllen. In den Vorstellungen, die wir uns ausmalen, können unsere Wünsche immer wahr werden. In diesem bewußten So-tun-als-ob drücken sich die sich wandelnden Sorgen unseres Alltags aus. Aber es schwingen immer auch unbewußte und uneingestandene frühe Sehnsüchte mit.

Unsere Phantasien können uns eine wundersame Lösung vor Augen führen, ein Ende wie im Märchen. In unserer Phantasie können wir das tun, was wir tun wollen. Es ist genüßlich, wenn uns drittklassige Hollywood-Streifen mit ihrem ›und so waren sie glücklich bis ans Ende der Tage‹ durch das Bewußtsein ziehen — aber sie sind nicht die einzigen Vorstellungen, die vor unseren Augen vorbeiziehen. Unsere Vorstellungen fabrizieren nämlich auch unverfrorene Triumphe, unzensierten Sex und Mord und Totschlag. Viele unter uns, die vor diesen Einblicken in verruchte Gelüste zurückschrecken, werden manchmal Schuldbewußtsein, Scham und Angst vor diesen Phantasien entwickeln.

Evelyn spricht peinlich berührt über etwas, wovon Psychoanalytiker sagen, daß es eine sehr gängige Vorstellung ist:

Sie stirbt, der Trauergottesdienst wird für sie abgehalten, und alle Kirchenstühle sind besetzt, und »all diese Tausende von Männern und Frauen, mit deren Leben ich in Berührung gekommen bin, treten einer nach dem anderen an den Altar, um der versammelten Menschenmenge von den wunderbaren Dingen zu erzählen, die ich für sie getan habe«.

Ein so guter Mensch.

Eine so großzügige Person.

Wie dankbar wir doch sind.

Evelyn hat im Lauf ihres Lebens wirklich viele wunderbare Dinge für viele Menschen getan. Sie hat es tatsächlich verdient, in der Phantasie so gesehen zu werden. Und doch fühlt sie sich von dieser Vorstellung zutiefst beschämt, weil sie darin »offen bloßstellt, wie begierig ich auf Aufmerksamkeit und Lob und Anerkennung bin«.

Auch sexuelle Phantasien enthüllen eine Gier, die Scham – und Schuldbewußtsein – auslösen können.

Sehen wir uns beispielsweise Helen an, eine (recht) glücklich verheiratete Frau, die in ihrer Phantasie ein ganzes Drehbuch mit Ted in der Hauptrolle geschrieben hat. Es beginnt mit einer unschuldigen Kinoverabredung, während ihr Mann gerade geschäftlich unterwegs ist, und es endet, gar nicht mehr so unschuldig, auf seinem Wasserbett. Und sie fragt sich: Ist das geistiger Ehebruch? Sollte eine junge verheiratete Frau so denken? Und wie abartig kann ich eigentlich sein? Angenommen, Ted und sein Mitbewohner liegen auf dem Wasserbett? Oder Ted und seine Schwester? Oder Ted und drei... Was genau ist einem eigentlich in der Phantasie gestattet?

Viele, die recht entlegene sexuelle Phantasien akzeptieren können, zucken angesichts ihrer feindseligen Phantasien zusammen, in denen diese brillante Frau, die sie beneiden, beim Jura-Examen durchfällt, in denen ihr reicher und arroganter Schwager bankrott macht und in denen die hübsche, immer zu einem Flirt aufgelegte Nachbarin Pokken bekommt und in denen jeder andere, der sie ängstigt, sie eifersüchtig macht, ihnen bedrohlich erscheint oder ihnen ein Gefühl der Unterlegenheit gibt oder sie in Wut bringt... Repressalien zu erleiden hat.

Die Frau eines untreuen Ehemannes steckte ihn in ihrer Vorstellung mit einer langwierigen Lungentuberkulose ins Bett – »um ihn außer Gefecht zu setzen«, sagt sie, »nichts Tödliches«. Aber wenn es auch schwer ist, anderen das Eingeständnis zu entlocken, und wenn wir es auch selbst nicht zugeben wollen – unsere feindseligen Phantasien schließen doch oft den Tod mit ein.

Nehmen wir die sanftmütige Amanda – die sich bescheiden im Hintergrund hält und sich vor Rivalität fürchtet –, die aber auch jemandem, der sie aus der Fassung bringt und sie ärgert, den Tod wünscht. Sie klagt nie, und sie behauptet sich auch nicht, aber sie ist in ihrem Kopf die Mord GmbH, in ihrer Vorstellung, in der ihre Rachephantasien immer gnadenlos, schnell bei der Hand und von Dauer sind.

Nehmen wir Barry, der sich immer dann, wenn seine Frau ihn auf die Palme bringt, der genüßlichen Vorstellung hingibt, wie schön sein Leben doch wäre, wenn bei nächster Gelegenheit ein Flugzeug, in dem seine Frau sitzt ... einen Motorschaden hätte.

Und nehmen wir eine nette Frau wie mich in dem Jahr, in dem ein zwölfjähriger Raufbold eines meiner Kinder schikaniert hat, das dann immer bedrückt von der Schule nach Hause kam. Ich muß gestehen, daß ich das Problem mit diesem Raufbold sehr oft damit gelöst habe, daß ich ihn in meiner Vorstellung vor einen Lastwagen gestoßen habe.

Wenn ehrgeizige und sexuelle Phantasien Menschen die Schamröte ins Gesicht treiben und Schuldgefühle bei ihnen auslösen, dann können Phantasien, die sich um Gewalttätigkeit und Tod drehen, nicht nur Schuldgefühle auslösen, sondern auch zutiefst erschrecken.

Diese Angst hat mit dem zu tun, was Psychoanalytiker als ›magisches Denken‹ bezeichnen – mit dem Glauben, daß wir durch unser Bewußtsein Vorgänge auslösen können, ein Glaube, der sich bei primitiven Stämmen darin ausdrückt, daß Nadeln in Puppen gesteckt werden, und in modernen Zeiten darin, daß ›schlechte Vibes‹ ausgesandt werden. Dieser Glaube versetzt auch aufgeklärten Menschen einen Schock, wenn sie sich nämlich selbst bei der Vorstellung ertappen, daß Gedanken wirklich Schaden anrichten oder gar töten könnten.

Ich kenne eine kluge, ganz rationale Frau, die eine entsetzliche Zeit mit ihrer Mutter durchgemacht hatte. In ihrer Erbitterung und Wut nach täglichen Auseinandersetzungen stellte sie sich eines Abends auf der Fahrt zu ihrer Mutter vor, sie hätte einen Herzschlag erlitten. Als sie in die Straße einbog, sah sie einen Krankenwagen, der an ihr vorbeidonnerte und mit quietschenden Bremsen vor dem Haus ihrer Mutter anhielt, und gelähmt vor

Angst sah sie zu, wie zwei Sanitäter mit einer Tragbahre ins Haus eilten.

Und wieder mit jener Frau hinauskamen, die in der Wohnung über ihrer Mutter wohnte.

»Ich war absolut davon überzeugt«, sagte sie, »als ich diesen Krankenwagen sah, daß meine Mutter meinetwegen einen Herzinfarkt bekommen hatte. Und ich muß gestehen, daß ein Teil von mir auf irgendeine versponnene Weise immer noch glaubt, daß meine ›Magie‹ ihr Ziel verfehlt und statt dessen diese arme Frau getroffen hat.«

(Ehe Sie jetzt die abergläubische Dummheit meiner Freundin belächeln, sollten Sie sich vielleicht selbst eine Frage stellen: Wenn Sie beim Leben Ihrer Kinder beschwören müßten, daß etwas, was Sie gesagt haben, die Wahrheit war – und es war eine Lüge – könnten Sie das wirklich? Jedenfalls weiß ich, daß ich es nicht könnte.)

Dieser Glaube an die Erfüllung von Wünschen, an die Omnipotenz der Gedanken, an die geheimen schädlichen Kräfte, die Gedanken besitzen können, gehört zu einem Stadium, das wir alle durchlaufen und aus dem nur wenige von uns je ganz hinauswachsen. Wenn uns ein gräßlicher Wunsch, den wir haben, genügend Schuldbewußtsein einflößt, und wenn wir dann feststellen, daß dieser schreckliche Wunsch sich wirklich in der Realität erfüllt hat, dann finden wir dafür alle möglichen Erklärungen, die unserem Gehirn entfliehen. »Es ist als ob«, schreibt Freud, »wir ein Urteil treffen würden, das etwa so aussieht: ›Dann ist es also doch wahr, daß wir einen Menschen durch den reinen Wunsch töten können!‹«

Solche Urteile können uns Angst vor unseren eigenen Phantasien einflößen.

Auch wenn wir keine Angst davor haben, unsere Phantasien könnten Wirklichkeit werden, können wir doch Angst vor ihrer *Bedeutung* haben. Diese flüchtigen Einblicke in unseren Zorn, unseren Erotizismus und in unsere Anmaßung können uns zutiefst erschrecken. Stellen sie unsere wirkliche Realität dar? Erzählen sie uns die Wahrheit darüber, wer wir sind? Zur Beantwortung meiner Fragen hat ein Psychoanalytiker die folgende hübsche Geschichte erzählt:

Es war einmal, in einem alten Königreich, ein sehr berühmter heiliger Mann, der für die Großzügigkeit seines Herzens und für seine vielen guten Taten bekannt war. Der Herrscher dieses Königreichs, der den heiligen Mann hoch schätzte, beauftragte einen großen Künstler, ein Porträt von ihm zu malen. Bei einem zeremoniellen Bankett führte der Künstler dem König das Gemälde vor, aber als es unter Trompetenstößen enthüllt wurde, stellte der König zu seinem Entsetzen fest, daß das Gesicht auf dem Gemälde – das Gesicht des heiligen Mannes – brutal und grausam und sittlich verderbt war.

»Das ist einfach empörend!« brüllte der König, der den unseligen Künstler schon köpfen lassen wollte.

»Nein, Eure Majestät«, sagte der heilige Mann. »Das Porträt drückt die Wahrheit aus.«

Und dann erklärte er: »Vor Euch steht das Bild des Mannes, der nicht zu werden ich mein Leben lang gerungen habe.«

Der Analytiker will damit sagen, daß wir alle, auch die ›vortrefflichsten Charaktere‹, Impulse haben, gegen die wir uns täglich wieder zur Wehr setzen. Ein Teil dieses Ringens spielt sich außerhalb unserer Wahrnehmung ab, aber es gibt auch andere Triebe und Wünsche – manchmal zu diesen kleinen Vignetten geformt, die wir als Phantasien bezeichnen –, die uns den Menschen schmerzlich bewußt machen, der wir nicht werden wollen: den primitiven und fordernden und unmoralischen Menschen, den wir manchmal im Rahmen unserer Phantasien finden können. Dieser Mensch ist dort ›eingedämmt‹.

Doch die Psychoanalytiker stellen fest, daß das entscheidende Wort des vorangegangenen Satzes ›eingedämmt‹ ist. Phantasien sind eingedämmt; sie sind keine Taten. Unser primitives Ich anzuerkennen, bedeutet nicht, unser primitives Ich zu werden, denn Phantasien haben keine Neigung dazu, das auszudrücken, was wir im wirklichen Leben gebändigt, an die Leine gelegt, umgewandelt und gezähmt haben.

Sie weisen auch darauf hin, daß – ob es uns nun paßt oder nicht – tatsächlich alles in unserer Phantasie möglich ist. Was nicht heißen soll, fügen sie hinzu, daß wir uns darüber niemals Sorgen machen sollten. Wenn zum Beispiel, sagen sie, unsere Phantasien immer wieder gewalttätig und grausam sind, oder wenn unsere sexuellen Phantasien in absolutem Widerspruch zu unserem Sexualleben stehen, dann sollten wir vielleicht versuchen, mehr über unsere Gefühle der Wut oder über unsere sexuellen Konflikte zu erfahren. Und wenn unsere Phantasien, sagen sie, zu eindeutig und zu umfassend als Ersatz für das wirkliche Leben dienen – wenn es in der Praxis *keine* Arbeit und *keine* Liebe, sondern eben nur Phantasien gibt – dann müssen wir vielleicht versuchen zu verstehen, warum wir in unserem Kopf und nicht in der Außenwelt leben.

In den meisten Fällen, sagen sie, trifft jedoch zu, daß wir, wenn es uns möglich wäre, weniger Schuldbewußtsein und Scham und Angst vor unseren Phantasien zu haben, in ihnen eine enorme Erleichterung und Befreiung finden könnten. Sie als im Grunde genommen harmlos erkennen könnten. Sie als Ersatz für das zu erkennen, was wir, aus schierer Notwendigkeit heraus, verlieren müssen. Und sie nutzen, um das auszudrücken und auszukosten, was wir im täglichen Leben nicht ausleben können oder nicht auszuleben wagen.

Die bewußten Tagträume, die uns, häufig unaufgefordert, durch den Kopf gehen, geben uns Hinweise auf eine schelmisch bis schurkenhaft verborgene Welt. Im Schlaf jedoch, wenn die normalen Zwänge, die wir uns auferlegen, teilweise aufgehoben werden, kommen wir – durch Träume – dieser Welt weit näher. In Träumen findet inhaltlich und formal eine Regression statt – wir zapfen primitive Wünsche und die primitiven Prozesse unseres Geistes an. Wenn wir unsere Träume aufbauen, greifen wir nämlich auf die pulsierende Geheimsprache unseres Unterbewußtseins zurück.

In Träumen begegnen wir einem Reich des Geistes, in dem es von Widersprüchen wimmelt, in dem die Gesetze der objektiven Realität nicht anwendbar sind, in dem Bilder austauschbar sind und sich miteinander vermengen, in dem die Beziehung zwischen Ursache und Wirkung aufgehoben ist und in dem alle Zeiten – Vergangenheit, Gegenwart, Zukunft – ein und dasselbe sind.

In Träumen kann eine Unmenge von Gefühlen sich in einem einzigen Bild konzentrieren – sich kondensieren – das vielfache Bedeutungen miteinander verschmilzt und unter die Lupe nimmt: »Meine Mutter hat gesprochen, aber nicht mit ihrer eigenen Stimme. Sie klang ganz nach meiner Schwester. Und sie hatte das dicke rote Haar meiner anderen Schwester ...«

Starke Gefühle, die gewaltigen, aber verbotenen Gelüsten entsprechen, werden auf einen harmlosen Gegenstand, auf etwas, wo sie nichts anrichten können, verlagert – verdrängt: »Ich stand in ... dem Haus, in dem wir lebten, als mein Bruder geboren wurde ... Ich sah einen Ball vor mir liegen und versetzte ihm (stellvertretend für ihren Bruder) einen festen Tritt.«

Die grundlegende Beschäftigung – mit der Geburt, dem Tod, der Sexualität, dem Körper, anderen Familienmitgliedern – stellt sich in allgemeingültigen Symbolen oder in anderen optischen Metaphern dar, die manchmal Ähnlichkeit mit abscheulichen, ungehörigen Wortspielen haben: Eine Frau träumt von einem deutschen Offizier, der die Naziuniform der SS trägt. Ihre Assoziationen beim Erwachen lassen sie ihre herrische Mutter vor sich sehen, die sie mit einem jiddischen ›ESS! ESS!‹ zum Essen drängt.

Das Einsetzen von Kondensation (Verdichtung), Affektverlagerung und visueller Stellvertretung wird als Traumarbeit bezeichnet.

Der logische Teil unseres schlafenden Geistes spielt, wie ein Redakteur, der einen schwer zu lesenden Artikel umschreibt, auch eine Rolle bei der Gestaltung unserer Träume. Er bemüht sich, eine gewisse Ordnung in das Chaos zu bringen. Er greift die speziellen Fragmente auf, die unsere Traumarbeit produziert, und bringt sie in eine mehr oder weniger zusammenhängende Form. Das ist dann die Form des Traumes, an die wir uns beim Erwachen erinnern.

Sie ist von Freud der ›manifeste Inhalt‹ des Traumes genannt worden. Die Bedeutung des Traumes ist sein ›latenter Inhalt‹. Die Deutung des Traumes setzt die Assoziationen des Träumenden voraus – die Ideen und Empfindungen, die der manifeste Traum wachruft –, Assoziationen, die früher oder später von dem Traum, an den wir uns erinnern, zu den unbewußten Gedanken führen, aus denen er sich entwickelt hat.

Sehen wir uns beispielsweise Hugos Traum an.

»Ich lief mit einem Freund über die Straße. Wir kamen zu einer Metzgerei. Hier ließ mich der Freund stehen. Ich sah den Metzger im Laden. Er war blind. Der Laden lag im Schatten, in Brauntönen. Der Metzger rief mit einem Ostküsten-Akzent aus der Gegend um Boston meinen Namen. Ich wollte Fleisch für meine Katze. Trotz seiner Blindheit zerschneidet er mit einem scharfen Messer eine Niere.«

Hugo hat im Verlauf einer Psychoanalyse allmählich erkannt, wie unglücklich er in seiner Ehe ist. Warum, fragt er, ist ihm das vorher nie klargeworden? Warum hat er sich benommen wie ein Strauß und den Kopf in den Sand gesteckt? Warum genau hat er sich eigentlich gefürchtet, seine Ehe genauer zu betrachten?

Die Blindheit in diesem Traum läßt Hugo seine eigene Verweigerung, etwas zu sehen, erkennen: »Nichts sehen, nichts hören, nichts wissen«, sagt er. »So bin ich.« Der Metzger, sagt er, »zerhackt alles, damit es abgeschlachtet ist.« Und dann stellen seine Assoziationen ihn von Angesicht zu Angesicht dem gegenüber, was er aus Angst nicht sehen wollte: »Der Metzger hatte einen Akzent wie ein Schauspieler«, erinnert er sich, »der ... Kil(l)bride heißt.«

Nicht alle unsere Träume sind so deutlich; viele tarnen

sich. Aber Freud sagt, daß jeder Traum einen Wunsch enthält. Er sagt, daß unsere Träume, ganz gleich, wie gespenstisch oder traurig sie auch sind, die Erfüllung eines Wunsches suchen. Und er sagt, daß unsere Träume immer mit den verbotenen, unmöglichen Wünschen unserer Kindheit verknüpft sind.

Unsere Tagträume – und auch unsere Nachtträume – können es unmöglichen Wünschen erlauben, wahr zu werden. Und sie können auch wirklich einen Unterschied darin bewirken, wie wir uns fühlen. Genau wie der Traum, ein Glas Bier zu trinken, unseren Durst soweit löschen kann, daß wir nicht aufwachen, um uns ein Glas Wasser zu holen, so können auch Phantasien, ob im Wachen oder im Schlafen, die unsere weniger statthaften Gelüste befriedigen, die Eindringlichkeit dieser Gelüste mindern.

Eine Befriedigung von Wünschen in der Phantasie ist tatsächlich in gewissem Maß möglich. Unsere Phantasien können uns sogar manchmal fast wahr erscheinen. Aber ganz gleich, wie überzeugend sie auch wirken oder wie zufrieden wir uns fühlen – wir müssen in der Lage sein, in der Erwachsenenwelt zu leben, und wir müssen in der Lage sein, mit der Realität zu leben.

So übel ist das gar nicht.

Erwachsenwerden ist schließlich nicht der Tod all dessen, was prima und prächtig ist. Erwachsenwerden muß nicht das Große Grauen sein. Und wenn wir werden, was wir mit dem unbeholfenen Ausdruck ›gesunde Erwachsene‹ bezeichnen, das Wissen, die Stärken und Fähigkeiten Erwachsener erlangen, zögen es nur wenige unter uns vor, lieber doch wieder ein Kind zu sein.

Als gesunde Erwachsene können wir nämlich verlassen und verlassen werden. Wir können auf uns selbst gestellt und dennoch ungefährdet überleben. Aber wir sind auch fähig zu Hingabe und Nähe. Fähig, mit anderen zu verschmelzen und uns von ihnen zu lösen, jemandem nahe und allein zu sein, wir gehen Beziehungen ein, die sich graduell in ihrer Intensität voneinander unterscheiden, wir errichten Liebesbande, die die diversen Freuden der Abhängigkeit, der Gegenseitigkeit und der Verzahnung widerspiegeln können.

Als gesunde Erwachsene können wir viele Dimensionen unserer menschlichen Erfahrungen zusammenfügen und von den Vereinfachungen der unerfahrenen Jugend Abstand nehmen. Wir können Ambivalenz dulden. Das Leben unter mehr als nur einer Perspektive sehen. Entdecken, daß das Gegenteil einer ganz entscheidenden Wahrheit eine ganz andere, ganz entscheidende Wahrheit sein kann. Und wir können einzelne Bruchstücke zu einer Gesamtheit zusammenfügen, indem wir lernen, die verbindenden Elemente zu erkennen.

Als gesunde Erwachsene haben wir neben unserem Gewissen – und natürlich unserem Schuldbewußtsein – die Fähigkeit zu bereuen, aber auch die, uns selbst zu verzeihen. Wir werden von unseren ethischen Grundsätzen lediglich eingeengt – nicht verkrüppelt. Somit bleiben wir frei, uns zu behaupten, etwas zu erreichen, einen Konkurrenzkampf zu gewinnen und die komplexen Freuden reifer Sexualität auszukosten.

Als gesunde Erwachsene ist es uns möglich, unser Vergnügen zu suchen und es zu genießen, aber wir können uns auch mit schmerzlichen Erfahrungen auseinandersetzen und sie hinter uns bringen. Unsere konstruktive Anpassung und unsere flexible Abwehr gestatten es uns, entscheidende Ziele zu erreichen. Wir haben gelernt, wie wir das, was wir haben wollen, bekommen, und wir haben dem Verbotenen und dem Unmöglichen entsagt, wenn wir auf dessen Forderungen – in unserer Phantasie – auch immer noch eingehen.

Aber wir wissen, wie man Realität und Phantasie unterscheidet.

Und wir sind in der Lage – oder zumindest ausreichend dafür gerüstet –, die Realität zu akzeptieren.

Und wir sind – überwiegend – gewillt, die meisten unserer Wunscherfüllungen in der realen Welt zu suchen.

Das, was als Test der Wirklichkeit bezeichnet wird, beginnt – aufgrund von Frustration – in der frühen Kindheit, wenn wir feststellen, daß etwas, nur weil wir es so wünschen, noch lange nicht so wird. Wenn wir feststellen, daß uns Wunschvorstellungen nicht lange wärmen oder trösten oder ernähren können. Wir legen uns einen Sinn für die Wirklichkeit zu, was heißt, daß wir genau bestimmen können, ob etwas tatsächlich vorhanden ist oder nicht, und was heißt, daß, ganz gleich, wie lebhaft wir eine Vorstellung von Befriedigung auch heraufbeschwören, wir erkennen können, daß diese Vorstellung ein Bild in unserem Kopf und nicht eine lebende Person in unserem Schlafzimmer ist.

Unser Realitätsgefühl läßt uns auch uns selbst und die Welt, in der wir leben, mit relativer Genauigkeit einschätzen. Die Realität zu akzeptieren, bedeutet, daß wir mit den Einschränkungen und Mängeln der Welt – und auch unseren eigenen Grenzen und Mängeln – ins reine gekommen sind. Es heißt auch, daß wir uns selbst erreichbare Ziele stecken, Kompromisse und Ersatzlösungen finden, die wir an die Stelle unserer frühkindlichen Sehnsüchte setzen, weil ...

Weil wir als gesunde Erwachsene wissen, daß die Wirklichkeit uns keine vollkommene Sicherheit oder bedingungslose Liebe bieten kann.

Weil wir als gesunde Erwachsene wissen, daß die Wirklichkeit uns keine Sonderbehandlung oder absolute Kontrolle zubilligen kann.

Weil wir als gesunde Erwachsene wissen, daß die Wirklichkeit uns nicht für frühere Enttäuschungen, für früheres Leiden oder für frühere Verluste entschädigen kann.

Weil wir als gesunde Erwachsene, während wir unsere Rollen als Freund, Gatte, Elternteil, Familienmitglied spielen, mit der Zeit die eingeschränkte Natur jeder menschlichen Beziehung erkennen werden. Aber das Ärgerliche am gesunden Erwachsensein ist, daß die wenigsten diesen Zustand wirklich ganz erreichen. Hinzu kommt, daß unsere bewußten Ziele oft unbewußt sabotiert werden. Die frühkindlichen Wünsche, auf die wir manchmal in Träumen oder Phantasien einen Blick erhaschen, üben nämlich außerhalb unserer bewußten Wahrnehmung große Macht aus. Und diese infantilen Wünsche können unsere Arbeit und unsere Liebe mit recht unmöglichen Erwartungen belasten.

Wenn wir von den Menschen, die wir lieben, zuviel fordern oder wenn wir zu hohe Anforderung an uns selbst stellen, sind wir nämlich nicht – wer ist das schon? – die ›gesunden Erwachsenen‹, die wir sein sollten. Das Erwachsenwerden erfordert Zeit, und es kann lange dauern, bis wir lernen, unsere Träume und unsere Realitäten auszubalancieren.

Es kann lange dauern, bis wir lernen, daß das Leben bestenfalls ›ein Traum unter Kontrolle‹ ist – daß die Wirklichkeit unvollkommen zusammengesetzt ist.

12.

Wie man Freunde trifft und verliert und was man ihnen zumuten kann

> Freundschaft ist fast immer die Vereinigung eines Teils eines Geistes mit einem Teil eines anderen; Menschen sind stellenweise Freunde.
>
> George Santayana

Wenn wir in die Welt hinausziehen, versuchen wir, zwischen Erfindung und Tatsache zu unterscheiden, zwischen unseren Phantasien und Träumen und dem, was tatsächlich geschieht. Wenn wir in die Welt hinausziehen, versuchen wir, die Kompromisse zu akzeptieren, die das Ende der Kindheit mit sich bringt. Wenn wir in die Welt jenseits der Bande von Fleisch und Blut hinausziehen, versuchen wir, makellose Bande der Freundschaft herauszuformen. Aber diese freiwilligen Beziehungen werden, wie alle unsere Beziehungen, sowohl ihre Enttäuschungen als auch ihre Freuden mit sich bringen.

Wir haben nämlich einmal geglaubt, daß unsere Freunde nur dann unsere Freunde sind, wenn unsere Liebe und unser Vertrauen absolut sind, wenn wir denselben Geschmack, dieselben Leidenschaften und dieselben Ziele haben, wenn wir das Gefühl haben, die dunkelsten Geheimnisse unserer Seele ungestraft vor ihnen offenlegen zu können, wenn wir ihnen – ohne irgendwelche Fragen zu stellen – in Zeiten der Not bereitwillig zur Hilfe eilen. Wir haben einmal geglaubt, daß unsere Freunde nur dann unsere Freunde sind, wenn sie diesem mythischen Klischee entsprechen. Aber Erwachsenwerden bedeutet, diese Einstellung aufzugeben. Denn selbst wenn wir das Glück haben, einen oder zwei oder drei dieser geliebten ›besten Freunde‹ zu haben, ist Freundschaft doch, wie wir erfahren, im besten Fall eine unvollkommene Beziehung. Und zwar weil Freundschaften, wie alle unsere Beziehungen, durch unsere Ambivalenz erschwert werden – wir lieben und wir beneiden; wir lieben und wir rivalisieren miteinander.

Das liegt daran, daß Freundschaften – Freundschaften unter Menschen desselben Geschlechts – unsere Kompromisse, so wird behauptet, mit unseren normalen (aber weitgehend unbewußten) bisexuellen Neigungen sind.

Das liegt daran, daß Freundschaften – Freundschaften mit Menschen des anderen Geschlechts – Frieden mit den heterosexuellen Gelüsten schließen müssen.

Das liegt daran, daß wir selbst mit unseren besten Freunden nur ›stellenweise befreundet‹ sind.

Es ist oft gesagt worden, daß eine Freundschaft danach beurteilt wird, ob wir gegen einen Feind zu unseren Freunden halten oder nicht. Aber es gibt eine bedrückende, brutale ... subtilere Auffassung, die sich auf den Standpunkt stellt, daß es relativ leicht ist, Zeiten der Feindschaft zu überstehen und daß die härtere Probe für eine Freundschaft die ist, ob man von ganzem Herzen dazu in der Lage ist, zu seinen Freunden in ihren guten Zeiten zu stehen. Mit den Gefühlen des Stolzes auf unsere Freunde und der Unterstützung unserer Freunde vermengen sich nämlich Gefühle der Rivalität und des Neides. Wir wünschen unseren Freunden Gutes; wir sind uns nur über unseren guten Willen bewußt. Aber manchmal flitzt wie ein Blinksignal über einen Radarschirm durch unser Bewußtsein das Wissen, daß ein Teil von uns ihnen auch Böses wünscht. Wir erhaschen einen flüchtigen Blick auf die Wahrheit, daß wir zwar niemals, ob in Worten oder in Taten, etwas tun würden, was ihnen schadet, daß wir aber – wenn sie es nicht schaffen, eine Gehaltserhöhung durchzusetzen, den Preis zu gewinnen, die gute Kritik zu bekommen – vielleicht doch nicht ganz so traurig darüber sind, wie wir es zu sein behaupten.

Unsere widersprüchlichen Gefühle – unsere gleichzeitigen Gefühle von Liebe und Haß – setzen bei den ersten ›Hauptpersonen‹ unseres Lebens ein. Später übertragen wir einen Teil dessen, was wir für unsere Mutter und unseren Vater und unsere Geschwister empfinden, auf unsere Partner, auf unsere Kinder und auch auf unsere Freunde. Unsere unfreundlichen Gefühle werden zwar weitgehend von unserem Bewußtsein ferngehalten, und in der Freundschaft überwiegt die Liebe zwar im Vergleich zum Haß, doch es ist unser menschliches Los, in höherem oder geringerem Maß unter dem Fluch der Ambivalenz zu leiden.

Dinah, Ehefrau und Mutter, bekommt Besuch von Isobel, die wunderschönen, heißgeliebten besten Freundin ihrer Kindheit. Sie liebt Isobel, aber sie möchte sie auch schlagen. Sie will »sich mit der subtilen Bedrohung durch Isobel auseinandersetzen und mit jedem Erfolg, den sie in ihrem Leben gehabt haben könnte, fertig werden«. Sie will ihr, Dinahs, Leben – »selbst in dem Moment, in dem es in einem Schuhkarton von einer Küche ausgetragen wurde« – »grenzenlos von ihrer guten Freundin Isobel beneidet sehen«. Und es übermannt sie »dieser alte Trieb – wie der unter Schwestern –, Isobel gegen jede Kritik in Schutz zu nehmen, abgesehen von (ihrer) ... eigenen ...«

Liebe und Rivalität, Liebe und Neid, das weiß Dinah, können unter den besten ›alten‹ Freunden nebeneinander existieren.

»Das Gefühl, das ich habe«, sagt Marcy zu mir, »und es ist nicht leicht, darüber zu reden, ist, daß niemand gleich alles haben sollte – das ist nicht gerecht.« Und um keinen Neid zu verspüren, »muß ich selbst bei Freunden, die ich herzlich liebe, wissen, daß sie nicht alles Gute besitzen, was dieses Leben zu bieten hat«.

Marcy, der ihr eigenes geheimes Rivalitätsempfinden peinlich ist, stellt fest: »Ich will ja nur gleichgestellt, nicht überlegen sein.« Wenn daher ihre Freundin Audrey – die schön, reich und erfolgreich ist − »klagt, daß ihr Mann sie nicht gut behandelt, dann bekommt sie von mir viel Mitgefühl, viel Unterstützung, aber ich sage mir: ›Gut dann behandelt ihr Mann sie also nicht gut − das ist auch nur gerecht so.‹«

(Und genauso bin ich; wenn ich mir eine meiner Freundinnen ansehe, die − wie Audrey − alles hat, dann freut mich insgeheim, daß sie Hängebacken bekommt.)

Welches Unbehagen es uns bereitet, auch nur darüber nachzudenken, daß wir unseren Freunden gegenüber solche Empfindungen haben! Wie sehr wir doch versucht sind, darauf zu beharren: *Du* magst das ja empfinden; *ich* nicht! Aber in meinen Gesprächen mit Frauen − und Männern − über die gemischten Gefühle in Freundschaften konnten die meisten von ihnen nach einem kurzen Zukken und Winden Dinah und Marcy in sich entdecken.

Wenn Ambivalenz uns Unbehagen bereitet, wie gehen wir dann mit den empörenden Gedanken um, daß wir sexuelle Empfindungen für unsere Freunde hegen? Ehe wir diese Vorstellung als einen Angriff auf unsere ungetrübte Heterosexualität zurückweisen, wollen wir sie näher untersuchen.

Freud sagt, jede Liebesbeziehung, nicht nur die zwischen dem Geliebten und der Geliebten, sondern auch unsere Liebe zu unseren Eltern und Kindern und Freunden und der Menschheit enthält immer einen Kern von sexueller Liebe, die als Ziel eine Form von sexueller Beziehung anstrebt. In jeder Beziehung, die nicht *die* Liebesbeziehung ist, wird dieses Ziel normalerweise abgewandelt, aber der Impuls bleibt in einer gedämpften und veränderten Form bestehen. Und da wir alle in verschiedenen Ausmaßen bisexuelle Menschen sind − da, wie Freud es ausgedrückt hat, »kein Individuum auf die Reaktionsweisen eines einzigen Geschlechts beschränkt ist, sondern auch immer Raum für die des anderen findet« − ist dieser gedämpfte und abgewandelte sexuelle Wunsch auch in unseren Beziehungen zu Personen desselben Geschlechts vorhanden.

Das bedeutet nichts anderes, als daß in Freundschaften zwischen Männern und in Freundschaften zwischen Frauen unausgedrückte und unbewußte erotische Elemente enthalten sind.

Das heißt jedoch nicht, daß wir es kaum erwarten können, mit allen unseren Freunden ins Bett zu hüpfen.

Für die meisten Menschen wären Freundschaften zu Vertretern desselben Geschlechts sogar schlicht unmöglich, wenn die sexuellen Empfindungen nicht regelrecht ausgesperrt wären – teils werden sie unterdrückt, und teils finden sie ihren Ausdruck, indem sie in andere Kanäle geleitet werden, in die der liebevollen Sorge, der Hingabe, der Zuneigung. Diese freundschaftliche Zuneigung wird jedoch, vor allem unter Männern, selten durch zärtliche Körperkontakte gezeigt, denn im Gegensatz zu Frauen, die einander küssen und umarmen können, ohne daß dadurch homosexuelle Ängste geweckt würden, geht bei den meisten Männern (trotz der derzeitigen Verlagerung auf weniger stereotype Macho-Männlichkeit) ein Schlag auf die Schulter oder ein freundlicher Klaps auf den Rücken gerade noch ohne allzu großes Unbehagen durch. Der heterosexuelle Robert hat während einer Campingreise mit einem Freund am ersten Abend das Bedürfnis, ihn in den Arm zu nehmen. Aber da er fürchtet, eine Umarmung könnte sie beide in eine sexuelle Panik (und was kommt als nächstes?) stürzen, nimmt er bewußt von diesem Ausdruck der Zuneigung Abstand, bis er ihn am Ende der Reise in den Arm nehmen und dann fortgehen kann. Robert sieht in seinem Impuls einen Wunsch, seine Liebe zu seinem Freund auszudrücken, nicht einen Wunsch nach sexueller Annäherung. Aber seine Angst, eine bei Männern übliche Angst, ist die, daß »wenn wir uns umarmen, wir uns, ehe wir wissen, was wir tun, als nächstes die Kleider vom Leib reißen und einander einen blasen«.

War Roberts Impuls ein homosexueller Impuls? Der Psychiater, der mir diese Geschichte erzählt hat, sagt ja. Aber nur in dem Sinne, sagt er, daß in jedem solchen physischen Impuls immer ein unterdrücktes erotisches Element steckt. Robert ist sich dessen nicht bewußt, und selbst, wenn er es wäre, dann würden solche sexuellen Gefühle ihn nicht zu einem Homosexuellen machen.

Selbst wenn ein Bewußtsein von erotischen Gefühlen da ist, dann müssen diese Gefühle doch keine sexuelle Entscheidung ausdrücken. Wie Psychiater in einem nützlichen Buch mit dem Titel FRIENDS AND LOVERS IN THE COLLEGE YEARS hervorheben, bedeuten »sexuelle Empfindungen gegenüber jemandem desselben Geschlechts« – oder sogar gewisse homosexuelle Erfahrungen – »nicht notwendigerweise, daß die Betreffenden sich als ›Homosexuelle‹ definieren müssen. Diese Gefühle können heterosexuellen Gefühlen untergeordnet sein, die die vorherrschende sexuelle Ausrichtung darstellen«.

Andererseits stellen dieselben Psychiater aber auch die Auffassung in Frage, daß sexuelle Eingrenzung eine Form der Heuchelei ist und daß ›Aufrichtigkeit‹ und ›Offenheit‹ es erfordern, daß wir alle erotischen Triebe ausleben. Sie ziehen auch die manchmal laut werdende Klage in Zweifel, daß eine Beschränkung sexueller Aktivitäten auf ein Geschlecht der Befriedigung unerwünschte und überflüssige Einschränkungen auferlegt.

Warum nicht unsere normale Bisexualität genießen, statt sie zu bezwingen? Warum nicht freundlich sein, indem wir mit unseren Freunden schlafen? »Es braucht keine scharfe Unterscheidung zwischen sexuellem Berühren und Freundschaft zu geben«, schreibt Shere Hite in ihrem Buch DER HITE-REPORT. Aber gerade die sexuellen Unterschiede, die wir in unseren Rollen als Elternteil, als Kind, als Liebender, als Freund treffen, sind es, die uns eine üppige und reife emotionale Skala mit vielen Facetten bieten können. Das beharrliche Sexualisieren all unserer Beziehungen würde uns auch Einschränkungen auferlegen, die nicht wünschenswert sind.

In dem Ausmaß, in dem Freundschaften es erfordern, daß wir einige unserer sexuellen Wünsche in Schach halten, sind sie weniger vollkommene, sind sie unvollkommene Beziehungen. Sich jedoch auf den Standpunkt zu stellen, daß Freundschaft eine verwässerte Variante der Liebe sei, »so wie Rosa als ein verwässertes Rot angesehen wird«, würde der Freundschaft mit Sicherheit einen nachhaltig schlechten Dienst erweisen. Im Vergleich der Intimität unter Freunden mit der unter Liebespaaren kommt der Analytiker James McMahon zu dem Schluß, daß Freundschaften »sich von der zentralen Beziehung eines Menschen darin unterscheiden, daß zu ihnen im allgemeinen nicht das Enthüllen des Charakters und der grundlegendsten Bedürfnisse auf eine oft primitive und regredierte Weise gehört«, womit er sagen will, glaube ich, daß wir uns als Liebende ein beträchtliches Nachlassen im Benehmen, in der Selbstkontrolle und in unserer Würde leisten dürfen. Denken wir doch beispielsweise an die Fetzen, die wir schon beim Frühstück mit unserem Mann tragen, an unser Klagen und Jammern, wenn wir schlimm erkältet sind, an die Kühnheit, mit der wir uns von seinem Teller bedienen, an die Tiefen, in die wir sinken, wenn wir uns mit ihm streiten. Zu der Regression – der ekstatischen, offen gezeigten Regression – der sexuellen Liebe kommt noch, daß wir uns manchmal primitiv verhalten, uns andere Blößen geben, Blößen, die wir – ganz gleich, wie viele Jahrzehnte wir schon miteinander verbracht haben – nie nahen Freunden gegenüber gezeigt hätten.

Doch trotz all dem, was wir in einer Liebesbeziehung offen zeigen und ausleben, hebt McMahon das hervor, was wir alle nur zu gut wissen: daß »keine zwei Menschen je hoffen können, jedes Bedürfnis des anderen erfüllen zu können«; daß »kein Mann und keine Frau einander alles sein können«. Selbst wenn die Liebe unter Liebenden rot und die Freundschaft nur rosa ist, dann bewahrt uns das Rosa doch vor einem Leben der Monotonie. Unsere Freundschaften können uns – manchmal auf entscheidende und ganz bestimmte Weise – daher helfen, das zu bekommen, was in der Liebe unter den Liebenden fehlt.

Hören Sie sich Faith an, die ihre Ehe als gut, wenn auch gewiß nicht perfekt, beschreibt: »Ohne meine Freundinnen würde ich mich sehr einsam und im Stich gelassen fühlen. Sie sind ganz entscheidend für mich. Sie sind von entscheidender Wichtigkeit für psychologische Gespräche, für introspektive Gespräche, für Gespräche über Ängste und Schwächen und Verrücktheiten. Mein Mann führt keine solchen Gespräche. Meine Freundinnen tun es.«

Hören Sie sich Lena an, die in dem pfiffigen und ergreifenden französischen Film ENTRE NOUS ihrem eifersüchtigen Ehemann die Funktion ihrer Freundin erklärt: »Madelaine hilft mir dabei, zu leben. Ohne sie würde ich erstikken.«

Und jetzt hören Sie sich diesen Ehemann an: »Wenn ich meiner Frau erzählen würde, daß ich beim Tontaubenschießen 986 Punkte erreicht habe, dann würde sie sagen: ›Das ist ja phantastisch.‹ Sie unterstützt mich in dem, was ich tue, in dem, was mir Freude macht. Aber in Wirklichkeit weiß sie gar nicht, was es heißt, eine so hohe Punktzahl zu erreichen. Ein anderer Mann weiß es und kann auf eine Weise würdigen, wovon ich spreche, auf die es eine Frau nicht kann – oder zumindest nicht eine Frau, die das Tontaubenschießen nie probiert hat.«

Wenn Männer auch, wie Frauen, die besondere Bedeutung ihrer Freundschaften mit Angehörigen desselben Geschlechts hervorheben, unterscheiden sich doch Männerfreundschaften und Frauenfreundschaften in verblüffendem Maß voneinander. Vom größeren Potential der Frauen zur Nähe haben wir bereits gesprochen, über ihren Hang zu Beziehungen. Es sollte uns daher nicht überraschen, daß Studien zeigen: Männerfreundschaften sind weniger offen und intim.

Es gibt ein paar Dinge, die ich ihnen nicht erzählen würde. Ich würde ihnen beispielsweise nicht viel über meine Arbeit erzählen, weil wir schon immer in hohem Maß miteinander rivalisiert haben. Ich würde ihnen ganz bestimmt nichts über irgendwelche Unsicherheiten in meinem Leben erzählen, auch nichts über verschiedene Dinge, die ich tue. Und ich würde nicht über irgendwelche Probleme reden, die ich mit meiner Frau habe oder auch nur über irgend etwas, was mit meiner Ehe und meinem Sexualleben zu tun hat. Aber davon abgesehen würde ich ihnen alles erzählen. (Nach einer kurzen Pause lachte er und sagte): Da bleibt nicht gerade unverschämt viel übrig, stimmt's?

Vergleichen Sie dieses behutsame Bild einer ›engen‹ Männerfreundschaft mit Hildas Beobachtung, daß »bei Frauen ein Gefühl von der Seele her da ist – daß bei Freundinnen etwas aus meinem tiefsten Innern an die Oberfläche aufsteigen darf. Es wird nicht viel zurückgehalten; es ist, als spräche man mit sich selbst.« Vergleichen Sie das Bild auch mit der Freundschaft, die hier beschrieben wird:

Ich liebe an meinen Freundinnen ihre Wärme und ihr Mitgefühl. Ich kann sie in alles einweihen, was sich in meinem Leben tut, und sie verurteilen oder verdammen mich nie ... Mir sind keine Einschränkungen dieser absoluten Offenheit bewußt. Die besondere Eigenart dieser Frauenfreundschaften ist die Offenheit. Ich war nie in der Lage, mit irgendeinem Mann so zu reden und meine Gefühle und Erfahrungen auf diese Weise offenzulegen.

Ein Echo dieser Beschreibung habe ich von Dutzenden von Frauen jeden Alters gehört – aber nicht von einem einzigen Mann. Und doch sind ironischerweise alle gefeierten Freundschaften aus Mythos und Volksgut Männerfreundschaften: Damon und Pythias, Achilles und Patroklus, David und Jonathan, Roland und Oliver und – aus jüngerer Zeit – Butch Cassidy und Sundance Kid. Aber was sich in diesen Freundschaften zeigt, besteht, wie der Soziologe Robert Bell feststellt, in mutigen Taten oder Opfern für den anderen. In diesen sagenumwobenen Männerfreundschaften wird keine emotionale Nähe verherrlicht.

Die bewußten und unbewußten Verknüpfungen zwischen Eingeständnissen der Schwäche und männlicher Homosexualität, zwischen Eingeständnissen der Verletzbarkeit und männlicher Homosexualität, zwischen Eingeständnissen der Einsamkeit und Angst vor sexuellen Unsicherheiten und männlicher Homosexualität, können zu einer Erklärung dafür beitragen, warum Männer eine größere Distanz aufrechterhalten, als Frauen es in ihren Freundschaften mit Frauen tun. Unter Frauen werden zärtliche Körperkontakte und emotionale Öffnung mit weit weniger sexueller Panik betrachtet. Daher stellen enge Frauenfreundschaften im Vergleich zu engen Männerfreundschaften keine so große psychische Gefahr dar.

Die (abgeschwächte) Sexualität, die in Freundschaften unter Angehörigen desselben Geschlechts vorhanden ist, tritt wohl bei Freundschaften zwischen Mann und Frau stärker zutage, und das macht es Frauen und Männern schwerer, asexuelle Kumpel zu sein. In den letzten Jahren jedoch, in denen weitere Bereiche geöffnet wurden, die es beiden Geschlechtern erlauben, gleichberechtigt zu arbeiten und ihren Hobbies nachzugehen, haben Freundschaften zwischen Männern und Frauen – Freundschaften, bei denen keine Erotik auf der Tagesordnung steht – zugenommen. Natürlich gibt es immer noch die Ansicht, die hier von einem Mann erbarmungslos formuliert wurde: »Männer sind für die Freundschaft da und Frauen zum Ficken.« Aber Klassenkameraden, Studenten in Wohnheimen, Kollegen im Büro und manche verheirateten (wenn auch nicht miteinander) Männer und Frauen finden eine größere gesellschaftliche Unterstützung bei Freundschaften mit Angehörigen des anderen Geschlechts.

In einer Studie sagten viele der befragten Männer aus, daß sie sich ihren Freundinnen emotional näher fühlen als ihren Freunden. »Das ist ein Gefühl, das wirklich aus dem Bauch kommt«, beobachtete ein Psychologe (ein Mann). »Ich habe das Gefühl, daß Frauen sich ganz allgemein mehr aus ihren Freunden machen als Männer.« Ein anderer Mann, ein Anwalt, sagte: »Ich fange an zu glauben, daß die Macho-Geschichten Männerfreundschaften bedrohen und daß das bei Frauen, mit denen man befreundet ist, die Freundschaft nicht bedroht. Unter dem Strich geht es darum, daß man zu der Frau ein Vertrauen hat, das man zu einem Mann oft nicht hat.«

Lucy, eine verheiratete Frau mit vier Kindern, beschreibt ihre Freundschaft zu einem verheirateten Mann: »Wir haben festgestellt, daß wir über Dinge miteinander reden können, die sich von dem unterscheiden, worüber er mit meinem Mann redet und ich mit seiner Frau rede. Daher telefonieren wir manchmal oder treffen uns zum Mittagessen. Wir haben ähnliche intellektuelle Interessen – wir tauschen immer die Bücher miteinander aus, die wir lieben –, aber diese Beziehung hat auch etwas Zärtliches und Liebevolles.«

In Krisenzeiten, sagt Lucy, »hat er angeboten, mit mir zu reden und mir zu helfen. Und als jemand in seiner Familie gestorben ist, wollte er, daß ich komme. Der sexuelle Anteil an unserer Beziehung, das Flirten und dergleichen, ist sehr gering, aber doch *da* – gerade soviel, daß es Spaß macht und anders ist.«

Trotzdem, sagt sie, ist es ihnen immer gelungen, ihre Freundschaft strikt als Freundschaft zu erhalten. Doch der sexuelle Reiz und der Umstand, daß heterosexuelle Sehnsüchte anerkannter sind, lassen Freundschaften zwischen Mann und Frau seltener sein als Frauen- oder Männerfreundschaften. Wenn unter Männern und Frauen dennoch Freundschaften zustande kommen, bemerkt der Psychoanalytiker Leo Rangell, dann lassen sie sich im allgemeinen in eine der folgenden Kategorien einordnen: Die Freundschaften, die eigentlich gleichgeschlechtliche Beziehungen sind – »Ich sehe sie so wie mich selbst oder wie ich einen anderen Mann sehen würde.«

Die Freundschaften, die eigentlich familiäre Beziehungen sind – »Ich sehe ihn wie meinen Vater, meinen Bruder, meinen Sohn.«

Und die Freundschaften, die sich von einer platonischen Kumpelbeziehung zu einer getarnten – oder auch ganz unverhohlenen – sexuellen Liebe entwickeln.

Rangell glaubt, daß eine Ehe, die durch Zärtlichkeit und Zuneigung zusammengehalten wird, immer noch »nicht ganz eine ›Freundschaft‹« ist – wenn sie dem auch nahekommt. Viele Paare würden ihm widersprechen und darauf beharren, daß sie sowohl ein Liebespaar als auch die besten Freunde sind, aber auch ich würde zwischen Freundschaft unter Liebenden und Freundschaft unterscheiden – aufgrund der vertraulichen Regressionen, von denen McMahon spricht, und aufgrund des weit größeren Wunsches nach Ausschließlichkeit. Andererseits gibt es aber auch viele Männer und Frauen, die, wie Lucy, Freundschaften haben, die nie zur physischen Liebe weiterziehen und doch das subtile Vorhandensein einer ›kleinen Prise Sex‹ in diesen Beziehungen eingestehen.

Zweifellos ist ›eine kleine Prise Sex‹ in allen anderen Beziehungen vorhanden, aber wir lernen, uns dem Gewissen und gesellschaftlichen Tabus zu beugen. Und in unserer unbewußten und manchmal auch bewußten Lösung von erotischen Zielen in unseren Freundschaften, verlieren wir etwas – aber wir gewinnen auch etwas. Freundschaft hat, wie Zivilisation und Kultur, den Preis, sagt Rangell, daß wir unser Sexualleben einschränken. Aber Freundschaft gibt uns das Umfeld für Formen des Vergnügens und der persönlichen Weiterentwicklung, das an den wilderen Gestaden der Liebe nicht unbedingt gefunden wird.

In Jugendfreundschaften benutzen wir unsere Freunde, wie wir auch unsere Geliebten benutzen, um zu entdecken, zu bestätigen und zu festigen, wer wir sind. In einem gewissen Ausmaß werden wir Freundschaften immer dazu benutzen. »Es gibt Stärken, und es gibt Facetten meiner Persönlichkeit«, sagt May, eine Hausfrau und Mutter, »die ich von mir aus wahrscheinlich gar nicht sehen oder nicht anerkennen würde. Aber meine Freunde helfen mir dabei, sie zu sehen. Und sie helfen mir, andere Ziele anzustreben.«

Freunde weiten unseren Horizont aus. Sie ›dienen‹ als neue Identifikationsmuster. Sie erlauben uns, wir selbst zu sein – und sie akzeptieren uns so, wie wir sind. Sie erhöhen unsere Selbstachtung, weil sie uns in Ordnung finden, weil sie sich etwas aus uns machen. Und da wir uns – aus den unterschiedlichsten Gründen und in sehr unterschiedlichem Ausmaß – etwas aus ihnen machen, sind sie eine Bereicherung für unser Gefühlsleben.

Trotzdem sind die meisten unserer Freundschaften unvollkommene Beziehungen. Trotzdem sind unsere Freunde ›stellenweise Freunde‹.

In meinen Auseinandersetzungen mit etlichen anderen Menschen über die Leute, die wir als Freunde bezeichnen, haben wir die folgenden Kategorien für Freundschaften aufgestellt:

1. Praktische Freunde. Das sind die Nachbarn oder die Arbeitskollegen oder Mitglieder unserer Fahrgemeinschaft, deren Leben unsere gewohnheitsmäßig kreuzen. Das sind die Menschen, die uns und denen wir kleine Gefälligkeiten erweisen. Sie leihen uns für eine Party ihre Tassen und ihr Silber. Sie fahren unsere Kinder zum Sportplatz, wenn wir krank sind. Sie nehmen unsere Katze für eine Woche auf, wenn wir Urlaub machen. Und wenn wir eine Fahrmöglichkeit brauchen, bringen sie uns zur Werkstatt, um die Honda abzuholen. Dasselbe tun wir auch für sie. Aber als praktische Freunde kommen wir einander nie wirklich näher, und wir erzählen einander auch nie zuviel: Wir bewahren unser Gesicht nach außen, und wir bewahren unsere emotionale Distanz. »Das heißt«, sagt Elaine, »daß ich über mein Übergewicht rede, aber nicht über meine Depressionen. Das heißt, daß ich zugebe, daß ich mich ärgere, aber nicht, daß ich rasend vor Wut bin. Und das heißt, daß ich sagen könnte, daß wir diesen Monat knapp mit dem Geld sind, aber niemals, daß ich vor Geldsorgen ganz krank bin.«

Das heißt aber nicht, daß diese Freundschaften aus ge-

genseitiger Hilfsbereitschaft, diese praktischen Freunde, nicht wirklich wertvoll sind.

2. Freunde mit gleichen Interessen. Diese Freundschaften begründen sich auf gemeinsame Interessen oder Aktivitäten. Es gibt Sportsfreunde, Arbeitsfreunde, Yogafreunde, Atomstopfreunde. Wir treffen uns, um gemeinsam daran teilzunehmen, einen Ball über ein Netz zu schlagen oder die Welt zu retten.

»Ich würde sagen, was wir zusammen tun, ist ein Zusammen-Tun, nicht ein Zusammensein«, sagte Suzanne über ihre Freunde vom Dienstagsdoppel. »Es ist in erster Linie eine Tennisbeziehung, aber wir spielen gut miteinander.« Und ebenso wie mit praktischen Freunden können wir auch mit Interessenfreunden regelmäßig zu tun haben, ohne allzu vertraut miteinander zu werden.

3. Freunde von früher. Mit etwas Glück haben wir auch einen Freund, der uns, wie Graces Freundin Bunny, schon damals kannte, als ... als ihre Familie in dieser Dreizimmerwohnung in Brooklyn lebte, als ihr Vater sieben Monate lang arbeitslos war, als ihr Bruder Allie in diese Schlägerei geraten ist, bei der sie die Polizei rufen mußten, als ihre Schwester den Kieferchirurgen aus Yonkers geheiratet hat und als, nachdem sie ihre Jungfräulichkeit verloren hatte, Bunny der Mensch war, zu dem sie lief, um es ihr zu erzählen.

Das ist Jahre her, sie sind getrennte Wege gegangen, sie haben heute wenig miteinander gemeinsam, aber sie sind nach wie vor ein sehr vertrauter Teil der Vergangenheit des anderen. Immer, wenn Grace nach Detroit kommt, besucht sie diese Jugendfreundin. Wer weiß schon, wie sie ausgesehen hat, ehe ihre Zähne begradigt wurden. Wer weiß schon, wie sie geredet hat, ehe sie den Brooklyn-Dialekt loswurde. Und wer weiß schon, was sie gegessen hat, als sie noch nicht wußte, daß es Artischocken gibt. Wer kannte sie schon damals, als ...

4. Freunde, weil Wege sich kreuzen. Wie unsere Freunde von früher sind auch unsere Freunde, deren Weg wir

kreuzten, wichtig für das, was war – für die Freundschaft, die uns zu einem entscheidenden, inzwischen vergangenen Zeitpunkt unseres Lebens verbunden hat, vielleicht die Zeit, in der wir im College ein gemeinsames Zimmer hatten oder unsere Zeit bei der US Air Force abgedient haben oder in Manhattan als eifrige, junge, ungebundene Menschen zusammen gearbeitet haben oder gemeinsam Schwangerschaft, Geburt und diese ersten schwierigen Jahre der Mutterschaft hinter uns gebracht haben.

Mit Freunden von früher und Freundinnen, deren Weg den unseren gekreuzt hat, schmieden wir Ketten, die stark genug sind, um Bestand zu haben, obwohl sich die Kontakte auf einen Brief im Jahr zu Weihnachten beschränken, und bei den seltenen, aber liebevollen Begegnungen, zu denen es nur gelegentlich kommt, erhalten wir diese ganz spezielle Vertrautheit aufrecht – die schlummert, aber jederzeit wiederaufleben kann.

5. Freunde, weil verschiedene Generationen sich treffen. Eine andere zarte Vertrautheit – zart, aber ungleich – ist in Freundschaften anzutreffen, die quer durch die Generationen entstehen, in den Freundschaften, die eine Frau ihre Tochter-Mutter- und ihre Mutter-Tochter-Beziehungen nennt. Über die Generationen hinweg läßt die jüngere die ältere aufleben, und die ältere instruiert die jüngere. Jede Rolle, ob die des Belehrenden oder die des Ratsuchenden, ob die des Erwachsenen oder die des Kindes, hält ihre eigenen Freuden bereit. Da uns keine Blutsverwandtschaft verbindet, werden unsere ratenden Worte als weise und nicht als aufdringlich aufgefaßt, und unsere kindlichen Fehlverhalten lösen keine Verwarnungen und kein Stöhnen aus. Ohne die Risiken und ohne die heftigen Investitionen, die immer ein Bestandteil der Beziehung zwischen einem Elternteil und dessen leiblichem Kind sind, genießen wir die gewaltigen Verschiedenheiten, die wir bei diesen Freunden finden.

6. Enge Freunde. Emotional und faktisch (indem wir uns

sehen, einander schreiben, miteinander telefonieren) erhalten wir einige dauerhafte Freundschaften, die eine tiefe Vertrautheit kennzeichnet, aufrecht. Wir enthüllen zwar nicht jedem unserer engen Freunde gleich viel – oder dieselben Dinge –, aber zu engen Freundschaften gehört es, Aspekte unseres privaten Ich zu enthüllen – unserer persönlichen Gefühle und Gedanken, unserer geheimen Wünsche und Ängste und unserer Phantasien und Träume.

Wir enthüllen uns nicht nur dadurch, daß wir Dinge erzählen, sondern auch dadurch, daß wir wortlos zeigen, was wir sind, indem wir das weniger Anziehende an uns ebenso wie das Positive zeigen. Vertrautheit bedeutet, uns darauf zu verlassen, daß unsere Freunde – wenn sie uns auch nicht für vollkommen halten und uns auch gar nicht dafür halten sollten – unsere Tugenden als den Vordergrund und unsere Untugenden als einen verschwommenen Hintergrund sehen. »Ihre Freundin zu sein«, sagte eine Freundin der verstorbenen politischen Aktivistin und Schriftstellerin Jenny Moore, »hieß, eine kurze Zeitlang so gut zu sein, wie man sich wünscht, man wäre es.« Und manchmal können wir mit etwas Hilfe – darunter auch einem hilfreichen Tu-das-nicht – von seiten unserer Freunde, genau das werden und auch bleiben.

Der Analytiker McMahon schreibt, daß »Weiterentwicklung Beziehungen erfordert« und daß Vertrautheit und Nähe ein Leben lang eine ständige Weiterentwicklung bewirken, weil es das Ich bestätigt und festigt, von anderen gekannt zu werden. Er zitiert den Philosophen Martin Buber, der sagt, daß jedes wahre Leben ein Treffen zwischen einem Ich und einem Du ist und daß »durch das Du« – durch nahe Begegnungen, bei denen wir uns einander öffnen – »ein Mensch ich wird«.

Enge Freunde tragen zu unserem persönlichen Wachstum bei. Sie tragen auch zu unserem persönlichen Vergnügen bei, lassen die Musik süßer klingen, den Wein kräftiger schmecken, das Gelächter lauter hallen, weil sie da sind. Freunde machen sich zudem etwas aus uns – sie kommen, wenn wir sie um zwei Uhr morgens anrufen; sie leihen uns ihren Wagen, ihr Bett, ihr Geld, ihr Ohr. Es steht zwar in keinem Vertrag geschrieben, aber es ist einfach klar, daß enge Freundschaften entscheidende Rechte und Pflichten mit sich bringen. Wir werden uns auch wirklich häufig – wenn wir Bestätigung oder Trost oder Hilfe in Form von ›Komm und rette mich‹ brauchen – nicht etwa an unsere Blutsverwandten, sondern an unsere Freunde wenden, an enge Freunde ... wie Rosie und Michael.

Rosie ist meine Freundin.
Sie mag mich auch, wenn ich bematscht bin und nicht nur, wenn ich gescheit bin.
Mir machen die Riesenschlangen große Sorgen, und sie versteht das.
Meine Zehen zeigen nach innen, und meine Schultern hängen,
und mir wachsen Haare aus den Ohren.
Aber Rosie sagt, daß ich gut aussehe.
Rosie ist meine Freundin.

Michael ist mein Freund.
Er mag mich auch, wenn ich quengelig bin, und nicht nur, wenn ich nett bin.
Mir machen die Werwölfe große Sorgen, und er versteht das.
Ich habe von Kopf bis Fuß Sommersprossen, nur auf den Augäpfeln und auf den Zähnen nicht.
Aber Michael sagt, daß ich gut aussehe.
Er ist mein Freund.

Als mein Wellensittich starb, rief ich Rosie.
Als mein Fahrrad geklaut wurde, rief ich Rosie.
Als ich mich in den Kopf geschnitten habe und das Blut rausspritzte, rief ich, sowie das Blut nicht mehr rausspritzte, Rosie.
Sie ist meine Freundin.

Als mein Hund ausgerissen ist, rief ich Michael.
Als mein Fahrrad geklaut wurde, rief ich Michael.
Als ich mir das Handgelenk brach und der Knochen rausschaute,
rief ich, sowie sie den Knochen wieder reingesteckt hatten, Michael.
Er ist mein Freund.

Rosie würde versuchen, mich zu retten, wenn eine Flutwelle käme.
Sie würde Jagd auf mich machen, wenn Kidnapper mich rauben würden.
Und wenn ich nie wieder aufgefunden würde, könnte sie meine Instamatic haben.
Sie ist meine Freundin.

Michael würde versuchen, mich zu retten, wenn ein Löwe mich angriffe.
Er würde mich auffangen, wenn ich aus einem brennenden Haus springen würde.
Aber wenn er aus Versehen danebengreifen würde, könnte er meine Briefmarkensammlung haben.
Er ist mein Freund.

Unsere engen Freunde helfen uns nicht nur, uns weiterzuentwickeln, sie bereiten uns nicht nur Vergnügen, und sie geben uns nicht nur Trost und stehen uns bei, sondern sie beschützen uns darüber hinaus vor Einsamkeit. Man bringt uns zwar bei, Unabhängigkeit anzustreben und sie zu würdigen, und es gibt zwar zweifellos in uns allen einen innersten Kern des Ich, den wir vielleicht nicht enthüllen, aber es spielt doch eine enorme Rolle für uns, daß wir anderen wichtig sind, eine Bedeutung für sie haben und daß wir nicht allein sind. »Ich muß einfach wissen«, sagt Kim, »daß es außer mir jemanden gibt, den es wirklich interessiert, ob ich lebe oder sterbe.«

Die Fähigkeit, enge Freundschaften einzugehen, ist jedoch sehr unterschiedlich. Manche von uns besitzen dazu eine natürliche Gabe, und manche von uns empfinden Unbehagen, stellen sich ungeschickt an und fürchten sich zu Tode davor, daß Nähe zu Ablehnung führt – oder dazu verschlungen zu werden. Enge Freundschaften erfordern ein Gefühl für das Ich, ein Interesse an anderen Menschen, Einfühlungsvermögen, Anhänglichkeit und Hingabe. Sie erfordern auch, daß wir uns – ein notwendiger Verlust – von einigen unserer Vorstellungen von einer idealen Freundschaft lösen.

Dieser würdige alte Römer, Cicero, fragt in seinem oft zitierten Essay ›Laelius, über die Freundschaft‹: »Wie kann das Leben lebenswert sein ... dem die Erholung mangelt, die in der gegenseitigen Gutwilligkeit eines Freundes zu finden ist?« So weit, so gut. Aber dann fährt er fort und bürdet der Freundschaft eine Last auf, die keine Freundschaft auf sich nehmen kann, indem er sie als eine Beziehung zwischen zwei ›makellosen‹ Charakteren definiert, die »*in allen menschlichen und göttlichen Themen in vollkommener Übereinstimmung miteinander stehen* ... Dort muß vollkommene Harmonie herrschen«, verkündet der strenge Cicero, »in den Interessen, den Zielen und Absichten, ohne jede Ausnahme«.

Wie Soziologen festgestellt haben, trifft es zu, daß Erwachsene sich Freunde desselben Geschlechts suchen, die aufgrund von Alter, Familienstand, Religionszugehörigkeit und Weltanschauung, Interessen und Intelligenz adäquat sind. Es ist sogar behauptet worden, daß Freundschaft, da ihr die Turbulenzen der sexuellen Liebe fehlen, »wahrscheinlicher als die Liebe den ganzen Menschen mit einem anderen ganzen Menschen verbinden kann«. Aber wenn das auch in alten Zeiten wahr gewesen sein mag – zu Ciceros Zeiten? –, dann sind wir modernen Menschen doch zu individualistisch. Zwei Menschen, zwei Erwachsene, werden nie vollkommen zueinander passen. Selbst die besten Freunde sind nur ›stellenweise‹ Freunde.

Unter unseren engen Freunden kann es durchaus Leute

geben, die wir niemals um Geld bitten sollten – sie sind reizend und intelligent, aber unheilbar knauserig. Mit anderen Freunden können wir nicht über Literatur reden, und die Kindererziehung mancher unserer Freunde bringt uns zum Heulen. Wir können auch enge Freunde haben, deren Gewissen uns allzu nachsichtig erscheint; enge Freunde, deren zwanghafte Unpünktlichkeit wir verfluchen; enge Freunde, deren Geschmack, handele es sich um Essen, Kleidung, Hunde oder Politiker, uns völlig unfaßbar erscheint, von deren Geschmack in puncto Ehemänner oder Ehefrauen ganz zu schweigen. Wir wollen, daß unsere engen Freunde unsere Begeisterung und unsere Wertvorstellungen mit uns teilen, die Zuneigung zu unseren Helden und die Abneigung gegenüber unseren Feinden. Aber wir können in der Praxis Freunde haben, denen gegenüber wir nachsichtig sein und ihnen ihre Bewunderung von Clint-Eastwood-Filmen und ihre Abscheu vor Yeats verzeihen müssen. Und manchmal auch, daß sie uns im Stich lassen.

Wenn Rosie mir ein Geheimnis verraten würde und
die Leute mich schlagen und beißen würden,
Würde ich Rosies Geheimnis nicht verraten.
Und wenn die Leute mir dann den Arm umdrehen und
mir gegen das Schienbein treten würden,
Würde ich Rosies Geheimnis immer noch nicht verraten.
Und wenn die Leute dann sagen würden: »Raus mit der
Sprache, oder wir werfen dich in diesen Treibsand«,
Würde Rosie mir verzeihen, daß ich ihr Geheimnis verrate.

Wenn Michael mir ein Geheimnis verraten würde und
die Leute mich hauen und prügeln würden,
Würde ich Michaels Geheimnis nicht verraten.
Und wenn die Leute mir dann die Finger umbiegen und
mich niederringen würden,
Würde ich Michaels Geheimnis immer noch nicht
verraten.

Und wenn die Leute dann sagen würden: »Raus mit der Sprache, oder wir verfüttern dich an diese Piranhas«, Würde Michael mir verzeihen, daß ich sein Geheimnis verrate.

Ciceros rigiden Anspruch einmal außer acht gelassen, erfordern enge Freundschaften, daß wir nachsichtig sind und verzeihen, daß wir mit Nachsicht behandelt werden und daß uns verziehen wird. Makellose Charaktere sind wir mit Sicherheit nicht. Und doch können die Freundschaften, die wir schließen, trotz der Ambivalenz, der latenten Sexualität und des Umstandes, daß Freunde nur ›stellenweise‹ Freunde sind, manchmal stärker sein als die vielzitierten Bande von Fleisch und Blut. Tröstliche und ausgelassene, kurz, wunderbare Beziehungen.

13.

Liebe und Haß in der Ehe

> Verheiratet sein ist ... die umfassendste Vorstellung von Himmel und Hölle, die wir uns in diesem Leben überhaupt nur machen können.
>
> Richard Steele

Unseren Freunden fehlt es an Vollkommenheit. Wir akzeptieren ihre Unvollkommenheiten und sind stolz auf unseren Wirklichkeitssinn. Aber wenn es um Liebe geht, klammern wir uns stur an unsere Illusionen – an bewußte und unbewußte Vorstellungen davon, wie es sein sollte. Wenn es um die Liebe geht – um romantische Liebe und geschlechtliche Liebe und Liebe in der Ehe – müssen wir (wieder einmal) unter Schwierigkeiten lernen, wie wir uns von allen erdenklichen Erwartungen lösen.

Diese Erwartungen blühen im schwülen Klima unserer Pubertät auf, wenn Zärtlichkeit und sexuelle Leidenschaft zusammentreffen, wenn wir uns in jemanden verlieben, der (unterstützt von der Blindheit, mit der Liebe die Liebe oft schlägt) für uns die vollkommene Erfüllung jedes menschlichen Verlangens verkörpert. Romantische Jugendliebe, sagt der Analytiker Otto Kernberg, ist der ›normale, entscheidende Beginn‹ der Erwachsenenliebe. Aber viele von uns bringen die Jugend weit eher hinter sich als die Jugendliebe.

Und viele von uns erinnern sich an eine Leidenschaft des Du-bist-mein-ein-und-alles, Ohne-dich-kann-ich-nicht-leben, an unsere Spaziergänge unter dem Sternenhimmel. An unser Sichaufschwingen zum Mond. Und ob es uns nun gelingt, eine solche Liebe über die Tage und die Jahre unseres Lebens hinweg zu bewahren, oder nicht – sie kann ihren Schatten auf alles werfen, was später kommt.

Gestern nacht, ah, letzte Nacht, fiel zwischen ihre Lippen und meine
Dein Schatten, Cynara! dein Atem erhob sich,
Ergoß sich auf meine Seele zwischen den Küssen und dem Weine;
Verzweifelt war ich und in eine alte Leidenschaft vernarrt,
Ja, ich war verzweifelt, und den Kopf senkte ich;
Ich war dir treu, Cynara! auf meine Art.

In seinen Abhandlungen über die Liebe unterscheidet Freud zwischen der sinnlichen Liebe, die auf körperliche Befriedigung zielt, und der Liebe, die durch Zärtlichkeit gekennzeichnet ist. In der romantischen, geschlechtlichen Liebe sind beide Formen der Liebe vereint. Freud beschreibt auch, wie wir den Geliebten idealisieren. Freud erinnert uns außerdem daran, daß selbst die tiefste Liebesbeziehung ambivalent ist und daß selbst die glücklichste Ehe einen gewissen Anteil feindseliger Gefühle umfaßt.

Gefühle des Hasses.

»Das seidene Gewebe des Ehebandes«, schreibt William Dean Howells, »ist einer täglichen Belastung durch Fehlverhalten und Kränkungen ausgesetzt, der sich keine andere menschliche Beziehung unbeschadet aussetzen könnte.« Dem fügt ein modernerer Soziologe hinzu: »Ein Mensch kann, ohne jede Feindseligkeit, ohne Aggression und ohne die Absicht, zu verletzen – lediglich durch den Ausdruck seiner Existenz – einem anderen Schaden zufügen.«

An Gutem gibt es zu berichten, daß die Beziehung zwischen Liebenden manchmal stärker ist als jeder Schaden, der ihr zugefügt werden kann. An Schlechtem gibt es zu berichten, daß keine zwei anderen Erwachsenen einander mehr Schaden zufügen können als eben diese Liebenden. Da ich meinen Mann gut kenne, weiß ich genau, welche Knöpfe ich drücken muß, um ihn in Wut zu versetzen. Ich weiß auch, wie ich ihn beschwichtigen, die Wogen glätten und das Verhältnis harmonisieren kann. Man könnte nun glauben, daß ein solches Wissen mich daran hindern würde, die Knöpfe zu drücken, die Ärger auslösen, und daß es mir möglich wäre, mir ein Eheparadies zu erschaffen, aber so läuft es in meiner Ehe – und in den meisten anderen Ehen – nicht ab.

Der Psychologe Israel Charny verwehrt sich in einer provokativen Studie über die Ehe gegen »den Mythos, daß eheliche Schwierigkeiten das Los ›kranker‹ Menschen sind oder derer, die nicht wirklich ›reif‹ sind«. Er sagt, »empirisch läßt sich nicht bestreiten ... daß die große Mehrheit der Ehen von tiefgreifenden destruktiven Spannungen durchzogen sind, ob offen oder verdeckt«. Er schlägt vor, unsere durchschnittliche, alltägliche Ehe als eine inhärent angespannte und konfliktbeladene Beziehung neu zu definieren, deren Erfolg »ein weises Ausbalancieren von Liebe und Haß erfordert«.

Die Spannungen und Konflikte des Ehelebens können mit dem Tod romantischer Erwartungen einsetzen, der so treffend in dem Gedicht ›Les Sylphides‹ beschrieben wird, in dem zwei Liebende, die von Blumen und rauschenden Flüssen und Satin und Walzer tanzenden Bäumen träumen, heiraten.

So ließen sie sich trauen – um nur noch mehr zusammen zu sein –
Und stellten fest, daß sie nie mehr so sehr zusammen waren.
    Entzweit durch den Frühstückstee,
    Durch die Abendzeitung,
    Durch Kinder und Kaufmannsrechnungen.

Bei einem gelegentlichen nächtlichen Erwachen fand sie Zuversicht
In seinem gleichmäßigen Atem und fragte sich doch, ob
    Es das wirklich wert war und wohin

Der Fluß davongeflossen war
Und wo die weißen Blumen waren.

Eine gescheiterte Romantikerin ist Emma, die leidenschaftlich Kitschromane verschlingt. Romane, die sie gelehrt haben, sich nach einem »wunderbaren Reich, in dem alles nur Leidenschaft, Ekstase und Verzückung wäre« zu sehnen. In ihrer bitteren Enttäuschung über ihre Ehe, in der sie das Glück verlassen hat, beklagt sie »ihre zu hochfliegenden Träume und ihr zu beengtes Haus« und macht ihren gutmütigen, aber todlangweiligen Ehemann Charles »zum einzigen Objekt ihres komplexen Hasses, den ihre Frustration hervorgebracht hat«.

Emma gleicht Flauberts ehebrecherischer Heldin Madame Bovary, einer Frau mit einer fiebernd romantischen Seele, einer Frau, die von der Ehe »diese wunderbare Leidenschaft, die bis dahin wie ein großer, rosagefiederter Vogel in der Pracht poetischer Himmel geschwebt war« erwartet. Als sie das in der Ehe nicht findet, löst sich Emma nicht von dieser Vorstellung, und sie lernt auch nicht, einen Mittelweg zwischen den Visionen eines Liebesromans und der Realität zu finden. Statt dessen zieht sie sich aus der Alltäglichkeit zurück, lernt, ihren Mann zu hassen – und sucht sich romantische Erfüllung woanders.

Aber wir brauchen keineswegs Ehebruch zu begehen, um mit Flaubert zu sagen: »Madame Bovary, *c'est moi.*« Auch wir haben unsere Träume gegen die vorgefundene Wirklichkeit abgewogen. Auch für uns fliegen rosagefiederte Vögel in einen poetischen Himmel, bis wir merken, daß wir mit einem Wellensittich in einem Käfig im Wohnzimmer einer Vorortwohnung leben.

»Die Ehe«, schreibt der Anthropologe Bronislaw Malinowski, »stellt eines der schwierigsten persönlichen Probleme im menschlichen Leben dar; der gefühlsbeladenste und zugleich auch der romantischste aller menschlichen Träume muß zu einer gewöhnlichen, funktionierenden Beziehung destilliert werden ...« Und wenn wir auch im Gegensatz zu Emma, die zum Scheitern verurteilt ist, Vorstellungen zurechtrücken, uns anpassen, Kompromisse schließen und irgendwie zurechtkommen, so kann es doch geschehen, daß wir manchmal das Eheleben dafür hassen, daß es unsere Träume von romantischer Liebe an die Kette legt. Wir bringen eine Menge romantischer Erwartungen mit in die Ehe. Es kann auch sein, daß wir darüber hinaus noch in unserer Ehe von einer Art Sexualität träumen, die unser Gefühls- und Sinnesleben in tiefgreifende ekstatische Schauer versetzt, daß unsere hochgespannten Erwartungen von der ›Alltagserotik‹ nicht erfüllt werden. Die Erde sollte beben. Unser Inneres soll singen. Ein Feuerwerk soll entbrennen. Das Bewußtsein – das Ich – soll von (d)einer Flamme verzehrt werden. Wir wollen entweder das Paradies oder einen akzeptablen Ersatz erlangen. Wir werden Enttäuschungen erleben.

In ihrem Buch VERDAMMTE EHE beschreibt Kathrin Perutz die Form sexueller Mythologie:

Der wahre Mann oder die wahre Frau muß ein von Grund auf sexuelles Wesen sein; der einzig wahre Verkehr zwischen den Menschen ist der geschlechtliche; Ebenen des Genusses sind fast zu Kerben im Zollstock der Güte geworden; und sexuelle Abwechslung ist heute so entscheidend für die Ehe, wie es früher die feine Lebensart war ... Eine vorgeschriebene Anzahl von Malen in der Woche muß Liebe gemacht werden – oder Sex konsumiert werden; andernfalls fällt man in Ungnade und ist nicht mehr konkurrenzfähig.

Solche sexuellen Auflagen lassen den Geschlechtsakt zu einem darstellerischen Test und zu einer Beweisführung für unsere gesunde Gemütsverfassung werden, schüchtern die Männer und Frauen ein und beschämen sie – und ja, enttäuschen sie –, die nicht zu apokalyptischen Orgasmen kommen. Aber selbst wenn die Leidenschaft berauschend ist und Höhen zustrebt und wenn alles in Bereitschaft ist

und auf Hochtouren läuft, ist es schwierig, solche Gipfel
der Erregung beizubehalten. Ehepaare können durchaus
feststellen, daß nach einer Weile die Sexualität gar nicht
mehr so sexy ist.

Ich bringe noch ein Glas mit Wasser zu den Kindern.
Ich schmiere mir die Nachtcreme mit Hormonen ins
Gesicht.
Und wenn ich meine Isometrikübung abgeschlossen habe,
Empfange ich meinen Mann mit der Umarmung, aus der
Wärme spricht.

Die reinste Schönheit in dem langärmligen Nachthemd
(Flanell) und Socken (denn ich will nicht unter kalten
Füßen leiden).
Ich schlucke Tranquilizer für die aufgekratzten Nerven
Und Triamintabletten gegen Atemschwierigkeiten.

Die blaue Heizdecke ist eingestellt auf Rösten.
Der rote Wecker nach Einigung auf halb acht.
Ich sage, daß wir beim Krämer hohe Schulden haben.
Er sagt, die besten Anzüge gehören beide in die Reinigung.

Letztes Jahr schenkte ich ihm zum Geburtstag Centaur.
(Denn man versprach mir, davon würde er halb Mann,
halb Tier.)
Letztes Jahr kaufte er mir einen Traum aus schwarzer
Spitze.
(Denn man versprach ihm, ich verlöre den Verstand vor
Gier.)

Statt dessen klappern meine Lockenwickler auf dem
Kissen.
Sein großer Zehennagel kratzt an meiner linken Wade.
Ich bitte ihn, mir noch zwei Aspirintabletten
mitzubringen,
Denn er steht auf und holt für seine Lippen die Pomade.

Ach, irgendwo, da gibt es kleine reizvolle Alkoven
Mit Seidenlaken, Peitschen, Baldachin und edlen Düften.
Er geht in Afrika am Wochenende Löwen jagen.
Sie mißt nur dreiundachtzig Zentimeter um die Hüften.

Tief sehen sie sich in die Augen über Cognacschwenkern.
Er fährt mit seinen Fingern durch ihr Haar an ihrer Stirn
entlang.
Die Kinder sind im andren Flügel mit
dem Kindermädchen,
Und überall im Haus hört man der Violinen Klang.

In unsrem Haus, da hört man Wasser tropfen.
Es regnet, und er muß die lecke Stelle doch noch
reparieren.
Er schnappt den Schrubber, und ich hole einen Eimer
raus.
Wir sind uns einig, es in einer Woche noch mal
zu probieren.

Mit all dem, was hier gesagt wird, soll nicht bestritten werden, daß wir sexuelle Momente erleben können, die so bemerkenswert sind wie unsere kühnsten und phantastischsten Träume, Momente, in denen zum gemeinsamen Höhepunkt – ob es dabei zu perfekt synchronen Orgasmen kommt oder nicht – noch eine vollkommene Vereinigung von Leidenschaft und Liebe kommt. Eine Abwesenheit von Bilderbuch-Sexualität bedeutet auch nicht, daß wir nicht das erlangen können, was der Analytiker Kernberk als ›vielfältige Formen der Transzendenz‹ bezeichnet, bei denen wir mit Hilfe von geschlechtlicher Liebe die Grenzen, die das losgelöste Ich von dem anderen trennen, überschreiten und verwischen können, die Grenzen zwischen Mann und Frau, zwischen Liebe und Aggression und zwischen Gegenwart, Zukunft und Vergangenheit.

Zeugnisse für derart sublime Momente finden wir nicht nur bei Freudianern oder in Romanen. Folgen Sie den poetischen Worten aus der Autobiographie des Philosophen Bertrand Russell:

Erst habe ich die Liebe gesucht, weil sie Ekstase bringt – eine so gewaltige Ekstase, daß ich oft den Rest meines Lebens für ein paar Stunden dieser Freude geopfert hätte. Dann habe ich sie gesucht, weil sie Erlösung von der Einsamkeit bringt – dieser entsetzlichen Einsamkeit, in der ein zitterndes Bewußtsein über den Rand der Welt in den kalten, unvorstellbaren, leblosen Abgrund blickt. Und schließlich habe ich sie gesucht, weil ich in der Vereinigung der Liebe in einer mystischen Miniatur die Vision einer Vorahnung des Himmels gesehen habe, den sich Heilige und Dichter ausgemalt haben.

Nun ja. Aber für viele – vielleicht für die meisten – Paare sind solche Momente außergewöhnlich und selten. Oder sie fallen der Gewohnheit anheim, und die Gewohnheit läßt Erlebnisse schal werden. Denn wenn wir auch in der geschlechtlichen Liebe danach trachten, mit unserem Körper die Verbindungen, die wir mit unserem Herzen und unserem Geist eingegangen sind, fortzusetzen, gibt es doch Zeiten, in denen der Sprung von der Liebe zur Ekstase mißglückt. Es gibt Phasen – und zwar oft –, in denen das, womit wir uns zufriedengeben müssen, unvollkommene Beziehungen sind.

Doch der Gegensatz zwischen der Ehe, die wir wollten, und der Ehe, die wir haben, umspannt mehr als romantische und geschlechtliche Enttäuschung. Selbst wenn wir mit einer erdverbundeneren Vision dessen, wie eine gute Ehe aussehen sollte, heiraten, muß das Eheleben – und der Mensch, mit dem wir es gemeinsam verbringen – daran scheitern, einige dieser Erwartungen zu erfüllen. Und manchmal bleiben sogar alle unsere Erwartungen unerfüllt. Daß wir immer füreinander dasein werden. Daß wir immer zueinander halten und einander treu sein werden. Daß wir die Unvollkommenheiten des anderen akzeptieren werden. Daß wir einander nie bewußt verletzen werden. Daß wir, obwohl wir damit rechnen, in vielen unwesentlichen Punkten nicht einig zu sein, uns in grundlegenden Fragen mit Sicherheit einig sein werden. Daß wir offen und ehrlich zueinander sein werden. Daß wir immer füreinander einspringen werden. Daß unsere Ehe unser Allerheiligstes, unser Refugium, unser ›heimatlicher Hafen in einer herzlosen Welt‹ sein wird.

Aber so ist es nicht unbedingt. Und schon gar nicht immer.

Zugleich mit diesen Erwartungen habe ich nämlich auch Geschichten aus Ehen zusammengetragen, Geschichten von gebrochenen Versprechen, von absichtlich zugefügten Verletzungen, von Untreue und Vertrauensbrüchen, von fehlender Toleranz gegenüber den Schwächen und Fehlern des anderen und von mit Zähnen und Klauen ausgetragenen Uneinigkeiten über so unwesentliche Angelegenheiten wie Geld, Kinderkriegen, Religion und Sexualität. »Wenn ich meinen Mann danach beurteilen würde«, sagt Meg, »wieviel Leid er mir angetan und wieviel Vertrauen er verraten hat, dann, schätze ich, müßte ich ihn als meinen ärgsten Feind bezeichnen.« Diese Auffassung klingt auch bei einem Psychologen an, der sagt, Ehepartner seien ›Intim-Feinde‹.

Feindschaften entstehen, weil unsere unerfüllten Erwartungen zu Metaphern für alles werden, woran es unserer Ehe mangelt. Sie hat sich bei einer Auseinandersetzung mit seinem Bruder nicht hinter ihn gestellt. An dem Tag, an dem sie das Baby verlor, war er geschäftlich in Los Angeles und wollte deshalb nicht extra zurückkommen. Die unvermeidlichen täglichen Angriffe und das Unrecht, das im Alltag geschieht, greifen auch das seidene Gewebe des Ehebandes an und lassen Gedanken entstehen wie: »Sie wird mich nie verstehen« und: »Ich habe den falschen Mann geheiratet.«

Hören wir, was Millie dazu sagt:

»Manchmal, wenn ich mit ihm über Probleme rede –

ob über meine oder über die der Kinder – oder wenn ich etwas Grundlegendes sage, eine entscheidende Antwort suche oder wenn ich meine Verzweiflung ausdrücke, dann kann ich aus der Art, wie er mir antwortet, erkennen, daß er mich überhaupt nicht gehört hat und daß er mir ja gestern auch schon nicht zugehört hat. Und wenn ich es gerade ganz besonders nötig habe, mich verstanden oder bewundert oder *irgend etwas* zu fühlen, dann nehme ich die Tatsache, daß er mir das jetzt nicht gibt, als Beweis dafür, daß er es mir nie gibt, daß er mir nie, aber auch nie wirklich zuhört oder mich wirklich sieht oder weiß, wer zum Teufel ich eigentlich bin, und daß es ihn auch gar nicht interessiert. Und dann bin ich auf der Spirale, die hinabführt, und ich verwende alles, was er sagt, gegen ihn, als einen weiteren Beweis dafür, daß er abschaltet, wenn ich etwas sage, daß er unsensibel für meine Bedürfnisse ist.«

So oder ähnlich hat Millie sich nicht nur einmal geäußert, sondern im Lauf der Jahre immer wieder. Ihre Ehe, sagt sie, sei zwar stabil und beständig, aber sie gerate manchmal an einen Punkt, an dem ihre gesamte Liebe absterbe, an dem die Kluft zwischen dem, was sie will, weil sie es braucht, und dem, was er zu geben hat, nicht mehr überbrückt werden kann. Und was übrigbleibt, wenn sie diesen Mann ansieht, der solide und fröhlich und freundlich ist, der sich im Haus nützlich macht und der ihr hingebungsvoll treu ist, ist ein Gefühl, das sie beschreibt als: »Du willst ganz laut seufzen«, ein Gefühl von »O Gott, was tue ich hier bloß?«, ein Gefühl von »Ich habe den falschen Mann erwischt – es muß doch jemanden geben, der sich mehr auf meine Bedürfnisse einstellen kann«, ein Gefühl, von dem sie sagt: »Ja, es ist Haß.«

Unsere frühen Lektionen in Liebe und unsere Entwicklungsgeschichte gestalten die Erwartungen, die wir in die Ehe mitbringen. Oft nehmen wir enttäuschte Hoffnungen bewußt wahr. Aber wir tragen auch unsere unbewußten Sehnsüchte und die nicht bewältigten Konflikte und Enttäuschungen der Kindheit in die Ehe. Und diese Vergangenheit veranlaßt uns auch unbewußt, Forderungen zu stellen.

In der ehelichen Liebe werden wir nämlich versuchen, uns unsere frühsten Sehnsüchte zu erfüllen, in der Gegenwart geliebte Menschen von ehedem wiederzufinden: den unerreichbaren Elternteil, dem unsere ödipale Leidenschaft galt, oder die bedingungslos liebende Mutter. Die symbiotische Einheit, in der das Ich und das Du sich miteinander vereinen, wie wir es früher schon einmal angestrebt haben. In den Armen unserer wahren Liebe trachten wir danach, die Ziele und Objekte früherer Begierde zu vereinigen. Und manchmal hassen wir unseren Gefährten dafür, daß er daran scheitert, diese Sehnsüchte der Vergangenheit zu erfüllen.

Wir hassen ihn, weil er unserer Losgelöstheit kein Ende gesetzt hat.

Wir hassen ihn, weil er unsere Leere nicht gefüllt hat.

Wir hassen ihn, weil er unsere Sehnsüchte − errette mich, vervollständige mich, spiegele mich wider, bemuttere mich − nicht erfüllt hat.

Und wir hassen ihn, weil wir all diese Jahre gewartet haben, um eine Art Papa zu heiraten − und er ist nicht unser Papa.

Wir suchen unseren Ehepartner natürlich nicht in dem Bewußtsein, unseren Vater oder unsere Mutter heiraten zu wollen. Unsere heimliche ›Hausordnung‹ bleibt auch uns selbst verborgen. Aber unter der Oberfläche schwebende Hoffnungen lösen oft Erdbeben aus. Und solange die Menschen nicht lernen, »zwischen ihren bewußten und erreichbaren Zielen und ... ihren unbewußten und unerreichbaren Zielen zu unterscheiden«, schreibt der Analytiker Kubie, »wird das Problem des menschlichen Glücks, ob in der Ehe oder wo auch immer, ungelöst bleiben«.

Unbewußt verfolgen wir natürlich Ziele, denen unsere Ehe tatsächlich entgegenkommt − ›normale‹ Ziele, aber auch eindeutig neurotische Ziele. Es gibt ›komplementäre Ehen‹, in denen sich die Bedürfnisse von Mann und Frau so gut miteinander verzahnen, daß, selbst wenn diese Ehen den Eindruck erwecken, in der Hölle geschlossen worden zu sein, die psychischen Bedürfnisse beider Partner befriedigt werden.

Die Beziehung zwischen ›Fußabtreter‹ und Schinder, zwischen dem, der vergöttert und dem Idol, zwischen dem Hilflosen und dem, der die Macht hat zu helfen, zwischen Baby und Mama, sind Beispiele für neurotisch komplementäre Beziehungen. Diese polarisierten Rollen können Ursprung gewaltiger Konflikte zwischen Mann und Frau sein, aber auch Ausdruck grundlegender Gemeinsamkeit.

Der Fußabtreter und der Schinder sind darüber einig, daß es in der Liebe um Herrschaft, Versklavung und Macht geht.

Der, der vergöttert und das Idol sind darüber einig, daß es in der Liebe um eine Bestätigung des Ich geht.

Der Hilflose und der, der die Macht zu helfen hat, sind darüber einig, daß es in der Liebe um Sicherheit durch Abhängigkeit geht.

Und das Baby und die Mutter sind ›sich darin einig‹, daß es in der Liebe um bedingungslose Zuwendung und Obhut geht.

Diese gemeinsamen Voraussetzungen erklären die leidenschaftlichen Bande, die ein Paar zusammenhalten, auch wenn dessen Ehe als katastrophal erscheint. Gemeinsam bekommen sie genau die Ehe, die ihren so unterschiedlichen, aber sich nicht komplementär ergänzenden Bedürfnissen entgegenkommt. Es gibt Paare, die in einem geheimen Einverständnis miteinander handeln, die ein gewissermaßen abgekartetes Spiel spielen, aber jede Veränderung von innen oder von außen kann eine Bedrohung für das heikle Gleichgewicht dieser heimlich abgesprochenen Beziehung darstellen.

Stellen wir uns beispielsweise die Ehe zwischen einem Mann vor, dessen Frau die Mutterrolle einnehmen soll, und einer Frau, die ihn wie eine Mutter behandelt, einer Frau, die – als Reaktion auf seine Hilflosigkeit und seinen

Charme — mütterliche Sorge und Bewunderung spendet. Dieses Abkommen hat so lange beiden etwas zu bieten, bis sie will, daß sich endlich auch einmal jemand um sie kümmert, bis sie es endgültig leid ist, pausenlos zu bewundern, bis sie — in manchen Fällen — seine Ehebrüche satt hat. Ihr Mann wird jedoch alles, was nicht vollkommene Hingabe an ihn bedeutet, als absolut unerträglich empfinden. Meine Frau, wird er klagen, ist egoistisch, lieblos, ungerecht. Er wird nach seiner Mutter verlangen, aber die vollkommene Mutter, die er braucht, ist nicht mehr da. Statt ihrer findet er einen Strudel von (zumeist) unlösbaren Spannungen vor.

Ein komplizierterer Fall der komplementären Ehe schließt das ein, was als projektive Identifikation bezeichnet wird, ein unbewußter und subtiler Austausch in beide Richtungen, bei dem ein Partner den anderen Partner dazu benutzt, Aspekte seiner selbst aufzunehmen und gründlicher zu erfahren.

Kevin beispielsweise ist ein ›Macho‹, der unbewußt alle seine Ängste haßt und von sich weist und der diese Ängste in seine Frau ›projiziert‹, in Lynne. Er befreit sich von diesen Gefühlen, indem er sie seiner Frau zuschreibt und dann psychologischen Druck auf sie ausübt, damit sie seine abgelegten, von ihm leidenschaftlich geleugneten Gefühle auch tatsächlich *empfindet*. Wenn nun ihr Sohn zwei Stunden nach dem ihm gesetzten Termin nach Hause kommt, rauft Lynne sich die Haare, und Kevin sagt hämisch: »Du machst dir zu viele Sorgen.« Er macht sich überhaupt keine Sorgen, weil er Lynne dazu bringt, sich für ihn die Sorgen zu machen — und es ist ihm lieber, ihre Ängste zu verachten als seine eigenen.

Eine projektive Identifikation wird immer von einem Menschen aufgegriffen, der einen Hang in die betreffende Richtung hat und auf einen Partner übertragen, der das Bedürfnis hat, eben diese Dinge auszuleben. »Wenn einer Frau beigebracht worden ist, ihren eigenen Ehrgeiz und ihr eigenes Streben nach Leistung und Erfolg zu leugnen«, sagt die Psychologin Harriet Lerner, »dann kann es gut sein, daß sie sich einen Mann sucht, der diese Dinge für sie ausdrückt. Ist es eine Schwäche oder eine Abhängigkeit, die sie sich unmöglich eingestehen kann, dann kann sie einen Partner finden, der die Rolle des unfähigen und hilflosen Menschen ausspielen wird, der selbst zu sein sie fürchtet. Wenn sie gelernt hat, anderen zu gefallen und sie zu beschützen, dann kann es gut sein, daß sie plötzlich mit einem Mann verheiratet ist, der taktlos und provozierend ist. Frauen suchen sich oft einen Mann, der genau die Charakterzüge und Eigenschaften ausdrückt, die sie in sich selbst am deutlichsten abwehren müssen oder von denen sie wünschten, sie könnten sie selbst ausdrücken, die sie aber nicht selbst ausleben können. Eine Frau kann dann gegen ihren Ehemann wüten, weil er exakt die Eigenschaften auslebt, um deretwegen sie ihn sich ausgesucht hat.«

Wenn wir es fertigbringen, daß unser Partner gewisse Aspekte unserer selbst aufnimmt, kann unsere Ehe zwar kompliziert, aber dennoch intakt sein. Aber sehen wir uns jetzt an, was passieren kann, wenn eine projektive Identifikation zusammenbricht:

Eine Frau von Mitte Dreißig beginnt eine Therapie, weil sie ihren Haushalt nicht führen und sich nicht um ihre Kinder kümmern kann. Sie hat sich während ihrer gesamten Ehe hilflos und ängstlich gefühlt. Ihr Mann, der nicht nur voll berufstätig ist, sondern auch den Haushalt versorgt, betont ernsthaft seinen Willen, »keine Mühen und kein Geld zu scheuen, um seiner Frau zu helfen«.

Doch als die Behandlung erste Anzeichen einer Besserung zeigt, wird ihr Mann zunehmend unzufriedener. Zunächst kritisiert er die Therapie, dann weigert er sich, für die Behandlung weiter zu bezahlen, und schließlich stürzt er sich in einem Wutanfall auf seine Frau und greift sie tätlich an. Und dann gerät dieser »umgängliche, freundliche, flexible, reife Mensch mit seiner echten Sorge um das Wohlergehen seiner Frau« derart aus der Fassung, daß er sich aus eigenem Antrieb ebenfalls in Behandlung begibt.

Nachdem seine Frau nicht länger seine Ängste und seine Hilflosigkeit ausdrückt, ist dieser ›gesunde‹ Mann praktisch zu seiner ›kranken‹ Frau geworden.

Es gibt Ehen, in denen die projektive Identifikation und die komplementären Aspekte recht konstruktiv sind. Aber immer wenn grundlegende Bedürfnisse auseinanderklaffen, wird es riskant. Und ironischerweise kann es vorkommen, daß zwei Partner, die sich in einer pathologischen Ehe zusammengeschlossen haben, auf alle Zeiten neurotisch aneinanderkleben, während in gesünderen Beziehungen gesündere Partner, die zur Veränderungen und Entwicklungen in der Lage sind, die Abmachungen, die sie zusammenhalten, durchbrechen können.

Unerfüllbare Erwartungen, unerfüllte Bedürfnisse und Bedürfnisse, die nicht ineinandergreifen, sind Quellen fortwährender ehelicher Spannungen und Streitigkeiten. Sie zeigen die teuflischen Aspekte des Ehedaseins. Aber es ist auch behauptet worden, daß die Tatsache, daß zu einer Ehe ein Mann und eine Frau gehören, ausreicht, um das Vorhandensein von Haß zu erklären. Es gibt auch die These, allein die Tatsache, daß Männer Männer und Frauen Frauen sind (zwei verschiedene Gattungen?), sei eine grundlegende Ursache von Konflikten in der Ehe.

Es ist darüber hinaus behauptet worden, daß geschlechtsspezifische Konflikte in der Ehe weiter griffen, als man sie mit Fragen nach den sich wandelnden Geschlechterrollen erfassen könne. So erklärt Dorothy Dinnerstein, eine kühne und brillante Psychologin, die Ursprünge des Krieges zwischen den Geschlechtern wie folgt.

Dinnerstein geht davon aus, daß Frauen, als unsere ersten Bezugspersonen, »uns in die menschlichen Sitten und Gebräuche einführen und ... uns anfangs für jeden Widerspruch und Stolperstein als verantwortlich erscheinen ...« So werden sie – anders als Männer, also Väter – zu Rezipienten unserer primitivsten Gefühle und Erwartungen. Unsere Forderung, von der alles gebenden Mutter genährt und behütet zu werden, unser kindlicher Zorn, der sich gegen die enttäuschende Mutter richtet, unsere Auflehnung gegen die alles bestimmende Mutter verzerren das Bild, das wir uns als Erwachsene von Frauen – und von Männern – machen. Diese frühen Verzerrungen, sagt sie, haben nicht nur unsere persönliche Entwicklung beeinträchtigt, sondern auch unserer Fähigkeit, einander zu lieben, geschadet.

Dinnerstein sagt, unser Geschlechterabkommen – unsere Zuweisung von Chancen und Privilegien – beginne mit der zentralen Rolle der Frau beim Aufziehen der Kinder. Und »wenn auch viele unserer Freuden des Lebens in diese Abkommen verwoben worden sind«, beobachtet sie, »dann sind sie doch anscheinend keinem der beiden Geschlechter je wirklich angenehm oder vorteilhaft vorgekommen. Ganz im Gegenteil, diese Abmachungen sind sogar immer einer der wesentlichen Ursprünge des Leids, der Angst und des Hasses gewesen: Ein Gefühl tiefgreifender Spannung zwischen Frauen und Männern durchdringt das Leben unserer Spezies bis in die Zeiten, in die wir durch die Studien von Mythen und Ritualen die menschlichen Gefühle zurückverfolgen können.«

Dieses Leid und diese Angst und dieser Haß, sagt sie, werden bestehen, bis die Frauen aus ihrer Rolle als Sündenbock/Idol/Ernährer/Verschlinger befreit werden. Dieses Leid und diese Angst und dieser Haß, sagt sie, werden weiterhin Beziehungen zwischen Mann und Frau mitbestimmen, bis Männer und Frauen ihre Kinder gemeinsam aufziehen.

Solange der erste prägende Elternteil eine Frau ist, wird sie unvermeidlich in die Doppelrolle der einerseits unentbehrlichen, quasimenschlichen Spenderin von Fürsorge und Wohlbefinden, andererseits als quasimenschliche, tödlich bedrohende Feindin gezwängt. Sie wird als von Natur aus dazu geeignet angesehen, die Individualität anderer Menschen zu nähren, als geborenes Publikum, in dessen Wahrnehmung sich die subjektive Existenz anderer Menschen widerspiegeln kann, als das Wesen, das so unbedingt gebraucht wird, um anderer Menschen Wert, Macht und Bedeutung zu bestätigen, daß sie, wenn sie dieser Funktion nicht mehr gerecht wird, zum abnormen nutzlosen Ungeheuer gestempelt wird. Gleichzeitig aber wird sie auch als jemand angesehen, der andere Leute nicht sie selbst sein läßt, die jene, die sie liebt, daran hindert, Individualität zu entfalten, die sie verschlingen, zersetzen, ertränken und ersticken will, kurz: die Autonomie unmöglich macht.

Als Erwachsene setzen wir alles daran, dieser ursprünglichen Drohung in unseren heterosexuellen Abkommen so wenig Platz wie möglich einzuräumen. Und darum werden wir uns so lange bemühen müssen, wie es uns in der Kindererziehung nicht gelingt, dem frühen Nicht-Ich sowohl eine männliche als auch eine weibliche Domäne zuzuweisen.

Entspringt der Krieg der Geschlechter nun wirklich der Tatsache, daß Kinder von Frauen aufgezogen werden? Die Psychologie kennt Hinweise, die diese Auffassung bestätigen. Die verschiedenen Pfade der Entwicklung von Jungen und Mädchen etwa (ich behaupte, dazu zählen auch angeborene Eigenschaften) führen zu sehr verschiedenen Erfahrungsmustern und Voraussetzungen, vor allem im Bereich zwischenmenschlicher Beziehungen. Erinnern wir uns daran, daß kleine Jungen beim Herausbilden ihrer Geschlechtsidentität sich – krasser als Mädchen – aus der Mutterbindung losreißen müssen, denn Mädchen können Mädchen sein und sich dabei doch entschieden mit der Mutter identifizieren, aber das können kleine Jungen nicht, wenn sie ihre Identität annehmen wollen. So versetzt Nähe Frauen in einen angenehmen Zustand, dagegen empfinden Männer Nähe eher als Bedrohung. Dieser Geschlechtsunterschied läßt eine so große Kluft entstehen, schreibt die Therapeutin Lillian Rubin, daß Ehemänner und Ehefrauen oft als ›vertraute Fremde‹ miteinander leben.

»Ich will, daß er mit mir redet.« »Ich will, daß er mir sagt, wie es ihm wirklich geht.« »Ich will, daß er seine Maske des Mir-geht-es-gut absetzt und verletzbar ist.« Frauen klagen oft darüber, daß sie mit den Fäusten gegen verrammelte Türen trommeln. Und Männer fühlen sich, wie Dr. Rubins Patient anschaulich darstellt, oft verwirrt und überfordert:

Das ganze gottverdammte Zeug, was ihr Vertrautheit nennt, das fällt mir teuflisch auf den Wecker. Ich weiß nie, was ihr Frauen meint, wenn ihr davon redet. Karen beschwert sich darüber, daß ich nicht mit ihr rede, aber das, was sie will, ist nicht reden, es ist irgendein anderer verdammter Quatsch, aber ich weiß nicht, was zum Teufel es ist. Gefühle, danach fragt sie mich immer wieder. Und was soll ich tun, wenn ich ihr keine geben kann oder über was soll ich reden, nur weil sie beschlossen hat, es sei jetzt an der Zeit, über Gefühle zu sprechen? Sagen Sie es mir gefälligst; vielleicht läßt sich damit etwas Frieden schaffen.

Das weibliche Bedürfnis, Gefühle miteinander zu teilen – sich seine anzuhören, ihm ihre zu erzählen –, prallt mit dem männlichen Widerstand zusammen, sich *derart* einzulassen. Im Fall von Wally und Nan ist diese Kommunikationslücke zu einem Graben aufgerissen, der ihre Ehe beinahe verschluckt hätte.

Wally, sagt Nan, war nie jemand, der viel geredet oder sich auf andere eingestimmt hat, aber es war dennoch genug Substanz zwischen den beiden. Dann zogen sie nach Washington, und Wally nahm eine wichtige Arbeit im *Weißen Haus* an.

»In den ersten drei Monaten«, sagt Nan, »war alles in Ordnung. Mir hat es Spaß gemacht.« Dann gewann Wallys Arbeit unerbittlich die Oberhand. »Die Kommunikation zwischen uns ist vollständig abgebrochen«, erinnert sich Nan. »Er hat überhaupt nicht mehr mit mir geredet.« Er verließ morgens, schon ehe sie aufstand, das Haus.

Wenn er abends zur Tür hereinkam, läuteten schon beide Telefone. Und immer, wenn sie versuchte, über irgend etwas mit ihm zu reden ... ganz gleich, worüber, dann pochte er ungeduldig mit den Fingern auf die Tischplatte und fragte verdrossen: »Worauf willst du hinaus?«

Nan sagt: »Er wollte sich nicht anhören, was ich empfinde. Und daher habe ich den Versuch aufgegeben, ihm zu sagen, was ich empfinde.«

In dieser trostlosen Zeit starb ihr Sohn an den Folgen eines Unfalls. Wally floh vor seinem Kummer und arbeitete bis spät in die Nacht. Nan lebte ihren Kummer und ihre Wut, wie sie sagt, durch »Schreien und Kreischen und Rasen und Toben« aus. Da Wally sie und ihr Verhalten ignorierte, nahm sie Zuflucht zu Barbituraten. Nach zweijährigem Tablettenmißbrauch war sie selbst vom Tod nicht mehr weit entfernt.

Später antwortete Wally auf die Frage eines Psychiaters, was er über diesen Tablettenkonsum denke, sie seien eine Hilfe für die Ehe gewesen. Eine Aussage, die Nan zutiefst verstörte. »Was er damit meinte«, sagt Nan, »ist, daß ich, wenn ich Tabletten geschluckt habe, nicht hysterisch war, nicht kritisch, kein Mensch mehr war. Ich war das, was er für mich geworden war – eine Maschine.«

Sie sagt, daß sie ihn gehaßt habe.

»Als ich von den Tabletten losgekommen bin«, sagt Nan weiter, »habe ich angefangen, sehr, sehr wütend zu werden.« Ich will diese Ehe nicht, sagte sie sich; diese Ehe ist für mich am Ende. Sie suchte sich einen Liebhaber, zog nach Europa, verließ ihren Mann und ihren anderen Sohn. Neun Monate später reichten sich Nan und Wally die Hände über die Trümmer ihrer Ehe hinweg und kehrten zueinander zurück.

Das ist Jahre her. Bald werden sie ihren fünfundzwanzigsten Hochzeitstag feiern. Wie haben sie ihre Ehe gerettet? Wally hat, mit Hilfe von außen, gelernt, mehr auf sie einzugehen – er ist darin immer noch nicht gut, aber besser. Sie ist, ebenfalls mit Hilfe von außen, besser darin geworden, sich zu arrangieren. Aber sie sagt auch: »Ich weiß, daß er, wenn ich ihn heute brauche, für mich da sein wird.« Sie haben viele gemeinsame Freuden, sagt sie. Und auch sexuell fühlen sie sich immer noch sehr wohl und zufrieden.

Männer streben nach Autonomie. Frauen sehnen sich nach Nähe. Dieser Geschlechtsunterschied sorgt für Spannungen in der Ehe, vielleicht nicht gleich zu Explosionen, die Nan und Wally auseinandergetrieben haben, aber er könnte erklären helfen, warum Frauen mit ihrer Ehe häufiger und intensiver unzufrieden sind als Männer. Wissenschaftliche Studien zeigen immer wieder, daß mehr Ehefrauen als Ehemänner von Frustration und Unzufriedenheit in der Ehe sprechen; daß mehr Frauen über negative Empfindungen sprechen; daß mehr Frauen als Männer von Eheproblemen sprechen; daß mehr Frauen als Männer ihre Ehe für unglücklich halten und eine Trennung oder eine Scheidung schon ins Auge gefaßt, ihre Eheschließung bereut haben; und weniger Ehefrauen als Ehemänner sprechen von einer positiven Kameradschaft.

Fügen wir noch hinzu, daß Frauen »sich den Erwartungen ihrer Ehemänner stärker anpassen als Männer sich den Erwartungen ihrer Frauen«, daß Frauen häufiger als Männer unter Depressionen, Phobien und anderen emotionalen Problemen leiden.

Die Soziologin Jessie Bernard kommt zu dem Schluß, daß der Preis der Ehe für Frauen höher ist als für Männer. Sie sagt, daß ein und dieselbe Ehe von Frauen und Männern unterschiedlich wahrgenommen wird, und schreibt: »Folglich gibt es in jeder ehelichen Beziehung zwei Ehen, seine und ihre.« Und hinsichtlich geistiger und psychischer Ausgeglichenheit zeigen alle Studien, daß ›seine‹ Ehe die bessere ist.

Und doch empfinden trotz der psychologischen Probleme und der negativen Reaktionen mehr Frauen als Männer die Ehe als Quelle des Glücks. Da sie ein größeres Bedürfnis nach Liebe und Kameradschaft in einer dauerhaften

Beziehung suchen, »demonstrieren (sie) dieses Bedürfnis«, sagt Jessie Bernard, »indem sie sich ungeachtet des Preises, den sie dafür zahlen, an die Ehe klammern«.

Wenn Jessie Bernard über die Zukunft der Ehe nachsinnt, erscheint ihr deren weiteres Bestehen als wahrscheinlich, obwohl »den Anforderungen, die Männer und Frauen an die Ehe stellen, nie ganz und gar entsprochen werden wird; ihnen nicht entsprochen werden kann ...« Sie sagt, daß Männer und Frauen, ganz gleich, welche Abkommen sie auch treffen, »einander weiterhin enttäuschen und auch erfreuen werden ...« Und die Ehe, sagt sie, wird weiterhin eine »an sich tragische« Beziehung sein – »tragisch in dem Sinn, daß sie den unlösbaren Konflikt ... zwischen miteinander unvereinbaren menschlichen Sehnsüchten ... verkörpert ...«

Unsere miteinander unvereinbaren menschlichen Sehnsüchte, unsere Konflikte, unsere Enttäuschungen sollten uns allen deutlich machen, daß auch Haß Bestandteil einer jeden Ehe ist. Aber dieses brutale Wort verstört uns, wir mögen es, auf uns selbst bezogen, nicht anwenden. Ein derart rohes Gefühl wollen sich die wenigsten Menschen eingestehen: insbesondere in der Ehe, insbesondere in bezug auf jemanden, den wir lieben.

Aber Haß lebt sowohl unbewußt als auch bewußt. Haß kann sowohl vorübergehend als auch tief verwurzelt sein als auch gehegt und gepflegt werden. Haß kann ein kurzes Blinksignal, aber auch wie ein ständiger Trommelschlag bitterer Wut sein. Er kommt nicht immer mit einem Paukenschlag daher; manchmal eher leise.

Es ist nur allzu leicht, Haß in einer Ehe zu erkennen, in der sich beide ›wie Hund und Katz‹ verhalten, in der, trotz vielleicht tiefer Verbundenheit, Tag und Nacht Krieg herrscht. Aber es gibt auch ›Sonnenschein‹-Ehen, hinter deren Fassade von Glück innere Realitäten geleugnet und dem Blickfeld ferngehalten werden. Worauf Nachbarn und Freunde dieser Paare neidisch sind, wird in Wirklichkeit oft mit dem Preis seelischer Krankheiten bezahlt, die sich oft genug auch in physischen Symptomen zeigen. Manchmal aber kommen sie auch ganz gut über die Runden – und ihre Kinder – die den verborgenen Druck spüren – zahlen den Preis an ihrer Statt.

Zwischen diesen beiden Extremen existiert eine Form der Ehe, in der zeitweilig jede Art von Gemeinsamkeit abreißt. Toleranz, die es ihnen erlauben würde, gegenseitig unerfüllte Erwartungen zu akzeptieren, wird zu einem Fremdwort. Ihr – jawohl, Haß! – schreckt vor physischer Gewalt und verbaler Grausamkeit nicht mehr zurück. Sie spielen alle Phasen von WER HAT ANGST VOR VIRGINIA WOOLF? durch, oder aber sie entscheiden sich für eine diskrete, indirekte Variante desselben Dramas, das gleichwohl den Titel trägt: »Ich hasse dich.«

So sind beispielsweise im Haus von Wendy und Edward laute Szenen unbekannt. Seit mehr als 20 Jahren herrscht dort eine gedämpfte Atmosphäre. Wenn es kriselt, kauft Edward Wendy einen imposanten Rosenstrauß. Wendy arrangiert die Blumen in einer Vase, und dann gehen beide aus, um gemeinsam den Abend außer Haus zu verbringen. Bei ihrer Rückkehr sind die Rosen schon verwelkt. »Sie hat es irgendwie vergessen, die Vase mit Wasser zu füllen, und sie hat die Rosen umkommen lassen«, sagt Edward. »Ich glaube, daß sie mir damit etwas sagen wollte.«

Es ist möglich, daß Wendy gar nicht merkt, wenn sie ihrem Mann gegenüber feindselige Gefühle hegt. Rachel spürt solche Gefühle bis in die Fingerspitzen. »Ich stehe auf dem Tennisplatz, und wir beide sind Partner in einem Doppel, und dann ertappe ich mich plötzlich dabei, daß ich anfange, gegen ihn zu spielen«, gibt sie zu. Immer, wenn sie ihren Mann haßt, sagt sie, »spiele ich für die gegnerische Seite. Ich will nicht, daß er gewinnt.«

Verborgene Phantasien sind eine weitere Möglichkeit, Haß in der Ehe ohne offenen Schlagabtausch auszuleben. Meine sanftmütige Bekannte Connie, eine äußerst unproblematische Frau, malt sich gelegentlich aus, wie das Flugzeug, in dem ihr Mann sitzt, ins Meer stürzt. Schlimmer noch: Sie stellt sich auch vor, wie sie sich seiner mit Hilfe eines Mafia-Killers entledigt:

»Ich glaube nicht, daß ich das wirklich so meine, aber es ist auch nicht so, daß ich es überhaupt nicht meine. Schon allein bei dem Gedanken daran wird meine Laune besser.«

Wenn ich gelegentlich mit verheirateten Männern und Frauen über Connies Phantasien spreche, sind viele *aufrichtig* entsetzt. Sie leugnen, jemals derartige Gedanken gehabt zu haben. Aber vielleicht sind solche Phantasien nicht die zerstörerischste Art, Haßgefühle in der Ehe zu bewältigen. Vielleicht, sagt der Psychoanalytiker Leon Altman, könnten wir besser lieben, wenn wir fröhlicher hassen könnten.

Und vielleicht könnten wir fröhlicher hassen, wenn wir uns immer wieder vor Augen führten, was Verhaltensforscher an Tierverhaltensweisen erkannt haben: Individuelle Nähe ohne Aggression gibt es nicht. Der Verhaltensphysiologe und Nobelpreisträger Konrad Lorenz kommt zu dem unumstößlichen Schluß: Ohne Aggression auch keine Liebe. Und Otto Kernberg schreibt, daß, weil wir oft daran scheitern, uns unsere Aggressionen einzugestehen, etwas entsteht, daß »eine tiefe Liebesbeziehung in eine Beziehung verwandelt ... der der eigentliche Kern der Liebe fehlt«.

Erikson bezeichnet die Jugendliebe als »einen Versuch, zu einer Definition der eigenen Identität zu gelangen«, indem wir unser Bild von uns selbst an einem anderen erproben. Die Sexualität Heranwachsender, sagt er, ist zudem großenteils ein Akt der ›Identitätssuche‹. Mit anderen Worten heißt das, daß diese geschlechtliche Liebe ein Bestandteil der Identitätskrise ist, von der Erikson sagt, sie gehöre zu einem normalen Lebenszyklus, eine Zeit, in der die Liebe, die wir empfinden, sich um uns dreht und es weniger darum geht, unseren Geliebten zu lieben, als uns selbst zu finden.

Unsere Liebe in der Adoleszenz ist auch in dem Maß ichbezogen – narzißtisch –, in dem wir unseren Geliebten idealisieren. Wahrscheinlich ist es zwar wahr, daß Verliebtsein, wie George Bernard Shaw einmal bemerkt hat, erfordere, daß wir den Unterschied zwischen einem Menschen und einem anderen gewaltig übertreiben. Aber pubertäre Liebe erreicht darin oft Extreme. Diese übermäßigen Idealisierungen erfüllen gelegentlich die Aufgabe, sich selbst Eigenschaften anzueignen, indem wir sie der Person zuschreiben, mit der wir uns identifizieren. Der Handel verläuft so: Ich bin nicht vollkommen, und daher denke ich mir dich vollkommen, und indem ich dich liebe, mache ich diese Vollkommenheit zu der meinen.

Im Verlauf einer normalen Entwicklung hin zu erwachsenen Formen der Liebe werden die narzißtischen Elemente weniger. Wir fangen an, diesen wirklichen Menschen dort draußen zu sehen. Wir bringen in die Beziehung unsere Fähigkeit ein, zu bestärken und fürsorglich zu sein, uns schuldig zu fühlen, wenn wir Leid verursachen, den Wunsch zu empfinden, den Schaden wiedergutzumachen und Trost zu spenden. Soweit der von uns geliebte Mensch wenigstens einige unserer Idealvorstellungen erfüllt, werden wir ihn in seiner Gesamtheit weiterhin als Ideal ansehen. Aber unsere Idealisierungen existieren Seite an Seite mit einer realen Kenntnis dieser Person. Wenn sich also aus unserer Liebe eine dauerhafte, eine erwachsene, reife und beständige Liebe entwickelt, wird uns diese Kenntnis mit unseren Enttäuschungen, mit unseren bitteren und bösen Gefühlen und mit unserem Haß konfrontieren. Aber sie wird uns auch für Dankbarkeit öffnen.

Dankbarkeit dafür, daß wir in unserer gegenwärtigen Liebesbeziehung etwas von den ersehnten Geliebten unserer Vergangenheit finden.

Dankbarkeit dafür, daß wir – in unserer gegenwärtigen Liebesbeziehung – etwas von dem bekommen, was wir in der Vergangenheit nie hatten.

Dankbarkeit dafür, daß wir mit Hilfe unserer Sexualität etwas von der symbiotischen Seligkeit unserer frühkindlichen Vergangenheit zurückholen können.

Dankbarkeit für das Gefühl, daß uns derjenige, der uns liebt, kennt und versteht.

Da wir jetzt frei von der Blindheit der Liebe sind, werden wir uns jedoch auch der Realität stellen müssen, daß andere Partner ebenfalls eine solche Dankbarkeit auslösen könnten, daß andere Ehen unsere Bedürfnisse befriedigen könnten – vielleicht sogar besser. Und von Zeit zu Zeit verspüren wir vielleicht auch wirklich das Verlangen nach anderen Beziehungen, ein Verlangen, dem wir – wenn unsere Liebe bestehen bleiben soll – meist nicht nachgeben. Sehnsucht danach und anschließender Verzicht können die reife Liebe tatsächlich noch erfüllter machen.

»Alle zwischenmenschlichen Beziehungen müssen enden«, ruft uns Otto Kernberg ins Gedächtnis, wenn er die Merkmale der reifen Liebe analysiert, »und die Bedrohung durch einen Verlust, ein Im-Stich-gelassen-werden und in letzter Instanz durch den Tod, ist dort am größten, wo die Liebe am tiefsten ist«. Aber das Bewußtsein darüber bietet mehr als nur einen Blick auf die erbarmungslose Wirklichkeit, »das Bewußtsein dessen«, schreibt er, »vertieft auch die Liebe«. In einem Gedicht, das von Illusion und Wirklichkeit handelt, liefert uns W. H. Auden Beschreibungen von Liebe. In der romantischen Version fängt er sarkastisch alle jungen Träume der Liebe ein:

Und unten am schäumenden Flusse
Hörte ich eines Liebenden Gesang
Unter einer Eisenbahnbrücke:
»Liebe hat kein Ende, nur einen Anfang.

Ich werde dich lieben, dich lieben,
Bis der Fluß über Berge springt
Und sich China und Afrika treffen
Und der Lachs auf der Straße singt.

Ich liebe dich, bis die Meere
Zum Trocknen an Leinen hängen

Und die Sterne so schnatternd wie Gänse
Sich oben am Himmel drängen.

Sollen Jahre doch rennen wie Hasen,
Bin's doch ich, der in Armen hält
Die Blume der Menschenalter
Und die erste Liebe der Welt.«

Dieser seligen Vision stellt Auden kraß alle erschreckenden Eingriffe der Zeit gegenüber, der Zeit, »die dort im Schatten lauert und hustet, wenn ihr euch küßt«, der Zeit, die die jugendlichen Träume der Ganzheit, des Glücks, der Erlösung, der Transzendenz und der Leidenschaft aushöhlt, der Zeit, die uns allmählich die Natur der Entscheidungen lehrt, die wir getroffen haben. Und so läßt Auden das Gedicht zu Ende gehen:

Oh, steh, steh dort am Fenster,
Wenn die Tränen brennen und schmerzen;
Lieb doch du deinen schandbaren Nachbarn
Mit deinem schandbaren Herzen.

Audens Lied von der vollkommenen endlosen Liebe, die andauert, bis China und Afrika sich treffen, könnte eine genaue Darstellung der Gefahren romantischer Verklärung sein. Mit Sicherheit werden die dauerhaft Liebenden etwas über den Kummer und die Schandbarkeit der Herzen hinzulernen. Und mit Sicherheit werden wir irgendwann beginnen, mutig auch den Entzauberungen ins Auge zu sehen, die Vertrautheit nun einmal mit sich bringt. Wir werden begreifen, welche Erwartungen wir uns gegenseitig einst erfüllen können.

Diese verlorenen Erwartungen sind notwendige Verluste.

Aber auf diesen verlorenen Erwartungen können wir unsere erwachsene Liebe aufbauen. Wir können, wenn auch weit weniger häufig, unter dem Sternenhimmel spazierengehen und uns zum Mond aufschwingen, während wir uns den Grenzen und der Zerbrechlichkeit der Liebe beugen. Und wir können durch Liebe und Haß hindurch diese hochgradig unvollkommene Beziehung bewahren, die unter dem Namen Ehe bekannt ist und in der geliebte Gefährten auch geliebte Feinde sind.

Indem wir uns immer wieder von neuem daran erinnern, daß es keine menschliche Liebe ohne Ambivalenz geben kann.

Und indem wir lernen, was wir mit unseren Träumen von der ewigen Liebe, in der es niemals Haß gibt, tun müssen – uns von ihnen lösen.

14.

Wie man Kinder verschont

Wenn Garp einen riesigen und naiven Wunsch hätte äußern dürfen, dann wäre es der gewesen, die Welt zu einer *sicheren* Welt machen zu können. Für Kinder und für Erwachsene. Die Welt erschien Garp unnötig gefährlich für beide.

John Irving

Der Kinder Leben sehen
Deren Eltern als gefährlich an
Mit Feuer, Wasser, Luft,
Und was sonst passieren kann;
Und manche, um der Kinder willen,
Ehe ein Unglück sie befällt,
Leeren die Welt und machen
So sicher wie ein Zimmer die Welt.

Louis Simpson

Unsere Phantasie träumt davon, Kinder vor jedem Unglück zu bewahren. Aber selbst hochtrabende Pläne für das Glück und Wohlergehen unserer Kinder können aus deren Sicht alles andere als ideal sein. Wir sehnen uns zwar danach, sie gegen die Gefahren und die Schmerzen des Lebens zu schützen, aber es gibt Grenzen dessen, was wir tun können und tun sollten.

Wie sich Kinder Schritt für Schritt von ihren Eltern lösen müssen, während wir uns von ihnen loslösen müssen. Und wahrscheinlich werden wir – wie die meisten Mütter (und Väter) – in einem gewissen Maß unter Trennungsangst leiden.

Weil nämlich die Trennung ein Ende der süßen Symbiose bedeutet. Weil die Trennung unsere Macht und unseren Einfluß einschränkt. Weil die Trennung uns das Gefühl gibt, weniger gebraucht zu werden, weniger wichtig zu sein. Und weil die Trennung unsere Kinder (vermeintlichen) Gefahren aussetzt.

Virginia Woolfs Heldin aus DIE FAHRT ZUM LEUCHTTURM setzt all ihren Einfluß ein, das Leben ihrer Kinder vor Schicksalsschlägen zu schützen. Ihre schöne Tochter Prue stirbt auf tragische Weise bei der Geburt ihres Kindes. Ihr Sohn Andreas mit der wunderbaren mathematischen Begabung wird während des Krieges in Frankreich mit einer Mine in die Luft gesprengt. In John Irvings GARP UND WIE ER DIE WELT SAH hört ein Kind das erste Mal das Wort Sog und stellt sich darunter eine schleimige aufgedunsene Kröte vor, ein gehässiges und boshaftes Geschöpf, das immer lauert und nur darauf wartet, uns nach unten zu ziehen und uns aufs Meer hinaus zu zerren. In der gefährlichen Welt solcher Kröten ist es schwierig und erschreckend, mit anzusehen, wie unsere Kinder die Sicherheit unserer Arme verlassen.

Viele Mütter glauben, ihre reale körperliche Gegenwart schirme ihre Kinder vor allem Unheil ab. Auch ich war früher (ich weiß, daß das lächerlich klingt) absolut sicher, daß meine Söhne, solange ich zur Stelle war, beispielsweise nicht an einem Stück Fleisch ersticken könnten. Warum? Weil ich wußte, daß ich sie immer wieder ermahnen würde, nur kleine Bissen in den Mund zu stecken und sorgfältig zu kauen. Und weil ich auch wußte, daß ich, wenn es wirklich zum Schlimmsten käme, nach einem Messer greifen und einen Luftröhrenschnitt durchführen würde. Wie viele Mütter sah ich mich – und sehe mich in mancher Hinsicht immer noch – als ihren Schutzengel an, als einen Schutzschild, der sie unverwundbar macht. Wenn ich auch zulassen mußte, daß meine Söhne immer mehr von dieser gefährlichen Welt allein erkunden, so verfolgt mich doch wie ein Spuk die

Angst, daß sie ohne mich immer weitaus mehr gefährdet sein werden.

Nicht nur den Müttern bereiten die Gefahren der Trennung Sorgen. Auch Väter verknüpfen Trennung und Gefahr miteinander. Ein Vater sagt, als sein Sohn gerade zu krabbeln anfing, sei er auch immer auf allen Vieren gekrochen und hinter ihm hergekrabbelt, »damit«, erklärt er, »ich eine Deckenlampe, die plötzlich hätte runterfallen können, auffangen könnte, ehe sie seinen Kopf getroffen hätte«.

In dem Gedicht, das zu Beginn dieses Kapitels zitiert wird, sinnt ein Vater, der seiner Tochter gute Nacht sagt, über die Gefahren nach, die außerhalb ihres Zimmers lauern. Er denkt aber weiter nach, nämlich darüber, was passieren würde, sollte er versuchen, sie dort festzuhalten:

Ein Mann, der das gefährliche Spiel
Von Kindern nicht erträgt,
Vertreibt sie aus seiner Nähe,
Indem er Hand und Stimme erhebt.
Aus den Augen, aus dem Griff entzieht sich
Der purzelnden Kinder Spaß;
Er sitzt an einem leeren Strand
In der Hand ein leeres Glas.

Er kommt zu dem Schluß, daß wir unsere Kinder trotz aller drohenden Gefahr gehenlassen müssen.

Wir fürchten die Trennung, weil sie nicht nur eine Bedrohung für Leib und Leben unserer Kinder darstellt, sondern auch für ihre — wie wir es sehen — zarte Psyche. Etliche Mütter haben mir gestanden, daß sie in jeder Situation, in der ihr Kind ›anderen Menschen ausgeliefert ist‹, dem jeweils Verantwortlichen jede Nuance und jedes Bedürfnis ihres Kindes schildern. Sie wollen diesem Menschen klarmachen, daß ihr Kind ruhig, aber scharfsinnig ist, daß es außer sich gerät, wenn man es bei den Mahlzeiten drängelt, daß es zwar robust wirken mag, aber im

Grunde genommen sehr sensibel ist oder daß man es niemals auffordern sollte, seine Baseballmütze abzusetzen, nicht einmal beim Abendessen oder in der Badewanne.

»Mir ist erst kürzlich aufgegangen, daß ich das Kind nicht losgelassen habe«, sagte eine Mutter zu mir. »Wohin mein Kind auch ging – ich war immer vor ihm da und habe mein Bestes getan, um seine Umgebung auf es einzustimmen.«

Manchmal wird uns nicht bewußt, wie schwer es ist, uns von unseren Kindern zu trennen, und daß wir sie zu sehr festhalten. Und dieses Fehlen bewußter Wahrnehmungen kann manchmal unser Trennungsproblem zu ihrem Problem machen. Wie in dem Fall einer Mutter, die ihren vierjährigen Jungen im Kindergarten abliefert, der sich dort sofort mit der Stecktafel beschäftigt.

»Auf Wiedersehen, ich gehe jetzt«, sagt seine Mutter zu ihm.

Der Junge blickt auf und verabschiedet sich vergnügt.

»Aber ich bin bald wieder da«, sagt seine Mutter.

Der Junge sagt, diesmal ohne aufzublicken: »Tschüß.«

»Ja, um zwölf Uhr bin ich wieder da«, versichert die Mutter ihrem Sohn, und dann fügt sie hinzu – als auch das seine Aufmerksamkeit nicht von der Tafel ablenken kann: »Mach dir keine Sorgen.« Nun hat der Junge sich endlich davon überzeugen lassen, daß ihr Aufbruch besorgniserregend ist: Er bricht in Tränen aus.

Schmerzliche Trennungserlebnisse aus der Geschichte *unserer* frühen Kindheit können Trennungen von unseren Kindern beeinflussen. Durch sie erleben wir die Vergangenheit noch einmal, und es kann sein, daß wir versuchen, sie wiedergutzumachen. Selena, die als Kind traumatisch auf Alleinsein reagierte, glaubte, ihre Abwesenheit bedeute für ihre Söhne die Hölle. Sie führt zwanghaft eine Art Reisetagebuch:

»In diese Bücher waren Bilder von mir und meinem Mann eingeklebt«, erklärte Selena. »Es waren auch Bilder von den Orten darin, an denen wir sein würden. Es waren

Zeichnungen darin, und es stand auch darin. ›Wir lieben euch. Fürchtet euch nicht. Wir sind bald wieder zusammen.‹« Vielleicht versucht sie damit, genau jene Form von Trost zu spenden, die sie selbst einst dringend gebraucht hätte.

Ihr jüngster Sohn Billy dagegen, ein ziemlich robuster Junge, sagte, als sie von einer bevorstehenden Reise sprach, er hoffe, sie würden es sich gutgehen lassen, »und du brauchst für uns nicht wieder eines von diesen blöden Reisebüchern zu machen«.

Unser Problem mit der Trennung ist nicht nur eine Frage der physischen Distanz; es geht auch um die emotionale Loslösung von unseren Kindern. Es kann vorkommen, daß wir sie vorschnell mit Beistand und Rat überschütten, etwa von der Art: »Mach das so« oder »Warte, ich mache das schon für dich«. Es kann uns Schwierigkeiten bereiten, unseren Kindern zu erlauben, das zu sein, was sie sein wollen, und, innerhalb vernünftiger Grenzen, das zu tun, was sie tun wollen. Wir können ihnen sogar zuviel Verständnis entgegenbringen.

Es gibt nämlich, ob Sie es nun glauben oder nicht, ein Geschöpf, das als die ›zu gute Mutter‹ bezeichnet wird, die Mutter, die beharrlich zuviel gibt, die Mutter, die die Entwicklung ihres Kindes behindert, indem sie es ihm nicht ›gestattet‹, Enttäuschungen zu erleben. Dieser Muttertypus versetzt sich oft so überstürzt und absolut in seine Kinder, daß diese gelegentlich zwischen ihren eigenen Gefühlen und denen ihrer Mutter nicht mehr unterscheiden können. Eine junge Frau, die Schwierigkeiten damit hatte, Empfindungen losgelöst von ihrer Mutter zu beurteilen, fügte nach einer entsprechenden Äußerung hinzu: »Jetzt, nachdem ich das gesagt habe, bin ich nicht sicher, ob ich mir das gedacht habe oder ob meine Mutter es sich gedacht hat oder ob ich nur geglaubt habe, daß meine Mutter gern gewollt hätte, daß ich das denke.«

Der Psychoanalytiker Heinz Kohut beschreibt die gestörten – oft emotional abgestumpften – Kinder von Eltern, die »ihnen von früh an oft und bis in alle Einzelheiten übermittelt hatten, was sie (die Kinder) dachten, wollten und fühlten«. Diese Eltern waren größtenteils weder kalte noch abweisende Menschen. Zudem traf ihre Behauptung, die Gefühle ihrer Kinder besser als die Kinder selbst zu kennen, tatsächlich weitgehend zu. Aber aus der Sicht ihrer Kinder wurden diese eilfertigen elterlichen Einsichten zu einer Bedrohung, die sich gegen ihr Ich richtete. Sie kapselten sich emotional ab, verbarrikadierten sich, um den innersten Kern dieses Ich vor der Gefahr zu schützen – vor der *Gefahr,* verstanden zu werden.

Eltern bereitet es oft Schwierigkeiten, ihre Kinder als losgelöste Einzelwesen anzusehen, die sich psychisch von ihnen entfernen. Mir ist von einer Mutter erzählt worden, die eines Tages, als sie ihre Tochter in die Schule brachte, einer anderen Mutter begegnete und zu plaudern begann: »Wir sind auf dem Weg in die Schule, und wir gehen wirklich sehr gern in die Schule, und es macht uns viel Spaß, und wir haben eine wunderbare Lehrerin«, bis sie von ihrem Kind unterbrochen wurde, das reichlich zornig sagte: »Nein, Mama, nicht *wir* gehen in die Schule – *ich* gehe in die Schule.«

Ein Teil der Fähigkeit, unsere Kinder loszulassen, besteht darin, sie als Individuen zu respektieren: Unsere Erwartungen an sie müssen *ihrer* Realität angepaßt werden. Schon vor ihrer Geburt nämlich träumen wir bewußt und unbewußt davon, wie wir uns unsere Kinder wünschen. Einige Experten behaupten sogar, unsere Vorstellungen von unserem neugeborenen Säugling seien schon so festgefahren, daß »eine Mutter unter Umständen ihre Vorstellung von dem ganz anderen Baby, das zu bekommen sie gehofft hat, aufgeben und dem Verlust dieses idealen Babys nachtrauern muß, ehe sie überhaupt ihre Ressourcen mobilisieren kann, um mit dem Baby umzugehen, das sie jetzt tatsächlich hat«.

Schon bei der Geburt und natürlich auch später färben Vorstellungen und Erwartungen unsere Beziehungen zu unseren Kindern. Wir erwarten von unseren Kindern, gewissermaßen als Erweiterung unserer selbst, daß sie uns vor der Außenwelt gut dastehen lassen – daß sie anziehend, gewandt, höflich und geistig rege sind. »Hör auf, auf deinen Nägeln rumzukauen«, faucht Dale ihre neunjährige Tochter an, »du blamierst mich.« Und das ist nur zum Teil ein Scherz.

Wir erwarten von unseren Kindern paradoxerweise aber auch, daß sie keine unserer negativen Eigenschaften haben. »Als ich in ihrem Alter war, war ich eine Heulsuse, ein Großmaul und ein Trampel«, sagt Rhoda. »Ich ertrage es nicht, wenn sie so ist.«

Unsere Kinder verkörpern eine Art zweite Chance für unser Leben, unser Ich. Deshalb sollen sie die Möglichkeiten, die wir ihnen bieten, dankbar ergreifen – Theater, Musik, Reisen, finanzielle Unterstützung, und – last not least – unser liebevolles Verständnis –, von dem »ich mir so teuflisch wünsche«, sagt Scott, »ich hätte es selbst so intensiv erfahren«.

Und da wir uns für bessere Pädagogen halten als unsere Eltern, erwarten wir, daß wir ›bessere‹ Kinder zustandebringen, als die, die sie zustandegebracht haben.

Auf ihrem ganzen Weg stellen wir in fast jedem erdenklichen Bereich Erwartungen an unsere Kinder – sei es die Form ihrer Ohren bei der Geburt, sei es, wie schnell sie lernen, selbst auf die Toilette zu gehen, wie weit und wie schnell sie mit elf einen Ball werfen können, ihre Noten, ihre erste Wahlentscheidung, mit wem sie im Alter von siebenundzwanzig schlafen, wie sie sich kleiden und was für einen Wagen sie fahren, wenn sie dreißig sind.

Manche unserer Erwartungen werden sich erfüllen, aber oft werden wir auch enttäuscht sein: Sie ist keine Leseratte. Er hat es nicht geschafft, in die Auswahl der Basketball-Mannschaft zu kommen. Ihr gefällt Ronald Reagan. Er mag nur Typen. Da sie unter unserem Dach aufwachsen, werden unsere Kinder direkt und versteckt mit unseren Wertvorstellungen, mit unserem Stil und mit unseren

Ansichten konfrontiert. Aber sie schließlich loszulassen, bedeutet, ihr Recht zu akzeptieren, über die Gestaltung ihres Lebens selbst zu bestimmen.

Auch uns von unseren Träumen für unsere Kinder zu lösen muß zu den notwendigen Verlusten gezählt werden.

Erich Fromm schreibt: »In der erotischen Liebe werden zwei Menschen, die Einzelwesen waren, zu einem. In der Mutterliebe werden zwei Menschen, die eins waren, zu Einzelwesen.« Dann fügt er hinzu: »Die Mutter darf die Loslösung des Kindes nicht nur dulden, sie muß sie wünschen und unterstützen.«

Zu Beginn vollführen Mutter und Kind eine Art Tanz, bei dem keiner der Partner den anderen ganz und gar führt, einen Tanz, bei dem der Rhythmus von Ruhe und Aktivität, von Distanz und Kontakt, von Geklapper und Stille von beiden Tanzpartnern bestimmt wird. Gemeinsam passen sich diese eine ganz bestimmte Mutter und dieses eine ganz bestimmte Kind den Stichworten für vor und zurück und den Reaktionen darauf an, und diese Synchronisation – diese ›Qualität des Zusammenpassens‹ – erleichtert dem Kind sowohl die innere Harmonie als auch seine erste Beziehung zur Außenwelt.

»Die Liebe der Mutter und ihre hohe Identifikation mit ihrem Säugling«, schreibt der Psychoanalytiker D. W. Winnicott, »machen ihr die Bedürfnisse des Kindes in einem Ausmaß bewußt, daß sie ihm mehr oder weniger am rechten Ort zur rechten Zeit gibt, was es braucht.«

Aber später, wenn das Kind sich entwickeln soll, muß sie allmählich und selektiv aufhören, die alles lindernde Mutter zu sein.

Winnicott, der sich zustimmend zu dem geäußert hat, was er als ›primäre Beschäftigung der Mutter‹ bezeichnet – die tagesfüllende Hingabe einer Mutter an ihr neugeborenes Kind –, schildert auch, wie wichtig ihre Bereitschaft ist, »loszulassen ... wenn es dem Kind eine Notwendigkeit ist, sich zu lösen«. Er kommt zu dem Schluß, daß es »für eine Mutter eine schwierige Angelegenheit ist, sich in derselben Geschwindigkeit von dem Kind zu lösen, mit der das Kind sich zwangsläufig von ihr lösen muß«. Es ist, wie er in seinen Arbeiten häufig bemerkt, die sorgsam abgestufte *Unterlassung* von Anpassungen einer Mutter, die so wichtig für die Entwicklung des Kindes ist. Nur, wenn die Mutter dies leistet, lernt es, langsam, Frustrationen zu ertragen, Realitätssinn zu erwerben und einen Teil dessen, was es braucht, auch zu bekommen.

Die Analytikerin Margaret Mahler hat in ihren fruchtbaren Studien zur Separation/Individuation festgestellt, daß »die emotionale Weiterentwicklung der Mutter in ihrer Mutterschaft, ihre emotionale Bereitschaft, sich von dem Kleinkind zu lösen, ihm wie eine Vogelmutter einen sachten Schubs zu geben, es zur Unabhängigkeit zu ermutigen, enorm hilfreich ist. Es kann sogar«, schreibt sie, »eine Conditio sine qua non der normalen (gesunden) Individuation sein«.

Sie alle sagen uns, daß wir, wenn es an der Zeit ist, loszulassen, auch loslassen müssen.

Die Fähigkeit, zur jeweils rechten Zeit festzuhalten und loszulassen, ist die natürliche, nicht erlernte Begabung der ›Mutter, die gut genug ist‹, die nicht Mutter Erde zu sein braucht – und auch keine Psychoanalyse braucht –, um jeweils das, was sie gerade tun muß, genau richtig zu machen. Die Mutter, die gut genug ist, schreibt Winnicott, ist die Mutter, die präsent ist. Sie liebt auf körperliche Weise. Sie sorgt für Kontinuität. Sie reagiert bereitwillig. Sie führt ihr Baby allmählich in die Welt ein. Und sie glaubt, daß es von Anfang an als ein menschliches Wesen existiert, das ein Recht auf sein eigenes Leben hat, das für sich steht.

Später, wenn es an der Zeit ist, sich zu lösen, wird diese Mutter, die gut genug ist, dabei helfen, indem sie ...

Aber lassen wir uns das von Søren Kierkegaard schildern:

Die liebende Mutter bringt ihrem Kind bei, allein zu laufen. Sie ist weit genug von ihm fort, um es nicht wirklich stützen zu können, aber sie streckt ihm ihre Arme entgegen. Sie ahmt seine Bewegungen nach, und wenn es stolpert, bückt sie sich flink, um es zu halten, so daß das Kind glauben könnte, es liefe nicht allein ... Und doch tut sie noch mehr. Ihr Gesicht lockt wie eine Belohnung, eine Ermutigung. Somit läuft das Kind allein, den Blick auf das Gesicht seiner Mutter gerichtet, nicht *auf die Hindernisse, die ihm im Weg liegen. Es stützt sich an den Armen, die es nicht halten, und strebt ständig in die Zuflucht der mütterlichen Umarmung, und dabei schöpft es kaum den Verdacht, daß es in genau dem Moment, in dem es betont, daß es sie braucht, beweist, daß es auch ohne sie zurechtkommt, denn schließlich läuft es ganz allein.*

Die notwendige, emotionale Lösung von Mutter und Vater ist kein einmaliges Ereignis unserer frühen Kindheit. Im Lauf der Definition ihrer selbst und des Ausweitens des Bereichs ihrer Autonomie werden unsere Kinder wieder und immer wieder an diesen Banden zerren. Und wir werden unsere Beziehung zu unseren Kindern modifizieren, sie nicht mehr nur als Jungen und Mädchen, sondern als Männer und Frauen ansehen, während sie viele Stadien der Trennung durchlaufen. »Jeder Übergang von einer Phase in die nächste«, schreibt die Psychoanalytikerin Judith Kestenberg, »stellt sowohl für die Eltern als auch für die Kinder eine Herausforderung dar, überholte Formen des Verhaltens im Umgang miteinander aufzugeben und ein neues System der Koexistenz anzuerkennen. Die Fähigkeit eines Elternteils, dieser Herausforderung von seiner Seite zu entsprechen, hängt von dessen innerer Bereitwilligkeit ab, das neue Bild, das das Kind von sich selbst gestaltet, anzunehmen und sich selbst ein neues Bild von seinem Kind zu machen.«

Ein Bild von einem losgelösten, robusten Kind, das es wahrscheinlich ohne seine Mutter schaffen wird.

Aber wird das Kind es auch wirklich schaffen?

Hier einige Notizen aus meiner Heimatstadt:

Drei der vier Bromfeld-Kinder nehmen ziemlich viel Rauschgift.

Der dreiundzwanzigjährige Sohn der Blakes hat Selbstmord begangen.

Die achtzehnjährige Tochter der O'Reillys ist mit Depressionen ins Krankenhaus eingeliefert worden.

Der siebzehnjährige Sohn der Chapmans hat Selbstmord begangen.

Die fünfzehnjährige Tochter der Rosenzweigs leidet an Anorexia nervosa.

Der älteste Sohn der Mitchells ist wegen Rauschgifthandels angeklagt.

Der jüngste Sohn der Kahns erlitt einen Nervenzusammenbruch und mußte in eine Klinik eingewiesen werden.

Die neunzehnjährige Tochter der Daleys ist ein Moonie.

Die sechzehnjährige Tochter der Farnsworths hat versucht, sich umzubringen.

Der siebzehnjährige Sohn der Millers ist von zu Hause ausgerissen.

Frage: Sind die Eltern dieser Kinder für all dieses Leiden und all diese Schäden verantwortlich zu machen?

Ein Brief von einer Mutter an den Kinderpsychologen Haim Ginott deutet darauf hin, daß viele Mütter glauben, es sei so:

Nicht eine von uns könnte willentlich etwas tun, um unsere Kinder geistig, moralisch oder emotional zu verkrüppeln, und doch tun wir genau das. Innerlich weine ich oft wegen Dingen, die ich gedankenlos getan oder gesagt habe, und ich bete, daß ich diese Vergehen nicht wiederholen werde. Vielleicht kommt es nicht zu einer Wiederholung, sondern dazu, daß etwas genauso Schlimmes statt dessen passiert, bis ich rasende Angst habe, ich könnte meinem Kind für den Rest seines Lebens einen Schaden zugefügt haben.

Die Angst, von der diese Frau spricht, ist uns bestürzend vertraut. Es ist eine Angst, die fast alle Mütter gemein haben: daß unsere Mängel als Menschen und als Eltern unseren Kindern einen bleibenden Schaden zufügen und daß selbst unsere besten Absichten sie nicht davor bewahren können.

Ellen sagt:

»Ich hatte mir gelobt, rational, vernünftig, verständig und gerecht gegenüber meinen Kinder zu sein, auf eine Weise, auf die meine Mutter es mir gegenüber nie war. Ich habe mich öfter, als daß ich es noch zählen konnte, dabei ertappt, daß ich absolut unvernünftig und ungerecht war. Ich erinnere mich genau daran, daß ich gedacht habe, wie dumm es doch von ihr war, sich von mir freizukaufen – nahezu erniedrigend. Und dann ertappe ich mich dabei, daß ich meine Kinder genauso abspeise. Ich kann mich genau erinnern, wie ich, ehe ich selbst Kinder hatte, über Mütter dachte, die in Supermärkten ihre Kinder demütigen, bis sie in Tränen ausbrechen, die sie anschreien und die sich ihnen gegenüber absolut gemein und ekelhaft und rundum unvernünftig verhalten. Ich erinnere mich noch genau, daß ich gedacht habe, daß ich nie, nie, nie in meinem ganzen Leben etwas Derartiges tun würde. Aber ich habe es getan.«

Trotz aller Entschlossenheit werden wir uns manchmal dabei ertappen, unsere Kinder auf genau die Weise zu mißhandeln, auf die wir selbst mißhandelt wurden. Und in verschiedenen anderen Verkleidungen, wobei wir Töchtern und Söhnen Rollen in unserem Drama zuschreiben, können wir schmerzliche Erlebnisse unserer eigenen Geschichte wieder in Szene setzen. Es gibt nämlich, wie wir erfahren haben, den Wiederholungszwang, das zwanghafte Bedürfnis, die wesentlichen Beziehungen unserer Vergangenheit zu wiederholen, darunter auch die Entbehrungen und Leiden, die begrabenen Ressentiments und die Wut, die wir erfahren haben, als wir selbst noch Kinder waren.

Von Psychiatern wissen wir, daß »der Hang Erwachsener, alte Ängste und Konflikte mit neuen Personen nachzuspielen, auch wenn das oft unabsichtlich geschieht, mit erschreckender Häufigkeit den Frieden des Familienlebens stört«. Und manchmal besetzen wir mit unseren Kindern die Rollen unserer Mutter oder unseres Vaters oder die der glühend beneideten Schwester, und wir wiederholen mit ihnen, was wir damals getan haben – oder gern getan hätten.

Wenn wir uns dabei ertappen, daß wir die schmerzlichen Schemata früherer Beziehungen wiederholen, fürchten wir, wir könnten unseren Kindern bleibende Schäden zufügen. Wir können auch das Gefühl haben, daß wir aufgrund der Wut, die wir manchmal auf sie haben, die Ursache anhaltender emotionaler Verletzungen sein könnten.

In ihrem Buch THE MOTHER KNOT stellt die Schriftstellerin Jane Lazarre fest, daß Frauen sich als Individuen selbstverständlich stark voneinander unterscheiden, es aber »dennoch in diesem Kulturkreis nur ein Bild von der ›guten Mutter‹« gibt. »Im schlimmsten Falle ist dieses Mutterbild das einer tyrannischen Göttin von erstickender Liebe und mörderischem Masochismus, dem wohl keine von uns nacheifern kann oder auch wollen sollte. Aber selbst im besten Fall ist die Mutter ... auf stille Weise empfänglich und intelligent und bescheiden; ihre Gemütsverfassung ist ausgeglichen, und fast immer hat sie ihre Gefühle unter Kontrolle. Sie liebt ihre Kinder absolut und ohne jede Ambivalenz.

Die meisten von uns«, schließt Jane Lazarre, »sind nicht so wie sie.«

Und wir fürchten, daß unsere unvollkommene Liebe unseren Kindern Schaden zufügen könnte.

Eine nicht ambivalente Liebe, eine Liebe, die für ihre Verbundenheit keine Bande braucht, wird nämlich, so glauben wir, unseren Kindern zu emotionalem Wohlbefinden verhelfen, wird sie vor Drogen, Depressionen, verkorksten Beziehungen und verletzter Selbstachtung bewahren, und das trotz unserer fast unzählbaren eigenen Fehler, Nachlässigkeiten und gescheiterten Versuche. Wir vertrauen darauf, daß die vollkommene Liebe einer Mutter, ganz gleich, was wir auch ansonsten tun mögen, unsere Kinder gerüstet in die kalte, harte Welt hinausschickt. Sie werden ›blühen und gedeihen‹, weil wir sie lieben, aber welche Hoffnung sollte schon für sie bestehen, wenn wir manchmal wütend sind, sie manchmal gar ... hassen?

Winnicott zählt einige Gründe auf, aus denen eine Mutter ihr Kind hassen könnte, und beweist damit sein umfassendes Verständnis von der Mutterrolle und ihrer Ambivalenz:

Das Baby ist ein Störfaktor in ihrem Privatleben ...

Es ist unbarmherzig, behandelt sie wie den letzten Dreck, ein unbezahltes Dienstmädchen, eine Sklavin.

Seine aufgekratzte Liebe ist berechnend, denn wenn es erst hat, was es wollte, wirft es sie weg wie eine Orangenschale.

Es ist argwöhnisch, verweigert ihr gutes Essen und läßt sie an sich selbst zweifeln, aber bei seiner Tante ißt es brav.

Nach einem gräßlichen Vormittag verläßt sie mit ihrem Kind das Haus, und es lächelt einen Fremden an, der daraufhin sagt: »Ist es nicht süß?« Wenn sie am Anfang etwas falsch macht, weiß sie, daß es ihr das in alle Ewigkeiten heimzahlen wird.

Für diesen Kinderarzt, der Analytiker wurde, war es absolut einleuchtend, daß eine Mutter, die ihr Baby liebt, es auch hassen kann. Aber die meisten von uns empfinden Ängste, wenn sie vor solchen Gefühlen stehen, fühlen sich schuldbewußt und fürchten, wir seien die böse Kröte geworden, die Kinder unter die Wasseroberfläche zieht.

»Ich bin wütend auf mein Baby ...«, gesteht Jane Lazarre ein, als sie das Ende eines langen, harten Tages als Mutter beschreibt. »Ich schreie ihm in sein kleines Gesicht, weil es endlos heult, und ich packe es grob in sein Kinderbett. Dann reiße ich es schnell in meine Arme, beschütze es vor seiner wahnsinnigen Mutter und fürchte, daß ich ...

mein Kind noch um den Verstand bringen werde. Wenn ich die Experten nämlich recht verstehe, geschieht das ziemlich schnell.«

Das stimmt nicht.

Dagegen trifft zu, daß wir uns mit Material über Kindererziehung vollstopfen und anstreben können, reifer und bewußter zu werden, aber nichts von alledem wird uns davor bewahren, daß wir an unseren Kindern manchmal scheitern und sie falsch behandeln. Zwischen Theorie und Praxis tut sich nämlich eine große Kluft auf. Auch reife, der Reflexion fähige Menschen sind unvollkommen. Irgendein Vorfall in unserem Leben kann uns derart beschäftigen oder deprimieren, daß wir, wenn unsere Kinder uns brauchen, zu sehr von uns selbst in Anspruch genommen sind. Unsere Mutter stirbt, unser Mann ist uns untreu, wir haben Probleme mit der eigenen Gesundheit, Ärger mit der Arbeit, und wir haben zwar gar nicht vor, uns vor unseren Verpflichtungen gegenüber unseren Kindern zu drücken, aber eine Unmenge von ablenkenden Emotionen reißt uns fort.

Wir alle werden die Hoffnung aufgeben müssen, es sei nur eine Frage des Willens und des Aufwandes, für unsere Kinder immer genau das Richtige zu tun. Die Beziehung ist unvollkommen und Fehler sind unvermeidlich.

Die Einsicht, daß wir als Mütter und Väter fehlbar sind, gehört auch zu unseren notwendigen Verlusten.

Und Menschen sind schon immer von fehlbaren Menschen erzogen worden. Wir brauchen nichts weiter zu sein als gut genug. Und wenn wir uns von unseren Kindern lösen, können wir, die Mütter, die ›gut genug‹ sind, davon ausgehen, daß wir ihnen das richtige – emotionale – Rüstzeug mitgegeben haben. Dennoch müssen wir uns immer wieder ins Gedächtnis rufen, daß wir die bestmöglichen Eltern gewesen sein können, die es nur irgend geben kann – liebevoll, umsorgend, geduldig, zuverlässig, zärtlich, bestätigend, einfühlsam und aufopfernd –, und daß es trotzdem vorkommen kann, daß unsere Kinder, wie die dieser Bromfelds und Chapmans und Millers und wie auch andere Kinder, es ›dort draußen‹ nicht schaffen.

Darin liegt das, was manche Psychiater als das wahre elterliche Dilemma ansehen: Ganz gleich, wieviel Zeit und Zuwendung wir unseren Kindern widmen, das Ergebnis liegt nicht ganz und gar in unserer Macht. Was unseren Kindern an Positivem und Negativem zustößt, hängt nämlich auch von der Welt außerhalb der Familie ab. Es hängt auch von der Welt in den Köpfen der Kinder ab. Es hängt auch vom Wesen der Kinder ab, von dem Wesen, das sie von Geburt an haben. Und von Anfang an, vom allerersten Moment an, hängt es auch davon ab, wie gut der Kontakt zwischen dem Individuum Baby und dem Individuum Mutter ist.

Die alte Auffassung, ein Baby sei ein unbeschriebenes Blatt – eine Tabula rasa – oder ein unbegrenzt formbarer Klumpen Ton, ist in den letzten Jahren der Erkenntnis gewichen, daß Babys mit einem ganz bestimmten Naturell und ganz bestimmten Fähigkeiten geboren werden. Der zunehmend erweiterte Bereich der Säuglingsforschung hat gezeigt, daß Babys weit mehr und viel früher mit Informationen ausgerüstet sind, als man einst glaubte. Es ist darüber hinaus erweisen, daß jedes einzelne Baby sich von der Geburt an – wie eine Schneeflocke – von jedem anderen Baby unterscheidet.

Es gibt ›saftige‹ lebenslustige Babys, die ein Maximum an Bereitschaft mitbringen, sich auf diese Welt einzulassen. Es gibt passive Babys, die dazu neigen, sich eher schnell auszuklinken. Es gibt Babys, die so hypersensibel sind, daß die Berührung oder die Stimme der Mutter schon als Bedrohung empfunden wird. Freud stellte schon vor langer Zeit »die entscheidende Bedeutung angeborener (konstitutioneller) Faktoren« fest und beobachtete, daß Erbanlagen und Zufall gemeinsam »das Schicksal eines Menschen bestimmen – und selten oder nie eine der beiden Kräfte allein«. Die derzeitige Forschung bestätigt, daß Säuglinge mit bestimmten Eigenschaften geboren werden, die wir als Eltern ihnen weder übermitteln noch in ihnen unterdrücken können. In den ersten Anfangsstadien hängt das Gefühl des Wohlergehens bei einem Baby entscheidend davon ab, wie es und (in erster Linie) seine Mutter ›zusammenpassen‹.

Zusammenpassen bedeutet, wie wir bereits gesehen haben, die Art und Weise, auf die eine Mutter und ein Kind sich aufeinander einstellen, ein fortschreitender emotionaler Dialog, in dem fortwährend Stichworte und Reaktionen ausgetauscht werden und der, wenn alles gutgeht, die Entwicklung unterstützt. Manchmal aber klappt dieses Zusammenspiel ›schlecht‹ oder gar nicht. Nicht etwa, weil entweder die Mutter oder das Baby ›schlecht‹ sind, sondern weil ihre jeweilige Art und ihr jeweiliger Rhythmus nicht miteinander in Einklang zu bringen sind. Und manchmal kann eine schiefe Konstellation – beispielsweise ein passives Baby und eine energiegeladene Mutter – dem Baby das Gefühl geben, ständig bedrängt zu werden, und der Mutter, ständig zurückgewiesen zu werden. Daraus kann sich eine Spirale von Unbehagen, Enttäuschung, Mißverständnis formen, die im späteren Leben noch Probleme bereitet. Der Psychoanalytiker Stanley Greenspan, Leiter des Clinical Infant Development Program am National Institute of Mental Health und eine der führenden Persönlichkeiten in der Säuglingsforschung, führt folgendes Beispiel für schlechtes Zusammenpassen, für die Disharmonie angeborener Eigenschaften an:

Mrs. Jones bringt ein kräftiges, lebhaftes Baby zur Welt. Sie empfindet seine eifrigen Aktivitäten als ›entsetzlich‹. Vielleicht ist sie, sagt Greenspan, mit einem Nervensystem geboren, das bei entsprechenden Stimuli schnell zu Reizüberflutung neigt. Sie liebt ihr Baby, und sie meint es sehr gut mit ihm, aber es kann dennoch vorkommen, daß sie sich vor seiner – wie sie es empfindet – erschreckenden Aggressivität zurückzieht. Dieser Entzug kann zu einer ernsten Beeinträchtigung seiner normalen Entwicklung führen. Sie ist keine schlechte Mutter. Das Kind ist kein ›schlechtes‹ Baby. Aber beide bilden eben eine schlechte Konstellation.

Schlechte Konstellationen beginnen gelegentlich auch damit, daß eine liebevolle Mutter ein Baby mit äußerst schwierigem Temperament bekommt. Sie ist daran weder ursächlich noch gar schuldhaft beteiligt. *Der Säugling ist so geboren.* Und doch können diese Babys mit ihren Kollern und Koliken, mit dem Wirbel, den sie machen, mit ihren Wutanfällen, bei denen der ganze Körper steif wird, mit ihrem ständigen Heulen und ihrer Untröstlichkeit – Babys, die diese Reaktionen vom allerersten Tag an zeigen – eine recht kompetente Mutter (und *deren* Mutter und auch einige ihrer Freunde) durchaus davon überzeugen, sie sei ein Versager. Aus dieser vorgeblichen Erkenntnis, aus dem Urglauben, sie hätten ihr einst makelloses Baby gewissermaßen verdorben, können quälende Schuldgefühle entstehen.

Wenn es nicht gelingt, sie davon zu überzeugen, daß sie an dieser Disharmonie unschuldig sind, ist das Problem einer solchen Mutter-Kind-Beziehung oft unlösbar.

Das Bewußtsein darüber, wie wichtig diese subtile Frage des Zusammenspiels von Mutter und Baby ist, beginnt sich durchzusetzen. Es gibt Kliniken, in denen durch ein Beobachten von Müttern und Babys in ihrem Umgang miteinander Anleitungen zu einer Verbesserung der Konstellation gegeben werden. Dr. Greenspan beispielsweise würde Mrs. Jones dabei helfen, ihr Baby als aktiv und nicht als aggressiv anzusehen. Sie würde sich immer noch vor ihm fürchten, sagt er, aber sie wäre weniger zurückhaltend. Durch diese Veränderung, sagt Greenspan, »könnten wir das Baby durch die Stadien der frühen Entwicklung eines Ichs bringen«. Aber: »Es werden nach wie vor Spannungen zwischen Mrs. Jones und ihrem Baby bestehen«, räumt Greenspan ein. »Und wir können nicht voraussagen, wie es später diese Spannungen bewältigen wird.«

Wir haben davon gesprochen, was Mütter und Väter für und in ihre Elternrolle mitbringen. Die Sache ist aber die, daß auch unsere Neugeborenen etwas mitbringen. Wenn ein männlicher Säugling sich den Zärtlichkeiten seiner Mutter widersetzt, weil die ihm als Einengung erscheinen, wenn ein weiblicher Säugling als Reaktion auf die Stimme seiner Mutter anfängt zu weinen und von Kopf bis Fuß erstarrt, weil er überempfindlich auf Geräusche reagiert, wenn ein Baby immer dann, wenn seine Mutter es mit neuen Erfahrungen konfrontiert, zurückschreckt, weil es von Natur aus ›langsam für Dinge zu erwärmen ist‹, werden wir nachdrücklich daran erinnert, daß Mütter schon in ihren Neugeborenen kleine Individuen vor sich haben. Mit Erleichterung – oder ist es Bedauern? – müssen wir akzeptieren, daß der elterliche Einfluß hier an seine Grenzen stößt.

Trotz dieser Individualität des Säuglings sind seine Eltern von Anfang an Gestalter seiner Umgebung. Selbst dann, wenn wir und unser Baby von unserem Temperament her nicht miteinander im Einklang stehen, können wir uns seinen Bedürfnissen mit Hilfe von außen, mit Hilfe einer eigenen Weiterentwicklung und durch ein Verständnis dessen, was hier vorgeht, stärker anpassen und unser Zusammenspiel verbessern. Wenn wir akzeptieren, daß die Ereignisse der Kindheit eine große Rolle spielen, werden wir sicher versuchen, deren Verlauf günstig zu beeinflussen. Aber das, was in der Kindheit ›geschieht‹, umfaßt sowohl die äußeren Ereignisse – das, was tatsächlich *dort draußen* mit den Kindern geschieht – als auch die inneren Ereignisse –, das, was *dort drinnen* mit ihnen geschieht.

Unser Einfluß auf die Dramen, die sich an beiden Schauplätzen abspielen, ist beschränkt.

Wir können unseren Sohn nämlich nicht davor bewahren, daß er der kleinste Junge seiner Schulklasse ist, und wir können unsere Tochter nicht davor bewahren, daß sie eigenartig aussieht, und wir können sie nicht davor bewahren, daß unsere Kinder unsportlich sind oder Lernschwierigkeiten haben. Wir können sie vor ›Feuer, Wasser und Luft‹ nicht beschützen und auch nicht davor, daß sie einen

Elternteil durch Tod oder Scheidung verlieren. Ganz gleich, wie sehr wir sie auch lieben, kann es doch sein, daß unsere Liebe nicht ausreicht, um sie vor Gefühlen der Unzulänglichkeit oder der Einsamkeit zu bewahren.

Manche pädagogischen Richtlinien hören sich wie Rezepte für Psychotiker an, dagegen können wir die geistige Gesundheit und die Stärke unserer Kinder unterstützen. Es gibt positive Erfahrungen, zu denen wir unseren Kindern mit Sicherheit verhelfen können, und es gibt potentiell schädliche Ereignisse draußen in der Welt, gegen die man mit Sicherheit alle Kinder abschirmen sollte. Andererseits werden sich, da jedes Kind mit bestimmten Eigenschaften, mit bestimmten Verhaltensweisen und mit bestimmten Vorlieben geboren wird, mit bestimmten ›Gegebenheiten‹, seine Natur und die Erziehung, die man ihm angedeihen läßt, auf einzigartige und manchmal unvorhersagbare Weise gegenseitig beeinflussen. Zu dieser Wechselwirkung kommt es nicht nur in der Außenwelt, sondern auch in dieser inneren Welt, die zwischen seinen Ohren liegt. Somit sind es nicht nur die Erfahrungen eines Menschen, sondern es ist auch die Art und Weise, auf die er seine Erfahrungen erfährt, was ihnen ihre psychologische Bedeutung verleiht.

Die Eltern von Shelley Farnsworth, die mit sechzehn einen Selbstmordversuch unternommen hatte, suchen Erklärungen dafür in der Vergangenheit.

Shelley war ein sehr kleines untergewichtiges und empfindliches Baby. Mrs. Farnsworth hatte entsetzliche Angst, sie könne sterben. Hat sie Shelley diese Angst übermittelt?

Die Farnsworths machten einen langen Urlaub, als Shelley erst ein Jahr alt war. Vielleicht hat sie gefürchtet, sie kämen nie mehr zurück.

Die Farnsworths bekamen ein zweites Kind, als Shelley 18 Monate alt war. Im nachhinein gesehen war das zweifellos zu früh.

Die Farnsworths zogen um, als Shelley neun Jahre alt war. Ortswechsel können, wie jeder weiß, sehr verstören.

Als Shelley zwölf war, geriet die Ehe der Farnsworths in eine schwere Krise. Wie haben sich die Spannungen und die erbitterten Kämpfe auf die Tochter ausgewirkt?

Shelley hat mit 13 Jahren angefangen, Haschisch zu rauchen. Die Farnsworths mißbilligten das, nahmen es aber nicht wirklich ernst.

In Shelleys zweitem Jahr in der High School begannen die Farnsworths, Druck auf sie auszuüben, weil sie wollten, daß sie gute Noten bekommt und ein gutes College besucht. War der Druck zu groß?

In ihrem ersten Jahr am College schluckte die schöne, intelligente und geliebte Tochter der Farnsworths eine Überdosis Schlaftabletten.

Hat einer der Faktoren oder haben alle diese Faktoren gemeinsam, die die Farnsworths als ihre Schuld auflisten, Shelley dazu gebracht, sterben zu wollen? Oder hat einer dieser Faktoren oder haben alle Faktoren gemeinsam angeborene Verletzbarkeiten zu sehr belastet?

Wir können nicht wissen, ob die Geschichte anders ausgegangen wäre, wenn sie irgend etwas getan oder nicht getan hätten.

Wir können es beim besten Willen nicht wissen.

Freud glaubte ursprünglich, daß ein traumatisches äußeres Ereignis – eine sexuelle Verführung in der Kindheit – die Ursache neurotischer Probleme im Erwachsenenleben ist. Später kam er zu der Überzeugung, daß die meisten sexuellen Geschichten, die auf der Couch des Psychiaters erzählt wurden, der Phantasie entspringen. Darauf aufbauend schloß Freud, daß die Wunschvorstellungen des menschlichen Unbewußten (und die Konflikte und Schuldgefühle und Ängste, die sie hervorrufen) sein Leben so beeinflussen wie ›wirkliche‹ Geschehnisse. Die Umkehrung dessen wäre, daß die Art und Weise, auf die das menschliche Unbewußte auf ein ›wirkliches‹ Ereignis reagiert, die Form der Auswirkung bestimmen kann, die es auf das Leben hat.

Einerseits gibt es dann Zeiten, in denen die äußere Welt

eines Kindes, seine ›reale‹ Welt, zwar recht freundlich aussieht, seine innere Welt es aber mit Ängsten überschwemmen kann.

So kann beispielsweise der ödipale Junge, wenn seine Gelüste auf die Mutter besonders stark und seine Träume vom Vatermord besonders blutrünstig sind, sich den Vater als extrem gefährlich und zu hohen Strafen neigend vorstellen. Als Erwachsener kann dieser Junge später, wenn er seine erschreckenden Lust-und-Strafe-Phantasien aufarbeitet, Probleme bekommen, kann in der Arbeit oder in der Liebe oder in beiden Bereichen unter Angst vor dem Erfolg leiden – und das nicht etwa, weil seine jugendlichen ödipalen Triebe zerstört wurden, sondern weil sie so eindringlich waren und er sich so sehr vor ihnen gefürchtet hat.

Andererseits gibt es Kinder, die aus den grausamsten realen Ereignissen gesund und intakt hervorgegangen sind.

Forschungen erweisen nämlich, daß nicht jeder, der eine verheerende Kindheit durchgemacht hat, zu einem kaputten Erwachsenen heranwächst. Manche Jungen und Mädchen weisen angesichts von Bedrohungen und Verlusten unglaubliche Fähigkeiten auf, sich anzupassen, zu überleben und sich zu behaupten. Es gibt Kinder, deren spätere Errungenschaften im Leben, trotz einer alptraumhaften Vergangenheit und trotz ›seelenzerstörender‹ Erfahrungen, uns großen Respekt »vor dem enigmatischen, widersprüchlichen Wirken der Seele« lehren. So der Psychoanalytiker Leonard Shengold. Er beobachtet:

Menschen sind geheimnisvoll erfinderisch, und manche überleben eine derartige Kindheit mit ... Seelen, die nicht narbenlos oder unverbogen sind, aber zumindest teilweise intakt ... Warum das so sein sollte, ist geheimnisvoll; zum Teil ist es durch naturgegebene Erbanlagen zu erklären. Was war es, was eine meiner Patientinnen, deren Eltern beide psychotisch waren, dazu befähigt hat, im Alter von vier Jahren der wirkliche Elternteil der Familie zu werden

– ein geistig gesunder, andere umsorgender Mensch, der in der Lage war, den Geschwistern zu helfen und sich sogar um die psychotischen Eltern zu kümmern? Darauf habe ich keine angemessene Antwort parat.

Aber das psychische Überleben dieser wenigen ist kein Gegenbeweis, wenn es um das destruktive Potential geht, das falsche Behandlung in früher Kindheit bringt. Genausowenig beweist der psychische Schaden, den Kinder in einer positiven Umgebung davontragen können, daß eine gute Behandlung und ein sorgsamer Umgang in der frühen Kindheit Zeitvergeudung ist. Freud hat zwar einmal festgestellt, »daß, soweit es um die Neurose ging, die innere Wirklichkeit von größerer Bedeutung war als die äußere Wirklichkeit«, aber trotzdem ist es klar, daß tatsächliche Akte der Beraubung, der Eingriffe und der Grausamkeit in der Kindheit eine Bedrohung für die psychische Wirklichkeit der meisten Kinder darstellen. Es steht fest, daß das ständige Wechselspiel der inneren und der äußeren Wirklichkeit die Persönlichkeit des Menschen bildet.

Es ist wahr, daß es in jedem Alter zu emotionalen Schäden kommen kann. Es ist wahr, daß ein Mensch sein Leben lang seine früheren Erfahrungen ändern und wiedergutmachen kann. Es ist auch wahr, daß der Zusammenhang zwischen frühen Erfahrungen und der zukünftigen psychischen Gesundheit derzeit von einigen angesehenen Experten für kindliche Entwicklung in Frage gestellt wird. Offensichtlich schlägt sich dieses Buch auf die Seite derer – die Mehrheit, glaube ich –, die daran festhalten, daß das, was sich in der Kindheit abspielt, eine gewaltige Rolle spielt, die daran festhalten, daß die ersten Lebensjahre die entscheidenden und verletzlichsten Jahre unserer Kinder sind, weil ihre Psyche – ihre Seele – beginnt, Gestalt anzunehmen. Aber wir müssen einsehen, daß auch dann, wenn wir das Gefühl der Schuld dem der Hilflosigkeit vorziehen, dem elterlichen Einfluß Grenzen gesteckt sind. Wir müssen einsehen, daß sowohl in der Außenwelt als auch in der Welt in ihrem Kopf Gefahren für das Leben dieser Kinder bestehen, die wir verzweifelt – so verzweifelt – beschützen wollen, Gefahren, die abzuwenden nicht in unserer Macht steht.

In seinen Memoiren SPRICH, ERINNERUNG, SPRICH beschreibt Vladimir Nabokov die Erfahrung, seinem neugeborenen Sohn in die Augen zu schauen und die Schatten »alter Sagenwälder zu sehen, in denen es mehr Vögel als Tiger gab, mehr Früchte als Dornen«. Unsere Vorstellung ist die, daß wir dafür sorgen können, daß es so bleibt. Unsere Vorstellung ist die, daß wir als gute und liebende Eltern die Tiger und die Dornen in Schach halten können. Unsere Vorstellung ist die, daß wir unsere Kinder vor allem bewahren können.

Die Realität sieht so aus, daß wir spätabends noch wach sind, wenn unsere Kinder außer Haus sind und das Telefon läutet. Die Realität wird uns immer wieder daran erinnern – in diesem Augenblick, in dem uns das Herz stehenbleibt, ehe wir den Hörer abnehmen –, daß alles, auch jeder erdenkliche Schrecken möglich ist. Aber obwohl die Welt gefährlich ist und das Leben der Kinder von ihren Eltern als gefährdet angesehen wird, müssen sie doch fortgehen, und wir müssen sie gehen lassen. Und hoffen, daß wir sie für die Reise gut gerüstet haben. Hoffen, daß sie im Schnee ihre Stiefel anziehen. Hoffen, daß sie, wenn sie fallen, wieder aufstehen können. Hoffen.

Wer hat gesagt, die Zärtlichkeit
Mache das Herz zu Stein?
Möge ich ihre Schwäche ertragen,
Als sei sie mein.
Viel besser gute Nacht zu sagen
Zu atmendem Fleisch und Blut
Jede Nacht, als seien die Nächte
Immer nur und nichts and'res als gut.

15.

Familiäre Gefühle

> Tochter bin ich in meiner Mutter Haus,
> Aber Herrin in meinem eigenen Haus.
> Rudyard Kipling

In unseren Zwanzigern und frühen Dreißigern legen wir uns diese zweite Familie zu, in der wir verantwortliche Erwachsene sind. Wir können uns sogar vorstellen, daß wir eine ganz neue Familie – gewissermaßen ohne Vorgeschichte – schaffen. Aber selbst wenn wir nach Australien ziehen – oder sogar auf den Mond –, können wir uns nicht so leicht von unserer ersten Familie, von unserer ursprünglichen Familie lösen, aus diesem feingesponnenen Netz von Beziehungen, das uns, wenn auch unvollkommen, miteinander verbindet.

In unseren Zwanzigern und frühen Dreißigern sind wir Liebende und Berufstätige und Freunde. Wir sind Ehegatten und Eltern. Aber wir bleiben auch weiterhin, manchmal auf eine Weise, die uns gar nicht paßt, die Kinder unserer Eltern.

Unsere Familie, unsere erste Familie, war nämlich die Umgebung, in der wir ein losgelöstes Ich, ein Individuum geworden sind. Sie war auch die erste soziale Gemeinschaft, in der wir gelebt haben. Und als wir von dort fortgegangen sind, haben wir die vielen entscheidenden und prägenden Lektionen, die uns dort erteilt worden sind, mitgenommen. Wir bleiben innerlich mit dieser Familie verbunden, ganz gleich, wie sehr wir es auch anstreben, von uns selbst erschaffen zu sein. Die meisten von uns sind dieser Familie – wenn auch auf eine distanzierte, pflichtbewußte und oberflächliche Weise – noch äußerlich verbunden.

Aber auch, wenn wir die Verbindung bestehen lassen – die innere Verbindung, die äußere Verbindung –, ringen wir doch weiterhin darum, uns gegen unsere Familie abzugrenzen. Wir lernen es, die Welt durch unsere eigenen Augen und nicht mehr durch die unserer Eltern zu sehen. Wir beurteilen immer wieder von neuem die Rollen, die unsere Eltern uns bewußt und unbewußt zugeteilt haben. Wir nehmen Familienmythen unter die Lupe – unausgesprochene oder ausgesprochene Thematiken und Vorstellungen, die unsere Familie als eine Gruppe charakterisiert haben.

Auch wenn wir die Verbindung aufrechterhalten, gibt es Dinge, die wir aufgeben müssen, um die Herrin (oder der Herr) in unserem eigenen Hause zu sein.

Es kommt, wieder einmal, zu einigen notwendigen Verlusten.

Der kollektive Charakter einer Familie kann für die Außenwelt deutlich erkennbar und als ›verbindendes Merkmal‹ wahrgenommen werden. Manchmal erscheint es leicht, einer Familie einen Stempel aufzudrücken. Die Bachs waren eine musikalische Familie. Die Kennedys waren eine ehrgeizige, sportive Familie. Und unsere erste Familie war vielleicht eine vornehme, eine naturverbundene oder eine intellektuelle Familie. Ein verbindendes Merkmal ist das Gesicht einer Familie vor der Öffentlichkeit; ihr Mythos ist ihre innere Vorstellung von sich selbst. Diese beiden Bilder können miteinander übereinstimmen, aber es gibt unbewußte Familienmythen, die unter Umständen weder die Außenwelt – noch die Familie selbst – erkennt.

Familienmythen tragen dazu bei, die organisatorische Struktur einer Familie zu stabilisieren. Sie erhalten eine gewisse emotionale Einheit aufrecht. Und sie werden von allen Familienmitgliedern glühend gegen alles verteidigt, was sie angreifen könnte. Viele Familienmythen entstellen jedoch die Wirklichkeit, und das in manchen Fällen auf groteske oder schädliche Weise. Das Aufrechterhalten eines feststehenden Mythos, sagt der Experte für Familiendynamik, Antonio Ferreira, kann ›ein bestimmtes Maß an Einsichtslosigkeit‹ erfordern.

Mit welchen dieser verbreiteten Familienmythen sind wir beispielsweise aufgewachsen? Welchen dieser Mythen bleiben wir tatsächlich bis heute treu? Daß unsere Familie eine einige, harmonische Familie ist. Daß bei uns die Männer immer schwach, die Frauen immer stark sind. Daß unsere Familie immer Pech hat. Daß unsere Familie eine ganz besondere, überlegene Familie ist. Daß wir nie aufgeben oder zerbrechen oder etwas Falsches tun. Oder daß wir uns aufeinander verlassen müssen und uns auf keinen anderen verlassen dürfen, weil die Außenwelt feindselig und gefährlich ist.

»Unser Haus war eine Höhle«, sagt meine Freundin Geraldine, »und unsere Mutter war der Drache, der Wache stand, und wer nicht verwandt war, wurde nicht eingelassen.« Sie gibt zu, daß sowohl ihr Bruder als auch sie erst dann, als sie schon beide verheiratet waren, lernten, daß Freunde genauso vertrauenswürdig wie Verwandte sein können, daß sie dann erst lernten, daß man nicht zur Familie gehören mußte und einem doch Vertrauen entgegengebracht werden konnte.

Einer der Familienmythen (ein nicht auszurottender offenbar) ist der von der einigen, harmonischen Familie, der verzweifeltes Leugnen jeder Meinungsverschiedenheit und jeglicher Differenzen unter den Angehörigen des Familienverbandes erfordern kann. Beachten Sie den Unterton in der Rede dieser Mutter, die (mit dem vollen Einverständnis ihres Mannes) auf häuslichem Glück und häuslicher Harmonie beharrt:

Wir sind alle friedlich. Ich mag Frieden sogar um den Preis haben, daß ich jemanden umbringen müßte, um ihn zu bekommen ... Ein normaleres glücklicheres Kind dürfte schwer zu finden sein. Ich war ja so zufrieden mit meinem Kind! Ich war ja so zufrieden mit meinem Mann! Ich war ja so zufrieden mit meinem Leben! Ich bin einfach immer *zufrieden gewesen. Wir haben fünfundzwanzig Jahre der glücklichsten Ehe und des Vater- und Mutterseins hinter uns.*

Da fragt man sich doch, wen sie umbringen mußte, um ihren Frieden zu erhalten.

Dieses Familienanliegen, vollkommen zusammenzupassen, dieses Anliegen, eine ›Pseudo-Gegenseitigkeit‹ zu erreichen, sieht in jeder Äußerung von Meinungsverschiedenheiten eine derartige Bedrohung für die Beziehung, daß keiner der Beteiligten sich daraus lösen, sich verändern oder sich weiterentwickeln kann. Es ist zwar behauptet worden, daß Familien von Schizophrenen eine ›intensive und bleibende‹ Pseudo-Gegenseitigkeit aufweisen, doch in vielen ›normalen‹ Haushalten sind auch weniger drastische Varianten dieses Harmoniezwanges zu finden. In diesen Familien wachsen Kinder heran, die sich immer, wenn später ihr Mann oder ihre Frau nicht ihrer Meinung sind, verloren und im Stich gelassen fühlen.

Aus diesen Familien können aber auch Kinder hervorgehen, die große Angst davor haben, sich zu behaupten und sich niemals auf Konkurrenz einlassen können. Oder Menschen, die mit ihren eigenen Söhnen und Töchtern die lebensbeengende Lektion wiederholen, daß Differenzen schädlich sind und daß eine Trennung tödlich ist.

Ein Familienmythos wird jedoch offensichtlich nicht auf alle Angehörigen dieselben Auswirkungen haben. Jeder von uns wird auf seine eigene, persönliche Art darauf reagieren. Wenn diese Mythen jedoch mächtig und zählebig sind, werden wir eines Tages mit ihnen abrechnen müssen. Wir werden sie näher untersuchen müssen, und, wenn es sein muß, werden wir uns ihnen entziehen – und wenn wir uns aus freien Stücken für sie entscheiden, können wir sie auch zu unseren ganz eigenen Mythen machen.

Wenn wir diese Mythen erforschen wollen, müssen wir vielleicht auch die Rollen näher erkunden, die das mythologische System unserer Familie uns aufzwingt, oder die Rollen, die einer unserer Elternteile oder beide gemeinsam manchmal sogar schon vor unserer tatsächlichen Geburt, unbewußt für uns geschneidert haben. Dr. Ferreira schildert einen Mann, dem als kleiner Junge die Rolle zugeteilt worden war, ›wie Mutter zu sein, dumm und blöd‹. Der Mann erinnert sich: »Ich habe mich so sehr bemüht, das zu sein, wovon meine Mutter wollte, daß ich es bin, daß ich wirklich total stolz auf meine Blödheit und auf meine Unfähigkeit zu buchstabieren war ... denn dann hat sie (Mutter) über meine Blödheit gelacht, war zufrieden mit mir und hat gesagt, ich sei ja wirklich ihr Sohn, weil ich, wie sie, nicht in der Lage zu sein schien, in der Schule oder sonstwo viel zu leisten ... (Und) selbst heute noch habe ich mich in Gegenwart meiner Eltern schon dabei ertappt, daß ich versuche, mich zu benehmen, als sei ich blöde!«

Es gibt alle erdenklichen Rollen, die Eltern ihren Kindern auferlegen können. Eine klammernde, abhängige Mutter könnte beispielsweise die Rollen tauschen und das Kind zur Mutter machen. Ein unglücklich verheirateter Vater könnte seiner Tochter die Rolle einer Ersatzfrau zuweisen. Manche Eltern könnten einem Kind die Rolle des Ich-Ideals aufzwingen und es dazu antreiben, das zu werden, was sie gern geworden wären. Und andere Eltern könnten ihrem Kind auf manchmal plumpe und manchmal subtile Art die Rolle des schwarzen Schafes der Familie auferlegen.

»Es wird oft angenommen«, schreibt der Analytiker Peter Lomas, »daß ein Gefühl der Identität sich exakt aus ... der Zuordnung einer festgelegten Rolle innerhalb des Familienverbandes herleitet. Aber der wesentliche Unterschied ist der, der zwischen einem Anerkennen der anderen Person als einem einzigartigen menschlichen Wesen besteht und darin, sie lediglich in ihrer Rolle anzuerkennen.« Die Forderung eines Elternteiles, ein Kind soll eine

Rolle ausfüllen, die ignoriert, wer das Kind selbst ist, kann katastrophale Folgen haben.

Denken wir an Biff Loman, den Sohn des rührenden, zum Scheitern verurteilten Willy in Arthur Millers TOD EINES HANDLUNGSREISENDEN. Biff, sagt er, »bekommt überhaupt nichts im Leben zu fassen«. Und er bekommt sein Leben nicht in den Griff, weil er der Rolle dessen, der es besser machen wird, die ihm sein Vater auferlegt hat, weder entkommen, noch sie ausfüllen kann. Im Alter von 34 Jahren – in seiner Wut und Verzweiflung – explodiert Biff endlich:

»Ich bin nicht dazu geschaffen, andere Menschen zu führen, Willy, und du bist es auch nicht ... Ich bin einen Dollar in der Stunde wert, Willy! Ich habe es in sieben Staaten probiert und konnte meinen Preis nicht höhertreiben. Ein Dollar die Stunde! Begreifst du, was ich damit sagen will? Ich bringe keine Pokale mehr nach Hause, und du wirst aufhören, darauf zu warten, daß ich sie nach Hause bringe!«

Willy will nichts davon hören, und Biff wütet weiter: »Vater, ich bin nichts! Ich bin ein Nichts, Vater. Kannst du das denn nicht verstehen? ... Ich bin, was ich bin, und das ist alles.«

Willy will immer noch nichts davon hören. Und Biff, dessen Wut verraucht ist, schluchzt bei seinem Versuch, sich mit seinem Vater, dem Träumer, zu verständigen: »Wirst du mich um Himmels willen in Ruhe lassen? Würdest du diesen hohlen Traum nehmen und ihn verbrennen, ehe etwas passiert?«

Aber Willy ist eher bereit, seinen Sohn zu vernichten – Willy ist eher bereit, selbst zu sterben –, als sich von diesem Traum zu lösen.

Die Rollenzuteilung ist jedoch nicht auf Familien, die Schwierigkeiten haben, beschränkt. Auch normale, gesunde Familien haben Rollen für ihre Kinder parat. Und manchmal werden sie auch klar und deutlich ausgesprochen – Joe Kennedy wollte, daß sein ältester, nach ihm benannter Sohn Präsident wird. Und manchmal lassen sich solche Forderungen auch übermitteln, ohne daß dies offen ausgesprochen wird. Studien zeigen zwar, daß Kinder genau wissen, welche Rolle das elterliche Unbewußte ihnen zuteilt, aber vielleicht können wir die Gesundheit einer Familie dennoch daran messen, welche Freiheit sie uns läßt, diese Rollenzuordnung *nicht* zu akzeptieren.

Wenn wir uns ein eigenes Leben aufbauen, geraten wir in Konflikt mit den Mythen und der Rollenverteilung unserer Familie – und natürlich gehen wir auch gegen die starren Vorschriften der Kindheit an. Das Fortgehen von zu Hause wird nämlich nicht zu einer emotionalen Realität, solange wir nicht aufhören, die Welt durch die Augen unserer Eltern zu sehen.

»Unsere subjektiven Lebenserfahrungen und unsere Verhaltensweisen«, schreibt der Psychoanalytiker Roger Gould, »werden buchstäblich von Tausenden von Anschauungen (Ideen), denen wir anhängen, bestimmt, aus denen sich die Landkarte zusammensetzt, die wir zur Interpretation der Ereignisse unseres Lebens heranziehen (darunter auch unsere eigenen geistigen Erfahrungen). Wenn wir heranwachsen, rücken wir Anschauungen zurecht, die uns unnötigerweise Einschränkungen und Zwänge auferlegt haben. Wenn wir beispielsweise als junge Menschen lernen, daß es kein allgemeingültiges Gesetz gibt, das uns dazu zwingt, das zu werden, was unsere Eltern wollten, gibt uns das die Freiheit, zu erkunden und zu experimentieren. Eine Tür zu einer neuen Bewußtseinsebene wird geöffnet ...«

Aber was wir hinter diesen Türen sehen, ist oft erschrekkend.

Wenn nämlich Sicherheit bedeutet, daß wir in der Nähe unserer Eltern bleiben (erst in ihrer realen physischen Nähe, später, indem wir möglichst wenig von ihren Vorschriften und Moralvorstellungen abweichen), dann liegt es nahe, daß wir uns gefährdet fühlen, wenn wir uns durch die Entscheidungen, die wir treffen, von ihnen entfernen:

wenn wir uns weigern, Mediziner zu werden oder auch nur einen Mediziner zu heiraten. Wenn unsere Wahl auf einen Menschen einer anderen Rasse, Hautfarbe und Glaubenszugehörigkeit fällt. Wenn wir uns entschließen, mit der Synagoge, der Verwandtschaft, der demokratischen Partei nichts zu tun haben zu wollen. Oder wenn wir, obwohl sie es besser wissen, nicht auf ihren Rat zum Thema Krankenversicherung hören.

Es gibt qualvolle Momente, in denen unsere Eltern wütend, beleidigt, erbittert oder verletzt sind, wenn wir ihnen sagen – wieder einmal – daß wir es auf *unsere* Art tun werden. Und es wird qualvolle Momente geben, in denen wir uns fragen, ob unsere Eltern auf unser Autonomiestreben mit den Worten reagieren: »Wenn das so ist, dann scher dich zum Teufel.« »Ich behaupte mich«, sagte Vicky, 23 Jahre alt, »mit Tränen in den Augen und mit Furcht im Herzen, weil ich immer Angst habe, meine Mutter zu verlieren.« Doch trotz dieser Angst sagt sie zu ihrer Mutter: »Ich schätze, ich muß tun, was ich tun muß.«

Das tut nicht jeder. Das kann nicht jeder.

Carter arbeitet nur 20 Minuten von der Luxuswohnung seiner verwitweten Mutter entfernt als Anwalt, und er fährt sie zu ihren Damenkränzchen und Arztterminen. Dienstags und sonntags ißt er mit ihr zu Abend. Ein guter Junge tut, was sein Vater täte, wenn er noch am Leben wäre, lautet die Wertvorstellung, über die Mutter und Sohn sich einig sind. Im Gegensatz zu seinem verstorbenen Vater schläft Carter zwar ab und zu mit anderen Frauen, aber er ist in seinen Zwanzigern und Dreißigern emotional seiner Mutter treu geblieben – und er ist unverheiratet.

Dann ist da auch noch Gus, der immer Veterinärmediziner werden wollte, aber statt dessen in das Lebensmittelgeschäft seiner Familie eingestiegen ist. Und Jill, die in einen anderen Staat gezogen war, dort eine Stelle, eine Wohnung und diverse Liebhaber gefunden hatte und sich wieder nach Boston locken – »Deinem Vater geht es wirklich nicht besonders gut« – und sich zu einer ›soliden‹ Ehe mit einem Buchhalter überreden ließ. Und dann haben wir Rhoda, die, nachdem sie ihrer Mutter und ihrem Vater durch eine ›falsche‹ Heirat das Herz gebrochen hatte und nach New York City gezogen war, regelmäßig nach New Jersey zurückkam und dort, mit ihrer Mutter an der Seite, weiterhin ihre Kleidung und ihren Aufschnitt kaufte. (Und die dort, mit ihrer Mutter an ihrer Seite, ihre − damals illegale − Abtreibung über sich ergehen ließ).

Mutter weiß es am besten. Vater weiß es am besten. Und insgeheim fürchten wir vielleicht sogar, daß sie es wirklich am besten wissen. Und wir können, ob zu Recht oder zu Unrecht, auch fürchten, daß sie uns nicht mehr lieben, nichts mehr von uns halten, uns nicht mehr respektieren oder uns nicht mehr zu Hilfe kommen, wenn wir einen eigenen Weg einschlagen.

»Eltern überwachen uns auch in unseren Zwanzigern weiterhin«, schreibt Roger Gould. »Wenn wir uns nach ihnen richten, fürchten wir, daß wir kapituliert haben. Wenn wir uns gewaltsam über ihre Vorschriften hinwegsetzen und Erfolg haben, fühlen wir uns frei, aber wir empfinden es auch als einen Triumph und sind gewissermaßen schuldbewußt. Wenn wir vor einem Mißerfolg stehen, fragen wir uns, ob sie nicht doch von Anfang an recht gehabt haben.«

Es geht hier nicht darum, um jeden Preis Protest gegen die Wertvorstellungen unserer Eltern anzumelden und uns immer dann als Versager zu fühlen, wenn unsere Entscheidungen mit dieser Wertvorstellung übereinstimmen. Es kann sein, daß ein Mensch wirklich Zahnarzt werden will wie der tote Vater und wirklich in Wilkes-Barre leben will wie seine Eltern und Großeltern. Es kann auch sein, daß ein Mann eine Frau heiratet, die er nicht wirklich liebt, weil sie schwarz ist und seine Familie weiß, anständig und aus den Südstaaten ist. Wir bleiben unseren Eltern hörig, solange das, was *wir* wollen, nichts weiter ist als das, was *sie* nicht wollen. Unsere Loslösung von ihnen erfordert nicht Ablehnung. Sie erfordert freie Entscheidungen.

In unseren Zwanzigern bauen wir uns ein Leben auf, das, so glauben wir zumindest, unabhängig von unseren Eltern ist. Wir hegen die Illusion, wir könnten rational bestimmen, in welchen Punkten wir ihnen gleichen wollen und in welchen nicht. Aber wenn wir in die Dreißiger kommen, entdecken wir, wie ähnlich wir unseren Eltern geworden sind, unbewußt und gegen unseren Willen. Wir stellen fest, wie eine Frau es formuliert hat, »daß diese Person, die genauso nachtragend wie meine Mutter ist, nicht meine Mutter *dort draußen* ist, sondern meine Mutter *in mir*.«

Wir beginnen, unsere Identifikationen zu erkennen.

Wir erkennen, daß wir es zwar mit mehr Raffinesse und Diskretion anstellen, aber doch ganz genauso herrschsüchtig wie unser Vater sind. Wir erkennen, daß wir, obwohl wir allein nach Europa reisen, genauso vorsichtig wie unsere Mutter sind. Wir erkennen einen Tonfall, einen Gesichtsausdruck, eine Einstellung, einen Trick, Dinge, die zu unserer Mutter oder zu unserem Vater gehören und die wir an unserer Mutter oder unserem Vater hassen und die – ganz uns gehören.

Wenn wir diese beunruhigenden Identifikationen mit den Eltern erkennen, können wir beginnen, uns davon freizumachen, sie zu wiederholen. Wir können aber auch feststellen, daß wir in der Lage sind, mehr Toleranz für diese Eltern ›in mir‹ und die realen Leute ›dort draußen‹ aufzubringen. Wenn wir in den Zwanzigern unser Augenmerk darauf richteten, in welcher Hinsicht wir unseren Eltern überhaupt nicht gleichen, gewinnen wir jetzt Einsicht in die Eigenschaften, die wir mit ihnen gemein haben. Während wir die Erfahrungen unserer Eltern wiederholen – in der Ehe und vor allem in unserem Dasein als Eltern –, können wir weniger kritisch werden.

Es ist oft gesagt worden, daß wir, wenn wir erst selbst Eltern sind, verstehen, was unsere Eltern durchgemacht haben und ihnen daher nicht mehr die Vorwürfe machen und sie nicht mehr ablehnen können wegen all der Dinge, die wir durch sie erlitten haben, wie wir es früher mit

Leichtigkeit konnten. Das Elterndasein kann eine konstruktive Entwicklungsphase sein, in der wir manche der Wunden unserer eigenen Kindheit heilen. Es kann es uns auch ermöglichen, unsere frühere Wahrnehmung dieser Kindheit zu versöhnlicheren Bildern umzugestalten.

Das Elterndasein – unser Elterndasein – kann auch eine versöhnliche Funktion erfüllen, indem wir unseren Eltern bessere Rollen zuteilen und ihnen als Oma und Opa die Freiheit geben, liebevoller, nachsichtiger, zärtlicher, geduldiger, großzügiger und was sie sonst noch wollen zu sein, als sie es als Mutter und Vater jemals waren. Es geht ihnen jetzt nicht mehr darum, moralische Werte einzuträufeln, für Disziplin zu sorgen und Vorschriften zu machen oder einen Charakter formen zu wollen, und sie zeigen sich von ihrer besten Seite, und wir beginnen – vor Freude über alles, was sie unseren Kindern zu bieten haben – ihnen ihre Sünden zu verzeihen, sowohl die faktisch begangenen als auch die, die wir ihnen unterstellt haben.

So spielte es sich beispielsweise zwischen einer Frau – meiner Mutter Ruth Stahl – und ihrer Tochter Judith ab:

Ich erinnere mich, daß ich immer unmäßig viel von meiner Mutter wollte, wenn auch nicht mehr, als meine Mutter von mir, und wir – meine Mutter und ich – rauften uns, verstrickt in Enttäuschungen und Kränkungen und Wut und Frustrationen und glühende Liebe, auseinander oder zusammen. Und kämpften miteinander. Und kosteten gemeinsam ein gewisses Maß an Glück aus. Aber erst, als ich selbst Kinder hatte, fanden wir endlich die Rollen, die es uns erlaubten, einander ganz und gar recht zu sein: ich als die Mutter ihres umwerfenden Enkels und sie als die phantastische Großmutter, wie man sie sich besser nicht wünschen kann.

Im Rahmen dieser speziellen Beziehung fing ich, glaube ich, überhaupt erst an, meine Mutter kennenzulernen, einen Teil ihrer eigenen Geschichte zu verstehen, zu erkennen, daß sie tapfer sein konnte, daß sie komisch sein konnte und daß sie ›Annabel Lee‹ Wort für Wort auswendig kannte. Ich fing an, sie dafür zu lieben, daß sie mir Freude an Flieder und Büchern und Frauenfreundschaften beigebracht hatte. Ich fing an, sie dafür zu lieben, daß sie ihre Enkel mehr als mich liebte.

Vielleicht nicht tiefer. Und nicht unbedingt mehr. Aber mit Sicherheit ... auf die bessere Weise.

Mir gegenüber war meine Mutter nämlich immer die bezauberndste und die unausstehlichste Frau auf Erden gewesen. Für mich war der Preis der Liebe immer hoch gewesen. Allen meinen Kindern gegenüber hatte meine Mutter dagegen nur ein Gesicht, und dieses Gesicht lächelte sie immer an. Ihnen gab sie bis zum Tag ihres Todes freizügig ihre Liebe umsonst. »Großmutter sagt, daß ich absolut toll bin«, berichtete mein ältester Sohn, der sie genauso ohne jede Ambivalenz sah. Aber zwischen meiner Mutter und mir ging es jahrelang um Ambivalenz und um sonst gar nichts.

Ich hatte mit meiner Mutter Liebe und Wut ausgelebt – wie wohl die meisten Töchter –, aber meine Kinder kannten sie nur von einer Seite: als die Dame, die sie für klüger als Albert Einstein hielt, als die Dame, die glaubte, sie könnten besser schreiben als William Shakespeare, als die Dame, die glaubte, jedes Bild, das sie malten, sei ein Rembrandt, als die Dame, die glaubte, daß alles, was sie waren, und alles, was sie je werden wollten, einfach von absoluter Spitzenklasse war.

Meine Mutter forderte von meinen Söhnen nichts anderes als das Vergnügen, in ihrer Gesellschaft zu sein. Meine Mutter hatte für mich eine straffere Tagesordnung.

»Bessere dich«, sagte sie. »Streng dich mehr an«, sagte sie. »Tu es so«, sagte sie, »wie ich es will. Andernfalls wirst du dir weh tun, wirst du krank, fällst du in ein Loch.« »Tu nichts Böses«, sagte sie, »oder du brichst deiner Mutter das Herz. Sei ein braves Mädchen.«

Ich sehnte mich nach ihrer Liebe und nach ihrem Beifall, und ich sehnte mich danach, ihr braves Mädchen zu sein, aber ich sehnte mich auch nach Freiheit und Autonomie. Das Schmerzliche am Heranwachsen war die Erkenntnis, daß ich nicht all das haben konnte. Wenn meine Mutter mich anflehte: »Warum hörst du denn nicht auf mich? Ich will doch nur das Beste für dich«, schüttelte ihre aufsässige Tochter daher nur den Kopf, verstärkte die Front und erwiderte: »Überlaß *mir* die Entscheidung, was gut für mich ist.«

Aber meine Mutter hatte keine Träume, die meine Kinder erfüllen sollten. Sie hatte es versucht ... Erfolg gehabt ... und war gescheitert – bei meiner Schwester und mir. Das hatte sie jetzt hinter sich, und ihre Enkel konnten ihr keine Niederlage zufügen. Sie nicht enttäuschen. Ihr nichts Gutes oder Schlechtes nachweisen. Und ich sah sie frei von Ehrgeiz, frei von dem Drang, zu bestimmen, und frei von Ängsten. Frei – wie sie es gern formulierte –, sich zu freuen.

»Das Großelterndasein«, schreibt die Psychoanalytikerin Therese Benedek, »ist ein Elterndasein, das um eine Stufe verschoben ist. Von den akuten Anspannungen befreit ... scheinen Großeltern ihre Enkel mehr zu genießen, als sie ihre eigenen Kinder genossen haben.«

Meine Mutter hatte bestimmt ihre Freude an ihnen.

Sie hatte endlich einen Punkt in ihrem Leben erreicht, an dem das Glück nicht gestern oder morgen war, an dem das Glück nicht vergänglich war oder in der Ferne lag, an dem das Glück nicht war, was hätte sein sollen oder was eines Tages noch kommen könnte, sondern jetzt stattfand – in ihrer Küche –, wenn sie mit ihren Enkeln zu Mittag aß. Oder in ihrem Wohnzimmer, wenn sie ihren Enkeln aus Büchern vorlas. Oder wenn sie ihren Enkeln riesige Eistüten mit einer doppelten Portion Sahne kaufte. Oder wenn sie versuchte, mit ihren Enkeln eine Taube zu fangen.

Wie schön für die Kinder. Und wie schön für sie. Und wie schön für mich. Mit den Kindern zwischen uns hatten wir unsere optimale Entfernung voneinander gefunden, nicht zu nah und nicht zu weit. Verknüpft durch Anthony,

Nicholas und Alexander, hatten meine Mutter und ich eine neue Beziehung zueinander gefunden.

Dennoch will ich diese Aussöhnung im Familienleben nicht verherrlichen. Diese Beziehungen bleiben, wie alle unsere Beziehungen, unvollkommen. Und nicht jede Mutter und nicht jede Tochter können mit Hilfe der neuen Generation die Wunden der Vergangenheit heilen.

Es gibt Mütter, die weit von ihren Töchtern entfernt leben. Es gibt Mütter, die in erdrückender Nähe leben. Es gibt die, die nichts mehr mit Windeln zu tun haben wollen (»Ich lasse mich doch von ihr nicht zum Babysitter machen«). Es gibt Mütter, die beschäftigt und unabhängig und Karrierefrauen sind und keine Zeit für den Spielplatz oder einen Ausflug in den Zoo haben. Es gibt Mütter, die eifersüchtig auf die Liebe und die Aufmerksamkeit sind, die ihre Töchter ihren Kindern zukommen lassen (»Kann ich dich denn nie allein sehen?«).

Es gibt auch Töchter, die eifersüchtig auf die Liebe und die Aufmerksamkeit sind, die ihre Mütter ihren Kindern zukommen lassen. Es gibt Töchter, die ganz damit beschäftigt sind, ihren Müttern zu entfliehen. Es gibt Töchter, die in Gegenwart ihrer Mütter immer ›vier Jahre‹ alt sein werden. Es gibt Töchter, die im College einige Bücher über Kinderpsychologie gelesen und beschlossen haben, daß ihre Mütter nie irgend etwas richtig gemacht haben.

Es gibt Entfernungen, die zu weit sind, die unüberbrückbar sind. Aber viele von uns können, wenn wir in die mittleren Jahre kommen, feststellen, daß wir eine größere Bereitschaft haben, sie zu überbrücken.

Joseph Featherstone schreibt in der HARVARD EDUCATIONAL REVIEW über ›Familienangelegenheiten‹ und stellt fest, daß in der Mitte des Lebens

meine Freunde sich viel mehr für die Geschichte ihrer eigenen Familie interessieren. Es hat uns immer widerstrebt, unser Leben und das Leben unserer Eltern unter geschichtlichen Gesichtspunkten zu betrachten; wir haben Dinge über die Vergangenheit gelesen, aber irgendwie haben wir unser eigenes Leben nie als einen Teil desselben monumentalen Wandbehangs angesehen, auf dem wir irische Bauern im neunzehnten Jahrhundert sehen, osteuropäische Juden auf dem Lande, Renaissance-Kardinäle, Puritaner des siebzehnten Jahrhunderts, afrikanische Krieger und Londoner Mechaniker. Wir mühen uns um eine Zukunft und versuchen, in der Gegenwart zu leben. Zum Teil ist das eine Altersfrage – die Jugend hat die zweifache Pflicht, der Geschichte und dem Familienleben zu entkommen. Oft hieß das, daß wir uns von der Vergangenheit und von unseren Familien losreißen, ein Bruch, der selten so endgültig war, wie er zu der Zeit erschien.

In den mittleren Jahren kann es dazu kommen, daß wir anstreben, wieder einen Bezug zu dem herzustellen, was wir jetzt als unsere ›Wurzeln‹ ansehen. Wir können Identifikationen suchen, statt uns von ihnen fernzuhalten. Wir wissen zwar sehr gut, daß wir ganz allein die volle Verantwortung für unser Leben tragen, aber wir erkennen auch, daß wir alle Hilfe, die wir bekommen können, brauchen, darunter auch die guten Sachen – das Talent, die Moralvorstellungen, das Unternehmen oder was auch immer –, was uns (so hoffen wir) ganz schlicht dadurch gehören kann, daß wir die Mitgliedschaft in dieser Familie haben.

Also hören wir es gern, daß unsere Urgroßmutter Evalyne in Operetten gesungen hat oder daß der Vater unseres Vaters Mitglied in der radikalen Industriearbeitergewerkschaft war oder daß Mutters Onkel Nate – wie Willy Lomans Bruder Ben – in den Urwald ging und als Millionär zurückkam. Wir glauben gern, daß die Eigenschaften, die zu diesen bewundernswerten Taten geführt haben, ein Teil unseres Erbes sind. Wir finden Trost darin, uns zu sagen – wie eine Frau, die ich kenne, es im Moment einer Krise wirklich getan hat –, daß »das Blut Karls des Großen in meinen Adern fließt«.

Wenn wir uns der Vergangenheit zuwenden, fangen wir

auch an, unsere Eltern in einem neuen Licht zu sehen, zu erkennen, wie sie von ihrer Geschichte geprägt wurden. Und oft entdecken wir Geheimnisse − im Grunde genommen hat jede Familie ihre Geheimnisse −, die große Auswirkungen auf unsere Gefühle ihr gegenüber haben.

Wir entdecken zum Beispiel, daß ein Elternteil vorher schon einmal verheiratet war. Oder daß ein Elternteil Selbstmord begangen hat. Oder wir entdecken, wie Claire, daß ihre Mutter ein uneheliches Kind geboren und zur Adoption freigegeben hatte, als Claire zwei Jahre alt war. Oder wir entdecken auf manchmal sehr verschlungenen Pfaden, was für Menschen unsere Eltern in Wirklichkeit sind.

Aber niemals ganz.

In Herbert Golds autobiographischem Roman FATHERS geht der Held, inzwischen in mittleren Jahren, mit seinen Töchtern auf eine Schlittschuhbahn, wie auch sein Vater vor Jahren mit ihm Schlittschuhlaufen gegangen war. »Ich erinnere mich noch, warum mir das Schlittschuhlaufen mit meinem Vater solche Freude gemacht hat«, schreibt er. »Es war die Hoffnung auf große Nähe, ein Warten darauf, wieder erlöst zu werden ... Ich glaubte, daß der Abgrund zwischen meinem Vater und mir, zwischen anderen und mir, überschritten werden könnte ... Wie ein Verbrecher versuchte ich, in das geheimste Wesen meines Vaters vorzudringen. Die Grenzen blieben bestehen, es gab keine Erlösung.«

In den mittleren Jahren, in diesen Jahren zwischen fünfunddreißig und fünfundvierzig oder fünfzig, lernen wir, daß viele Hoffnungen unerfüllt bleiben. Es gibt vieles, was wir von unseren Eltern wollten und nicht bekommen haben. Es ist an der Zeit, zu erfahren und zu akzeptieren, daß wir es nie bekommen werden.

In seinen Familienstudien stellt Featherstone fest, habe ihn »immer wieder diese rätselhafte Fähigkeit der Menschen verblüfft, nach ihren eigenen Vorstellungen zu geben und sich vorzuenthalten«. Aber in den mittleren

Jahren, während unsere Mütter und Väter altern und krank werden und sterben, können wir beginnen, diese ... ganz persönliche Art, Zuneigung zu zeigen, umzuwerten. Denn jetzt, da die Welt unserer Generation gehört – und nicht mehr ihrer –, sehen wir, wie wenig es je in ihrer Macht stand, uns vollkommen zu lieben, uns vollkommen zu verstehen, uns vor Kummer und Einsamkeit zu bewahren – oder gar vor dem Tod.

Wir sehen, wie wenig es in ihrer Macht stand und wie wenig es jetzt in unserer Macht steht, stabile Brücken über die Klüfte zu bauen, die uns voneinander trennen. Wenn wir uns von unseren vergeblichen Erwartungen als Eltern und Kinder und Lebensgefährten und Freunde lösen, lernen wir selbst für unvollkommene Beziehungen dankbar zu sein.

TEIL IV

Lieben, Verlieren, Verlassen, Loslösen

Das muß die Jugend verstehen lernen:
Mädchen, Liebe und leben.
Das Haben, das Nicht-Haben,
Das Verausgaben und das Geben,
Und die Melancholie des Nicht-Wissens.

Das muß das Alter dazulernen:
Das ABC des Sterbens.
Das Gehen und doch noch nicht Gehen,
Das Lieben und das Verlassen.
Und das unerträgliche Wissen und Wissen.

E. B. White

16.

Liebe und Trauer

Hat jemand gesagt, es gäbe ein Ende,
Ein Ende. Oh, ein Ende, des Liebens und Trauerns?

May Sarton

Das ist Die Stunde aus Blei –
Im Gedächtnis, falls ausgestanden,
Wie sich Erfrierende an den Schnee erinnern –
Erst – Frösteln – dann Erstarrung –
dann das Loslassen –

Emily Dickinson

Wir sind losgelöste Einzelwesen, eingeengt von dem Verbotenen und dem Unmöglichen, und wir gestalten unsere hochgradigen unvollkommenen Beziehungen. Wir leben, indem wir verlieren und verlassen und uns loslösen. Und früher oder später und unter mehr oder weniger starken Schmerzen müssen wir alle erfahren, daß Verlust tatsächlich ›ein lebenslanger Zustand des Menschen‹ ist.

Trauer ist der Prozeß der Anpassung an die Verluste unseres Lebens.

»Worin also«, fragt Freud in TRAUER UND MELANCHOLIE, »besteht die Arbeit, die das Trauern leistet?« Er antwortet darauf, daß es ein schwieriger und langwieriger Prozeß sei, zu dem ein extrem schmerzlicher, schrittweiser innerer Vorgang der Loslösung gehört. Er spricht, wie auch ich es hier tun werde, von der Trauer über den Tod von Menschen, die wir lieben. Aber in einer ähnlichen Form können wir auch dem Ende einer Ehe nachtrauern, dem Bruch einer besonderen Freundschaft, den Verlusten dessen, was wir einst hatten ... waren ... uns erhofften. Denn wie wir sehen werden, gibt es ein Ende, hat vieles, was wir geliebt haben, ein Ende. Aber auch die Trauer kann ein Ende finden.

Wie wir trauern und wie oder ob unsere Trauer ein Ende findet, hängt davon ab, als was wir unsere Verluste wahrnehmen. Es hängt auch von unserem Alter und dem Alter der anderen ab und davon, wie weit wir alle darauf vorbereitet waren. Es hängt davon ab, wie sie sich mit der Sterblichkeit abgefunden haben, von unserer inneren Stärke und unserer Unterstützung von außen, und mit Sicherheit hängt es auch von unserer bisherigen Geschichte ab – von unserer Geschichte in bezug auf andere Menschen, die uns der Tod schon genommen hat, und von unserer eigenen individuellen Geschichte von Liebe und Verlust. Dennoch gibt es offenbar trotz individueller Idiosynkrasien ein typisches Grundmuster des normalen Ablaufs von Trauer bei Erwachsenen. Und es gibt offenbar eine allgemeine Einigung darüber, daß wir sich wandelnde und sich dennoch überschneidende Phasen der Trauer durchmachen und daß wir nach etwa einem Jahr, manchmal schon eher, aber oft erst nach weit längerer Zeit, tatsächlich einen großen Teil des Trauerprozesses ›abschließen‹.

Vielen Menschen werden bei dem Wort Trauerphasen die Haare zu Berge stehen. Zugegeben, es klingt ein wenig nach oberflächlich-psychologischer Fernsehberatung, nach Klischee und Rezept. Aber wenn wir diese Phasen nicht als etwas auffassen, was wir – oder andere – durchlaufen *müssen*, sondern als etwas, was erhellen könnte, was wir – oder andere – durchgemacht haben oder durchmachen, liegt vielleicht die Einsicht nahe, warum sich »Kummer ... nicht als ein Zustand, sondern als ein Vorgang erweist«.

Diese erste Phase dieses Prozesses, ganz gleich, ob der Verlust vorhersehbar war oder nicht, ist »Schock, Betäubung und ein Gefühl der Ungläubigkeit«. Das kann doch nicht sein! Nein, das kann nicht sein! Vielleicht werden wir weinen und klagen; vielleicht werden wir stumm dasitzen; vielleicht werden Wogen des Kummers sich mit Zeiten des benommenen Unverständnisses abwechseln. Wenn wir eine lange und schwere Zeit mit dem drohend bevorstehenden Tod des Verstorbenen hinter uns haben, kann der Schock milder ausfallen. Unser Schock kann (sehen wir dieser Tatsache ins Gesicht) kleiner als unsere Erleichterung sein. Aber die Tatsache, daß jemand, den wir lieben, nicht mehr in Zeit und Raum existiert, ist noch nicht ganz wirklich, und wir können es noch nicht fassen.

Mark Twain, dessen Tochter Susy – »unsere Bewunderte und unsere Angebetete« – im Alter von 24 Jahren plötzlich stirbt, schreibt in seiner Autobiographie von diesem ursprünglichen Zustand der benommenen Ungläubigkeit:

Es ist eines der Rätsel unserer Natur, daß ein Mensch vollkommen unvorbereitet von einem solchen Schlag getroffen werden kann und weiterlebt. Es gibt nur eine vernünftige Erklärung dafür. Der Intellekt ist durch diesen Schock betäubt und nimmt nur langsam und tastend den Sinn der Worte wahr. Die Fähigkeit, ihre volle Tragweite zu erfassen, ist auf barmherzige Weise mangelhaft. Der Verstand fühlt dumpf einen immensen Verlust – das ist alles. Der Verstand und die Erinnerung werden Monate und möglicherweise Jahre brauchen, um die Einzelheiten zusammenzutragen und somit das gesamte Ausmaß des Verlustes zu erfahren und einzuschätzen.

Ein erwarteter Tod wird uns im allgemeinen weniger betäuben als ein Tod, der uns unvorbereitet trifft, und bei einer tödlichen Krankheit wird unser größter Schock dann einsetzen, wenn diese Krankheit diagnostiziert wird, und in der Zeit, die dem Tod vorausgeht, werden wir uns manchmal einer ›vorwegnehmenden Trauer‹ hingeben, doch auch wenn wir derart vorbereitet sind, wird es uns anfangs Schwierigkeiten bereiten, den Tod eines Menschen, den wir lieben, zu fassen. Der Tod eines geliebten Menschen gehört zu den Ereignissen in unserem Leben, die wir mehr mit unserem Gehirn als mit unserem Herzen begreifen. Oft wird auch dann, wenn unser Intellekt den Verlust akzeptiert, der Rest von uns sich sehr bemühen, ihn zu leugnen.

Ein Mann wurde am Tag der Beerdigung seiner Frau dabei beobachtet, wie er die Fußböden des Hauses einwachste; Familienangehörige und Freunde würden kommen, und »wenn das Haus nicht in Ordnung ist, wird Ruth mich umbringen«, sagte er ernsthaft. Und als Tina starb, erkundigte sich ihr jüngerer Bruder Anthony: »Warum müssen wir denn sagen, daß sie tot ist? Warum können wir nicht einfach so tun, als sei sie in Kalifornien?« Ich selbst habe, als ich von dem unerwarteten Tod eines jungen Mädchens hörte, ihrem weinenden Vater die groteske Antwort gegeben: »Das soll wohl ein Witz sein!« Und manchmal trotzt das Leugnen des Todes, wie bei der gemeinschaftlichen Selbsttäuschung dieser Familie, den klinischen Fakten:

Eine ältere Frau wurde von ihrer Familie eilig ins Krankenhaus gebracht, als plötzlich ein Herzinfarkt einsetzte. Innerhalb von wenigen Stunden starb sie, und der zuständige Krankenhausarzt unterrichtete augenblicklich die erwachsenen Kinder, die im Krankenhaus geblieben waren, von ihrem Tod. Die erste Reaktion war Ungläubigkeit, und gemeinsam betraten sie das Krankenzimmer, um ihre Mutter zu sehen. Nach einigen Minuten kamen sie aus ihrem Zimmer und bestanden darauf, sie sei nicht tot. Sie beharrten darauf, den Hausarzt der Familie hinzuzurufen. Erst nachdem ein zweiter Arzt die Diagnose bestätigt hatte, akzeptierten sie die offensichtliche Realität ...

Eine gewisse Ungläubigkeit und ein gewisses Leugnen kann durchaus noch eine Zeitlang nach dem ursprünglichen Schock weiterbestehen. Es kann sogar der gesamte Prozeß des Trauerns erforderlich sein, um das Unmögliche – den Tod – zu einer Realität werden zu lassen.

Nach der ersten Phase der Trauer, die relativ kurz ist, ziehen wir in eine längere Phase intensiver psychischer Qualen weiter. Eine Phase des Weinens und Wehklagens, der Gefühlsumschwünge und der körperlichen Beschwerden, der Lethargie, der Überaktivität, der Regression (in ein notleidendes Stadium des ›Hilf mir!‹). Eine Phase der Trennungsangst und der hilflosen, hoffnungslosen Verzweiflung. Und auch in eine Phase des Zorns.

Annie, die 29 Jahre alt war, als ihr Mann und ihre Tochter von einem Lastwagen überfahren wurden, erinnert sich daran, wie wütend sie war, »wie sehr ich die Welt gehaßt habe. Ich habe diesen Mann in dem Lastwagen gehaßt. Ich habe alle Lastwagen gehaßt. Ich habe Gott dafür gehaßt, daß er sie erschaffen hat. Ich habe alle gehaßt, sogar John (ihren vierjährigen Sohn) habe ich gehaßt, weil ich seinetwegen am Leben bleiben mußte und weil ich, wenn er nicht dagewesen wäre, auch hätte sterben können ...«

Wir sind wütend auf die Ärzte, weil sie sie nicht gerettet haben. Wir sind wütend auf Gott, weil er sie uns weggenommen hat. Wie Hiob oder der Mann in dem folgenden Gedicht sind wir wütend auf die, die uns trösten wollen – welches Recht haben sie, zu sagen, daß die Zeit die Wunden heilen wird, daß Gott gütig ist, daß alles nur zum besten ist, daß wir darüber hinwegkommen werden?

Deine Logik, mein Freund, stimmt vollkommen,
Dein Anstand ist trostlos wahr in sich;
Doch da sich die Erde um *ihren* Sarg schloß,
Bist's nicht du, der es hört, sondern ich.

Spende Trost, wenn du willst, ich ertrag' es,
Dieses wohlwollende Almosen an Atem, es tut nicht not;
Aber nicht jegliche Predigt seit Adam
Macht den Tod anders als das – als den Tod.

Manch einer behauptet, diese Wut – auf die anderen und auch auf den Toten – sei ein unabänderlicher Bestandteil des Trauerprozesses.

So ist auch wirklich ein großer Teil der Wut, die wir auf die Menschen um uns herum lenken, die Wut, die wir auf die Toten haben, aber nicht auf sie haben wollen. Manchmal drücken wir diese Wut aber auch direkt aus. »Zum Teufel mit dir! Zum Teufel mit dir – mir einfach wegzusterben!« erinnert sich eine Witwe zum Bild ihres toten Mannes gesagt zu haben. Wie sie, so lieben auch wir unsere Toten, wir vermissen und brauchen unsere Toten und sehnen uns nach ihnen, aber wir sind auch wütend auf sie, weil sie uns im Stich gelassen haben.

Wir sind in der Form wütend auf die Toten und hassen sie, auf die ein Kleinkind seine Mutter haßt, die fortgeht. Und wie dieses Kleinkind fürchten auch wir, daß es unsere Wut, unser Haß, unsere Schlechtigkeit ist, was sie vertrieben hat. Unsere bösen Gefühle vermitteln uns Schuldbewußtsein.

Auch Schuldbewußtsein – ob irrationales Schuldbewußtsein oder gerechtfertigtes – ist oft Teil des Trauerprozesses.

Die Ambivalenz, die selbst in unseren tiefsten Liebesbeziehungen vorhanden ist, hat nämlich unsere Liebe zu den Toten noch zu deren Lebzeiten befleckt. Wir haben sie als nicht ganz vollkommen angesehen, und wir haben sie nicht vollkommen geliebt; es kann sogar sein, daß wir uns in vereinzelten Momenten gewünscht haben, sie wären tot. Aber jetzt, da sie tot sind, schämen wir uns unserer negativen Gefühle, und wir fangen an, uns vorzuhalten, daß wir so schlecht waren: »Ich hätte netter sein sollen.« »Ich hätte verständnisvoller sein sollen.« »Ich hätte dankbarer für das sein sollen, was ich hatte.« »Ich hätte versuchen sollen, meine Mutter öfter anzurufen.« »Ich hätte nach Florida fahren und meinen Vater besuchen sollen.« »Er wollte immer einen Hund haben, aber ich wollte es nie zulassen, und jetzt ist es zu spät.«

Natürlich gibt es Zeiten, in denen wir Schuldgefühle gegenüber den Toten haben sollten, weil wir sie so behandelt haben, wie wir sie behandelt haben, angemessene Schuldgefühle wegen des Schadens, den wir angerichtet haben, wegen der Bedürfnisse, denen wir nicht entgegengekommen sind. Aber selbst, wenn wir sie wirklich sehr geliebt und uns wirklich so gut wie möglich verhalten haben, können wir immer noch Gründe für Selbstbezichtigungen finden.

Hier grübelt eine Mutter über den Tod ihres siebzehnjährigen Sohnes:

Jetzt, da ich ihn vermisse, verfolgen mich meine eigenen Pflichtversäumnisse, verfolgt mich, wie oft ich ihm etwas versagt habe. Ich glaube, jeder, der Kinder hat, muß das Gefühl haben, versagt zu haben, sogar gesündigt zu haben, schon allein deshalb, weil er nach dem Tod eines Kindes am Leben bleibt. Man hat das Gefühl, daß es nicht richtig ist, weiterzuleben, wenn einem ein Kind gestorben ist, daß man irgendeine Möglichkeit hätte finden müssen, das eigene Leben herzugeben, um das Leben des Kindes zu retten. Wenn man darin versagt, erscheint einem jedes Versagen in dem zu kurzen Leben des Kindes um so schwerer zu ertragen und um so unverzeihlicher ...

Ich wünschte, wir hätten Johnny mehr geliebt, als er noch am Leben war. Natürlich haben wir Johnny sehr geliebt. Johnny wußte das. Alle wußten es. Johnny mehr lieben? Was bedeutet das? Was kann es jetzt bedeuten?

Wir fühlen uns schuldig wegen unseres Versagens gegenüber jemandem, den wir lieben, wenn dieser Mensch stirbt. Wir fühlen uns auch schuldig wegen unserer negativen Gefühle. Und was wir tun können, um uns gegen unsere Schuldgefühle zu wehren oder um sie zu lindern, ist, daß wir lautstark darauf beharren, daß der Mensch, der gestorben ist, vollkommen war. Eine Idealisierung — »Meine Frau war eine Heilige« — »Mein Vater war weiser als Salomon« – erlaubt es uns, unsere Gedanken rein zu erhalten und unser Schuldbewußtsein einzudämmen. Darüber hinaus gibt uns diese Idealisierung die Möglichkeit, den Toten zu entschädigen, alles Böse wieder gutzumachen, was wir ihm angetan haben – oder glauben, ihm angetan zu haben.

Eine Heiligsprechung – eine Idealisierung – der Toten ist häufig ein Bestandteil des Trauerprozesses.

In ihrem ausgezeichneten Buch THE ANATOMY OF BEREAVEMENT schreibt die Psychiaterin Beverly Raphael von dieser Idealisierung. Sie nennt uns als Beispiel Jack, einen neunundvierzigjährigen Witwer, der seine Frau Mabel post mortem und beharrlich mit Lob überschüttete: Sie war, verkündete er, »das größte kleine Frauchen aller Zeiten ... die beste Köchin, die beste Ehefrau auf Erden. Sie hat alles für mich getan.« Dr. Raphael stellt dann fest:

Er konnte nichts Negatives über sie sagen, und er beharrte darauf, ihr Zusammenleben sei in jeder Hinsicht vollkommen gewesen. Diese Eindringlichkeit, mit der er darauf beharrte, war grob und aggressiv, als fordere er jeden anderen dazu heraus, das Gegenteil zu beweisen. Erst nach sorgfältigen Untersuchungen wurde deutlich, daß er sie abgelehnt hatte, weil sie auf eine verhätschelnde und aufdringliche Weise sein Leben bestimmt hatte, und wie sehr er sich nach seiner Freiheit gesehnt hatte. Dann erst war er in der Lage, auf realistischere Weise über sie zu reden und heiter und doch gleichzeitig auch betrübt über ihre guten und schlechten Seiten zu sprechen ...

Wut, Schuldbewußtsein, Idealisierung – und Versuche der Wiedergutmachung – weisen offenbar darauf hin, daß wir den Tod einer Person tatsächlich begriffen haben. Aber ihr Tod kann zwischendurch oder auch gleichzeitig immer noch geleugnet werden. John Bowlby beschreibt in seinem Buch VERLUST dieses Paradoxon:

»Einerseits ist der Glaube da, daß der Tod eingetreten

ist, und es sind die Schmerzen und das hoffnungslose Sehnen da, die das nach sich zieht. Andererseits ist die Ungläubigkeit da, daß der Tod wirklich eingetreten ist, begleitet von der Hoffnung, daß doch noch alles wieder gut werden kann, und von dem Drang, den verlorenen Menschen zu suchen und wiederzufinden.« Ein Kind, das von seiner Mutter verlassen wird, wird ihr Fortgehen leugnen, wird sie suchen, sagt Bowlby. Eine ähnliche Geisteshaltung treibt uns, wenn wir – als verlassene, hinterbliebene Erwachsene – nach unseren Toten suchen.

Diese Suche kann sich unbewußt ausdrücken – in ruhelosen ungezielten Aktivitäten. Aber manche von uns werden auch bewußt ›die Toten suchen‹. Beth sucht ihren Mann, indem sie immer wieder an die Orte zurückkehrt, an denen sie gemeinsam waren. Jeffrey steht im Ankleidezimmer zwischen den Kleidern seiner Frau und riecht daran. Anne, die Witwe des französischen Filmstars Gérard Philippe, beschreibt ihre Suche nach ihrem Mann auf dem Friedhof:

... Ich ging hin, um dich zu finden. Ein verrücktes Rendezvous ... ich blieb außerhalb der Wirklichkeit, ohne in der Lage zu sein, in sie einzutreten. Das Grab war da, ich konnte die Erde berühren, die dich bedeckt hat, und ohne etwas dagegen tun zu können, fing ich an zu glauben, daß du kommen würdest, mit etwas Verspätung, wie gewohnt; daß ich bald spüren würde, daß du dich mir näherst ...

Es war sinnlos, mir zu sagen, daß du tot bist ... Du bist nicht gekommen, nein, du hast mich im Wagen erwartet. Eine verrückte Hoffnung, von der ich wußte, daß sie verrückt ist, und doch überkam sie mich.

»Ja, er wartet im Wagen.« Und als ich den Wagen leer vorfand, habe ich mich noch einmal davor bewahrt, als wollte ich versuchen, mir Aufschub zu gewähren: »Er macht einen Spaziergang auf dem Hügel.« Ich fuhr zum Haus und redete mit Freunden, während ich auf der Straße nach dir Ausschau hielt. Natürlich ohne daran zu glauben.

Wenn wir die Toten suchen, müssen wir sie gelegentlich herbeizitieren: Wir ›hören‹ ihre Schritte in der Einfahrt, den Schlüssel im Schloß. Wir ›sehen‹ sie auf der Straße und folgen ihnen eifrig bis zur nächsten Kreuzung; sie drehen sich um, und wir stehen einander gegenüber – dem Gesicht eines Fremden gegenüber. Manche von uns können ihre Toten durch Halluzinationen wieder ins Leben rufen. Viele von uns holen sich ihre Toten in ihren Träumen ins Leben zurück.

Ein Vater träumt von seinem Sohn – »Ich träumte eines Nachts, daß der gute More wieder am Leben war und daß ich, nachdem ich meine Arme um seinen Hals geschlungen hatte und über jeden Zweifel erhaben festgestellt hatte, daß ich meinen lebenden Sohn in den Armen hielt, mit ihm ganz ausgiebig über das Thema sprach. Wir stellten fest, daß der Tod und das Begräbnis bei Abinger eine reine Erfindung waren. Nach dem Erwachen hielt die Freude noch einen Moment lang an – und dann ertönte die Totenglocke, die mich jeden Morgen weckt – More ist tot! More ist tot!«

Eine Mutter träumt von ihrer Tochter – »Er ist ganz gewöhnlich, dieser Traum. Sie ist einfach nur da – und nicht tot.«

Eine Frau träumt von ihrer Schwester – »... Sie kommt oft zu mir, verstehen Sie; wir lachen zusammen ...«

Eine Tochter (Simone de Beauvoir) träumt von ihrer Mutter – »Sie ging über in Sartre, und wir waren glücklich miteinander. Und dann wurde aus dem Traum ein Alptraum: Wieso lebte ich wieder mit ihr zusammen? Wie war ich wieder in ihre Gewalt gekommen? Unsere frühere Beziehung lebte somit in ihrer Doppeldeutigkeit in mir weiter – eine Unterwerfung, die ich liebte und haßte.«

Ein Sohn träumt von seinem Vater – »Ich trug ihn zum Meer. Er lag im Sterben. Er starb friedlich in meinen Armen.«

Ein Sohn träumt von seiner Mutter (sein erster Traum von ihr nach ihrem Tod) – »Sie lachte mich sadistisch aus, weil ich nicht von einem fahrenden Zug abspringen konnte. Sie zeigte mit einem wirklich sadistischen Lachen ihre Zähne. Ich war schockiert, als ich aufwachte, aber ich habe mir gesagt, daß ich inmitten all meiner wunderbaren Erinnerungen nicht diesen Aspekt von ihr vergessen sollte.«

Derselbe Sohn träumte Monate später von seiner Mutter – »Ich ging irgendwo spazieren; vor mir liefen drei Frauen in bodenlangen Nachthemden. Eine der Gestalten drehte sich um; es war meine Mutter, und so deutlich, wie man es nur sagen kann, sagte sie zu mir: ›Verzeih mir.‹«

Eine Tochter träumt von ihrem Vater – »Ich habe geträumt, daß er davonlief und ich ihn einfangen wollte, es war einfach entsetzlich.«

Eine Witwe träumt einen Monat nach dessen Selbstmord von ihrem Mann – »Zwei Wendeltreppen stehen direkt nebeneinander. Ich steige die eine hinauf und er die andere hinab. Ich strecke meine Hand aus, um Kontakt aufzunehmen, aber er tut so, als kenne er mich nicht, und läuft weiter nach unten.«

Und der Schriftsteller Edmund Wilson träumt wiederholt sehnsüchtig von Margaret, seiner toten Frau:

Traum: *Da war sie jetzt am Leben – was war faul daran? – daß es sie eigentlich nicht mehr hätte geben dürfen – aber sie war da, und was hätte verhindern sollen, daß wir wieder zusammenleben?*

Traum: *In einem grau verschwommenen Traum glaubte ich, ich könnte ihr sagen, wie dumm ich gewesen war und wie sehr ich mich getäuscht hatte, als ich dachte, ich könnte sie nicht wiedersehen.*

Traum: *Ich legte mich zu ihr ins Bett – es gab schließlich keinen Grund, aus dem wir nicht zusammen sein sollten.*

Traum: *Sie war krank, und es hieß, sie hätte nicht mehr lange zu leben, und sie lag irgendwo, wo wir eine Ärztin aufgesucht hatten, in einem Bett – während wir miteinander sprachen, kam mir der Gedanke, sie könnte wieder gesund werden, wenn ich sie dazu bringen könnte, zu glauben, daß ich sie liebte und wollte, daß sie wieder gesund würde, dann könnten die Beschwerden verschwinden ...*

In Phantasien und Träumen und bei all unserem Suchen nach den Toten versuchen wir, die Endgültigkeit des Verlustes zu leugnen. Der Tod eines Menschen, den wir lieben, läßt nämlich unsere Kindheitsängste, im Stich gelassen zu werden, wieder aufleben, die alte Qual, klein und verlassen zu sein. Indem wir die Toten zu uns rufen, gelingt es uns manchmal, uns einzureden, der Mensch, den wir verloren haben, sei noch da, wir wären seiner nicht beraubt worden. Aber manchmal kann ein Herbeirufen der Toten uns auch davon überzeugen, daß sie tot sind, wie in dieser gruseligen Geschichte, die mir ein verstandesbetonter Freund erzählt hat:

Auf den Tag zwei Jahre nachdem Jordans junge Frau Selbstmord begangen hatte, lag er mit Myra, einer neuen Liebe, im Bett. Einer Frau, die eine Freundin seiner verstorbenen Frau Arlene gewesen war. Einer Frau, die er als Double von Arlene ansah. Einer Frau, die er dazu gedrängt hatte, wie Arlene zu sein. Einer ganz bezaubernden Frau, die zu heiraten er noch nicht wirklich bereit war, weil sie trotz alledem eben doch nicht Arlene war.

Als er jedoch in dieser Nacht in seinem Bett aus dem Schlaf erwachte und einen Blick auf Myras schlafenden Körper warf, »sah ich nicht Myra. Ich sah die Leiche von Arlene. Ich konnte das Bild nicht zurückverwandeln«, sagte er. »Ich konnte nicht zur Realität von Myra zurückkehren. Ich lag in heller Panik neben dieser Leiche.«

Schließlich stand er auf und floh aus der Wohnung.

Jetzt sagt Jordan, der inzwischen glücklich mit Myra verheiratet ist, dieses Erlebnis sei zwar entsetzlich gewesen, aber doch auch eine Befreiung. Es hat ihm endlich doch noch erlaubt, den Rest seines Lebens in Angriff zu nehmen. Dieses Erlebnis ließ ihn verstehen, daß er seine Frau nicht von den Toten auferstehen lassen konnte, daß »ich Arlene nicht durch eine andere Arlene ersetzen konnte«. Er sagt: »Endlich war ich in der Lage, sie sterben zu lassen.«

In dieser akuten Trauerphase trauern einige von uns still vor sich hin, andere sprechen darüber. Auf unsere eigene, ganz spezifische Weise müssen wir das Grauen und die Tränen hinter uns bringen, die Wut und das Schuldbewußtsein, die Angst und die Verzweiflung. Und auf unsere eigene, ganz spezifische Weise können wir, wenn es uns gelungen ist, die Auseinandersetzung mit unerträglichen Verlusten irgendwie zu überstehen, beginnen, die Trauerphase zu beenden.

Es beginnt mit dem Schock, und nachdem wir uns einen Weg durch die Phase akuten psychischen Schmerzes gebahnt haben, gehen wir auf das zu, was als ›Abschluß‹ des Trauerns bezeichnet wird. Es wird zwar immer noch Zeiten geben, in denen wir um unsere Toten weinen, uns nach ihnen sehnen und sie vermissen, aber der Abschluß der Trauer bedeutet einen entscheidenden Schritt hin zur Erholung und zur Akzeptanz und zum Umgang mit den Gegebenheiten.

Wir gewinnen unsere Stabilität zurück, unsere Energie, unsere Hoffnung, unsere Fähigkeit, uns am Leben zu erfreuen und in das Leben zu investieren. Wir akzeptieren trotz unserer Träume und Phantasien, daß die Toten in diesem Leben nicht zu uns zurückkommen werden.

Wir passen uns unter enormen Schwierigkeiten den veränderten Umständen unseres Lebens an und modifizieren – um des Überlebens willen – unser Verhalten, unsere Erwartungen und unsere Definition des eigenen Ichs. Der Psychoanalytiker George Pollock, der ausführlich über das Thema Trauer geschrieben hat, bezeichnet den Trauerprozeß als »eine der umfassenderen Formen der Anpassung und Weiterentwicklung«. Ein erfolgreiches Trauern, behauptet er, ist weit mehr, als aus einer üblen Lage das Beste zu machen. Trauern, sagt er, kann zu kreativen Veränderungen führen.

Aber er und seine Kollegen warnen uns. Sie sagen, daß Trauer selten geradlinig und direkt verläuft. Dasselbe sagt auch Linda Pastan eindringlich in ihrem Gedicht, das mit ›In der Nacht, in der ich dich verlor‹ beginnt und den langen und schwierigen Aufstieg durch die Phasen des Kummers nachvollzieht, bis die letzte Phase erreicht ist und ...

... jetzt sehe ich, wohin ich steige:
dem *Akzeptieren* entgegen
in Großbuchstaben geschrieben,
eine augenfällige Schlagzeile:
Akzeptieren,
der Name ist angestrahlt.
Ich mühe mich weiter,
winke und rufe.
Unten brandet mein ganzes Leben,
alle Landschaften, die ich je gesehen
oder geträumt habe. Unten
springt ein Fisch hoch: der Puls
in deiner Kehle.
Akzeptieren. Ich komme endlich
dort an.
Aber es stimmt etwas nicht.
Kummer ist eine Wendeltreppe.
Ich habe dich verloren.

Die Phasen des Kummers zu durchlaufen, ist, sagt Pastan, als steige man eine Wendeltreppe hinauf – und als lerne man, sie ›nach der Amputation‹ hinaufzusteigen. C. S. Lewis greift zu einem ähnlichen Bild, um die Trauer um seine geliebte Frau zu beschreiben:

Wie oft – wird es immer so bleiben? – wie oft wird mich die gewaltige Leere wie etwas vollkommen Neues erstau-

nen und mich dazu bringen, zu sagen: »Bis zu diesem Moment ist mir mein Verlust nie klar gewesen«? Dasselbe Bein wird wieder und immer wieder abgeschnitten. Wieder und immer wieder ist das erste Einstechen des Messers in das Fleisch zu spüren.

An anderer Stelle schreibt er:

Man taucht ständig aus einer Phase auf, doch sie kehrt immer wieder. Taucht immer wieder auf. Alles wiederholt sich. Laufe ich im Kreis ...?

Manchmal erscheint es so. Und manchmal ist es auch so. Auch wenn wir mit der Zeit schließlich lernen, zu akzeptieren und uns anzupassen und uns zu erholen, können wir unter ›Jahrestagsreaktionen‹ leiden – unter einem immer wiederkehrenden Trauern um unsere Toten, verbunden mit Melancholie, Einsamkeit und Verzweiflung, an den Jahrestagen ihrer Geburt oder ihres Todes oder irgendwelcher anderer besonderer Anlässe.

Trotz der Rückschläge und trotz des Gefühls, daß unser Kummer sich immer wieder erhebt, hat die Trauer ein Ende, selbst die anscheinend untröstliche, wie sie hier eine Tochter schildert:

Ich wache mitten in der Nacht auf und sage mir: Sie ist fort. Meine Mutter ist tot. Nie werde ich sie wiedersehen. Wie kann ich das fassen?

O Mama, ich will nichts essen, nicht rumlaufen, nicht aus dem Bett aufstehen. Lesen, arbeiten, kochen, zuhören, bemuttern. Nichts zählt mehr. Ich will mich nicht von meinem Kummer ablenken lassen. Es würde mir nichts ausmachen, zu sterben. Es würde mir sogar überhaupt nichts ausmachen.

Ich wache jede Nacht mitten in der Nacht aus dem Schlaf auf und sage mir: »Meine Mutter ist tot!« ...

Trauer ... Du scheinst damit angefüllt zu sein. Immer. In gewissem Sinne ist es wie eine Schwangerschaft. Aber ... eine Schwangerschaft vermittelt einem das Gefühl, etwas zu tun, selbst dann, wenn man untätig ist, (wogegen) das Trauern ein Gefühl der Zwecklosigkeit und der Sinnlosigkeit inmitten des Handelns vermittelt ... Ihr Tod ist das einzige, woran ich denke ...

Mein Alltagsablauf ist aufgebrochen, und ich stehe unter Quarantäne vor der Welt. Will nichts von ihr, habe ihr nichts zu geben. Wenn es zu schlimm steht, ist die ganze Welt für dich verloren, die Welt und die Menschen, die in ihr leben.

Nichts weiter als ein übler Scherz ist es, dein Leben da. Du kommst von null nach null. Wozu sich auf die Liebe einlassen, wenn dir das Geliebte doch entrissen wird? Das Fazit des Lebens ist Schmerz. Das Leben ist ein Todesurteil. Es ist besser, sich an nichts zu klammern ...

Ich muß von vorn anfangen und wiederholen: Sie ist tot. Als hätte ich es eben erst begriffen. Und ich stelle fest, daß ich ertrinke, vom Aufruhr des Stromes verschlungen werde, und ich will nach ihrer Hand greifen, damit sie mich ans Ufer bringt. Ich vermisse sie so sehr ...

An manchen Tagen kann ich Fotografien von ihr ansehen, und das Bild läßt mich wieder aufleben, bestätigt sie mir. An anderen Tagen starre ich sie an und bin tränenblind. Von neuem ihrer beraubt ...

Dieses Überströmen der Gefühle, des Selbstmitleids, ist ... ein Ausweinen an Mamas Schulter, ein Wehklagen in den Wind, ein Schluckauf unter den Schluchzern gegen eine unwiderruflich zerschmetternde Brandung. Eine Wehklage. Eine Totenklage. Du kommst. Und du gehst. Einst hatte ich sie, und jetzt ist sie fort. Und was ist daran neu? Worum geht es?

Ist es am Verheilen? Ich kann ihre Fotografie ansehen, ohne daß sich diese Aderpresse um meine Kehle zuschraubt, diese bohrende Erinnerung ... Ich beginne, sie in ihrem Leben zu sehen, nicht mehr nur mich selbst, die ihres Lebens beraubt worden ist ...

Stück für Stück trete ich wieder in die Welt ein. In eine neue Phase. Ein neuer Körper, eine neue Stimme. Vögel trösten mich schon durch ihren Flug, Bäume durch ihr Wachsen, Hunde durch die warme Stelle, die sie auf dem Sofa zurücklassen. Unbekannte Menschen allein dadurch, daß sie ihre Bewegungen vollziehen. Es ist wie ein langsames Genesen von einer schweren Krankheit, dieses Genesen des eigenen Ich ... Meine Mutter war mit sich in Frieden. Sie war bereit. Eine freie Frau. »Laß mich gehen«, sagte sie. Ist in Ordnung, Mama, ich lasse dich gehen.

In einem anderen Absatz spricht diese Tochter davon, sich der körperlichen Anwesenheit ihrer Mutter gerade erst entwöhnt zu haben, doch »wie nie zuvor von ihr ausgefüllt zu sein«. Sie beschreibt in ihren eigenen Worten den Prozeß, den Psychoanalytiker ›Verinnerlichung‹ nennen. Durch ein Verinnerlichen der Toten, dadurch, daß wir sie in unsere innere Welt einbeziehen, können wir den Trauerprozeß endlich abschließen.

Denken wir daran, wie wir als Kinder unsere Mutter gehen ließen oder von ihr fortgehen konnten, indem wir uns in unserem Innern ein Bild von ihr geformt haben. Auf ähnliche Weise verinnerlichen wir die Menschen, die wir geliebt und an den Tod verloren haben – wir nehmen sie in uns auf. Das »geliebte Objekt ist nicht fort«, schreibt der Psychoanalytiker Karl Abraham, »denn jetzt trage ich es in mir selbst ...« Und wenn er mit dieser Äußerung auch sicher zu weit geht – die Berührung ist fort, das Lachen ist fort, das Versprechen und die Möglichkeiten sind fort, das gemeinsame Musikerlebnis, die gemeinsamen Mahlzeiten und die Gemeinsamkeit im Bett, die tröstliche, erfreuende Anwesenheit in Fleisch und Blut sind unwiderruflich verloren – so ist es doch wahr, daß wir die Toten, indem wir sie zu Teilen unserer inneren Welt machen, in einigen entscheidenden Aspekten nie verlieren werden.

Eine Form der Verinnerlichung – darauf bin ich schon näher eingegangen – ist die Identifikation. Durch sie können wir unser wiederauftauchendes Ich weiterentwickeln und bereichern. Mit ihrer Hilfe können wir in unser Ich Aspekte derer aufnehmen, die wir geliebt haben und die jetzt tot sind – Aspekte, die oft abstrakt, aber gelegentlich auch verblüffend konkret sind.

Die Therapeutin Lily Pincus beschreibt eine Frau, die sich, nachdem ihr Bruder, ein leidenschaftlicher Gärtner, gestorben war, der Gartenarbeit zuwandte, und eine andere, geistig eher desinteressierte Frau, die nach dem Tod ihres Mannes, der der Geistreiche von beiden gewesen war, eine Gabe für schlagfertige Bemerkungen entwickelte. Wir können uns auch mit manchen der weniger liebenswerten Aspekte unserer Toten identifizieren – und Identifikationen können auch pathologisch sein. Aber indem wir die Toten in uns aufnehmen, indem wir sie zu einem Teil dessen machen, was wir denken, empfinden, lieben, können wir sie gleichzeitig bei uns behalten und uns von ihnen lösen.

Trauer, so sagt man uns, kann zu konstruktiven Identifikationen führen, doch der Trauerprozeß verläuft oft falsch. Wenn die, die wir lieben, sterben, können wir mit ihrem Tod umgehen, indem wir es unterlassen, mit ihrem Tod zurechtzukommen oder indem wir im Prozeß der Trauer ›steckenbleiben‹.

Bei chronischer Trauer kommen wir nicht über die zweite Phase hinaus. Wir sind in einem Zustand immensen, unerbittlichen Kummers versumpft, klammern uns ohne Linderung an unseren Kummer, unsere Wut, unseren Selbsthaß oder unsere Depressionen und sind nicht in der Lage, den Rest unseres Lebens neu zu gestalten. Es ist schwierig, jemandem gewissermaßen Trauerfristen vorzuschreiben. Manch einer braucht nicht ein Jahr, sondern zwei Jahre oder mehr. Aber es wird ein Zeitpunkt kommen müssen, an dem die Bereitschaft einsetzt, uns von der verlorenen Beziehung zu lösen. Unsere Trauer ist pathologisch, wenn wir uns nicht lösen können und uns nicht lösen wollen.

Beverly Raphael beschreibt eine Version des chronischen Trauerns:

Es kommt zu einem fortgesetzten Weinen, zu einer Beschäftigung mit dem verlorenen Menschen, zu zornigen Protesten, und der Hinterbliebene läßt die Erinnerungen an die verlorene Beziehung immer wieder an sich vorbeiziehen, einer Beziehung, die oft in hohem Maß idealisiert wird. Die Trauer kommt nicht zu einem natürlichen Abschluß, und fast erscheint es, als habe der Hinterbliebene eine neue und ganz besondere Rolle angenommen, die des Gramgebeugten.

Sie fügt hinzu, daß diese Trauer sich so äußert, »als lebte der Verstorbene in diesem Kummer weiter«. Die Dichter verstanden das schon vor langer Zeit. Wenn Shakespeares König Philipp Konstanze tadelt: »Ihr liebt den Gram so sehr als Euer Kind«, beantwortet sie ihm das mit dieser verzweifelten Erklärung:

Gram füllt die Stelle des entfernten Kindes:
Legt in sein Bett sich, geht mit mir umher,
Nimmt seine allerliebsten Blicke an,
Spricht seine Worte nach, erinnert mich
An alle seine holden Gaben, füllt
Die leeren Kleider aus mit seiner Bildung –
Drum hab ich Ursach, meinen Gram zu lieben!

Eine andere Variante der chronischen Trauer ist die sogenannte ›Mumifizierung‹ des Toten, bei der ein jeder Gegenstand, den der Tote einst besaß, genau dort und genau so aufbewahrt wird, wie er oder sie es gehalten hätte. Königin Viktoria beispielsweise ließ, nachdem ihr geliebter Prinz Albert gestorben war, täglich seine Rasiersachen und seine Kleidung bereitlegen, und seine gesamte Habe wurde in der Form aufgehoben, in der er sie zu seinen Lebzeiten angeordnet hatte. Aber ob sich chronische Trauer im Errichten heimischer Schreine oder in Hoffnungslosigkeit, Kummer und fortwährenden Tränen zeigt – in beiden Haltungen drückt sich dasselbe Phänomen aus: »Zeit heilt keine Wunden. Ich werde nie darüber hinwegkommen.«

Trauer äußert sich auch dann falsch, wenn sie gänzlich ausbleibt oder hinausgezögert wird, weil der Hinterbliebene versucht, den Verlustschmerz zu vermeiden. Diese Verweigerungshaltung kann – wenn die Dämme erst einmal brechen, ins Gegenteil umschlagen – in chronische Trauer. Dennoch muß es kein Zeichen von pathologischer Trauerbewältigung sein, wenn schmerzliche Gefühle über viele Jahre oder sogar ein ganzes Leben andauern.

Denken Sie daran, daß ich von dem Verlust von Menschen spreche, die wir geliebt haben, nicht von Menschen, von denen wir emotional losgelöst sind. Ich spreche von Verlusten, die uns guten Grund geben, ihnen nachzutrauern. Wenn wir uns nicht beraubt fühlen, sondern statt dessen prächtig zurechtzukommen, keine Tränen vergießen und so weiterleben, als sei nichts Bestürzendes geschehen, täuschen wir uns nur selbst und reden uns den Glauben ein, daß wir ›es sehr gut aufnehmen‹, denn in Wirklichkeit können wir es nicht fassen.

Wir können beispielsweise unbewußt fürchten, daß wir, wenn wir erst einmal anfangen zu weinen, nie wieder aufhören würden oder daß wir einen Zusammenbruch erleiden und wahnsinnig werden könnten oder daß die Last unseres Kummers die Menschen, die um uns herum sind, zermalmen oder vertreiben könnte oder daß alle unsere früheren Verluste uns von neuem bestürmen. Woher wissen wir, ob wir uns gegen die Trauer wehren oder ob wir nicht ganz einfach unberührt von diesem Verlust sind? Bowlby sagt, daß es viele unterschiedliche Anhaltspunkte dafür gibt: Wir können angespannt und aufbrausend sein, aber auch steif und förmlich oder erzwungen fröhlich oder in uns gekehrt, wir können unmäßig trinken. Wir können physische Symptome zeigen, weil wir uns anstelle psychischer Schmerzen physische Schmerzen zufügen. Wir können auch unter Schlaflosigkeit oder schlimmen Träumen leiden. Und es kann sein, daß wir Gespräche über und Gedanken und Erinnerungen an den Toten leicht verkraften.

Psychoanalytiker sagen (wie Shakespeare), daß die Unfähigkeit zu trauern, unserer Gesundheit schadet und daß Trauer eine Möglichkeit darstellt, Schmerz zu lindern:

Gib Worte deinem Schmerz: Gram, der nicht spricht,
Preßt das beladne Herz, bis daß es bricht.

Ob sich Kummer in Worten ausdrückt oder nicht, so kann der Tod doch langfristig schädliche Folgen für die geistige und körperliche Gesundheit der Hinterbliebenen haben, die – weit mehr als jene, die niemanden an den Tod verloren haben – sterben, sich umbringen, krank oder in Unfälle verwickelt werden, sich übermäßig dem Rauchen, dem Trinken oder Drogen hingeben oder an Depressionen oder verschiedenen anderen psychischen Störungen leiden. Eine Frau, die nach dem Tod ihres Mannes die Zukunft trostlos und leer vor sich sah – ›ein großes schwarzes Loch‹ –, sagte mir, sie müsse bewußt die Entscheidung treffen, weiterzumachen, die Entscheidung, »daß ich weiterleben werde«. Sie glaubt, daß wir nach derartigen Verlusten alle eine gewisse Wahl zwischen dem Leben und dem Sterben haben, und sie sagt, sie hat bei einer Freundin erlebt, daß sich diese ›für die andere Möglichkeit entschieden hat‹. Während manche Menschen, die sich entschließen, nicht zu bleiben, sich in ihrer Phantasie eine Wiedervereinigung nach dem Tod ausmalen, scheinen andere – wie Hans Castorps Vater in Thomas Manns Roman DER ZAUBERBERG – ganz einfach nicht in der Lage zu sein, weiterzumachen.

Das war nicht leicht zu verstehen für den Vater, Hans Hermann Castorp, und da er sehr innig an seiner Frau gehangen hatte, auch seinerseits nicht der Stärkste war, so wußte er nicht darüber hinwegzukommen. Sein Geist war verstört und geschmälert seitdem; in seiner Benommenheit beging er geschäftliche Fehler, so daß die Firma Castorp & Sohn empfindliche Verluste erlitt; im übernächsten Frühjahr holte er sich bei einer Speicherinspektion am windigen Hafen die Lungenentzündung, und da sein erschüttertes Herz das hohe Fieber nicht aushielt, so starb er trotz aller Sorgfalt, die Dr. Heidekind an ihn wandte, binnen fünf Tagen ...

Studien über den Streß identifizieren den Verlust eines nahen Familienangehörigen immer wieder als *das* belastendste Geschehnis im Alltagsleben. Es ist ein ›Lebens-Stressor‹, den die meisten von uns verkraften. Die Statistik gibt uns folgendes Bild: Jährlich erleben rund acht Millionen Amerikaner einen Todesfall in ihrer unmittelbaren Nähe. Es gibt jährlich 800 000 neue Witwer und Witwen. Und jährlich sterben etwa 400 000 Kinder und Jugendliche im Alter von weniger als 25 Jahren.

Verlust durch Tod ist einer der Hauptstressoren, und wie Hunderte von Studien zeigen, erhöht jeder Lebensstressor die Gefahr seelischer, geistiger und körperlicher Leiden. Aber nicht jeder, der solche Verluste erleidet, ist im selben Maß für diese Krankheiten empfänglich. Die Frage, die sich hier stellt, lautet: Worin besteht der Unterschied und was erhöht die Anfälligkeit?

Hier einige Antworten des Institute of Medicine, die wissenschaftlich weitgehend unumstritten sind: Menschen mit ungünstiger Vorgeschichte oder seelischer und/oder körperlicher Anfälligkeit sind in höherem Maß gefährdet. Stark gefährdet ist auch, wer den Tod eines Angehörigen durch Selbstmord verkraften muß. Ebenso Ehefrauen/ -männer, deren Beziehung zu dem oder der Verstorbenen besonders durch Ambivalenz oder Abhängigkeit geprägt war. Menschen, die einen solchen Verlust ohne die Stütze gesellschaftlicher Beziehungen erleben, neigen dazu, sich das Trauma intensiver anzueignen. Jüngere Menschen bewältigen diese Verluste schlechter als ältere: Studien zeigen, daß häufige Verluste in der Kindheit eine größere Gefahr für seelisches und geistiges Wohlbefinden darstellen.

Am Anfang dieses Buches stand eine Betrachtung des Preises, den frühe Verluste und Trennungen fordern. Wir haben gesehen, daß die frühesten Verluste als dem Tod sehr ähnlich empfunden werden. Wir haben gesehen, daß wir in jungen Jahren unsere Erfahrungen des Verlassenwerdens mißverstehen können – wir können es so auffassen, als würden wir im Stich gelassen, weil wir nicht liebenswert sind und weil wir schlecht sind. Unsere Reaktionen können Gefühle der Hilflosigkeit und/oder der Schuld und/oder des Entsetzens und/oder der Wut sein. Wir können auch eine unerträgliche Traurigkeit empfinden. Und vielleicht haben wir nicht die Mittel zur Hand, weder die inneren noch die äußeren Hilfsmittel, mit diesen Gefühlen umzugehen.

Daher können Kinder um einen Toten trauern, aber sie können diese Trauer vielleicht nicht bewältigen. Sie können auch gewisse Strategien im Umgang mit Verlusten entwickeln, die sie schon zum Zeitpunkt des Verlustes – aber auch später noch – schädigen. In einer Familie, in der es von liebenden Erwachsenen umsorgt wird, kann ein Kind oft die Stütze und die Ermutigung finden, die gesamte Bandbreite seiner Gefühle auszuleben, zu trauern, bis alles ausgestanden ist. Aber wie ich oben bereits bemerkt habe und wie wir im ersten Kapitel detailliert gesehen haben, können die Verluste der frühen Kindheit unser Leben lang in unserem Innern weiterwirken.

Die dänische Schriftstellerin Tove Ditlevsen, die in sehr jungem Alter beide Eltern verlor, schildert ein solches Erlebnis:

Wenn man einmal
eine große Freude
erlebt hat
dauert sie immer an
bebt sachte
an den Rändern all der
unsicheren Erwachsenentage
dämpft überliefertes Grauen
vertieft den Schlaf.

Das Schlafzimmer war
eine Insel aus Licht
mein Vater und meine Mutter
waren auf des
Morgens Wand gemalt.
Sie hielten mir ein schillerndes
Bilderbuch entgegen
sie lächelten beim Anblick
meiner riesigen Freude.

Ich sah, daß sie jung waren
und glücklich einander
zu haben
sah es zum ersten
sah es zum letzten Mal.
Die Welt wurde für immer
unterteilt in ein Vorher
und ein Hinterher.

Ich war fünf Jahre alt
seit da an hat sich alles
geändert.

Vielleicht war es diese ›große Freude‹, die es Tove Ditlevsen erlaubt hat, 32 Bücher mit Lyrik, Prosa, Autobiographischem, Kindergeschichten und Essays zu füllen. Vielleicht hat diese große Freude ihr geholfen, aber sie hat sie nicht gerettet. Sie erlebte drei gescheiterte Ehen, sie nahm Rauschgift. Und 1976 beging sie Selbstmord.

Ist jeder, der in der frühen Kindheit Mutter oder Vater verliert, dazu verdammt, später daran zu verzweifeln, fürs Leben geschädigt zu sein? Führen alle entscheidenden Verluste der Kindheit ins Pathologische? Die Antwort lautet mit Sicherheit nein, und das trotz der vielen Studien, die zeigen, wie uns diese Verluste gefährden. Von Natur aus robuste Kinder werden auch angesichts von Verlusten ihre Robustheit bewahren. Doch selbst den zartest besaiteten Kindern können einfühlsame Erwachsene dabei helfen, sich durch ein konstruktives Trauererlebnis mit Verlusten zu arrangieren.

Einige Analytiker behaupten, kein Kleinkind besäße die Ich-Stärke, zu trauern und diese Trauer zu einem Abschluß zu bringen. Bowlby und andere haben sich heftig gegen diese Auffassung gewehrt und darauf beharrt, daß Kinder folgendes brauchen (wobei diese Bedingungen, wie sie einräumen, oft nicht erfüllt sind): eine gute Beziehung zu der Familie vor dem Todesfall. Einen Menschen, der sie zuverlässig tröstet und versorgt, nachdem der Todesfall eingetreten ist. Sofortige, genaue Informationen über den Tod. Und eine Ermutigung, den Kummer mit der Familie zu teilen, sozial zu trauern.

Sicher können diese äußeren Bedingungen einen großen Unterschied bewirken. Aber vergessen wir nicht, daß Kinder sowohl in der Außenwelt als auch in der Welt leben, die in ihren Köpfen existiert. Nicht alle geliebten, umsorgten Kinder, die zur Trauerarbeit motiviert werden, können tun, was getan werden muß, um sich von dem Toten zu lösen, und es kann vorkommen, daß sie diese Arbeit erst als Erwachsene erfolgreich abschließen – manchmal nicht ohne professionelle Hilfe.

Gelegentlich aber gelingt es doch. Dr. Raphael weist in ihrer Schilderung auf die Form der Reaktion hin, die einem Kind dabei helfen kann, zu trauern und ein Ende der Trauer zu erreichen.

Jessica war fünf. Sie zeigte ihrer Mutter das Bild, das sie gemalt hatte. Auf dem Bild waren schwarze Wolken, dunkle Bäume und große rote Spritzer zu sehen.

»Meine Güte«, sagte ihre Mutter. »Erzähl mir etwas dazu, Jess.« Jessica deutete auf die roten Spritzer. »Das ist Blut«, sagte sie. »Und das sind Wolken.« »Oh«, sagte ihre Mutter.

»Siehst du«, sagte Jessica, »die Bäume sind sehr traurig. Die Wolken sind schwarz. Sie sind auch traurig.« »Warum sind sie traurig?« fragte ihre Mutter. »Sie sind traurig, weil ihr Papa gestorben ist«, sagte Jessica, der die Tränen langsam über die Backen liefen. »So traurig wie wir, seit Papa gestorben ist«, sagte ihre Mutter, und sie drückte sie an sich, und sie weinten.

Verlust in frühem Alter kann es uns erschweren, mit zukünftigen Begegnungen mit Trennung und Verlust fertig zu werden. Aber selbst Menschen, denen in den Jahren des Heranwachsens entscheidende Verluste erspart bleiben, kommen womöglich nie wirklich über den Tod eines Kindes hinweg. Eltern aus der Mittelschicht der modernen Industriegesellschaft erwarten von ihren Söhnen und Töchtern, daß sie sie überleben. Der Tod eines Kindes wird als ein unzeitgemäßer Tod empfunden, als eine Ungeheuerlichkeit, als ein Aufbäumen gegen die natürliche Ordnung der Dinge.

Und doch kann ich unter meinen eigenen Mittelschichtfreunden elf – elf! – Kinder und Jugendliche im Alter von zwischen 3 bis 29 Jahren aufzählen, Kinder, die durch Unfälle, Selbstmord oder Krankheiten den Tod fanden. Wie trauern Mütter und Väter um solche Toten? Wie kommt diese Trauer – wenn überhaupt – zu einem Ende?

Nach allem, was ich gelesen und erlebt habe, zu urteilen, scheint es, daß Eltern – darunter Frauen und Männer, die sich zu Recht geliebt fühlen und ein ansonsten ausgefülltes Leben führen – die Trauer um ihr verlorenes Kind vielleicht nie aufgeben.

Das Festhalten am Kummer kann wie Treue gegenüber den Toten erscheinen, wogegen ein Ende der Trauer als Verrat empfunden werden kann. »Ich bin stolz auf mich«, sagt Vera, deren damals neunundzwanzigjährige Tochter June vor sieben Jahren starb, »wenn ich ihren Namen sagen kann, ohne daß meine Stimme bebt.« Aber schnell fügt sie hinzu: »Ich bin außer mir vor Entsetzen, wenn ich ihn ohne ein Beben in der Stimme aussprechen kann.«

In den Monaten zwischen der Diagnose Krebs und dem Tod ihrer Tochter lebte Vera in einer ›schwebenden Unwirklichkeit‹. Sie verschonte ihre vier jüngeren Kinder und verschwieg ihnen die Wahrheit. Sie kümmerte sich um June, die wieder nach Hause gezogen war, und »versuchte, es für sie so gut wie möglich zu machen«. Und sie ›schauspielerte‹ Hoffnung und gute Laune – sie weinten nie gemeinsam, sie und June, abgesehen von dem Tag, an dem sie gemeinsam dasaßen und ein Drama im Fernsehen sahen und hörten, wie zwei Personen die folgenden Sätze wechselten:

»Werde ich sterben?«

»Ja.«

»Ich will nicht sterben.«

Vera sagt, daß sie nach Junes Tod ›die wandelnde Tote‹ wurde. Insgeheim weinte sie, aber vor anderen schauspielerte sie weiter. »Ich hatte das Gefühl, mein Kummer sei zu groß«, erklärte sie, »er sei ein stark wirksames Gift und er könnte jeden zerstören. Und ich glaubte auch, es sei meine Aufgabe, meinen Kindern zu zeigen, daß man damit leben kann, um sie davor zu beschützen, daß sie sich vor dem Leben zu Tode fürchten.«

Als Veras letztes Kind das Haus verließ, fünfeinhalb Jahre später, setzten bei ihr jedoch Schmerzen ein, »die sich wie ein Herzleiden äußerten. Ich war sehr niedergeschlagen. Ich habe nur noch geweint.« Sie suchte Hilfe.

Heute sagt sie, daß sie sich besser fühlt, aber sie sagt auch, daß sie sich geschwächt und reduziert fühlt, obwohl sie uns als ihren Freunden weise Ratschläge, Trost, Kraft und Freude geben kann. Aber ihre Verluste sind schwerwiegende Verluste, denn sie sagt, daß sie nicht nur June, ihr heißgeliebtes erstes Kind, verloren hat. Sie hat ihr Empfinden von sich selbst – ihre grundlegende Definition ihres Ich – als der Beschützerin ihrer Kinder verloren.

»Ich hatte die Vorstellung, ich könnte meinen Kindern Sicherheit geben. Meine Rolle im Leben bestand darin, ihre große Beschützerin zu sein. Junes Tod war für mich eine Niederlage; er hat mich gelehrt, wie hilflos, hilflos, hilflos ich bin. Ich kann niemanden retten. Ich kann für niemanden die Dinge wieder in Ordnung bringen.«

Sie trauert um ihre Tochter. Sie trauert um diesen Teil ihrer selbst.

Der Anthropologe Geoffrey Gorer kommt in seinem bahnbrechenden Buch DEATH, GRIEF AND MOURNING zu dem Schluß, daß der verstörendste und anhaltendste Kummer, den es überhaupt gibt, der Kummer einer Mutter oder eines Vaters um ein totes erwachsenes Kind ist. Aber die Trauer um den Verlust des Kindes oder um die enttäuschte Hoffnung auf ein Kind kann in jedem Stadium des Elterndaseins einsetzen. Vielleicht wäre es nötig, daß diese Trauer sowohl von der Außenwelt als auch von denen, die den Verlust erfahren, anerkannt und verstanden wird. Eine Fehlgeburt – »Sie haben gesagt, es sei nichts ... aber es war mein Baby, und es hat eine Rolle gespielt« – kann als Verlust empfunden werden. Eine Abtreibung – ganz gleich, wie vernünftig und notwendig sie auch erscheint – kann als ein Verlust betrauert werden. Das grausam zusammengedrängte Leben und die Totgeburt eines Kindes werden mit Sicherheit als ein Verlust betrauert werden müssen.

Margaret war 22 Jahre alt, als sie ihr Baby, eine Frühgeburt, verlor. Es lebte eine Zeitlang, und dann starb es. Und »dann war dieses leere Zimmer im Haus, und es ist alles über mich hereingebrochen wie eine Flutwelle des Kummers. Ich war so traurig, so leer, daß ich dachte, ich würde mich nie mehr gesund und ganz fühlen.«

Wenn ein Kind stirbt, das in einer Familie gelebt hat, zu einer Persönlichkeit geworden ist, zu einem kleinen oder großen uns vertrauten Menschen, gilt der Verlust nicht nur den zukünftigen Erwartungen, sondern auch der gemeinsam erlebten Vergangenheit. Die Reaktion auf diesen unzeitgemäßesten aller Tode – die Wut, die Schuldgefühle, das Idealisieren, der stechende Schmerz, der Kummer und die Verzweiflung – »kann«, schreibt Raphael, »für alle Zeiten den weiteren Verlauf des Lebens der Eltern und sogar die Beziehung der Eltern zueinander verändern«.

Meine Freunde, die Eltern der elf Kinder, die gestorben sind, stehen nicht als fleischgewordene Mahnmale des Kummers da. Sie lachen, sie lieben sich, sie schmieden Pläne. Ich weiß von einer dieser Freundinnen, daß sie sich fest darauf verläßt, ihr Kind in einer anderen Welt wiederzutreffen. Aber ich vermute, die meisten von ihnen müssen ohne solchen Trost auskommen. Und ich vermute, daß die meisten von ihnen nie in der Lage sein werden, diesen Verlust ganz zu verkraften.

An dem Tag, an dem seine tote Tochter Sophie 36 Jahre alt geworden wäre, schreibt Sigmund Freud in einem Brief an einen Freund:

Wenn wir auch wissen, daß nach einem solchen Verlust der akute Zustand des Trauerns nachlassen wird, wissen wir doch auch, daß wir untröstlich bleiben und niemals einen Ersatz finden werden. Ganz gleich, was diese Lücke auch füllen mag, selbst dann, wenn es sie ganz ausfüllt, bleibt es dennoch immer etwas anderes.

Es ist traumatisch für ein Kind, einen Elternteil zu verlieren. Es ist traumatisch für einen Elternteil, ein Kind zu verlieren. Der Verlust eines Ehepartners, Mann oder Frau, vereint viele verschiedene Verlustformen.

Wir können nämlich, wenn wir um den Tod eines Ehegatten trauern, um unseren Gefährten, unseren Geliebten, unseren engen Freund, unseren Beschützer, unseren Ernährer, unseren Partner als zweiten Elternteil trauern. Wir können darum trauern, daß wir nicht länger Teil eines Paares sind. In Ehen, in denen wir unser Leben ganz und gar durch den anderen gelebt haben, können wir das Auseinanderbrechen einer das Leben bedeutenden Gemeinsamkeit betrauern. Für manche von uns — deren Rollen darin bestanden, für unseren Gefährten zu kochen, für ihn zu sorgen, für ihn dazusein — bedeutet ein solcher Verlust gleichzeitig den Verlust der Einsicht in den Sinn des Lebens. Und manche von uns — deren Selbstwertgefühl sich auf die Akzeptanz und Zustimmung durch unseren Gefährten gründet — stellen fest, daß sie diesen Teil ihres Ichs verlieren.

»Unsere Gesellschaft ist so eingerichtet«, schreibt Lynn Caine in ihrer quälend aufrichtigen Autobiographie WIDOW, »daß die meisten Frauen ihre Identität verlieren, wenn ihre Männer sterben.« Sie sagt, nach dem Tode ihres Mannes »fühlte ich mich wie eines dieser gewundenen Muschelgehäuse, die an den Strand gespült werden. Man steckt einen Halm in die gewundene Öffnung, dreht ihn in alle Richtungen, und da ist nichts. Kein Fleisch. Kein Leben. Was auch dort gelebt haben mag — es ist ausgetrocknet und verschwunden.«

Vicky, Frau eines Schauspielers, der auf dem Höhepunkt seiner Karriere starb, führte ein wunderbares Leben als ›die‹ Frau des Stars, traf berühmte und interessante Menschen, war auf Reisen und auf Parties, erlebte rauschende Fest-Abende — und plötzlich verbringt sie ihre Abende alleine. »Mir hat das, was ich hatte, gefallen«, erzählt sie mir fast 18 Monate nach seinem Tod, mit dem sie sich überhaupt nicht ausgesöhnt hat. »Ich will nichts anderes. Ich will das haben, was ich hatte.«

Elaine war 45 Jahre alt, als ihr Mann starb — sie hatte ihn etliche Jahre lang liebevoll gepflegt. Ihr ganzes Dasein war von dieser Fürsorge erfüllt. Als er starb, hatte sie das Gefühl, »ihr ganzes Leben hätte ohne ihn keinen Sinn und es gäbe für sie keine andere Rolle und keinen anderen Zweck im Leben«.

Fern kann sich trotz einer eigenen Karriere und erwachsener Kinder, die sie lieben und gern mit ihr zusammen sind, seit Dans Tod kaum noch über irgend etwas freuen. Sie sagt, nur er konnte ihr das Gefühl geben, eine geschätzte, begehrenswerte Frau zu sein, das Gefühl, daß »sie sich selbst nur durch einen Mann lieben kann«. Sie ist geradezu hektisch auf der Suche nach einem solchen Mann ...

Schützen Prominenz und eine unabhängige, eigene Identität Witwen vor extremem Kummer? Keineswegs immer. Die Schauspielerin Helen Hayes hat die zwei verheerenden Jahre nach dem Tod ihres Mannes nur mit folgenden Worten beschrieben: »Ich war so verrückt, wie man es sich nur denken kann, und das bin ich auch jetzt noch weitgehend. Ich hatte in diesen zwei Jahren keine wirklich normalen fünf Minuten. Es war nicht nur Kummer. Es war die absolute Verwirrung. Ich war übergeschnappt ...«

Auch Witwen, die nicht ›überschnappen‹, sind vor dem quälenden Gefühl völliger Orientierungslosigkeit nicht sicher. »Gott hat mich in eine fortgeschrittenere Klasse versetzt«, sagt eine Frau nach dem Tod ihres Mannes. »Die Pulte sind noch etwas zu hoch für mich.«

Der Tod eines Lebensgefährten zerstört eine soziale Einheit, zwingt uns neue Rollen auf und konfrontiert uns – die Lebenden – mit entsetzlicher Einsamkeit. Die Zukunft kann sinn- und wertlos erscheinen, während die Vergangenheit oft unter einem rosigen Schein verschwimmt. Wir wollen vielleicht an der Vergangenheit festhalten, aber Stück für Stück müssen wir, während wir jedes zärtliche – und häßliche – Gefühl empfinden, die Toten betrauern und uns von ihnen lösen.

Mir geht es hier zwar darum, den Tod derjenigen zu beklagen, die wir lieben, aber ich sollte doch auch diesen anderen (kleinen), ehelichen Tod erwähnen, der sich Scheidung nennt. Das Zerbrechen einer Ehe ist nämlich ein Verlust, der dem Tod eines Gefährten gleichkommt und oft auf sehr verwandte Weise betrauert wird. Es gibt einige wesentliche Unterschiede: Eine Scheidung löst mehr Wut aus als der Tod, und sie läßt einem natürlich beträchtlich mehr Entscheidungsfreiheit. Aber der Kummer und die Stiche und die Sehnsucht können ebenso ausgeprägt sein. Das Leugnen und die Verzweiflung können ebenso ausgeprägt sein. Die Schuldgefühle und die Selbstvorwürfe können ebenso ausgeprägt sein. Und das Gefühl, im Stich gelassen worden zu sein, kann noch ausgeprägter sein: »Er *mußte* mich nicht verlassen; er hat sich frei *entschieden*, mich zu verlassen.«

Eine Scheidung kann, wie der Tod, denen, die verlassen worden sind, ihr Ich-Gefühl nehmen. Wie im Falle von Monique:

»Es gab einmal einen Mann, der seinen Schatten verlor. Ich habe vergessen, was aus ihm geworden ist, aber es war grauenhaft. Was mich angeht, so habe ich mein Bild von mir verloren. Ich habe es nicht oft angesehen, aber es war da, im Hintergrund, genauso, wie Maurice es für mich gezeichnet hatte. Eine offene, geradlinige, wirkliche, ›authentische‹ Frau ohne jede Bosheit, kompromißlos, aber gleichzeitig verständnisvoll, nachsichtig, einfühlsam, tiefempfindend und mit einer scharfen Wahrnehmung für Dinge und für Menschen ... Es ist dunkel: Ich kann mich nicht mehr sehen. Und was sehen die anderen? Vielleicht etwas Abscheuliches.«

Monique ist jemand, den wir alle kennen, EINE GEBROCHENE FRAU aus Simone de Beauvoirs Kurzgeschichte. Maurice ist ihr Ehemann, der sie nach 22 Jahren verläßt. Als sie ihn verliert, verliert Monique auch ein lebenserhaltendes Bild ihrer selbst. Was übrigbleibt, ist eine nackte Gestalt in der Fötushaltung, die auf dem kahlen Fußboden einer leeren Wohnung kauert.

Neueren Studien ist zu entnehmen, daß der Preis der Scheidung – sowohl der physische als auch der psychische Preis – höher sein kann als der, den der Tod eines Ehegatten fordert. Auch ein Abschluß der Trauer kann schwerer sein. Das Problem bei der Scheidung ist nämlich, daß wir beide am Leben sind, obwohl die Ehe zerbrochen ist, und daß, wie die Psychiaterin Raphael bemerkt, »der ›Hinterbliebene‹ um jemanden trauern.muß, der nicht gestorben ist ...«

Ich habe von vielen Frauen gehört – ich habe es auch von einigen Männern gehört –, daß sie lieber verwitwet als geschieden wären, daß der Tod sie nicht in fortgesetzte Streitigkeiten über Eigentum und Kinder hineingezogen hätte, sie nicht mit Gefühlen der Eifersucht bestürmt hätte, mit Gefühlen des Versagens. In beiden Fällen bricht der Verlust eines Gefährten unsere früheren Lebensumstände. »Die Welt bricht jeden«, schreibt Hemingway, »und hinterher sind viele an den gebrochenen Stellen stark.« Manche sind es. Manche nicht.

Manche von uns können durch den Verlust unseres Lebensgefährten dauerhafte Schäden erleiden.

Manche – wie Hermann Castorp – überleben es nicht.

Manche – wie die Witwe, die sich entschied, nicht zu sterben – sagen: »Ich habe noch viel zu tun, und ich bin froh, daß ich am Leben bin, aber nichts, was ich tue, ist ohne ihn genauso schön.«

Manche – aber das kommt bei Witwern wesentlich öfter vor als bei Witwen – heiraten wieder.

Manche Witwen ergreifen zum ersten Mal in ihrem Leben einen Beruf und erlernen wieder, wie man sich verabredet und mit einem Mann ausgeht.

Und manche, die jetzt nicht mehr eine Hälfte eines Ganzen in einer komplementären Ehe sind, übernehmen einige Eigenschaften des toten Gefährten, entdecken in sich selbst gewisse Talente und Stärken, die sie aus freiem Entschluß an den Partner delegiert hatten, und sie können – zu ihrem eigenen Erstaunen und mit einem Gefühl von Verrat – regelrecht aufblühen.

Auf die Liste der Betrauerten gehören auch Geschwister, ein Kummer, der – vor allem in der Kindheit – stark mit Triumphgefühlen und Schuldbewußtsein vermischt ist. Wir triumphieren, weil wir den Rivalen endlich doch noch losgeworden sind. Die Schuldgefühle entspringen dem Wunsch, uns dieses Rivalen zu entledigen. Wir grämen uns, weil uns ein Spielgefährte, ein Zimmergenosse, ein Kamerad genommen wurde. Es ist schmerzlich für uns, jemanden verloren – und dabei etwas gewonnen zu haben.

Eine Erinnerung: Unsere Familie macht einen Ausflug auf einem Ozeandampfer.

Meine kleine Schwester Lois verschwindet. Das Schiff wird durchsucht. Keine Lois. Das Schiff wird noch einmal durchsucht. Keine Spur von Lois. Meine Mutter, die der festen Überzeugung ist, ihre zweieinhalbjährige Tochter sei ertrunken, ist vor Kummer betäubt. Aber ich, ihre viereinhalbjährige Tochter mit dem ausgeprägten Rivalitätsdenken, habe in hohem Maß gemischte Gefühle:

Sind meine glühendsten (und sündigsten) Träume wahr geworden? Ist mein größter (und finsterster) Wunsch erfüllt worden? Ist es mir, dank der schrecklichen magischen Kräfte meiner Seele schließlich doch noch gelungen, meine Schwester loszuwerden? Oh, dieses Grauen! Oh, diese Schuldgefühle! Oh, diese Freude!

Nach zwei Stunden wird jedoch meine Schwester – die keineswegs ertrunken ist – wiedergefunden. Meine Mutter, die von ihrem Entsetzen erlöst wird, fällt augenblicklich in Ohnmacht. Auch mich überflutet Erleichterung, denn ich habe mich mit dem Glauben herumgeschlagen, ich sei eine Mörderin. Erleichterung überflutet mich – und Enttäuschung.

Aber jetzt sind wir in den mittleren Jahren, und wir sind gute Freundinnen geworden, meine Schwester und ich. Jetzt hat sie Brust- und Knochen- und Lungenkrebs. Wenn wir die alten Familienfotos ansehen, lachen und weinen wir und geben uns unseren gemeinsamen Erinnerungen hin. Und ich will, daß sie die ganze Reise mit mir macht; ich will nicht, daß meine Schwester vom Schiff fällt.

Wenn Geschwister erwachsen werden und von zu Hause fortgehen, stellen sie fest, daß sie über ihre Geschwisterbeziehungen jetzt freiwillig entscheiden können. Manche bilden ein Band heraus, das bis ins Erwachsenenleben hält; andere unterhalten so gut wie keine Beziehungen. Wieder andere, wie ich, können als Erwachsene ihre Geschwister als Menschen ansehen, mit denen sie aus freier Entscheidung befreundet sind. Und wenn die Zeit vergeht und unsere Eltern sterben und unsere Geschwister alles sind, was uns von unserer ersten Familie geblieben ist, dann beginnen wir vielleicht, sie sowohl als Kameraden als auch als Mitbewahrer unserer Vergangenheit zu schätzen. Und wenn sie sterben, trauern wir um sie, wie diese Dichterin den Tod ihres großen Bruders beklagt:

Als wir feststellten, was die Krankheit anrichten würde,
verlogen, wie die Unentwegten eines jeden Rates,
schworen wir alle, unsere Rollen zu spielen
in dem letzten Akt unter deiner Führung.

Der Anfang war einfach. Du gabst deine linke Hand her,
und die rechte wurde weiser, ein Jongleur ihres Königs.
Als das arme taube Bein einknicken wollte,
nahmst du einen Spazierstock zum Laufen,
den einst sonntags unser toter Vater schwang.
Monat für Monat wurde das Schlachtfeld enger.
Als du kein Fleisch mehr schlucken konntest,
pürierten wir dein weichgekochtes Abendessen
und steckten deinen Strohhalm in leckere
Schokoladenmilch.

Und als du nicht mehr sprechen konntest, konntest du noch Fragen
und Antworten auf eine Zaubertafel schreiben
und dann die Seite hochzuhalten, wie Wäsche in den Wind.
Ich zog den Erinnerungssplitter aus deinem Rückgrat,
als wir Normalsein spielten, die
einander beigestanden hatten im kalten Zoo
der Kindheit. Drei Monate, ehe

du starbst, schob ich dich durch die Straßen
des ruhigen Palo Alto, um den Frühling
in seinen flammend bunten Spuren einzufangen.
Du schriebst den Namen jeder blöden Blume,
die ich nicht kannte. Die Yucca-Blüte regnete.
Die Mimose leuchtete. Der Ackerschachtelhalm entflammte,
als du darum kämpftest, deinen großen Kopf auf seinem
Stiel zu halten.
Fllieder, schriebst du, *Magnollie, Lillie,*
und weiter, *Olleander, Phillodendron.*

O Mann der vielen L's, Bruder, mein arglistiger
heimischer Geist, darf ich sie nie mehr buchstabieren,
diese hahnenfüßigen hundstoten Worte nie mehr
diese protzigen wuchernden Worte nie mehr
es sei denn, ich nenne sie in deinem Bann.

Am ehesten bewältigen sollten wir wohl den Alterstod unserer Mütter und Väter. Aber als ich zu einer Freundin, deren Mutter mit 89 Jahren starb, sagte: »Sie hat sicher ein erfülltes Leben gehabt«, erwiderte meine Freundin zornig: »Ich hasse es, wenn Menschen sagen, sie hätte ein erfülltes Leben gehabt, als ob ich deshalb nicht traurig über ihren Tod sein sollte. Ich bin nämlich sehr traurig über ihren Tod. Ich werde sie vermissen.«

Mein Freund Jerome, dessen Vater – nach einem reichen und tatkräftigen Leben – im Alter von achtundsiebzig zu Hause gestorben war, erzählte mir:

»Ich hatte mich schon seit einer kleinen Weile auf seinen Tod vorbereitet, aber als es dann schließlich soweit war, war ich doch nicht darauf gefaßt.« Er wußte zwar, daß der Tod seinen Vater zu einer angemessenen Zeit ereilt hatte, aber »ich wollte ihn noch nicht gehen lassen. Ich war nicht soweit.«

Jerome sprach elf Monate lang jeden Morgen und jeden Abend das Kaddisch, das Gebet der Juden für die Toten,

»um den Glauben meines Vaters an die Gottheit zu bestätigen. Ich fand es tröstlich, daß ich dadurch täglich Zeit fand, an meinen Vater zu denken.« Er sagt, daß er immer noch oft an ihn denkt und »jedes Jahr wieder, wenn Passah ist, vermisse ich ihn entsetzlich«.

Manchmal wird unsere Trauer durch den Gedanken gelindert, daß unsere Eltern einen akzeptierten, friedlichen, ›guten‹ Tod gestorben sind. Wir vermissen sie zwar schmerzlich, aber es wäre noch quälender, wenn wir sie vergebens gegen den Tod hätten ankämpfen sehen. Wenn wir an ihrer Bettkante hätten sagen müssen: »Kämpfe nicht so sehr. Gib die Schlacht auf. Sei sanftmütig.«

Dir sind Flügel des Schmerzes gewachsen,
und du flatterst um das Bett wie eine verwundete Möwe,
rufst nach Wasser, rufst nach Tee, nach Trauben,
deren Schale du nicht durchdringen kannst.
Erinnerst du dich noch, als du mir das Schwimmen
beigebracht hast? Laß dich fallen, hast du gesagt,
der See wird dich tragen.
Mich verzehrt es, zu sagen: Vater, laß dich fallen,
und der Tod wird dich tragen ...

Wenn wir um einen Elternteil trauern, können wir auch Trost in dem Gedanken suchen, daß wir die Gelegenheit hatten, uns zu verabschieden – unsere Liebe und unsere Dankbarkeit auszudrücken, unerledigte Dinge abzuschließen, zu einer Form von Aussöhnung zu gelangen. »Ich hatte diese sterbende Frau sehr ins Herz geschlossen«, schreibt Simone de Beauvoir über den Tod ihrer Mutter. »Als wir im Halbdunkel sprachen, behob ich ein altes Elend. Ich erneuerte den Dialog, der während meiner Pubertät abgerissen war und den wieder aufzunehmen uns unsere Unterschiede und unsere Ähnlichkeiten nie erlaubt hatten. Und die frühere Zärtlichkeit, die ich für alle Zeiten tot geglaubt hatte, erwachte wieder zum Leben ...«

Es heißt, daß der Verlust der Eltern im Lauf des Erwachsenenlebens als Ansporn zur eigenen Weiterentwicklung dienen kann und Söhnen und Töchtern eine neue Form der Reife gibt. Viele Menschen, die sich näher mit Trauerarbeit beschäftigt haben, sind denn auch wirklich davon überzeugt, daß keine Form des Todes einen Verlust birgt, ›der nicht zu einem Gewinn führen kann‹. Wie wir übrigen würden sie mit Freuden auf den Gewinn verzichten, wenn dafür auch der Verlust erspart bliebe. Aber diese Entscheidung stellt das Leben nicht zur Wahl.

Rabbi Harold Kushner erfuhr, als sein ältester Sohn Aaron drei Jahre alt war, daß der Junge an einer seltenen Krankheit litt, die zu einem schnellen Alterungsprozeß führt, und daß sein Kind unbehaart und im Wachstum behindert sein und wie ein kleiner alter Mann aussehen – und vor seinem zwanzigsten Lebensjahr sterben würde. Kushner setzt sich mit diesem hochgradig ungerechten, hochgradig untragbaren Tod auseinander und stellt die Frage von Verlusten und Gewinnen:

Durch Aarons Leben und Tod bin ich ein sensiblerer Mensch und ein mitfühlenderer Ratgeber geworden, als ich es andernfalls je gewesen wäre. Und ich würde alles, was ich daran gewonnen habe, augenblicklich aufgeben, wenn ich dafür meinen Sohn wiederbekäme. Wenn ich es mir aussuchen könnte, würde ich auf jegliche geistige Entwicklung und Tiefe verzichten, die mir durch unsere Erfahrungen zuteil geworden ist, und ich wäre wieder, was ich vor 15 Jahren war, ein durchschnittlicher Rabbi, ein unbeteiligter Ratgeber, der manchen Menschen hilft und anderen nicht helfen kann, und der Vater eines intelligenten, glücklichen Jungen. Aber diese Wahl habe ich nicht.

Vielleicht ist also die einzige Wahl, die wir haben, die, uns zu entscheiden, was wir mit unseren Toten anfangen: Ob wir sterben, wenn sie sterben. Ein verkümmertes Leben führen. Oder aus dem Leiden und aus der Erinnerung zu neuen Schlüssen kommen und sie zu neuen Formen schmieden. Mit Hilfe unserer Trauer gestehen wir diesen Schmerz ein, empfinden wir diesen Schmerz, leben wir ihn aus, lösen wir uns von den Toten und nehmen sie in uns auf. Die Trauer befähigt uns dazu, die schwierigen Veränderungen zu akzeptieren, die der Verlust mit sich bringen muß – und dann nähern wir uns allmählich dem Ende der Trauer.

17.

Sich verlagernde Vorstellungen

> ... Ich bin auf einen Prozeß des Trauerns um einen selbst gestoßen, während man älter wird und sich mit Veränderungen arrangieren muß, die Folgen dieses unvermeidbaren Voranschreitens sind. Man könnte diesen Prozeß als ein Trauern um frühere Zustände des Ichs bezeichnen, als stellten diese Zustände verlorene Objekte dar.
>
> George Pollock

Wir werden den Verlust anderer betrauern. Aber wir werden auch um den Verlust unseres eigenen Ichs trauern – um frühere Definitionen, die unsere Bilder von uns selbst geformt haben. Die Ereignisse unserer persönlichen Geschichte definieren uns immer wieder neu. Und an einigen Punkten unseres Lebens werden wir ein früheres Bild unserer selbst aufgeben und weiterziehen müssen.

Die Lebensalter und Stadien des Menschen – die Aufgaben und Merkmale erfolgreicher Lebensstadien – sind (und damit ist diese Liste mit Sicherheit noch lange nicht erschöpft) von Konfuzius, von Solon, dem Talmud, Shakespeare, Erikson, Sheehy, Jaques, Gould und Levinson aufgezeichnet worden. Die moderne Forschung weist darauf hin, daß es normale, vorhersehbare Phasen der Erwachsenenentwicklung gibt – wenn auch die Menschen diese Phasen in sehr unterschiedlicher Art und Weise durchlaufen. Vieles spricht dafür, daß sich in unserer Biographie Phasen der Stabilität mit Phasen des Übergangs und der Veränderung abwechseln.

In Phasen der Stabilität zimmern wir ein Gerüst für

unser Leben — wir treffen grundlegende Entscheidungen und verfolgen bestimmte Ziele. In Übergangsphasen stellen wir das Gefüge dieses Gerüsts in Zweifel — wir rütteln daran und erkunden neue Möglichkeiten. Jeder Übergang führt zu der Beendigung eines früheren Lebensgefüges, und jede Beendigung — schreibt der Psychologe und Forscher Daniel Levinson — »ist ein Ende, ein Prozeß der Trennung oder des Verlustes«. Weiterhin sagt er:

Die Aufgabe eines Übergangsstadiums in der Entwicklung besteht darin, eine bestimmte Zeit des Lebens zu beenden; die Verluste zu akzeptieren, die diese Beendigung nach sich zieht; die Vergangenheit erneut zu sichten und einzuschätzen; zu entscheiden, welche Aspekte der Vergangenheit beibehalten und welche verworfen werden; und die eigenen Wünsche und Möglichkeiten für die Zukunft in Betracht zu ziehen. Man ist in der Schwebe zwischen Vergangenheit und Zukunft und ringt darum, die Kluft zu überschreiten, die beide voneinander trennt. Ein großer Teil der Vergangenheit muß aufgegeben werden — abgesondert werden, aus dem Leben herausgeschnitten werden, im Zorn verworfen werden, voller Traurigkeit oder tief bekümmert zurückgewiesen werden. Und es gibt vieles in der Vergangenheit, was als Basis für die Zukunft genutzt werden kann. Veränderungen müssen sowohl im Ich als auch in der Welt in Angriff genommen werden.

Im Lauf dieser Veränderung entwickeln wir uns vom Säugling zum Kind, zum Jugendlichen und dann zu den Phasen des Erwachsenenlebens: Wir reißen uns von der Prä-Erwachsenenwelt los — dem Übergang vom Jugendlichen zum jungen Erwachsenen — und zwar im Alter zwischen 17 und 22. In unseren Zwanzigern machen wir unsere ersten Zugeständnisse an einen Job, eine bestimmte Lebensform, eine Ehe und legen uns damit fest. In den späten Zwanzigerjahren und den frühen Dreißigern — im Übergangsstadium um die Dreißig — überprüfen wir unsere

Entscheidungen, um Fehlendes hinzuzufügen, Bestehendes zu modifizieren und anderes auszuschließen. Wir ›lassen uns nieder‹ und widmen uns während eines Großteils unserer Dreißiger der Arbeit, den Freunden, der Familie, einer Gemeinschaft etc. Im Alter von etwa 40 Jahren erreichen wir eine Überbrückungsphase, die uns vom frühen zum mittleren Erwachsenendasein führt. Levinson bezeichnet diese Zeit als den ›Midlife-Übergang‹. Für die meisten von uns stellt er sich als eine Krise dar – als Midlife-Crisis:

Was soll ich denn mit einer Midlife-Crisis?
Heute morgen bin ich mit siebzehn erwacht.
Ich habe bisher doch fast gar nichts gemacht, und es heißt
Gute Nacht, meine Damen,
Jetzt schon.

Während ich mich noch frage, wer ich wohl werde,
Wenn ich eines Tages erwachsen bin,
Ist meine Akne dahin, und es heißt
Hängende Kniescheiben,
Jetzt schon.

Wie kann ich mich an Pearl Harbour erinnern?
Dafür bin ich doch wohl ein zu junges Ding.
Wann sind den Jungen, an denen ich hing, denn
Die Haare ausgefallen?
Warum kann ich nicht barfuß durch den Park spazieren,
Ohne mir gleich die Nieren zu verkühlen?
Die Poesie kann ich in mir noch fühlen, und es
Kann nicht gerecht sein.

Als ich dachte, ich sei nur ein Mädchen,
Ging meine Zukunft in Vergangenheit über,
Die Zeit glühender Küsse geht schnell vorüber, und es heißt
Kaffee-Hag-Zeit.
Jetzt schon?

Es gibt Menschen, die beharrlich und mit verbissenem Optimismus von dem Zeitpunkt in unserem Leben sprechen, an dem unsere Haut und unsere Ehe die Frische verlieren, an dem eine Reihe von Jugendträumen endgültig verpufft sind und zu dem – wenn wir auch in unserem tiefsten Inneren noch siebzehn sind – der Rest von uns langsam nach Süden sackt. Das Leben beginnt mit vierzig, sagt man uns; wir werden besser, nicht älter; wenn Sophia Loren das verkörpert, was für die mittleren Jahre steht, dann kann das nichts Schlechtes sein. Aber ehe wir zu einer positiven Sicht der anderen Seite des Berges kommen können, müssen wir uns eingestehen, daß die mittleren Jahre traurig sind, weil wir – nicht auf einmal, sondern Stück für Stück und Tag für Tag – unser eigenes junges Ich verlieren und verlassen und uns von ihm lösen.

Wir können jetzt versuchen, uns einzureden, daß wir uns seit den College-Zeiten nicht verändert haben, aber da wird es schon ziemlich schwierig. Es ist nämlich eine Tatsache, daß wir im College keine hängenden Augenlider und keine Lachfalten hatten, die blieben, wenn wir längst nicht mehr lachten. Wir können auch versuchen, uns einzureden, daß wir nur so jung sind, wie wir uns fühlen, aber dieser alberne Wahlspruch erweist nur, was wir längst wissen. Wenn wir nämlich zur Schlafengehenszeit Kaffee trinken, wird eine hartnäckige Schlaflosigkeit uns bis zwei Uhr nachts wachhalten. Und wenn wir zur Schlafengehenszeit Pizza essen, quält uns bis zwei Uhr eine Magenverstimmung. Schließlich können wir uns auch noch einreden, daß wir in den mittleren Jahren so sexy wie nie sind. Eine andere Tatsache, der wir ins Gesicht sehen müssen, ist die, daß wir, während wir uns durch die Welt bewegen, weit weniger Gelüste als Respekt wachrufen. Wir sind noch nicht soweit, uns mit Respekt und sonst gar nichts zu begnügen.

Als ich jung war und traurig und hübsch
Und arm, wünschte ich mir,

Was sich alle Mädchen wünschen: einen Mann zu haben,
Ein Haus und Kinder. Jetzt, da ich alt bin, ist mein
Wunsch weibisch;
Daß der Junge, der die Lebensmittel in mein Auto trägt,
Mich bemerkt. Es bestürzt mich, daß er mich nicht sieht.

Charles Simmons, der dieses Gedicht von Randall Jarrell in einem geistreichen Essay mit dem Titel THE AGE OF MATURITY zitiert, bemerkt dazu lakonisch: »Mich auch.« Die Kassiererin im Supermarkt flirtet plötzlich nicht mehr mit dem Mann, der das doch immer gewohnt war. Es kommt der Zeitpunkt, klagt er, zu dem man als sexuelles Wesen ›ausgesiebt‹ wird, und das Mädchen, das einen auf der Straße anspricht, um nach der Richtung zu fragen, »tut das, weil man ein sicheres Gegenüber ist und nicht, weil man schön ist«.

Doch trotz der Stiche, die Charles Simmons dabei empfindet, ist der allmähliche Verlust jugendlicher Schönheit für Frauen weit schmerzlicher als für Männer, denn Männer können runzlig und kahlköpfig und auch sonst von der Zeit verwittert sein und immer noch als sexuell attraktiv angesehen werden. Ein Mann, der auf die Fünfzig zugeht, kann viele zugängliche Dreißigjährige finden; er hat das Geld und den Einfluß, den er in seiner Jugend nicht hatte; und wenn sein Alter auch schon vorgerückt ist, kann er sogar heute mit seiner Aura der Zuversicht, mit seinen Krähenfüßen um die Augen und mit den ergrauenden Schläfen optisch attraktiver sein als damals.

Anders ist es, behauptet Susan Sontag, für eine Frau.

»Physisch attraktiv zu sein, spielt im Leben einer Frau eine größere Rolle als im Leben eines Mannes«, schreibt sie, »aber Schönheit, die, wie es bei Frauen gehandhabt wird, mit Jugendlichkeit gleichgesetzt wird, hält dem Alter nicht gut stand ... Frauen werden weit eher als Männer sexuell indiskutabel.«

Somit kann eine Frau das Altern fürchten, weil ihr das Alter die Macht raubt – die sexuelle Anziehungskraft, die sie auf einen Mann ausübt –, ein Verlust, den eine Frau, die mit fünfundvierzig nicht mehr die Zugkraft besaß, doch wirklich in ihrer Erbitterung mit einer Kastration verglich. Aber weder diese Macht, noch ein glühendes Rivalitätsdenken – ich will das hübscheste Mädchen im ganzen Saal sein – erklären die Untergangsstimmung, mit der viele Frauen die Schönheit ihrer Jugend welken sehen. Denn wenn Jugend mit Schönheit verknüpft wird und Schönheit mit der sexuellen Attraktivität einer Frau, und wenn ihre sexuelle Anziehungskraft ihr wichtig ist, um einen Mann für sich zu gewinnen und zu halten, dann können die Anschläge des Alters auf die Schönheit sie in das Grauen davor stürzen, im Stich gelassen zu werden.

»Mein Mann wird mich gegen eine jüngere und hübschere Ausführung eintauschen«, lautet der Alptraum. »Und kein anderer Mann wird mich je wieder wollen, und ich werde den Rest meines Lebens allein verbringen müssen.«

Das ist einer der Alpträume der mittleren Jahre, die oft Wirklichkeit werden.

»Die meisten Männer erleben das Älterwerden mit Bedauern und Besorgnis«, schreibt Susan Sontag. »Aber die meisten Frauen erleben es noch viel schmerzlicher: mit Scham. Das Altern ist das Los eines Mannes, etwas, wozu es kommen muß, weil er ein Mensch ist. Für eine Frau ist das Altern nicht nur ihr Los ... es ist zugleich auch ihre Schwäche.« Doch auch, wenn man nicht im Stich gelassen wird, wird das Welken der jugendlichen Schönheit als Verlust erfahren – und es ist auch tatsächlich ein Verlust. Ein Verlust an Macht. Ein Verlust an Möglichkeiten. Einst konnten wir uns der Vorstellung hingeben, ein Fremder würde durch einen gerammelt vollen Raum an unsere Seite eilen und uns zur Seinen machen. Aber diese Vorstellung geziemt der Julia eines Romeo, nicht Julias Mutter. Wir müssen uns von ihr lösen.

Es kann sich das Gefühl einstellen, daß dies eine Zeit der ständigen Loslösungen ist, daß wir uns immer wieder von etwas trennen müssen: von unserer schmalen Taille, von unserem Elan, von unserer Abenteuerlust, von unserem Vertrauen in die Gerechtigkeit, von unserer Ernsthaftigkeit, von unserer Verspieltheit, von unserem Traum, ein Tennis-Star, ein Fernseh-Star, Senator oder die Frau zu werden, für die Paul Newman Joanne endlich verläßt. Wir geben die Hoffnung auf, jemals alle Bücher zu lesen, von denen wir uns einst gelobt haben, sie zu lesen, die Hoffnung, an alle Orte zu reisen, die aufzusuchen wir einst gelobt haben. Wir geben die Hoffnung auf, daß wir die Welt vom Krebs oder vom Krieg erlösen werden. Wir geben sogar die Hoffnung auf, daß es uns gelingen wird, untergewichtig – oder unsterblich zu werden.

Wir sind erschüttert. Wir sind verängstigt. Wir fühlen uns nicht sicher. Die Mitte hält nicht, und alles fällt auseinander. Urplötzlich erleben wir an unseren Freunden, wenn nicht gar an uns selbst, daß sie Affären haben, sich scheiden lassen, Herzinfarkte bekommen, Krebs haben. Einige unserer Freunde – Männer und Frauen in unserem Alter! – sind gestorben. Während wir uns neue Wehwehchen und Schmerzen zulegen, liegt unsere Gesundheitsvorsorge in den Händen von Internisten, Kardiologen, Dermatologen, Fußpflegern, Urologen, Kiefernchirurgen, Gynäkologen und Psychiatern, und in jedem Bereich wollen wir eine zweite Meinung einholen.

Wir wollen eine zweite Meinung hören, die besagt: Mach dir keine Sorgen, du wirst ewig leben.

(Ein Mann in seinen Vierzigern gesteht mir, daß er wegen eines unbedenklichen leicht entzündeten Tennisarms feststellen mußte, daß er besorgt, schlaflos und gründlich verstört war. »Was mir Sorgen gemacht hat«, erklärt er, »war die Angst, mein Körper sei am Verfallen. Als erstes streikt mein Arm –, und was wird mich als nächstes im Stich lassen?« Er machte sich so große Sorgen, sagt er, »daß ich mir wirklich die Zeit genommen habe, die Unterlagen meiner Lebensversicherung durchzusehen, obwohl ich weiß, daß ein Tennisarm wohl kaum tödlich ist«. Aber ihm ist auch klar geworden, daß jedes Leben mit dem Tod endet.)

In jedem Leiden und in jeder körperlichen Veränderung und in jeder nachlassenden Leistung entdecken wir Hinweise auf unsere eigene Sterblichkeit. Und wenn wir uns den schleichenden oder auch gar nicht schleichenden Verfall unserer Eltern ansehen, erkennen wir, daß wir bald den Schutzschild, der zwischen uns und dem Tod steht, verlieren werden und daß, wenn sie erst fortgegangen sind, die Reihe an *uns* ist. Zudem stellen die Bedürfnisse unserer Eltern, wenn sie physisch gebrechlicher werden, Anforderungen an unsere Zeit und an unsere Ausgeglichenheit. Wir sind wieder in ihr Leben eingespannt, und am Telefon ist oft von Geld und Gesundheit die Rede. Unsere Kinder, die jetzt erwachsen sind, können für sich selbst sorgen, aber kann eine verwitwete Mutter oder ein verwitweter Vater allein leben? Mit einer Liebe, der sich Ungeduld, Ablehnung, Sorge und Schuldgefühle beimischen, die diese manchmal sogar überwiegen, fügen wir uns faktisch und emotional in die zunehmende Abhängigkeit unserer Eltern.

In der Mitte des Lebens stellen wir fest, daß es uns bestimmt ist, die Eltern unserer Eltern zu werden. Nur wenige von uns haben das in die Pläne für ihr Leben einbezogen. Als verantwortungsbewußte Erwachsene versuchen wir, zu tun, was wir können, aber es war uns lieber, die Eltern unserer *Kinder* zu sein. Doch auch das findet – wie wir mit äußerst gemischten Gefühlen feststellen – ein Ende. Allmählich verlassen uns nämlich unsere Kinder, um in andere Wohnungen, in andere Städte, in andere Länder zu ziehen. Sie leben unserer Aufsicht und unserer Obhut entzogen. Und wenn leere Nester auch ihre Vorteile haben, müssen wir uns doch daran gewöhnen, nichts weiter als ein Teil eines Paares zu sein und nicht mehr einem pulsierenden, hektischen, unordentlichen Haushalt vorzustehen, nicht mehr – und nie wieder – diese einzigartige und ganz besondere Mama, deren Rat der einzig gültige ist, zu sein.

Während die Welt unserer Vergangenheit in sich zusammenzubrechen beginnt, setzen wir uns mit den Definitionen unserer selbst auseinander, die uns einen Halt gegeben haben, stellen fest, daß alles für jeden zu haben zu sein scheint, fragen uns, wer wir sind und was wir zu sein versuchen und ob in diesem unserem Leben, dem einzigen Leben, das wir haben, unsere Errungenschaften und unsere Ziele irgend etwas wert sind. Hat unsere Ehe einen Sinn? Ist unsere Arbeit es wert, getan zu werden? Sind wir herangereift – oder haben wir uns nur verramscht? Beruhen unsere Beziehungen zu unserer Familie und zu unseren Freunden auf einem liebevollen Austausch oder auf verzweiflungsvollen Abhängigkeiten? Wie frei und wie stark wollen wir sein – und wagen wir zu sein?

Und wenn wir vorhaben, etwas zu wagen, dann stellen wir fest, daß wir am besten jetzt gleich damit beginnen, denn wir haben begonnen, die Zeit als Zeit zu messen, die uns noch zu leben bleibt. Wir wissen, daß die Stoppuhr läuft und daß unsere Möglichkeiten ständig geringer werden und daß einige kostbare Phasen unseres Lebens, obgleich wir noch viel wollen und geben können, für alle Zeiten vorüber sind. Unsere Kindheit und Jugend sind vorbei, und wir müssen eine Rast einlegen, um unsere Verluste zu betrauern, ehe wir weiterziehen.

Dieses Weiterziehen ist nicht unbedingt einfach. Dorothy Dinnerstein behauptet zwar, daß »ein Entsagen dessen, was unerbittlich vorbei ist, eine grundlegend bejahende Haltung ist« und daß wir »uns von der akuten, erwartungsvollen Spannung der Jugend lösen, um die Fülle der Verständigkeit zu erlangen, die Leichtigkeit erzieherischer Kraft und Lebensart, die die mittleren Jahre mit sich bringen«, doch wir lösen uns selten kampflos davon. Wenn wir mit den Verlusten konfrontiert sind, die die mittleren Jahre bereits mit sich gebracht haben oder demnächst mit sich bringen werden, wenn wir mit einem Gefühl der Endlichkeit und der Sterblichkeit konfrontiert sind, werden nur wenige unter uns unserer Jugend voller Vorfreude auf kommende Gewinne entsagen. Und viele von uns werden weiterhin dagegen ankämpfen.

Es kann sein, daß wir unsere Fersen in den Boden graben, uns dagegen stemmen, uns darauf versteifen, den Status quo aufrechtzuerhalten, und uns allen Veränderungen widersetzen. Es kann aber auch sein, daß wir verzweifelte Versuche unternehmen, wieder jung zu sein. Oder wir fallen psychosomatischen Leiden anheim. Oder wir lenken uns geradezu mechanisch davon ab – in Gruppen, durch Kurse und Weiterbildungsprojekte.

Diejenigen, die sich Veränderungen widersetzen, trotzen der veränderten Realität, indem sie sich an ihre Macht und an ihre Art, die Dinge zu handhaben, klammern, an die alten Vorgehensweisen, die nicht mehr zur Diskussion stehen. Sie beharren darauf, daß ihre Kinder sich weiterhin gehorsam ihren Wünschen beugen, daß ihre jüngeren Geschäftspartner – ›diese Würstchen‹, wie ein Mann sie nennt – ›ihren Platz kennen‹, daß ihre Ehegatten nicht – wie ein anderer Mann es formulierte – ›beknackte neue Richtungen‹ einschlagen. Wie die unbeugsame Eiche im Sturm werden sie von jeder Veränderung ihres Gesundheitszustandes, ihrer Ehe und ihrer Karriere gefällt. Sie können sich nicht umstellen, sie wollen sich nicht umstellen, sie weigern sich inbrünstig, sich umzustellen.

Wer seine Jugend wieder sucht, der will nicht stehenbleiben; der will die Zeit zurückspulen. Dem hat gefallen, was er hatte, und genau das will er wieder haben. So kommt es, daß eine Anzahl von schon seit vielen Jahren verheirateten Männern und eine steigende Zahl von Frauen sich jetzt jüngere Partner suchen. Oder Liebesbeziehungen oder Bettgeschichten, die ihnen wenigstens eine Zeitlang dabei helfen, den schlaff herunterhängenden Penis oder Busen zu vergessen. Oder sie versuchen, sich mit Hilfe von Chirurgen, Kuren, Kosmetikerinnen und Gymnastikkursen ›wiederherzustellen‹. Wir sprechen hier nicht davon, daß wir, wie es die meisten von uns in den mittleren Jahren probieren, alles tun, was wir können, um nicht vor der Zeit zu altern. Wir sprechen von etwas, was darüber hinausgeht – denn die, die ihre Jugend suchen, wollen das Aussehen und das Leben wiederhaben, das sie vor 20 Jahren hatten.

Wer an psychosomatischen Krankheiten leidet, tauscht das psychische Unbehagen gegen physische Erkrankungen ein. In diese Richtung geht auch David Gutmans Behauptung in seiner ausgezeichneten Abhandlung zur Psychoanalyse und zum Altern, daß der Mann in den mittleren Jahren, dem zu diesem Zeitpunkt das Auftauchen von gewissen passiven, abhängigen Bedürfnissen Unbehagen bereitet, sie in Form von körperlichen Leiden nach außen transportiert. Und damit begibt er sich in die Obhut »der einzigen größeren Institution unserer Gesellschaft, die eine Abhängigkeitshaltung anerkennt und sogar darauf besteht – ins Krankenhaus. Indem er zum Patienten wird, sagt der Mann in den mittleren Jahren: ›Nicht *ich* bin es, der Hilfe sucht, sondern meine erkrankten Organe. Mein Geist ist noch willig, aber mein Herz, meine Leber oder mein Magen sind schwach.‹«

In dieser Weise ergibt sich manch einer einem hektischen Aktionismus, der ihm keine Zeit läßt, zu bemerken, was er verloren hat. Das Erlernen neuer Fähigkeiten und eine Rückkehr in die Schule können zwar positive Erfahrungen sein, doch auch diese Art Geschäftigkeit hat ihren Preis. Sie kann dazu dienen, einer Auseinandersetzung mit den mittleren Jahren aus dem Wege zu gehen, indem man sich eher mit den äußeren Weiterentwicklungen als mit der inneren Entwicklung befaßt. Außerdem kann das, wie wir gleich sehen werden, auch sehr, sehr anstrengend sein.

Sechs Kissen sind in Spitze geklöppelt,
Und ich lese Jane Austen und Kant,
Und in chinesischer Küche läßt Schwein mit Bohnen sich schon sehen.
Um die Selbstfindung muß ich nicht ringen,
Denn was ich will, ist mir längst bekannt.
Ich will gesund sein und weise und außerordentlich gut aussehen.

Ich habe neue Glasuren beim Töpfern gebrannt,
Und in Gitarre spiele ich neue Akkorde,
Und in Yoga ist der Lotussitz mir fast schon bequem.
Meine Vorlieben machen mir keine Sorgen,
Denn wo sie liegen, ist mir längst bekannt:
Gut aussehen und gesund sein und weise
Und bewundert zudem.

Durch den Profi wird im Tennis der Aufschlag verbessert,
Und ich konjugiere die Verben auf griechisch,
In der Urschreitherapie wird mein gesamter Frust
abreagiert.
Was ich suche, muß ich mich nicht mehr fragen,
Denn ich weiß längst, was mir imponiert.
Ich will gut aussehen und gesund sein und weise
Und bewundert
Und voller Behagen.

Ich glänze im Biogärtenanlegen,
Und in Tanz habe ich meine Schenkel gestrafft,
In Bewußtseinsentwicklung ist mir weit und breit niemand
überlegen.
Und ich arbeite durch, bei Tag und bei Nacht,
Denn ich will gut aussehen und gesund sein und weise.
Und bewundert.
Und voller Behagen.
Und mutig.
Und belesen.
Und eine großartige Gastgeberin,
Phantastisch im Bett,
Und mehrsprachig,
Sportlich,
Kreativ schaffen ...
Kann mich nicht bitte jemand unterbrechen und mir das
Handwerk legen?

Es gibt andere, weniger überspannte Reaktionen auf die
mittleren Jahre, die das Chaos und die Qualen dieses Sta-

diums widerspiegeln, in dem wir, wenn wir auch vielleicht in der Blüte unseres Lebens stehen, wissen, daß die Zeit uns fest in ihrem Griff hält, daß, wie eine Dichterin und viele Stewardessen uns warnen, »unsere Landung hier nur eine kurze Zwischenlandung ist«. Daher können wir – und bei vielen ist das auch der Fall – ernstliche Depressionen bekommen. Oder erbittert sein: »Soll das wirklich schon alles sein?« Oder schmerzlich enttäuscht darüber, daß wir unseren Idealen nicht entsprochen haben, unsere Ziele nicht erreicht haben. Oder gelangweilt und unruhig – »Und was *jetzt?*« –, wenn wir sie erreicht haben. Oder selbstzerstörerisch: Wir trinken, schlucken Tabletten, fahren zu schnell, wir begehen eine Art indirekten Selbstmord auf Raten. Oder wir beneiden die Jungen – sogar unsere eigenen Söhne und Töchter in der Blüte ihrer Sexualität.

Psychoanalytiker räumen ein, daß sie nicht mit Sicherheit voraussagen können, wie jeder einzelne von uns auf eine Midlife-Crisis reagieren wird. Wir alle haben unbekannte Schwächen – und Stärken. Aber wenn wir diesen Wendepunkt mit größeren ungelösten Konflikten erreichen oder wenn eine frühere Phase der Entwicklung nicht abgeschlossen ist, dann ist die Wahrscheinlichkeit höher, sagen sie, daß wir bei unseren momentanen Erfahrungen unsere früheren Ängste und mangelhaften Lösungen wiederholen. Einige Beispiele:

Der Verlust von Söhnen und Töchtern, während sie heranwachsen und aus dem Haus gehen, oder der Verlust eines Ehepartners – ob durch den Tod oder durch eine Scheidung – kann dazu dienen, alte Trennungsängste wiederaufleben zu lassen.

Der Verlust – oder der drohend bevorstehende Verlust – der Schönheit, der Vitalität, der Potenz oder was auch immer kann dem pathologischen Narziß als beinahe tödlich erscheinen.

Der Verlust oder die Modifizierung äußerer Definitionen – perfekte Mutter oder perfekter Vater, jüngster

Dekan einer Universität – kann Menschen in panische Verwirrung stürzen, die nie die wesentlichen Voraussetzungen einer inneren Identität herausgebildet haben.

Aber selbst wir robusteren Seelen (die Arbeit, Liebe, Ich-Identität und eine persönliche Geschichte ohne nennenswerte Beschädigungen haben) werden die mittleren Jahre nicht unversehrt überstehen.

»Gott hat es so bestimmt«, hat George Bernard Shaw geschrieben, »daß jedes Genie mit vierzig eine Krankheit haben soll.« Auch wer kein Genie ist, bekommt mit vierzig Jahren eine Krankheit. Manche verwelken und versiegen, aber selbst die, die schließlich triumphierend daraus hervorgehen, können sowohl sich selbst als auch denen, die sie lieben, erst großen Kummer bereiten, ehe sie damit beginnen können, sich zu verändern und sich weiterzuentwickeln.

Randy sah zu, wie seine Ehe in die Brüche ging, nachdem seine Eltern beide gestorben waren, und er erkannte: »Das ist es; ich werde auch sterben.« Und nach fast vier Jahrzehnten, in denen er ein braver, angepaßter Mann gewesen war, stellte er fest, daß durch den Tod seiner Eltern »mein Gefühl für Verantwortung beschädigt war. Ich war von meiner Vergangenheit und von der Notwendigkeit, weiterhin gut zu sein, abgeschnitten.«

In diesem Moment beschloß er für sich, daß »es etwas Besseres geben muß als diesen Trott von Arbeit und Pflicht«. Wenn er das nicht verändern konnte, wollte er auch nicht weiterleben. Er war jederzeit bereit, sich in eine andere Frau zu verlieben. Und kurz darauf, schon sehr kurz darauf, traf er denn auch ein faszinierendes, unbeständiges, reizvolles Geschöpf – Marina – und verliebte sich so sehr, daß sein ganzes Leben auf dem Kopf stand.

Randy sagt im Rückblick, daß er Marina immer noch als »die große Leidenschaft meines Lebens« ansieht. »Sie war brillant, bezaubernd, geistreich, charmant, verlockend, eine geschickte Verführerin, und«, erinnert er sich mit stolzer Freude, »sie wollte mich. Es war, als würde ich plötzlich in einen Raum geführt, der von tausend Wunderkerzen beleuchtet wurde. Ich war ... von ihr besessen.«

Es sagte sich, daß das im Alter von siebenunddreißig Jahren »meine letzte Chance für sexuelles Glück« war, und dieser hochangesehene Anwalt mit zwei Töchtern und einer Ehefrau, »die zu lieben ich nie aufgehört habe«, verließ seine Familie, um mit dieser ›Zigeunerin‹ zusammenzuleben.

Es war, glaubt er auch heute noch, »trotz der Schmerzen, trotz des hohen Preises, trotz der Tränen, die eimerweise vergossen wurden, das bereicherndste Erlebnis in meinem ganzen Leben ... Es hat mich Dinge über das Leben gelehrt, die Art zu leben, über Schmerz, Genuß und Einsamkeit ... Es hat mich gelehrt, das volle Ausmaß meiner Sexualität zu erfassen ... Es hat mich gelehrt, neue Dimensionen in mir selbst zu finden.« Und schließlich, nachdem er ein Jahr fort war, lehrte es ihn auch, daß der Ort, an den er gehörte, sein Zuhause mit seiner Frau und seinen Kindern war.

Was er nämlich lernte, war, sagt er, daß er für eine Beziehung, in der Begeisterungstaumel und Höllenqualen einander ständig abwechselten, nicht geschaffen war. Daß er wirklich die stille, liebevolle Frau, die er verlassen hatte, dem schillernden Geschöpf vorzog. Daß sein Ausbruch aus dem Alltag beständiger Wärme und freizügiger Zuwendung ihn zwar anmachte, in ekstatische Zustände versetzen konnte, ihn aber auch schmerzliche Verluste erleiden ließ. Er hatte die Rolle des verantwortungsbewußten Ehemannes, auf den man sich immer verlassen kann, nur abgeschüttelt, um zu erfahren, daß er genau dieser Ehemann sein wollte. »Ich habe«, sagt er, »eine schmerzliche und sehr komplizierte Klarheit errungen. Ich habe festgestellt, daß ich ohne meine Frau nicht glücklich sein kann. Ich habe festgestellt, daß ich sie bedingungslos liebe. Ich habe festgestellt, daß mein Leben ohne sie wirklich beschissen war.« Er sagte ihr, wenn er zurückkommen dürfe, würde er für alle Zeiten bei ihr bleiben. Sie ließ ihn nach Hause zurückkehren.

Über seine Ehe heute sagt Randy: »Ja, klar wäre es mir recht, wenn sie in mancher Hinsicht besser wäre. Aber natürlich könnte ich auch in mancher Hinsicht besser sein. Und ich habe die Vergangenheit nicht vergessen; ich erinnere mich an manche dieser Nächte – und auch an manche dieser Tage – mit den Wunderkerzen.« Aber, fügt er hinzu: »Ich lebe jetzt mit einem geschärfteren Wissen um das, was meine Frau und ich haben. Und ich lebe mit dem Wunsch, das als einen Schatz zu hüten und es zu bewahren.«

Wie bei Randy kann die entscheidende Veränderung, die Umwälzungen in der Mitte des Lebens nach sich zieht, darin bestehen, daß wir unser bisheriges Leben anders wahrnehmen und einschätzen. Mit einer größeren Klarheit darüber, wer wir sind und was wir eigentlich wirklich wollen, können wir uns unseren früheren Entscheidungen wieder anschließen. Aber manchmal können wir mit unseren früheren Entscheidungen nur unter neuen und dramatisch veränderten Bedingungen weiterleben. Und manchmal sagen wir uns vollständig von unseren früheren Entscheidungen los.

Viele Ehen scheitern in den mittleren Jahren, weil jemand wie Randy das Gefühl hat, dem Tod von der Schippe springen zu müssen. Rede jetzt, geh jetzt fort oder halte für alle Zeiten den Mund. Da eine Scheidung heute kaum noch die gesellschaftliche Stellung gefährdet, sind entsprechende Sanktionen nicht zu befürchten, sondern nur unsere inneren Sanktionen, trotz aller Störungen in diesen Stadien des Lebens. Wenn wir jetzt feststellen, daß unsere Ehe zu wenige unserer Erwartungen erfüllt, oder wenn wir, obwohl unsere Ehe recht gut ist, dennoch nach den Sternen greifen müssen oder wenn wir – obwohl uns klar ist, daß eine Ehe Ambivalenz bedeutet – weit weniger Liebe als Haß empfinden, kann es sein, daß wir uns zu fragen beginnen, warum wir nicht eine neue Beziehung suchen sollten, ehe wir zu welk, zu ausgedörrt und zu ängstlich sind? Und unsere Antwort kann, wofür die Scheidungswelle in den mittleren Jahren Zeugnis ablegt, sein: Ja, warum denn nicht?

Warum nicht eine Ehe beenden – jetzt, da die Kinder nahezu erwachsen sind, der es an gemeinsamen Interessen, an Leidenschaft, an Spannung und an Freuden ermangelt? Warum sich nicht an eine Ehe wagen, die größere emotionale Zufriedenheit verspricht? Denn wir fühlen, daß unsere Zeit knapp wird.

Das Gefühl der knappen Zeit deckt auch so manches abgekartete Spiel auf, von der Art, die wir in Kapitel 13 untersucht haben und die etwa nach der Rollenverteilung abläuft: Ich bin das Baby, und du bist der Elternteil, ich bin der Fußabtreter, und du bist der Schinder, ich bin der Kranke, und dir geht es gut. Wenn diese Abmachungen durchbrochen werden, wenn einer der Partner aufhört, die vereinbarte Rolle zu spielen, kann es vorkommen, daß der andere Partner fortgeht, um sich einen neuen Gefährten zu suchen. Aber unsere Ehe kann das Ende einer solchen ›Verschwörung‹ auch überleben, wenn es den Paaren nämlich gelingt, neue Bedingungen für ihr Zusammensein zu schaffen.

Roger Gould schildert die Vorteile, die eine Aufarbeitung der Ehe in den mittleren Jahren für glückliche Paare bringen kann:

Die alten Verschwörungen werden aufgegeben. An ihre Stelle tritt eine Beziehung, die sich auf einem einfühlsamen Akzeptieren unseres echten, authentischen Partners begründet, der kein Mythos, kein Gott, keine Mutter, kein Vater, kein Beschützer, kein Zensor ist. Statt dessen haben wir es schlicht und einfach mit einem anderen Menschen zu tun, der eine Vielfalt an Leidenschaften, rationalen Fähigkeiten, Stärken und Schwächen besitzt und versucht, dahinterzukommen, wie man ein sinnvolles Leben mit wirklicher Freundschaft und Kameradschaft führt. Aus dieser neuen Dynamik können viele verschiedene Formen der Ehe entstehen: zwei in hohem Maß autarke Leben, in denen Mann und Frau nur in größeren Abständen zusammenkommen, wie es ihr Rhythmus des Sich-aufeinander-Beziehens bestimmt; ein vollkommenes Sich-Teilen in ein Leben in Beruf und Freizeit; oder Varianten, die zwischen diesen beiden Extremen liegen. In jedem Falle ist es eine Beziehung unter Gleichgestellten, ohne Rangordnung, Hierarchie oder Selbstaufgabe.

Eine Weiterentwicklung und Veränderungen in den mittleren Jahren können bedeuten, daß frühere Vereinbarungen umformuliert werden, daß Frieden mit ihnen geschlossen oder daß ihnen ein Ende gesetzt wird. Aber welchen Ansatz wir auch wählen – das Leben wird hinterher anders sein. Äußerlich oder innerlich werden die Jahre unserer Lebensmitte die Verluste und die Gewinne unserer Midlife-Crisis ausdrücken.

Im Beruf kann ein Mann beispielsweise an den Grenzen des von ihm Erreichten und der Enttäuschung über das nicht Erreichte verzweifeln. Er kann aber auch größere berufliche Zufriedenheit anstreben, seine Stellung aufgeben und eine neue Laufbahn in Angriff nehmen. Er kann der Arbeit aber auch einen kleineren Platz in seinem Terminkalender und in seinem Wertekatalog einräumen und dafür seinen Interessen oder Freunden einen größeren. Ist sein Kampf um Macht und Erfolg nicht mehr überwiegender Lebensinhalt, macht ihn dieses neue Bewußtsein vielleicht auch frei dafür, die Karriere jüngerer Menschen zu fördern.

Vielleicht werden auch Frauen, die, mit oder ohne Familie, immer berufstätig waren, ihre berufliche Laufbahn in den mittleren Jahren auf ähnliche Weise umgestalten. Aber zu diesem Thema haben Untersuchungen bisher nicht viel ergeben. Für die meisten verheirateten Frauen der Mittelschicht war bezahlte Arbeit noch bis vor sehr kurzer Zeit etwas, worauf sie eigentlich lieber verzichtet hätten. Die Frauenbewegung hat daran jedoch viel geändert, und Mitte der siebziger Jahre schmiedete jede Frau aus der Mittelschicht, die ich damals kannte, Pläne, sich wieder in den Arbeitsmarkt einzugliedern. Es gab negative Gründe für dieses Vorgehen — »Ich brauche einen Job, oder als was soll ich mich vorstellen, wenn ich auf eine Party gehe?« Aber es gab auch positive Gründe — die Frauen fühlten sich von geänderten gesellschaftlichen Bedingungen motiviert, vielleicht sogar gedrängt, ihre Begabungen und Fähigkeiten entsprechend anzuwenden.

Viele Ehemänner sahen diese Rückkehr zur Arbeit allerdings mit gemischten Gefühlen — und manche sehen es auch heute noch so.

Viele Männer in mittleren Jahren, deren Ehefrauen in der letzten Zeit eine Stellung angenommen haben, fühlen sich denn auch wirklich im Stich gelassen, schlecht versorgt, ausgeschlossen. »Ich könnte genauso gut mit einem Untermieter zusammenleben«, klagen manche Männer. *Ihre Außerhausbeschäftigung kann ihn bei vermehrter Freizeit einsam werden lassen,* verkündete eine Schlagzeile in THE WALL STREET JOURNAL. Denn genau dann, wenn diese Männer langsamer treten, sich nach innen kehren und sich ihrem Heim zuwenden, wenden Frauen sich nach außen und der Karriere zu.

Psychologen bezeichnen dieses Problem als ›Phasenverschiebungs‹- oder ›Karriereknick‹-Problem.

Diese männlich-weibliche Verlagerung ist mit dem Umstand verknüpft, daß Frauen, wie Wissenschaftler uns berichten, in den mittleren Jahren ›maskuliner‹ werden, wogegen bei Männern in den mittleren Jahren die Aggressivität und der Drang zum Erfolg abnehmen und sie in einigen anderen Aspekten ›femininer‹ werden. Diese Veränderung im Geschlechtergleichgewicht kann, ob Frauen berufstätig sind oder nicht, zu zerrüttenden Spannungen in einer Ehe führen. Aber die Angleichung der Pole unserer geschlechtsspezifischen Natur hat auch unübersehbar große Vorteile.

Das soll nicht heißen, daß Männer Frauen werden oder daß Frauen Männer werden oder daß sich beide Geschlechter angleichen – bis hin zur Eingeschlechtlichkeit. Es heißt lediglich, daß wir in der Mitte des Lebens die Definition unserer selbst dahingehend ergänzen können, daß wir in sie aufnehmen, was die Psychologin Gilligan die beiden ›Stimmen‹ nennt.

In Kapitel VIII haben wir uns die Unterschiede in der Entwicklung von Mann und Frau angesehen und den Umstand, daß Frauen stärker als Männer in den Wunsch nach Nähe und Gefühlsintensität investieren, daß Männer dagegen stärker auf Autonomie bedacht sind. Gilligan hat festgestellt, daß sogar beruflich äußerst erfolgreiche Frauen sich selbst in einem Beziehungskontext darstellen, wogegen Männer bei einer Beschreibung ihrer selbst sich über ihren Erfolg und ihre Individualität definieren. Gilligan sagt, daß wir in einer Welt leben, in der männliche Autonomie weit höher geschätzt wird als weibliche Bindungsfähigkeit. Aber sie sagt auch, beide Stimmen – die Stimme der Nähe und die Stimme der Loslösung – seien von entscheidender Bedeutung für das Bild einer reifen Persönlichkeit.

Frauen und Männer, sagt Gilligan, haben verschiedene Erlebensweisen. In der Mitte des Lebens, glauben einige Psychologen, beginnen diese beiden entgegengesetzten Erlebensweisen sich einander zu nähern.

David Gutman behauptet, diese Annäherung werde davon begünstigt, daß wir als Eltern dann nicht mehr so in die Pflicht genommen sind. Es endet, was er sehr bildhaft als den ›chronischen Ausnahmezustand des Elterndaseins‹ bezeichnet. Als junge Eltern, schreibt er, ziehen wir Kinder auf und sind eher bereit, ihre körperlichen und emotionalen Bedürfnisse zu erfüllen, auch wenn dies Arbeitsteilung bedeutet. Es ist symptomatisch, daß der Mann seiner Frau die Rolle der Betreuerin abtritt (und sie dann seine zarteren, passiveren Sehnsüchte ausdrückt). Und es ist symptomatisch, daß die Frau ihrem Mann die aggressivere Rolle überläßt (und er dann zu demjenigen wird, der ihre eigenen Aggressionen ausdrückt). »In der aktiven und kritischen Phase des anfänglichen Elterndaseins«, schreibt Gutman, »gesteht jedes Geschlecht dem anderen den Aspekt der geschlechtlichen Bimodalität zu, der der eigenen besonderen Verantwortlichkeit als Elternteil im Wege stehen könnte.« Somit zwingen uns die Anforderungen, die an uns als Eltern gestellt werden, zu einer Polarisierung der Geschlechterrollen.

Aber dieses Übereinkommen, sagt Gutman, ist nicht dauerhaft oder muß jedenfalls nicht auf Dauer bestehen.

Wenn Eltern in die mittleren Jahre kommen und ihre Söhne und Töchter mehr oder weniger auf eigenen Füßen stehen, verlieren die Einschränkungen, die sich beide Elternteile auferlegt haben, an Gewicht. In der Mitte des Lebens besteht eine verminderte Notwendigkeit, die Weiblichkeit eines Mannes und die Männlichkeit einer Frau zu unterdrücken. Der direkte Ausdruck dieses andersgeschlechtlichen Teiles in uns, sagt Gutman, ist eine der positiven Folgen dieses Lebensabschnitts. Er schreibt:

Somit beginnen Männer, einige der Aspekte der Sinnlichkeit und der Zärtlichkeit – genaugenommen, der ›Femininität‹ – die bisher unterdrückt wurden, direkt auszuleben, sie sich als einen Teil ihrer selbst zu eigen zu machen ... Sie gehen mit Vorliebe herzliche, einander bestätigende zwischenmenschliche Kontakte ein ... Mit demselben Recht entdecken andererseits Frauen in sich tatkräftige und ›politische‹ Begabungen, die bis dahin brachgelegen haben und unerkannt geblieben sind ... Selbst in entschieden patriarchalischen Zivilisationen mischen ältere Frauen sich zunehmend ein, dominieren sie stärker und werden ›politischer‹ und weniger gefühlsbetont in ihrem Handeln. Wie die Männer beginnen sie, die bis dahin verdeckte Dualität ihrer eigenen Natur auszuleben.

Eine andere grundlegende Dualität, mit der wir uns in den mittleren Jahren auseinandersetzen werden, ist die von Kreativität und Destruktivität. Wir treffen draußen in der

Welt und auch in unserem eigenen Innern auf sie. Unser Ringen darum, diese Pole miteinander auszusöhnen, ist eine der letzten Aufgaben, die wir bei unserer schrittweisen Entwicklung fort von dem, was Roger Gould das ›Kindheitsbewußtsein‹ genannt hat, zu bewältigen haben.

Der Kern unseres Kindheitsbewußtseins, behauptet Gould, ist die Illusion, daß wir in einem Zustand absoluter Sicherheit leben können. Ewig und für alle Zeiten in absoluter Sicherheit zu leben, ist eine unwiderstehliche, schwer auszurottende Illusion.

Wir halten als Kinder an dieser Illusion fest, sagt er, indem wir an vier Grundvoraussetzungen glauben, von denen wir, etwa nachdem wir die Schule verlassen haben, erfahren, daß sie nicht zutreffen. Aber solange wir sie emotional und intellektuell nicht überwinden können, blühen und gedeihen sie in unserem Unbewußten und beeinflussen unser Leben als Erwachsene stark.

Etwa zwischen unserem 17. und unserem 22. Lebensjahr erkennen wir, daß die erste dieser Voraussetzungen falsch ist. Sie lautet: »Ich werde immer zu meinen Eltern gehören und an ihre Version der Realität glauben.«

Die zweite falsche Annahme (mit der wir uns zwischen 22 und 28 Jahren auseinandersetzen müssen), lautet: »Wenn ich alles so mache, wie sie es wollen, wird das mit Einsatz von Willenskraft und Ausdauer zu Erfolgen führen, aber wenn ich frustriert, verwirrt, müde oder nicht in der Lage bin, werden sie einschreiten und mir den Weg weisen.«

Die dritte falsche Voraussetzung (der wir uns in unseren späten Zwanzigern und bis in die Dreißiger hinein stellen), lautet: »Das Leben ist einfach, nicht kompliziert. Es gibt keine bedeutsamen unbekannten inneren Kräfte in mir; es gibt in meinem Leben keine Koexistenz vielschichtiger, widersprüchlicher Realitäten.«

Die vierte falsche Annahme (die in den mittleren Jahren hinterfragt wird) lautet: »Es gibt nichts Böses in mir und keinen Tod auf der Welt; das Dämonische ist vertrieben worden.«

Gould meint damit, daß wir in der Mitte des Lebens endlich begreifen, daß wir noch so edel und gut sein mögen und dennoch sterben werden. Wir begreifen endlich, daß es dort draußen um uns herum keine Sicherheit gibt. Wir geben unseren Kinderglauben auf, daß man sich, wenn wir uns nur brav verhalten, für alle Zeiten um uns kümmern und uns beschützen wird. Verhängnis und Tod, entdecken wir, befallen Sünder und Heilige, Erfolgreiche und Versager. Wir entscheiden uns jetzt zwar nicht unbedingt dafür, den Rest unseres Lebens als Sünder und Bösewichte zu verbringen, doch diese Entdeckung kann uns die Freiheit geben, uns mit dem auseinanderzusetzen, was Freud das Es nennt und was Gould als ›unseren schwärzeren, mysteriösen Kern‹ beschreibt – und einige der Energien und Leidenschaften, die wir dort finden, dazu zu benutzen, uns weiter zu öffnen und unserem Leben neue Kraft zu geben. Es geht hier um folgendes: Als Kinder begraben wir unsere Wut und unsere Habgier und unser Rivalitätsstreben, weil wir fürchten, diese Gefühle könnten uns selbst – und unsere Sicherheit – zerstören. Wer würde schon ein so ekelhaftes, unersättliches Kind lieben? Wenn wir erwachsen werden, können wir fürchten, die Kontrolle über uns zu verlieren, wenn wir diese unzivilisierten Gefühle nicht in Schach halten. Wer würde uns denn andernfalls schon lieben, wer würde uns vor Gefahren bewahren? Aber in den mittleren Jahren lernen wir, daß niemand uns vor Gefahren bewahren wird, und daher erlegen wir uns weniger Zwänge auf, wenn es darum geht, unser Innerstes zu erforschen, unser Es. Und wenn wir erst zu unserer ebenso riskanten wie spannenden Erkundungsreise aufgebrochen sind, ist es wahrscheinlich, daß wir einige Entdeckungen machen, die unser Ich verändern:

Wir stellen beispielsweise fest, daß wir uns eingestehen können, was wir empfinden, ohne automatisch diesen Gefühlen entsprechend zu handeln.

Wir stellen auch fest, daß wir, wenn wir manche der ungezähmten Gefühle unserer Kindheit anerkennen, wieder für uns beanspruchen und bändigen können, in den mittleren Jahren einfühlsamer, lustbetonter, verwegener, nuancierter, aufrichtiger und kreativer werden können.

In einem eindrucksvollen Essay über die vitalisierenden Aspekte unseres ›mysteriösen Kerns‹ oder unseres Es oder unseres dynamischen Unbewußten warnt uns Hans Loewald vor »dem Irrsinn ungezügelter Rationalität«, und er verleiht seiner Überzeugung Ausdruck, daß »wir uns in einem Chaos verlieren würden ... wenn wir unsere Verankerungen im Unbewußten verlören ...« Gould äußert sich ebenfalls zu diesem Thema, wenn er davon spricht, eine Beziehung »zu dem Wahnsinn in uns einzugehen, ehe wir eine erweiterte geistige Gesundheit erlangen«. Er sagt, daß wir in den mittleren Jahren beginnen, unsere ursprünglichen, ›primitiven‹ Leidenschaften erneut und bewußter anzuzapfen und deshalb vitaler leben und uns intensiver wohl fühlen.

Dieses Thema einer konstruktiven Beziehung zu unserem eigenen innersten dunklen Kern taucht auch bei anderen Psychologen immer wieder auf. Der Analytiker Elliott Jaques, der sich mit der Entwicklung kreativ schaffender Künstler befaßt hat, sieht im Werk derer, die ihrer Laufbahn über die Jugend hinaus treu bleiben, die Wirkung der Midlife-Crisis und einer damit einhergehenden Umgestaltung. Er schildert eine Verlagerung von der brandheißen ›Jählings-Kreativität‹ zu einer ausgearbeiteten, modifizierten ›modellierten Kreativität‹. Und er sieht in den mittleren Jahren einen ›tragischen und philosophischen Gehalt‹ im Gegensatz zu dem lyrischeren Sturm und Drang des jungen Künstlers. Diese modellierte Kreativität und dieser tragische und philosophische Gehalt, schreibt Jaques, entspringen der Erkenntnis der Sterblichkeit und der Einsicht in »die Existenz von Haß und destruktivem Impulsen in jedem Menschen«. Jaques sagt, eine solche Erkenntnis könne so große Ängste auslösen, daß der Betroffene vor einer Weiterentwicklung zurückschreckt. Er sagt außerdem, daß ausgereifte kreative Werke oder, bei Nicht-

Künstlern, ein reifes, kreatives Leben von der ›konstruktiven Resignation‹ vor Haß und Tod in der Lebensmitte abhängen.

Auch Levinson sagt, daß der Mensch in den mittleren Jahren die destruktiven Mächte in der Natur und in sich selbst wahrnimmt. Er schreibt:

Das Übergangsstadium der mittleren Jahre aktiviert die Auseinandersetzung des Menschen mit dem Tod und der Destruktivität. Er erfährt umfassender seine eigene Sterblichkeit und erlebt den faktischen oder den bevorstehenden Tod anderer. Ihm wird bewußter, auf wie viele verschiedene Weisen andere Menschen, sogar die, die er liebt, sich ihm gegenüber destruktiv verhalten haben (ob aus Böswilligkeit oder, wie es oft der Fall ist, in guter Absicht). Noch schlimmer ist vielleicht, daß ihm klar wird, daß er seinen Eltern, seinen Partnerinnen, seiner Frau, seinen Kindern, seinen Freunden, seinen Rivalen unwiderruflich Schmerz zugefügt hat (und auch das kann in übelster und in bester Absicht geschehen sein). Gleichzeitig verspürt er den starken Wunsch, schöpferischer zu werden; Produkte zu erschaffen, die für ihn selbst und für andere einen Wert haben, an kollektiven Unternehmungen teilzunehmen, die das Wohlergehen des Menschen fördern, mehr an den kommenden Generationen in der Gesellschaft mitzuwirken. In der Phase des mittleren Erwachsenenlebens kann ein Mensch mehr als je zuvor zu der Erkenntnis kommen, daß in der menschlichen Seele – in meiner Seele! – mächtige destruktive und kreative Kräfte gemeinsam nebeneinander existieren, und er kann sie auf neue Weise miteinander in Einklang bringen.

Dinge miteinander in Einklang zu bringen – anscheinend gegensätzliche Strömungen miteinander zu vereinen – wird als *die* große Möglichkeit in den mittleren Jahren angesehen. Aber natürlich hat dieser Prozeß schon früher begonnen: mit unserem kindlichen Ringen darum, die Aufspaltung unserer Mutter in eine gute und eine böse Person, die Aufspaltung in das Ich als Teufel und das Ich als Engel wieder rückgängig zu machen und ein Gleichgewicht zwischen unserem Wunsch nach einer Bindung und unserem Wunsch, losgelöst und frei zu sein, herzustellen. Dieses Ringen setzt sich – jetzt auf einer höheren Ebene – fort.

Wir streben nun danach, unser weibliches Ich mit unserem männlichen Ich in Einklang zu bringen.

Wir streben danach, unser kreatives Ich mit dem Ich, das innere und äußere Destruktivität kennt, in Einklang zu bringen.

Wir streben danach, ein losgelöstes Ich, das alleine sterben muß, mit einem Ich in Einklang zu bringen, das sich nach einer Beziehung und auch nach Unsterblichkeit verzehrt ...

Wir streben danach, ein weiseres, milderes Ich mittleren Alters mit dem jugendlich knackigen Ich, das wir hinter uns zurücklassen, in Einklang zu bringen.

In den mittleren Jahren müssen wir uns von unserem früheren Bild von uns selbst lösen. Unsere Jahreszeit ist der Herbst. Unser Frühling und unser Sommer sind abgelaufen. Und trotz der Metaphorik des Kalenders werden wir – wenn wir am Ende angelangt sind – nicht die Gelegenheit bekommen, die Jahreszeiten von Anfang an neu zu durchlaufen.

»Es ist mir unter reichlichen Tränen gelungen, die Verluste der mittleren Jahre zu akzeptieren«, hörte ich kürzlich eine Freundin in den Fünfzigern sagen. »Ich bin sogar wirklich reif genug und so sehr darauf eingestellt, daß es mir hier, wo ich jetzt stehe, wirklich gefällt. Ich wünschte nur, man würde mich hier *bleiben* lassen.«

Wir alle, denen es gelungen ist, die Midlife-Crisis zu überstehen, wären auch dankbar dafür, einfach nur ›hierzubleiben‹ – mit unserem abgerundeteren Gefühl für die Dinge, mit Passionen und Perspektiven, mit Menschen, die wir lieben, und mit einer Arbeit, die wir gern tun. Nachdem wir uns von unserem faltenlosen und unsterblichen früheren Ich losgesagt haben, haben wir das Gefühl, genug getan zu haben – es wäre uns lieb, das ewige Tauziehen zwischen Loslösung, Verlust und Verlassen(werden) hinter uns zu haben.

Wir haben es nicht hinter uns.

18.

Ich werde alt ...
ich werde alt

Ich werde alt ... ich werde alt ...
Ich sollte meine Hosenbeine umgeschlagen tragen.

T. S. Eliot

Ein betagter Mann ist ein jämmerlich Ding,
Ein zerlumpter Mantel auf einem Stock,
Wenn nicht die Seele in die Hände klatscht
Und singt und immer lauter singt
Für jeden Tattergreis in seinem Sterberock.

W. B. Yeats

Es fällt der Seele schwer zu singen, wenn sie älter wird. Die Angst vor der Lebensmitte erscheint im Rückblick als unbedeutend. Wenn wir uns unaufhaltsam dem Alter nähern oder schon hinübergeglitten sind, lernen wir kläglich, daß die Fünfziger fesch waren und daß die, die mit sechzig gestorben sind, zu jung gestorben sind. Wir lernen auch, daß wir zwar noch das eine oder andere Lied vorzutragen haben, ehe alle Lichter ausgehen, aber daß das zunehmende Alter uns zu den abschließenden Szenen des letzten Aktes geführt hat und daß der Tod hinter den Kulissen wartet.

Das Alter bringt viele Verluste mit sich; wir werden noch von denen hören, die mit diesen Verlusten hadern, sich gegen sie auflehnen. Aber es gibt auch einen anderen, einen hilfreicheren Standpunkt. Er besagt, daß wirkliche

Trauer um die Verluste des Alters uns befreien, uns zu »kreativen Freiheiten, weitergehenden Entwicklungen, Freude und der Fähigkeit, das Leben zu umarmen« hinführen kann.

Beginnen wir jedoch mit dem Unerfreulichen — das erschöpfend und manchmal wahrhaft bis zur Erschöpfung in Simone de Beauvoirs Buch *Das Alter* behandelt wird. Der früheste Text zu diesem Thema wurde, so sagt sie uns, von dem ägyptischen Philosophen und Dichter Ptahhotep verfaßt, der im Jahre 2500 vor Christus schon der Klage Ausdruck verlieh, die in allen folgenden Jahrtausenden widerhallte:

Wie hart und schmerzlich sind die letzten Tage eines alten Mannes! Täglich wird er schwächer; seine Augen werden trüb, seine Ohren taub; seine Kraft weicht aus ihm; sein Herz kennt keinen Frieden mehr; sein Mund verstummt, und er spricht kein Wort. Die Kraft seines Verstandes läßt nach, und heute kann er sich nicht erinnern, was gestern war. Jeder Knochen tut ihm weh. Die Dinge, die vor gar nicht langer Zeit mit Vergnügen getan wurden, sind jetzt schmerzhaft; und der Geschmack verläßt ihn. Das Alter ist das schlimmste aller Übel, das einen Mann befallen kann.

Das Alter ist das schlimmste aller Übel, sogar schlimmer als der Tod, behauptet Simone de Beauvoir, weil es verstümmelt, was wir einmal besaßen. Sie läßt eine illustre Reihe von Zeugen auftreten:

Ovid: »Zeit, o du große Zerstörerin, und neidisches Alter, gemeinsam laßt ihr alles einstürzen ...«

Montaigne: »Nicht eine Menschenseele kann man sehen, oder doch nur sehr wenige, die nicht beim Altern einen säuerlichen und modrigen Geruch annimmt.«

Chateaubriand: »Das Alter ist ein Schiffswrack.«

Gide: »Es ist jetzt schon lange her, seit ich aufgehört habe, zu existieren. Ich fülle lediglich den Platz von jemandem aus, den sie für mich halten.«

»Das Alter«, sagt de Beauvoir, »ist die Parodie des Lebens.«

Niemand wird bestreiten, daß wir im Alter viele tiefgreifende Verluste erleiden – an Gesundheit, an Menschen, die wir lieben, an einem Zuhause, das unser Heim und unser Stolz war, den Verlust eines Platzes innerhalb einer vertrauten Gemeinschaft, Verluste an Arbeit und Status und Zielstrebigkeit und finanzieller Sicherheit, an Einfluß und an Entscheidungsmöglichkeiten. Unser Körper teilt uns einen Rückgang an Kraft und Schönheit mit. Unsere Sinne sind weniger geschärft; unsere Reflexe werden langsam. Wir können uns weniger konzentrieren, können neue Informationen weit weniger effizient verarbeiten, haben Ausfälle ... Wie hieß sie doch schnell noch mal? Ich weiß, daß es ein Name ist, den ich kenne ... des Kurzzeitgedächtnisses.

Alter ist, was an einem hängenbleibt, wenn wir lange leben wollen. Und, wie ein Freund von über achtzig Jahren beobachtet, »mehr Menschen humpeln durch das Alter, statt hindurchzutanzen«.

Und doch können wir über das Alter nicht sprechen, als sei es ein homogener Zustand, eine Krankheit, ein Abschluß, ein Erlöschen, ein Warten auf das Ende. Zwar markieren Pensionierung, Versicherungszuschüsse, Rentenzahlungen und Seniorenrabatte bei Veranstaltungen rein äußerlich den Anbruch des Alters, doch Erfahrungen einschneidender Verluste, die mit unserem Altern in Verbindung stehen, können durchaus erst viele Jahre später eintreten. Entsprechend neigen Psychologen, die das Alter erforschen, auch heute dazu, das Alter in das ›junge Alter‹ (fünfundsechzig bis fünfundsiebzig), das ›mittlere Alter‹ (fünfundsiebzig bis fünfundachtzig oder neunzig) und in das ›alte Alter‹ (von fündundachtzig oder neunzig bis wann auch immer) zu unterteilen, da sie erkennen, daß jede dieser Altersgruppen andere Probleme und Bedürfnisse und Fähigkeiten hat. Sie erkennen auch, daß ein guter Gesundheitszustand und Freunde und Glück (und eine komfortable finanzielle Lage!) zwar mit Sicherheit das Altern leichter hinnehmen lassen, daß aber unsere Haltung gegenüber unseren Verlusten ebenso wie die Art unserer Verluste die Lebensqualität unseres Alters bestimmen wird. Es gibt beispielsweise ältere Männer und Frauen, die auf jedes Wehwehchen und jedes Leiden, jedes körperliche Nachlassen oder jede Einschränkung, die ihnen physisch auferlegt wird, mit Empörung reagieren, sich angegriffen und gedemütigt fühlen. Anderen dagegen gelingt es, diesen Einschränkungen gegenüber einen positiveren Standpunkt zu beziehen, und die, wie der französische Schriftsteller Paul Claudel, sagen: »Achtzig Jahre alt: Keine Augen mehr, keine Ohren mehr, keine Zähne mehr, keine Beine mehr, kein Atem mehr! Und wenn dann erst alles soweit ist, wie erstaunlich gut kommt man ohne all das zurecht!« Der Unterschied zwischen diesen beiden Haltungen, schreibt der Sozialwissenschaftler Robert Peck, ist der zwischen ›Körperbeschäftigung‹ und ›Körpertranszendenz‹; das heißt, der Unterschied liegt darin, ob wir das körperliche Altern als unseren Feind oder als unseren Herrn behandeln – und in irgendeiner Form zu einer vernünftigen Aussöhnung mit ihm kommen, Frieden mit ihm schließen. Beobachtungen zeigen, daß aufgrund derselben körperlichen Verfallserscheinungen, die auch Claudel beschreibt, der eine Typus Mensch (der Gesundheitspessimist) sich selbst als halb tot und zu nichts mehr in der Lage ansieht, wogegen ein anderer Typus (der Gesundheitsoptimist) sich selbst als bei blühender Gesundheit und zu allem in der Lage ansieht. Ein dritter Typus (der Gesundheitsrealist) erkennt seine Einbußen deutlich, sieht aber auch das, was er dennoch alles leisten kann.

In ihrem Buch SISTER AGE setzt sich M.F.K. Fisher dafür ein, verständig mit dem Alter umzugehen – für ein Erkennen und Behandeln »all der langweiligen körperlichen Symptome unseres endgültigen Verfalls«. Wichtig ist, fügt sie eilends hinzu, »... daß unserer leidenschaftslosen Hinnahme des Verschleißes der volle Einsatz all dessen gegenübersteht, was sich je in all den langen wunderbargespenstischen Jahren abgespielt hat, um den Geist eines Menschen von körperlicher Abhängigkeit zu befreien ... das Nutzen von Erfahrungen, sowohl von großartigen als auch von schlimmen Erfahrungen, so daß physische Behinderungen durch eine aufmerksame und sogar heitere Würdigung des Lebens selbst überwindbar werden.«

Sie entschuldigt sich dafür, daß es ›rührselig und banal‹ klingt, fügt aber hinzu: »Ich glaube daran.«

Eine andere herausragende Frau, die Schauspielerin, Schriftstellerin und Psychologin Florida Scott-Maxwell, äußert sich entsprechend zu den Krankheiten, die sie in ihren Achtzigern heimgesucht haben. »*Wir, die alt sind,* wissen, daß das Alter mehr als ein Gebrechen ist. Es ist eine intensive und abwechslungsreiche Erfahrung, die zeitweise fast über unser Fassungsvermögen hinausgeht, aber doch etwas, was hochgehalten werden muß. Wenn sich die Niederlage lange hinzieht, ist sie zugleich auch ein Sieg ...«

Sie fügt hinzu: »*Wenn ein neues Gebrechen auftaucht,* sehe ich mich um, um zu erkennen, ob der Tod gekommen ist, und ich rufe leise: ›Tod, bist du es? Bist du da?‹ Bisher hat noch immer ein Gebrechen geantwortet: ›Sei nicht albern, ich bin es.‹«

Wenn das Altern auch keine Krankheit ist, so schwächt es doch die körperlichen Funktionen und erhöht die körperliche Anfälligkeit. Sie können einen sehr vitalen, frischen Fünfundsechzigjährigen mit achtzig in die Knie zwingen. Es gibt physische Beeinträchtigungen, die uns gegen unseren Willen abhängig machen können. Es gibt organische und unüberwindbare Krankheiten des Gehirns, über die weder Courage noch Charakter siegen können. Und selbst wenn wir nicht von Arthritis, der Alzheimerschen Krankheit, Herzleiden, Krebs, Infarkten und dem ganzen übrigen Übel befallen werden, sagt der Körper doch auf vielfältige Weise bei einem Achtzigjährigen: »Du bist alt.«

Solche Botschaften werden überbracht, schreibt Malcolm Cowley in seinem Buch THE VIEW FROM 80:
— wenn es zu einer Leistung wird, durchdacht und Schritt für Schritt das zu tun, was er früher instinktiv getan hat
— wenn seine Knochen schmerzen
— wenn immer mehr kleine Flaschen und Röhrchen im Arzneischrank stehen ...
— wenn er ungeschickt ist und ihm die Zahnbürste runterfällt (ein Tolpatsch) ...
— wenn er auf dem Treppenabsatz zögert, ehe er eine Treppe hinunterläuft ...
— wenn er mehr Zeit damit verbringt, nach verlegten Dingen zu suchen, als damit, sie dann auch zu benutzen, nachdem er (oder noch öfter seine Frau) sie gefunden hat ...
— wenn er am hellen Nachmittag einschläft ...
— wenn es schwerer fällt, zwei Dinge gleichzeitig im Kopf zu haben ...
— wenn er Namen vergißt ...
— wenn er beschließt, nachts nicht mehr Auto zu fahren
— wenn alles länger dauert — das Baden, das Rasieren, das Anziehen oder das Ausziehen — aber wenn die Zeit so schnell vergeht, als lege er beim Bergabrollen Geschwindigkeit zu ...

Ein Gerontologe fügt dem hinzu: »Stopfen Sie sich Watte in die Ohren und Kieselsteine in die Schuhe. Ziehen Sie sich Gummihandschuhe an. Schmieren Sie sich Vaseline auf die Brillengläser, und schon haben Sie es: das sofortige Altern.«

Es ist eine Tatsache des Lebens, daß die Mehrheit der älterwerdenden Menschen chronische Gesundheitsprobleme hat und daß sie auf eine Behandlung nicht so schnell wie junge Leute ansprechen. Aber sowohl unter den Gesunden als auch unter den Kranken sinken manche Menschen mit fünfundsechzig ins hohe Alter ab, verhängen sie über sich selbst ein Dasein als lebende Tote. Und sowohl unter den Kranken als auch unter den Gesunden gibt es Menschen, die mit achtzig – oder bis zu ihrem letzten Atemzug – das Leben voll auskosten.

Doch auch wenn wir dem Alter mit intakter Gesundheit und intakten Hoffnungen entgegentreten, müssen wir gegen die gesellschaftliche Sicht des Alters ankämpfen. Im heutigen Amerika sind fast 27 Millionen Menschen derzeit älter als fünfundsechzig Jahre, und die Lebenserwartung ist von einem Durchschnitt von siebenundvierzig Jahren im Jahre 1900 auf einen Durchschnitt von 74,2 Jahren im Jahre 1981 gestiegen, und doch werden diese älteren Menschen als geschlechtslos, nutzlos, machtlos und aus dem Spiel ausgeschieden angesehen.

»Das Alter ist in Amerika oft eine Tragödie ...«, schreibt der Gerontologe Robert Butler treffend. »Wir legen ein Lippenbekenntnis zu den idealisierten Bildern von geliebten und friedlichen Großeltern, weisen alten Menschen, weißhaarigen Patriarchen und Matriarchinnen ab. Aber das entgegengesetzte Bild schätzt die alten Leute gering und sieht Alter als Verfall, Hinfälligkeit und als widerliche und würdelose Abhängigkeit an.«

Ausnahmen davon sind gelegentlich Politiker, Künstler oder Schauspieler. Die meisten Alten aber werden bemitleidet oder bevormundet. Malcolm Cowley konstatiert denn auch traurig: »Es beginnt damit, daß wir in den Augen anderer Menschen alt werden, und dann schließen wir uns allmählich ihrem Urteil an.«

Es ist schwer, sich dem nicht anzuschließen.

Sexuell macht man uns nach dem ungeschriebenen Gesetz zum Neutrum, Lust im Alter sei unziemlich, die Feuer der Leidenschaft würden entweder erlöschen oder sollten verheimlicht werden. Jeder weiß – oder sollte zumindest wissen – daß nicht nur ›schmutzige‹, sondern auch ›saubere‹ alte Männer und Frauen in ihren letzten Jahrzehnten ein Sexualleben wünschen können und auch haben können. Aber die Vorstellung alternden Fleisches, das sich in wollüstigen Geschlechtsakten miteinander verbindet, bleibt für viele – für die meisten – Menschen eine abstoßende Vorstellung.

In einer einfühlsamen Studie über das Alter beschreibt der eloquente Engländer Ronald Blythe, wie die Gesellschaft die Alten entsexualisiert, und er stellt fest, daß »sollte ein alter Mensch nicht den Eindruck machen, als hätte er diese Triebe vollständig unterdrückt und kontrolliert, so wird er oder sie als entweder gefährlich oder rührend angesehen, aber beides wird negativ bewertet und verächtlich ausgedrückt. Die alten Menschen leben oft nur halbe Leben, weil sie wissen, daß sie Abscheu und Angst auslösen würden, wenn sie versuchten, ganze Leben zu leben. Mit siebzig und mit achtzig Jahren ist nicht notwendigerweise jede Leidenschaft erloschen, aber es zahlt sich für alle Menschen aus, sich zu benehmen, als sei es so.«
(Eine Ausnahme von dieser Regel machte eine fünfundsiebzigjährige Dame. Sie erzählte mir, daß sie weiterhin tat, was ihre Mutter ihr vor langer Zeit als Maßregel mitgegeben hatte: »Sei eine Köchin in der Küche, eine Dame im Salon und eine Hure im Schlafzimmer.«)
Wenn wir unsere Sexualität aufgeben, geben wir selbstverständlich auch alles auf, was sie uns an Vergnügen bereitet hat: Sinnlichkeit, physische Nähe, erhöhtes Selbstwertgefühl. Wenn wir von außen immer wieder vermittelt bekommen, Alter sei ein unwürdiger Zustand, wird es uns zunehmend schwerer fallen, dagegen anzukämpfen.
Aus der Arbeit, die Frauen und Männer in jungen Jahren oft als lästige Notwendigkeit empfinden, auszuscheiden und in den Ruhestand versetzt zu werden, kann zu diesem Gefühl der Herabwürdigung beitragen. »Der Gedanke, mich zur Ruhe zu setzen, hat mich deprimiert«, sagt ein Arzt, der jetzt 79 Jahre alt ist, »weil ich nicht ganz sicher war, was dann aus mir würde. Verstehen Sie, ich hatte meine Stellung so lange inne – meine Spezialistentätigkeit, meine Mitarbeiter im Krankenhaus, meine Dienstreisen, meine Kurse, meine Lehrtätigkeit. All diese Dinge, die ich hatte, waren, was ich *war*, und all das mit fünfundsechzig aufgeben zu müssen, hat mich in absolute Verwirrung und Unsicherheit gestürzt.« Unsere Arbeit stützt un-

sere Identität; sie verankert unser privates und unser gesellschaftliches Ich; sie definiert dieses Ich gegenüber sich selbst und der Welt. Und wenn uns plötzlich die Arbeit und die Kollegen fehlen, eine Aufgabe, die unser Können bestätigt, ein Gehalt, das dieses Können mit einem Wert beziffert, eine Berufsbezeichnung, die Fremden gegenüber in Kurzform deutlich macht, wer wir sind, werden wir uns im Ruhestand mit wachsender Angst die Frage stellen: »Wer bin ich?«

Für Männer ist das bis heute ein größeres Problem als für Frauen.

Früher hatte der Beruf für Männer und für Frauen eine psychologisch stark unterschiedliche Bedeutung. Der Mann war durch seinen Beruf umfassender definiert als die Frau. Es mag sein, daß dieser psychologische Unterschied schnell verflachen wird, weil eine zunehmende Zahl von Frauen den Sinn ihres Lebens stärker im Beruf sucht, aber die Arbeit des Mannes bleibt dennoch weniger eine freiwillige Entscheidung, weil – und dafür halte ich nun wirklich meinen Kopf hin – sie keine Kinder bekommen können.

Seiner Definition durch die Arbeit und seiner damit verbundenen gesellschaftlichen Anerkennung beraubt, verliert der Rentner oft an Selbstachtung. Manche Menschen nutzen die Pensionierung, um zu reisen, neue Projekte in Angriff zu nehmen, mehr Zeit mit ihrer Familie zu verbringen und sich alte Träume zu erfüllen, aber viele fühlen sich, an den Maßstäben der Gesellschaft gemessen, als sozial nutzlos.

Menschen, deren Biographie von vielen Verlusten geprägt ist und die diese Verluste nie wirklich bewältigt haben, sind nach ihrer Pensionierung oft erneut den alten Ängsten und Kümmernissen ausgesetzt. Aber auch ohne eine solche Vorgeschichte können minderes Einkommen und minderer Status, können Isolation und Langeweile Verzweiflung auslösen. Das Ende des Berufslebens kommt manchmal einer Verbannung ins Exil gleich: Wenn es dort draußen nichts gibt, was unser Interesse und unsere Energien auf sich lenkt. Doch alte Menschen leben in einer Gesellschaft, in der es dort draußen oft nichts gibt.

Vielleicht ist der Inbegriff des Rentners dieser monumental tragische Held, König Lear, der sein Land und seine Macht an zwei seiner Töchter abtritt und das Vertrauen in sie setzt, daß sie sich mit der Liebe und dem Respekt, die einem Vater – und einem König – gebühren, um ihn kümmern werden, »während wir zum Grab entbürdet wanken«. Aber »da wir uns jetzt entäußern der Regierung, des Landbesitzes und der Staatsgeschäfte«, wird Lear von diesen Töchtern verachtet und geringschätzig behandelt. Denn er ist zu einem hilflosen alten Mann geworden, der die Drohung »dann findest du mich in der Bildung wieder, die du denkst, ich habe sie auf immer abgeworfen« nicht ausführen kann. Frühere Gesellschaften haben ihren ›Ältesten‹ Macht, Ehre und Respekt zugestanden. Moralisten haben im Lauf der Jahrhunderte die Würde des Alters gepriesen. Aber häufig wird das Alter auch als machtlos, freudlos, einsam und voller Bitterkeit beschrieben. Homer läßt Aphrodite ganz unmißverständlich sagen, sogar die Götter persönlich verachteten das Alter.

Heute sind die Alten aus der Sicht vieler nichts als eine Last, Menschen, die nehmen und nichts mehr zu geben haben. Ihre Weisheit gilt nicht als weise, und sie wissen nicht, wie man lebt, die Unterhaltung mit ihnen wird als belanglos empfunden. Oft rufen die Alten das hervor, was Ronald Blythe als ›steigenden Abscheu‹ und als ›geistiges und physisches Zurückweichen‹ bezeichnet. Zudem wird das Bild, das die Alten von sich selbst haben, auch noch von dem ›grundlegenden und tiefgreifenden Problem‹ in Mitleidenschaft gezogen, wie uns ein Experte sagt, »... daß die Alten nicht geliebt werden«.

Alte Menschen werden abgeschoben und oft ignoriert – indem sie ungeliebt sind, herablassend behandelt werden, man ihnen nicht zuhört und sie als eigene Gattung ansieht.

Wir leben nämlich in einer Gesellschaft, in der Jugendlichkeit vergöttert und dem Alter (gar nicht allzu geheim) abgeschworen wird. Wenn wir alt werden und die Gesellschaft uns zu denen zählt, die aus dem Spiel des Lebens ausgeschieden sind, können wir uns ihre ablehnende Vorstellung selbst aneignen.

Ohne den Optimismus und die Energie, sich den Ansichten der Gesellschaft entgegenzustellen, fühlen wir uns dann vielleicht selbst auf dem Abstellgleis, glauben, unsere Geschichte läge hinter uns, während uns das Schlimmste noch bevorsteht. Wir glauben, in der Falle zu sitzen, gefangen in »dieser Absurdität ... dieser Karikatur, / dem hinfälligen Alter, das mir angebunden worden ist / Wie einem Hund an den Schwanz«.

Die Vorstellung vom Alter kann uns recht früh ereilen, lange bevor wir fünfundsechzig sind.

Auch ich war der Meinung, das Alter könne mich nur mit Verlusten strafen. Ich glaubte früher, die beste Rolle meines Lebens sei Das Hübsche Junge Ding gewesen. Ich glaubte, die Zeit müsse mich vom Sonnenschein ins Dunkel führen. Ich wollte nie eine andere Jahreszeit als den Frühling erleben. Es ist immer noch schwer, mir vorzustellen, daß ich eines Tages eine alte Frau sein werde. Aber diese Tatsache erscheint mir nicht mehr ausschließlich als Bedrohung. Das Beispiel vieler Menschen hat mir gezeigt, wie reich ein Leben auch in späteren Stadien sein kann, ob in den Sechzigern, den Achtzigerjahren oder sogar noch später.

Meine Freundin Irene ist der jüngste dieser Menschen – sie ist erst achtundsechzig – und sie zeigt mir, daß es nicht zu spät ist, um mit dem Tennisspielen anzufangen. Aber für Irene, die kürzlich einen Roman begonnen hat, ist kaum etwas je zu spät. Vor einigen Jahren nahm sie Gesangsunterricht, davor hatte sie wissenschaftliche Kurse in Harvard belegt. Und immer noch träumt sie davon, malen zu lernen, ein Musikinstrument zu spielen, nach Island zu reisen und Stepptanz zu lernen.

»Mein Problem«, sagt Irene, »ist, daß ich unersättlich bin – ich will alles machen.« Manchmal glaube ich, daß sie das vielleicht sogar schon getan hat. Sie hat ihr ganzes Leben lang für Dinge gerackert, von denen sie hoffte, sie würden die Welt verbessern. Sie hat eine Familie gehabt, Kinder großgezogen, war dreiundvierzig Jahre lang verheiratet. Sie hat mehr Bücher gelesen, mehr Filme gesehen, mehr Theaterstücke und Dichterlesungen besucht als zehn andere Frauen zusammen. Sie ist Weltreisende, Feministin, Motorradfahrerin, Schriftstellerin und eine zuverlässige, liebevolle Freundin von Frauen und Männern jeden erdenklichen Alters und Erfahrungshintergrundes.

Sie ist außerdem ein ganz unverhohlen geschlechtliches Geschöpf.

»Jetzt, nachdem du älter bist«, habe ich Irene einmal gefragt, »vermißt du da nicht die Männer, die dich früher so lüstern angesehen haben?« Sie hat mich einen Moment lang angestarrt und dann entrüstet erwidert: »*Früher?* Was willst du damit sagen – *früher?*«

Aber hat sie denn keinen Kloß im Hals, wenn sie ein junges Liebespaar sieht und weiß, daß sie *das* nie mehr haben wird? Die Antwort lautet ja, manchmal schon, »aber meistens fühle ich mich erfüllt – ich fühle mich nicht beraubt«. Und wenn sie auch inzwischen zu realistisch ist, um sich ausschweifenden, romantischen Tagträumen hinzugeben, hat sie doch nicht das Gefühl, schmerzliche Verluste erlitten zu haben, weil, wie sie sagt, die ›Realität Wunder in sich birgt‹.

Dann wäre da noch die Englischdozentin, die in den Achtzigern und pensioniert ist, allein lebt und zu deren Freuden Freunde, Bücher und gute Mahlzeiten im Club der Fakultät gehören. Sie selbst hat sich in einem fröhlichen Brief an eine frühere Studentin einmal als ›zufriedenes altes Mädchen‹ bezeichnet. Sie sagt:

»Laß dir nie von jemandem einreden, daß das Alter nur Verluste mit sich bringt. Manchmal ist man verflucht einsam, und es kann auch lieblos zugehen. Aber der Ausblick auf eine lange persönliche Vergangenheit und die Erfahrung, diesen Ausblick ausreifen zu lassen und klarer auszurichten, eine neue Perspektive zu gewinnen – das ist ein positives und einzigartiges Geschenk des *Altseins*.«

Die Gaben der Jugend können uns jedoch auch im Alter bleiben. Wir können weiterhin Dinge erlernen und Dinge erschaffen. Wie uns Longfellows Gedicht ›Morituri Salutamus‹ deutlich macht, »ist nichts zu spät / Bis daß das müde Herz nicht länger schlägt«. Auch er hat eine wahrhaft beeindruckende Reihe von Zeugen zur Verfügung.

Cato lernte Griechisch erst mit achtzig; Sophokles schrieb
Seinen grandiosen Ödipus, und Simonides blieb
Der, den die Dichter als den größten Dichter wählten,
Als beide mehr als zwei mal vier Dekaden zählten ...
Die Canterbury Tales schrieb mit schon über sechzig
Jahren
Chaucer in Woodstock, wo die Nachtigallen waren;
In Weimar schwang sich Goethe auf zur letzten Tat,
Vollendete den Faust, als er die achtzig überschritten hatt'.

Die Mutter eines Bergarbeiters schrubbt mit zweiundachtzig immer noch die Treppe vor der Haustür und sorgt für ihren Sohn. Sie sagt: »Das Leben ist so zauberhaft ... ich finde es immer noch zauberhaft.« Goya zeichnete mit 80 Jahren und schon stark getrübtem Augenlicht einen sehr alten Mann. Die Zeichnung trägt den triumphierenden Titel: »Ich lerne immer noch dazu.«

Und der lebhafte, lustige, klar beobachtende Montessori-Lehrer sagt: »Ich bin fast einundneunzig, und ich habe von Kopf bis Fuß Arthritis ...«, aber »ich sehe gut, und daher lese ich. Und wie dankbar ich für das Lesen bin. Oh, Bücher, wie sehr ich euch liebe!«

Und jener Student, der mit zweiundsiebzig gerade seinen Ph.D. in Psychologie macht, sagt: »Ich habe mehr Projekte vor, als ich in den nächsten fünfzig Jahren verwirklichen kann. Ich habe keine Zeit zum Sterben.«

Die Schriftstellerin Colette verbrachte die letzten Jahre ihres Lebens unter Schmerzen auf ihrem Diwan. Dennoch schmiedete sie Pläne für ihr siebtes Jahrzehnt:

»Ich habe vor, noch etwas länger zu leben, auf anständige Weise weiterzuleiden, womit ich sagen will, ohne lautstarke Einwände und ohne Groll ... ganz still für mich allein über Dinge zu lachen und auch laut herauszulachen, wenn ich Grund dazu habe (und) jeden zu lieben, der mich liebt ...« Und sie verwirklichte diese Pläne.

Und hören Sie sich Lady Thelma an, die eines Morgens voller Pläne erwacht und die sagt, sie sei zwar »grandios alt ... aber es gibt immer noch Dinge, die ich tun muß – noch viele Dinge. Hörst du da oben zu?« Ich muß noch eine Frau anführen, eine denkwürdige Frau, Psychoanalytikerin von Beruf, die Filme und Bücher und Museen und ein herzliches Lachen liebte, und die ihr Leben lang die bezauberndste Gier, die es gibt, beibehielt – die Neugier – und deren alles übersteigendes Interesse im Leben den Menschen galt.

Das Gefühl beruhte auf Gegenseitigkeit.

Zu ihrem achtzigsten Geburtstag mußte auch wirklich ein Festausschuß gegründet werden, damit alle, die ihr zu diesem Ehrentag gratulieren wollten, berücksichtigt werden konnten. Fünf verschiedene Feierlichkeiten waren erforderlich – wie es bei einer orientalischen Königin der Fall hätte sein können – um das Jubiläum festlich zu begehen.

Sie hielt nie Hof – sie war immer aktive Zuhörerin, vollständig unsentimental.

»Sie hat meine Arbeit nicht gelobt – sie hat mir dazu verholfen, daß ich mir selbst sagen kann, daß ich es gut gemacht habe«, sagte einer ihrer Studenten. Ein früherer Patient erinnerte sich daran, daß sie »statt meine trostspendende Mutter zu sein, versucht hat, mir beizubringen, wie ich mich selbst bemuttern kann«. Eine ihrer Freundinnen versuchte, diesen ganz besonderen Zauber, den in ihrer Gegenwart alle immer sofort verspürten, zu beschreiben:

»Sie hat einem immer das Gefühl gegeben, man bekäme etwas von ihr geschenkt. Niemand hat sie je mit leeren Händen verlassen.«

Ich habe sie nur einmal getroffen – eine kleine, zerbrechliche Frau, die in einem Rollstuhl einer Vorlesung lauschte. Sie konnte nur mit Mühe atmen und war dennoch voller Leben. In der kurzen Zeit, in der wir miteinander sprachen, zog sie mich in ihren Bann, ich schloß sie ins Herz, ich hatte das Gefühl, sie unbedingt näher kennenlernen zu müssen. Und ich dachte mir, morgen fahre ich zu ihr und lege eine Rose vor ihre Tür, und vielleicht gefällt ihr das, und vielleicht erlaubt sie mir, sie näher kennenzulernen.

Sie starb, ehe ich die Gelegenheit dazu hatte, sie näher kennenzulernen. Unter den zahlreichen Erinnerungen, die diese Frau anderen hinterlassen hat, ist auch ein Traum, den sie einer Freundin erzählte:

Sie sitzt an einem Tisch. Sie ißt mit ein paar Freunden zu Abend. Sie ißt voller Vergnügen – von ihrem Teller und von denen der anderen. Aber ehe sie mit dem Abendessen fertig ist, beginnt schon ein Kellner, den Tisch abzudecken. Sie hebt protestierend die Hand. Sie will ihn davon abhalten.

Aber dann überlegt sie es sich anders. Und langsam läßt sie ihre Hand sinken. Sie wird ihn den Tisch abdecken lassen – sie wird nicht nein dazu sagen. Sie hatte ihre Mahlzeit noch nicht beendet, das Essen schmeckt ihr immer noch, und sie würde gern noch mehr essen, soviel steht fest. Aber sie hat genug bekommen, und sie ist bereit, auf den Rest zu verzichten.

Das ist der Traum einer Frau, die bis zu ihrem Tod ganz und gar im Leben stand, der Traum, den ich gern am Rande meiner Tage träumen würde. Es ist ein Traum, der mir sagt, daß das Leben sachte abgelegt werden kann, wenn es voll und ganz gelebt worden ist – nicht nur im Frühling, sondern auch im Winter.

Es gibt jedoch nicht die eine ›richtige‹ Weise, das hohe

Alter voll und ganz auszuleben. Menschen altern auf sehr unterschiedliche Weisen positiv. Und diese voneinander abweichenden Wege können zu dem führen, was die Soziologen als hohe Lebenszufriedenheit bezeichnen.

Positiv verläuft der Prozeß des Alterns beispielsweise bei den sogenannten ›Reorganisatoren‹. Sie kämpfen weiterhin gegen das Schrumpfen ihrer Welt und sind weiterhin in hohem Maß aktiv. Sie ersetzen, was das Alter ihnen nimmt, durch neue Beziehungen und neue Projekte.

Zufrieden altert auch meist der sogenannte ›klar ausgerichtete‹ Typus. Seine Aktivitäten sind nicht so vielfältig und oft auch nicht so anspruchsvoll. Er widmet sich ein oder zwei besonders ausgeprägten Interessen, etwa dem Gärtnern, der Hausarbeit oder den Enkeln.

Auch die sogenannten ›Unengagierten‹ altern oft relativ problemlos. Sie sind keineswegs egozentrisch, aber sie akzeptieren ihre schrumpfende Welt, vermögen sich ihr anzupassen und große Zufriedenheit aus einem kontemplativen, zurückgezogenen, wenig aktiven Leben zu schöpfen.

Manche Menschen blicken im Alter heiter auf die von Sorgen erfüllte, unvollkommene Welt. Im Gegensatz zu ihnen kosten die, die wir die Grauen Panther nennen könnten, ihr Alter aus, indem sie »für gesellschaftliche Initiativen, für Freiheit, Gerechtigkeit und Frieden für alle Menschen überall« kämpfen. Und manch einen Alten erfreut es schon, wenn er seinen Anstand und seine Haltung angesichts der grausamsten Schläge beibehält, die ihm das Alter versetzt.

Nehmen wir uns beispielsweise Jenny Josephs ›Warnung‹ zu Herzen:

Wenn ich eine alte Frau bin, werde ich Purpur tragen,
Mit einem roten Hut, der nicht dazu paßt und mir nicht steht,
Und ich werde meine Rente für Schnaps und Sommerhandschuhe ausgeben,
Und für Satinsandalen und sagen, daß wir kein Geld für die Butter haben.

Ich werde mich auf den Randstein setzen, wenn ich müde bin,
Und in Geschäften Proben mampfen und auf Alarmknöpfe drücken,
Und meinen Stock an öffentlichen Geländern klappern lassen,
Und die Nüchternheit meiner Jugend wettmachen.
Ich werde in Hausschuhen in den Regen hinauslaufen,
Und die Blumen in anderer Leute Gärten pflücken,
Und spucken lernen.

Weniger rebellische alte Damen könnten es vorziehen, auf ihren Schaukelstühlen zu schaukeln. Natürlich kann auch diese Ruhe ein gutes Alter bedeuten.

Es ist leichter, alt zu werden, wenn wir weder gelangweilt, noch langweilig sind, wenn wir uns mit Menschen umgeben und Pläne schmieden, wenn wir offen und flexibel und reif genug sind, uns, falls es erforderlich ist – in unabwendbare Verluste zu fügen. Der Prozeß des Liebens und des Loslassens, der schon in der frühen Kindheit eingesetzt hat, kann dazu beitragen, uns auf diese endgültigen Verluste vorzubereiten. Aber da uns das Alter einiger Dinge, die wir an uns selbst lieben, beraubt, könnten wir feststellen, daß Altern eine Fähigkeit erfordert, die als ›Ich-Transzendenz‹ bezeichnet wird.

Die Fähigkeit, Freude an der Freude anderer zu haben.

Die Fähigkeit, uns Dinge nahegehen zu lassen, die in keinem direkten Bezug zu unserem Ich-Interesse stehen.

Die Fähigkeit, uns (obwohl wir nicht dabei sein und es selbst erleben können) in die Welt von morgen einzubringen, etwas für sie zu leisten. Die Ich-Transzendenz erlaubt uns, trotz des Bewußtseins unserer Sterblichkeit, mit Hilfe von Menschen und Ideen eine Verbindung zur Zukunft herzustellen. Wir überschreiten unsere persönlichen Grenzen, weil wir der nächsten Generation etwas hinterlassen können. Als Großeltern, Lehrer, Mentoren, Gesellschaftsreformatoren, Kunstsammler – oder Kunstschaffende –

können wir einen Berührungspunkt zu den Menschen herstellen, die da sein werden, wenn wir es nicht mehr sind. Dieser Wunsch, Spuren zu hinterlassen — sei es intellektuell, geistig, materiell oder gar in Form von physischer Präsenz — ist eine konstruktive Umgangsweise mit der Trauer, die wir um den Verlust unserer selbst empfinden.

Eine Investition in die Zukunft durch ein wie auch immer geartetes Vermächtnis kann helfen, die Lebensqualität des Alters zu erhöhen. Dabei sollten wir aber die Lust an den Freuden des Augenblicks und die Fähigkeit, im Hier und Jetzt zu leben, nicht verlieren. Wer sein Alter bewußt lebt und gestaltet, kann die Obsession besiegen, daß seine Zeit ausläuft. Er kann lernen, die Zeit, die er gerade durchlebt, wirklich zu bewohnen, sich das anzueignen, was Butler ›ein Gefühl des Präsentseins oder der Elementalität‹ nennt.

Wenn Gegenwart *und* Zukunft uns etwas bedeuten, haben wir im Alter mehr Entfaltungsmöglichkeiten. Aber das Verhältnis zu unserer Vergangenheit ist entscheidend. Wir müssen lernen, jederzeit zu den ›großen Augenblicken‹ in unserer Biographie vorzudringen. Wir können uns in das vertiefen, was Butler als ›Lebensrückschau‹ bezeichnet — eine Bestandsaufnahme, eine Zusammenfassung, ein endgültiges Zusammenfügen unserer Vergangenheit.

Wenn wir unsere Vergangenheit näher betrachten, sind wir mit der wesentlichsten Aufgabe befaßt, die Erikson dem achten Lebensalter des Menschen zuordnet. Wenn diese Betrachtung nicht zu Abscheu und Verzweiflung führt, sondern uns ein ganzheitliches Bild vermittelt, auf dem wir immer noch als markante Person zu erkennen sind, werden wir unseren ganz individuellen, eben ganz einmaligen Lebenszyklus akzeptieren.

Erikson sagt dazu »die Tatsache [ist], daß das Leben eines Menschen unter seine eigene Verantwortung fällt«.

Auch das Alter fällt in unsere Verantwortung. Deshalb kann man durchaus die Meinung vertreten, daß halbwegs gesunde alte Menschen sich auch noch der Kritik ihres sozialen Umfeldes stellen müssen, und daß man, wenn sie langweilig, geschwätzig, ichbezogen, seicht, quengelig oder von der Verfassung ihres Bauchs und ihrer Eingeweide besessen sind, manchmal zu ihnen sagen sollte: »Reiß dich zusammen!« – oder, wie Ronald Blythe es eher kühl formuliert: »Wie kannst du von uns erwarten, daß wir uns für dieses nichtige Du mit deinen armseligen Tagen und deinen kümmerlichen Grämlichkeiten interessieren?«

Butler fügt dem hinzu, daß alte Leute nicht behandelt werden sollten, als mache das Alter sie zu moralischen Eunuchen. Er behauptet, daß sie immer noch Schaden anrichten und dafür noch büßen können. Er sagt, alte Leute seien zu Grausamkeit und Habgier und unsozialem, verabscheuungswürdigem Verhalten durchaus noch in der Lage, und daß man ›ihre Menschlichkeit nicht akzeptiert‹, wenn man sie von Verantwortlichkeit und Schuld freispricht.

Er sagt, daß selbstverständlich auch alte Leute »ihren eigenen Beitrag zu ihrem eigenen Schicksal geleistet haben und auch weiterhin noch leisten«. Die Grundsteine für den individuellen Verlauf des Alters werden in der Kindheit gelegt.

Unsere tägliche Erfahrung zeigt nämlich immer wieder, daß gerade ältere Leute klar erkennen, wie sie früher gewesen sind. Wie wir altern – sei es voller Selbstmitleid oder erbittert oder charmant – war weitgehend schon früh geformt. So gibt es etwa die ›munteren Seelen‹ – fröhlich, lebhaft, heiter in der Jugend und im Alter. Da wir aber die größten Streßsituationen höchstwahrscheinlich in späteren Jahren durchleben und da störende Wesenszüge sehr häufig durch Streß gefördert werden, kann es sein, daß der gemeine Mensch gemeiner wird, der furchtsame ängstlicher und der apathische in einem paralyseähnlichen Zustand versinkt.

Viele Psychologen, die sich mit dem Altern befassen, stimmen darin überein, daß der Kern unserer Persönlichkeit im Lauf unseres Lebens ziemlich konstant bleibt. Sie kommen daher zu dem Schluß, daß wir auch im hohen

Alter der Mensch sind, der wir schon immer waren ... mit geringfügig modifizierter Persönlichkeitsstruktur. In einer Studie mit dem Titel PERSONALITY AND PATTERNS OF AGING haben die Autoren festgestellt, daß der alternde Mensch, der mit »einer breiten Skala von sozialen und biologischen Veränderungen« konfrontiert ist,

weiterhin seine Entscheidungen trifft und aus dem wählt, was mit seinen schon lange herausgebildeten Bedürfnissen in Einklang steht. Er altert einem Schema entsprechend, das eine lange Geschichte hat und das mit Abweichungen und Anpassungen bis ans Lebensende aufrechterhalten wird ... Es liegen zahlreiche Indizien dafür vor, daß es bei normalen Männern und Frauen keine abrupte Diskontinuität der Persönlichkeit im Alter gibt, sondern statt dessen eine zunehmende Festigung. Die Merkmale, die für eine Persönlichkeit charakteristisch waren, scheinen noch deutlicher herausgestrichen zu werden ...

Doch auch wenn unsere Gegenwart von unserer Vergangenheit mitgestaltet wird, sind Persönlichkeitsveränderungen möglich, selbst noch bis in das siebte, das achte und das neunte Jahrzehnt hinein. Wir werden nie ein ›fertiges Wesen‹ – wir verfeinern Dinge, arrangieren ihre Anordnung neu und stellen sie um. Die normale Entwicklung endet nicht, und im Lauf unseres Lebens, über das ganze Leben verteilt, werden sich uns entscheidende neue Aufgaben stellen – oder Krisen werden sich vor uns auftun. Wir können uns im Alter ändern, weil jedes Stadium unseres Lebens, darunter auch das letzte, neue Möglichkeiten zur Veränderung bietet.

»Alles ist offen und ungewiß«, schreibt Florida Scott-Maxwell in ihren Achtzigern; »wir scheinen den Weg ins Unbekannte anzuführen. Es kann einem vorkommen, als seien alle unsere Leben in absurd kleinen Persönlichkeiten und Umständen und Vorstellungen eingefangen. Unsere gewohnte Hülle bekommt da einen Sprung und dort einen

Sprung, und dieser ermüdend starr gewordene Mensch, für den wir uns gehalten haben, streckt sich, weitet sich aus ...«

Zu diesem Persönlichkeitstypus gehört der Kinderarzt Benjamin Spock. Spock mußte einen weiten Weg zurücklegen, ehe er die Prägungen seines protestantischen, republikanischen Umfeldes ablegen konnte. Erstaunlich daran ist, daß er zwar wahrscheinlich schon früh aufgehört hat, zu glauben, Calvin Coolidge sei der größte Präsident aller Zeiten gewesen, die meisten einschneidenden Veränderungen sich aber in seinem Leben im sechsten und siebten Lebensjahrzehnt vollzogen.

Der Autor des Standardwerks SÄUGLINGS- UND KINDERPFLEGE, eines Buches, dessen Verkaufszahlen derzeit über dreißig Millionen Exemplare liegen, und dessen gesunder Menschenverstand ihm das Vertrauen und die Dankbarkeit von Müttern auf der ganzen Welt eintrug, setzte seinen Ruf, seine Ruhe und seine in jeder Hinsicht komfortable Existenz aufs Spiel. Von zunehmender moralischer Entrüstung getrieben engagierte sich Spock in den sechziger Jahren immer stärker gegen den Krieg in Vietnam. Er marschierte bei Demonstrationen mit, wurde wegen Ungehorsam gegen den Staat verhaftet, und 1968 wurde er angeklagt, Beihilfe zur Kriegsdienstverweigerung zu leisten und dazu anzustiften. Er wurde verurteilt und für schuldig befunden. (Anschließend hob ein höherer Gerichtshof das Urteil jedoch nicht nur auf, sondern wandelte es in einen endgültigen Freispruch um.)

Die Folgen seiner politischen Aktivität, erzählt mir Spock, waren manchmal schmerzlich, weil viele derer, die ihn bis dahin so sehr bewundert hatten, ihn jetzt als Kommunisten und/oder Verräter schmähten. Aber als er erst einmal seinen Standpunkt bezogen hatte, hielt er unbeirrbar daran fest, denn: »Man kann nicht zu anderen Menschen sagen: ›Ich finde, ich habe jetzt genug getan‹ oder ›Ich fange an, mich zu fürchten‹ oder ›Ich könnte ein paar Exemplare von SÄUGLINGS- UND KINDERPFLEGE weniger verkaufen‹.«

1972 kandidierte Spock auf der Kandidatenliste der People's Party und 1976 kandidierte er als Vizepräsident. Gloria Steinem schalt ihn »einen der großen Frauenunterdrücker, in derselben Kategorie wie Sigmund Freud«. Und auch andere Feministinnen erhoben ihre kritische Stimme. Spock scherzt: »Ich habe versucht, soviel Befriedigung wie möglich daraus zu schöpfen, daß ich derart nah mit Sigmund Freud in Verbindung gebracht worden bin«, aber er nahm sich diese und andere Kritiken seines ›Sexismus‹ zu Herzen und gewann ein neues Bild von der Rolle der Frau in der Gesellschaft.

Ein weiterer Einschnitt in seinen Siebzigerjahren war, daß er sich von seiner Frau Jane trennte, mit der er fast ein halbes Jahrhundert verheiratet gewesen war. Wenn ich Spock frage, ob er je Schuldgefühle gehabt habe, weil er seine Frau verlassen hat, antwortet er dennoch ohne jedes Zögern mit nein, und er erklärt, daß er frei von jedem Schuldgefühl ist, weil der Scheidung aus dem Bemühen heraus, die ehelichen Differenzen zu bewältigen, fünf Jahre Therapie vorausgingen.

»Ich bin ein geradezu phantastisch von Schuldgefühlen geplagter Mensch, ein Mensch, der sich an ... an allem schuldig fühlt«, sagt Spock. Aber gerade seine Gabe, Schuldbewußtsein zu entwickeln, war es, die ihn zwang, besonders hart und lange – zu lange, wie er jetzt glaubt – zu versuchen, seine Ehe zu kitten. Wie sein politisches Engagement war auch sein Entschluß, sich scheiden zu lassen, genau durchdacht. Als er ihn erst einmal gefaßt hatte, war er sich seiner Sache absolut sicher. Sich von Jane scheiden zu lassen, fand er damals und findet er heute noch, war das ›Richtige‹.

1976 heiratete Benjamin Spock eine andere Frau, eine lebhafte Frau – vierzig Jahre jünger als er – Mary Morgan, die ihn mit seiner ersten Ganzkörpermassage und seiner ersten Jacuzzi und seinen ersten (anfangs ›sehr schwierigen‹) Erfahrungen als Stiefvater eines Mädchens im Teenageralter vertraut machte. Spock sagt, Mary habe ihn fasziniert, weil sie »energiegeladen, lebhaft, entschlossen und schön« war – »und mir gefiel ihre Begeisterung für mich so gut, daß ich sie gierig in mich aufgesogen habe«. Mit ihrem starken Akzent aus Arkansas (sie nennt ihn ›Bin‹), ihrer forschen Art und ihrer ausgeprägten Körperlichkeit ist sie der fünfundsechzigjährigen Dame mit dem Vassar-Akzent in der Stimme nicht sehr ähnlich, die er, so vermutet er, hätte heiraten sollen, um den Erwartungen seiner Söhne gerecht zu werden. Aber Mary ist nicht nur sinnlich, sondern auch eine kluge, äußerst fähige und praktische Frau, die sich jetzt um die Einzelheiten von Spocks Berufsleben kümmert, die sich Sorgen um ihn macht und sich ihm widmet – und die ihm die Bewunderung entgegenbringt, die er so sehr braucht. Ihre Differenzen entspringen den ganz normalen Spannungen einer ganz normalen Ehe; sie gehen, sagt Spock, nicht auf den Altersunterschied zurück. Auf meine Frage beschreibt er sich selbst wohlüberlegt als »einen glücklich verheirateten Mann – mit Vorbehalten«.

Die Spocks verleben einen Teil ihrer Zeit in Arkansas und einen Teil ihrer Zeit auf zwei Segelbooten – eins liegt bei den Jungfraueninseln, eins bei Maine – und Spock spricht weiterhin über politische Themen und läßt sich immer mal wieder auf einen Akt des Ungehorsams gegenüber dem Staat ein. Aber er betreut auch eine Kolumne über Kinderbetreuung für die Zeitschrift REDBOOK. Darüber hinaus unterzieht er sich derzeit einer Einzeltherapie, einer Partnertherapie und einer Gruppentherapie, da, wie er berichtet, zwei Ehefrauen, zwei Söhne und etliche Therapeuten ihm im Laufe der Jahre mitgeteilt hätten, er sei ein Mann, der den Kontakt zu seinen Gefühlen verloren habe.

Das scheint ihm jedoch vorläufig überhaupt keine Sorgen zu bereiten. Er wirkt wie ein Mann, der ein ganz verdammt gutes Gefühl hat, was ihn selbst angeht. Er sagt, es gebe eine Fotografie, die ihn im Alter von einem Jahr zeigt und die einiges über ihn erzählen könnte.

Auf diesem Foto sitzt er auf einem kleinen Kinderstuhl, ist elegant mit Hut, Kleidchen, einem flotten Mantel, frischen weißen Socken und blanken Mary-Jane-Schuhen bekleidet. Seine Füße reichen nicht ganz bis auf den Boden, aber seine Hände liegen fest auf den Stuhllehnen. Sein hübsches Gesicht zeigt ein Lächeln, das zuversichtlich die Erwartungen eines Kindes ausdrückt, das weiß, sagt Spock, »daß ihm die Welt offensteht und daß es alles haben kann«.

Es ist deutlich zu erkennen, daß er immer noch glaubt, daß die Welt ihm offensteht und daß er alles haben kann. Und warum auch nicht? Er ist in seine Achtzigerjahre gekommen, ohne seine Intelligenz, seine Leidenschaften, seine Gesundheit und sein gutes Aussehen einzubüßen. Wenn er einen Raum betritt, ist es mehr als wahrscheinlich, daß er der auffälligste (eins neunzig, schlank, und er hält sich perfekt), der charmanteste (er läßt keine Gelegenheit zu Umarmungen und Küssen aus, ein großer Geschichtenerzähler), der fröhlichste (strahlende blaue Augen, immer zum Lachen aufgelegt) und der rundum attraktivste Mensch unter allen Anwesenden ist. Er ist leidenschaftlicher Segler, begeisterter Ruderer, gewandter Tänzer. Er ist auch, sagt er, der Erbe einer guten Veranlagung. (»Ich glaube, der Umstand, daß ich mit achtzig rüstig bin, geht zum Teil darauf zurück, daß meine Mutter dreiundneunzig geworden ist.«) Sein andauernder Optimismus speist sich, so glaubt er, aus der Tatsache, daß seine Mutter – so streng und kritisch sie auch sein konnte – »mir das Gefühl gegeben hat, sehr geliebt zu werden«.

Spock beschreibt sich als einen Mann, der »während die Jahrzehnte vergangen sind, geistig jünger« geworden ist, aber auch weniger hart in seinem Urteil, weniger dazu neigt, andere Druck spüren zu lassen, weniger reserviert und überschwenglicher. Er sagt: »Ich kann erkennen, daß ich alt bin, und es ist mir nicht peinlich, daß ich alt bin, aber ich kann mich einfach nicht – es geht mir nie so – alt *fühlen*.« Er räumt jedoch ein, daß er »nicht damit rechnen kann, dieselbe Lebhaftigkeit und denselben Schwung, die ich mir mit achtzig noch erhalten konnte, mit neunzig noch zu haben. Früher oder später muß es einfach abwärtsgehen.« Dann ist seine Hauptsorge, nicht rührselig zu werden und (er sagt das nur halb im Scherz) »besonders sorgsam auf meine Anzüge zu achten, um sicher zu sein, daß sie keine Flecken haben, und ganz besonders darauf zu achten, wenn ich aus einer öffentlichen Toilette komme, daß ich mir den Reißverschluß auch hochgezogen habe«.

Er sagt, über den Tod mache er sich keine Sorgen – »wahrscheinlich«, fügt er mit breitem Grinsen hinzu, »weil ich den Kontakt zu meinen Gefühlen verloren habe«. Aber er verspricht eilig, daß er versuchen wird, den Kontakt zu ihnen aufzunehmen – »Ich werde es immer wieder versuchen, bis zum allerletzten Moment.«

Unsere frühere Lebensgeschichte trägt entscheidend dazu bei, unsere Fähigkeit zu Veränderung und Weiterentwicklung im Alter zu bestimmen. Aber das Alter selbst kann auch neue Stärken und neue Fähigkeiten wachrufen, die uns in bisherigen Stadien nicht zur Verfügung standen. Es kann uns mehr Weisheit, mehr Freiheit, mehr Perspektiven und mehr Widerstandskraft bringen. Es kann uns größere Offenheit anderen gegenüber bringen, eine größere Aufrichtigkeit uns selbst gegenüber. Es kann auch eine Verlagerung in unserer Wahrnehmung der schweren Zeiten unseres Lebens bringen – eine Verlagerung von der ›Tragödie‹ zur ›Ironie‹.

Mit Tragödie meine ich jene selektive Wahrnehmung, die keinen Raum für andere Betrachtungsweisen läßt. Die Tragödie zeigt sich allumfassend und durch und durch schwarz. Es gibt kein Gestern. Es gibt kein Morgen. Es gibt keine Hoffnung. Es gibt keinen Trost. Es gibt nur ein absolut verheerendes, total irreparables Jetzt. Die Ironie setzt dasselbe Ereignis in kleineren Buchstaben. Die Schwärze füllt nicht die gesamte Leinwand aus.

Die Ironie liefert einen Kontext, in dem wir in der Lage

sind, uns zu sagen, daß die Dinge schlimmer stehen könnten. Sie liefert uns auch einen Kontext, in dem wir uns sogar vorstellen können, daß die Dinge sich vielleicht zum Besseren wenden. Diese Verlagerung der Wahrnehmung von der Tragödie zur Ironie könnte das besondere Geschenk unserer späten Jahre sein, das uns dabei hilft, mit unserem Strauß an Verlusten umzugehen, und manchmal könnte es uns auch dabei helfen, uns weiterzuentwickeln.

Mit Flexibilität und ironischer Begabung können wir uns im Alter weiterhin ändern. Wir können uns – wenn Sigmund Freud auch das Gegenteil behauptet – im Alter auch mit Hilfe von Psychoanalyse und Psychotherapie noch ändern und uns weiterentwickeln.

Mit Sicherheit kann eine Psychotherapie die emotionalen Probleme mildern, die das Alter auslösen oder verstärken kann: Angst, Hypochondrie, Paranoia und – am häufigsten – Depressionen. Zusätzlich zu der Erleichterung, die die Psychotherapie leisten kann, kann psychologische Arbeit mit alten Menschen auch durchschlagende Veränderungen bewirken. Pollock bezeichnet diesen Prozeß der Transformationen als ›Trauer-Befreiung‹. Er schreibt:

Die grundlegende Einsicht ist, daß Teile des Ichs, das es einst gab oder die man zu werden hoffte, nicht mehr möglich sind. Mit dem Bewältigen der Trauer um ein verändertes Ich, um verlorene andere, um unerfüllt gebliebene Hoffnungen und Ambitionen, sowie auch um Gefühle gegenüber anderen Realitätsverlusten und -veränderungen, geht eine zunehmende Fähigkeit einher, Realität als das anzusehen, was sie ist und was sie sein kann. ›Befreiung‹ von der Vergangenheit und dem Unerreichbaren setzt ein. Neue Sublimierungen, Interessen und Aktivitäten tauchen auf. Es kann zu neuen Beziehungen kommen ... Die Vergangenheit wird wirklich zur Vergangenheit, die sich gegen die Gegenwart und die Zukunft absetzt. Ausbrüche von Heiterkeit, Freude, Vergnügen und Aufregung erwachen zum Leben.

Analytiker berichten davon, daß die Psychoanalyse alten Menschen dabei geholfen hat, ihr Selbstwertgefühl wiederzuerlangen, anderen und sich selbst zu verzeihen; neue Möglichkeiten der Anpassung zu finden, ja, daß sie sogar einer Frau von Mitte Siebzig geholfen hat, erstmals zum Orgasmus zu gelangen! In demselben Bericht stoßen wir auf eine Frau, die – sechzig Jahre nach dem realen Geschehen – in der Lage war, über die Wut hinwegzukommen, die sie beim Tode ihrer Mutter verspürt hatte, und das gab ihr die Freiheit, anschließend zu schreiben, ihre Ehe zu stabilisieren und ihre eigene Sterblichkeit zu akzeptieren. Wir treffen dort auch auf einen Mann, der, nach der Beendigung einer sechsjährigen Analyse im Alter von fünfundsechzig Jahren ein neues, starkes Gefühl von Lebendigkeit entwickelte. Wenn er auch im Alter von siebzig Jahren starb, so hatte er doch das Gefühl, in seinen letzten elf Jahren glücklicher als je zuvor in seinem ganzen Leben gewesen zu sein.

Warum, wurde eine sechsundsiebzigjährige Frau gefragt, wollen Sie in *Ihrem* Alter noch eine Therapie machen? Es spiegelten sich sowohl ihre Verluste, als auch ihre Hoffnungen wider, als sie die unvergeßliche Antwort gab: »Die Zukunft ist doch alles, was mir noch bleibt, Doktor.« Manche alten Menschen, sagt uns Blythe, sitzen da und warten auf ihr ›Essen auf Rädern‹ oder den Tod – ganz gleich, was von beidem eher eintrifft. Manche alten Menschen, wie mein Freund, der mit zweiundsiebzig Jahren Ph.D.-Anwärter ist, haben so viele Pläne, daß sie nie die Zeit haben werden, zu sterben. Manche sprechen vom Tod, manche denken an den Tod, manche leiden genug, um sich nach dem Tod zu sehnen, und andere leugnen ihn mit Beharrlichkeit und reden sich erfolgreich ein, daß der Tod in ihrem Fall eine Ausnahme machen wird. Aber es scheint keine Indizien dafür zu geben, daß die Angst vor dem Tod alte Menschen wie ein Spuk überfällt. Es kann sogar sein, daß sie sich weniger vor ihm fürchten als junge Menschen. Hinzu kommt, daß – wie es oft behauptet wird – die Umstände ihres Todes ihnen größere Sorge bereiten als der Tod selbst.

Nichtsdestoweniger ist wahr, was Sophokles in einem Theaterstück, das er im Alter von neunundachtzig Jahren schrieb, unvergeßlich auf den Punkt bringt:

Wenn er auch eine gebührende Zeit verstreichen sah,
Wird ein Mann doch manchmal noch die Welt begehren.

Und es ist auch wahr, daß wir im Sterben und im Tod – ganz gleich, wie das Sterben aussieht, ganz gleich, was der Tod bedeutet – der letzten und endgültigen Loslösung ins Auge sehen.

19.

Das ABC des Sterbens

Ein Mensch verbringt Jahre damit, sich Geltung zu verschaffen, seine Talente zu entwickeln, seine einzigartigen Gaben, sein Urteilsvermögen über die Welt zu vervollkommnen, seine Neigungen auszuweiten und zu präzisieren, zu lernen, die Enttäuschungen des Lebens hinzunehmen, heranzureifen, sich abzurunden – bis er schließlich ein in der Natur einzigartiges Geschöpf ist, mit einer gewissen Würde und einem gewissen Adel dasteht und das Tier-Sein transzendiert, nicht mehr von Trieben bestimmt, nicht mehr von Reflexen bestimmt, nicht aus irgendwelchem Ton gepreßt. Und dann die wahre Tragödie ...: daß sechzig Jahre unglaublichen Leidens und unglaublicher Mühen erforderlich sind, um ein solches Einzelwesen zu erschaffen, und dann ist es nur noch gut genug zum Sterben.

Ernest Becker

Als ich ein kleines Mädchen war, habe ich abends die Augen zugemacht und mir vorgestellt, daß die Welt sich immer und für alle Zeiten dreht. Mit absolutem Grauen habe ich mir vorgestellt, daß die Welt sich für immer und alle Zeiten weiterdreht – und daß ich nicht dabei bin. Freud schreibt, daß wir nicht in der Lage sind, uns den eigenen Tod vorzustellen, aber ich behaupte, diese Aussage trifft nicht zu. Bitte, Gott, betete ich damals, ich weiß, daß du den Tod nicht von mir nehmen kannst. Aber könntest du es nicht einfach so einrichten, daß ich nicht mehr darüber nachdenke?

Ob die Angst vor dem Tod nun tatsächlich eine allgemein verbreitete Angst ist oder nicht, ist sie doch mit Sicherheit ein Gefühl, mit dem die meisten von uns sich nicht abfinden können. Bewußt oder unbewußt verbannen wir die Gedanken an den Tod. Wir leben ein Leben, in dem der Tod geleugnet wird. Das soll nicht etwa heißen, wir leugneten die Tatsache, daß jeder Mensch auf Erden, wir selbst inbegriffen, sterblich ist. Es soll auch nicht heißen, daß wir die Zeitungsberichte, Seminare und Fernsehsendungen meiden, in denen es um das heute so modische Thema Tod und Sterben geht. Es soll heißen, daß wir trotz all diesen Geredes die Tatsache unserer Endlichkeit emotional von uns fernhalten, während wir unser Leben leben. Ein Leugnen des Todes bedeutet, daß wir es uns niemals gestatten, uns mit dieser Angst auseinanderzusetzen, die durch Visionen der letzten Loslösung hervorgerufen wird.

Sie können jetzt fragen: Was ist denn daran so schlecht?

Wie können wir denn als vollkommen bewußte Tiere leben, als die einzigen Geschöpfe auf Erden, die *wissen*, daß sie sterben werden? Wie können wir, um es in den bedrückenden Worten aus Ernest Beckers großartigem Buch DIE ÜBERWINDUNG DER TODESFURCHT auszudrücken, das Bewußtsein ertragen, daß wir ›ein Fressen für die Würmer‹ sind? Unser Leugnen des Todes macht es leichter, unsere Tage und Nächte zu durchleben, ohne uns wegen des Abgrundes unter unseren Füßen zu sorgen. Aber das Leugnen des Todes läßt auch, wie Freud und andere überzeugend darstellen, unser Leben verarmen.

Weil wir zuviel psychologische Energie daran setzen, unsere Gedanken an den Tod – und unsere Ängste vor dem Tod – abzuwehren.

Weil wir die Todesängste durch andere Ängste ersetzen.

Weil der Tod so eng mit dem Leben verwoben ist, daß wir Teile des Lebens stillegen, wenn wir den Tod von uns fernhalten.

Weil das emotionale Wissen, daß wir mit Sicherheit eines Tages sterben werden, unsere Sinne für die Gegenwart, für den Moment, schärfen und präziser stimmen kann.

»Der Tod ist die Mutter der Schönheit«, schreibt der Dichter Wallace Stevens.

»Ein Leben ohne Tod ist bedeutungslos ... ein Bild ohne Rahmen«, sagt der Physiker John A. Wheeler.

»Und wenn jemand nicht fähig zum Sterben ist, ist er dann wirklich fähig zu leben?« fragt der berühmte Theologe Paul Tillich.

Die Schriftstellerin Muriel Spark läßt in ihrem aufrüttelnden Buch über den Tod − MEMENTO MORI − eine ihrer Personen die folgenden Sätze sagen:

»Wenn ich mein Leben noch einmal hätte, würde ich mir die Gewohnheit zulegen, mich nachts mit Todesgedanken zu sammeln. Ich würde, wäre es so, die Erinnerung an den Tod üben. Es gibt keine andere Übung, die das Leben derart intensiviert. Der Tod ... sollte ein Teil der gesamten Lebenserwartung sein. Ohne ein ständig vorhandenes Gefühl für den Tod ist das Leben fad. Man könnte sich ebensogut nur vom Weißen der Eier ernähren.«

Im Frühjahr 1970 starb innerhalb von sechs entsetzlichen Wochen die Tochter einer guten Freundin an einer Embolie, der beste Freund meines Mannes starb mit 39 Jahren an Krebs, und das Herz meiner Mutter setzte kurz vor ihrem dreiundsechzigsten Geburtstag aus. In diesem Frühjahr verlor ich die Angst vorm Fliegen − heute fliege ich mit allem − denn ich hatte meine Bekanntschaft mit der Sterblichkeit erneuert, und ich erkannte, daß ich selbst dann, wenn ich mein ganzes Leben lang auf dem Boden bliebe, dennoch sterben würde. Und während Jodis Tod und Gershs Tod und der Tod meiner Mutter und der Tod, der eines Tages mein eigener sein würde, mich mit Angst und Verwirrung überfluteten, wünschte ich mir jemanden, der mich lehrt, was man mit all dem anfängt.

Der mir beibringt, wie man sich des Todes bewußt wird und doch weiterlebt.

Der mir beibringt, wie man das Leben liebt und den Tod nicht fürchtet.

Der mir, ehe es Zeit für mich ist, mich der letzten Prüfung zu unterziehen, das ABC des Sterbens beibringt.

Das Wissen um unsere Sterblichkeit kann unsere Liebe zum Leben steigern, ohne den Tod – unseren eigenen Tod – annehmbar zu machen. Wenn wir dem Tod direkt ins Auge sehen, können wir ihn hassen. Und wenn unser Gefühl der Endlichkeit auch die Mutter der Schönheit sein mag, der Rahmen des Bildes und sogar das Gelbe vom Ei, dann kann es doch unsere Tage und unser Tun mit Hohn überschütten.

Weil dieses Wissen unser Gefühl, eine persönliche Bedeutung zu haben, angreift.

Weil damit alle unsere Unternehmungen sinnlos werden.

Weil dadurch unsere tiefsten und teuersten Bindungen einen Beigeschmack von Flüchtigkeit erhalten.

Weil uns also die Frage verfolgt: Warum bin ich geboren worden, wenn es nicht für immer ist? Weil uns die Frage verfolgt: Warum gibt es den Tod?

Einige Philosophen sagen uns, daß es ohne den Tod keine Geburt geben könne, daß die Fortpflanzung die Unsterblichkeit ausschließen muß, daß die Erde nicht Nachwuchs und ewig lebende Wesen aufnehmen kann, daß wir verschwinden und Platz für neue Generationen machen müssen. Manche Theologen sagen uns, daß Adam und Eva Gut und Böse nur sehen und zwischen beidem wählen konnten, weil sie von der verbotenen Frucht aßen und damit ihre Unsterblichkeit für das Wissen, für die moralische Entscheidung, für die Menschwerdung aufgegeben haben. Ekklesiastes sagt uns, »ein Jegliches hat seine Zeit«, darunter eine »Zeit, um geboren zu werden, und eine Zeit, um zu sterben«. Und wenn wir eine weit weniger spekulative Frage nach dem Warum des Todes stellen, antworten uns die Biologen mit der begrenzten Lebensdauer unserer Zellen, und damit, daß Menschen genetisch auf das Sterben programmiert sind.

Es gibt viele andere Antworten, aber für die Menschen, für die der Tod untragbar ist, sind auch alle Rechtfertigungen untragbar. Sie sehen den Tod als etwas Böses an, als einen Fluch, der über ihr Leben verhängt worden ist. Manche von ihnen verweigern sich den Erkenntnissen der Wissenschaftler und halten daran fest, daß der Tod nichts ›Natürliches‹ sei, sondern ein Gebrechen, das irgendwann geheilt wird. Es gibt auch tatsächlich Menschen, die mit Tiefgefrierfirmen Vereinbarungen treffen, um nach ihrem Tod eingefroren und später wieder aufgetaut zu werden, wogegen andere sich eingeredet haben, daß sie ihr Leben durch Überdosen von Nährlösung in die Länge ziehen können ... vielleicht sogar bis in die Ewigkeit. Es ist möglich, daß manche derer, die nach physischer Unsterblichkeit trachten, von ihrer Liebe zum Leben und von ihrem immensen Vertrauen in die Wissenschaft getragen werden. Aber ich habe den Verdacht, daß der Ansporn der meisten ihr immenses Grauen ist – ihr Grauen vor dem Tod.

Kaum einer denkt denn auch an seinen Tod, ohne sich vor ihm zu fürchten.

Wir fürchten uns vor der Annihilation und dem Nicht-Sein. Wir fürchten uns davor, in das Unbekannte einzutreten. Wir fürchten uns vor einem Leben nach dem Tod, in dem wir vielleicht für unsere Sünden bezahlen müssen. Wir fürchten uns davor, hilflos und allein zu sein. Es gibt, so heißt es, viele Menschen, die die Todesqualen der letzten Krankheit fürchten, deren Angst dem Sterben gilt – nicht dem Totsein. Aber es ist auch behauptet worden, daß wir unser ganzes Leben lang ein Grauen davor in uns tragen, im Stich gelassen zu werden.

Unsere frühesten Trennungen, wird behauptet, haben uns allen unseren ersten bitteren Vorgeschmack von Tod gegeben.

Und unsere späteren Begegnungen mit dem Tod – mit dem Tod am anderen Straßenende oder mit dem Tod, der an unsere Tür klopft – lassen das Grauen dieser ersten Trennungen wieder aufleben.

Kaum ein Bericht über die peinigende Auseinandersetzung eines Mannes mit seiner Sterblichkeit kann wohl Leo Tolstois DER TOD DES IWAN ILJITSCH an Eindringlichkeit übertreffen. Dort kommt ein kränkelnder Mann zu der Feststellung, daß »sich etwas Schreckliches, Neues und Wichtigeres als alles Bisherige in seinem Leben abspielte ...«

Er kommt zu der Erkenntnis, daß er im Sterben liegt.

»Mein Gott! Mein Gott! ... Ich sterbe ... es kann jeden Moment geschehen. Dort war Licht, und jetzt ist dort Dunkelheit. Ich war hier, und jetzt gehe ich dorthin! ... Dort wird nichts sein ... Kann das das Sterben sein? Nein, ich will nicht!«

Ein Schauer läuft Iwan Iljitsch über den Rücken, seine Hände zittern, sein Atem stockt, und er fühlt nur das Pochen seines Herzens. Erstickt vor Zorn und Elend denkt er: »Es ist unmöglich, daß alle Menschen dazu verdammt worden sind, dieses entsetzliche Grauen zu erleiden!«

Genaugenommen denkt er, daß es *ihm* unmöglich ist, dieses Grauen zu erleiden.

Der Syllogismus, den er von Kiesewetters Logik gelernt hatte: »Caius ist ein Mensch, Menschen sind sterblich, folglich ist Caius sterblich« war ihm in seiner Anwendung auf Caius immer korrekt erschienen, aber gewiß nicht, wenn er auf ihn selbst angewendet wurde. Daß Caius – der Mensch abstrakt betrachtet – sterblich war, war absolut korrekt, aber er war nicht Caius, nicht ein abstrakter Mensch, sondern ein Geschöpf, das sich recht deutlich von allen anderen unterschied. Er war der kleine Vanja gewesen, mit einer Mama und einem Papa ... und mit all den Freuden, Kümmernissen und Vergnügen der Kindheit, des Knabenalters und der Jugend. Was wußte Caius über den Geruch dieses gestreiften Lederballes, den Vanja so sehr gemocht hatte? Hatte Caius seiner Mutter so die Hand geküßt, und raschelte die Seide ihres Kleides so für Caius? ... War Caius so verliebt gewesen? Konnte Caius so wie er einer Sitzung vorstehen? »*Caius war wirklich sterblich, und für ihn war es richtig, zu sterben; aber für mich, den kleinen Vanja, Iwan Iljitsch mit all meinen Gedanken und Gefühlen, liegt der Fall ganz anders.*«

Iwan Iljitsch sagt zwar: »Es kann nicht sein, daß ich sterben soll. Das wäre zu entsetzlich«, aber er versteht auch, daß der Tod naht. Der Tod, dieses Es, trifft mitten während seines Arbeitstages ein, um »vor ihm zu stehen und ihn anzusehen«. Er ist versteinert. Er gesellt sich in seinem Arbeitszimmer zu ihm, wo er mit diesem Es »alleine ist: ihm von Angesicht zu Angesicht gegenübersteht«. Er bebt vor Angst.

Er grübelt über der Frage: »Warum und zu welchem Zweck gibt es all dieses Grauen?«

»Agonie, Tod ...«, fragt er sich. »Wozu?«

Iwan Iljitschs Familie und Freunde können ihn nicht von seinem gemarterten Alleinsein erlösen, denn keiner von ihnen spricht davon, daß er stirbt – und niemand will ihn darüber reden lassen. Sie gehen nicht nur jeglicher Erwähnung dieses schauerlichen Themas aus dem Weg; sie lügen ihm offen ins Gesicht, daß er gar nicht sterben werde:

Diese Täuschung folterte ihn – daß sie sich nicht eingestehen wollten, was sie alle wußten und was er wußte, sondern ihn belügen wollten, was seine schreckliche Verfassung betraf, und daß sie es wünschten und ihn dazu zwangen, sich dieser Lüge anzuschließen. Diese Lügen – Lügen, die am Vorabend seines Todes über ihn verfügt wurden und die dazu bestimmt waren, diesen entsetzlichen, feierlichen Akt herabzuwürdigen ... – waren eine gräßliche Tortur für Iwan Iljitsch. Und wenn es auch seltsam war, so ... war er doch oft nur um Haaresbreite davon entfernt gewesen, ihnen laut zuzurufen: »*Hört auf zu lügen! Ihr wißt und ich weiß, daß ich sterbe. Also hört zumindest auf, euch zu belügen!*«

Dieses Tabu, das ein Reden über den Tod nicht zuläßt und solche Lügen und Täuschungen, mit denen der Tod umgeben wird, sind in den letzten Jahren heftig angegriffen worden – in Büchern, die uns, wie Elisabeth Kübler-Ross' sehr einflußreiches Buch ÜBER DEN TOD UND DAS LEBEN DANACH, drängen, in einen Dialog mit den Todkranken zu treten. Die Psychiaterin Kübler-Ross schildert die große Erleichterung, die sterbende Patienten erleben, wenn sie dazu aufgefordert werden, andere in ihre Ängste und in ihre Bedürfnisse einzuweihen. Sie behauptet auch, derartige Dialoge könnten die Reise zum Tode erleichtern, eine Reise, die sie in vier Phasen aufteilt:

Das Leugnen, sagt sie, ist die erste Reaktion auf die Nachricht, eine tödliche Krankheit zu haben: »Da muß ein Irrtum vorliegen! Das kann nicht sein!«

Darauf folgen Wut (auf die Ärzte, auf das Schicksal) und Neid (auf diejenigen, die nicht sterben) – die klassische Frage in diesem Stadium lautet: »Warum ausgerechnet ich?«

Die dritte Reaktion ist von dem Versuch zu handeln gekennzeichnet, dem Versuch, das Unvermeidliche hinauszuschieben, Versprechen, die für einen Aufschub gegeben werden. Auch wenn die Frau, die schwört, daß sie gern bereit sei, zu sterben, wenn sie es doch nur noch erleben dürfe, ihren Sohn verheiratet zu sehen, dann ihr Versprechen nicht halten will und sagt: »Vergiß nicht, daß ich noch einen zweiten Sohn habe!«

Die vierte Phase, das Stadium der Depression, ist gekennzeichnet davon, daß der Betroffene intensiv über frühere Verluste nachdenkt – und den großen Verlust, der ihm noch bevorsteht. Sterbende, die sich in eine vorbereitende Trauer über ihren eigenen Tod vertiefen, brauchen nichts mehr als jemanden, der sich in ihrer Traurigkeit zu ihnen setzt und sie einfach traurig sein läßt.

Diese Akzeptanz, das letzte Stadium, »sollte nicht etwa irrtümlicherweise für eine glückliche Phase gehalten werden«, sagt Kübler-Ross. Es ist ›fast frei von jedem Gefühl‹; es scheint, so sagt sie, eine Zeit zu sein, in der das Ringen beendet ist. Sie kommt zu dem Schluß, daß Sterbende, wenn ihnen Beistand geleistet wurde, sich ihren Weg durch alle vorangegangenen Stadien zu bahnen, nicht mehr deprimiert oder ängstlich oder neidisch oder wütend oder unversöhnlich sein werden, sondern ihrem nahenden Ende ›mit einem gewissen Maß an stiller Erwartung‹ entgegensehen.

Durchläuft jeder diese fünf Stadien des Sterbens – und sollte sie jeder durchlaufen? Kübler-Ross' Kritiker sagen: nein. Nicht jeder will seinem Tod ins Auge sehen. Manche Menschen helfen sich am besten, die Unvermeidlichkeit des drohenden Endes bis zum Schluß vor sich selbst zu leugnen. Wer gegen den Tod angeht, aus seinem Temperament heraus gegen das ›Sterben des Lichts‹ kämpfen muß, muß diesen Kampf vielleicht durchstehen, getreu der Zeile des Dichters Dylan Thomas: »Gehe nicht sachte ...« Auch durchläuft nicht jeder Mensch, der irgendwann gelernt hat, den eigenen Tod zu akzeptieren, die fünf Stadien, die sie beschreibt. Ihre Kritiker fürchten denn auch, eine nach Kübler-Ross ›richtige‹ Sterbensweise könne dem Betroffenen nicht helfen, sondern er würde sich womöglich darein ergeben, weil sie ihm unsensibel ›übergestülpt‹ wird.

Dr. Edwin Shneidman, der ebenfalls intensiv Sterbenden Beistand geleistet hat, schreibt, »meine eigenen Erfahrungen haben mich zu signifikant anderen Schlußfolgerungen kommen lassen«, zu Schlußfolgerungen, die sich sehr von denen von Kübler-Ross unterscheiden. Er schreibt:

... Ich wehre mich gegen die Vorstellung, daß Menschen, wenn sie sterben, in geschlossenen Reihen und im Marschschritt durch eine Reihe von Phasen des Sterbeprozesses kommandiert werden sollen. Ganz im Gegenteil ... die Gemütsverfassung, die psychologischen Abwehrmechanismen, die Bedürfnisse und die Antriebe sind so abwechslungsreich im Sterben wie im Nicht-Sterben ... Sie umfas-

sen Reaktionen wie Stoizismus, Wut, Schuldbewußtsein, Grauen, Zurückschrecken, Furcht, Unterwerfung, heroische Haltungen, ein Unterordnen, Langeweile, das Ringen um Beherrschung, den Kampf um die Autonomie, Würde und ein Leugnen.

Er wendet sich auch gegen die Auffassung von Kübler-Ross, im letzten Stadium des Sterbens käme es notwendigerweise zu einer Akzeptanz des Todes. Er schreibt, daß es kein »Naturgesetz [gebe] ... daß ein Individuum einen Zustand psychoanalytischer Bereitwilligkeit oder irgendeine andere Form von Abschluß erreichen muß, ehe der Tod das Leben besiegt. Die nackte Tatsache ist, daß die meisten Menschen zu früh oder zu spät sterben und daß lose Enden und Fragmente der Tagesordnung des Lebens unabgeschlossen bleiben.«

So zutreffend die Kritik an den fünf Stadien von Kübler-Ross auch sein mag, so scheinen ihre Kritiker doch mit ihrem zentralen Thema übereinzustimmen: Nur, wenn wir uns den Sterbenden nähern, indem wir ihrem Tod nicht ausweichen, können wir herausfinden, was jeder einzelne Iwan Iljitsch braucht. Sein grundlegendes Bedürfnis kann in Schweigen bestehen, in Reden, kann die Freiheit bedeuten, weinen oder wüten zu dürfen, kann ein Berühren der Hände in wortloser Kommunikation sein. Es kann auch in dem elementaren Wunsch bestehen, in den Zustand säuglingshafter Geborgenheit zurückzukehren. Wir können zulassen, daß Sterbende uns für ihre Bedürfnisse strapazieren, aber wir können den Sterbenden nicht beibringen, wie man stirbt. Doch wenn wir ihnen zur Verfügung stehen und wenn wir ihnen unsere Aufmerksamkeit schenken, können sie es uns lehren.

1984 mußte ich bei drei mir sehr nahestehenden Frauen erleben, wie sie an Krebs starben. Sie alle waren in ihren Fünfzigern, sie alle standen tatkräftig mitten im Leben, und sie alle starben grausam verfrüht. Eine dieser Frauen sah ihrem Schicksal offen ins Gesicht — sie wußte, daß sie sterben würde, sie sprach über den Tod, sie nahm ihn gelassen hin. Eine andere wollte den Augenblick des Todes selbst bestimmen, sammelte Tabletten und beging Selbstmord. Die dritte, der eingangs erwähnte blonde, blauäugige Eindringling – meine Schwester Lois – kämpfte bis zu dem Augenblick, in dem sie die Augen schloß, mit erschreckender Heftigkeit gegen diesen Tod an.

Lois, die große Rivalin meiner Kindheit, dieser Quälgeist, der immer am Schürzenbändel hing und den ich so tief ins Herz geschlossen hatte – ist im Herbst dieses entsetzlichen Jahres an Krebs gestorben. Just, als ich begann, dieses Kapitel zu schreiben. Sie ist zu Hause in ihrem Bett gestorben und nachdem ich sie in diesen letzten Stunden gesehen habe, glaube ich, daß sie frei von Schmerz und frei von Angst gestorben ist. Aber solange sie bei Bewußtsein war, trotzte sie beharrlich ihrem Tod – sie hatte ihm den Krieg erklärt.

Lois wußte zwar, daß sie eine tödliche Krankheit hatte, aber sie hatte nicht vor, sich von dieser Feindin den Tod diktieren zu lassen. Folglich machte sie ihr Testament, regelte ihre Angelegenheiten, ließ sich auf einige Auseinandersetzungen mit ihrem Mann und ihren Kindern ein, und dann – nachdem sie die profanen Einzelheiten organisiert hatte – kehrte sie dem Tod ihren Rücken zu und konzentrierte sich voll auf ihr Leben. Sie konzentrierte sich nicht nur auf *ihr Überleben,* sondern auch darauf, noch von allen Genüssen zu kosten, die noch irgend zu kosten waren. Sie akzeptierte den Tod, aber nicht die Einschränkungen, die ihr ständig schwächer werdender Körper ihr auferlegen wollte.

Als sie ihre große Leidenschaft, das Tennisspiel, aufgeben mußte, biß sie die Zähne zusammen, packte ihren Schläger fort und wandte ihren sportlichen Körper sitzenden Tätigkeiten zu – sie strickte, las und schrieb mit Leidenschaft. In den allerletzten Monaten ihrer Krankheit, als ihre Energien diesen Namen kaum noch verdienten, ihr Gewicht unter neunzig Pfund gesunken war und ihr Augenlicht stark nachgelassen hatte, wandte sie sich neuen Plänen zu, etwa mit Hilfe eines Kassettenkursus eine Fremdsprache zu lernen. In der letzten Woche ihres Lebens schickte sie mir ihr Rezept für scharfe chinesische Nudeln (im Briefumschlag steckte eine getrocknete Nudel, um zu gewährleisten, daß ich die richtige Nudelsorte kaufte), und benebelt von starken Schmerzmitteln dachte sie doch immer noch daran, sich nach *meiner* Gesundheit zu erkundigen. Sie zog sich nie – nicht einmal in dieser letzten Woche – in sich selbst zurück, in ihre Krankheit, in ihr Leiden und in ihr Schicksal. Und bis das Koma am letzten Tag ihres Lebens einsetzte, ließ sie niemals die Beziehungen zu den Menschen, die sie liebte, abreißen.

Sie verabschiedete sich auch nicht, weil sie gar nicht vorhatte, fortzugehen; sie hatte vor – oder zumindest versuchte sie es bis zum Äußersten – weiterzuleben. »Manche von uns überleben«, sagte sie einmal zu mir, »und warum sollte man sich nicht auf die Hoffnung, statt auf die Verzweiflung konzentrieren?« Über weite Strecken der vier harten Jahre, in denen sie gegen den sie langsam besiegenden Krebs ankämpfte, konzentrierte sie sich immer noch auf irgendeine Form von Hoffnung. Um Irrtümern vorzubeugen: Meine Schwester war keine Märtyrerin und keine Heilige. Es gab auch bei ihr Zeiten des Grauens und der Verzweiflung, Zeiten, in denen sie nichts tun konnte, weil Übelkeit und Schmerzen ihren Körper zu stark strapazierten, Zeiten, zu denen sie schimpfte und weinte und stöhnte und – nur teils im Spaß – fragte: »Was habe ich getan? Was habe ich bloß getan, womit habe ich das verdient?« Aber während der meisten Zeit weinte sie nicht, und sie grübelte auch nicht über das Sterben nach. Sie kämpfte darum, zu leben, und sie kämpfte darum, zu gewinnen. Sie glaubte bis zum Schluß, daß der menschliche Geist, wenn man sich nur wirklich Mühe gab, über die Biologie triumphieren könne. Und wenn sie auch gegen den Tod nicht gewinnen konnte, sahen wir doch, daß sie ein meisterliches Spiel gegen ihn spielte – und es war wirklich ein Spiel.

Es gibt in jedem Alter und mit allen erdenklichen tödlichen Krankheiten Menschen wie Lois, die sich an die Hoffnung klammern, die um ihr Weiterleben kämpfen, die der Willenskraft vertrauen, die an den menschlichen Geist, an Gnade und Vergebung, an brandneue Wunderheilmittel oder – an Wunder glauben. »Wissen sie denn wirklich nicht, daß sie keine Chance haben?« können wir uns fragen, wenn wir die unerbittlichen Statistiken kennen. Aber auch sie kennen sie, und sie sagen uns und sich selbst: »Ich bin eine Ausnahme davon.«

Es gibt einen Videofilm, der den qualvollen Kampf eines neununddreißigjährigen Arztes zeigt, der an Krebs stirbt – beschrieben von ihm selbst, seiner Frau, einem Bruder, Ärzten und Geistlichen. In seinen letzten Wochen, in denen er sich weigerte, die Welt zu verlassen, bestand er darauf, durch eine Vene im Hals ernährt zu werden, und als die Schmerzen schlimmer wurden, wurde er so abhängig von Betäubungsmitteln, daß er – darüber sind sich die Beobachter einig – eine Persönlichkeitsveränderung durchmachte. Einige Ärzte haben später behauptet, seine Beharrlichkeit habe sein Leben ›unnötig‹ verlängert. Aber direkt vor seinem Tod, als seine Frau ihn fragte, ob sein Kampf um das Überleben es wert gewesen sei, antwortete er mit einem unmißverständlichen Ja.

Meine Freundin Ruth hielt es anders. Als sie wußte, daß sie das Spiel verloren hatte, als sie wußte, daß ihr nur noch Schmerzen und der Tod bevorstanden, richtete sie es so ein, daß sie einen letzten schönen Abend mit ihrem geliebten Mann verbrachte. Als er am nächsten Tag das Haus verlassen hatte, schluckte sie die lange gehortete tödliche Dosis Tabletten. Mit der Ästhetik der Künstlerin und mit ihrem lebenslänglichen Bedürfnis, die Selbstbeherrschung zu behalten, wollte Ruth nicht zulassen, daß der Krebs sie noch weiter entstellte (sie war eine sehr schöne Frau), ihr weiteres Leid auferlegte (sie hatte bereits enorm gelitten), sie ihres Wesens beraubte (denn sie fürchtete, genau so könnte es kommen).

In allen Hoffnungen und Anfechtungen ihres schweren, manchmal tragischen Lebens hatte Ruth sich lebhaft und tapfer geschlagen, sie war eine kämpferische Frau. Sie hatte ihren Verlusten etwas entgegenzusetzen – und hatte immer triumphiert. Aber als sie mit dieser Krankheit konfrontiert war und die letzten chemotherapeutischen Behandlungen nicht angeschlagen hatten und sie nach Hause geschickt wurde, um dort einen qualvoll langsamen Tod abzuwarten, zog sie es vor, Zeit und Ort selbst zu bestimmen.

Vielleicht ist Ruths Selbstmord das, was der Psychoanalytiker K.R. Eissler als Auflehnung gegen den Tod bezeichnet hat, eine Möglichkeit, mit deren Hilfe ›der Verurteilte den Henker betrügt‹. Aber es ist auch ein Selbstmord, der mir absolut rational und in keiner Weise durch Panik bestimmt erscheint. Ich muß dazu ein sehr persönliches Bekenntnis ablegen: Ich halte die meisten Selbstmorde tatsächlich für pathologisch bedingt und glaube deshalb, daß man den meisten potentiellen Selbstmördern dabei helfen könnte und sollte, weiterzuleben, statt ihnen das Sterben zu gestatten. Ich glaube aber andererseits auch, daß unter bestimmten Voraussetzungen Selbstmord eine psychisch folgerichtige und legitime Entscheidung ist, die beste Reaktion, die man dem Grauen einer tödlichen Krankheit oder dem Angewiesensein auf andere und den Verheerungen des Alterns entgegensetzen kann.

Aber ganz gleich, wie wir über den Selbstmord denken – Menschen begehen Selbstmord. 1982 beispielsweise lag die Selbstmordquote berechnet auf 100 000 Männer bei 28,3 im Alter zwischen 65 und 69 Jahren, bei 43,7 in der Altersgruppe von 75 bis 79 Jahren und bei 50,2 in der von 85 Jahren an aufwärts. In diesen – und auch in allen anderen Gruppen – lagen die Selbstmordquoten bei Frauen niedriger, manchmal sogar erstaunlich viel niedriger. Berechnet auf 100 000 Frauen lag sie bei 7,3 im Alter von fünfundsechzig bis neunundsechzig, bei 6,3 im Alter von fünfundsiebzig bis neunundsiebzig und bei 3,9 unter denen über fünfundachtzig!

Manchmal kommt es vor, daß sehr alte Paare, deren Kräfte und Möglichkeiten nachlassen, zu dem Entschluß kommen, gemeinsam zu sterben, statt sich voneinander trennen zu lassen oder Opfer durch zahlreiche Gebrechen bedingter Hilflosigkeit zu werden. Cecil und Julia Saunders etwa, 85 ›beziehungsweise‹ 81 Jahre alt, aßen zu Mittag Hot Dogs und Bohnen, fuhren mit ihrem Chevy an einen ruhigen Ort, kurbelten die Fenster hoch und steckten sich Watte in die Ohren. Dann gab Cecil zwei Schüsse auf das Herz seiner wartenden Frau ab, richtete die Waffe auf sein eigenes Herz und drückte ab. Der Abschiedsbrief, den sie hinterließen, war an ihre Kinder adressiert:

Wir wissen, daß das ein schrecklicher Schock und schwierig für Euch sein wird. Aber so, wie wir es sehen, ist es eine Lösung des Problems, alt zu werden. Wir wissen Eure Bereitwilligkeit sehr zu schätzen, daß Ihr versucht hättet, für uns zu sorgen.
Nachdem wir sechzig Jahre lang verheiratet waren, hat es für uns nur Sinn, diese Welt gemeinsam zu verlassen, weil wir einander so sehr geliebt haben.
Seid nicht traurig, denn wir hatten ein sehr gutes Leben und haben unsere zwei Kinder zu so wunderbaren Menschen werden sehen.
Alles Liebe, Mutter und Vater.

Unter Todkranken steigt das Interesse an einem selbstbestimmten Ende. Der Wunsch, nicht zu leiden, die Kontrolle zu behalten, von denen, die man liebt, so in Erinnerung behalten zu werden, wie man war, ist für manche Menschen eine Motivation, die Stunde ihres Todes selbst zu wählen. Instinktiv mag es uns drängen, eilig eine rettende Hand auszustrecken und zu rufen: »Tu es nicht«, weil wir wissen, daß viele, die heute sterben wollen, vielleicht wieder leben wollen, wenn sie auch nur eine Woche warten, und weil uns auch die oft traumatischen Auswirkungen eines Selbstmordes auf die übrige Familie Sorgen machen, aber wir müssen uns auch – wie es ein Schriftsteller getan hat – die Frage stellen: »Wer weiß, welche Versuchung es für ihn gegeben hat? Es ist seine Sache; vielleicht war es an der Zeit.«

Es gibt mit Sicherheit Menschen, die sich nie zu einem Selbstmord entschließen würden, die aber dennoch den Tod mit offenen Armen empfangen, die in ihrem Tod eine Befreiung, eine Erlösung, ein willkommenes Ende sehen. Der Tod ist nicht ihr Feind. Der Tod wird zum Freund. Er bietet ihnen die Gelegenheit, ihr Bündel abzulegen, sich von ihrer letzten Last zu befreien, sei diese Last nun eine Krankheit, Hilflosigkeit, das Gefühl der Nutzlosigkeit, die Einsamkeit des Alters, das Leiden, das ein unerträglicher Verlust in jedem Alter nach sich zieht, der Kampf um ein Überleben in einer Welt, die uns, wie Mark Twain schreibt, mit »Sorge, Kummer (und) Entgeisterung« bestürmt. Der Grund, erklärt Mark Twain in seiner Autobiographie, die von vielen furchtbaren Verlusten erzählt, »daß das Nichts für mich keine Grauen birgt«, ist der,

daß ich es bereits versucht habe, ehe ich geboren worden bin – hundert Millionen Jahre lang – und ich habe in einer Stunde, in diesem Leben, mehr gelitten, als ich mich erinnern kann, in diesen ganzen hundert Millionen Jahren zusammen gelitten zu haben. Es herrschte Frieden, eine heitere Ruhe, ein Fehlen jeglichen Verantwortungsgefühls, und Sorge, Kummer, Entgeisterung waren nicht da; da waren eine tiefe Zufriedenheit und eine ungebrochene Freude in diesen hundert Millionen Jahren Ferien, auf die ich mit zärtlicher Sehnsucht und mit wohltuender Begierde, sie wieder aufzunehmen, wenn die Gelegenheit kommt, zurückblicke.

Diese ›zärtliche Sehnsucht‹ nach dem Tode, dieses dankbare Willkommenheißen des Todes, ist eine von vielen Varianten der Akzeptanz. Es gibt auch eine resignierte Akzeptanz (»Dulden muß der Mensch sein Scheiden aus der

Welt wie seine Ankunft«), eine praktische Akzeptanz (»Wenn ich mich dabei ertappe, daß es mir zuwider ist, nicht unsterblich zu sein, dann greife ich mir in die Zügel, indem ich mich frage, ob mir die Vorstellung wirklich gefällt, für eine unbegrenzte Anzahl von Jahren, die vor mir liegen, eine Einkommenssteuererklärung ausfüllen zu müssen«), eine freudige Akzeptanz (»Ohne zu trauern um Vater, Mutter, Schwester, / Oder irgendeine Erinnerung an diese Welt dort unten, / Umarmt meine Seele freudig ihren Heiland«), eine demokratische Akzeptanz (»Du wirst dich niederlegen / Bei den Patriarchen der noch jungen Welt – bei Königen, / Den mächtigen der Erde –, den Weisen, den Guten, / Bei schönen Gestalten und altersgrauen Sehern aller Zeiten, / Alle in einer gewaltigen Gruft.«), und es gibt auch das, was man meiner Meinung nach als kreative Akzeptanz bezeichnen könnte.

In dieser Weise hat meine Freundin Carol ihrem Tod ins Auge gesehen, sie hat ihr Schicksal ohne Erbitterung hingenommen. Sie hatte eine Vorstellung von der Einzigartigkeit des Individuums – und damit auch von ihrer eigenen Einzigartigkeit. Diese Haltung gestattete ihr, an den Herbstnachmittagen ihres Sterbens mit demselben Interesse über die Musik zu reden, die sie bei ihrem Begräbnis gespielt haben wollte, wie darüber, wie man ein ganz ausgezeichnetes Ratatouille kocht.

Ohne jeden Glauben an ein Leben nach dem Tod und ohne Erwartung einer Gnadenfrist, manchmal – wie Ruth und Lois – mit entsetzlichen psychischen Einbrüchen und auch mit physischen Schmerzen, verbrachte sie ihre letzten Wochen in ihrem Schlafzimmer und verabschiedete sich von ihrer Familie und von ihren Freunden und wartete – mit erstaunlicher Ruhe – auf den Tod. Sie forderte uns alle dazu auf, uns auf ganz ernste Unterhaltungen über ihre Sterblichkeit mit ihr einzulassen, aber der Tod war nicht das einzige Thema, das sie beschäftigte. Sie wollte über uns reden, über die bevorstehenden Wahlen, über den neuesten Klatsch, und sie gab weiterhin ihre komischen und klugen und wenig ehrerbietigen Kommentare zu absolut allem ab. Nun, sie war nicht unbarmherzig tapfer; es gab Zeiten, in denen sie es brauchte, um all das Gute, das sie zurückließ, zu weinen. Einmal faßte sie ihre Gefühle über ihren verfrühten Aufbruch zusammen, indem sie diese Strophe von Robert Louis Stevenson zitierte:

Scheint es dir denn nicht schwer zu sein,
Wenn der Himmel so blau ist und strahlend rein,
Und ich doch so gerne noch spielen mag,
Daß ich schon zu Bett gehen muß bei Tag?

Es schien auch wirklich schwer zu sein, aber als Carol zunehmend vertrauter wurde mit ihrem Tod, akzeptierte sie es auch, bei Tag zu Bett zu gehen.
  Bei einem meiner Besuche sagte Carol: »Ich bin noch nie gestorben«, und dann fügte sie hinzu: »und daher weiß ich auch nicht, wie es geht.« Aber nachdem ich das Sterben dieser heiteren, unverzagten, höchst bemerkenswerten Frau erlebt habe, möchte ich Ihnen allen sagen: O doch, sie wußte es.
  Was wissen wir eigentlich darüber, wer wie stirbt? Nicht gerade viel, obwohl oft behauptet wird, Menschen, die erreicht haben, was sie sich im Leben vorgenommen haben, sterben zufriedener als jene, die ihre Ziele nicht erreicht haben. Der Philosoph Walter Kaufmann hält daran fest, daß eine Zufriedenheit mit dem, was wir erreicht haben, »angesichts des Todes alles ausmacht«, unterstreicht seine These mit einem Gedicht von Friedrich Hölderlin:

> Nur *einen* Sommer gönnt, ihr Gewaltigen!
> Und einen Herbst zu reifem Gesange mir,
>   Daß williger mein Herz, vom süßen
>   Spiele gesättigt, dann mir sterbe.
>
> Die Seele, der im Leben ihr göttlich Recht
> Nicht ward, sie ruht auch drunten im Orkus nicht;

> Doch ist mir einst das Heil'ge, das am
> Herzen mir liegt, das Gedicht, gelungen,
>
> Willkommen dann, o Stille der Schattenwelt!
> Zufrieden bin ich, wenn auch mein Saitenspiel
>   Mich nicht hinab geleitet; *einmal*
> Lebt ich, wie Götter, und mehr bedarf's nicht.

Kaufmann behauptet, daß wir, wenn wir – »im Angesicht des Todes, im Wettlauf mit dem Tod« – einen Plan, einen Wunsch oder eine Idee verwirklichen können, die wahrhaft und einzigartig und ganz und gar unsere eigene ist, unser »Herz williger sterben könnte«, weil wir in gewissem Sinne über den Tod triumphiert haben. Ein ähnlicher Ton klingt in Hattie Rosenthals ›Psychotherapy for the Dying‹ an, wenn sie beobachtet, daß es »der Mensch ist, der davon überzeugt ist, ein erfülltes Leben gelebt zu haben, der zu sterben bereit ist und der vergleichsweise wenig Angst entwickelt«.

In vielen Abhandlungen darüber, wer wie stirbt, wird auch daran festgehalten, daß wir unserem Charakter entsprechend sterben: daß die Draufgänger draufgängerisch sterben, daß die Stoiker sich dieser letzten Notwendigkeit ohne Einwände beugen, daß die Menschen, die die Realität leugnen, sie bis zu ihrem Tode weiterleugnen werden, daß die, die ihre mühsam errungene Unabhängigkeit übereifrig hüten, sich von den Abhängigkeiten, die das Sterben mit sich bringt, beschämt und vernichtet fühlen, daß die, für die die Loslösung immer ein von Grauen erfüllter Gang ins Dunkel war, in dieser letzten Loslösung das größte aller Grauen sehen werden.

Aber es ist auch beobachtet worden, daß Sterbende manchmal eine neue Möglichkeit aufzeigen, daß das Sterben manchmal – ja, wirklich! – Entwicklung und Veränderung gestattet, daß die Sterbenden ein weiteres Stadium der emotionalen Entwicklung bewältigen können, das – bisher – weit über unser Fassungsvermögen hinausgegangen wäre. Eissler schreibt, das Wissen über oder auch das vage Gefühl vom Ende befähige manche Menschen dazu, sozusagen zurückzutreten und sich selbst und bedeutende Bereiche ihres Lebens mit Demut zu betrachten, aber auch mit der Einsicht in die Bedeutungslosigkeit von so vielem, was zu ernst genommen wird, solange die Welt nahe ist und der Mensch leidenschaftlich *in* ihr lebt. Er sagt, daß dieses letzte Stadium viele tief verwurzelte Seinsweisen aufheben und das gestatten kann, was er als ›einen letzten Schritt nach vorn‹ bezeichnet.

Diese Vorstellung von einem ›letzten Schritt nach vorn‹ hilft mir dabei, zu verstehen, wie Lois, die immer als die ›Schwache‹ in unserer Familie angesehen wurde, ihr Sterben so tapfer und stark ertrug. Diese Vorstellung trägt auch zu einem Verständnis für den ›perfekten Tod‹ bei, den Lily Pincus beschreibt, den Tod ihrer bis dahin sehr unselbständigen, von Ängsten heimgesuchten Schwiegermutter:

Die nach einem Schlaganfall erwachte, sich aufrichtete und darum bat, alle Menschen im Haus zu sehen, und sich dann heiter von jedem einzelnen verabschiedete. Die daraufhin ruhig die Augen schloß und sagte: »Und jetzt laßt mich schlafen.« Und die, als ein Arzt eintraf, um sie mit einer Spritze aus ihrem letzten Schlaf aufzurütteln, gerade lange genug zu sich kam, um ihn davon zu überzeugen, daß er sie in Ruhe lassen, sie friedlich sterben lassen sollte.

»Welche verborgenen Kräfte«, fragt Lily Pincus, »befähigten diese zarte, verängstigte Frau, die es ihr Leben lang gemieden hatte, sich irgendwelchen Schwierigkeiten zu stellen, und die nie in der Lage war, eine Entscheidung zu treffen, nicht nur auf diese Weise zu sterben, sondern auch noch dafür zu sorgen, daß ihr letzter Schlaf ungestört blieb?« Ihre Antwort ist, wie die von Eissler, daß der nahende Tod bemerkenswerte, absolut unvorhersehbare Kräfte freisetzen kann.

Eissler geht so weit, zu behaupten, daß die Erfahrung des Sterbens die ›krönende‹ Errungenschaft des ganzen Lebens sein kann. Er schreibt:

Das volle Bewußtsein über jeden einzelnen Schritt, der näher zum Tod führt, das unbewußte Erleben des eigenen Todes bis zur allerletzten Sekunde, die Wahrnehmung und Bewußtsein gestattet, wäre der krönende Triumph eines individuell gelebten Lebens. Es würde als die einzige Art angesehen, auf die der Mensch sterben sollte, wenn die Individualität wirklich als die einzig adäquate Lebensform akzeptiert würde und wenn das Leben in allen seinen Manifestationen eine Ganzheit wäre, die natürlich den Tod und die Sorgen des letzten Weges umfaßt.

Aber nicht jeder, aus welchen Gründen auch immer, hat die Möglichkeit, in dieser Weise über den Tod – insbesondere seinen eigenen, zu reflektieren. Unfälle und Krankheiten holen manche von uns ganz plötzlich und unerwartet. Es muß sich ja auch nicht jeder Betroffene *wünschen*, über das Sterben nachzudenken. Viele von uns würden es auch, rein psychologisch gesehen, vorziehen, nicht dabei zu sein, wenn es soweit ist. Laut Philippe Ariès, der eine Studie über den Tod im Lauf der Geschichte geschrieben hat, ist die Vorstellung von einem ›guten Tod‹ umdefiniert worden, so daß anstelle des bewußten, erwarteten, ritualisierten Fortgehens, um das es einmal ging, heute ein guter Tod »genau dem entspricht, was früher der verwünschte Tod war«: ein plötzlicher Tod. Der Tod, der ohne Vorwarnung zuschlägt. Der Tod, der uns leise im Schlaf ereilt.

Wenn man ihn einem langsamen und oft einsamen Sterben in einem Krankenhausbett gegenüberstellt – an Schläuche und Maschinen angeschlossen und bürokratischen Fehlentscheidungen und manchmal Schlimmerem ausgesetzt – kann uns der plötzliche Tod als ein großer Segen erscheinen, als ein wahrhaft sehr guter Tod. Aber vielleicht können neue Ansätze – ich denke hier vor allem an die Diskussionen zum Thema ›Klinik für humanes Sterben‹ – einen ›guten Tod‹ wieder als den Tod definieren, der dem Menschen Zeit läßt, sein Sterben zu erleben.

Aber ob wir die Gelegenheit haben, unser Sterben zu erleben oder nicht, ob unser Sterben zu einem ›letzten Schritt nach vorn‹ wird oder nicht, ein bewußtseinserweiterndes Erlebnis ist oder nicht, wir können – lange bevor wir den Monat, die Woche, den Tag, die Stunde unseres Todes erreichen – unser Leben dadurch bereichern, daß wir uns daran erinnern, daß wir sterben müssen. Viele Menschen glauben ober glaubten, wie etwa der französische Moralist La Rochefoucauld, selbst der Tapferste und Klügste sollte es immer »meiden, ihm [dem Tod] direkt ins Auge zu sehen«. Vielleicht können wir das nur, wenn der Tod uns nicht als das Ende all dessen gilt, was wir sind.

Es ist behauptet worden, daß es – in uns allen – ein Bedürfnis nach Beziehungen gibt, die über die Zeit unseres eigenen Lebens hinaus andauern, ein Bedürfnis nach dem Gefühl, daß unser endliches Ich Teil von etwas Größerem ist, das andauert. Es gibt verschiedene Kontexte, in denen wir diese Verbindung erfahren oder ihnen mühsam entgegenstreben können. Jeder dieser Kontexte kann uns eine Vorstellung davon bieten, was wohl angemessenermaßen als ... Unsterblichkeit bezeichnet werden muß.

Unsere bekannteste Vorstellung von der Unsterblichkeit ist religiös motiviert, zeichnet ein Bild von der unzerstörbaren Seele und einem Leben nach dem Tod, mit dem Versprechen, daß unsere letzte Loslösung uns zu einer ewigen Wiedervereinigung führen wird, mit dem Trost, daß nicht alles verloren, sondern gefunden wird. Wie Robert J. Lifton in seiner brillanten Abhandlung über die verschiedenen Arten der Unsterblichkeit hervorhebt, weist nicht jede Religion schlüssig ein im Wortsinn Leben nach dem Tod oder eine unsterbliche Seele nach. Was religiöses Erleben dagegen miteinander gemein hat, ist eher ein Gefühl der Verbindung mit einer spirituellen *Macht:* einer Macht, ›die sich aus einer übernatürlichen Quelle herleitet‹. Einer Macht, an der wir teilhaben und die uns beschützt. Einer Macht, durch die wir – spirituell, symbolisch – in ein Reich der ›todestranszendierenden Wahrheiten‹ wiedergeboren werden können.

Freud behauptet, daß ein solcher religiöser Glaube Illusion sei, Illusion, die vom Menschen erschaffen worden ist, um seine Hilflosigkeit auf dieser Welt erträglich zu machen. Er schreibt, daß ebenso wie Kinder, die sich darauf verlassen, daß ihre Eltern sie beschützen, ängstliche Erwachsene in Götter oder Gott vertrauen. Er sagt, wir erschaffen Religionen, um »diese Grauen aus der Natur zu verbannen« und um uns für die Leiden, die die Zivilisation uns auferlegt, zu entschädigen. Er sagt auch, daß wir Religionen dazu benutzen, uns mit der Grausamkeit des Schicksals auszusöhnen, »vor allem, wie sie sich im Tode zeigt«.

Aber die Religion ist nicht der einzige Kontext, in dem wir Bilder einer Kontinuität nach dem Tode vor uns heraufbeschwören können. Wir können mit Robert Lifton darin übereinstimmen, daß der Tod deshalb noch kein absolutes Ende bedeuten muß. Es gibt andere Möglichkeiten, sich vorzustellen, wie ein Teil von uns weiterbestehen könnte – über unseren Tod hinaus, über die Annihilation hinaus. Es gibt andere Möglichkeiten, uns unsterblich machende Bezüge und Kontinuitäten vorzustellen.

Ein Leben durch die Natur zum Beispiel – durch Meere, Gebirge, Bäume, wiederkehrende Jahreszeiten – dient einigen von uns als Bild von einer Unsterblichkeit. Wir sterben, aber die Erde dreht sich weiter und immer weiter. Zudem sind wir durch die Rückkehr zur Erde, wie es in dem Gedicht ›Thanatopsis‹ beschrieben wird, buchstäblich ein Teil dieser endlosen Kontinuität:

... Die Erde, die dich nährte, fordert
Deinen Leib zurück, daß er wieder Erde werde,
Und wenn jede Spur des Menschen verschwunden ist,
du aufgegeben hast
Dein Eigensein, wirst du
Für immer mit den Elementen dich vereinen.

Für andere Menschen wohnt die Unsterblichkeit in dem Kampf und der Arbeit, für zukünftige Generationen und ihren Lebensbedingungen, in Erfindungen, Entdeckungen und politischen Veränderungen, für die wir leben (und manchmal auch sterben). Kaiser Hadrian grübelt in Marguerite Yourcenars Roman kurz vor seinem Tod über die Beziehung zwischen seinem Trachten und seiner Unsterblichkeit nach:

Das Leben ist scheußlich, das wissen wir. Aber gerade weil ich wenig von den menschlichen Verhältnissen halte, von den menschlichen Phasen des Glücks, von den unzureichenden Fortschritten des Menschen, von seinen Bemühungen, wieder von vorn zu beginnen und weiterzumachen, erscheinen sie mir alle wie so viele Wunderkinder, die fast für die monströse Masse an Krankheiten und Niederlagen, an Gleichgültigkeit und Irrtum entschädigen. Katastrophen und Ruin werden kommen, aber auch die Ordnung wird kommen, von Zeit zu Zeit ... Nicht alle unsere Bücher werden untergehen, und auch nicht alle unsere Statuen werden, wenn sie zerbrechen, beschädigt liegenbleiben; andere Gewölbe und Giebel werden aus unseren Gewölben und Giebeln hervorgehen; einige wenige Menschen werden denken und arbeiten und fühlen, wie wir es getan haben, und ich wage es, auf solche Fortführer zu zählen, unregelmäßig in die Jahrhunderte eingestreut, und auf diese Form von periodischer Unsterblichkeit.

Es gibt Menschen, die mit Sicherheit darauf zählen können, durch ihre die Zivilisation und die Kultur verändernden Werke weiterzuleben – die Hadrians und Homers, die Michelangelos und Voltaires und Einsteins (und, um ein abscheuliches Gegenbeispiel zu nennen: die Hitlers). Aber wir müssen nicht in Geschichtsbüchern genannt werden, um unser ›Lebenswerk‹ als etwas anzusehen, das weiterwirkt. Unsere Arbeit und unser privates Handeln können bedeutsame Folgen in sich tragen.

Darüber hinaus erscheint die Vorstellung von der biologischen Kontinuität, das Bild, durch unsere Kinder und durch deren Kinder weiterzuleben. Manche von uns fassen sich auch selbst als Glieder einer Lebenskette auf, die sich unzerbrochen von der Gegenwart in die Zukunft erstreckt und uns nie-endend mit den Leben, die waren und kommen werden, verbindet und uns – solange die Menschheit weiterbesteht – Unsterblichkeit bietet.

Aber über die vier bisher beschriebenen Vorstellungen einer den Tod transzendierenden Kontinuität hinaus, gibt es auch direkte, intensive Erfahrungen der Transzendenz – Erfahrungen, die unser früheres ekstatisches Verschmelzen mit der Mutter widerhallen lassen, Erfahrungen des Einsseins, bei denen Grenzen und die Zeit und der Tod selbst sich auflösen. Diese Erfahrungen des uneingeschränkten Einsseins können, wie wir gesehen haben, durch Sexualität, durch Drogen, durch die Kunst, durch die Natur, durch Gott hervorgerufen werden. Sie geben uns ein Gefühl eines »unverbrüchlichen Bandes ... mit der äußeren Welt als Ganzheit«, ein Gefühl, daß »wir von dieser Welt nicht fallen können«.

Nicht jeder Erwachsene erlebt jedoch dieses Einssein. »Ich kann«, schreibt Freud, »dieses ›ozeanische‹ Gefühl in mir selbst nicht entdecken.« Ebenso wenig wird jeder Mensch – in der Religion oder in der Natur oder in menschlichen Werken oder in der biosozialen oder logischen Verbindung – Visionen der Unsterblichkeit finden, die es erleichtern, dem Tod ins Auge zu sehen. Simone de Beauvoir sagt: »Ob man sie sich himmlisch oder irdisch vorstellt, wenn man das Leben liebt, ist die Unsterblichkeit keine Tröstung für den Tod.« Woody Allen drückt dieselbe Haltung aus: »Ich will keine Unsterblichkeit durch meine Arbeit erringen. Ich will Unsterblichkeit erlangen, indem ich nicht sterbe.« Und der todkranke junge Mann, der gefragt wird, ob es ihn trösten kann, wenn er weiß, daß sein Freund um ihn weinen wird, wenn er gestorben ist, gibt seinem Freund eine Antwort, die derart abstrakte Versionen von Unsterblichkeit entschieden zurückweist: »Nur, wenn ich bei Bewußtsein bin und dich weinen höre.«

Manche Menschen behaupten, daß jegliche Hoffnung auf eine Kontinuität nach dem Tod – selbst ohne andere Welten oder unsterbliche Seelen – immer ein Leugnen des Todes ist, nicht mehr als eine Verteidigung gegen die Angst ist.

Lifton behauptet dagegen, daß ein Gefühl der Unsterblichkeit »eine Folge des Wissens um den Tod ist ...«, des Wissens, daß unsere Existenz, trotz unserer Bezüge zu Vergangenheit und Zukunft, endlich ist.

Unsere Existenz ist endlich. Das Ich, das wir im Lauf so vieler Jahre der Mühsal und des Leidens erschaffen haben, wird sterben. Wenn uns auch die Idee, die Hoffnung, die Sicherheit, daß ein gewisser Teil von uns bis in die Ewigkeit überdauern wird, eine Stütze sein kann, müssen wir doch eingestehen, daß dieses ›Ich‹, das atmet und liebt und arbeitet und sich selbst kennt, für immer und für alle Zeiten – ausgelöscht wird.

Ob wir mit Vorstellungen von einer Kontinuität – von einer Form der Unsterblichkeit – leben oder nicht, wir werden doch auch mit einem Gefühl der Vergänglichkeit leben müssen, uns darüber im klaren sein, daß, ganz gleich, wie leidenschaftlich wir auch lieben, was wir lieben, es nicht in unserer Macht steht, daß das von uns Geliebte oder wir bestehen bleiben.

Durch alle Jahrhunderte haben sich Dichter dazu geäußert, daß unser Leben endlich ist. Welcher ausgefeilten Bilder sie sich auch immer bedienen, sie sagen uns, daß alles ein Jahrmarkt der Eitelkeiten ist, daß wir nicht mehr als eine Stunde über diese Bühne zu stolzieren haben, daß die Tage des Weinens und der Rosen schnell vergehen, daß wir sterben müssen. Die Dichter haben uns auch – in jedem Tonfall und in jeder Stimmung – die Worte geliefert, mit denen die Sterbenden sich verabschieden. Wenn ich mich mit meiner Sterblichkeit auseinandersetze und über das nachdenke, wovon ich inbrünstig hoffe, daß es noch weit vor mir liegt, lese ich dieses Gedicht von Louis MacNeice:

Die Sonne auf dem Garten,
Die harten Strahlen erkalten,
Wir können nicht wie im Käfig
Ewig Minuten im Goldnetz halten,
Wenn alles gesagt ist,
Können wir keine Gnade erwarten.

Daß wir frei sind und von uns selbst geleitet,
Schreitet zum Ende herab;
Die Erde bezwingt uns, es steigen
Reigen und Vögel darauf hinab;
Und bald, mein Freund,
Werden wir uns im Tanz nicht mehr neigen.

Der Himmel war gut zum Fliegen,
Siegend über Kirchenglocken
Und gewappnet uns wähnend
Vor Sirenen und ihrem Locken:
Die Erde bezwingt,
Wir sterben, Ägypten, im Sterben wir liegen.

Ohne Gnade noch zu erwarten,
Harten Herzens von neuem,
Doch gesessen zu haben mit dir auch wegen
Regen und Donner und uns zu freuen,
Und dankbar zu sein
Für die Sonne im Garten.

20.

Wiederhergestellte Bezüge

> Aber als sie heranwuchs, wurde ihr Lächeln durch eine Spur von Angst strahlender, und ihr Blick hat an Tiefe zugenommen. Jetzt ist sie sich einiger der Verluste bewußt, die man erleidet, wenn man hier ist − der außergewöhnlichen Miete, die man zahlen muß, solange man bleibt.
>
> Annie Dillard

Mein jüngster Sohn erwartet seinen Zulassungsbescheid vom College. Er wird von zu Hause fortgehen. Meine Mutter, meine Schwester und viel zu viele liebe Freunde sind inzwischen tot. Ich schlucke Kalziumtabletten, um meine mittelalten Knochen vor dem Knochengewebeschwund zu bewahren. Ich lebe von kalorienarmen Mahlzeiten, um in letzter Minute etwas gegen meinen Speck der mittleren Jahre zu unternehmen. Und wenn mein Mann und ich unsere unvollkommene Beziehung auch über fünfundzwanzig reiche, erfüllte Jahre erhalten haben, erleben wir doch, wie um uns herum Ehen zerbrechen und der Tod eines Partners den unglücklichen Überlebenden untröstlich zurückläßt. Wir leben mit Verlusten.

Sowohl in meinem Leben als auch in diesem Buch habe ich mich bemüht, über Verluste in unterschiedlichen Sprachen zu reden: in der Fachsprache und im Jargon. In einer subjektiven und einer objektiven Sprache. In einer persönlichen und einer der Allgemeinheit zugedachten Sprache. In einer lustigen und in einer traurigen Sprache. Ich habe Anregungen und Trost in den Theorien der Psychoanalyse gefunden, in den dichten, eindringlichen Bildern von Gedichten, in den fiktionalen Realitäten von Emma Bovary, Alex Portnoy und Iwan Iljitsch und in den Geheimnissen von Fremden und Freunden, die mir sozusagen auf verschiedene Art anvertraut wurden. Ich fand Anregungen und Trost auch in weitergreifendem Nachdenken über meine eigenen Erfahrungen. Das also habe ich gelernt:

Ich habe gelernt, daß wir im Lauf unseres Lebens andere Menschen verlassen und selbst verlassen werden und uns von vielem lösen, das wir lieben. Der Verlust ist der Preis, den wir für das Leben bezahlen. Es ist auch der Ursprung eines großen Teiles unserer Weiterentwicklung und dessen, was wir gewinnen. Wenn wir unseren Weg von der Geburt zum Tod zurücklegen, müssen wir auch unseren Weg durch die Schmerzen zurücklegen, die es bedeutet, wieder und wieder und immer wieder etwas von dem, was uns lieb ist, aufzugeben.

Wir müssen mit unseren notwendigen Verlusten zurechtkommen.

Wir sollten verstehen, wie diese Verluste mit unseren Gewinnen verknüpft sind.

Wenn wir nämlich die Seligkeit des Einsseins von Mutter und Kind mit seinen verschwommenen Grenzen aufheben, werden wir zu einem bewußten, einzigartigen, losgelösten Ich und tauschen die Illusion des absoluten Schutzes und der absoluten Sicherheit gegen die triumphalen Ängste des Alleinstehens ein.

Wenn wir das Unvermeidliche akzeptieren und den Wunsch nach dem Unmöglichen aufzugeben lernen (!), erkämpfen wir (mit etwas Glück), ein verantwortungsbewußtes, erwachsenes Ich, das − innerhalb der Einschränkungen, die uns die Notwendigkeit auferlegt − seine Freiheiten und Möglichkeiten zu autonomer Entscheidung entdeckt.

Wenn wir unsere unmöglichen Erwartungen aufgeben, werden wir zu einem mit anderen liebevoll verbundenen Ich und entsagen den Idealvorstellungen von einer vollkommenen Freundschaft, einer vollkommenen Ehe, vollkommenen Kindern, einem vollkommenen Familienleben zugunsten der reizvollen Unvollkommenheiten allzu menschlicher Beziehungen.

Und bei unserer Auseinandersetzung mit den zahlreichen Verlusten, die die Zeit und der Tod mit sich bringen, werden wir zu einem trauernden und sich umstellenden Ich und finden in jedem Stadium unseres Lebens – bis wir den letzten Atemzug tun – Möglichkeiten für kreative Wandlungen.

Wenn ich die menschliche Entwicklung als eine lebenslange Serie von notwendigen Verlusten – von notwendigen Verlusten und daraus resultierenden Gewinnen – betrachte, dann verblüfft mich immer wieder der Umstand, in der menschlichen Erfahrung häufig Gegensätze zu einer Annäherung zu finden. Ich habe festgestellt, daß die Antwort auf die Frage: »Ist es *dies* oder *das*?« oft »Es ist beides« lautet.

Ich habe festgestellt, daß wir denselben Menschen lieben und hassen.

Ich habe festgestellt, daß ein und derselbe Mensch – wir selbst beispielsweise – sowohl gut als auch schlecht ist.

Ich habe festgestellt, daß wir, auch wenn wir von Kräften angetrieben werden, die über unsere Kontrolle und unsere Wahrnehmung hinausgehen, doch selbst aktive Gestalter unseres Schicksals sind.

Und ich habe festgestellt, daß der Verlauf unseres Lebens, auch wenn er sich durch Wiederholungen und Kontinuität auszeichnet, doch bemerkenswert offen für Veränderungen ist.

Es ist nämlich wahr, daß wir, solange wir leben, die in der Kindheit festgelegten Verhaltensmuster wiederholen können. Es ist wahr, daß die Gegenwart in hohem Maß von der Vergangenheit geformt wird. Aber es ist auch wahr, daß die Umstände eines jeden Entwicklungsstadiums die alten Abkommen erschüttern und umgestalten können. Und es ist auch wahr, daß uns Einsicht in jedem

Alter davon befreien kann, immer wieder das alte Lied zu singen.

Also können, wenn unsere frühen Erfahrungen auch entscheidend sind, einige dieser Entscheidungen rückgängig gemacht werden. Wir können unsere Geschichte nicht unter den Gesichtspunkten von Kontinuität *oder* Veränderung betrachten. Wir müssen beide einbeziehen.

Und wir können unsere Geschichte nicht verstehen, wenn wir nicht erkennen, daß sie sich aus der äußeren und der inneren Wirklichkeit zusammensetzt. Das, was wir als unsere ›Erfahrungen‹ bezeichnen, umfaßt nämlich nicht nur, was uns dort draußen zustößt, sondern auch, wie wir das, was uns dort draußen zustößt, interpretieren. Ein Kuß ist *nicht* einfach ein Kuß – er kann als süße Nähe erscheinen; er kann als empörende Einmischung erscheinen. Es kann sogar sein, daß er nur in Form einer Phantasievorstellung erscheint. Jeder von uns reagiert innerlich auf die äußeren Ereignisse des Lebens.

Ein anderes Gegensatzpaar, das sich im realen Leben oft vermischt, ist das der angeborenen und der anerzogenen Eigenschaften. Das, womit wir auf die Welt kommen, unsere angeborenen Eigenschaften, unsere ›Erbanlagen‹, und unsere Erziehung, die ›Umwelteinflüsse‹, denen wir ausgesetzt sind, wirken aufeinander ein. Wir können eine Entwicklung nicht unter den Gesichtspunkten von Umwelt *oder* Anlagen betrachten. Wir müssen beides einbeziehen.

Was unsere Verluste und unsere Gewinne angeht, haben wir gesehen, wie oft beides unentwirrbar miteinander vermengt ist. Es gibt vieles, was wir aufgeben müssen, um uns weiterzuentwickeln. Wir können nämlich nichts inbrünstig lieben, ohne damit für Verluste empfänglich zu werden, ohne verletzbar zu werden. Und wir können nicht losgelöste Menschen, verantwortungsbewußte Menschen, mit anderen verbundene Menschen, reflektierte Menschen werden, ohne einiges zu verlieren und zu verlassen und uns loszulösen.

Anmerkungen und Ausführungen

1. Kapitel: Der hohe Preis der Trennung

(S. 21) Anna Freud, die bekannte Kinderpsychoanalytikerin, und ihre Kollegin Dorothy Burlingham, die in England während des Zweiten Weltkrieges drei Kinderheime, die Hampstead Nurseries, leiteten, haben bis ins Detail die Reaktionen kleiner Kinder aufgezeichnet, die von ihren Familien getrennt waren. Darüber liegt das Buch HEIMATLOSE KINDER vor. Anna Freud schreibt: »Der Krieg ist für Kinder von vergleichsweise geringer Bedeutung, solange er nur ihr Leben bedroht, ihnen materiellen Komfort nimmt oder ihre Essensrationen schmälert. Enorme Bedeutung bekommt er erst in dem Moment, in dem er das Familienleben aufbricht und die ersten emotionalen Bindungen des Kindes innerhalb des Familienverbandes entwurzelt. Londoner Kinder waren daher im großen und ganzen weit weniger von der Bombardierung betroffen als von der Evakuierung auf das Land zum Schutz gegen die Bombardierung.« Sie stellt auch fest, daß die Trennung selbst dann schmerzlich ist, wenn die betreffenden Mütter »keine im üblichen Sinne des Wortes ›guten Mütter‹ sind ... Es ist eine bekannte Tatsache, daß Kinder sich sogar an Mütter klammern, die ständig verdrossen und manchmal sogar grausam zu ihnen sind. Die Bindung des Kleinkindes an seine Mutter scheint in hohem Maße unabhängig von deren persönlichen Eigenschaften zu sein ...«

(S. 24) Nähere Ausführungen zum Zeitgefühl des Kindes sind in Goldstein / Freud / Solnit: DIESSEITS DES KINDESWOHLS zu finden.

(S. 24) »vor Frustration und Sehnsucht rasend vor Kummer«
John Bowlby zitiert hier James Robertson, der bei Studien über Kinder und Trennung mit Bowlby zusammengearbeitet hat.

In Bowlbys dreibändigem Werk BINDUNG, TRENNUNG, VERLUST, einer Pionierleistung über Bindung und Verlust und die Natur menschlicher Bindungen, werden die dauerhaften Schäden kurzzeitiger Trennungen und langfristiger Trennungen beschrieben. Auch in Heinecke / Westheimer: BRIEF SEPARATIONS geht es um Reaktionen auf die Trennung. Mein Gebrauch des Begriffes Trennungsangst geht auf die Auseinandersetzungen mit den beiden Bedeutungen des Wortes in BRIEF SEPARATIONS zurück.

Die typische Abfolge der Reaktionen läßt sich ebenfalls bei Bowlby nachlesen.

(S. 26) Bowlby schreibt, daß diese als Loslösung bezeichnete Reaktion – die manchmal mit einem zähen Anklammern abwechselt – »gewöhn-

lich dann beobachtet wird, wenn ein Kind im Alter von etwa sechs Monaten bis drei Jahren eine Woche oder mehr ohne die Obhut seiner Mutter und ohne die Obhut durch einen ihm eigens zugeteilten Ersatz verbracht hat«.

(S. 26) »wie eine Narbe am Gehirn«
Fraiberg: EVERY CHILD'S BIRTHRIGHT.

(S. 30) Der Begriff Bauchliebe wird in Anna Freud/D. Burlingham: HEIMATLOSE KINDER gebraucht. Die Freudsche Auffassung der Ursprünge der Liebe muß im Kontext der Dualinstinkttheorie Sigmund Freuds verstanden werden, die nahelegt, daß Menschen von zwei grundlegenden instinktiven Antrieben geleitet werden: dem Sexualtrieb und dem Aggressionstrieb. In Freuds Sprachgebrauch umfaßt Sexualität viele Partialtriebe, die nur während der Pubertät ganz in die genitale Sexualität einfließen, die wir uns gewöhnlich als Sexualität vorstellen. Partialtriebe sind jedoch schon von der Geburt an vorhanden und äußern sich als erstes in oralen Trieben, die das Kind durch Saugen und Essen zu befriedigen sucht. Somit ist es der Sexualtrieb in seiner oralen Form, der das Kind ursprünglich zu seiner Mutter treibt. Die Befriedigung dieses Instinktes wird nach Freuds Auffassung zur Grundlage der Liebe. »Für ein Kind ist das erste erotische Objekt die Brust der Mutter, die es nährt; die Liebe hat ihren Ursprung im Zusammenhang mit dem befriedigten Verlangen nach Nahrung.«

Dieser Auffassung widerspricht, wie in den letzten Jahren viele ›Objekt-Beziehungs‹-Theoretiker, W.R.D. Fairbairn in AN OBJECT-RELATIONS THEORY OF THE PERSONALITY. Er vertritt die Auffassung, daß das primäre Bedürfnis des Babys nicht darin besteht, orale Sexualtriebe zu befriedigen, sondern darin, Beziehungen zu suchen. Wenn Fairbairn das blutleere Wort ›Objekt‹ benutzt, und sagt, daß das Kind ein Objekt sucht, dann soll das schlicht heißen, daß erst das Verlangen nach einer Bindung kommt, daß Babys eine Mutter und nicht eine Mahlzeit suchen. (Er vertritt außerdem die Auffassung, daß Aggression kein grundlegender Trieb, sondern eine Reaktion auf Erfahrungen der Frustration bei der Suche nach dieser angestrebten Bindung ist.)

Einige interessante Versuche, die Objektbeziehungstheorie und Freuds Dualismustheorie der Triebe in Einklang miteinander zu bringen sind zu finden in

Modell: ›THE EGO AND THE ID: FIFTY YEARS LATER‹.

Loewald: ›Instinct Theory, Object Relations and Psychic Structure Formation‹.

Weitere britische Objektbeziehungstheoretiker sind bei Sutherland zu finden.

(S. 31) Zum Abreißen des Mutter-Kind-Bandes siehe auch René Spitz: ›Hospitalismus‹.

Zu Pflegeheimen siehe auch FOSTER CARE 1984. Dort entnehmen wir, daß die durchschnittliche Wartezeit auf eine Adoption, während der das

Kind von einem Heim ins nächste weitergereicht wird, bis alle Formalitäten abgewickelt sind, in New York City die unglaubliche Spanne von sechs Jahren dauert.

Zu Krankenhausaufenthalten siehe ›A Two Year Old Goes to Hospital‹, einen Dokumentarfilm von James Robertson und meinen Artikel: ›The Hospital That has Patience for Its Patients: A Look at Children's Hospitals in Washington D. C.‹

(S. 31) Kagen/Kearsley/Zelazo widersprechen in INFANCY Selma Fraibergs Auffassung, eine tröstliche Studie für berufstätige Mütter, die jedoch von Voraussetzungen ausgeht, die selten gegeben sind.

(S. 34) »a rock feels no pain«
Aus Simon and Garfunkel: ›I Am a Rock‹.

2. Kapitel: Die absolute Beziehung

(S. 36) dieses »harmonische, sich gegenseitig durchdringende Wirrwarr«

M. Balint: THERAPEUTISCHE ASPEKTE DER REGRESSION.

(S. 36) »ich bin in der Milch«

Maurice Sendak: IN DER NACHTKÜCHE.

(S. 36) unser ursprünglicher Bezug zur Seligkeit

Otto Rank setzt uns in DAS TRAUMA DER GEBURT UND SEINE BEDEUTUNG FÜR DIE PSYCHOANALYSE das Konzept des Mutterleibes als Paradies vor, als seligem Urzustand. Er argumentiert damit, daß sich jede Angst auf die Angst vor der Geburt zurückverfolgen läßt und daß »jede Freude ihr Endziel darin sieht, die intrauterinäre Urfreude wiederherzustellen«. Wir können zwar, sagt Rank, unseren Ausschluß aus dem Paradies nicht ertragen, aber die Erinnerung an die Urangst – die Angst vor der Geburt – verhindert, daß wir zu einem Zustand zurückkehren, der dem im Mutterleib ähnelt. Statt dessen werden wir »vorwärts gedrängt, um das Paradies in der Welt nach dem Bilde der Mutter zu suchen, statt es in der Vergangenheit zu suchen, und es in dem Maß, in dem uns das mißlingt, in den sublimen Wunschkompensierungen von Religion, Kunst und Philosophie zu suchen«. Rank scheint wirklich jedes menschliche Handeln, ob normal oder pathologisch, unseren Reaktionen auf die ursprüngliche Geburtssituation zuzuschreiben, wenn sich auch in seinen späteren Schriften die Betonung von der physischen zur psychologischen Geburt hin verlagert.

(S. 36) »den ganz tief im ursprünglichen, primären Unterbewußten ... jeder Mensch anstrebt«

Mahler, Pine, Bergman: DIE PSYCHISCHE GEBURT DES MENSCHEN.

Die Analytikerin Margaret Mahler geht von zwei Entwicklungsstadien aus, die zwischen unserer buchstäblichen und unserer ›psychischen Geburt‹ liegen, die etwa fünf Monate später erfolgt. Sie nennt das erste Stadium des extrauterinären Lebens die NORMALE AUTISTISCHE PHASE, in der wir uns laut Mahler absolut nicht über die Existenz anderer menschlicher Wesen im klaren sind. Dieser normalen autistischen Phase folgt die NORMALE SYMBIOTISCHE PHASE, die im zweiten Monat einsetzt, wenn unser streng abgeriegeltes Universum sich auszuweiten beginnt und wir mit unserer Mutter verschmelzen, um eine ›duale Einheit mit einer gemeinsamen Grenze‹ zu bilden. Die Symbiose erreicht ihr Ende mit der ›psychischen Geburt des menschlichen Säuglings‹, einem schrittweisen Prozeß der Separation/Individuation, der im nächsten Kapitel erörtert wird.

Anhaltspunkte zum nichtverbalen Arbeiten des Verstandes, der Mahler die Theorien über die Entwicklung des Kleinkindes erschwert, lassen sich auch durch Patienten gewinnen, die durch Regression in die symbiotische Phase zurückgekehrt sind oder die in späteren Entwicklungsstadien weiterhin symbiotisch agiert haben. Siehe Mahler: SYMBIOSE UND INDIVIDUATION.

(S. 39) »Wogen ihrer selbst weiter und immer weiter fort von ihr wogten«

D. H. Lawrence: LADY CHATTERLEY.

(S. 39) »aus der Einsamkeit der Individuation in das Bewußtsein der Einheit mit allem Bestehenden zurückzukehren«

Hier zitiert W. James in DIE VIELFALT RELIGIÖSER ERFAHRUNG die deutsche Idealistin Malvida von Meysenburg.

(S. 40) »das Ich und das Wir und das Du nicht zu finden sind«

James zitiert hier Sufi Gulshan-Raz.

(S. 40) »ekstatisch bin ich in der Menge aufgegangen«

Silverman, Lachmann, Milich: THE SEARCH FOR ONENESS.

(S. 41) »ich bin nicht ich«

Rank: DAS TRAUMA DER GEBURT.

Rank zitiert hier übrigens einen ekstatischen islamischen Mystiker und nicht etwa ein psychotisches Kind. Es bestehen offensichtlich verblüffende Ähnlichkeiten zwischen der psychotischen und der spirituellen Vereinigung.

(S. 42) Der Fall von Mrs. C. wird von dem Analytiker George Pollock in ›On Symbiosis and Symbiotic Neurosis‹ besprochen.

(S. 44) »Regression im Dienste des Ego«

Der Begriff wurde von dem Analytiker Ernst Kris geprägt.

Siehe SELECTED PAPERS OF ERNST KRIS, ›Some Problems of War Propaganda‹. Dort schreibt er:

»Die Antithese der Regression und der Kontrolle über sich selbst, des irrationalen und des rationalen Verhaltens, ist eine gefährliche Vereinfachung. Eine solche Ausschließlichkeit existiert nicht. Um es negativ auszudrücken: Derjenige, der nicht PRO TEMPORE entspannen, die Zügel loslassen und sich in die Regression vertiefen kann, ist nach allgemein anerkannten klinischen Maßstäben krank. Die Regression ist der Selbstkontrolle nicht immer entgegengesetzt; sie kann auch im Dienste des Ichs vollzogen werden.«

(S. 44) »einzutauchen, um wieder aufzutauchen«

Rose wird bei Silverman, Lachman, Milich zitiert, THE SEARCH FOR ONENESS. Die folgenden Absätze sind Zusammenfassungen von Material, das diesem Buch entnommen ist.

(S. 47) »eine unheilbare Wunde«

Nacht und Viderman: ›The Pre-Object Universe in the Transference Situation‹.

(S.47) Die Kraft hinter dem Fortschreiten der Zeit

Marilynne Robinson: HOUSEKEEPING.

3. Kapitel: Alleinsein

(S. 49) ›die psychische Geburt‹

Mahler, Pine und Bergman: DIE PSYCHISCHE GEBURT DES MENSCHEN, ist die Grundlage des Materials dieses Kapitels. Weitere Anhaltspunkte bieten die beiden Artikel von Mahler und John B. McDevitt.

In diesen bahnbrechenden Studien werden Separation und Individuation als zwei verschiedene, aber miteinander verwobene Entwicklungsstränge angesehen, wobei die Separation bedeutet, daß das Kind ein inneres – intrapsychisches – Gefühl der Losgelöstheit von seiner Mutter herausbildet, und Individuation bedeutet, daß das Kind spezifische Eigenschaften herausbildet, die es zu einem Individuum machen.

Mahlers vier Unterphasen der Separation/Individuation sind die Differenzierung (fünf bis neun Monate), das Übungsstadium (neun bis fünfzehn Monate), die Wiederannäherung (fünfzehn bis vierundzwanzig Monate) und eine Festigung der Individualität sowie der Beginn einer emotionalen Objektkonstanz (vierundzwanzig bis sechsunddreißig Monate). Mahler schreibt den Begriff ›emotionales Auftanken‹ Furer und die Formulierung, daß wir eine Liebesbeziehung zur Welt eingehen, Phyllis Greenacre zu.

(S. 56) zwiegespaltene Bilder

Diese Ausführungen leiten sich von Kernberg: OBJEKTBEZIEHUNGEN UND PRAXIS DER PSYCHOANALYSE her.

Er stellt die Behauptung auf, daß unsere frühen zwischenmenschlichen Beziehungen innerlich als Bilder reproduziert werden – als ein inneres Bild unserer selbst (ein Bild des Ich) und unserer Mutter (ein Objekt-Bild) in Verbindung mit der emotionalen Atmosphäre (gut oder böse), bei der es zu einer bestimmten Erfahrung (Füttern, Spielen oder was auch immer) kommt. Beim Verinnerlichen spalten wir diese Erfahrungen in gut und böse auf. Liebevolle, erfreuliche Baby-Mutter-Kontakte werden als gute innere Bilder zusammengefaßt, wogegen ein schmerzliches Abweisen zu schlechten inneren Bildern wird. Das Aufspalten, schreibt er, ist zu Anfang eine normale Unfähigkeit des unreifen Verstandes zur Komplexität, aber mit drei oder vier Monaten wird es zu einem aktiven Verteidigungsmechanismus. Im dritten Jahr läßt das Aufspalten allmählich nach, aber wenn wir weiterhin große Angst vor unserer Aggression haben, können wir bis ins Erwachsenenleben hinein dieses Aufspalten aufrechterhalten.

(S. 57) eine Beständigkeit des Gegenübers

Unsere früheste Erinnerung an die Mutter ist eine ›Wiedererkennens-Erinnerung‹. Wir sehen ihr Gesicht – wir kennen ihr Gesicht. Später, zwischen fünfzehn und achtzehn Monaten, können wir das Bild unserer Mutter als eine ›evokative Erinnerung‹ ohne einen besonderen Stimulus oder ein dringendes Bedürfnis in uns wachrufen, und die evokative Erinnerung ist mit unserem Erfassen der Vorstellung der ›Objektpermanenz‹ verbunden – der unabhängigen Existenz abwesender anderer. Mahler schreibt jedoch, daß dazu auch das »Vereinigen des ›guten‹ und des ›bösen‹ Objekts zu einem Gesamtbild gehört«, so daß »... das geliebte Objekt nicht abgelehnt oder gegen ein anderes ausgetauscht wird, wenn es keine Befriedigung mehr bietet; und in diesem Stadium wird das Objekt noch herbeigesehnt und nicht abgelehnt (gehaßt), bloß weil es fort ist«.

Selma Fraiberg, die die Objektkonstanz in einem früheren Alter ansetzt, legt dazu eine faszinierende Erörterung in ›Libidinal Object Constancy and Mental Representation‹ vor.

(S. 58) Zum inneren Halt siehe Winnicott: Reifungsprozeß und fördernde Umwelt.

4. Kapitel: Das private Ich

(S. 61) Das Modell des psychischen Apparates wird erstmals in Band XIII der Gesammelten Werke, DAS ICH UND DAS ES, ausgeführt.

(S. 61) ein Bild des ›psychischen Ichs‹

Siehe McDevitt und Mahler.

Zum Herausbilden eines Ichs gehört unter anderem:

Das Wissen, wo unser Körper aufhört und die Welt anfängt. Die Fähigkeit, Erinnerungen zu sortieren, innere Bilder der äußeren Realität herauszuformen und ein gewisses Gefühl dafür zu entwickeln, was Realität eigentlich ist. Unsere wirren Gefühle zu tolerieren. Einen gesunden und gefestigten Narzißmus zu erlangen. Und Identifikationen mit unseren Eltern herauszubilden.

(S. 61) Mein Material zur Identifikation stammt von:

Edith Jacobson: DAS SELBST UND DIE WELT DER OBJEKTE.

Roy Schafer: ASPECTS OF INTERNALIZATION.

Otto Kernberg: OBJEKTBEZIEHUNGEN UND PRAXIS DER PSYCHOANALYSE.

John McDevitt: ›The Role of Internalization in the Development of Object Relations during the Separation-Individuation Phase‹.

(S. 66) der Mann mit den ›zwei Ichs‹

Bowlby: VERLUST.

(S. 66) der Mann, »der schon beim Gehen schillerte« aus dem Gedicht ›Richard Cory‹, von Edwin Arlington Robinson

(S. 68) Zur Borderline-Persönlichkeit siehe außer Otto Kernberg auch American Psychiatric Association: DIAGNOSTIC AND STATISTICAL MANUAL OF MENTAL DISORDERS.

(S. 70) Freuds Ausführungen findet man in Gesammelte Werke Band X, ZUR EINFÜHRUNG DES NARZISSMUS.

(S. 70) Meine Erörterung des Narzißmus begründet sich vorwiegend auf den faszinierenden und gewissermaßen widersprüchlichen Theorien, die Heinz Kohut in seinen beiden Büchern NARZISSMUS und DIE HEILUNG DES SELBST vorlegt. Kohut beschreibt zwei getrennte, parallel verlaufende Entwicklungsstränge, von denen einer zur Liebe zu anderen (Objektliebe) und der andere zu höheren gesunden Formen der Selbstliebe (Narzißmus) führt. Nach Kohuts Auffassung beginnt die Entwicklung des Narzißmus mit einer Phase des primären Narzißmus, in dem das Ich und die Mutter eine vollkommene Einheit bilden, und nach der Trennung versucht das Kind, diese verlorene Vollkommenheit wieder zu errichten, indem es (a) ein exhibitionistisches ›erhabenes Ich‹ erschafft, auf das sich jede Kraft und alles Positive konzentrieren lassen und (b) eine ›idealisierte Eltern-Imago‹ entwickelt, an deren großer Kraft und an deren Positivem es teilhaben kann.

Mit der Zeit, sagt Kohut, werden diese beiden Pole des Ich zu realistischen Ambitionen und Idealen modifiziert, und wir werden einen beständigen, aber nicht übermäßigen Narzißmus besitzen. Aber vorher müssen wir eine normale Phase durchlaufen, in der unsere Eltern als Teile unserer selbst fungieren, als ›Ich-Objekte‹, um unsere Erhabenheit und unsere Idealisierungen zu bestätigen und zu stützen. Diese Phase der Entwicklung beginnt in etwa in dem Zeitraum zwischen dem Ende der Symbiose und den frühen Stadien der Separation / Individuation.

Die Spiegelfunktion wird gewöhnlich von der Mutter, die Idealfunktion vom Vater übernommen.

Kohut schreibt, daß sich die Ambitionen im zweiten, dritten und vierten Jahr, die Ideale dagegen erst im vierten, fünften und sechsten Jahr Gestalt annehmen. Kohut stellt außerdem fest, daß, wenn bei der Entwicklung unseres großspurigen oder unseres idealisierenden Aspektes etwas danebengeht, wir das durch ein besonders starkes Entwickeln des anderen Aspektes kompensieren können. Wir haben daher zwei Chancen, es auszugleichen − »Ich-Störungen pathologischen Ausmaßes resultieren nur von dem Scheitern beider dieser Möglichkeiten der Entwicklung«. Unsere Beziehungen, sagt Kohut, können danach unterschieden werden, ob wir die anderen tatsächlich als die anderen lieben oder als Teile unserer selbst, als Ich-Objekte. Er schreibt jedoch auch: »Ich zögere nicht, zu behaupten, daß es keine reife Liebe gibt, in der das Liebesobjekt nicht auch ein Ich-Objekt ist ... Es gibt keine Liebesbeziehung ohne ein gegenseitiges (die Selbstachtung förderndes) Widerspiegeln und Idealisieren.«

(S. 73) Das fiktiv zusammengesetzte Bild von Peggy ist angelehnt an Kohuts Schriften, an Kernbergs BORDERLINE STÖRUNGEN UND PATHOLOGISCHER NARZISSMUS und an Christopher Laschs sehr lesenswertem Buch DAS ZEITALTER DES NARZISSMUS.

(S. 73) Warty Bliggens:
Don Marquis: ARCHY AND MEHITABEL.

(S. 74) »es stellte sich die Frage, einen Nachfolger für mich zu finden«
Kohut: NARZISSMUS

(S. 74) Das Schwierige an der Selbstherrlichkeit wird bei Kernberg: BORDERLINE STÖRUNGEN, ausgeführt.

(S. 75) »alle ihre Ersatzspiegel waren zerschmettert worden«
Miller: DAS DRAMA DES BEGABTEN KINDES UND DIE SUCHE NACH DEM WAHREN SELBST.

(S. 75) »das absolute Daraufeingehen«
Johnson: ›A Temple of Last Resorts: Youth and Shared Narcissisms‹

(S. 76) Die narzißtischen Eltern, die ihre Kinder unbewußt benutzen und mißbrauchen, findet man in Miller: DAS DRAMA DES BEGABTEN KINDES UND DIE SUCHE NACH DEM WAHREN SELBST.

(S. 78) Der pathologische Narziß kann nach Kohut mit seinen Defekten umgehen, indem er ›defensive Strukturen‹ entwickelt, um die beschädigten Stellen zu verbergen, und ›kompensatorische Strukturen‹, um die gesunden Teile zu kräftigen.

(S. 79) Unsere Vorstellung von Identität: Dazu finden sich nützliche Ausführungen in Heinz Lichtenstein: ›The Dilemma of Human Identity: Notes on Self-Transformation, Self-Objectivation and Metamorphosis‹, in Hans Loewald: ›On the Therapeutic Action of Psychoanalysis‹, Journal of the American Psychoanalytic Association und Erik Erikson: JUGEND UND KRISE.

5. Kapitel: Lektionen in Sachen Liebe

(S. 80) Zur bedingungslosen Liebe der Mutter siehe Alice Balint.

(S. 81) Der Wunsch, die Trennung rückgängig zu machen, indem man sich verliebt, wird von Robert Bak in ›Being in Love and Object Loss‹ abgehandelt.

(S. 82) Freud: »mit Ausnahme von ganz wenigen Situationen«

Freud: ZEITGEMÄSSES ÜBER KRIEG UND TOD, Studienausgabe, Band IX.
(S. 83) »ach, ich habe viel zu sehr geliebt«
Racine: ANDROMACHE.
(S. 84) »er wird ganz einfach gar nichts tun«
Karl Menninger: LIEBE UND HASS.
(S. 84) Freud: ZEITGEMÄSSES ÜBER KRIEG UND TOD, Studienausgabe, Band IX.
(S. 87) Dieses widerliche Zeug hat nichts mit mir zu tun

Die Aggression wird teils negativ, teils aber auch positiv bewertet. Ein guter Überblick über die derzeitige Haltung findet sich in Justin Krent: ›Some Thoughts on Aggression‹.

(S. 88) unser ›zweiter anderer‹

Die Formulierung stammt von Stanley Greenspan: »›The Second Other‹ – The Role of the Father in Early Personality Formation and in the Dyadic-Phallic Phase of Development«.

(S. 88) Michael Yogman untersucht historische, kulturgeschichtliche, phylogenetische und anthropologische Studien der Vater-Säuglings-Beziehung, um die Vaterschaft sowohl biologisch als auch psychologisch zu verstehen. Er befaßt sich auch mit neueren Studien zum Vater-Säuglings-Verhältnis von der Geburt bis zum Alter von zwei Jahren. Seine wesentlichen Aussagen umfassen folgendes:

– Das in letzter Zeit gestiegene Interesse des Vaters am Kleinkind und ein zunehmendes Eingehen von Vätern auf das Kind und dessen tägliche Bedürfnisse hat in den letzten zehn Jahren eine Legitimation für das Untersuchen von Vater-Kind-Beziehungen geliefert. Frühere Studien über Bindungen haben sich in den ersten Lebensjahren des Kindes fast ausschließlich auf die Mutter beschränkt.
– Kleinkinder sind biologisch darauf eingerichtet, die Fürsorge Erwachsener auf sich zu lenken und somit ihr Überleben zu sichern. Diese Fürsorge können sie männlichen und weiblichen Erwachsenen entlocken.
– Die Interaktion zwischen Vater und Kleinkind ist durch akzentuierte Schwankungen von Spitzen maximaler Aufmerksamkeit und Tälern minimaler Aufmerksamkeit charakterisiert. Interaktion zwischen Mutter und Kleinkind ist durch geringere und gemäßigtere Schwankungen charakterisiert.
– Väter rufen nicht deshalb eine gespanntere Reaktion in Babies wach, weil sie einen größeren Neuheitswert besitzen. Selbst, wenn der Vater derjenige ist, der sich vorwiegend um das Kind kümmert, bestehen qualitative Unterschiede.
– Mütter verbringen mehr Zeit mit ihren Babies als Väter. Die Studien, die Yogman zitiert, »gehen von der Annahme aus, daß die Qualität der Vater-Kleinkind-Beziehung entscheidender ist als die Quantität, wenn man von einer noch festzusetzenden unteren Grenze ausgeht«.
– Väter durchlaufen während der Schwangerschaft ebenso wie Mütter

psychologische Veränderungen (und manchmal sogar physische Veränderungen) und erfahren die Vaterschaft als eine psychosoziale Krise – in Eriksons Terminologie Generativität versus Selbstabsorption.

Die folgenden Zitate sind ebenfalls Michael Yogman entnommen.

(S. 91) Zur Bedeutung der Väter und zur Vaterrolle siehe auch:

Cath, Gurwitt, Ross: FATHER AND CHILD.

John Munder Ross: ›Fathering: A Review of Some Psychoanalytic Contributions on Paternity‹.

J. O. Wisdom: ›The Role of the Father in the Mind of Parents, in Psychoanalytic Theory and in the Life of the Infant‹. Journal of the American Psychoanalytic Association.

Michael Lamb (Hg.): THE ROLE OF THE FATHER IN CHILD DEVELOPMENT.

(S. 92) Die Absätze über Liv Ullmann stützen sich auf mein Interview mit ihr und zusätzliches Material aus ihrem Buch WANDLUNGEN.

(S. 94) Der Wiederholungszwang taucht erstmals in Freuds ERINNERN, WIEDERHOLEN UND DURCHARBEITEN, Gesammelte Werke Band X, auf. Er stellt fest, daß Ereignisse, an die wir uns nicht erinnern können, als Handlungen reproduziert werden und daß diese »Wiederholung eine Übertragung der vergessenen Vergangenheit...« auf die Gegenwart ist. In JENSEITS DES LUSTPRINZIPS, Studienausgabe Band III, besteht Freud auf der Allgemeingültigkeit des Wiederholungszwanges und bezieht sie auf den Todestrieb. Anna Freud klärt die Beziehung zwischen Wiederholungszwang und Übertragung in DAS ICH UND DIE ABWEHRMECHANISMEN: »Mit Übertragung meinen wir alle die Impulse ... die nicht neu erschaffen worden sind ... sondern ihren Ursprung in frühen – in der Tat sogar in den allerersten – Objektbeziehungen haben und jetzt lediglich unter dem Einfluß des Wiederholungszwanges wieder aufleben.«

(S. 95) Zur Wiederholung des Abstreitens einer Mutterabhängigkeit bei Männern

Kernberg schildert einen promisken Patienten, einen intelligenten und erfolgreichen Mann Anfang Dreißig, der immer wieder feststellen mußte, daß er sich auf kurzlebige sexuelle Affären einließ: Jagd auf Frauen machte, sie ins Bett zog und dann weiterzog, ehe sich eine Beziehung herausbilden konnte. Seine Mutter hatte ihn ständig frustriert, sich sowohl physisch als auch emotional entzogen. Sie besaß, so empfand er es, unglaubliche Schätze, die sie nicht mit ihm teilen wollte. Er erinnerte sich an seine Versuche, sich an sie zu klammern, während sie seine Liebe zu ihr und seine Forderungen an sie kühl zurückwies. Durch seine Promiskuität führte er immer wieder eine Variante dieser frühen Geschichte auf, indem er die Schätze einer Frau entgegennahm – indem er sie liebte und sie dann verließ – um abzustreiten, wie sehr er sie brauchte. (Siehe OBJEKTBEZIEHUNGEN UND PRAXIS DER PSYCHOANALYSE)

(S. 97) Freuds Schilderung dieser Frau ist in JENSEITS DES LUSTPRINZIPS, Studienausgabe, Band III, zu finden.

(S. 97) Die Frau, die die Ehe ihrer Eltern ablehnte, ist ein Fall, den Miller in ihrem Buch DAS DRAMA DES BEGABTEN KINDES UND DIE SUCHE NACH DEM WAHREN SELBST beschreibt.

(S. 98) Übertragungsliebe, siehe Freud: BEMERKUNGEN ÜBER DIE ÜBERTRAGUNGSLIEBE, Gesammelte Werke Band X. »Liebe besteht«, bemerkt Freud dort, »aus neuen Ausgaben alter Charakteristika und wiederholt infantile Reaktionen. Aber das ist der gundlegende Charakter des Verliebtseins. Einen Zustand, der nicht infantile Prototypen wiederholt, gibt es nicht.«

(S. 98) Freud führt die umstrittene Theorie des Todestriebes in JENSEITS DES LUSTPRINZIPS, Gesammelte Werke, Band III, aus und entwickelt sie in späteren Veröffentlichungen weiter. Er führt den Sexualtrieb und den Aggressionstrieb einen Schritt zurück und errichtet die absolute Polarität – den Lebenstrieb und den Todestrieb. Der Lebenstrieb – Eros – ist der sexuelle Antrieb, der in uns tätig ist, um Leben zu erhalten, zu reproduzieren und zusammenzubringen. Der Todestrieb – Thanatos – ist der aggressive Antrieb, der in uns tätig ist, um durch Töten und durch Sterben zu vernichten.

Freud schreibt den Drang, einen früheren Stand der Dinge wiederzuerrichten, der sich als Wiederholungszwang äußert, dem Todestrieb zu, der zur ›Regungslosigkeit der anorganischen Welt‹ zurückzukehren sucht. Viele Analytiker halten jedoch daran fest, daß jedes Verhalten (nicht nur das, das dem Todestrieb zugeordnet wird) zum Teil vom Wiederholungszwang beherrscht wird. Hinzu kommt, daß viele Analytiker, die Freuds Dualität Sexualität – Aggression akzeptieren, seine Idee von einem Todestrieb ablehnen.

(S. 99) In LOVE AND WILL beschreibt May vier Arten der Liebe: Libido, Eros, Philia und Caritas.

6. Kapitel: Wann bringst du dieses neue Kind endlich wieder ins Krankenhaus zurück?

(S. 104) »ein kleines Kind liebt nicht notwendigerweise seine Geschwister«
S. Freud: Vorlesungen zur Einführung in die Psychoanalyse, Studienausgabe, Band I

(S. 105) die Symbiose war ein alles andere ausschließendes Mama-und-ich

Ich behaupte hier, daß jedes Kind sich selbst während der symbiotischen Phase als Mutters einziges Kind erlebt und daß daher alle Kinder (nicht nur das älteste) den Verlust einer ausschließlichen Mutter-Kind-Beziehung erleiden. (Damit soll natürlich nicht die einzigartige Erfahrung des ältesten Kindes, von seinem Platz verdrängt zu werden, abgestritten werden, da dieses sowohl faktisch als auch in der symbiotischen Selbsttäuschung seine Mutter ganz für sich gehabt hat.)

(S. 106) Zum Totschlag, der sich in unseren Köpfen abspielt, finden wir in Levy: STUDIES IN SIBLING RIVALRY aufschlußreiche Einblicke in diese Mordphantasien. Er legt uns Fälle vor, die auf einer Reihe von spieltechnischen Experimenten basieren, bei denen Kindern mit jüngeren Geschwistern eine Mutterpuppe, eine Babypuppe, die gestillt wird, und eine Puppe, die den älteren Bruder oder die ältere Schwester darstellt, gezeigt werden. Die Kinder, die aufgefordert wurden, die Gefühle der Puppe auszudrücken, die von den Geschwistern das ältere ist, reagierten, indem sie die Babypuppe, die an der Brust der Mutterpuppe gestillt wurde, zerstampften, aufspießten, mit dem Hammer auf sie einschlugen, sie verprügelten und sie in Stücke rissen.

(S. 106) Furcht und Schrecken angesichts der Gefahr, die Liebe der Eltern zu verlieren: In Freud: HEMMUNG, SYMPTOM UND ANGST, Gesammelte Werke Band XIV, behauptet Freud, daß Menschen automatische Ängste entwickeln, wenn sie mit Situationen konfrontiert werden, die so überwältigend sind, daß sie Hilflosigkeit empfinden. Im Lauf der Entwicklung lernen wir es, diese überwältigenden Situationen vorwegzunehmen – diese traumatischen Situationen – und eine gemäßigtere Form von Angst zu erfahren – Signalangst – EHE es zu dem Trauma kommt. Signalangst ist dann ein inneres Warnsignal, dessen Funktion darin besteht, unsere Abwehr zu mobilisieren, damit wir traumatische Situationen abwenden können.

(S. 107) Die gefährlichen und jetzt unerwünschten Impulse entspringen dem Teil unserer Psyche, der als Es bezeichnet wird – dem Sitz unserer unbewußten primitiven Wünsche. Doch ein anderer Teil unserer Psyche, das Ich, ist ständig mit unbewußten Abwehroperationen unseres Es beschäftigt und liefert uns sowohl die Warnung vor der Gefahr (durch die Signalangst), als auch die Mittel, uns vor diesen Gefahren zu beschützen (durch unsere Abwehrmechanismen).

In HEMMUNG, SYMPTOM UND ANGST beschreibt Freud eine Reihe typischer Gefahrensituationen, in denen die bedrohliche Angst mit einem unerträglichen Verlust verbunden ist: Der Verlust des Menschen, den wir lieben. Der Verlust der Liebe dieses geliebten Menschen. Der Verlust eines geliebten Körperteils – z. B. Kastration. Der Verlust der liebevollen Billigung unseres Gewissens, unseres eigenen inneren Richters. Jede dieser Gefahrensituationen entspricht einer ganz bestimmten Entwicklungsphase, und jede kann gut eine traumatische Erfahrung herbeiführen. Freud sagt, daß die ursprüngliche Gefahrensituation – der Prototyp der absoluten Hilflosigkeit angesichts überwältigender Stimuli – die Geburt ist.

Unsere üblichen alltäglichen Abwehrmechanismen siehe auch Anna Freud: DAS ICH UND DIE ABWEHRMECHANISMEN und Brenner: GRUNDZÜGE DER PSYCHOANALYSE.

Verschiedene Theoretiker weichen darin voneinander ab, was sie in ihre Liste der ›Abwehrmechanismen‹ aufnehmen würden, aber sie sind sich darin einig, daß Abwehr manchmal zu gesunden Anpassungen und in anderen Fällen zu neurotischen Symptomen führen kann.

(S. 109) ›De-Identifikation‹
Siehe dazu Frances Fuchs Schachter und Michael E. Lamb und Brian Sutton-Smith.

(S. 110) Zu den Problemen der Polarisation der Rollen wird ein interessanter Fall von Gerald Pearson angeführt, der eines dreizehnjährigen Mädchens, das sich ausschließlich für die Schule interessierte, um sich in krassen Gegensatz zu ihrer geselligen Schwester zu stellen.

(S. 111) »meine Mutter hat Margo immer als ...«
Fishel: SISTERS.

(S. 112) H. Ross und J. Milgram beschreiben drei Typen der Rivalität unter erwachsenen Geschwistern: die simple Geschwisterrivalität, zu der die Ablehnung der größeren Stärke des einen auf einem oder mehreren Gebieten durch den anderen gehört; die reziproke Geschwisterrivalität, bei der jeder bestimmte Stärken und Schwächen hat und die Stärken des jeweils anderen ablehnt; und die geschlechterbedingte Geschwisterrivalität, bei der die Privilegien abgelehnt werden, die dem jeweils anderen aufgrund seines Mann- oder Frauseins zugestanden werden – manchmal ein Leben lang.

Die Geheimhaltung der Rivalität führen Ross und Milgram spekulativ auf die Furcht zurück, ein Eingeständnis des Rivalitätsdenkens käme einem Eingeständnis mangelnder Anpassung gleich, auf die Furcht, eine solche Enthüllung könnte der Beziehung dauerhaften Schaden zufügen, und darauf, daß ein solches Eingeständnis einem Bruder oder einer Schwester gegenüber, der oder die als stärker angesehen wird, die eigene Verletzlichkeit in einer ohnehin schon unsicheren Situation verstärken könnte.

(S. 114) Das zitierte Material über und von Henry und William James stammt aus Leon Edel: HENRY JAMES. Edel faßt die beiden als Jakob und Esau auf, die um das Erstgeburtsrecht kämpfen. Das Material über Olivia Havilland und Joan Fontaine ist Joan Fontaines Autobiographie: NO BED OF ROSES entnommen.

(S. 115) Das Material über die Carter-Brüder ist Bank/Kahn: THE SIBLING BOND entnommen.

(S. 115) Die Zitate stammen aus Arnstein: BROTHERS AND SISTERS/SISTERS AND BROTHERS.

(S. 117) Der Fall der jüngeren Schwester stammt aus Josephine Hilgards Artikel.

(S. 118) »meine Mama sagt ich bin ihr Herzallerliebstes«
Judith Viorst: IF I WERE IN CHARGE OF THE WORLD AND OTHER WORRIES, ›Some Things Just Don't Make Any Sense At All‹

(S. 118) Zur Geburtenreihenfolge innerhalb der Familie siehe Bank/

Kahn: THE SIBLING BOND und Adler: NEUROSEN. ZUR DIAGNOSE UND BEHANDLUNG.

Arnstein erwähnt in seinem Buch eine Studie, die zeigte, daß unter rein zufällig ausgewählten Kongreßmitgliedern die Mehrheit Erstgeborene waren, aber dasselbe war bei einunddreißig von fünfunddreißig rein zufällig ausgesuchten Striptease-Tänzerinnen der Fall. »Es wurde vorgeschlagen, daß beide Gruppen von Personen ... ein ausgeprägtes Bedürfnis nach Anerkennung, Aufmerksamkeit und Zuspruch haben. Mit Sicherheit kann man sagen, daß beide sich auf die eine oder andere Weise den Blicken der Öffentlichkeit aussetzen.«

(S. 121) Die Zitate von Jerome stammen aus Bank/Kahn. Die Autoren heben hervor, daß das Entwickeln dieser immensen Loyalität das Vorhandensein einer liebenden Gestalt im frühen Leben erfordert.

7. Kapitel: Leidenschaftliche Dreiecksbeziehungen

(S. 126) Die klassische Freudsche Auffassung von unserer sich entwickelnden Sexualität und die erste ausführliche Abhandlung über Sexualität bei Kindern findet sich bei Freud: DREI ABHANDLUNGEN ZUR SEXUALTHEORIE.

Freud beschreibt die überlappenden Phasen folgendermaßen:
Die orale Phase im Alter von null bis einem Jahr.
Die anale Phase von eineinhalb bis drei Jahren.
Die phallische Phase von drei bis fünf oder sechs Jahren.

Diese Phasen gehen nie vollständig vorüber, sondern werden zu Komponenten der erwachsenen genitalen Sexualität. Auch andere Manifestationen des Sexualtriebs bei Kindern – voyeuristischer und exhibitionistischer Natur, Genuß am Urinieren und sinnliche Genüsse in Zusammenhang mit Riechen oder Hören – können teilweise ebenfalls in verschiedenem Maß in die Erwachsenensexualität eingehen. Eine starke und beharrliche gefühlsmäßige Investition in infantile Verhaltensweisen (wie Saugen) oder Objekte (wie die Mutter) sexueller Befriedigung wird als Fixierung bezeichnet. Eine Rückkehr zu früheren Verhaltensweisen oder Objekten der Befriedigung wird als Regression bezeichnet.

(S. 126) Zu Eriksons ›maßgeblichen Begegnungen‹: Erikson hebt die Verknüpfungen von erogenen Zonen und zwischenmenschlichen Beziehungen hervor, wogegen Kernberg die VERINNERLICHTEN Objektbeziehungen in den Mittelpunkt stellt.

(S. 127) Freud schreibt über den Ödipuskomplex in:
DIE TRAUMDEUTUNG.
VORLESUNGEN ZUR EINFÜHRUNG IN DIE PSYCHOANALYSE.
DAS ICH UND DAS ES.
DER UNTERGANG DES ÖDIPUSKOMPLEXES.

EINIGE PSYCHISCHE FOLGEN DES ANATOMISCHEN GESCHLECHTSUNTERSCHIEDS.

(S. 130) »ein Dritter, der verletzt wird«

Freud: ÜBER DEN BESONDEREN TYPUS DER OBJEKTWAHL BEIM MANNE.

(S. 131) Hamlets berühmtes ödipales Zaudern wird von Freud genauso wie von Jones ausgelegt.

(S. 132) Die Erfolgsneurose kann übrigens nicht nur in der Arbeit, sondern auch in der Liebe entstehen. Ödipale Sieger – Menschen, die symbolisch (oder tatsächlich) den sexuell ersehnten Elternteil für sich gewinnen können – können auch an einer Erfolgsneurose leiden.

(S. 134) Der negative Ödipuskomplex scheint eine Phase zu sein, die dem positiven Ödipuskomplex vorausgeht und bei Mädchen klarer definiert ist als bei Jungen.

(S. 135) »den ganz simplen Fall eines Kindes mit zu starken Impulsen«

Aus einem persönlichen Gespräch mit Dr. Louis Berger.

(S. 136) Der ›transitionale Raum‹, den die Familie bietet, wird in Dr. Winers Schrift: ›Incest‹ abgehandelt (unveröffentlicht).

(S. 138) »können inzestuöse Phantasien in symbolischer oder verdrängter oder einseitiger Form realisiert werden«

Winer: ›INCEST‹ (unveröffentlicht)

(S. 138) Mütterliche Inzestphantasien

aus: Sandor Feldman: ›On Romance‹.

(S. 139) das Kind wird schließlich doch nicht mit dem entsprechenden Elternteil davonlaufen

Selma Fraiberg schreibt dazu, daß diese Phantasien Phantasien bleiben, weil wir nichts dazu tun, sie zu ermutigen, und ohne Ermutigung werden diese Phantasien aufgegeben.

(S. 139) beim Abendessen reden ein vierjähriges Mädchen und ...

Sweet: ›The Electra Complex‹.

(S. 140) eine Frau, die mit einem Mann, den sie liebte, zusammenlebte

Fenichel beschreibt diesen Fall in THE COLLECTED PAPERS OF OTTO FENICHEL.

(S. 142) wir werden unser Leben lang mit ödipalen Konflikten kämpfen

Loewald kommt zu dieser Feststellung und schreibt, daß »es wiederholt Repression, Verinnerlichung, Übertragung, Sublimation, kurz gesagt, einige Formen der Meisterschaft in dieser Lektion des Lebens erfordert«, damit zurechtzukommen.

(S. 143) unsere eigene innere Gerichtsbarkeit

Freud sagt, daß dieser innere Verbündete, unser Über-Ich, das ›Erbe‹ des Ödipuskomplexes ist.

(S. 144) Das Gedicht ›An einen Thronräuber‹ von Eugene Field wird von Margaret Mead in MANN UND WEIB zitiert. In einer Fußnote legt sie den kompletten Text vor.

8. Kapitel: Anatomie und Schicksal

(S. 145) »eine der stärksten Neigungen in der menschlichen Natur« Lawrence Kubie: ›The Drive to Become Both Sexes‹.
(S. 146) zur Geschlechteridentität
Der Analytiker Robert Stoller behauptet, daß die Geschlechteridentität ziemlich unwiderruflich im Alter von achtzehn Monaten bis drei Jahren festgelegt wird. Er widerspricht Freuds Theorie einer primären Maskulinität bei Jungen und einer späteren Entwicklung der Feminität bei Mädchen als Folge der traumatischen Entdeckung, daß sie keinen Penis haben, was dann zu dem Gefühl, kastriert zu sein, zu Penisneid, zur Ablehnung von Masturbation und zur Ablehnung der Mutter mit einer gleichzeitigen Zuwendung zum Vater führt.

Stoller dagegen geht von einer primären Femininität aus – einer frühen »nicht hinterfragten, konfliktfreien, egosyntomischen Akzeptanz der eigenen Person als weiblich«.

Stoller sagt, der ursprüngliche Kern der Geschlechteridentität ist das Resultat von fünf Faktoren: 1. eine biologische ›Kraft‹ – die Wirkung der Sexualhormone auf den Fetus, 2. die Geschlechterzuordnung bei der Geburt, 3. die Einstellung der Eltern gegenüber dieser Geschlechterzugehörigkeit, die auf das Kind zurückfällt, 4. ›biopsychische‹ Phänomene – die Auswirkungen von Grundmustern des Behandelns, Konditionierens und Prägens, 5. körperliche Empfindungen, vor allem aus dem Genitalbereich.

James Kleeman bemerkt in seinem Aufsatz in derselben Zeitschrift, ein wichtiger Schlüssel zur frühen Geschlechteridentität läge im bewußten und weniger bewußten Etikettieren seiner selbst als Junge oder Mädchen von seiten des Kindes her. Diese Festlegung »dient als primäres und grundlegendes Organisationsprinzip für später folgende geschlechtsspezifische Erfahrungen«.

(S. 147) drei feministische Schriftstellerinnen
Viorst: ›Are Men and Women Different?‹
(S. 150) »ich glaube, daß Hormone ganz tolle kleine Dinger sind«
Viorst: ›Are Men and Women Different?‹
(S. 151) Eine weitere interessante Abhandlung des Cinderella-Komplexes, bzw. einer verwandten Thematik siehe Vivian Gornick.
Sie schreibt: »Der Unterwerfung von Frauen liegt meines Erachtens vorwiegend die eingefleischte Überzeugung zugrunde – die sowohl Männer als auch Frauen teilen – daß für eine Frau die Ehe die zentrale Erfahrung ihres Lebens ist. Es ist in erster Linie diese Überzeugung, die in Frauen den Fluß psychischer Energie austrocknen und schließlich ganz versanden läßt, der in Männern von Geburt an durch das besorgte Wissen genährt wird, daß man auf dieser Welt alleinsteht; daß sich nie jemand um einen kümmert; daß das Leben ein nackter Kampf zwischen Angst und Begehren ist und daß die Angst nur durch das immer wieder aufkei-

mende Begehren in Schach gehalten wird; daß das Begehren nur dann angestachelt wird, wenn es durch die Möglichkeit bestärkt wird, sich selbst zu erfahren; daß die Möglichkeit, sich selbst zu erfahren, alles ist.«

Sie fährt fort: »Diese Wiedererschaffung des sich selbst erfahrenden Ichs in Frauen ist das Hauptthema des heutigen Feminismus: das Fehlen dieses Ichs ist der Sklave, der Tropfen für Tropfen hinausgepreßt werden muß. Gewaltige innere Veränderungen müssen sich in den Frauen vollziehen ... Eine neue Form der Reise ins Innere muß unternommen werden, eine Reise, bei der die Begriffe des inneren Konflikts neu definiert werden. Es ist eine Reise unter unvorstellbaren Schmerzen und in absoluter Einsamkeit, diese Reise, ein einziger Kampf, ein Kampf, bei dem wieder und immer wieder um denselben Zentimeter emotionalen Bodens unter den Füßen gekämpft werden muß, allein und ohne Verbündete, das sich abmühende Ich der einzige Soldat des Heeres. Aber auf der anderen Seite liegt Freiheit: Selbstbeherrschung, der Besitz eines Ich.«

(S. 153) ›reife Abhängigkeit‹

Die Formulierung stammt von Fairbairn. Er schreibt, daß er den Begriff ›reife Abhängigkeit‹ dem Begriff ›Unabhängigkeit‹ vorzieht, weil »die Fähigkeit zu Beziehungen notwendigerweise Abhängigkeit in irgendeiner Form mit sich bringt«.

(S. 153) »allein haben die Dinge wenig Sinn«

Gilligan: DIE ANDERE STIMME.

(S. 154) »was ich lernen mußte«

Scarf: WEGE AUS DER DEPRESSION.

Dort geht·es auch darum, daß Frauen öfter, etwa drei- bis sechsmal so oft, an Depressionen leiden, wenn eine entscheidende Liebesbeziehung vorbei ist.

Ihre These wird auch gestützt durch Erik Erikson: JUGEND UND KRISE. Darin führen ihn seine klinischen Erfahrungen zu dem Schluß: »Leere ist die weibliche Form der ewigen Verdammnis ... Verlassenwerden bedeutet für sie, leer zurückgelassen werden, entleert von jedem Blutstropfen ihres Körpers, der Wärme ihres Herzens, ihres Lebenssaftes.«

(S. 154) zum verschiedenen Vorgehen bei der geschlechtsspezifischen Identifikation. Siehe dazu Margaret Mead, die der Auffassung ist, daß diese Unterschiede ihre Gewichtigkeit verlören, wenn Männer sich im selben Maß wie Frauen um ihre Kinder kümmern würden. Diese Auffassung wird geschickt in Dorothy Dinnersteins schwierigem und raffiniertem Buch DAS ARRANGEMENT DER GESCHLECHTER ausgeführt. Siehe dazu auch Tyson.

(S. 155) Jungen, müssen, um Jungen zu sein

siehe Stoller und Herdt.

(S. 156) »bis es erschien, als seien wir eins in diesem Geheul«

L. Michaels: DER MÄNNER-CLUB.

(S. 158) beneiden ist, ›unzufrieden darüber sein‹

Diese Definition des Neides benutzt Daniel Jaffe, um den Uterusneid zu ergründen.

(S. 158) »Quelle allen Behagens, physisch wie auch psychisch«
Hanna Segal: MELANIE KLEIN: EINE EINFÜHRUNG IN IHR WERK.
(S. 161) »denk immer daran, daß jeder Sohn eine Mutter hatte«
Marge Piercy: CIRCLES ON THE WATER, ›Doing It Differently‹.
(S. 161) eine Variante des Penisneids bei berufstätigen Frauen
Siehe Applegarth.
(S. 161) in einer kürzlich erschienenen Studie
Carol Tavris und Dr. Alice Baumgartner vom Institute for Equality in Education an der University of Colorado
(S. 163) die Entdeckung der anatomischen Unterschiede
Nach neuesten Forschungsergebnissen – und ganz im Gegensatz zu Freuds Annahmen – können Penisneid und Kastrationsangst und der Wunsch nach einem Baby schon einige Zeit vor der ödipalen Phase auftreten.

K. R. Eissler vergleicht die männlichen und die weiblichen psychosexuellen Prozesse miteinander und kommt zu dem Schluß, daß Männer bei ihrer Entwicklung schwerere Aufgaben zu leisten haben als Frauen, da eine Frau »lediglich Gefahr läuft, ihr Leben lang von Neid geplagt zu werden ... ein Mann dagegen unter Umständen damit rechnen muß, von der Angst verfolgt zu werden, seines Penis beraubt zu werden. Es liegt auf der Hand, daß Neid weit leichter zu ertragen und weit weniger qualvoll ist als eine derart furchtbare Angst.«

(S. 164) »Papa, ich liebe dich!«
Siehe Tyson.
(S. 164) identifizieren wir uns auch mit dem anderen Elternteil
Der Analytiker Albert Solnit stellt fest: »Es ist die Bisexualität, die es dem Kind ermöglicht, sich mit beiden Elternteilen zu identifizieren, sich eine mütterliche und auch eine väterliche psychologische Kapazität zuzulegen ...«

9. Kapitel: Das Gute am Schuldbewußtsein

(S. 166) der Preis, den wir für die Zivilisation bezahlen
In DAS UNBEHAGEN IN DER KULTUR geht Freud auf die Einschränkungen ein, die wir uns auferlegen müssen, um als zivilisierte Mitglieder einer Gesellschaft leben zu können. Er sagt, es sei seine Absicht, »das Schuldbewußtsein als das entscheidende Problem in der Entwicklung der Zivilisation herauszustellen und aufzuzeigen, daß der Preis, den wir für unseren Fortschritt in der Kultur bezahlen, ein Verlust an Glück durch eine Verstärkung des Schuldbewußtseins ist«.

(S. 167) wahres Schuldbewußtsein
Ob wir ein Schuldbewußtsein haben oder nicht, ehe wir ein Gewissen oder Über-Ich haben (ich benutze die beiden Wörter austauschbar mit-

einander), war schon der Gegenstand vieler psychoanalytischer Diskussionen, und die Antworten auf diese Fragen hängen davon ab, wie weit oder eng der Begriff Schuldbewußtsein gefaßt wird. In DAS UNBEHAGEN IN DER KULTUR bezieht Freud beide Standpunkte, indem er sagt, daß Schuldbewußtsein schon vor dem Gewissen existiert, nachdem er an einer anderen Stelle im selben Text gesagt hat, daß erst nach der Errichtung eines Über-Ichs von Schuldbewußtsein die Rede sein sollte. Der Analytiker Joseph Sandler stützt diese zweite Auffassung und schreibt, daß das, was wir in den voródipalen Jahren zeigen, ein »noch ungeschultes Über-Ich ist, das nur unter der Aufsicht der Eltern arbeitet ... Es hat noch kein Diplom für unabhängiges Praktizieren ...« daher, so sagt er, verdient dieses Signal »noch nicht den Namen Schuldbewußtsein, auch wenn dieses noch ungeschulte Über-Ich uns ein Warnsignal für drohend bevorstehende Bestrafungen oder Liebesverluste sendet, auch wenn die Gemütsverfassung, die es bei dem Ich auslöst, identisch mit dem sein kann, was wir in der späteren Entwicklung des Kindes als Schuldbewußtsein bezeichnen würden«.

(S. 167) Eltern, die sich jetzt in unserer eigenen Vorstellung eingenistet haben

Es ist beobachtet worden, daß manchmal ein Kind nachsichtiger oder toleranter Eltern ein sehr strenges und hart strafendes Über-Ich entwickelt. Warum? Weil manche Kinder eine stärkere angeborene Aggression haben als andere und weil sie im Lauf des Prozesses, diese Aggression unter Kontrolle zu bekommen, einen Teil davon gegen sich selbst kehren. Dennoch übt eine strenge Erziehung, wie Freud in DAS UNBEHAGEN IN DER KULTUR bemerkt, »auch einen starken Einfluß auf die Bildung des Über-Ichs des Kindes aus. Das läuft darauf hinaus, daß bei der Bildung des Über-Ichs ... naturgegebene, konstitutionelle Faktoren und Einflüsse der realen Umgebung gemeinsam vorgehen.«

(S. 167) Kohlbergs sechs Stadien des moralischen Denkens – präkonventionell, konventionell und postkonventionell oder autonom, jeweils in zwei Untergruppen eingeteilt – bauen auf Piaget auf, der den folgenden Ablauf in der logischen und kognitiven Entwicklung beschreibt, von der Egozentrizität des Kleinkindes – bei dem Denken mit Handeln verbunden ist – bis zur Auffassungsgabe für abstraktes Denken: Alter null bis zwei ist die Zeit der sensomotorischen Intelligenz, Alter zwei bis fünf die Zeit des symbolischen, intuitiven und prälogischen Denkens, Alter sechs bis zehn die Zeit des konkreten funktionalen Denkens und von elf Jahren bis zum Erwachsenendasein die Zeit des formal-funktionalen Denkens.

Kohlberg und Piaget sehen die Stadien, die sie beschreiben, als ein unabänderliches Fortschreiten vom weniger Komplexen zum Komplexeren hin, wenngleich auch nicht jeder Piagets kognitive Ebene des formal-funktionalen Denkens oder Kohlbergs fünftes oder sechstes moralisches Stadium erreicht.

(S. 168) Zum übertrieben strafenden Schuldbewußtsein ist noch anzu-

merken, daß die primitiveren Teile unseres Geistes noch an eine Rechtsprechung nach dem Racheprinzip glauben, die fordert, daß die Strafe eines Verbrechers in demselben Unrecht bestehen soll, das er seinem Opfer zugefügt hat – ›Auge um Auge, Zahn um Zahn‹. Manche unter uns Menschen mit einem übertriebenen, sie verfolgenden Schuldbewußtsein gehen jedoch noch weiter und über ein Vergeltungsrecht hinaus, indem sie darauf beharren, sich Höchststrafen für mindere Delikte aufzuerlegen.

(S. 169) ein Rabbi beispielsweise berichtete darüber
H. Kushner: WHEN BAD THINGS HAPPEN TO GOOD PEOPLE.

(S. 171) »ich glaube ganz allgemein ...«
Dr. Louis Breger in einem privaten Gespräch.

(S. 171) Philip Roth: PORTNOYS BESCHWERDEN.

(S. 172) ›Ellie und Marvin‹
J. Viorst: HOW DID I GET TO BE FORTY AND OTHER ATROCITIES, ›Heimliche Treffen‹.

(S. 175) Das Freud-Zitat stammt aus DAS ÖKONOMISCHE PROBLEM DES MASOCHISMUS.

(S. 176) Unzulänglichkeiten, wenn es um die Fähigkeit zu Schuldgefühlen geht

In NEUE FOLGEN DER VORLESUNGEN ZUR EINFÜHRUNG IN DIE PSYCHOANALYSE schreibt Freud: »Wenn wir uns an eine recht bekannte Äußerung von Kant halten, in der das Gewissen in unserem Inneren mit dem sternenbesäten Himmel in Verbindung gebracht wird, könnte ein frommer Mensch durchaus versucht sein, diese beiden Dinge als die Meisterwerke der Schöpfung anzusehen. Die Sterne sind in der Tat eine Pracht, aber was das Gewissen angeht, hat Gott ein unausgewogenes und achtloses Stück Arbeit geleistet, denn eine große Mehrheit von Menschen haben nur eine bescheidene Menge davon mitgebracht, oder jedenfalls kaum genug, als daß es erwähnenswert wäre.«

(S. 176) sich selbst zu strafen, nicht dazu, sie von Taten abzuhalten
Siehe Jacobson.

(S. 176) um unbewußte Schuldgefühle zu sühnen
Freud schreibt in EINIGE CHARAKTERTYPEN AUS DER PSYCHOANALYTISCHEN ARBEIT über Menschen, die »korrekt als Verbrecher aus Schuldbewußtsein heraus beschrieben werden könnten«, deren Missetaten ihren Schuldgefühlen nicht vorausgehen, sondern folgen und deren Handlungen, durch die sie sich schuldig machen, in Wirklichkeit dazu dienen, ihre belastenden und ausschweifenden Schuldgefühle zu beschwichtigen, da jetzt das »Schuldbewußtsein wenigstens mit etwas verknüpft« ist.

(S. 176) In einem besorgniserregenden und faszinierenden Buch, THE MASK OF SANITY stellt Hervey Cleckley Fall für Fall diese Psychopathen vor. Zwar schadet es seinem Buch, daß er kühne Angriffe, die nicht fundiert sind, auf eine Anzahl von Vorstellungen und Menschen führt, aber es ist ein aufwühlender Bericht über eine Gruppe von Männern und Frau-

en, die keinerlei Gefühle der Schuld oder der Reue zu haben scheinen, ob bewußt oder unbewußt.

(S. 179) aber unser Gewissen umfaßt auch unser Ich-Ideal

Freud schreibt in NEUE FOLGEN DER VORLESUNGEN ZUR EINFÜHRUNG IN DIE PSYCHOANALYSE, daß eine weitere entscheidende Funktion des Über-Ich die »des Vehikels des Ich-Ideals ist, an dem das Ich sich selbst mißt ... und dessen Forderung nach immer größerer Perfektion es zu erfüllen trachtet«.

Siehe auch Schafer.

(S. 180) lebt unser verlorener Narzißmus – in unserem Ich-Ideal weiter

Hartmann und Lowenstein schreiben, »das Ich-Ideal kann als eine Rettungsaktion des Narzißmus angesehen werden«.

Jacobson schreibt, daß über das Ich-Ideal »das Über-Ich, diese einzigartige menschliche Errungenschaft, zu genau dem Bereich der psychischen Organisation wird, in dem ... die hochtrabenden Wunschvorstellungen des Kindes für alle Zeiten gewinnbringend für das Ich aufrechterhalten werden können«.

Jacobson bemerkt außerdem, daß das Ich-Ideal dadurch, daß es ›zwei Gesichter‹ hat, weil es eine Vereinigung der idealisierten Eltern mit dem idealisierten Ich ist, auch »die frühkindliche Sehnsucht ... eins mit dem geliebten Objekt zu werden«, befriedigt. »Selbst unser niemals endender Kampf um ein Einssein von Ich und Ich-Ideal reflektiert die andauernde Beständigkeit dieses Wunsches.«

Joseph Sandler kommt zu einer ähnlichen Feststellung, wenn er vom Über-Ich spricht und dazu schreibt, daß es »zwar oft der Vermittler von Schmerz und Zerstörung ist, seine Existenz jedoch durch den Versuch des Kindes, das verlorene Paradies in ein wiedergewonnenes Paradies zu verwandeln, zustandekommt.«

10. Das Ende der Kindheit

(S. 181) »jetzt habe ich es aber satt«

Eine Version dieser wunderbaren Geschichte, die THE NEW YORKER zugeschrieben wurde, erscheint in Fraibergs DIE MAGISCHEN JAHRE IN DER PERSÖNLICHKEITSENTWICKLUNG DES VORSCHULKINDES.

(S. 182) zur Latenzperiode siehe Freud: DREI ABHANDLUNGEN ZUR SEXUALTHEORIE.

Ein großer Teil des Materials, auf das ich mich hier beziehe, stammt aus einer Reihe von kürzlich erschienenen Aufsätzen in Greenspan and Pollock (Hg.) THE COURSE OF LIFE.

In diesen Erörterungen zum Thema Latenz wird diese Phase nicht als eine Phase nicht vorhandener Sexualität angesehen, sondern als ein Stadium relativer Ruhe zwischen zwei intensiveren Phasen der sexuellen Entwicklung. Ob diese relative Ruhe auf abgeschwächte Triebe zurückzuführen ist oder auf bessere Bewältigungsmechanismen, ist ungeklärt, aber welches auch die Gründe sein mögen – unser Ich scheint in der Latenzperiode gegenüber unserem Es mehr Macht zu haben. In der Latenz werden unser Sexualtrieb (und unser Aggressionstrieb) teilweise unterdrückt (aus dem Bewußtsein verbannt) und teilweise sublimiert (umgeleitet) – zu anderen Aktivitäten schulischer, gesellschaftlicher oder sportlicher Natur. Zu den Abwehrmechanismen der Repression und der Sublimierung kommen noch die der Reaktionsbildung, bei der indiskutable Impulse durch deren Gegenteil ersetzt werden, was uns gesellschaftlich akzeptierte Tugenden wie beispielsweise Reinlichkeit und Bescheidenheit entwickeln läßt.

Eine interessante Begleiterscheinung: Die meisten von uns erreichen die Latenzzeit zu einem Zeitpunkt, zu dem wir große Bereiche unseres Lebens vor der Latenz vergessen haben – einen Familienurlaub, einen früheren Nachbar, einen einst über alles geliebten Babysitter. Der Grund dafür ist der, daß wir beim Unterdrücken unserer Leidenschaften in der ödipalen Phase auch die Ereignisse verdrängen, die diese Leidenschaften umgeben haben. Wir können sie zwar nicht ganz vergessen, aber wir können sie so tief in uns begraben, daß sie für unser Bewußtsein nicht mehr erreichbar sind. Das Ergebnis ist ein umfassender Zustand, der als infantile Amnesie bezeichnet wird, der Verlust eines Teiles unserer selbst, der Verlust unserer Vergangenheit. Man könnte sagen, daß das das psychologische Äquivalent dazu ist, das Kind mit dem Bade auszuschütten.

Die Zusammenhänge zwischen der Latenzphase und einer biologischen Uhr sehen so aus, daß sich im Alter von sieben Jahren Veränderungen in der neurobiologischen und kognitiven Entwicklung vollziehen, die viele charakteristische Merkmale der Latenz vorbereiten. Es verschärfen sich die Wahrnehmung, die Motorik und unser Zeitgefühl sowie unsere räumliche Orientierung; die Aufmerksamkeitsspannen werden länger, Dinge können in Kategorien eingeordnet werden, und Gleiches kann trotz anscheinender Unterschiede wahrgenommen werden. Somit wird die bisher egozentrische Sicht objektiver.

(S. 183) voller Staunen und Erleichterung entdecken, daß Eltern fehlbar sind

Zu den Latenzphantasien gehört die Einbildung, daß wir adoptiert worden sind, gar nicht die biologischen Kinder unserer Eltern sind und daß unsere wirklichen biologischen Eltern weit edlere, höherstehende Exemplare sind.

(S. 184) Joseph Conrad läßt Marlow in HERZ DER FINSTERNIS sagen: »Ich kann Arbeit nicht leiden – das kann keiner – aber mir gefällt, was in der Arbeit liegt – die Gelegenheit, sich selbst zu finden. Deine eigene Realität – für dich selbst, nicht für andere – die kein anderer je kennen kann.«

(S. 184) zu Begeisterung motivierende Erwachsene

Erikson schreibt: »Immer wieder wird einem in Gesprächen mit besonders begabten und phantasievollen Menschen spontan und mit einem Schimmer in den Augen erzählt, daß ein einziger, ganz bestimmter Lehrer sich den Verdienst anrechnen kann, die Glut des verborgenen Talents entfacht zu haben.«

(S. 187) »Übergang von der Unfruchtbarkeit zur Fruchtbarkeit«

Der Ausdruck ist von Kestenberg entlehnt.

(S. 188) Alexander Portnoy erinnert sich an ›diese ausgedehnte Phase des Zorns‹

Philip Roth: PORTNOYS BESCHWERDEN.

(S. 189) »daß die Anmaßung, die Verantwortung für unser eigenes Leben«

Das Heranwachsen als eine Form des Mordes wird von dem Analytiker Hans Loewald in THE WANING OF THE OEDIPUS COMPLEX erörtert. Loewald schreibt dort auch: »Elternmord ist, wenn das Kind sich überzeugend zu einem Individuum entwickelt, mehr als nur symbolisch ... Wenn wir hier nicht vor einer deutlichen Sprache zurückschrecken, töten wir in unserer Rolle als Kinder unserer Eltern durch eine echte Emanzipation etwas Entscheidendes in ihnen ab – nicht alles auf einen Schlag und nicht in jeder Hinsicht, doch wir tragen dazu bei, daß sie sterben.«

Siehe dazu auch Modells Ausführungen zur Trennungsschuld.

(S. 191) »daß für Jugendliche anders sein unterlegen sein bedeutet«

Esman zitiert hier Schoenfeld in Greenspan und Pollock (Hg.) THE COURSE OF LIFE.

(S. 192) Zur Anorexia nervosa ist festgestellt worden, daß Mädchen unter einer Wahrnehmungstäuschung leiden und sich als dick ansehen – selbst, wenn sie nichts als Haut und Knochen sind – als zu dick, und daß sie ›dick‹ manchmal unbewußt mit ›schwanger‹ gleichsetzen und daß Geschlechtsmerkmale wie Brüste und Menstruation ein Quell übermächtiger Scham und der Ursprung von Schuldgefühlen sein können. All das kann sich mit früheren Störungen in der Separation/Individuation vermengen, aber auch mit einer tatsächlichen Unfähigkeit, das Körpersignal des ›Hungers‹ zu erkennen, außerdem auch mit einem ängstlichen Bedürfnis, einen Körper unter Kontrolle zu behalten, der sich – in den explosionsartigen Schüben der Pubertät – gänzlich jeglicher Kontrolle entzogen zu haben scheint.

Siehe Bruch: THE SLEEPING BEAUTY.

Zum rapiden Tempo der körperlichen Veränderungen, das die Hilflosigkeit und Linkischheit erklären kann, siehe Sklansky.

(S. 193) Sex im Kopf – und oft auch in der Hand

Sklansky schreibt auch, daß auf die Geschlechtsreife gewöhnlich eine einsetzende oder vermehrte genitale Masturbation folgt.

(S. 193) der jetzt zu abstraktem logischem Denken in der Lage ist

Piaget schreibt, daß »die große Neuerung, die charakteristisch für das

Denken des Jugendlichen ist und die etwa im Alter von elf bis zwölf Jahren einsetzt, aber erst zwischen vierzehn und fünfzehn ein Gleichgewicht findet – daß diese große Neuerung darin besteht, die konkrete Logik von den Gegenständen selbst zu lösen, so daß sie ohne eine weitere Stütze auf verbalen oder symbolischen Äußerungen aufbauen kann ... Die große Neuerung, die daraus resultiert, besteht in der Möglichkeit, Ideen in sich selbst zu manipulieren und nicht länger nur Gegenstände zu manipulieren.«

(S. 193) Wenn die Eltern nicht mehr als unfehlbar angesehen werden, so dient diese realistische Einschätzung einem intrapsychischen Wachstumsprozeß, äußert sich jedoch oft übertrieben. Natürlich reagieren Eltern darauf nicht allzu erfreut. Siehe Sklansky.

(S. 193) Zum ›normalen‹ Jugendlichen und dem Aufruhr, der mit der Pubertät einhergeht, siehe Anna Freud und Offer.

(S. 194) die im sexuellen Eintopf der Pubertät wieder brodeln

Dazu gehören unter anderem das Wiedererwachen der ödipalen Konflikte, die beispielsweise bewirken, daß Mädchen sich in diesem Alter nicht gern von ihrem Vater in den Arm nehmen lassen oder sich auf seinen Schoß setzen. Ein ähnliches Unbehagen verspüren Jungen in dieser Phase gegenüber ihren Müttern.

Im Gegensatz zu der früheren Bewältigung der ödipalen Phase, die darin bestand, sexuelle Impulse mehr oder weniger zu unterdrücken, müssen Jugendliche jetzt die schwierige und heikle Aufgabe meistern, inzestuöse sexuelle Wünsche von sich zu weisen, ohne sexuelle Wünsche im allgemeinen von sich zu weisen.

(S. 197) »eine Intensität des Kummers, die in vorangegangenen Phasen unbekannt war«

Martha Wolfenstein zitiert hier Jacobson zur Intensität des Kummers und A. E. Housmans Gedicht über das Land der verlorenen Zufriedenheit.

(S. 198) Roger, dem das College bevorsteht

Dr. Cheryl Kurash schreibt in ›The Transition to College: A Study of Separation-Individuation in Late Adolescence‹ (unveröffentlicht) von einer Unterteilung dieser Übergangsphase in drei Untergliederungen: die antizipatorische Phase, das Abschiednehmen und das Sichniederlassen. In der antizipatorischen Unterphase, schreibt sie, »erneuern Jugendliche ihre Bemühungen, die Distanz zwischen sich und ihren Eltern zu vergrößern ... Am bemerkenswertesten sind daran vielleicht die zunehmenden Äußerungen von Aggression gegenüber beiden Elternteilen«.

Aus dieser Studie stammt auch die Äußerung des Studienanfängers aus Yale.

(S. 199) Depressionen, Zusammenbrüche und Selbstmord

Das soll nicht heißen, daß solche Probleme Heranwachsender immer das Resultat von Trennungsschwierigkeiten sind. Siehe dazu auch Noshpitzs ausgezeichnete Beschreibung der Entwicklungsprobleme Jugendlicher.

(S. 199) Die Selbstmordquoten stammen aus Statistiken des National Center for Health Statistics.

11. Kapitel: Traum und Wirklichkeit

(S. 210) Der Glaube an die Erfüllung von Wünschen, an die Omnipotenz der Gedanken

Freud schreibt, daß die alte animistische Konzeption des Universums »durch die narzißtische Überschätzung der eigenen geistigen Prozesse« charakterisiert ist, »durch den Glauben an die Omnipotenz der Gedanken ...« Er sagt, daß »jeder von uns eine Phase der individuellen Entwicklung durchlaufen hat, die diesem animistischen Stadium des primitiven Menschen entspricht, das keiner von uns hinter sich gelassen hat, ohne gewisse Rückstände und Spuren davon in sich zu bewahren«.

(S. 213) die pulsierende Geheimsprache unseres Unterbewußtseins

Diese Sprache unterscheidet sich von dem planmäßigen Vorgehen, mit dem wir unseren Verstand bewußt einsetzen und ist diesem völlig fremd. Sie baut auf das, was als ›Primärvorgang‹ bezeichnet wird. Das ist die ›Denkweise‹, die wir benutzen, ehe wir es lernen, mit Logik und Vernunft zu denken, ehe wir die Fähigkeit zu erwachsenen ›Sekundärvorgängen‹ haben. Bei Ann und Barry Ulanov finden wir eine wunderbare Beschreibung des Primärvorgangs. Siehe dazu auch Brenner. Aber ursprünglich wird der Primärvorgang in Freuds DIE TRAUMDEUTUNG abgehandelt.

(S. 213) »meine Mutter hat gesprochen«

Dieses Beispiel für die Verdichtung stammt von Leon Altman: THE DREAM IN PSYCHOANALYSIS, ebenso der folgende Traum (»ich stand ... in dem Haus«).

(S. 213) eine Frau träumt von einem deutschen Offizier

Der Psychoanalytiker Justin Frank hat dieses Beispiel in einem privaten Gespräch angeführt.

(S. 214) Zum manifesten und latenten Trauminhalt sagt Freud außerdem, daß zwei Kräfte den Träumen ihre Form verleihen, von denen die eine einen Wunsch konstruiert und die andere den Ausdruck dieses Wunsches zensiert. Die bizarren und entstellten Eigenschaften des manifesten Traums sind somit Spiegelbilder des Primärvorgangs, der Revision durch den Sekundärvorgang und weiterer Entstellungen, die ihm durch die Notwendigkeit auferlegt werden, damit er durch die Traumzensur geht.

(S. 214) Hugos Traum steht bei Altman.

(S. 215) Freud sagt, daß jeder Traum einen Wunsch enthält

Die verbotenen Wünsche unserer Kindheit steigen zwar von dem Teil unserer Psyche auf, der mit Es bezeichnet wird, doch ein Traum ist nicht *nur* der Ausdruck der Wünsche des Es, denn selbst beim Träumen sind die Absichten unseres Ich und die Einschränkungen, die uns unser Über-

Ich auferlegt, spürbar und bestehen darauf, ein Wort mitzureden. Unsere Träume sind somit ein Kompromiß, zu dem diese drei widersprüchlichen Kräfte kommen – Es, Ich und Über-Ich.

Es sollte noch angemerkt werden, daß heute viele Psychologen, die sich mit der Traumdeutung beschäftigen, weit weniger eingleisig in ihrer Beurteilung der Funktion von Träumen sind und in ihnen nicht *nur* die Funktion der Wunscherfüllung sehen. Erikson beispielsweise schreibt, daß Träume »nicht nur nackte Wünsche sexueller Zügellosigkeit, grenzenloser Macht und ungehinderter Destruktivität in Erfüllung gehen lassen; ... sie heben auch die Isolation des Träumenden auf, beschwichtigen sein Gewissen und bewahren seine Identität, und all das auf eine spezifische und instruktive Weise«.

Siehe Erikson, Rycroft, Natterson und Eisenstein, der jedoch feststellt, daß die meisten Analytiker nach wie vor Freuds Auffassung von »der zentralen Rolle der Wunscherfüllung im Traum« unterschreiben.

(S. 215) Phantasien, ob im Wachen oder im Schlafen

In VORLESUNGEN ZUR EINFÜHRUNG IN DIE PSYCHOANALYSE äußert sich Freud umfassend zur Phantasie. Er sagt: »Jedes Verlangen nimmt über kurz oder lang die Gestalt einer Vorstellung seiner eigenen Erfüllung an; es besteht kein Zweifel daran, daß ein Schwelgen in vorgestellten Wunscherfüllungen Befriedigung bringt ... Das Erschaffen des geistigen Reiches der Phantasie findet eine vollkommene Parallele im Einrichten von ›Reservaten‹ oder ›Naturschutzgebieten‹ an Orten, an denen die Erfordernisse der Landwirtschaft, des Transportwesens und der Industrie drohen, Veränderungen am ursprünglichen Gesicht der Erde mit sich zu bringen ... Ein Naturschutzgebiet bewahrt den ursprünglichen Zustand ... Alles, darunter auch das, was als nutzlos und gar als schädlich angesehen wird, kann dort nach Belieben wachsen und wuchern. Das geistige Reich der Phantasie ist ein ebensolches Reservat, das dem Realitätsprinzip entzogen worden ist.«

Freud stellt fest, die »bekanntesten Produkte der Phantasie sind die sogenannten ›Tagträume‹, aber der Nachttraum ist im Grunde genommen nichts anderes als ein Tagtraum, der dank der Befreiung der instinktiven Triebe bei Nacht verwertbar gemacht worden ist und durch die Form, die er durch die geistige Aktivität bei Nacht angenommen hat, entstellt worden ist«.

(S. 215) Meine Beschreibung des ›gesunden Erwachsenen‹ begründet sich weitgehend auf McGlashan und Miller.

Die Autoren merken an, daß viele der Ziele, die in ihrem Artikel erörtert werden, »synonym mit allgemeiner geistiger Gesundheit und emotionaler Reife« sind.

12. Kapitel: Wie man Freunde trifft und verliert und was man ihnen zumuten kann

(S. 221) Zum Fluch der Ambivalenz siehe Freud: TOTEM UND TABU.
(S. 221) Dinah, Ehefrau und Mutter
siehe Robb Forman Dew
(S. 224) ›Friends and Lovers in the College Years‹
Herausgegeben von der Group for the Advancement of Psychiatry. Die Homosexualität wird in Kapitel 7 abgehandelt.
(S. 225) »so wie Rosa als ein verwässertes Rot angesehen wird«
Leo Rangell zitiert hier Hart, der zu Freuds Erörterungen der Freundschaft anzumerken hat: »Freundlichkeit und Freundschaft werden hier behandelt, als seien sie verwässerte Ausgaben der Liebe, so wie Rosa als ein verwässertes Rot angesehen wird.«
(S. 225) »keine zwei Menschen je hoffen können, jedes Bedürfnis des anderen erfüllen zu können«
Siehe außer McMahon auch Robert Brain.
(S. 226) »wenn ich meiner Frau erzählen würde«
Wagenvoord und Bailey: MEN: A BOOK FOR WOMEN.
(S. 226) »es gibt ein paar Dinge«
(S. 227) »ich liebe an meinen Freundinnen«
(S. 227) alle gefeierten Freundschaften aus Mythos und Volksgut
Robert Bell schreibt über den Umstand, daß Männerfreundschaften weniger offen und intim sind (bei ihm finden wir auch diese Zitate): »Die Indizien weisen eindeutig darauf hin, daß weibliches Freundschaftsverhalten weit enthüllender und intimer ist als das, was man unter Männern vorfindet.« Bell hat bei seiner Befragung von 101 Frauen und 65 Männern festgestellt, daß Frauen im Durchschnitt 4,7 und Männer 3,2 Freunde haben. Er schreibt: »Der Umstand, daß Männer in sich selbst gefangen sind, hat sich in unseren Gesprächen deutlich herausgestellt. Frauen enthüllen ihren besten Freundinnen überschwenglich viel von ihren Ängsten, Befürchtungen und Unsicherheiten, wogegen Männer sie geradezu überschwenglich für sich behalten.«
Zu den mythischen Freundschaften früherer Zeiten schreibt Bell, daß sie zwar romantisiert und besungen wurden, sich jedoch in ihnen immer nur Tapferkeit und physische Opfer widerspiegeln, und »... selten gehen die Erinnerungen dahin, zwischenmenschliche Beziehungen der Gefühle, des Verständnisses und des Mitgefühles eines Mannes für einen anderen zu preisen«.
(S. 228) »Männer sind für die Freundschaft da«
(S. 228) in einer Studie sagten viele der befragten Männer aus
Beides Bell.
(S. 229) Lucy, eine verheiratete Frau mit vier Kindern
Das Gespräch mit Lucy ist in J. Viorst: ›Friends, Good Friends – and Such Good Friends‹ erschienen.

(S. 230) daß sie sowohl ein Liebespaar als auch die besten Freunde sind

Bell schreibt, daß bei seinen Nachforschungen »etwa die Hälfte der Frauen ihre Ehemänner als einen sehr engen Freund nannten. Etwa sechzig Prozent der verheirateten Männer führten ihre Frau als eine sehr enge Freundin auf.« Er hebt jedoch hervor, daß diese Zahlen natürlich auch zeigen, daß etwa die Hälfte aller verheirateten Menschen ihre Angetrauten *nicht* als enge Freunde ansehen.

(S. 230) »eine kleine Spur von Sex«

Bell zitiert eine Leserumfrage in PSYCHOLOGY TODAY, in der sich herausstellte, »daß etwa drei Viertel der Einsender das Gefühl hatten, eine Freundschaft mit einem Angehörigen des anderen Geschlechts sei etwas anderes als eine Freundschaft unter Angehörigen desselben Geschlechts. Ein Hauptgrund, der für diesen Unterschied genannt wurde, war, daß sexuelle Spannungen die Beziehung komplizieren.«

(S. 231) Die hier aufgeführten Kategorien der Freundschaft und die zitierten Gespräche sind übernommen worden aus J. Viorst: ›Friends, Good Friends – and Such Good Friends‹.

(S. 234) »ihre Freundin zu sein«
Jane Howard: FAMILIES.

(S. 235) »Rosie ist meine Freundin«
J. Viorst: ROSIE AND MICHAEL.

(S. 237) »wahrscheinlicher als die Liebe den ganzen Menschen mit einem anderen ganzen Menschen verbinden kann«

Siehe Bell. Er schildert hier die Vorstellungen des Soziologen Georg Simmel, der das Freundschaftsideal der Vergangenheit – ›absolute psychologische Identität‹ – unseren heutigen, partiellen, differenzierten Freundschaften gegenüberstellt.

(S. 238) »Wenn Rosie mir ein Geheimnis verraten würde«
J. Viorst: ROSIE AND MICHAEL.

(S. 239) »geheiligte und wunderbare Beziehungen«
Diese Beschreibung erscheint bei Jane Howard.

13. Kapitel: Liebe und Haß in der Ehe

(S. 241) »Gestern nacht, ah, letzte Nacht«
Die Strophe stammt aus Ernest Dowsons Gedicht ›Non sum qualis eram bonae sub regno Cynarae‹.

(S. 241) Zu Freuds Vorstellungen von der Liebe siehe Hitschmann und Freuds eigene Ausführungen über Verliebtsein und Hypnose in MASSENPSYCHOLOGIE UND ICH-ANALYSE.

(S. 241) »ein Mensch kann, ohne jede Feindseligkeit«
Diese Äußerung stammt von dem Soziologen Otto Pollak von der University of Pennsylvania und wird von Israel Charny zitiert.

(S. 242) »so ließen sie sich trauen«
Louis MacNeice: ›Les Sylphides‹.
(S. 243) Malinowski wird bei Nena O'Neill zitiert.
(S. 244) Masters und Johnson bestätigen diese These von Kathrin Perutz. Die Sexualtherapeuten schreiben: »Die Sexualität kann in einer herzlichen, emotional hingebungsvollen Beziehung ihren Charakter ändern, und sexuelle Reaktionen können nach einer Weile undeutlicher werden. Es kann vorkommen, daß sie nicht immer die Höhen der Erregung erreichen, die manchmal ein Mann und eine Frau bei ihren frühen, experimentellen Begegnungen erleben.«

Eine verheiratete Frau schrieb mir aus Pennsylvania und verlieh einer Klage Ausdruck, die man häufig hören kann: »Erwartungen: Ganz gleich, was sonst im Leben geschieht, der sexuelle Aspekt wird immer frisch und aufregend bleiben ... Die Wahrheit ist ... daß es das schlichte Problem der Langeweile gibt. Ich möchte das Paar sehen, das mehr als zehn Jahre verheiratet ist und sagt, das sei noch nie der Fall gewesen.«

(S. 245) »ich bringe noch ein Glas mit Wasser«
J. Viorst: IT'S HARD TO BE HIP OVER THIRTY AND OTHER TRAGEDIES OF MARRIED LIFE, ›So sexy ist der Sex nicht mehr‹.

(S. 248) unser ›heimatlicher Hafen in einer herzlosen Welt‹
Diese Formulierung entspricht dem englischen Titel von Christopher Laschs Buch GEBORGENHEIT.

(S. 248) ›intime Feinde‹
Der intime Feind stammt aus dem Buch von Bach und Wyden, STREITEN VERBINDET, in dem es darum geht, wie man in der Ehe und in der Liebe fair kämpft.

(S. 248) hören wir uns Millie an
J. Viorst: ›Sometimes I Hate My Husband‹.

(S. 250) Das Kubie-Zitat findet sich bei Jessie Bernard.

(S. 250) ›komplementäre Ehen‹
Siehe dazu Bela Mittelmann. Er kommt zu dem Schluß: »Aufgrund der kontinuierlichen und intimen Natur der Ehe ist bei einem verheirateten Menschen jede Neurose stark in der ehelichen Beziehung verankert. Das Vorhandensein einer komplementären neurotischen Reaktion ist ein entscheidender Aspekt der Neurose der verheirateten Patienten.«
Siehe auch Henry Dicks Klassiker: MARITAL TENSIONS.

Weitere Beiträge zu komplementären Ehen kann man bei Jessie Bernard finden, die sich auf Robert Ryders einundzwanzig verschiedene Muster des Umgangs mit Lebensgefährten und auf Robert Winchs ›vierfaltige Klassifizierung der Paarungen‹ bezieht: »das Ibsen-Paar, bei dem der Mann dominierend und der Ernährer ist, die Frau das Gegenteil; das Thurber-Paar, bei dem der Mann unterwürfiger und umsorgender ist als die Frau; das Herr-Dienstmädchen-Paar, bei dem der Mann dominierend und die Frau dafür empfänglich ist, und das Mutter-Sohn-Paar, bei dem der Mann unterwürfig und empfänglich ist.«

(S. 251) Die Theorie der ›abgekarteten Sache‹ ist mit gewissen Modifikationen von Jürg Willies Buch THERAPIE DER ZWEIERBEZIEHUNG abgeleitet.

(S. 252) Die Definition der projektiven Identifikation und eine ausgezeichnete Ausführung zu diesem Thema legt Thomas Ogden vor.

Außerdem bin ich der Therapeutin Anne Stephansky für eine wunderbare klare Erklärung dieses komplizierten Themas zu Dank verpflichtet.

(S. 253) eine Frau Mitte Dreißig fängt mit einer Therapie an
siehe Giovacchini

(S. 254) ironischerweise kann der Schwung der menschlichen Entwicklung auch zu Spannungen in der Ehe beitragen

Kernberg schreibt, daß er bei seiner Analyse von Liebesbeziehungen »gezwungen war, zu dem Schluß zu kommen, daß emotionale Reife keine Garantie für die konfliktfreie Stabilität einer Paarbeziehung ist. Gerade die Fähigkeit, tief zu lieben und einen anderen Menschen im Lauf der Jahre realistisch einzuschätzen ... kann die Beziehung sowohl bestätigen und vertiefen, als auch zu ihrer Desillusionierung und zu einem Ende der Beziehung führen. Die Komplikation besteht darin, daß sich sowohl Individuen als auch Paare ändern und daß ... das Entwickeln von Reife bei einem wiederholten realistischen Überprüfen der Basis des Zusammenlebens neue Grade an Freiheit öffnen kann.«

(S. 254) Dorothy Dinnerstein räumt zwar ein, daß es natürlich viele Ausnahmen von der Regel gibt, doch sie führt Argumente an, um zu zeigen, »wie von weiblicher Seite dominierte Kinderaufzucht eine Garantie für ein männliches Beharren auf und ein weibliches Sichfügen in eine Doppelmoral des Geschlechterverhaltens ist«; wie dieser Umstand »eine Garantie dafür ist, daß Frauen und Männer einander als alberne, zu groß gewordene Kinder ansehen«; und wie es »eine Garantie für bestimmte Formen des Antagonismus ist – der in Männern wild wuchert und von Frauen weitgehend geteilt wird – eines Antagonismus, der sich gegen die Frauen richtet«, und dazu zählt auch die Überzeugung, daß Frauen unzulänglich, nicht vertrauenswürdig und böswillig sind. In Anbetracht dieses Antagonismus stellt Dinnerstein fest, daß es keinen Zweck hat, Männern Vorwürfe zu machen »wegen eines Hasses, den zu empfinden sie gezwungen sind; wenn sie behaupten – in vielen Fällen ganz aufrichtig – ihn nicht zu empfinden, dann besteht nicht der geringste Anlaß, ihnen zu glauben; wenn sie ihn in sich selbst erkennen und ergründen, dann hat es nicht den geringsten Zweck, darauf zu vertrauen, daß sie ihn unter Kontrolle behalten werden«.

(S. 256) Lillian Rubin, die den Begriff der ›vertrauten Fremden‹ geprägt hat, vertritt die Theorie, daß die psychologischen Unterschiede zwischen Mann und Frau anerzogen und nicht naturgegeben sind. Wie Dorothy Dinnerstein glaubt auch sie, daß Männer weniger Schwierigkeiten mit der Nähe und Frauen weniger Schwierigkeiten mit der Autonomie hätten, wenn Väter sich im selben Maß wie Mütter auf das Aufziehen der Kinder einließen.

(S. 259) daß »mehr Ehefrauen als Ehemänner von Frustration und Unzufriedenheit in der Ehe sprechen«
Bernard: THE FUTURE OF MARRIAGE.
(S. 259) »sich den Erwartungen der Ehemänner mehr anpassen«
Bernard.
(S. 260) Ehen ›wie Hund und Katz‹ und ›Sonnenschein‹-Ehen
Dicks beschreibt diese beiden Ehen, und Bowlby spricht in VERLUST von Hund-und-Katz-Ehen und von Kinder-im-Wald-Ehen, wobei die ersten durch den ständigen Konflikt und die zweiten durch ein entschiedenes Leugnen von Konflikten charakterisiert sind.
(S. 261) Rachel spürt solche Gefühle bis in die Fingerspitzen
Rachels Äußerungen stammen aus J. Viorst: ›Sometimes I Hate My Husband‹, ebenso die Äußerungen von Connie (S. 261).
(S. 262) Altman schreibt: »Alle Beweise, die wir haben, darunter auch unsere persönlichen Erfahrungen, bestätigen das Vorhandensein von Aggression und Haß inmitten dessen, was als die vollkommenste Liebesgeschichte erscheinen kann ... Das Bedürfnis, unseren Haß zu leugnen, könnte sogar der tiefste Ursprung unseres Bedürfnisses sein, soviel Betonung auf die Liebe zu legen, soviel von ihr zu fordern ... Vielleicht könnte der Mensch mehr lieben, wenn er auch heiterer hassen könnte.«
(S. 262) Lorenz schreibt, daß Aggression mit Sicherheit ohne ihr Gegenstück, die Liebe existieren kann, daß es aber im Gegensatz dazu keine Liebe ohne Aggression gibt.
(S. 262) Kernbergs Auffassung schließt sich Dicks an, der schreibt: »Das Gegenteil von Liebe ist nicht Haß. Solange es eine lebendige Beziehung gibt, werden beide immer gemeinsam existieren. Das Gegenteil von Liebe ist Gleichgültigkeit.«
(S. 263) Ausführungen zur Dankbarkeit und anderen Aspekten der Liebe siehe bei Martin Bergman in dem umfassenden Artikel ›On the Intrapsychic Function of Falling in Love‹.
(S. 266) Benedek schreibt zur ewigen Liebe ohne Haß, daß »das Ethos der Ehe viel fordert, wahrscheinlich das Unmögliche«.

14. Kapitel: Wie man Kinder verschont

(S. 269) »damit«, erklärt er, »ich eine Deckenlampe, die plötzlich hätte runterfallen können«
J. Viorst: ›Letting Go: Why It's Hard to Let Children Grow Up‹.
(S. 269) »ein Mann, der das gefährliche Spiel«
Louis Simpson: ›The Goodnight‹.
(S. 270) »mir ist erst kürzlich aufgegangen«
J. Viorst: ›Letting Go: ...‹, dort auch die Mutter, die ihren Jungen im Kindergarten abliefert, und Selena, die als Kind traumatisch im Stich gelassen wurde.

(S. 271) »die zu gute Mutter«

Robert Shields führt Winnicotts Vorstellung von der Mutter, die gut genug ist, weiter und beschreibt die Mutter, die sich selbst »nur als den Lieferanten unbegrenzter Zufriedenheit« ansieht.

(S. 272) mir ist von einer Mutter erzählt worden

J. Viorst: ›Letting Go‹.

(S. 272) »eine Mutter unter Umständen ihre Vorstellung von dem ganz anderen Baby«

T. Berry Brazelton und Catherine Buttenwieser.

(S. 274) Zur ›Qualität des Zusammenpassens‹ siehe Greenspan/Lieberman.

(S. 274) die ›primäre Beschäftigung der Mutter‹

Winnicott schreibt die besondere Intensität des Mutter-Kind-Bandes dem zu, was er als ›primäre mütterliche Beschäftigung‹ bezeichnet, Beschäftigung als ein inneres Beschäftigtsein-mit verstanden. Er beschreibt diesen Zustand als »eine ganz besondere psychische Verfassung der Mutter«, die sich »allmählich herausbildet und zu einem Zustand verstärkter Sensibilität führt«, und zwar geschieht das gegen Ende der Schwangerschaft und hält nach der Geburt noch einige Wochen an. Die tiefe Verbundenheit der Mutter mit ihrem Baby und ihre gleichzeitige Identifikation mit ihm erlauben es ihr, »sich ganz zu Beginn zart und einfühlsam den Bedürfnissen des Kindes anzupassen«. Nach Winnicotts Auffassung ist das eine normale Krankheit, von der sich Mütter mit der Zeit wieder erholen.

(S. 275) Margaret Mahler stieß bei ihrer Studie auf die verschiedensten Reaktionen von seiten der Mütter auf die Separation/Individuation ihrer Kinder. Eine Mutter beispielsweise konnte ihren kleinen Jungen »nur als symbiotischen Teil ihrer selbst« akzeptieren und »mischte sich aktiv in seine Versuche, sich von ihr zu lösen« ein. Wieder andere Mütter »mochten die Nähe der symbiotischen Phase, aber sowie diese Phase vorüber war, wäre es ihnen lieb gewesen, wenn ihre Kinder bereits ›erwachsen‹ gewesen wären«. Wieder andere Mütter, die in den frühen Phasen der Mutterschaft sehr ängstlich gewesen waren, waren »hochgradig erleichtert, wenn ihre Kinder erst weniger empfindlich und verletzbar und gewissermaßen unabhängiger waren«.

(S. 278) »ich hatte mir gelobt«

Diese Äußerung einer Mutter von zwei inzwischen erwachsenen Mädchen stammt aus dem Buch von Shirley Radl.

(S. 278) »der Hang Erwachsener, alte Ängste und Konflikte mit neuen Personen nachzuspielen«

Die Group for the Advancement of Psychiatry bietet dazu das folgende Beispiel an: »Die älteste Tochter eines Arztes war sensibel, nervös und leicht erregbar, wie ihr Großvater. Ihr Vater hatte die Launischkeit und die Temperamentausbrüche seines Vaters, die er als gemein und egoistisch empfand, immer gehaßt und gefürchtet. Er hatte es mit den emotionalen Forderungen seines Vaters aufgenommen, indem er hart arbeitete, immer hilfsbereit war und eine geschärfte Sensibilität für seine Launen entwickelte. Er konnte die Wut seines Vaters abwenden, indem er seine Forderungen im voraus ahnte und ein mustergültiger Sohn war. Seine Haltung gegenüber seiner Tochter war argwöhnisch und kritisch. Wenn er auch manchmal versuchte, sie zu beschwichtigen, drückte er doch öfter die Ablehnung und den Zorn aus, der aufgrund seiner Angst in ihm begraben gewesen war.«

(S. 282) das wahre Dilemma der Eltern
Siehe dazu die Group for Advancement in Psychiatry.

(S. 282) daß Babys mit einem ganz bestimmten Naturell geboren werden
Siehe Chess und Alexander.

(S. 283) Zu den gut oder schlecht zusammenpassenden Konstellationen siehe Daniel Stern: MUTTER UND KIND, insbesondere Kapitel 8.

(S. 283) Das Beispiel der Mrs. Jones, das Stanley Greenspan anführt, ist einer persönlichen Unterhaltung entnommen.

(S. 285) weil es überempfindlich auf Geräusche reagiert
In seinem ausgezeichneten Buch PSYCHOPATHOLOGY AND ADAPTATION IN INFANCY AND EARLY CHILDHOOD: PRINCIPLES OF CLINICAL DIAGNOSIS AND PREVENTIVE INTERVENTION führt Greenspan die Fallstudie von Hilda an, die – in Gegenwart ihrer Mutter – von Kopf bis Fuß steif wurde und meistens schrie. Es wurde festgestellt, daß Hilda besonders geräuschsensibel war und daß die schrille Stimme ihrer Mutter auf sie besonders reizerzeugend wirkte. Ihrer Mutter wurde beigebracht, mit einer leiseren, rhythmischeren Stimme zu sprechen und Hilda mit rhythmischen wiegenden Bewegungen zu beschwichtigen und sie von den verstörenden Geräuschen durch interessante optische Stimuli abzulenken. Weitere Fallgeschichten zu diesem Thema sind bei Sally Provence (Hg.) zu finden.

(S. 287) Freud glaubte ursprünglich
In ›Selbstdarstellung‹ erläutert er, wie er von der Verführungstheorie abgekommen und zu dem Schluß gekommen ist, daß »neurotische Symptome nicht in einem direkten Zusammenhang mit tatsächlichen Ereignissen, sondern mit Wunschvorstellungen stehen«.

(S. 288) Zu den Vertretern der Auffassung, daß eine Verbindung zwischen frühen Erfahrungen und der zukünftigen psychischen Gesundheit in Frage gestellt werden muß, gehören der Psychologe Bertram Cohler von der University of Chicago und Jerome Kagan von der Harvard University.

Siehe auch Rudolph Schaffer, der in seinem Buch MÜTTERLICHE FÜRSORGE IN DEN ERSTEN LEBENSJAHREN den unter Eltern und Profis immer noch beharrlich verbreiteten Glauben an die dauerhaft formativen Auswirkungen von frühkindlichen Erfahrungen in Zweifel zieht. Daß das, was sich in der Kindheit abspielt, eine gewaltige Rolle spielt, wird bei Kliman und Rosenfeld bestätigt, die eine ganze Anzahl von Studien zitieren, die diese Auffassung bekräftigen. Sie räumen ein, daß das, was sie mit dem Schlagwort Die-Kindheit-ist-bedeutungslos-Bewegung versehen, wenigstens den Wert hat, uns daran zu erinnern, daß kein *zwangsläufiger* Zusammenhang zwischen einer unvorteilhaften Kindheit und einem gestörten Erwachsenendasein besteht – »unangemessenes Elternverhalten verdammt ein Kind nicht zu Fehlschlägen oder Unglück«; und daß Eltern sich nicht immer die Schuld daran geben müssen, wenn aus Kindern, nach welchen Maßstäben auch immer, »nichts Anständiges geworden ist«. Sie räumen auch ein, daß die Bewegung insofern nützlich sein kann, als der entscheidende Punkt betont wird, daß Kindheitsschäden mit Sicherheit nicht unwiderruflich sind. »Aber ein solches Rückgängigmachen«, bemerken die Autoren, »kostet einen weit höheren Preis und ist nur unter großen Anstrengungen zu erreichen. Ein Vorbeugen ist weitaus besser.«

(S. 290) »wer hat gesagt, die Zärtlichkeit«
Louis Simpson: ›The Goodnight‹.

15. Kapitel: Familiäre Gefühle

(S. 292) zu den Familientypen siehe Robert Hess und Gerald Handel.
Zu den verbindenden Merkmalen siehe Gerald Handel.

(S. 293) Zum Entstehen der Realität durch Familienmythen siehe außer Ferreira auch Dennis Bagarozzi und Steven Anderson, sowie Lynn Wikler.

(S. 293) »wir sind alle friedlich«
Siehe Lyman Wynne / Irving Ryckoff / Juliana Day und Stanley Hirsch.
Dort wird auch die Pseudo-Gegenseitigkeit definiert.

(S. 295) manchmal sogar schon vor unserer tatsächlichen Geburt
Siehe dazu Horst-Eberhard Richter.

(S. 295) es gibt alle erdenklichen Rollen
Die vier in diesem Absatz genannten Rollen werden von Richter erörtert. Zur Rolle des schwarzen Schafes oder des Sündenbocks der Familie ist ein Kapitel bei Nathan Ackerman, dem innovativen Familientherapeuten, zu finden.

(S. 296) die Zuteilung von Rollen beschränkt sich
Richter schreibt: »Untersuchungen von Familien, die über etliche Jahre hinweg durchgeführt wurden, zeigen, daß Kinder genau die Rolle erkennen, die das elterliche Unbewußte ihnen zuzuteilen versucht, und daß viele ihrer Reaktionen teils als Identifikationen mit und teils als Proteste gegen die Direktiven ausgelegt werden können, die ihnen aufoktroyiert werden.«

(S. 300) wir beginnen, unsere Identifikationen zu erkennen

Gould schreibt: »In unseren Zwanzigern mußte unser Wissen um diese Identifikationen unterdrückt werden, damit wir an die Illusion unserer völligen Unabhängigkeit von elterlichen Einflüssen glauben konnten. Jetzt müssen wir, um ein blindes Wiederholen ihrer Verhaltensmuster zu vermeiden und um nicht den Teil unseres Ichs einzubüßen, der den elterlichen Identifikationen zugrunde liegt, erst einmal das Vorhandensein dieses mysteriösen, eine Spur fremdartigen inneren Ichs erkennen.«

Aber nicht jede Identifikation ist eine exakte Vervielfältigung oder eine vollständige Ablehnung einer elterlichen Eigenschaft. »Das Endergebnis eines erfolgreichen fortschreitenden Identifizierungsprozesses nähert sich dann, wenn wir feststellen, daß wir eine *Ähnlichkeit* mit einem Elternteil haben, aber *nicht identisch* sind. Wir können den Stamm einer Eigenschaft gemeinsam haben, aber nicht deren Verästelung. Wir können in unserem Temperament gemeinsame Merkmale aufweisen, sie aber zu verschiedenen Zwecken nutzen. Feindseligkeit könnte Mumm sein, Knauserigkeit ein umsichtiges Maßhalten. Aber erst, nachdem die Identifikation Ähnlichkeit eingestanden ist, können die notwendigen Unterscheidungen getroffen werden und dem Ich, das mit diesem Merkmal zusammenhängt, gestattet werden, zu leben.«

(S. 306) Zu den Familiengeheimnissen siehe Theodore Jacobs.

16. Kapitel: Liebe und Trauer

(S. 310) »ein lebenslänglicher Zustand des Menschen«
Siehe Rochlin.

(S. 311) »Kummer ... nicht als ein Zustand, sondern als ein Vorgang erweist«
C.S. Lewis: ÜBER DIE TRAUER.

(S. 311) »Schock, Betäubung und ein Gefühl der Ungläubigkeit«
Siehe Marian Osterweis / Frederic Salomon / Morris Green.

(S. 312) Das Zitat von Mark Twain stammt aus seiner Autobiographie in den Gesammelten Werken, von Samuel Clemens.

(S. 312) Das Phänomen der ›vorwegnehmenden Trauer‹ ist in vielen Studien zu finden, unter anderem bei George Pollock, der zwar den Schock im Falle schlimmer Krankheiten und körperlichen und geistigen Verfalls auch zu dem Zeitpunkt ansetzt, zu dem die Diagnose gestellt wird, jedoch betont, daß trotz des vorweggenommenen Schocks auch nach dem Tod die Trauerarbeit noch zu leisten ist.

(S. 313) eine ältere Frau wurde von ihrer Familie
Das Beispiel stammt von Channing Lipson.

(S. 314) ein notleidendes Stadium des ›hilf mir!‹
Lily Pincus weist darauf hin, wie wichtig es, als ein Bestandteil des Trauerns, ist, daß Regression gestattet wird. Sie spricht von »einer

Witwe, die nach einer anfänglichen Phase der Schlaflosigkeit zufrieden einschlafen konnte, wenn sie ein Nackenpolster im Arm hielt wie ein Baby, das einen Teddybär braucht, um ohne seine Mutter einzuschlafen. Warum sollten wir nicht ohne Scham die kleinkindlichen Bedürfnisse anerkennen und befriedigen, die durch einen Todesfall ausgelöst werden können?« Einige Seiten später schreibt Pincus: »Das dreijährige Kind, das nach der Geburt eines geschwisterlichen Rivalen wieder zum Bettnässen übergeht und sich in die Hose macht, will damit zusätzliche Aufmerksamkeit und Sorge auf sich lenken. Sowohl das Kleinkind, das wieder ein Baby sein will, als auch der leidende Erwachsene lernen es, regressives Verhalten in ihrer neuen Situation zu nutzen, um Trost und Liebe zu erringen. Wenn die ersehnte Reaktion erfolgt, kann das Kleinkind in seiner Entwicklung einen Schritt weiterziehen ... Regression aus Kummer muß als ein Mittel der Anpassung und als ein Schritt zur Gesundheit angesehen und unterstützt werden.«

(S. 314) »wie sehr ich die Welt gehaßt habe«
Raphael.

(S. 314) »Deine Logik, mein Freund, stimmt vollkommen«
Es sind die neunte und die zehnte Strophe von James Russel Lowells Gedicht ›Nach dem Begräbnis‹, das er nach dem Tod seines Kindes geschrieben hat.

(S. 315) Wut – auf die anderen und auch auf den Toten –
Bowlby bestätigt diese Wut als einen Bestandteil des normalen Trauerns.

(S. 315) Zum Schuldbewußtsein, als Teil der Trauer schreibt Beverly Raphael: »Schuldgefühle sind häufig anzutreffen: Sie stehen in Bezug zu der Unvollkommenheit menschlicher Beziehungen. Bei der nachträglichen Sichtung im Prozeß des Trauerns kann es sein, daß man sich an die Liebe erinnert, die nicht gegeben wurde, die Pflege, die unterlassen wurde – die ›Unterlassungssünden‹. Es kann aber auch sein, daß man sich an den Haß erinnert, den man für den Toten empfunden hat, an die Brutalität, die man sich in der Phantasie ausgemalt hat – die ›begangenen Sünden‹. In Fällen, in denen die Beziehung eine im Grunde genommene liebevolle war, treten solche Schuldgefühle nur vorübergehend auf; dort, wo die Ambivalenz stärker war, führen sie zu größeren Belastungen im Verarbeitungsprozeß. Es kann auch sein, daß Erleichterung empfunden wird – Erleichterung darüber, daß die Krankheit ausgestanden ist, daß die qualvolle Beziehung beendet ist, daß man nicht selbst gestorben ist – und das kann akzeptiert werden, kann aber auch eine weitere Ursache von Schuldgefühlen sein.«

(S. 316) »jetzt, da ich ihn vermisse«
Diese Worte von Francis Gunther erscheinen in John Gunthers Erinnerungen an ihren Sohn, DEATH BE NOT PROUD.

(S. 317) eine Heiligsprechung – eine Idealisierung – der Toten
Freud beschreibt in ZEITGEMÄSSES ÜBER KRIEG UND TOD, wie wir unsere

Toten idealisieren: »Wir setzen jede Kritik an ihm außer Kraft, übersehen seine möglichen Missetaten, verkünden *de mortuis nihil nisi bonum* (von den Toten nichts als das Gute) und halten es für gerechtfertigt, alles herauszustreichen, was seiner Erinnerung am zuträglichsten ist, wenn wir Grabreden halten und Grabsteine beschriften. Die Rücksicht auf die Toten, die sie jetzt schließlich nicht mehr brauchen, ist uns wichtiger als die Wahrheit.«

(S. 319) ein Vater träumt von seinem Sohn

Dieser Traum von Samuel Palmer wird von Bowlby in VERLUST beschrieben.

eine Mutter träumt von ihrer Tochter

Dieser Traum wurde von einer Frau geschildert, deren Tochter an Krebs starb.

eine Frau träumt von ihrer Schwester

Dieser Traum wird von Geoffrey Gorer in DEATH, GRIEF AND MOURNING beschrieben.

eine Tochter träumt von ihrer Mutter

Simone de Beauvoir: EIN SANFTER TOD.

(S. 319) ein Sohn träumt von seinem Vater

Dieser Traum eines Mannes in den Zwanzigern, der eine sehr angespannte, gar nicht friedliche Beziehung zu seinem Vater hatte, wurde mir von seinem Psychiater erzählt.

ein Sohn träumt von seiner Mutter

Diese Träume wurden mir von einem Mann geschildert, der seine Mutter nach ihrem Tod in hohem Maß idealisiert hat.

(S. 320) eine Tochter träumt von ihrem Vater

Gorer.

eine Witwe träumt von ihrem Mann

Dieser Traum wurde mir von einer Frau erzählt, deren Mann, der manisch-depressiv war, sich erschoß, als er fünfzig und sie sechsundvierzig war.

der Schriftsteller Edmund Wilson

Edmund Wilson: THE THIRTIES.

(S. 322) George Pollock schreibt zu dem Beginn des Endes der Trauer: »Die Fähigkeit des Ich, die Realität des Verlustes wahrzunehmen; die zeitliche und räumliche Dauerhaftigkeit des Verlustes anzuerkennen; die Bedeutung des Verlustes einzuschätzen; es zu lernen, mit der akuten und plötzlichen Zerrissenheit umzugehen, die diesem Verlust folgt und von Gefühlen der Schwäche, der Hilflosigkeit, der Frustration, der Wut, der Qual und der Raserei begleitet wird; es zu lernen, Energie wirksam auf neue Objekte oder Ideale zu lenken und somit andere, aber zufriedenstellende Beziehungen wiederaufzubauen, sind die Schlüsselfaktoren in diesem Prozeß.«

(S. 324) Zu den ›Jahrestagsreaktionen‹ siehe George Pollock.

(S. 324) Diese Schilderung des Kummers einer Tochter ist Toby Talbots Buch entnommen.

(S. 326) durch ein Verinnerlichen der Toten

Hier wird von manchen Seiten von einer *Verinnerlichung* des verlorenen Objekts gesprochen, von anderen von einer *Identifikation* mit ihm. Daher möchte ich zwischen diesen beiden Begriffen unterscheiden. Verinnerlichung ist am zweckmäßigsten definiert als ein genereller Ausdruck für etliche Prozesse (Identifikation, Verkörperung, Introjektion, um hier nur drei zu nennen), durch die wir unsere Beziehungen und Erfahrungen mit der Außenwelt zu inneren Beziehungen und Erfahrungen umwandeln. Identifikation ist der Prozeß der Verinnerlichung, durch den wir unser Ich modifizieren, um in manchen Hinsichten so wie der eine oder andere Mensch dort draußen zu werden.

In TRAUER UND MELANCHOLIE behauptet Freud, daß es zu einer Identifikation mit dem verlorenen geliebten Menschen nur kommt, wenn das Trauern pathologisch verlaufen ist, aber später (in DAS ICH UND DAS ES) bezog er den Standpunkt, daß die Identifikation ein Teil jeden Trauerns und zugleich das Mittel dazu ist, es uns zu ermöglichen, unsere Beziehung zu dem verlorenen Menschen aufzugeben.

(S. 327) Lily Pincus zeichnet auf, daß die geistlose Ehefrau, die nach dem Tod ihres Mannes schlagfertig und geistreich wurde, »mir erzählt hat, daß sie sich immer darüber amüsiert hat, wie ihr Mann die Schale seines weichgekochten Eis geduldig von der Spitze abschälte, wogegen sie das obere Ende immer abschnitt. ›Jetzt‹, sagte sie, ›bringe ich es einfach nicht mehr über mich, den Kopf abzuschneiden. Ich muß die Schale geduldig abziehen.‹«

(S. 327) Identifikationen können auch pathologisch sein.

Pincus schildert eine Frau, die die schlechten Tischmanieren ihres Mannes zu seinen Lebzeiten verabscheut und dann, nach seinem Tod – dieselben Tischmanieren angenommen hat. Pincus sieht darin einen Versuch, das eigene Nörgeln rückgängig zu machen.

Zu den pathologischen Identifikationen gehört auch ein Identifizieren mit und ein tatsächliches Entwickeln von Symptomen der letzten, tödlichen Krankheit des Verstorbenen. Zu pathologischen Identifikationen kann es auch kommen, wenn die Beziehung in hohem Maß ambivalent war. Der Trauernde ist wütend auf den Menschen, der gestorben ist, und macht ihm Vorwürfe, aber statt dessen leitet er die Wut und die Vorwürfe gegen sich selbst. (Siehe Freud: TRAUER UND MELANCHOLIE.)

(S. 328) »Gram füllt die Stelle des entfernten Kindes«

Shakespeare: KÖNIG JOHANN, 3. Akt, 4. Szene.

(S. 328) Zur ›Mumifizierung‹ siehe Gorer.

(S. 330) »Gib Worte deinem Schmerz«

Shakespeare: MACBETH, 4. Akt, 3. Szene.

(S. 330) Langfristig schädigende Wirkungen auf die geistige und körperliche Gesundheit der Überlebenden – dazu finden wir längere Ausführungen bei Osterweis et al. Das Institute of Medicine kommt unter anderem zu den folgenden Schlüssen: »Infolge von Todesfällen steigt die

Sterblichkeit bei Männern unter fünfundsiebzig Jahren statistisch spürbar an ... Bei Frauen ist im ersten Jahr keine höhere Sterblichkeit zu beobachten; ob sie im zweiten Jahr ansteigt, ist ungewiß.

Im ersten Jahr nach dem Todesfall kommt es zu einem Steigen der Selbstmordrate, vor allem bei älteren Witwern und bei alleinstehenden Männern, die ihre Mütter verlieren. Ein geringfügiges Ansteigen der Selbstmordquote könnte auch unter Witwen aufzufinden sein.

Unter Witwern ist ein Ansteigen der relativen Todesgefahr durch Unfälle, Herzgefäßerkrankungen und einige Infektionskrankheiten zu verzeichnen, bei Witwen die relative Todesgefahr durch Zyrrhosen gesteigert.

Sämtliche Studien bezeugen einen steigenden Alkoholkonsum, verbreiteteres Rauchen und häufigere Benutzung von Beruhigungs- oder Schlafmitteln (oder beides gleichzeitig) unter den Hinterbliebenen. Zu diesem erhöhten Konsum kommt es weitgehend unter Menschen, die die jeweiligen Mittel bereits konsumierten, aber ein Teil dieses Ansteigens kann auch denen zugeschrieben werden, die neu hinzukommen.

Depressive Symptome sind in den ersten Monaten nach dem Todesfall weit verbreitet. Zehn bis zwanzig Prozent der Männer und Frauen, die einen Ehegatten verlieren, haben noch ein Jahr später Depressionen.«

(S. 330) Die oben genannte Studie des Institute of Medicine von Osterweis et al. leitet ihren Bericht mit diesem Absatz aus Thomas Manns Roman DER ZAUBERBERG ein.

Auch die Statistiken (auf S. 331) sind diesem Buch entnommen.

(S. 333) Auf Tove Ditlevsens Gedicht bin ich in Moffat: IN THE MIDST OF WINTER gestoßen, und dort habe ich auch die biographischen Informationen über sie bekommen.

(S. 334) Zu der ermüdenden, ewig währenden Kontroverse, ob Kinder trauern und die Trauer zu einem Abschluß bringen können, die sich vermutlich nur auf voneinander abweichenden Definitionen begründet, siehe:
Melanie Klein, Martha Wolfenstein, Edna Furman, John Bowlby und Beverly Raphael.

(S. 337) eine Abtreibung – »Sie haben gesagt, es sei nichts«
Siehe Raphael.

Dort sind auch die Zitate entnommen: »dann war dieses leere Zimmer im Haus« und »kann für alle Zeiten den weiteren Verlauf«

(S. 338) Freud schreibt diesen Brief an Ludwig Biswanger.

(S. 339) Elaine wird von Beverly Raphael geschildert.

(S. 340) Das Zitat »ich war so verrückt« von Helen Hayes stammt aus Lynn Caine: WIDOW.

(S. 340) »Gott hat mich in eine fortgeschrittene Klasse versetzt«
Dieses prägnante Zitat wird von Etty Hillesum angeführt.

(S. 340) Zum Thema des anderen Todes der Ehe, der Scheidung, siehe Gerald Jacobson.

(S. 344) »Als wir feststellten, was die Krankheit anrichten würde«
Das ist lediglich der Anfang von Maxime Kumins Gedicht ›Der Mann der vielen L's‹.

(S. 346) »Dir sind Flügel des Schmerzes gewachsen«
Ein Absatz aus Linda Pastans Gedicht ›Geh sachte‹.

(S. 347) daß es in keiner Form des Todes einen Verlust gibt, »der nicht zu einem Gewinn führen kann«
Siehe Lily Pincus.

17. Kapitel: Sich verlagernde Vorstellungen

(S. 349) Daniel Levinsons Buch DAS LEBEN DES MANNES sind die Lebensalter des Menschen nach Konfuzius, Solon und dem Talmud entnommen.

Konfuzius:
Der Meister sagte:
Mit 15 hing ich mein ganzes Herz an das Lernen.
Mit 30 stellte ich meine Füße fest auf den Boden.
Mit 40 litt ich nicht mehr an Verwirrungen.
Mit 50 wußte ich, was das Geheiß des Himmels war.
Mit 60 vernahm ich des Himmels Geheiß mit gefügigem Ohr.
Mit 70 konnte ich den Vorschriften meines eigenen Herzens folgen, denn das, was ich begehrte, überschritt die Grenzen des Rechten nicht mehr.

Solon:

0– 7	Ein Junge ist anfangs der Mann, unreif. Dann wachsen ihm Zähne; Milchzähne, die für das Kind sich schicken, fallen ihm ab im siebenten Jahr.
7–14	Dann fügt zu seinen sieben Jahren Gott nochmals sieben hinzu, und Zeichen des näherrückenden Mannesalters sind als Knospen zu erkennen.
14–21	Noch wachsen, im dritten der Siebentel, seine Glieder; Flaum überzieht sein Kinn, aus ist es mit den glatten Wangen.
21–28	Jetzt, im vierten der Siebtel, reifen heran zur größten Abrundung die Kräfte des Mannes, und sein Wert ist klar zu erkennen.
28–35	In den fünften sieben Jahren besinnt er sich darauf, daß dies die Zeit ist zum Werben, besinnt er sich darauf, daß Söhne seinen Stammbaum bewahren und fortsetzen werden.
35–42	Jetzt, in dem sechsten Alter, weitet sich sein Geist, immer offen der Tugend, und regt ihn nie zu nutzlosen Taten an.
42–56	Siebenmal sieben, und acht; Zunge und Verstand sind jetzt vierzehn Jahre lang besser denn je.

56 – 63   Auch noch im neunten Alter ist er fähig, aber nie mehr so gewandt in der Sprache und im Geist, wie er es in den Zeiten seiner Blüte war.

63 – 70   Wer die zehnten sieben erreicht und sie ausgelebt hat bis zum Ende, hat den Zeitpunkt erreicht, auf der Ebbe des Todes hinzuscheiden.

Der Talmud:
  5 Jahre sind das Alter zum Lesen (der Heiligen Schrift);
 10 für die Mischna (die Gesetze);
 13 für die Gebote (Bar Mitzwe, moralische Verantwortung);
 15 für die Gemara (talmudische Kommentare; abstrakte Begründungen);
 18 für die Hupa (den Hochzeitsbaldachin);
 20 für das Suchen eines Auskommens (das Ausüben einer Beschäftigung);
 30 für das Erlangen der vollen Kraft (›Koah‹);
 40 für das Verstehen;
 50 für das Erteilen von Rat;
 60 für ein Einreihen unter die Ältesten (Weisheit, Alter);
 70 für weißes Haar;
 80 für die Gevura (die neue, besondere Kraft des Alters);
 90 für das Gebeugtwerden unter der Last der Jahre;
100 für ein Sein, als sei man bereits tot und aus dieser Welt fortgegangen.

Shakespeare:
(Aus WIE ES EUCH GEFÄLLT, 2. Akt, 7. Szene)
Die ganze Welt ist Bühne,
Und alle Frauen und Männer bloße Spieler.
Sie treten auf und gehen wieder ab,
Sein Lebenlang spielt einer manche Rollen
Durch sieben Akte hin. Zuerst das *Kind,*
Das in der Wärtrin Armen greint und sprudelt.
Der weinerliche *Bube,* der mit Ranzen
Und glattem Morgenantlitz wie die Schnecke
Ungern zur Schule kriecht. Dann der *Verliebte,*
Der wie ein Ofen seufzt, mit Jammerlied
Auf seiner Liebsten Brau'n. Dann der *Soldat,*
Voll toller Flüche, wie ein Pardel bärtig,
Auf Ehre eifersüchtig, schnell zu Händeln,
Bis in die Mündung der Kanone suchend
Die Seifenblase Ruhm. Und dann der *Richter*
Im runden Bauche, mit Kapaun gestopft,
Mit strengem Blick und regelrechtem Bart,
Voll weiser Sprüch und neuester Exempel

Spielt seine Rolle so. Das *sechste* Alter
Macht den besockten, hagern Pantalon:
Brill auf der Nase, Beutel an der Seite,
Die jugendliche Hose, wohl geschont,
'ne Welt zu weit für die verschrumpften Lenden –
Die tiefe Männerstimme, umgewandelt
Zum kindlichen Diskante, pfeift und quäkt
In seinem Ton. Der *letzte* Akt, mit dem
Die seltsam wechselnde Geschichte schließt,
Ist zweite Kindheit, gänzliches Vergessen:
Ohn Augen, ohne Zahn, Geschmack und alles.

Erikson:

Erik Erikson beschreibt acht Lebensalter des Menschen, sukzessive Phasen des Lebenszyklus, in denen grundlegende Entscheidungen, die einen Wendepunkt darstellen, getroffen werden, und zwar zwischen
tiefem Vertrauen versus Urmißtrauen
Autonomie versus Scham und Zweifel
Initiative versus Schuldgefühl
Leistung versus Minderwertigkeitsgefühl
Identität versus Rollenkonfusion
Intimität versus Isolation
Kreativität versus Stagnation
Ich-Integrität versus Verzweiflung

Sheehy:

Gail Sheehys IN DER MITTE DES LEBENS befaßt sich mit den Stadien der Erwachseneneinwicklung zwischen dem, was sie ›Die Erprobenden Zwanziger‹ nennt, und dem ›Stichtagsjahrzehnt‹ der mittleren Jahre.

Jaques:

Elliott Jaques beschreibt die folgenden Entwicklungsstadien: »das *Säuglingsalter:* das kritische erste Lebensjahr, das von dem abgeschlossen wird, was als die *depressive Krise* bezeichnet werden könnte ...; *die frühe Kindheit:* die Phase der Anfänge organisierter Ich-Funktionen und der Sprache, von der *ödipalen Krise* von der Latenzperiode der Entwicklung getrennt, die wiederum durch die *Pubertäts- oder Adoleszenzkrise beendet wird.* Dann setzt das Stadium des *frühen Erwachsenseins* ein, das grob geschätzt von kurz vor Zwanzig bis Mitte Dreißig reicht; in den mittleren und späteren Dreißigern kommt es zur Midlife-Crisis und zum Übergang in das *reife Erwachsensein,* das sich von etwa vierzig Jahren bis in die Mitte oder ans Ende der Fünfziger hinzieht. Dann kommt es zu dem, was ich als die *späte Erwachsenenkrise* bezeichnen würde und was ins *späte Erwachsensein* hineinführt, die Zeit der Sechziger und der Siebziger. Es gibt einige Indizien dafür, daß ... es einen weiteren Schritt hin zur Reife im Alter von etwa achtzig Jahren gibt, wenn sich die Senilität nicht einmischt, aber diese Möglichkeit lassen wir als eine offene Frage stehen.

Gould:

Roger Gould legt in *Lebensstufen* eine Reihe von falschen Annahmen vor, die in ihren abfolgenden Stadien von der Adoleszenz bis zu den mittleren Lebensjahren in Frage gestellt werden müssen. Sie werden in diesem Kapitel noch erörtert werden.

Levinson:

Daniel Levinsons *Das Leben des Mannes* basiert auf seinen intensiven Beobachtungen der Leben von vierzig Männern, die vier verschiedene Berufe repräsentieren – Industriearbeiter, leitende Angestellte, Universitätsbiologen und Schriftsteller – alle im Alter von fünfunddreißig bis fünfundvierzig. Levinson und seine Kollegen, die hier aus detaillierten biographischen Gesprächen verallgemeinern, haben eine Theorie der menschlichen Entwicklung von Männern in den Jahren zwischen dem Eintritt in das Erwachsenendasein und dem Übergang in die mittleren Jahre formuliert. Der Lebenszyklus wird als eine Folge von Bereichen angesehen, die einander teilweise überlappen:

0 – 22 Kindheit und Adoleszenz
17 – 45 frühes Erwachsensein
40 – 65 mittleres Erwachsensein
60 – ? spätes Erwachsensein

Der Übergang von einer Ära in die nächste vollzieht sich über mehrere Jahre; der Bereich des Überlappens von Zeitaltern ist die Übergangsphase. Somit zieht sich der Übergang zum frühen Erwachsenen von siebzehn bis zweiundzwanzig, der der mittleren Jahre von vierzig bis fünfundvierzig, der in die späten Jahre von sechzig bis fünfundsechzig. Diese Lebensalter lassen sich, laut Levinson, weiter in die Entwicklungsperioden unterteilen (die in diesem Kapitel noch näher erörtert werden).

(S. 349) normale, vorhersagbare Studien der Erwachsenenentwicklung
In Freuds Werk liegt die Betonung auf den Entwicklungsstadien der Kindheit. In jüngeren Jahren hat sich die Aufmerksamkeit jedoch den Stadien der Erwachsenenentwicklung zugewandt. Der Begründer dieser Untersuchungen der Erwachsenenentwicklung ist nach der Auffassung von Levinson und anderen Freuds Schüler Jung, der sich später von Freud lossagte und seine eigene Schule der ›analytischen Psychologie‹ begründete. Jung schrieb glühend über Veränderungen und Entwicklungen in der zweiten Lebenshälfte, dem ›Nachmittag des Lebens‹. Siehe dazu beispielsweise seine Ausführungen zu den Lebensstufen.

(S. 351) »Was soll ich denn mit einer Midlife-Crisis«
Judith Viorst, HOW DID I GET TO BE FORTY AND OTHER ATROCITIES, ›Midlife-Crisis‹.

(S. 356) Viele Frauen können die Freuden am leeren Nest bestätigen: die neue Ordnung und Stille im Haus, die Möglichkeit, nach ihrem eigenen Zeitplan zu essen, zu schlafen und mit ihrem Mann zu schlafen, die Befreiung von Ängsten, die ein Nicht-Wissen mit sich bringt, und in Nächten mit Schneestürmen fürchten sie sich nicht mehr, weil sie nämlich gar nicht erst wissen, ob ihre Kinder mit dem Wagen unterwegs sind oder nicht. Lillian Rubin stellt in ihrem Buch WOMEN OF A CERTAIN AGE die Auffassung in Frage, daß ein leeres Nest mit Traurigkeit, Einsamkeit und Depressionen verbunden ist. »Fast alle Frauen, mit denen ich gesprochen habe«, schreibt sie, »reagieren auf das Fortgehen ihrer Kinder, ob es nun schon geschehen ist oder ob es demnächst dazu kommen wird, mit ganz entschiedener Erleichterung.« Fast alle Frauen, mit denen *ich* gesprochen habe, empfanden jedoch Erleichterung und Traurigkeit, vor allem in der Zeit, die direkt auf das Fortgehen der Kinder folgte. Und sie stellen fest, daß, wenn das letzte Kind aus dem Haus geht, auch alle Freunde dieses Kindes aus dem Haushalt verschwinden. Der Verlust ist dann nicht nur der der eigenen Kinder, sondern der, daß in ihrem Alltagsleben gar keine Kinder mehr vorkommen.

(S. 359) »sechs Kissen sind in Spitze geklöppelt«

Judith Viorst: HOW DID I GET TO BE FORTY AND OTHER ATROCITIES, ›Leistungssteigerungsprogramm‹.

(S. 361) »unsere Landung hier nur eine kurze Zwischenlandung ist«

OUR GROUND TIME HERE WILL BE BRIEF ist der Titel eines Gedichtbandes von Maxime Kumin, sowie auch der Titel des Titelgedichts.

(S. 362) Jaques zitiert Shaw.

(S. 367) »ich könnte genauso gut mit einem Untermieter zusammenleben«

Mary Bralove, dort auch die Probleme der ›Phasenverschiebung‹ und des ›Karriereknicks‹.

(S. 369) Die Dualität von Destruktivität und Konstruktivität gehört zu den vier Gegensatzpaaren, die Levinson aufstellt. Die vier Polaritäten, »deren Lösung die Hauptaufgabe der Midlife-Individuation ist, sind: 1. jung/alt, 2. destruktiv/kreativ, 3. maskulin/feminin und 4. Bindung/Ungebundenheit«.

18. Kapitel: Ich werde alt ... ich werde alt

Die Boston Society for Gerontology Psychiatry hat drei Bücher herausgegeben, deren Lektüre ich als Hintergrund für dieses Kapitel von unschätzbarem Wert empfand:

NORMAL PSYCHOLOGY OF THE AGING PROCESS, Zinberg und Kaufman (Hg.)

GERIATRIC PSYCHIATRY: GRIEF, LOSS AND EMOTIONAL DISORDERS IN THE AGING PROCESS, Berezin und Cath (Hg.)

PSYCHODYNAMIC STUDIES ON AGING: CREATIVITY, REMINISCING AND DYING, Levin und Kahana (Hg.)

(S. 377) uns zu ›kreativen Freiheiten‹
Siehe George Pollock.

(S. 379) Auch Claudel wird bei Simone de Beauvoir zitiert. Sie betont in ihrem Buch zwar vor allem die Kümmernisse des Alters, doch ab und zu legt sie auch eine Stimme für eine positivere Sicht des Alterns vor.

(S. 379) Zu den Gesundheitspessimisten, -optimisten und -realisten siehe Ethel Shanas et al.

(S. 380) wenn das Alter auch keine Krankheit ist
Zu den mentalen und physischen Veränderungen, die mit dem Altern einhergehen, siehe Woodruff und Birren.

(S. 382) Die Statistiken stammen von dem National Institute on Aging und waren die im August 1984 neuesten, die erhältlich waren.

(S. 383) Die Geschichte des Arztes steht bei Blythe.

(S. 385) Die Shakespeare-Zitate aus KÖNIG LEAR stehen im 1. Akt, 1. und 5. Szene.

(S. 385) dem ›grundlegenden und tiefgreifenden Problem‹
Blythe zitiert hier den Facharzt für Alterskrankheiten Paul Tournier.

(S. 386) wir leben nämlich in einer Gesellschaft
Butler streicht glühend die Verantwortung unserer gegenwärtigen Gesellschaft für einen großen Teil des Leidens alter Leute heraus und behauptet, in Amerika »läßt es sich extrem schwer leben, wenn man alt ist«. Er drängt zu humanen Reformen, die den alten Menschen ein angemessenes Einkommen, eine anständige Unterkunft, eine entsprechende ärztliche Versorgung, Gemeindeprogramme zur Unterstützung, nützliche Rollen, brauchbare Verkehrsmittel, Erholungsmöglichkeiten, abwechslungsreiche Gesellschaft und physische Sicherheit gewährleisten.

Eine Abhandlung zu der Behandlung alter Leute in verschiedenen Gesellschaften siehe Simone de Beauvoir und Gutman, der über die psychosoziale Funktion alter Menschen schreibt.

(S. 386) »dieser Absurdität ... dieser Karikatur«
Yeats: ›The Tower‹.

(S. 386) Irene: Judith Viorst: ›In Praise of Older Women‹.

(S. 387) die Englischdozentin
Persönliches Gespräch.

(S. 388) die Mutter der Bergarbeiter
Blythe.
der Künstler Goya
Cowley.

(S. 388) der Montessori-Lehrer
Blythe.
der Student
Dieser Mann, der im Alter von fünfundsechzig Jahren aus der Arbeits-

welt ausgeschieden war, sagte auch zu mir: »Ich habe mich nicht zurückgezogen. Ich habe die Seite umgedreht.«

(S. 389) Lady Thelma
Blythe.

(S. 389) ich muß noch eine Frau anführen
J. Viorst: ›In Praise of Older Women‹.

(S. 391) Menschen altern auf viele verschiedene Weisen positiv. Zwei einander widersprechende Theorien haben das ›optimale Altern‹ mit einer hohen Aktivitätsquote und auf der Gegenseite mit einem Rückzug aus Aktivitäten in Verbindung gebracht.

In dem Buch von Bernice Neugarten behaupten die Autoren jedoch, daß weder die Aktivitätstheorie, noch die Rückzugstheorie adäquat ist und daß verschiedene Schemata des optimalen Alterns verschiedene Persönlichkeitstypen charakterisieren. Sie schildern ein Forschungsprojekt, bei dem sie die Zufriedenheit mit dem Leben gegen drei verschiedene Grundansätze des Alterns aufgewogen haben und die Personengruppe sich aus Siebzigjährigen zusammensetzte.

Unter den sogenannten ›integrierten‹ Persönlichkeiten in dieser Gruppe gab es drei verschiedene Typen, die durch ihren unterschiedlichen Ansatz, mit dem sie an das Altern herangingen, voneinander unterschieden wurden: die hochaktiven Reorganisatoren, die mittelaktiven Zielgerichteten und die kaum aktiven Zurückgezogenen. Alle drei Typen erreichten hohe Werte in der Lebenszufriedenheit.

Diese Studie gab auch Aufschluß über die Altersmuster der Persönlichkeiten innerhalb der Gruppe, die das starke Bedürfnis hatten, sich gegen die Angst, die durch die Drohung des Alterns hervorgerufen hatte, zu ›wappnen‹ oder zu ›beschützen‹. Dieser Personenkreis ließ zwei Grundmuster erkennen: das hochaktive ›Festhalten‹ an früheren Handlungsweisen und das kaum aktive ›eingeschränkte‹ Zurückziehen vor neuen Erfahrungen. Beide Persönlichkeitstypen zeigten hohe bis mittlere Werte in der Lebenszufriedenheit auf.

Eine dritte Kategorie – die ›passiven, abhängigen‹ Persönlichkeiten – hatten das starke Bedürfnis nach jemandem, auf den sie sich stützen konnten. Die ›Beistandsuchenden‹ unter ihnen waren mittelaktiv, suchten jemanden, der ihre emotionalen Bedürfnisse erfüllte und waren, wenn die Suche erfolgreich war, bei der Lebenszufriedenheit auf mittlerer Höhe zu finden. Die ›Apathischen‹ waren kaum aktiv, von ihrer Passivität gelähmt und wiesen nur eine geringe Lebenszufriedenheit auf.

Eine vierte Kategorie umfaßte die ›unintegrierten‹ Persönlichkeiten, die ernstliche Defekte in psychologischen Funktionen aufwiesen, einen Verlust an emotionaler Beherrschung und einen Verfall der Denkprozesse. Bei ihnen rangierte sowohl die Aktivität als auch die Lebenszufriedenheit ganz unten.

(S. 391) »für gesellschaftliche Initiativen, für Freiheit«
Siehe Butler. Die Grauen Panther, die Maggie Kuhn im Alter von sie-

benundsechzig Jahren ins Leben gerufen hat, sind eine Organisation pensionierter älterer Menschen, die sich sozialen Veränderungen widmen.

(S. 392) Zur Ich-Transzendenz siehe Robert Peck, Bernice Neugarten und Gutman.

(S. 392) Zur ›Lebensrückschau‹ sagt Butler, daß sie »manchmal zu Depressionen und manchmal zu Offenheit, Heiterkeit und Weisheit« führt.

(S. 395) PERSONALITY AND PATTERS OF AGING, Neugarten, Havighurst, Tobin. Bernice Neugarten (Hg.).

(S. 395) Zu den neuen Möglichkeiten zur Veränderung siehe Colarusso und Nemiroff.

(S. 396) Die Gespräche mit Benjamin Spock kamen 1983 zustande, teils in Form von privaten Unterhaltungen, teils in Form von Telefongesprächen und auch durch Briefe vertieft.

(S. 400) aber das Alter selbst kann auch neue Stärken und neue Fähigkeiten wachrufen

Scott-Maxwell schreibt: »Das Alter kann als ein Debakel angesehen werden, eine Vernichtung all dessen, was man am meisten braucht, aber das ist nicht die ganze Wahrheit. Was ist mit dem Teil von uns, dem namenlosen, grenzenlosen Teil, der diese Verheerungen erlebt hat, der Zeuge, der soviel gehen sah, der unverzagt bleibt und mit fester Überzeugung weiß, daß es mit uns mehr als nur das Alter auf sich hat? Ein Teil dessen, was außerhalb des Alters steht, ist durch das Alter erschaffen worden, und daher kommt es sowohl zu Gewinnen als auch zu Verlusten. Wenn wir eine Niederlage eingesteckt haben, sind wir irgendwo, irgendwie über die Schlacht hinausgekommen.«

(S. 402) Psychoanalytiker berichten über die Psychoanalyse mit alten Menschen im Panel Report von Nancy Miller, im Druck.

(S. 402) Warum, wurde eine sechsundsiebzigjährige Frau gefragt Dieses außergewöhnliche Detail ist bei Martin Berezin zu finden.

(S. 403) »wenn er auch eine gebührende Zeit verstreichen sah«
Sophokles: ÖDIPUS AUF KOLONOS.

19. Kapitel: Das ABC des Sterbens

(S. 406) »ein Leben ohne Tod ist bedeutungslos«
Das Interview mit Wheeler ist bei Lisl Marburg Goodman erschienen. Sie interviewt prominente Künstler und Wissenschaftler zum Thema Tod.

(S. 407) warum bin ich geboren worden, wenn es nicht für immer ist
Robert Jay Lifton zitiert diesen prägnanten Ausspruch von Ionesco.

(S. 407) »ein Jegliches hat seine Zeit«
Bibel, Der Prediger Salomo, 3, 1. und 2.

(S. 408) Die Kühlhaustheorie ist die, daß eine Leiche, die eingefroren und konserviert wird, irgendwann in der Zukunft wieder aufgetaut und wiederbelebt werden kann, wenn eine Heilung für die Krankheit, die die Todesursache war, wiedergefunden worden ist. Es gibt bereits einige Firmen, die solche Abkommen schließen. In dem Vorwort zu John E. Manns GEHEIMNISSE DES LANGEN LEBENS hält Saul Kent es für möglich, daß die Wissenschaft eine Unsterblichkeit des Körpers erreicht. Salholz und Smith beschreiben Durk Pearson und Sandy Shaw als Menschen, die daran glauben, »daß schließlich die einzigen Todesursachen Selbstmord, Mord und Unfälle sein werden«.

(S. 408) Zu dem lebenslänglichen Grauen davor, im Stich gelassen zu werden, siehe Gregory Rochlin. Er spricht von den »zwei großen, untrennbar miteinander verbundenen Ängsten des Menschen ... der Angst, nicht zu überleben oder zu sterben und ... dem Grauen davor, im Stich gelassen zu werden«. Er behauptet außerdem, daß das, was er den ›Paradies-Mythos‹ nennt, ein Bemühen ist, die Bedeutung des Todes und des Verlassenwerdens von einer Trennung in eine Wiedervereinigung umzuwandeln – ein Zusammentreffen mit anderen.

(S. 411) Das Buch von Kübler-Ross entstand als Folge eines Seminars über den Tod, das sie an der University of Chicago initiierte und abhielt. In diesem Seminar hörten sich Studenten der Medizin, der Soziologie, der Psychologie und der Theologie die Wünsche und Ängste todkranker Menschen an. Kübler-Ross hält daran fest, daß alle todkranken Patienten sich »über den Ernst ihrer Krankheit im klaren sind, ob man es ihnen sagt oder nicht«. Sie sagt, daß sie zwar ursprünglich froh darüber sind, daß ihre Ärzte und Verwandten (aus ihren eigenen Ängsten heraus) nicht darüber reden wollen, daß aber ein Zeitpunkt kommt, zu dem die Sterbenden das Bedürfnis haben, einem verständnisvollen anderen Menschen gegenüber »ihre Maske fallen zu lassen, der Realität ins Auge zu sehen«, ihn in einige ihrer Gefühle und Sorgen einzuweihen. Kübler-Ross stellt aber auch fest, daß sogar äußerst realistische Patienten »die Möglichkeit einer Heilung offen lassen« und daß es wichtig ist – ohne Lügen zu erzählen – »die Hoffnung, daß etwas Unvorhergesehenes auftauchen könnte, mit ihnen zu teilen«.

Wenn Kübler-Ross von der Bereitschaft der anderen spricht, auf den Sterbenden zuzugehen und sich mit ihm auf einen Dialog einzulassen, fordert sie doch auch dazu auf, vorher durch indirekte Hinweise zu ergründen, wie der Patient der Realität ins Gesicht sehen will, und ihn nicht mit unerwünscht expliziten Äußerungen zu konfrontieren.

Manche Ärzte sagen, daß es immer bestimmte Patienten gibt, die nicht wissen wollen und denen man niemals sagen sollte, daß sie sterben. Dazu mehr bei Eissler und bei Payne.

Zu den fünf Stadien:

Das Leugnen ist laut Kübler-Ross etwas, was kaum bis zum Ende durchgehalten wird, aber bei den meisten Patienten von Zeit zu Zeit zu beobachten ist, die vorübergehend realistisch über ihre Situation reden und dann plötzlich ihre Unfähigkeit, sich damit auseinanderzusetzen, wieder deutlich ausdrücken. In einem fortgeschrittenen Stadium könnte ein Zurückziehen in die Isolation dem Leugnen vorgezogen werden, und das ermöglicht es, über Gesundheit und Krankheit, Sterblichkeit und Unsterblichkeit und Tod und Hoffnung zu reden, als gäbe es keine inhärenten Widersprüche.

Die Wut kann an anderen Menschen und am Krankenhauspersonal und den Behandlungsmethoden ausgelassen werden, aber auch in wirklich unzumutbaren Umgangsmethoden ihren Ursprung haben und somit ganz rational begründet sein.

Zum Schachern gehört ein ausdrückliches Versprechen, das dem Arzt oder Gott abgegeben wird, nach Gewährung des Wunsches keinen Aufschub mehr zu erwarten. Kübler-Ross schreibt, daß keiner der Patienten, mit denen sie gearbeitet hat, dieses Versprechen je gehalten hat.

Die Depressionen werden in die reaktive und in die vorbereitende Depression unterteilt. Die reaktive Depression über frühere Verluste kann durch die richtige Reaktion des geduldigen Zuhörers gemildert werden, der verspricht, im Haushalt zu helfen, oder der die Weiblichkeit der an Brustkrebs Erkrankten bestätigt. Die Depression über den eigenen Tod, die vorbereitende Depression, sucht nicht Ermutigung oder Bestätigung. Kübler-Ross schreibt: »Der Patient ist dabei, alles und jeden, den er liebt zu verlieren. Wenn es ihm gestattet wird, seinem Kummer Ausdruck zu verleihen, wird er schließlich viel leichter akzeptieren können, und er wird denen dankbar sein, die in seiner deprimierten Verfassung bei ihm sitzen können, ohne ihm ständig zu sagen, er solle nicht traurig sein.«

(S. 412) »gegen das Sterben des Lichtes«
Gehe nicht sachte ein in diese gute Nacht,
Das Alter sollte entflammen und wüten, wenn der Tag sich neigt;
Rase, bäume dich auf gegen das Sterben des Lichts.
Dylan Thomas.

(S. 413) Kritiker werfen Kübler-Ross, wenn das sich auch nicht auf die Gültigkeit ihres Buches auswirkt, vor, daß sie ihr Interesse später auf übernatürliche Kommunikation nach dem Tod verlagert hat.

(S. 413) Diese Regression wird sehr gut von Payne beschrieben.

Ruitenbeek zitiert einen liebevollen Brief eines Therapeuten an ein Mädchen, das an Krebs stirbt. »Schäme dich vor allem nicht, ein Baby zu sein. Wir alle fallen in die Kindheit zurück, wenn wir tiefes Unbehagen und physische Schmerzen empfinden.«

Auch Tolstois Iwan Iljitsch sehnt sich nach der Regression: »In gewissen Momenten nach ausgedehntem Leiden wünschte er sich mehr als alles (wenn er sich auch geschämt hätte, es einzugestehen) jemanden, der ihn bemitleidete, wie ein krankes Kind bemitleidet wird. Er sehnte sich danach, verhätschelt und getröstet zu werden. Er wußte, daß er ein bedeutender Funktionär war, daß er einen Bart hatte, der ergraute und daß das, wonach er sich sehnte, daher ausgeschlossen war, aber er sehnte sich dennoch danach.«

Zur Arbeit mit sterbenden Patienten findet sich wertvolles Material bei Payne, Eissler, Feifel, Tor-Bjørn Hagglund, Ruitenbeek, Janice Norton und bei Lawrence und Eda LeShan.

(S. 416) Die Videobänder über den neununddreißigjährigen Arzt Dr. Gary Leinbach werden von Lawrence Altman besprochen.

(S. 417) Die Selbstmord-Statistiken sind die letzten erhältlichen Statistiken vom National Center for Health. Die tatsächliche Selbstmordquote könnte beträchtlich höher liegen; viele ziemlich sichere Selbstmorde – durch eine Überdosis Tabletten zum Beispiel – können offiziell unter ›natürliche Ursachen‹ fallen.

(S. 418) Die Geschichte von Cecil und Julia Saunders und die Geschichten anderer Selbstmorde bei todkranken Menschen sind bei Andrew Malcolm zu finden.

Eine Erörterung der rettenden Hand finden wie bei Eissler.

(S. 419) »wer weiß, welche Versuchung es für ihn gegeben hat?«

Dieses Zitat von Robert Burton stammt aus A. Alvarez: DER GRAUSAME GOTT.

(S. 419) »dulden muß der Mensch sein Scheiden«

Shakespeare: KÖNIG LEAR, 5. Akt, 2. Szene.

(S. 420) »wenn ich mich dabei ertappe, daß es mir zuwider ist«

Arnold J. Toynbee.

»ohne zu trauern um Vater, Mutter, Schwester«

Philippe Ariès zitiert Marguerite de Navarre.

»du wirst dich niederlegen«

William Cullen Bryant.

(S. 422) daß wir dem Charakter entsprechend, mit dem wir gelebt haben, sterben

»Sie starben, wie sie lebten«, schreibt Daniel Cappon von rund zwanzig Patienten, die in einem allgemeinen Ortskrankenhaus starben. »Die Feindseligen wurden feindseliger, die Furchtsamen furchtsamer, die Schwachen schwächer.«

Shneidman vertritt ebenfalls diese Auffassung.

(S. 424) vorziehen, nicht dabei zu sein

Das geht auf Woody Allens berühmte Frotzelei zurück: »Ich fürchte mich nicht vor dem Sterben. Ich will nur nicht dabei sein, wenn es passiert.«

(S. 425) Zu den verschiedenen Arten der ›Unsterblichkeit‹ siehe Lifton, der die fünf Weisen erörtert, auf die sich ein Gefühl der Unsterblichkeit ausdrücken kann.

(S. 426) »diese Grauen aus der Natur zu verbannen«

Freud: DIE ZUKUNFT EINER ILLUSION. Freud stellt die Behauptung auf, daß der Mensch ohne »den Trost der religiösen Illusion auskommen kann«, und er sagt, daß »der Infantilismus mit Sicherheit dazu bestimmt ist, überwunden zu werden. Die Menschen können nicht ewig Kinder bleiben.«

(S. 426) »die Erde, die dich nährte, fordert«
William Cullen Bryant: ›Thanatopsis‹.

(S. 428) die weitergefaßte – ›biosoziale‹ – Vorstellung

Lifton schreibt, »die biosoziale Unsterblichkeitsweise kann von der Familie ausgeweitet werden auf die Sippe, den Stamm, die Organisation, die Subkultur, auf Völker, Nationen oder sogar die ganze Spezies ... Eine umfassende Vorstellung der biosozialen Unsterblichkeit ... würde jedem einzelnen Menschen, der seinen Tod vor Augen sieht, die Vorstellung eingeben: ›Ich lebe in der Menschheit weiter.‹«

(S. 428) ein Gefühl eines ›unverbrüchlichen Bandes‹

Freud: DAS UNBEHAGEN IN DER KULTUR. Freud paraphrasiert einen Brief von Romain Rolland, der über seine ›ozeanischen‹ Gefühle schreibt.

Freud behauptet, Rollands Gefühl des Einsseins mit dem Universum ließe sich bis auf das frühkindliche Stadium der verwischten Grenzen zurückverfolgen. Lifton dagegen sagt, daß diese Erfahrung des Einsseins nicht als ausschließlich regressiv betrachtet werden kann, da dieses Wiederentdecken der Harmonie, der inneren Einheit, der frühen Kindheit jetzt im Rahmen einer erwachsenen Gefühlswelt auftritt.

(S. 428) »nur, wenn ich bei Bewußtsein bin und dich weinen höre«

In Karen Snows Roman *Willo* erinnert sich die Romanheldin an dieses Gespräch zwischen dem sterbenden Flavian und seinem Freund Marius in dem Roman MARIUS DER EPIKURÄER.

(S. 429) »eine Folge des Wissens um den Tod ist ...«
Siehe Lifton.

Bibliographie

Abraham, Karl: Gesammelte Schriften. 2 Bde. v. Cremerius, Johannes (Hg.), Frankfurt 1982

Ackermann, Nathan: Treating the Troubled Family. New York 1966

Adler, Alfred: Neurosen. Zur Diagnose und Behandlung. Ansbacher, Heinz L./Antoch, Robert F. (Hg.), Frankfurt 1981

Albee, Edward: Wer hat Angst vor Virgina Wolf. Frankfurt 1986

Allison, Alexander/Barrows, Herbert/Blake, Caesar/Carr, Arthur/Eastman, Arthur/English, Hubert: The Norton Anthology of Poetry. New York 1975

Altman, Lawrence: A Fatally Ill Doctor's Reactions to Dying. In: The New York Times, 22. Juli 1974, 1, 26

Altman, Leon: The Dream in Psychoanalysis. New York 1969
- Some Vicissitudes of Love. In: Journal of the American Psychoanalytic Association 25/1, 1977, 35–52

Alvarez, Alfred: Der grausame Gott. Frankfurt 1985

American Psychiatric Association: Diagnostic and Statistical Manual of Mental Disorders. Washington D.C. 1980

Applegarth, Adrienne: Some Observations on Work Inhibitions in Women. In: Journal of the American Psychoanalytic Association 24/5, 1976, 251–268

Ariès, Philippe: Geschichte der Kindheit. Stuttgart 1978
- Geschichte des Todes. Stuttgart 1982

Arnstein, Helene: Brothers and Sisters/Sisters and Brothers. New York 1979

Auden, Wystan H.: As I Walked Out One Evening. In: Mack, Maynard/Dean, Leonard/Frost, William (Hg.): Modern Poetry. New York
- September 1, 1939. In: Edward Mendelson (Hg.): Selected Poems, New York 1979

Bach, George/Wyden, Peter: Streiten verbindet. Frankfurt 1985

Bagarozzi, Dennis/Anderson, Steven: The Evolution of Family Mythological Systems: Considerations of Meaning, Clinical Assessment and Treatment. In: The Journal of Psychoanalytic Anthropology 5/1, 1982/IV, 71–90

Bak, Robert: Being in Love and Object Loss. In: The International Journal of Psycho-Analysis 54/1, 1973, 1–7

Balint, Alice: Liebe zur Mutter und Mutterliebe. In: Kutter, Peter (Hg.): Psychologie der zwischenmenschlichen Beziehungen. Psychoanalytische Beiträge zu einer Objektbeziehungs-Psychologie. Darmstadt 1982/8, 43–63

Balint, Michael: Therapeutische Aspekte der Regression. Stuttgart 1970

Bank, Stephen/Kahn, Michael: The Sibling Bond. New York 1982

Bankier, Joanna/Cosman, Carol/Earnshaw, Doris/Keefe, Joan/Lashgari, Deirdre/Weaver, Kathleen: The Other Voice: Twentieth Century Women's Poetry in Transition. New York 1976

Becker, Ernest: Die Überwindung der Todesfurcht. Dynamik des Todes. München 1985

Bell, Robert: Worlds of Friendship. Beverly Hills 1981

Benedek, Therese: Parenthood as a Developmental Phase. In: Journal of the American Psychoanalytic Association, 7, 1959, 389–417

– Psychoanalytic Investigations: Selected Papers. New York: Quadrangle, New York Times

– Ambivalence, Passion and Love. In: Journal of the American Psychoanalytic Association 25/1, 1977, 53–79

Berezin, Martin: Psychotherapy of the Elderly. In: Aspects of Aging 4, 1984

Berezin, Martin/Cath, Stanley (Hg.): Geriatric Psychiatry: Grief, Loss and Emotional Disorders in the Aging Process. New York 1965

Bergmann, Martin: On the Intrapsychic Function of Falling in Love. In: The Psychoanalytic Quarterly 49/1, 1980, 56–77

Bernard, Jessie: The Future of Marriage. New Haven, London 1982

Bettelheim, Bruno: Die Symbolischen Wunden. Frankfurt 1982

– Freud und die Seele des Menschen. Düsseldorf 1984

Blos, Peter: Adoleszenz. Stuttgart 1983

Blume, Judy: Are You There, God? It's Me, Margaret. New York 1970

Blythe, Ronald: The View in Winter. New York, London 1979

Boehm, Felix: The Feminity-Complex in Men. In: The International Journal of Psycho-Analysis 11/4, 1930/10, 444–469

Bowlby, John: Bindung, Frankfurt 1980

– Trennung. Frankfurt 1983

– Verlust. Frankfurt 1976

Brain, Robert: Friends and Lovers. New York 1976

Bralove, Mary: Husband's Hazard. In: The Wall Street Journal, 9. 11. 1981, 1, 24.

Breger, Louis: From Instinct to Identity. Englewood Cliffs 1974

Brenner, Charles: Grundzüge der Psychoanalyse. Frankfurt 1967

Britting, Georg (Hg.): Lyrik des Abendlandes. München 1978

Bruch, Hilde: The Sleeping Beauty: Escape from Change. In: Greenspan, Stanley/Pollock, George (Hg.): The Course of Life. Bd. 2: Latency, Adolescence and Youth, Washington D.C. 1980

Bryant, William Cullen: Thanatopsis. In: A Treasury of the World's Best Loved Poetry. New York 1961

Buber, Martin: Schuld und Schuldgefühle. In: Sborowitz, Arie/Michel, Ernst (Hg.): Der leidende Mensch. Darmstadt 1974, 106–117

Busse, Ewald / Feiffer, Eric: Behaviour and Adapation in Late Life. Boston 1969

Butler, Robert: Die Lebensrückschau: Eine Interpretation der Erinnerung bei alten Menschen. In: Integrative Therapie 6/2−3, 1980, 141−156

− Why Survive? New York 1975

Caine, Lynn: Widow. New York 1974

Cappon, Daniel: The Psychology of Dying. In: Ruitenbeek, Hendrik (Hg.): The Interpretation of Death, New York 1973

Cath, Stanley / Gurwitt, Alan / Ross, John Munder: Father and Child. Boston 1982

Charny, Israel: Marital Love and Hate. In: Family Process 8/1, 1969, 1−24

Chasseguet-Smirgel, Janine: Freud and Female Sexuality: The Consideration of Some Blind Spots in the Exploration of the ›Dark Continent‹. In: The International Journal of Psycho-Analysis 57/3, 1976, 275−286

Chess, Stella / Thomas, Alexander: Temperament in the Normal Infant. In: Jack Westman (Hg.): Individual Differences in Children. New York 1973

Cicero Marcus Tullius: Laelius, über die Freundschaft. Faltner, Max (Hg.). Zürich, München 1980

Cicirelli, Victor: Sibling Influence Throughout the Lifespan. In: Lamb, Michael / Sutton-Smith, Brian: Sibling Relationships: Their Nature and Significance Across the Lifespan. Hillsdale 1982

Cleckley, Hervey: The Mask of Sanity. Saint Louis 1964

Clemens, Samuel: Mark Twain, Autobiographie. In: Popp, Klaus Jürgen (Hg.): Clemens, Samuel: Mark Twain. Gesammelte Werke in 9 Bd., Zsgest. v. Neiden, Charles, München 1977

Colarusso, Calvin / Nemiroff, Robert: Adult Development. New York, London 1981

Conrad, Joseph: Herz der Finsternis. Zürich 1977

Cowley, Malcolm: The View from 80. New York 1980

Crook, Thomas / Cohen, Gene: Physicians' Guide to the Diagnosis and Treatment of Depression in the Elderly. New Canaan 1983

Dante Alighieri: Göttliche Komödie. Stuttgart 1982

de Beauvoir, Simone: Ein sanfter Tod. Reinbek 1965

− Eine gebrochene Frau. Reinbek 1972

− Das Alter. Reinbek 1977

Deutsch, Helene: Neuroses and Character Types. New York 1965

Dew, Robb Forman: Dale Loves Sophie to Death. New York 1981

Dicks, Henry: Marital Tensions. New York 1967

Dillard, Annie: Pilgram at Tinker Creek. New York 1974

− Teaching a Stone to Talk. New York 1982

Dinnerstein, Dorothy: Das Arrangement der Geschlechter. Stuttgart 1979

Dowling, Colette: Der Cinderella-Komplex. Frankfurt 1985
Dowson, Ernest: Non sum qualis eram bonae subregno Cynarae. In: Allison et al. (Hg.): The Norton Anthology of Poetry. New York 1975
Edel, Leon: Henry James. The Master: 1901–1916., Bd. 5. New York 1972
– Stuff of Sleep and Dreams. New York 1982
Eissler, Kurt R.: Der sterbende Patient. Stuttgart, Bad Cannstatt 1978
– Comments on Penis Envy and Orgasm in Women. In: The Psychoanalytic Study of the Child 32, New York 1977
Eliot, T.S.: J. Alfred Pufrocks Liebesgesang. In: Eliot, T.S. Gedichte. Frankfurt 1964, 7–15
Ephron, Delia: Teenage Romance. New York 1981
Erikson, Erik: Kindheit und Gesellschaft. Stuttgart 1984
– Das Traummuster in der Psychoanalyse. In: Psyche 8, 1955, 561–604
– Jugend und Krise. Berlin 1981
Esman, Aaron: Mid-Adolescence – Foundations for Later Psychopathology. In: Greenspan, Stanley/Pollock, George (Hg.): The Course of Life. Bd. 2: Latency, Adolescence and Youth. Washington D.C. 1980
Fairbairn, W.R.D.: Psychoanalytic Studies of the Personality. London 1952
– An Object-Relations Theory of the Personality. New York 1954
Farber, Leslie: On Jealousy. In: Commentary, 1973/10, 50–58
Featherstone, Joseph: Family Matters. In: Harvard Educational Review 49/1, 1979/2, 20–52
Feifel, Herman: Attitudes Toward Death in Some Normal and Mentally Ill Populations. In: Feifel, Herman: The Meaning of Death. New York 1959
– The Meaning of Death. New York 1959
Feldman, Sandor: On Romance. In: Bulletin of the Philadelphia Association for Psychoanalysis 19/3, 1969/9, 153–157
Fenichel, Otto: The Collected papers of Otto Fenichel. New York 1953
Ferenczi, Sandor: Sex in Psychoanalysis. New York 1950
Ferraira, Antonio: Family Myth and Homeostasis. In: Archives of General Psychiatry 9, 1963/11, 457–463
Fields, Suzanne: Like Father, Like Daughter. Boston 1983
Fishel, Elizabeth: Sisters. New York 1979
Fisher, M.F.K.: Sister Age. New York 1983
Fitzgerald, F. Scott: Zärtlich ist die Nacht. Zürich 1982
Flaubert, Gustave: Madame Bovary. München 1985
Fontaine, Joan: No Bed of Roses. New York 1978
Forster, Edgar M.: Howards End. New York 1921
The Foster Care Monitoring Committee: Foster Care 1984: A Report on the Implementation of the Recommendations of the Mayor's Task Force on Foster Care.

Fraiberg, Selma: Die magischen Jahre in der Persönlichkeitsentwicklung des Vorschulkindes. Reinbek 1972
- Libidinal Object Constancy and Mental Representation. In: The Psychoanalytic Study of the Child 24. New York 1969
- Every Child's Birthright. New York 1977

Francke, Linda Bird:; The Sons of Divorce. In: The New York Times Magazine, 22. 5. 1983, 40–41, 54–57

Freud, Anna: A Connection Between the States of Negativism and of Emotional Surrender. In: The International Journal of Psycho-Analysis 33/3, 1952, 265
- Probleme der Pubertät. In: Psyche 14, 1960, 1–24
- Normality and Pathology in Childhood. New York 1965
- Das Ich und die Abwehrmechanismen. München 1975
- Die Schriften der Anna Freud. Watson, Helga/Schröter, Michael (Hg.), I–X, Frankfurt 1987
- u. a. (Hg.) Gesammelte Werke in Einzelbänden. Bd. 13, Frankfurt 1976
- /Burlingham, Dorothy: Heimatlose Kinder. Frankfurt 1971

Freud, Ernst (Hg.): Sigmund Freud: Briefe 1873–1939. Frankfurt 1980

Freud, Sigmund: Die Traumdeutung. Frankfurt 1979
- Zur Psychologie des Gymnasiasten. In: Mitscherlich, Alexander/Richards, Angela/Strachey, James (Hg.): – Psychologische Schriften. Studienausgabe in 10 Bd., Frankfurt 1970, Bd. IV, 233–240
- Drei Abhandlungen zur Sexualtheorie. Frankfurt 1985
- Totem und Tabu. Frankfurt 1986
- Jenseits des Lustprinzips. In: Mitscherlich, Alexander/Richards, Angela/Strachey, James (Hg.): Sigmund Freud: Psychologische Schriften. Studienausgabe in 10 Bd., Frankfurt 1975, Bd. III, 213–272
- Massenpsychologie und Ich-Analyse. In: Freud, Anna u. a. (Hg.): Sigmund Freud: Gesammelte Werke. Chronologisch geordnet. 1920–1924, Frankfurt 1967, Bd. XIII
- Metapsychologische Ergänzung zur Traumdeutung. In: Mitscherlich, Alexander/Richards, Angela/Strachey, James (Hg.): Sigmund Freud: Psychologische Schriften. Studienausgabe in 10 Bd., Frankfurt 1975, Bd. III, 175–192
- Trauer und Melancholie. In: Mitscherlich, Alexander/Richards, Angela/Strachey, James (Hg.): Sigmund Freud: Psychologische Schriften. Studienausgabe in 10 Bd., Frankfurt 1975, Bd. III, 193–212
- Zur Einführung des Narzißmus. In: Freud, Anna u. a. (Hg.): Sigmund Freud: Gesammelte Werke. Chronologisch geordnet. Frankfurt 1967, Bd. X, 137–130
- Einige Charaktertypen aus der psychoanalytischen Arbeit. In: Mitscherlich, Alexander/Richards, Angela/Strachey, James (Hg.): Sigmund Freud: Psychologische Schriften. Studienausgabe in 10 Bd., Frankfurt 1969, Bd. X, 229–274

- Über den besonderen Typus der Objektwahl beim Manne. In: Mitscherlich, Alexander/Richards, Angela/Strachey, James (Hg.): Psychologische Schriften. Studienausgabe in 10 Bd., Frankfurt 1970, Bd. V
- Zeitgemäßes über Krieg und Tod. In: Mitscherlich, Alexander/Richards, Angela/Strachey, James (Hg.): Sigmund Freud: Psychologische Schriften. Studienausgabe in 10 Bd., Frankfurt 1974, Bd. IX, 33–60
- Zur Dynamik der Übertragung. In: Freud, Anna u. a. (Hg.): Sigmund Freud: Gesammelte Werke. Chronologisch geordnet. 1909–1913. Frankfurt 1964, Bd. VIII, 363–374
- Bemerkungen über die Übertragungsliebe. In: Freud, Anna u. a. (Hg.): Sigmund Freud: Gesammelte Werke. Chronologisch geordnet. 1913–1917, London 1946, Bd. X, 306–321
- Erinnern, Wiederholen und Durcharbeiten. In: Freud, Anna u. a. (Hg.): Sigmund Freud: Gesammelte Werke. Chronologisch geordnet. 1913–1917, London 1946, Bd. X, 126–136
- ›Selbstdarstellung‹. In: Freud, Anna u. a. (Hg.): Sigmund Freud: Gesammelte Werke. Chronologisch geordnet. Frankfurt 1976, Bd. XIV, 31–96
- Hemmung, Symptom und Angst. In: Freud, Anna u. a. (Hg.): Sigmund Freud: Gesammelte Werke. Chronologisch geordnet. Frankfurt 1976, Bd. XIV, 111–205
- Das Unbehagen in der Kultur: In: Mitscherlich, Alexander/Richards, Angela/Strachey, James (Hg.): Sigmund Freud: Psychologische Schriften. Studienausgabe in 10 Bd., Frankfurt 1974, Bd. IX, 191–270
- Der Untergang des Ödipuskomplexes. In: Mitscherlich, Alexander/Richards, Angela/Strachey, James (Hg.): Sigmund Freud: Psychologische Schriften. Studienausgabe in 10 Bd., Frankfurt 1970, Bd. V
- Das ökonomische Problem des Masochismus. In: Freud, Anna u. a. (Hg.): Sigmund Freud: Gesammelte Werke. Chronologisch geordnet. 1920–1924, Frankfurt 1967, Bd. XIII, 369–383
- Das Ich und das Es. In: Freud, Anna u. a. (Hg.): Sigmund Freud: Gesammelte Werke. Chronologisch geordnet. 1920–1924, Frankfurt 1967, Bd. XIII
- Die Zukunft einer Illusion. In: Mitscherlich, Alexander/Richards, Angela/Strachey, James (Hg.): Sigmund Freud: Psychologische Schriften. Studienausgabe in 10 Bd., Frankfurt 1974, Bd. IX, 135–190
- Über die weibliche Sexualität. In: Mitscherlich, Alexander/Richards, Angela/Strachey, James (Hg.): Sigmund Freud: Psychologische Schriften. Studienausgabe in 10 Bd., Frankfurt 1970, Bd. V
- Einige psychische Folgen des anatomischen Geschlechtsunterschieds. In: Mitscherlich, Alexander/Richards, Angela/Strachey, James

(Hg.): Sigmund Freud: Psychologische Schriften. Studienausgabe in 10 Bd., Frankfurt 1970, Bd. V
- Vorlesungen zur Einführung in die Psychoanalyse. In: Mitscherlich, Alexander/Richards, Angela/Strachey, James (Hg.): Sigmund Freud: Psychologische Schriften. Studienausgabe in 10 Bd., Frankfurt 1969, Bd. I, 34–447
- Neue Folgen der Vorlesungen zur Einführung in die Psychoanalyse. In: Mitscherlich, Alexander/Richards, Angela/Strachey, James (Hg.): Sigmund Freud: Psychologische Schriften. Studienausgabe in 10 Bd., Frankfurt 1969, Bd. I, 447–611
- Die endliche und die unendliche Analyse. In: Freud, Anna u. a. (Hg.): Sigmund Freud: Gesammelte Werke. Chronologisch geordnet. Frankfurt 1967, Bd. XVI

Frisch, Max: Stiller. Frankfurt 1976
Fromm, Erich: Die Kunst des Liebens. Berlin 1980
Furman, Edna: A Child's Parent Dies. New Haven, London 1974
Gilligan, Carol: Die andere Stimme. München 1985
Ginnot, Haim: Eltern und Teenager. München, Zürich 1969
Giovacchini, Peter: Characterological Aspects of Marital Interaction. In: The Psychoanalytic Forum 2/1, 1967/I, 7–29
Gold, Herbert: Fathers. Greenwich 1968
Goldstein, Joseph/Freud, Anna/Solnit, Albert J.: Diesseits des Kindeswohls. Frankfurt 1974
Goodman, Lisl: Death and Creative Live. New York 1983
Gorer, Geoffrey: Death, Grief and Mourning. New York 1965
Gornick, Vivian: Toward a Definition of a Female Sensibility. In: The Village Voice, 31. 5. 1973
Gould, Roger: Lebensstufen. Frankfurt 1979
- Transformational Tasks in Adulthood. In: Greenspan, Stanley/Pollock, George (Hg.): The Course of Life. Bd. 3: Adulthood and the Aging Process. Washington D.C. 1981, 55–89

Greenacre, Phyllis: Emotional Growth. Bd. 2, New York 1971
Greene, Bob: Good Morning, Merry Sunshine. New York 1985
Greenspan, Stanley: Psychopathology and Adaption in Infancy and Early Childhood. New York 1981
- ›The Second Other‹ – The Role of the Father in Early Personality Formation and in the Dyadic-Phallic Phase of Development. In: Cath, Stanley/Gurwitt, Alan (Hg.): Anthology on Fatherhood. Boston 1982
- /Liebermann, Alicia: Infants, Mothers and Their Interaction: A Quantitative Clinical Approach to Developmental Assessment. In: The Course of Life, Bd. 21, Greenspan and Pollock (Hg.)
- /Pollock, George (Hg.): The Course of Life. Bd. 1: Infancy and Early Childhood. Washington D.C. 1980, 80–786
- /Pollock, George (Hg.): The Course of Life, Bd. 2: Latency, Adolescence and Youth. Washington D.C. 1980, 80–999

The Discovery of the Self in a Postconventional World. In: Daedalus 100, 1971, 1051–1086
- Gesammelte Schriften. Noam, Gil/Oscar, Fritz (Hg.), Frankfurt 1985
- Eine Neuinterpretation der Zusammenhänge zwischen der Moralentwicklung in der Kindheit und im Erwachsenenalter. In: Döberl, Rainer/Habermas, Jürgen/Nunner-Winkler, Gertrud (Hg.): Entwicklung des Ichs. Köln 1977, 225–252

Kohut, Heinz: Narzißmus. Frankfurt 1973
- Die Heilung des Selbst. Frankfurt 1979

Krent, Justin: Some Thoughts on Aggression. In: Journal of the American Psychoanalytic Association 26/1, 1978, 185–232

Kris, Ernst: Selected Papers of Ernst Kris. New Haven, London 1975

Kubie, Lawrence: A Critical Analysis of the Concept of a Repetition Compulsion. In: The International Journal of Psycho-Analysis 20/3–4, 1939, 390–402
- The Drive to Become Both Sexes. In: The Psychoanalytic Quarterly 43/3, 1974, 349–426

Kübler-Ross, Elisabeth: Über den Tod und das Leben danach. Melsbach-Neuwied 1985

Kumin, Maxime: Our Ground Time Here Will Be Brief. New York 1982

Kushner, Harold: When Bad Things Happen to Good People. New York 1981

Lamb, Michael (Hg.): The Role of the Father in Child Development. New York 1976

Lamb, Michael/Sutton-Smith, Brian (Hg.): Sibling Relationships: Their Nature and Significance Across the Lifespan. Hillsdale 1982

Lampl-De Groot, J.: The Evolution of the Oedipus-Komplex in Women. In: International Journal of Psycho-Analysis 9, 1928, 332–345

Larkin, Philip (Hg.): The Oxford Book of Twentieth Century English Verse. London 1973

La Rochefoucauld, François, Duc de: Reflexionen oder Sentenzen und moralische Maximen. Frankfurt 1976

Lasch, Christopher: Geborgenheit. München 1981
- Das Zeitalter des Narzißmus. München 1982

Lawrence, David Herbert: Lady Chatterley. München 1983

Lazarre, Jane: The Mother Knot. New York 1976

LeShan, Lawrence/LeShan, Eda: Psychotherapy and the Patient with a Limited Lifespan. In: Ruitenbeek, Hendrik (Hg.): The Interpretation of Death. New York 1973

Levin, Sidney/Kahana, Ralph (Hg.): Psychodynamic Studies on Aging: Creativity, Reminiscing and Dying. New York 1967

Levinson, Daniel: Das Leben des Mannes. Köln 1979

Lewis, C. S.: Über die Trauer. Köln 1982

Lichtenstein, Heinz: The Dilemma of Human Identity: Notes on Self-

Transformation, Self-Objectivation and Metamorphosis. In: Journal of the American Psychoanalytic Association 11/1, 1963, 173–223

Lidz, Theodore: Hamlets Feind. Mythos und Manie in Shakespeares Drama. Frankfurt 1980

Lifton, Robert Jay: The Broken Connection. New York 1979

Lipson, Channing: Denial and Mourning. In: Ruitenbeek, Hendrik (Hg.): The Interpretation of Death. New York 1973

Loewald, Hans: On the Therapeutic Action of Psychoanalysis. In: The International Journal of Psycho-Analysis 41/1, 1960, 16–33

– Instinct Theory, Object Relations and Psychic-Structure Formation. In: Journal of the American Psychoanalytic Association 26/3, 1978, 493–506

– Psychoanalysis and the History of the Individual. New Haven, London 1978

– The Warning of the Oedipus Complex. In: Journal of the American Psychoanalytic Association 27/4, 1979, 751–775

Lomas, Peter: Family Role and Identity Formation. In: The International Journal of Psycho-Analysis 42/4–5, 1961, 371–380

Longfellow, Henry Wadsworth: Morituri Salutamus. In: The Complete Poetical Works of Henry Wadsworth Longfellow. Boston 1893

Lorenz, Konrad: Das sogenannte Böse. Stuttgart 1974

Lowell, James Russell: The Complete Works of James Russell Lowell. Cambridge 1925

Maccoby, Eleanor/Jacklin, Carol: The Psychology of Sex Differences. Stanford 1974

Macdonald, Cynthia: Accomplishments. In: Edward Fields: A Geography of Poets. New York 1979

Mack, Maynard/Dean, Leonard/Frost, William (Hg.): Modern Poetry. New York 1950

MacLeish, Archibald: Spiel um Job. Frankfurt 1958

MacNeice, Louis: Les Sylphides. In: Mack, Maynard/Dean, Leonard/Frost, William (Hg.): Modern Poetry. New York 1950

– The Sunlight on the Garden. In: Allison et al. (Hg.) The Norton Anthology of Poetry. New York 1975

Mahler, Margaret: Symbiose und Individuation. Stuttgart 1986

– /McDevitt, John: The Separation-Individuation Process and Identity Formation. In: Greenspan, Stanley/Pollock, George (Hg.): The Course of Life, Bd. 1: Infancy and Early Childhood. Washington D.C. 1980

– /Pine, Fred/Bergmann, Anni: Die psychische Geburt des Menschen. Frankfurt 1985

Malcolm, Andrew: Some Elderly Choose Suicide Over Lonely, Dependent Life. In: The New York Times, 24. 9. 1984, 1

Mann, John: Geheimnisse des langen Lebens. Landsberg 1984

Mann, Thomas: Der Zauberberg. Frankfurt 1985

Marquis, Don: archy and mehitabel. New York 1927

Masters, William / Johnson, Virginia: Spaß an der Ehe. München 1981

May, Rollo: Love and Will. New York 1969

McDevitt, John: The Role of Internalization in the Development of Object Relations During the Separation-Individuation Phase. In: Journal of the American Psychoanalytic Association 27/2, 1979, 327–343

− / Mahler, Margaret: Object Constancy, Individuality and Internalization. In: Greenspan, Stanley / Pollock, George (Hg.): The Course of Life, Bd. 1: Infancy and Early Childhood. Washington D.C. 1980

McGlashan, Thomas / Miller, Glenn: The Goals of Psychoanalysis und Psychoanalytic Psychotherapy. In: Archives of General Psychiatry 39, 1982/2

McMahon, James: Intimacy among Friends and Lovers. In: Fisher, Martin / Stricker, Georg (Hg.): Intimacy. New York 1982

Mead, Margaret: Brombeerblüten im Winter. Reinbek 1978

− Mann und Weib. Reinbek 1962

Menninger, Karl: Liebe und Haß. Stuttgart 1985

Michaels, Leonard: Der Männer-Club. München 1981

Milgram, Stanley: Das Milgram-Experiment. Reinbek 1982

Miller, Alice: Das Drama des begabten Kindes und die Suche nach dem wahren Selbst. Frankfurt 1979

Miller, Arthur: Tod des Handlungsreisenden. Frankfurt 1986

Mittelmann, Bela: Complementary Neurotic Relations in Intimate Relationships. In: The Psychoanalytic Quarterly 13/4, 1944, 479–491

Modell, Arnold: On Having the Right to a Life: An Aspect of the Superego's Development. In: The International Journal of Psycho-Analysis 46/3, 1965, 321–331

− The Ego and the Id: Fifty Years Later. In: The International Journal of Psycho-Analysis 56/1, 1975, 57–68

Moffat, Mary Jane (Hg.): In the Midst of Winter: Selections from the Literature of Mourning. New York 1982

Moore, Burness: Freud and Female Sexuality: A Current View. In: The Journal of Psycho-Analysis 57/3, 1976, 287–300

Morrison, Tony: Sehr blaue Augen. Reinbek 1979

Nabokov, Vladimir: Sprich, Erinnerung, sprich. Reinbek 1984

Nacht, Sacha / Viderman, S.: The Pre-Object Universe in the Transference Situation. In: The International Journal of Psycho-Analysis 41/4–5, 1960, 385–388

Natterson, Joseph (Hg.): The Dream in Clinical Practice. New York 1980

Nelson, Bryce: Self-Sabotage in Careers − A Common Trap. In: The New York Times, 15. 2. 1983

Nelson, John / Cargill, Oscar (Hg.): Contemporary Trends. New York 1949

Neubauer, Peter: The One-Parent Child and His Oedipal Development. In: The Psychoanalytic Study of the Child 15, 1960

Neugarten, Bernice (Hg.): Middle Age and Aging. Chicago, London 1968

– /Havighurst, Robert/Tobin, Sheldon: Personality and Patterns of Aging. In: Neugarten, Bernice (Hg.): Middle Age and Aging. Chicago, London 1968

Norton, Janice: Treatment of a Dying Patient. In: Ruitenbeek, Hendrik (Hg.): The Interpretation of Death. New York 1973

Noshpitz, Joseph: Disturbances in Early Adolescent Development. In: Greenspan, Stanley/Pollock, George (Hg.): The Course of Life. Bd. 2: Latency, Adolescence and Youth. Washington D.C. 1980

Offer, Daniel: Adolescent Development: A Normative Perspective. In: Greenspan, Stanley/Pollock, George (Hg.): The Course of Life. Bd. 2: Latency, Adolescence and Youth. Washington D.C. 1980

Ogden, Thomas: Projective Identification and Psychotherapeutic Technique. New York, London 1982

O'Neill, Eugene: Eines langen Tages Reise in die Nacht. Stuttgart 1986

O'Neill, Nena: The Marriage Premise. New York 1978

Osterweis, Marian/Salomon, Frederic/Green, Morris (Hg.): Bereavement: Reactions, Consequences and Care. Washington D.C. 1984

Panel, David Rubinfine: Problems of Identity. In: Journal of the American Psychoanalytic Association 6/1, 1958, 131–142

Panel, Irving Sternschein: The Experience of Separation-Individuation in Infancy and Its Reverberations Through the Course of Life: Maturity, Senescence and Sociological Implications. In: Journal of the American Psychoanalytic Association 21/3, 1973, 633–645

Panel: Bertram D. Lewin Memorial Symposium: Psychoanalytic Perspectives on Love and Marriage. In: Journal of the Philadelphia Association for Psychoanalysis 2, 1975, 191–202

Panel, Robert C. Prall: The Role of the Father in the Preoedipal Years. In: Journal of the American Psychoanalytic Association 26/1, 1978, 143–161

Panel, May: What Qualities Do Women Most Value in Husbands? In: Viewpoints 16/5, 1982, 77–90

Panel, Nancy Miller (in press): The Psychoanalysis of the Older Patient. In: Journal of the American Psychoanalytic Association

Pastan, Linda: The Five Stages of Grief. New York 1978

– PM/AM, New York 1982

Payne, Edmund: The Physician and His Patient Who is Dying. In: Levin, Sydney/Kahana, Ralph (Hg.): Psychodynamic Studies of Aging: Creativity, Reminiscing and Dying. New York 1967

Pearson, Gerald: A Survey of Learning Difficulties in Children. In: The Psychoanalytic Study of the Child 7, 1952

Peck, Robert: Psychological Developments in the Second Half of Life.

In: Neugarten, Bernice (Hg.): Middle Age and Aging. Chicago, London 1968

Perrine, Laurence (Hg.): Sound and Sense. New York 1977

Perutz, Kathrin: Verdammte Ehe. München 1973

Philipe, Anne: Nur einen Seufzer lang. Reinbek 1964

Piaget, Jean: The Intellectual Development of the Adolescent. In: Caplan, Lebovici (Hg.): Adolescence: Psychological Perspectives, New York 1969

Piercy, Marge: Circles on the Water. New York 1982

Pincus, Lily: Death and the Family. New York 1974

Pollock, George: Mourning and Adaption. In: The International Journal of Psycho-Analysis 42/4 – 5, 1962/7 – 10, 341 – 361
- On Symbiosis and Symbiotic Neurosis. In: The International Journal of Psycho-Analysis 45/1, 1964, 1 – 30
- Anniversary Reactions, Trauma and Mourning. In: The Psychoanalytic Quarterly 39/3, 1970, 3 – 34
- The Mourning Process and Creative Organizational Change. In: Journal of the American Psychoanalytic Association 25/1, 1977, 3 – 34
- Aging or Aged: Development or Pathology. In: Greenspan, Stanley/Pollock, George (Hg.): The Course of Life. Bd. 3: Adulthood and the Aging Process. Washington D.C. 1981

Provence, Sally: Infants and Parents. New York 1983

Racine, Jean: Dramatische Dichtungen. 2 Bde. Darmstadt 1956

Radl, Shirley: Mother's Day. New York 1973

Rangell, Leo: On Friendship. In: Journal of the American Psychoanalytic Association 11/1, 1963, 3 – 54

Rank, Otto: Das Trauma der Geburt und seine Bedeutung für die Psychoanalyse. Leipzig 1924

Raphael, Beverly: The Anatomy of Bereavement. New York 1983

Richter, Horst-Eberhard: Die Rolle des Familienlebens in der kindlichen Entwicklung. In: Familiendynamik 1/1, 1976, 5 – 24

Robinson, Edwin Arlington: Richard Cory. In: Nelson, John/Cargill, Oscar: Contemporary Trends. New York 1949

Robinson, Marilynne: Housekeeping. New York 1982

Rochlin, Gregory: The Dread of Abondonment: A Contribution to the Etiology of the Loss Complex and to Depression. In: The Psychoanalytic Study of the Child 16, 1961

Rosenthal, Hattie: Psychotherapy for the Dying. In: Ruitenbeek, Hendrik (Hg.): The Interpretation of Death. New York 1973

Ross, Helgola/Milgram, Joel: Important Variables in Adult Sibling Relationships: A Qualitative Study. In: Lamb, Michael/Sutton-Smith, Brian (Hg.): Sibling Relationships: Their Nature and Significance Across the Lifespan. Hillsdale 1982

Ross, John Munder: Fathering: A Review of Some Psychoanalytic Contributions on Paternity. In: The International Journal of Psycho-Analysis 60/3, 1979, 317–327

Rossi, Alice: A Biosocial Perspective on Parenting. In: Daedalus, 1977/I, 1–31

Roth, Philipp: Portnoys Beschwerden. Reinbek 1974

Rubin, Lillian: Women of a Certain Age. New York 1979
- Intimate Strangers. New York 1983

Ruitenbek, Hendrik (Hg.): The Interpretation of Death. New York 1973

Russel, Bertrand: Autobiographie. Teil I. 1872–1914. Frankfurt 1972

Rycroft, Charles: The Innocence of Dreams. New York 1979

Salholz, Eloise/Smith, Jennifer: How to Live Forever. In: Newsweek, 26. 3. 1984, 81

Salinger, J. D.: Der Fänger im Roggen. Reinbek 1966

Sandler, Joseph: On the Concept of Superego. In: The Psychoanalytic Study of the Child 15, 1960, 128–162

Sass, Louis: The Borderline Personality. In: The New York Times Magazine, 22. 8. 1982, 12–15, 66–67

Scarf, Maggie: Wege aus der Depression. München 1986

Schachter, Frances Fuchs: Sibling Deidentification and Split-Parent Identification: A Family Tetrad. In: Lamb, Michael/Sutton-Smith, Brian (Hg.): Sibling Relationships: Their Nature and Significance Across the Lifespan. Hillsdale 1982

Schafer, Roy: The Loving and Beloved Superego in Freud's Structural Theory. In: The Psychoanalytic Study of the Child 15, 1960
- Aspects of Internalization. New York 1968

Schaffer, Rudolph: Mütterliche Fürsorge in den ersten Lebensjahren. Stuttgart 1982

Scott-Maxwell, Florida: The Measure of My Days. New York 1979

Searles, Harold: Countertransference. New York 1979

Segal, Hanna: Melanie Klein: Eine Einführung in ihr Werk. Frankfurt 1983

Sendak, Maurice: Wo die wilden Kerle wohnen. Zürich 1972
- In der Nachtküche. Zürich 1971

Shakespeare, William: Wie es Euch gefällt. Reinbek 1986
- König, Johann. Stuttgart 1984
- König Lear. Stuttgart 1985
- Macbeth, Berlin/München 1980
- Romeo und Julia. Stuttgart 1985

Shanas, Ethel/Townsend, Peter/Wederburn, Dorothy/Friis, Hennig/Milhoj, Poul/Stehouwer, Jan: The Psychology of Health. In: Neugarten, Bernice (Hg.): Middle Age and Aging. Chicago, London 1968

Shapiro, Theodore/Pery, Richard: Latency Revisited. In: The Psychoanalytic Study of the Child 31, 1976, 79–105

Sheehy, Gail: In der Mitte des Lebens. München 1978

Shengold, Leonard: Child Abuse and Deprivation: Soul Murder. In:

Journal of the American Psychoanalytic Association 27/3, 1979, 533–559

Shields, Robert: The Too-Good Mother. In: The International Journal of Psycho-Analysis 45/1, 1979, 85–88

Shneidman, Edwin: Voices of Death. New York 1982

Silverman, Lloyd/Lachmann, Frank/Milich, Robert: The Search for Oneness. New York 1982

Simmons, Charles: The Age of Maturity. In: The New York Times Magazine, 11. 12. 1984, 114

Simpson, Louis: The Goodnight. In: Perrine, Laurence (Hg.): Sound and Sense. New York 1977

Sklansky, Morris: The Pubescent Years: Eleven to Fourteen. In: Greenspan, Stanley/Pollock, George (Hg.): The Course of Life. Bd. 2: Latency, Adolescence and Youth. Washington D.C. 1980

Smith, Sidney: The Golden Fantasy: A Regressive Reaction to Separation Anxiety. In: The International Journal of Psycho-Analysis 58/3, 1977, 311–324

Snow, Karen: Willo. Ann Arbor 1976

Solnit, Albert: Psychoanalytic Perspectives on Children One-Three Years of Age. In: Greenspan, Stanley/Pollock, George (Hg.): The Course of Life, Bd. 1: Infancy and Early Childhood. Washington D.C. 1980

Sontag, Susan: The Double Standard of Aging. In: Saturday Review, 1972/10, 29–38

Sophokles: König Ödipus. Stuttgart 1962
– Ödipus auf Kolonos. München 1954

Spark, Muriel: Memento Mori. Zürich 1982

Spitz, René: Hospitalismus I. In: Bittner, Günther/Schmid-Cords, Edda (Hg.): Erziehung in früher Kindheit. München 1971, 77–98
– Die Entstehung der ersten Objektbeziehungen. Stuttgart 1927

Spock, Benjamin/Rothenberg, Michael: Säuglings- und Kinderpflege. 2 Bde. Berlin 1986

Stern, Daniel: Mutter und Kind. Stuttgart 1979

Stevens, Wallace: Sunday Morning. In: Allison et al.: The Norton Anthology of Poetry. New York 1975

Stevenson, Robert Louis: A Child's Garden of Verses. London 1885

Stoller, Robert/Herdt, Gilbert: The Development of Masculinity: A Cross Cultural Contribution. In: Journal of the American Psychoanalytic Association 30/1, 1982, 29–59

Sutherland, John D.: The British Object Relations Theorists: Balint, Winnicott, Fairbairn, Guntrip. In: Journal of the American Psychoanalytic Association 28/4, 1980, 829–860

Suttie, Ian: The Origins of Love and Hate. London 1935

Sweet, Ellen: The Electra Complex: How Can I Be Jealous of My Four-Year-Old-Daughter? In: MS., 1984/5, 148–149

Talbot, Toby: A Book About My Mother. New York 1980

Tavris, Carol/Baumgartner, Alice: How Would Your Life Be Different If You'd Been Born A Boy? In: Redbook, 1983/2, 92–95

Teichholz, Judith Guss: A Selective Review of the Psychoanalytic Literature on Theoretical Conceptualizations of Narcissm. In: Journal of the American Psychoanalytic Association 26/4, 1978, 831–861

Tennyson, Alfred Lord: Ulysses. In: Allison et al.: The Norton Anthology of Poetry. New York 1975

Thomas, Dylan: Fern Hill. In: Fried, Erich (Hg.): Thomas Dylan: Ausgewählte Gedichte. München 1967, 70–73

- Do not Go Gentle into That Good Night. In: Perrine, Laurence (Hg): Sound and Sense. New York 1977

Tillich, Paul: Das Ewige im Jetzt. Religiöse Reden Flg. 3, Stuttgart 1980

Tolstoi, Leo N.: Der Tod des Ivan Iljich. Frankfurt 1985

Toynbee, Arnold J.: Why and How I Work. In: Saturday Review, 5. 4. 1969, 22–27, 62

Twain, Mark s. u. Clemens, Samuel

Tyson, Phyllis: A Developmental Line of Gender Identity, Gender Role and Choice of Love Object. In: Journal of the American Psychoanalytic Association 20/1, 1982, 61–86

Ulanov, Ann/Ulanov, Barry: Religion and the Unconscious. Philadelphia 1975

Ullmann, Liv: Wandlungen. München 1978

Viorst, Judith: It's Hard to Be Hip Over Thirty and Other Tragedies of Married Life. New York 1968

- How I Did Get to Be Forty and Other Atrocities. New York 1976
- Rosie and Michael. New York 1974
- Sometimes I Hate My Husband. In: Redbook, 1976/11, 73–74
- The Hospital That Has Patience for Its Patients: A Look at Children's Hospital in Washington D.C. In: Redbook, 1977/2, 48–54
- Friends, Good Friends – and Such Good Friends. In: Redbook, 1977/10, 31–32, 38
- Are Men and Women Different? In: Redbook, 1978/11, 46–50
- Letting Go: Why It's Hard to Let Children Grow Up. In: Redbook, 1980/5, 42, 44
- In Praise of Older Women. In: Redbook, 1980/9, 42, 44
- If I Were in Charge of the World and Other Worries. New York 1981

Vordtriede, Werner (Hg.): Yeats, W.B.: Ausgewählte Gedichte. Darmstadt 1970

Wagenvoord, James/Bailey, Peyton: Men: A Book for Women. New York 1978

White, E.B.: Poems And Sketches of E.B. White. New York 1981

Wikler, Lynn: Folie à Famille: A Family Therapist's Perspective. In: Family Process 19/3, 1980, 257–268

Wilbur, Richard: Seed Leaves. In: Allison et al.: The Norton Anthology of Poetry. New York 1975

Willi, Jürg: Therapie der Zweierbeziehung. Reinbek 1978

Wilson, Edmund: The Thirties. New York 1980

Winnicott, Donald W.: Von der Kinderheilkunde zur Psychoanalyse. Frankfurt 1985
- Reifungsprozesse und fördernde Umwelt. Frankfurt 1985

Wisdom, J.O.: The Role of the Father in the Mind of Parents, in Psychoanalytic Theory and in the Life of the Infant. In: The International Review of Psychoanalysis 3/2, 1976, 231–239

Wolfenstein, Martha: How Is Mourning Possible? In: The Psychoanalytic Study of the Child, 21, 1966

Woodruff, Diana/Dirren, James: Aging. New York 1975

Woolf, Virgina: Die Fahrt zum Leuchtturm. Frankfurt 1985
- Orlando. Frankfurt 1961

Wynne, Lyman/Ryckof, Irving/Day, Juliana/Hirsch, Stanley: Pseudo-Gemeinschaft in den Familienbeziehungen von Schizophrenen. In: Bateson, Gregory (Hg.): Schizophrenie und Familie. Frankfurt 1972

Yeats, W.B.: Meerfahrt nach Byzanz. In: Vordtriede, Werner (Hg.): Yeats, W.B.: Ausgewählte Gedichte. Darmstadt 1970, 157–159
- Der Turm. In: Vordtriede, Werner (Hg.): Yeats, W.B.: Ausgewählte Gedichte. Darmstadt 1970, 160–166

Yogman, Michael: Development of the Father-Infant Relationship. In: Fithgerald, Lester, Yogman (Hg.): Theory and Research in Behavioral Pediatrics 1, New York 1982

Yourcenar, Marguerite: Ich zähmte die Wölfin. Die Erinnerungen des Kaisers Hadrian. Stuttgart 1978

Zinberg, Norman/Kaufman, Irving (Hg.): Normal Psychology of the Aging Process. New York 1963

Register

Abel 56
Abhängigkeit, postnatale 80
Abwehr, flexible 216
Abwehrmechanismen 78, 107, 109, 412
Adler, Alfred 112
Adoleszenz 194, 197 f., 200 f.
Adoleszenz, verzögerte 201
Aggression 84 ff., 262, 283, 368
Alkohol- und Drogenexzesse 75, 141
Allen, Woody 39, 68, 428
Altman, Leon 157, 262
Ambivalenz 216, 220 ff., 279 f., 302, 315, 331
Als-ob-Persönlichkeit 67 f.
Anatomie 163
Annihilation 408
Anorexia nervosa oder Magersucht 192
Anpassung, konstruktive 216
Ariès, Philippe 424
Auden, W. H. 102, 264 f.
Autonomie 52, 259, 302 f., 368, 413

Bak, Robert 38
Bank, Stephen 121
Beauvoir, Simone de 319, 341, 346, 377 f., 428
Becker, Ernest 404
Benedek, Therese 303
Bergman, Ingmar 93
Bernard, Jessie 259 f.
Bettelheim, Bruno 159, 202
Beziehung, neurotisch komplementäre 251 ff.
Bimodalität, geschlechtliche 369
Bisexualität 145, 220, 222 ff.
Blos, Peter 200, 203
Blumes, Judy 188
Blythe, Ronald 383, 385, 394, 402
Boehm, Felix 160
Borderline-Persönlichkeit 68 f.
Botschaft, subliminale 44 f.
Bovary, Madame 243
Bowlby, John 30, 33, 317 f., 329, 334
Bruch, Hilde 192
Buber, Martin 179, 234
Buchwald, Art 26 ff.
Butler, Robert 382, 393 f.

Charny, Israel 242
Chateaubriand, François René 377
Chatterley, Lady 38
Cicero 237, 239
Cicirelli, Victor 123
Cinderella-Komplex 151 f.
Claudel, Paul 379
Colette 389
Coolidge, Calvin 396
Cowley, Malcolm 381 f.

De-Identifikation 109 f., 113, 155
Depressionen 21 f., 28, 33 f., 75, 133, 141, 154, 199, 259, 279, 327, 330, 361, 411
Deprivation 20
Desillusionierung 73
Deutsch, Helene 65, 67
Dickinson, Emily 310
Dillard, Annie 39, 431
Dinnerstein, Dorothy 254 f., 357
Disharmonie, angeborener Eigenschaften 283 f.
Distanz-Nähe-Problem 52
Ditlevsen, Tove 332 f.
Dostojewski, Fjodor M. 11
Dowling, Colette 151 f.
Drogen 279, 330, 428

Edel, Leon 200
Ehrgeiz, ödipalen 164
Eifersucht 127, 141, 342
Einschränkungen, moralische 167
Einssein, -wünsche 39, 43 ff., 48, 53, 60, 81, 181, 428
Einstein, Albert 427
Eissler, K. R. 417, 423 f.
Ejakulation, erste 187
Ekklesiastes 407
Ekstase, sexuelle 37
Elektroschock 177
Eliot, T. S. 376
Ephron, Delia 191
Erfolgsneurose 132 f.
Erikson, Erik 126 f., 183 f., 195, 262, 349, 393
Ersatzpersonen 24

Fähigkeiten, kognitive 167, 182
Familienmythen 292 ff.
Featherstone, Joseph 304, 306
Ferreira, Antonio 293, 295
Field, Suzanne 137
Fisher, M. F. K. 379 f.
Fitzgerald, F. Scott 137
Fixierung 41
Flaubert, Gustave 243
Forsters, E. M. 99
Fraiberg, Selma 26, 31 f., 170
Francke, Linda Bird 141
Frauenfreundschaften 226 ff.
Freud, Anna 24, 30, 193
Freud, Sigmund 11, 14, 84 f., 97 f., 104, 127, 132, 145, 146 ff., 158, 175, 181, 182, 210, 214 f., 222, 241, 282, 287, 289, 310, 338, 401, 426, 428
Freundschaft 219 ff.
Frisch, Max 119
Fromm, Erich 82, 99, 274
Frustration 24, 63, 69, 217, 259

Gebärneid 160
Geschlechtsidentität 146, 256
Geschwisterrivalität 107, 113 f., 122 f.
Gesundheitsoptimist 379
Gesundheitspessimist 379
Gesundheitsrealist 379
Getrenntsein 30, 81
Gide, André 377
Gilligan, Carol 153, 368

Ginott, Haim 277
Gold, Herbert 306
Gorer, Geoffrey 337
Gould, Lois 147
Gould, Roger 297, 299, 349, 365, 370 ff.
Goya, Francisco J. de 388
Grayson, David 205
Greenspan, Stanley 283 f.
Gutman, David 359, 368 f.

Harmoniezwang 294
Hadrian 427
Hamlet 131
Haß 82 f., 103 f., 174, 221, 315, 364
Haßgefühle, in der Ehe 249 f., 254 f., 260 ff.
Hayes, Helen 340
Hayward, Brooke 103
Hearst, Patty 63
Hemingway, Ernest 342
Henry, James 114
Hite, Shere 224
Hölderlin, Friedrich 421
Homer 385, 427
Homosexualität 134 f., 223 f., 228

Ich-Ideal 179 f., 196 f., 295
Ich-Identität 79
Ich-Objekte, idealisierte 75
Ich-Transzendenz 392
Idealisierungen 263, 316 f.
Identifikation 61 ff., 108, 122, 155, 157, 164, 194 f., 274, 300, 305, 327
Identifikation, geschlechtsspezifische 64
Identifikation, mit dem Aggressor 63

Identifikation, projektive 252 ff.
Identität 79, 153, 156, 194 f., 295, 340
Identität, geschlechtsspezifische 195
Identität, sexuelle 195
Identitäts-Konfusion 195
Identitätskrise 195 f.
Impotenz 130
Individuation 200, 275
Inzest 136 ff.
Inzesttabu 130
Irving, John 267 f.
Isolation 107

Jacklin, Carol 149 ff.
Jäger- und Sammlergesellschaften 90
Jählings-Kreativität 372
James, William 39, 64, 114
Jaques, Elliot 349, 372
Jarrell, Randall 353
Jokaste 135
Jones, Ernest 131
Jong, Erica 147

Kahn, Michael 121
Kain 56
Kaufmann, Walter 421 f.
Kernberg, Otto 69, 240, 262, 264
Kernberk 246
Kestenberg, Judith 276
Kindheitsbewußtsein 370
Kindheitspsychose, symbiotische 41
Kohut, Heinz 70, 271
Konfuzius 349
Konkurrenzkampf 66, 216
Körper-Seele-Identität 49

Kreativität, modellierte 372
Kübler-Ross, Elisabeth 411 ff.
Kumin, Maxime 38

La Rochefoucauld, François 425
Latenzphase 182 ff., 187, 194
Lazarre, Jane 279
Lebensstressor 331
Lerner, Harriet 253
Levinson, Daniel 349, 350 f., 373
Lewis, C. S. 323
Liebe und Haß, in der Ehe 240 ff.
Lifton, Robert J. 425 f., 429
Livingstone, Gordon 141
Loewald, Hans 372
Lomas, Peter 295
Longfellow, Henry W. 388
Lorenz, Konrad 262
Loslösung 37, 48 f., 63, 80, 153, 156, 181 f., 197, 271 ff., 310, 354, 375, 422, 425

Maccoby, Eleanor 149 ff.
MacDonald, Cynthia 76
MacLeish, Archibal 166, 202
MacNeice, Louis 429 f.
Malinowski, Bronislawa 243
Mann, Thomas 330
Männerfreundschaften 226 ff.
Marx, Karl 85
May, Rollo 85 f.

Mahler, Margaret 49, 200, 275
McDougall, Joyce 101
McMahon, James 225, 230, 23
Mead, Margaret 123 f., 144, 165
Megalomanen 50
Menarche 187
Michelangelo 427
Midlife-Crisis 351, 361, 372, 374
Milgram, Joel 113
Milgram, Stanley 177 f.
Miller, Arthur 296
Montaigne 377
Moore, Jenny 234
Mord, metaphorischer 189
Morrison, Toni 137
Mutterersatz 25 f.
Mutter-Kind-Grenzen 155

Nabokov, Vladimir 290
Narzißmus 69 ff., 180, 194, 196
Neurose, symbiotische 42
Nixon, Richard 172

Obsessionen 47, 393
Ödipuskomplex 125 ff., 167, 182 f., 202, 250, 288
Ödipuskomplex, negativer 134
Ödipuskomplex, positiver 134
Ödipussieg 140 f.
Omnipotenzgefühle 50, 72, 146
Omnipotenz, der Gedanken 210
O'Neill, Eugene 120
Ovid 377

Pastan, Linda 323
Peck, Robert 379
Penisneid 158, 161 ff.
Perspektive, biosoziale 90
Perutz, Kathrin 244
Phasenverschiebungs- oder Karriereknick-Problem 367
Philippe, Gérard 318
Phobie 44
Pincus, Lily 327, 423
Pollock, George 322, 349, 401
Prädispositionen, biologische 150
Prägung, soziale 150, 152
Primärtrieb 29
Projektion 108
Pseudo-Heterosexualität 134 f.
Psychoanalyse 28, 58, 130
Ptahhotep 377

Ramey, Estelle 150
Rangell, Leo 229 f.
Raphael, Beverley 317, 328, 334, 338
Reaktionsbildung 107, 122
Regression 41, 108, 225, 230
Regression, im Dienste des Ego 44
Reife, sexuelle 41
Reorganisatoren 391
Rilke, Rainer Maria 86
Rivalitätsgefühle 104 ff., 122 f., 127, 134, 164, 220 f., 371
Rivalitätsgefühle, geschwisterliche 107, 112 ff., 120 f.
Rollen, homosexuelle 135

Rose, Gilbert 44
Ross, Helgola 113
Rossi, Alice 90
Roth, Philip 172
Rubin, Lilian 256
Russell, Bertrand 247

Saint-Exupéry, Antoine de 181, 202
Salinger, Jerome David 199
Santayana, George 206, 219
Sarton, May 310
Schäden, emotionale 20
Scheidungswelle, in den mittleren Jahren 364 f.
Schizophrenie 41, 44
Schuldbewußtsein 167, 171 f., 175 ff., 203, 210, 315, 317, 342, 397
Schuldbewußtsein, gesundes 179
Schuldbewußtsein, mangelndes 176 f.
Schuldbewußtsein, omnipotentes 169
Schuldgefühle 168, 170 ff., 180, 289, 316, 342 f., 356, 397
Schuldgefühle, unbewußte 172, 174
Schwangerschafts- oder Uterusneid 159
Scott-Maxwell, Florida 380, 395
Searles, Harold 46
Selbsthaß, exzessiver 56
Selbstidentifikation, positive 72
Selbstliebe, exzessive 56
Separation/Individuation, s. a. Individuation 275

Sexualität, im Alter 382 f.
Shakespeare, William 11, 81, 142, 328, 330, 349
Shaw, George Bernard 263, 362
Sheehy, Gail 349
Shengold, Leonhard 288
Shneidman, Edwin 412
Simmons, Charles 353
Simpson, Louis 267
Smith, Sydney 43, 45
Snow, Karen 95
Solon 349
Sonntag, Susan 353 f.
Shophokles 11, 125, 142, 403
Spannungen, orale 29
Spark, Muriel 406
Spock, Benjamin 96, 396 ff.
Steele, Richard 240
Steinem, Gloria 147, 397
Stevens, Wallace 406
Stevenson, Robert Louis 421
Stoller, Robert 155
Streß 331
Sublimierung 109
Suttie, Ian 30
Symbiose 36 f., 42, 48, 91, 105, 118, 155, 250
Symbioseangst 155

Tagträume 215
Tagträume, bewußte 212
Territorialdenken 116 f.
Thomas, Dylan 185, 411
Thoreau, Henry David 200
Tillich, Paul 80, 406
Tolstoi, Leo 409 f.
Transzendenz 246, 428

Trauerarbeit 310 f., 334, 347
Trauer-Befreiung 401
Trauer, chronische 327 ff.
Trauerphasen 311 ff., 322
Trennungserlebnisse 32 f., 48, 53, 197 ff., 270, 332
Trennung/Individuation s. a. Individuation 52, 53, 56
Trennungsschuld 189
Twain, Mark 312, 419

Ullmann, Liv 86 f., 92 f,
Unterschiede, anatomische 145, 148 f., 158 f., 163

Vaginalorgasmus 41
Vaterersatz, ödipaler 129 f.
›Vaterhunger‹ 92
Vater-Säuglings-Beziehung 88 f.
Verinnerlichung 326 f.
Verlagerung, männlich-weibliche 367 ff.
Verlusterfahrungen 12 f., 15, 20, 33, 36, 43, 56, 78, 81, 166, 182, 197, 203, 264 f., 281, 292
Verschmelzungserlebnisse 38 ff.
Verweigerungshaltung 192, 329
Verweigerung, neurotische 44
Voltaire 427
Vorpubertät 187

Wachstum, psychologisches 44
Wahrnehmung 400 f.
White, E. B. 309

White, Robert 115
Whitman, Walt 51
Wiederannäherung 52
Wiederholungszwang 93 ff., 278 f.
Wilbur, Richard 48
Wilson, Edmund 320
Winer, Robert 136, 138

Winnicott, D. W. 66, 80, 83, 274 f., 280
Wirklichkeitsakzeptanz 72
Woolf, Virginia 145, 268
Wünsche, inzestuöse 138

Yeats, W. B. 376
Yogman, Michael 88 f.
Yourcenar, Marguerite 427

**Das Gesamtverzeichnis der Heyne-Taschenbücher
informiert Sie ausführlich über alle lieferbaren Titel.
Sie erhalten es von Ihrer Buchhandlung
oder direkt vom Verlag.**

**Wilhelm Heyne Verlag, Postfach 20 12 04,
8000 München 2**

PSYCHO

Eine wertvolle Orientierungshilfe nicht nur für Laien, sondern auch für den Fachmann.

Heyne Taschenbuch 17/25

Wilhelm Heyne Verlag München

PSYCHO

Lebensregeln und Lebensweisheiten einmal anders

Dargestellt von Dr. Ulrich Beer, als psychologischer Berater der ZDF-Serie „Ehen vor Gericht" einem Millionenpublikum bekannt.

17/4

17/31

17/41

Wilhelm Heyne Verlag München